Hannah Arendt
In der Gegenwart

PIPER

Zu diesem Buch

Die als politische Philosophin weltweit bekannte Hannah Arendt hat immer wieder auch Essays veröffentlicht, mit denen sie auf aktuelle politische Entwicklungen in Deutschland und vor allem in den USA reagierte. Die achtzehn hier zusammengestellten Texte stammen aus den Jahren 1945 bis 1975. Der Band enthält u. a. auch die klassisch gewordenen Essays: »Besuch in Deutschland« (1950), »Die Ungarische Revolution« (1958), »Little Rock« (1959), »Macht und Gewalt« (1970), »Ziviler Ungehorsam« (1970) und »Die Lüge in der Politik« (1972). Als »Übungen im politischen Denken II« ergänzen diese Arbeiten die »Übungen im politischen Denken I«, die unter dem Titel »Zwischen Vergangenheit und Zukunft« 1995 erstmals erschienen sind.

Hannah Arendt, am 14. Oktober 1906 in Hannover geboren und am 4. Dezember 1975 in New York gestorben, studierte Philosophie, Theologie und Griechisch unter anderem bei Heidegger, Bultmann und Jaspers, bei dem sie 1928 promovierte. 1933 Emigration nach Paris, ab 1941 in New York. 1946 bis 1948 als Lektorin, danach als freie Schriftstellerin tätig. 1963 Professorin für Politische Theorie in Chicago, ab 1967 an der New School for Social Research in New York.

Hannah Arendt

In der Gegenwart

Übungen zum politischen Denken II

Herausgegeben von Ursula Ludz

PIPER

Mehr über unsere Autoren und Bücher:
www.piper.de

Von Hannah Arendt liegen im Piper Verlag vor:

Im Vertrauen
Wir Juden
Vor Antisemitismus ist man nur noch auf dem Monde sicher
Was heißt persönliche Verantwortung in einer Diktatur?
Schreib doch mal ›hard facts‹ über dich
Wie ich einmal ohne dich leben soll, mag ich mir nicht vorstellen
Denktagebuch
Ich selbst, auch ich tanze
Wahrheit gibt es nur zu zweien
Briefe 1936 – 1968 (mit Heinrich Blücher)
Eichmann war von empörender Dummheit
Wahrheit und Lüge in der Politik
In der Gegenwart
Zwischen Vergangenheit und Zukunft
Das Urteilen
Menschen in finsteren Zeiten
Eichmann in Jerusalem
Über die Revolution
Über das Böse
Denken ohne Geländer
Ich will verstehen
Was ist Politik
Vita activa oder Vom tätigen Leben
Vom Leben des Geistes
Elemente und Ursprünge totaler Herrschaft
Rahel Varnhagen
Macht und Gewalt

Die Texte 4, 5, 7, 9, 13, 17 und 18 wurden von Ursula Ludz aus dem Amerikanischen übertragen

© Piper Verlag GmbH, Georgenstraße 4, 80799 München
www.piper.de
Für direkten Kontakt und Fragen zum Produkt wenden Sie sich bitte an: *info@piper.de*

Ungekürzte Taschenbuchausgabe
ISBN 978-3-492-30173-2
November 2000 (TB 22920)
1. Auflage Oktober 2012
3. Auflage September 2020

Umschlaggestaltung: semper smile, München
Umschlagabbildung: Archive Photos/Getty Images
Gesamtherstellung: CPI books GmbH, Leck
Printed in Germany

INHALT

I. Deutschland am Ende des Krieges und Entwicklungen in der Bundesrepublik

(1) Das »deutsche Problem« ist kein deutsches Problem*

Beim »deutschen Problem«, von welchem heutzutage die Rede ist, handelt es sich um eine Ausgrabung aus der Vergangenheit, und wenn dieses Fundstück jetzt einfach als das Problem germanischer Aggression präsentiert wird, dann geschieht dies wegen der sanften Hoffnungen, die man sich auf eine Restauration des Status quo in Europa macht. Angesichts des Bürgerkriegs, der den Kontinent überzieht, war es deshalb anscheinend notwendig, zuerst einmal die Bedeutung des Krieges im Sinne des 19. Jahrhunderts als eines rein nationalen Konflikts zu »restaurieren«, in welchem eher Länder als Bewegungen und eher Völker als Regierungen Niederlagen erleiden und Siege erringen.

Folglich liest sich die Literatur über das »deutsche Problem« größtenteils wie eine revidierte Ausgabe der Propaganda aus dem letzten Krieg [d. h. dem Ersten Weltkrieg[1]], die lediglich den offiziellen Standpunkt mit dem passenden historischen Wissen ausschmückte und im übrigen nicht besser oder schlechter war als ihr deutsches Pendant. Nach dem Waffenstillstand ließ man die Papiere dieser belesenen Herrschaften auf beiden Seiten einer barmherzigen Vergessenheit anheimfallen. Der einzige interessante Aspekt dieser Literatur war der Eifer, mit welchem Wissenschaftler und Schriftsteller von internationalem Ruf ihre Dienste anboten – nicht um unter Einsatz ihres Lebens ihr Land zu retten, sondern um unter äußerster Geringschätzung der Wahrheit ihrer Regierung zu dienen. Der einzige Unterschied zwischen den Propagandisten der beiden Weltkriege besteht darin, daß diesmal eine ganze Reihe von Personen, die früher den deutschen Chauvinismus mit zusammengebraut haben, sich selbst den alliierten Mächten als »Experten« für Deutschland zur Verfügung gestellt haben, ohne durch diesen Wandel irgend etwas von ihrem Feuereifer oder ihrer Unterwürfigkeit einzubüßen.

Diese Experten des »deutschen Problems« sind die einzigen Überbleibsel des letzten Krieges. Während jedoch ihre Anpassungsfähigkeit,

* 1945 in deutscher und englischer Sprache veröffentlicht, zu Einzelheiten siehe in dieser Ausgabe S. 416 f.

ihre Dienstbereitschaft und ihre Angst vor intellektueller und moralischer Verantwortung konstant geblieben sind, hat sich ihre politische Rolle geändert. Im Ersten Weltkrieg, der seinem Wesen nach kein ideologischer Krieg war, hatte man die Strategien der politischen Kriegführung noch nicht entdeckt, und die Propagandisten, die das Nationalgefühl des Volkes weckten oder ihm zum Ausdruck verhalfen, waren kaum etwas anderes als Moral-Aufbauer. Wenn man nach der ziemlich allgemeinen Verachtung urteilt, die ihnen von den Fronttruppen entgegengebracht wurde, versagten sie vermutlich sogar bei dieser Aufgabe; doch ansonsten waren sie sicherlich ganz bedeutungslos. In der Politik hatten sie nichts zu sagen, noch waren sie das Sprachrohr der Politik ihrer jeweiligen Regierungen.

Heute jedoch ist Propaganda an sich nicht mehr effektiv, insbesondere wenn sie vorzugsweise mit nationalistischen und militärischen anstatt mit ideologischen und politischen Begriffen operiert. Haß, beispielsweise, ist ganz offenkundig nicht vorhanden. Die Wiederbelebung des »deutschen Problems« hat deshalb bloß einen negativen Propagandaerfolg gezeitigt: Viele, die sich angewöhnt haben, die Greuelgeschichten des letzten Krieges abzutun, weigern sich schlicht zu glauben, daß es sich dieses Mal um grausige Wirklichkeit handelt, weil sie ihnen in der alten Form nationaler Propaganda dargeboten wird. Das Gerede vom »ewig gleichen Deutschland« und dessen ewigen Verbrechen dient nur dazu, den Schleier der Skepsis über Nazideutschland und dessen gegenwärtige Verbrechen zu breiten. Als 1939 – um nur ein Beispiel zu nennen – die französische Regierung die Parolen des Ersten Weltkriegs aus dem Arsenal hervorholte und das Schreckgespenst vom »Nationalcharakter« Deutschlands verbreitete, bestand die einzige sichtbare Wirkung darin, daß der Terror der Nazis nicht für voll genommen wurde. So sah das überall in Europa aus.

Doch während Propaganda viel von ihrer Anregungskraft eingebüßt hat, hat sie eine neue politische Funktion erhalten. Sie ist zu einer Form politischer Kriegführung geworden und dient dazu, die öffentliche Meinung auf bestimmte politische Schritte vorzubereiten. Wird dann das »deutsche Problem« herausgestellt, indem man die Vorstellung verbreitet, daß der wirkliche Grund des internationalen Konflikts bei den Greueltaten der Deutschen (oder der Japaner) zu suchen sei, dann hat dies den Effekt, die eigentlichen politischen Fragen zu verschleiern. Indem man den Faschismus mit dem Nationalcharakter und der Ge-

schichte Deutschlands identifiziert, wird den Menschen weisgemacht, die Zerschlagung Deutschlands sei ein Synonym für die Ausrottung des Faschismus. Auf diese Weise wird es möglich, die Augen zu verschließen vor der europäischen Krise, die noch keinesfalls überwunden ist und es den Deutschen erlaubt hat, den Kontinent zu erobern (mit der Hilfe von Quislingen und Fünften Kolonnen). So können alle Versuche, Hitler mit der deutschen Geschichte zu identifizieren, nur dazu führen, daß dem Hitlerismus unnötigerweise nationale Respektabilität verliehen und ihm bescheinigt wird, daß er durch eine nationale Tradition sanktioniert sei.

Ob man Hitler mit Napoleon vergleicht, wie das die englische Propaganda manchmal getan hat, oder mit Bismarck, man entlastet in beiden Fällen Hitler und geht mit der historischen Reputation Napoleons oder Bismarcks großzügig um. Napoleon lebt in der Erinnerung Europas letzten Endes immer noch fort als der Führer von Armeen, die von einer wie auch immer verzerrten Vorstellung von der Französischen Revolution beseelt waren; Bismarck war weder besser noch schlechter als die meisten nationalen Staatsmänner Europas, die das Spiel der Machtpolitik im Interesse der Nation betrieben, wobei ihre Ziele eindeutig definiert und klar begrenzt waren. Obwohl Bismarck versuchte, an einigen Stellen die deutschen Grenzen auszudehnen, dachte er nicht im Traum daran, irgendeine der rivalisierenden Nationen zu vernichten. Widerwillig stimmte er aufgrund von Moltkes »strategischen Gründen« der Eingliederung Lothringens in das Reich zu, aber er wollte innerhalb der deutschen Grenzen keine fremden Teilstücke haben und besaß nicht die geringste Ambition, fremde Völker als unterworfene Rassen zu beherrschen.

Was für die politische Geschichte Deutschlands gilt, trifft sogar in weit größerem Maße auf die geistigen Wurzeln zu, die der Nazismus haben soll.

I

Es ist völlig abwegig, den Nazismus aus einer speziellen deutschen Charakteranlage oder aus der deutschen Tradition erklären zu wollen. Zum Nazismus gehört kein Teil der westlichen Tradition, sei er deutsch oder nicht, katholisch oder protestantisch, griechisch oder römisch.

Weder Thomas von Aquin noch Machiavelli oder Kant oder Hegel oder Nietzsche – die Liste kann auf Grund der Literatur über das »deutsche Problem« ins Unendliche verlängert werden – tragen die geringste Verantwortung für das, was in den deutschen Vernichtungslagern geschehen ist. Ideologisch gesprochen, beginnt der Nazismus mit überhaupt keiner traditionellen Basis. Es wäre besser gewesen, diese Gefahr der radikalen Verneinung jeder Tradition zu begreifen, die von Anfang an der wichtigste Charakterzug des Nazismus war *(im Unterschied zu den Anfangsstadien etwa des italienischen Faschismus). Schließlich waren die Nazis selbst die ersten, die um ihre totale Leere herum eine Nebelwand von gelehrten Interpretationen hochzogen. Die meisten Philosophen, die gegenwärtig von den übereifrigen Experten des »deutschen Problems« verteufelt werden, sind schon lange von den Nazis für sich reklamiert worden – aber nicht weil den Nazis an Respektabilität gelegen war, sondern einfach deshalb, weil sie begriffen, daß es kein besseres Versteck als den großen Spielplatz der Geschichte und keinen besseren Leibwächter als die Kinder dieses Spielplatzes gibt, will heißen die »Experten«, die man so leicht für seine Dienste gewinnen und so leicht irreführen kann.*

Die grausigen Ausschreitungen des Nazi-Regimes sollten uns gezeigt haben, daß wir es hier mit etwas Unerklärlichem zu tun haben, das sich nicht einmal mit den schlimmsten Perioden der Geschichte vergleichen läßt. Niemals, weder im Altertum noch im Mittelalter, noch in der Neuzeit, wurde Zerstörung ein gut formuliertes Programm und seine Ausführung ein gründlich organisierter, bürokratisierter und schematisierter Prozeß. Es ist richtig, daß der Militarismus in Beziehung zur Wirksamkeit der Nazi-Kriegsmaschine steht und daß der Imperialismus viel mit seiner Ideologie zu tun hat. Aber um dem Nazismus näher zu kommen, muß man den Militarismus all seiner ihm innewohnenden Kriegstugenden entkleiden und den Imperialismus all seiner Träume vom Imperiums-Aufbau als einer »Aufgabe des weißen Mannes«. Mit anderen Worten, man kann im modernen politischen Leben leicht gewisse Neigungen finden, die an sich auf den Faschismus hinzielen, und gewisse Klassen, die leichter zu gewinnen und leichter zu betrügen sind als andere, aber alle müssen ihre sozialen Grundfunktionen verändern, bevor der Nazismus sie verwenden kann.[2] Der deutsche Militarismus, wie er in der deutschen Armee vertreten war, hatte kaum mehr Ehrgeiz als der Militarismus der alten französischen Armee der Dritten Republik: Die deutschen Offiziere wollten ein Staat im Staate sein und nahmen fälschlicherweise an, daß die Nazis ihnen dienlicher sein würden als die Weimarer Republik. Sie waren bereits im Stadium der Auflösung, als sie ihren Fehler erkannten – ein Teil war liquidiert und der andere selbst dem Nazi-Regime angeschlossen.

Es ist richtig, daß die Nazis gelegentlich die Sprache des Militarismus gesprochen haben, wie sie die Sprache des Nationalismus gesprochen haben; aber sie haben die Sprache jedes existierenden Ismus gesprochen, Sozialismus und Kommunismus nicht ausgeschlossen. Das hinderte sie nicht, Sozialisten, Kommunisten, Nationalisten und Militaristen zu liquidieren, alle gefährliche Nachbarn der Nazis. Nur die »Experten« mit ihrer Schwäche für das gesprochene oder geschriebene Wort und ihrem Unverstand für politische Realitäten nahmen diese Äußerung der Nazis für bare Münze und interpretierten sie als die Folge dieser oder jener deutschen oder europäischen Traditionen. Im Gegenteil, der Nazismus ist heute der Untergang aller deutschen oder europäischen Traditionen, der guten wie der schlechten.

II

Viele Anzeichen deuteten auf die Katastrophe hin, die Europa mehr als ein Jahrhundert bedrohte und die in Marx' bekannten Worten prophezeit ist, in denen er von der Alternative zwischen Sozialismus und Barbarei spricht. Während des letzten Krieges wurde diese Katastrophe sichtbar in Form der größten Zerstörungen, die die europäischen Völker je erlebt haben. Von da ab änderte der Nihilismus seine Bedeutung. Er war nicht mehr eine mehr oder weniger harmlose Ideologie, eine der vielen rivalisierenden Ideologien des 19. Jahrhunderts. Er blieb nicht mehr im ruhigen Reiche der bloßen Negation, des Skeptizismus und verzweifelten Pessimismus. Er begann statt dessen die Zerstörung als tatsächliche Erfahrung zu seiner Grundlage zu machen in dem unsinnigen Traum, die Leere schaffen zu können. Die Erfahrung in der Zerstörung wurde durch die Nachkriegswirren enorm gestärkt, als die Kriegsgeneration durch Inflation und Arbeitslosigkeit in die widerspruchsvolle Situation einer äußersten Hilflosigkeit und Untätigkeit innerhalb des Räderwerks einer scheinbar normalen Gesellschaft gestoßen wurde. Wenn die Nazis an das berühmte »Fronterlebnis« appellierten, weckten sie nicht nur Erinnerungen an die »Volksgemeinschaft« der Schützengräben, sondern brachten auch die süßen Erinnerungen an eine Zeit außerordentlicher Aktivität und Zerstörungskraft des Einzelnen.

Es stimmt, daß die Situation in Deutschland sich mehr als irgendwo für den Bruch mit allen Traditionen eignete. Das hängt mit der späten Entwicklung der Deutschen als Nation, ihrer unglücklichen politischen Geschichte und dem Mangel jeglicher demokratischer Erfahrung zusammen. Es hängt noch mehr mit der Tatsache zusammen, daß die Nachkriegssituation der Inflation und Arbeitslosigkeit – ohne die die zerstörerische Kraft des »Fronterlebnisses« ein vorübergehendes Phänomen geblieben wäre – mehr Menschen stärker in Mitleidenschaft zog als irgendwo. Aber wenn es auch leichter gewesen sein mag, europäische Traditionen in Deutschland zu zerbrechen, so steht es doch auch fest, daß sie zerbrochen werden mußten, so daß es nicht irgendeine deutsche Tradition als solche, sondern die Verletzung aller Traditionen war, die den Nazismus hervorbrachte. Wie erfolgreich der Nazismus an die Veteranen des letzten Krieges in allen Ländern appellierte, zeigt der fast universelle Einfluß, den er in allen Veteranen-Organisationen Europas hatte. Die Veteranen waren die ersten Sympathisanten, und die ersten Schritte, die die Nazis auf dem Felde der Außenpolitik taten, waren häufig darauf berechnet, jene »Waffenbrüder« jenseits der Grenzen zu wecken, bei denen sie sicher waren, daß sie ihre Sprache verstanden, von denselben Gefühlen bewegt wurden und den gleichen Wunsch nach Zerstörung in sich trugen.

Das ist die einzig wirkliche psychologische Deutung des »deutschen Problems«. Das Beunruhigende ist nicht der deutsche Nationalcharakter, sondern die Auflösung dieses Charakters oder die Tatsache, daß er keine Rolle mehr in der deutschen Politik spielt. Er gehört genauso der Vergangenheit an wie der deutsche Militarismus oder Nationalismus. Es wird nicht möglich sein, ihn wieder zum Leben zu erwecken, indem man die Mottos alter Bücher zitiert oder extreme politische Maßnahmen ergreift. Aber es gibt etwas Beunruhigenderes, und das ist der Mensch, der »den Deutschen« ersetzt hat – hauptsächlich der Typ, den die Angst vor Vernichtung selbst in eine zerstörerische Macht verwandelt, und den gibt es nicht nur in Deutschland. Das Nichts, aus dem der Nazismus entsprang, kann in weniger mystischen Umschreibungen als das Vakuum bezeichnet werden, das dem fast gleichzeitigen Zusammenbruch der sozialen und politischen Strukturierung Europas folgte. Gerade darum wird die Restauration so heftig von den europäischen Widerstandsbewegungen bekämpft, weil sie wissen, daß genau das gleiche Vakuum hervorgerufen werden würde, ein Vakuum, vor welchem sie in tödlicher Furcht leben, selbst wenn sie gerade jetzt gelernt haben, daß es »weniger schlimm« als der Faschismus ist. Die ungeheure psychologische Anziehungskraft des Nazismus beruht weniger auf seinen falschen Versprechungen als auf der offenen Anerkennung dieses Vakuums. Seine ungeheuerlichen Lügen paßten zu dem Vakuum. Diese Lügen waren psychologisch wirksam, weil sie gewissen fundamentalen Erfahrungen entsprachen und gewissen fundamentalen Wahrheiten. Man kann sagen, daß der Faschismus der alten Kunst des Lügens eine neue Variation geschenkt hat – die teuflischste Variation –: die Wahrheit zu lügen.

Die Wahrheit war: Die Klassenstruktur der europäischen Gesellschaft konnte nicht länger funktionieren, weder in ihrer feudalen Form im Osten noch in ihrer bourgeoisen Form im Westen. Nicht nur, daß ihr Mangel an Gerechtigkeit täglich offensichtlicher wurde; sie warf dauernd Millionen und Abermillionen von Individuen aus jedwedem Klassenstatus (durch Arbeitslosigkeit und andere Ursachen). Die Wahrheit war, daß der nationale Staat, einst das Symbol der Souveränität des Volkes, nicht mehr das Volk repräsentierte und unfähig wurde, seine äußere oder innere Sicherheit zu gewährleisten. Ob Europa zu klein für seine Organisationsform geworden war oder ob die europäischen Völker über die Organisation ihrer Nationalstaaten hinausgewachsen waren – sie verhielten sich nicht mehr als Nationen und konnten nicht mehr von nationalen Gefühlen bewegt werden. Die meisten von ihnen waren nicht gewillt, einen nationalen Krieg zu wagen, auch dann nicht, wenn er um ihre Unabhängigkeit ging.

Diese soziale Wahrheit des Niedergangs der europäischen Klassengesellschaft wurde von den Nazis mit der Lüge der »Volksgemeinschaft« beantwortet, die sich gründete auf der Komplizenschaft im Verbrechen und geführt wurde von einer Bürokratie von Gangstern. Die Deklassierten konnten mit dieser Antwort sympathisieren. Und die Wahrheit des Niedergangs des nationalen Staates wurde mit der famosen Lüge der »Neuen Ordnung« in Europa beantwortet, die die Völker in Rassen einteilte und sie für ihre Vernichtung präparierte. Die Leichtgläubigkeit der europäischen Völker – die in so vielen Fällen die Nazis in ihre Länder ließen, weil die Nazis auf der Grundlage gewisser fundamentaler Wahrheiten logen – hat sie einen enormen Preis gekostet. Aber sie haben schließlich eine große Lektion gelernt: daß keine der alten Kräfte, die den Mahlstrom des Vakuums produzierten, so furchtbar ist wie die neue Kraft, die aus ihm entsprang und deren Absicht ist, das Volk in Übereinstimmung mit dem Gesetz des Mahlstroms zu organisieren – das die Vernichtung selbst ist.

III

Die europäischen Widerstandsbewegungen erwuchsen in denselben Völkern, die 1938 die Münchner Vereinbarungen bejubelt hatten und in denen der Ausbruch des Krieges nur Mißbehagen hervorgerufen hatte. Diese Bewegungen wurden erst dann lebendig, als die Nationalisten und die Haßprediger aller Schattierungen ihre Gelegenheit bekommen hatten, Kollaborationisten zu werden, so daß die fast unvermeidliche Zuneigung aller Nationalisten zum Faschismus und die der Chauvinisten zur Unterwerfung unter den ausländischen Unterdrücker ganzen Völkern offenbar wurde. (Die wenigen Ausnahmen solcher altmodischen Nationalisten wie de Gaulle oder des Journalisten [Henri de] Kérillis bestätigen die Regel.) Die Untergrund-Bewegungen waren also mit anderen Worten das direkte Ergebnis der Niederlage, erstens des nationalen Staats, der durch Quisling-Regierungen ersetzt wurde, und zweitens des Nationalismus selbst. Die, die aufstanden, um den Kampf zu wagen, kämpften gegen den Faschismus und nichts anderes. Das ist nicht überraschend; was überraschend ist – gerade wegen seiner strikten, fast logischen Konsequenz –, ist, daß alle diese Bewegungen plötzlich ein positives politisches Schlagwort fanden, das vollkommen den nichtnationalen, so sehr populären Charakter des neuen Kampfes zeigte: Dieses Schlagwort war einfach EUROPA.

Hierdurch erweckte natürlich das »deutsche Problem«, so wie es von den Experten präsentiert wurde, sehr wenig Interesse in der europäischen Widerstandsbewegung, Es galt als feststehend, daß das alte Festhalten am »deutschen Problem« nur die Auffassung des »ideologischen Krieges« vernebeln und daß die Entrechtung Deutschlands eine Lösung der europäischen Frage verhindern würde. Viele wohlwollende Korrespondenten, die ihre Lektion von den Experten über Deutschland gelernt hatten, waren schockiert durch das Fehlen persönlichen Hasses gegen die Deutschen in den befreiten Ländern und durch das Vorhandensein eines politischen Hasses gegen Faschisten, Kollaborationisten und Konsorten gleich welcher Nationalität. Die Worte, die Georges Bidault, Chef der französischen Widerstandsbewegung und jetzt Außenminister, zu verwundeten deutschen Soldaten unmittelbar nach der Befreiung von Paris[3] sprach, klingen wie ein einfacher und glänzender Ausdruck der Gefühle derer, die gegen Nazi-Deutschland nicht mit ihren Federn, sondern mit ihrem Leben kämpften. Er sagte: »Deutsche Soldaten, ich bin der Chef der Widerstandsbewegung. Ich bin zu Euch gekommen, um Euch gute Gesundheit zu wünschen. Mögt ihr Euch bald in einem freien Deutschland und in einem freien Europa befinden!«

Das Bestehen auf Europa gerade in solchem Moment ist charakteristisch. Alle anderen Worte würden nicht der Überzeugung entsprochen haben, daß die europäische Krise vor allem eine Krise des Nationalstaats ist. Mit den Worten der holländischen Untergrundbewegung: »Wir durchleben jetzt eine Krise der staatlichen Souveränität. Eins der Hauptprobleme des kommenden Friedens wird sein: Wie können wir unter der Wahrung unserer kulturellen Autonomie die Bildung größerer Einheiten auf wirtschaftlichem und politischem Gebiet durchführen? ... Ein guter Friede ist heute unerreichbar, wenn die Staaten nicht Teile ihrer wirtschaftlichen und politischen Souveränität zu Gunsten einer höheren Autorität aufgeben. Wir lassen die Fragen offen, ob ein europäischer Rat, eine europäische Föderation, die Vereinigten Staaten von Europa oder was sonst für ein Einheitstyp gebildet werden soll.«

Es ist offensichtlich, daß für diese Menschen, die wahrhaft neuen Menschen Europas, das deutsche Problem nicht wie für de Gaulle das Zentrum der Welt, nicht einmal das Zentrum Europas ist. Ihr Hauptfeind ist der Faschismus, nicht Deutschland; ihr Hauptproblem ist die Krise aller Staatsorganisationen des Kontinents, nicht nur des deutschen oder preußischen Staates. Ihr Schwerpunkt ist Frankreich, das Land, das kulturell und politisch jahrhundertelang wahrhaft das Herz Europas gewesen ist und dessen letzte Beiträge zum politischen Denken es wieder an die geistige Spitze Europas gestellt haben. In diesem Zusammenhang war es mehr als bedeutsam, daß die Befreiung von Paris in Rom mit größerer Begeisterung gefeiert wurde als seine eigene Befreiung; und daß die Botschaft der holländischen Widerstandsbewegung an die französischen Streitkräfte des Innern nach der Befreiung von Paris mit den Worten schloß: »Solange Frankreich lebt, wird Europa nicht sterben.«

Für die, die Europa während der Zeit zwischen den zwei Weltkriegen genau gekannt haben, muß es fast erschütternd gewesen sein zu sehen, wie schnell dieselben Völker, die nur wenige Jahre vorher keineswegs mit Fragen politischer Art vertraut waren, plötzlich die Hauptbedingungen für das Weiterleben des europäischen Kontinents entdeckt haben. Unter der Nazi-Unterdrückung haben sie nicht nur die Bedeutung der Freiheit wieder kennengelernt, sondern auch ihre Selbstachtung und das Streben nach Verantwortung zurückgewonnen. Das zeigt sich besonders deutlich in allen ehemaligen Monarchien, wo – zur Überraschung und zum Mißvergnügen einiger Beobachter – das Volk vor allem ein republikanisches Regime wünscht. In Frankreich, einem Land reifer republikanischer Traditionen, gewinnt die Ablehnung der alten zentralisierten Regierungsformen, die dem einzelnen wenig Verantwortung überlassen, immer mehr an Boden. Der Wunsch nach neuen Formen, die dem Bürger sowohl mehr Pflichten wie mehr Rechte und Stellungen im öffentlichen Leben geben, ist charakteristisch bei allen Parteien.

Das Hauptprinzip der französischen Widerstandsbewegung war: »libérer et fédérer«, und mit der Föderation war eine föderierte Struktur der Vierten Republik gemeint (im Gegensatz zum »zentralistischen Staat, der totalitär werden muß«), eingefügt in eine europäische Föderation. Wenn auch die französischen, tschechischen, italienischen, norwegischen und holländischen Untergrundzeitungen in fast gleichen Ausdrücken darauf als primärer Bedingung für einen künftigen Frieden bestehen, sind meines Wissens nur die Franzosen so weit gegangen festzustellen, daß die föderative Struktur Europas sich gründen muß auf ähnlich föderierten Strukturen der beteiligten Staaten.

Ebenso umfassend, aber nicht so neu, sind die sozialen und ökonomischen Forderungen. Alle verlangen eine Änderung des Wirtschaftssystems, Kontrolle des Reichtums, Verstaatlichung und Vergesellschaftlichung der Grundstoffe und der Hauptindustriezweige. Auch hier haben die Franzosen wieder einige eigene Vorstellungen. Wie [Louis] Saillant es formuliert hat, wollen sie keinen »Aufguß irgendeines sozialistischen oder anderen Programms«, da sie hauptsächlich interessiert seien an »der Verteidigung jener menschlichen Würde, für welche die

Menschen in der Résistance gekämpft und sich geopfert haben«. Die Gefahr eines »étatisme envahissant« [aggressiven Etatismus] hoffen sie dadurch zu vermeiden, daß die Arbeiter und das technische Personal jeder Fabrik am Betriebsergebnis beteiligt werden und die Verbraucher eine entscheidende Stimme im Management erhalten.

Es war notwendig, dieses allgemeine programmatische Stückwerk zu skizzieren, denn nur in seinen Ausdrücken bekommt die Antwort auf das »deutsche Problem« einen Sinn. Verdächtig erscheint jede Art von Vansittartismus [Deutschenhaß[4]]. Ein französischer Offizier, einer derer, die täglich mit Hilfe der deutschen Untergrundbewegung aus den Nazi-Gefangenenlagern entflohen, bezeichnet den Unterschied zwischen den Gefangenen und den Leuten zu Hause, die die Deutschen mehr als jene hassen. »Unser Haß, der heftige Haß der Gefangenen, gilt den Kollaborationisten und den Profitmachern und allen, die dem Feind halfen – und wir sind drei Millionen.«

Die polnische sozialistische Zeitung *Freiheit* warnte vor dem Rachegeschrei, weil es »leicht in den Wunsch, andere Nationen zu unterdrükken, umschlagen kann, wodurch nach der Niederlage des Nazismus seine Methoden und Ideen wieder triumphieren würden.« Sehr ähnliche Feststellungen wurden von den Bewegungen der anderen Länder gemacht. Die Furcht, in irgendeine Art von Rassismus zu verfallen, nachdem seine deutsche Spielart vernichtet ist, hat zur Folge, daß man auf jede Idee der Zerstückelung Deutschlands verzichtet. In dieser wie in vielen anderen Fragen ist die Uneinigkeit zwischen den Widerstandsbewegungen und den Exilregierungen fast vollständig.[5]

Indessen stehen die Holländer, Polen, Norweger und Franzosen wie ein Mann hinter dem Programm der Nationalisierung der deutschen Schwerindustrie, der Liquidierung der Junker und Industriellen als Gesellschaftsklassen, der vollkommenen Entwaffnung und der Kontrolle der industriellen Produktion. Einige treten für eine föderale deutsche Verwaltung ein. Die französische sozialistische Partei erklärt, dieses Programm »muß in die Praxis umgesetzt werden in engster brüderlicher Zusammenarbeit mit deutschen Demokraten«. Alle Programme schließen mit der Ermahnung, daß »siebzig Millionen Menschen im Herzen Europas wirtschaftlichem Elend zu überlassen« (Norweger) die letzte Möglichkeit verhindern heißt, »Deutschland in die Gemeinschaft der europäischen Nationen und in eine europäische Planwirtschaft aufzunehmen« (Holländer).

Wenn man in Begriffen des europäischen Untergrunds denkt, dann wird man gewahr, daß die heftig umstrittenen Alternativen eines milden oder harten Friedensschlusses mit Deutschland kaum etwas mit dem Problem der künftigen Souveränität dieses Landes zu tun haben. Daher behaupten die Holländer, daß »das Problem der Gleichberechtigung nicht dadurch gelöst werden kann, daß der besiegte Staat die Souveränitätsrechte zurückerhält, sondern nur dadurch, daß ihm ein begrenzter Einfluß in einem europäischen Rat oder einer europäischen Föderation gewährt wird«. Die Franzosen, die schon für den Zeitabschnitt vorausplanen, wenn die nichteuropäischen Besatzungsarmeen den Kontinent verlassen haben und sie selbst wieder mit strikt europäischen Belangen konfrontiert sein werden, haben darauf hingewiesen, daß »wesentliche Beschränkungen der deutschen Souveränität nur dann problemlos ins Auge gefaßt werden können, wenn alle Staaten gleichfalls bedeutende Einschränkungen ihrer eigenen Souveränität akzeptieren«.

Lange bevor der Morgenthau-Plan bekannt wurde, hatten die Untergrundbewegungen jeden derartigen Gedanken an die Zerstörung der deutschen Industrie zurückgewiesen. Diese Ablehnung ist so allgemein, daß es überflüssig ist, dafür besondere Quellen zu zitieren. Die Gründe liegen offen zutage: Es gibt eine erdrückende und insgesamt berechtigte Angst davor, daß halb Europa Hunger leiden müßte, wenn die deutsche Industrie die Produktion einstellen würde.

Anstelle der Zerstörung dieser Industrie wird deren Kontrolle vorgeschlagen, die weniger von einem besonderen Land oder einem Volk, sondern von einem europäischen Beratergremium ausgeübt werden soll, das zusammen mit deutschen Repräsentanten die Verantwortung für das Management der deutschen Industrie übernehmen würde, um die Produktion anzukurbeln und die Verteilung zu steuern. Am bemerkenswertesten unter den Wirtschaftsplänen zur europäischen Nutzung der deutschen Industrie ist das französische Programm, das in der Zeit vor der Befreiung als Diskussionsvorschlag im Gespräch war. Diesem Programm zufolge sollten, ohne daß die Landesgrenzen verschoben würden, die Industrieregionen Westdeutschlands, das Ruhrgebiet, das Saargebiet, das Rheinland und Westfalen mit den Industriegebieten im Osten Frankreichs und Belgiens zu einem einzigen Wirtschaftssystem zusammengefaßt werden.

Doch diese Bereitschaft, sich mit einem künftigen Deutschland abzufinden, läßt sich nicht allein aus der Sorge um das wirtschaftliche Wohl oder gar aus dem natürlichen Gefühl heraus erklären, daß es ungeachtet der Entscheidungen der Alliierten die Deutschen auch weiterhin in Europa geben werde. Man muß außerdem die Tatsache in Rechnung stellen, daß der europäische Widerstand in vielen Fällen Seite an Seite mit deutschen Antifaschisten und Deserteuren aus der Wehrmacht gekämpft hat.

Die Widerstandsbewegung weiß von der Existenz der deutschen Untergrundbewegung durch die Millionen von ausländischen Arbeitern und Gefangenen, die im Reich Gelegenheit hatten, ihr Wirken zu beobachten. Ein französischer Offizier, der beschreibt, wie französische Gefangene in Deutschland Kontakt zu französischen Zwangsarbeitern und zur französischen Untergrundbewegung selbst bekamen, spricht von der deutschen Untergrundbewegung als feststehender Tatsache, wenn er schreibt: »Ohne die aktive Hilfe der deutschen Soldaten und Arbeiter wäre dieser Kontakt nie möglich gewesen.« Er spricht auch davon, »viele gute Freunde unter den Deutschen hinterlassen zu haben, als wir den Stacheldraht durchschnitten«. Noch beeindruckender ist seine Mitteilung, daß der deutsche Untergrund auf die Hilfe der Franzosen in Deutschland zähle, und zwar »in dem Augenblick, wo man zum letzten Schlag ausholt«, und daß dank der organisierten Zusammenarbeit zwischen den beiden Gruppen die Franzosen den Ort kennten, an welchem der deutsche Untergrund seine Waffen gelagert habe.

Diese Einzelheiten werden erwähnt, um zu verdeutlichen, welche konkrete Erfahrung den programmatischen Vorstellungen der europäischen Résistance über Deutschland zugrunde liegt. Diese Erfahrung hat ihrerseits die Einstellung überzeugender werden lassen, die schon seit einigen Jahren für europäische Antifaschisten charakteristisch ist. Bernanos hat diese Haltung jüngst definiert als »l'espoir en des hommes dispersés à travers l'Europe, séparés par les frontières et par la langue, et qui n'ont guère de commun entre eux que l'expérience du risque et l'habitude de ne pas céder à la menace«[6].

IV

Die Rückkehr der Exilregierungen könnte diesem neuen Gefühl europäischer Solidarität rasch ein Ende bereiten, denn die ganze Existenz dieser Regierungen hängt davon ab, daß der Status quo wiederherge-

stellt wird. Von daher rührt ihr hartnäckiges Interesse an einer Schwächung und Auflösung der Widerstandsbewegungen, mit dem Ziel, die politische Wiedergeburt der europäischen Völker zunichte zu machen.

Diejenigen, die die Restauration des Vorkriegszustandes in Europa erstreben, verteidigen im wesentlichen drei Prinzipien. Erstens haben sie das Prinzip der kollektiven Sicherheit wieder zum Leben erweckt, das kein neuer Begriff ist, sondern aus den glücklichen Zeiten der Heiligen Allianz übernommen wurde. Es wurde nach dem letzten Krieg wiedererweckt in der Hoffnung, daß es als Abschreckung nationalistischer Aggressionsgelüste dienen würde. Daß dieses System in die Brüche ging, kam nicht durch eine solche Aggression, sondern durch das Auftreten ideologischer Faktoren. So weigerte sich das von Deutschland angegriffene Polen z. B., die Hilfe der Roten Armee zu suchen, trotz der Tatsache, daß in diesem Falle kollektive Sicherheit ohne diese Hilfe kaum wirksam werden konnte. Die strategische Sicherheit wurde geopfert, weil der Hauptaggressor – Deutschland – als das Bollwerk gegen den Bolschewismus galt. Es ist klar, daß das kollektive Sicherheitssystem nur auf der Voraussetzung wieder errichtet werden kann, daß hemmende ideologische Faktoren nicht mehr existieren. Solche Voraussetzung ist jedoch eine Illusion.

In der Absicht, unter den ideologischen Kräften, die in allen Nationen zu finden sind, Zwietracht zu vermeiden, wurde das zweite politische Prinzip eingeführt – das der scharf begrenzten Interessensphären. Das ist eine Politik, die imperialistische Kolonialmethoden in Europa anwenden will. Es ist jedoch nicht wahrscheinlich, daß die Europäer sich wie Kolonialvölker behandeln lassen werden in einer Zeit, in der diese auf dem Wege sind, ihre Unabhängigkeit zu erringen. Noch unrealistischer ist die Hoffnung, auf einem so dicht bevölkerten Gebiet wie Europa Mauern aufrichten zu können, die ein Volk vom andern trennen und den Einbruch ideologischer Kräfte verhindern sollen.

Heute wohnen wir der Auferstehung der guten alten zweiseitigen Allianz bei, die das bevorzugte politische Instrument des Kreml zu sein scheint. Dieses letzte, aus dem reichen Arsenal der Machtpolitik geborgte Stück hat nur eine Bedeutung, und das ist die Wiederverwendung politischer Methoden des 19. Jahrhunderts, deren Unwirksamkeit nach dem letzten Krieg entdeckt und angeprangert wurde. Worauf solche zweiseitigen Vereinbarungen schließlich hinauslaufen, ist, daß der stärkere Partner den schwächeren politisch wie ideologisch beherrscht.

Die Exilregierungen, die nur an der Wiederherstellung der Verhältnisse und an nichts anderem interessiert sind, schwanken kläglich zwischen diesen Alternativen hin und her und sind bereit, fast alles zu akzeptieren, was die Großen Drei zu bieten haben – kollektive Sicherheit, Interessensphäre oder Allianz. In diesem Zusammenhang muß man de Gaulle eine Sonderstellung einräumen. Im Unterschied zu den anderen repräsentiert er die Kräfte von vorgestern – also einer Zeit, die trotz aller ihrer Fehler den menschlichen Absichten um einiges wohlgesonnener war als die jüngere Vergangenheit. Mit anderen Worten, er allein repräsentiert wirklich Patriotismus und Nationalismus im alten Sinn. Als seine ehemaligen Kameraden in der französischen Armee und in der Action Française[7] *zu Verrätern wurden, als Frankreich vom Pazifismus wie von einem Fieber erfaßt wurde und die herrschenden Klassen nicht schnell genug kollaborieren konnten, da hat er nicht einmal verstanden, was vor sich ging. Er hatte gewissermaßen das Glück, nicht zu begreifen, was er sah – nämlich, daß die Franzosen keinen nationalen Krieg gegen Deutschland wollten. Alles, was er seither getan hat, hat er um der Nation willen getan, und sein Patriotismus ist so tief im Volkswillen verwurzelt, daß die Résistance, d. h. das Volk, in der Lage war, seine Politik zu unterstützen und zu beeinflussen. De Gaulle ist der einzige nationale Staatsmann, den es in Europa noch gibt, und er ist auch der einzige, der es ernst meint, wenn er vom »deutschen Problem als dem Zentrum des Universums« spricht. Für ihn ist der Krieg wirklich ein nationaler und kein ideologischer Konflikt. Was er für Frankreich möchte, das ist ein möglichst großer Anteil am Sieg über Deutschland. Sein Appetit auf Annexion ist von der Résistance gezügelt worden; der neue und angeblich von Stalin akzeptierte Vorschlag, demzufolge die Schaffung eines separaten deutschen Staates im Rheinland unter alliierter oder französischer Kontrolle vorgesehen ist, sieht aus wie ein Kompromiß zwischen seinen früheren Annexionsplänen und den Hoffnungen der Résistance auf ein föderatives Deutschland und eine von europäischen Gremien kontrollierte deutsche Wirtschaft.*

Die Restauration hat logischerweise mit der Wiederaufnahme der endlosen Grenzlinien-Dispute begonnen, an denen einige altmodische Nationalisten lebhaft interessiert sind. Trotz der heftigen Proteste der Untergrundbewegungen der betreffenden Länder haben alle Exilregierungen territoriale Forderungen gestellt. Diese Forderungen, gestützt und möglicherweise inspiriert von London, können nur auf Kosten der

Besiegten erfüllt werden, und wenn die Freude bei der Aussicht auf Erwerb neuer Gebiete nicht sehr groß ist, so deshalb, weil niemand weiß, wie die dann entstehenden Bevölkerungsprobleme gelöst werden können. Die Minoritäten-Abkommen, von denen nach dem letzten Krieg Wunder erwartet wurden, wurden offen mißachtet,[8] da niemand Vertrauen zu der einzigen Möglichkeit, der der Assimilation, hatte. Heute hofft man, das Minoritäten-Problem mit Hilfe des Bevölkerungsaustauschs zu lösen. Die Tschechen waren die ersten, die ihren Entschluß bekanntgaben, die Minoritäten-Abkommen zu liquidieren und zwei Millionen Deutsche ins Reich zu deportieren. Die anderen Regierungen folgten dem Beispiel und sprachen ähnliche Pläne aus für die Deutschen, die sich in den abgetretenen Gebieten befinden – das sind viele Millionen.

Wenn solche Bevölkerungs-Austausche tatsächlich stattfinden, werden sie nicht nur eine endlose Verlängerung des Chaos zur Folge haben, sondern vielleicht noch etwas viel Schlimmeres. Die abgetretenen Territorien werden unterbevölkert sein, und die Nachbarn Deutschlands werden sich in die Unmöglichkeit versetzt sehen, sie zu bevölkern und an ihren Rohstoffquellen zu profitieren. Das würde zu einer Rückwanderung deutschen Menschenpotentials führen und so die alten Gefahren wieder heraufbeschwören, oder zu einer Situation, in der ein überfülltes Land mit hochqualifizierter Arbeiterschaft und hochentwickelter Technik gezwungen ist, ingeniöse industrielle Methoden zu entdecken, um weiterbestehen zu können. Das Ergebnis solch einer »Bestrafung« würde genau das gleiche sein wie das des Versailler Vertrags, der auch gedacht war als ein Mittel, Deutschlands wirtschaftliche Macht zu brechen, das aber zur Ursache der Überrationalisierung und des bedrohlichen Anwachsens der deutschen Industrie-Kapazität wurde. Seit in unserer Zeit Menschenpotential weit wichtiger ist als Territorien und seit technische Geschicklichkeit vereint mit hochgradiger wissenschaftlicher Forschung zukunftsreicher ist als Rohstoffe, könnten wir sehr wohl dahin kommen, in der Mitte Europas ein gigantisches Pulverfaß zu schaffen, dessen Explosivkraft die Staatsmänner von morgen ebenso überraschen wird wie das Auferstehen des besiegten Deutschland die Staatsmänner von gestern.

Der Morgenthau-Plan, schließlich, scheint eine definitive Lösung zu zeigen. Aber dieser Plan kann schwerlich Deutschland in eine Nation der Kleinbauern verwandeln, denn keine Macht würde es unternehmen, die ca. dreißig Millionen überzähligen Deutschen auszurotten. Jeder ernsthafte Versuch dazu würde nämlich die »revolutionäre Situation« heraufbeschwören, welche die, die eine Restauration wünschen, mehr als alles andere fürchten.

Die Restauration verspricht also nichts. Wenn sie Erfolg haben sollte, würde sich der Prozeß der letzten dreißig Jahre in einem schnelleren Tempo wiederholen. Der verhängnisvolle Kreislauf, in dem sich alle Diskussionen über das »deutsche Problem« drehen, zeigt klar den utopistischen Charakter des »Realismus« und der Machtpolitik in ihrer Anwendung auf die wahren Erfordernisse unserer Zeit. Die einzige Alternative diesen veralteten Methoden gegenüber, die noch nicht einmal den Frieden bewahren, geschweige denn die Freiheit sichern würden, ist der Kurs, den die europäische Widerstandsbewegung eingeschlagen hat.

(2) Organisierte Schuld *

I

Je größer die militärischen Niederlagen der deutschen Armee im Felde werden, desto stärker macht sich der Sieg der politischen Kriegführung der Nazis, die sehr zu Unrecht oft mit bloßer Propaganda identifiziert wird, geltend. Die zentrale These dieser Kriegführung, die stets sich in gleichem Maße an die »innere Front«, an das deutsche Volk selbst, wie an seine Feinde richtete, hieß, daß es einen Unterschied zwischen Nazis und Deutschen nicht gebe, daß das Volk geschlossen hinter seiner Regierung stehe, daß alle Hoffnungen der Alliierten auf ideologisch nichtinfizierte Teile des Volkes, alle Appelle an ein demokratisches Deutschland der Zukunft Illusion seien. Die Konsequenz dieser These ist natürlich, daß es eine Teilung der Verantwortung nicht gebe, daß deutsche Antifaschisten im selben Maße wie deutsche Faschisten von der Niederlage betroffen sein werden und daß die Alliierten Unterschiede zu Beginn des Krieges nur zum Zwecke der Propaganda gemacht hätten. Die weitere Konsequenz ist, daß die alliierten Bestimmungen über die Bestrafung der Kriegsverbrecher sich als leere Drohungen deshalb erweisen werden, weil man niemanden finden wird, auf den die Definition des Kriegsverbrechers nicht zutrifft.

Daß diese Behauptungen nicht bloße Propaganda sind, sondern sich auf eine sehr reale Unterlage, auf eine furchtbare Wirklichkeit berufen können, haben wir alle zu unserm Schrecken in den letzten Jahren erfahren. Die Terrorformationen, die ursprünglich von der Masse des Volkes streng geschieden waren und in die nur Leute aufgenommen wurden, die nachweisen konnten, Verbrecher zu sein, oder bereit waren, Verbrecher zu werden, sind ständig erweitert worden. Das Verbot der Parteizugehörigkeit von Mitgliedern der Armee ist von dem Generalbefehl, der alle Soldaten der Partei unterstellt, abgelöst worden. Während die Verbrechen, die seit Beginn des Regimes in den Konzentrationslagern zur täglichen Routine gehören, früher ein eifersüchtig gehütetes Monopol der SS und der Gestapo waren, werden zu den Massenmorden heute beliebige Wehrmachtsangehörige abkommandiert.

* 1946 in deutscher Sprache veröffentlicht.

Die Berichte über diese Verbrechen, welche am Anfang möglichst geheimgehalten wurden und deren Veröffentlichung als »Greuelmärchenpropaganda« unter Strafe gestellt war, wurden erst auf dem Wege der von den Nazis selbst inszenierten Flüsterpropaganda verbreitet, und sie werden heute von ihnen völlig offen als Liquidierungsmaßnahmen zugestanden, um diejenigen »Volksgenossen«, welche man aus organisatorischen Gründen nicht hat in die »Volksgemeinschaft« des Verbrechens aufnehmen können, wenigstens in die Rolle der Mitwisser und Komplizen zu drängen. Die totale Mobilmachung hat in der totalen Komplizität des deutschen Volkes geendet.

Um die entscheidende politische Veränderung der realen Verhältnisse, welche die Nazipropaganda seit dem Verlust der Schlacht um England begleitet und schließlich den Verzicht der Alliierten auf eine Differenzierung zwischen Deutschen und Nazis zur Folge hatte, richtig einzuschätzen, muß man sich vergegenwärtigen, daß bis zum Ausbruch des Krieges, ja bis zum Beginn der militärischen Niederlagen nur die verhältnismäßig kleinen Gruppen aktiver Nazis – zu denen noch nicht einmal die große Zahl der Sympathisierenden gehörte – und die ebenso kleine Anzahl aktiver Antifaschisten über die Vorgänge wirklich Bescheid wußten. Alle anderen – ob Deutsche oder Nichtdeutsche – hatten die verständliche Neigung, einer offiziellen, von allen Mächten anerkannten Regierung eher zu glauben als Flüchtlingen, die als Juden oder als Sozialisten ohnehin verdächtig waren. Von diesen wiederum kannte auch nur ein verhältnismäßig kleiner Prozentsatz die volle Wahrheit; und es war natürlich ein noch kleinerer Bruchteil, der bereit war, das Odium der Unpopularität auf sich zu nehmen und die Wahrheit zu sagen.

Solange die Nazis sich auf den Sieg vorbereiteten, blieben die Terrorformationen vom Volke, und das heißt im Krieg von der Armee, getrennt. Die Armee wurde zum Terror nicht herangezogen, und die SS-Truppen wurden in steigendem Maße aus erprobten Leuten gleich welcher Nationalität rekrutiert. Wäre die berüchtigte Neuordnung Europas geglückt, so hätten wir die Herrschaft einer intereuropäischen Terrororganisation unter deutscher Führung erlebt. Der Terror wäre von Angehörigen aller europäischen Nationalitäten – mit Ausnahme der Juden – ausgeübt worden, wäre aber gradmäßig je nach Rassenzugehörigkeit der verschiedenen Länder abgestuft worden. Das deutsche Volk wäre natürlich von ihm nicht verschont geblieben. Himmler war immer der Meinung, daß die Herrschaft in Europa einer Rassenelite, verkörpert in den SS-Truppen, zusteht, welche national nicht gebunden bleiben darf.

Erst die Niederlagen haben die Nazis gezwungen, dies Konzept aufzugeben und scheinbar zu alten nationalistischen Schlagworten zurückzukehren. Hierzu gehört die aktive Identifikation des gesamten Volkes mit den Nazis. Die Möglichkeit einer künftigen Untergrundarbeit hängt davon ab, daß niemand mehr wissen kann, wer ein Nazi ist und wer nicht, daß es keinerlei äußere, sichtbare Unterscheidungsmerkmale mehr gibt, daß die Sieger vor allem davon überzeugt werden, daß es Unterschiede unter Deutschen nicht gibt. Hierfür ist natürlich ein verstärkter Terror in Deutschland notwendig, der nach Möglichkeit keinen Menschen lebendig läßt, dessen Vergangenheit oder dessen Bekanntheit dafür bürgen könnten, daß er ein Antifaschist ist. Während in den ersten Kriegsjahren die »Großzügigkeit« des Regimes gegen gegenwärtige und ehemalige Gegner, wenn sie sich ruhig verhielten, bemerkenswert war, werden neuerdings unzählige Menschen hingerichtet, die, seit Jahren ihrer Freiheit beraubt, eine unmittelbare Gefahr für das Regime nicht bilden können. Auf der anderen Seite und in weiser Voraussicht, daß man trotz aller Vorsichtsmaßnahmen auf Grund von Aussagen ehemaliger Kriegsgefangener oder fremder Arbeiter, auf Grund von Gefängnis- und Konzentrationslagerstrafen vielleicht doch noch in jeder Stadt ein paar hundert Leute entdecken könnte mit einer einwandfreien antifaschistischen Vergangenheit, haben die Nazis ihre zuverlässigsten Leute bereits mit allen notwendigen Papieren, Leumundszeugnissen usw. ausgestattet, so daß alle derartigen Aussagen wertlos sein werden. Die Insassen der Konzentrationslager, deren Zahl niemand genau kennt, die aber auf mehrere Millionen geschätzt werden, kann man entweder »liquidieren« oder laufenlassen – eindeutig erkennbar werden sie erst einmal auch im unwahrscheinlichen Fall ihres Überlebens nicht sein.

Ob jemand in Deutschland ein Nazi oder ein Antinazi ist, wird nur noch der ergründen können, der in das menschliche Herz, in das bekanntlich kein menschliches Auge dringt, zu blicken vermag. Die Laufbahn eines Organisators einer Untergrundbewegung, die es natürlich auch in Deutschland gibt, würde ein sofortiges Ende nehmen, wenn er sich nicht in Wort und Tat wie ein Nazi gebärden würde. In einem Lande, wo jeder auffällt, der nicht entweder auf Befehl mordet oder ein freudiger Komplize von Mördern zu sein vorgibt, ist das keine leichte

Sache. So hat selbst das extremste Schlagwort, das dieser Krieg auf unserer Seite hervorgebracht hat, daß nur ein »toter Deutscher« ein guter Deutscher sei, noch eine Grundlage in den wirklichen Verhältnissen: Erst wenn die Nazis einen gehängt haben, können wir wissen, ob er wirklich gegen sie war. Einen anderen Beweis gibt es nicht mehr.

II

Dies sind die realen politischen Verhältnisse, die der Behauptung von einer Gesamtschuld des deutschen Volkes zugrunde liegen. Sie sind das Resultat einer Politik, die wirklich vaterlandslos, wirklich a- und antinational ist, die völlig konsequent daran festhält, daß es ein deutsches Volk nur geben soll, wenn es in der Macht der augenblicklich Regierenden ist, und die mit höhnischer Genugtuung ihren größten Sieg feiern würde, wenn der Untergang der Nazis die physische Vernichtung des Volkes nach sich ziehen würde. Die totale Politik, welche die Atmosphäre von Neutralität, in der das tägliche Leben von Menschen sich abspielt, total zerstört hat, hat es erreicht, die private Existenz jedes Individuums auf deutschem Boden davon abhängig zu machen, daß es Verbrechen entweder begeht oder ihr Komplize ist. Der Propagandaerfolg der Nazis in alliierten Ländern, wie er in dem, was gemeinhin mit Vansittartismus[1] bezeichnet wird, zum Ausdruck kommt, ist demgegenüber ganz sekundär. Er ist wesentlich Kriegspropaganda und kommt damit den eigentlichen, spezifisch modernen politischen Phänomenen noch nicht einmal nahe. Seine Schriften mitsamt seiner pseudohistorischen Beweisführung wirken wie unschuldige Plagiate aus der französischen Literatur des vorigen Krieges. Wobei es denn wirklich gleichgültig ist, daß ein paar der Schreiber, die vor 25 Jahren die Druckerpressen mit dem »perfiden Albion«[2] in Bewegung setzten, ihre Erfahrungen diesmal den Alliierten zur Verfügung zu stellen gezwungen waren.

Aber auch die ernsteren Diskussionen zwischen den Advokaten der »guten« und den Anklägern der »bösen« Deutschen reden nicht nur an dem Kern der Sache vorbei, sondern haben offenbar von dem Ausmaße des Verhängnisses kaum eine Vorstellung. Sie werden entweder in die Trivialität einer allgemeinen Feststellung über gute und böse Menschen und in eine phantastische Überschätzung der »Erziehung« gedrängt, oder sie nehmen ohne weitere Besinnung die Rassentheorien der Nazis an und kehren sie um. Hierin liegt nur deshalb eine gewisse Gefahr, weil die Alliierten sich seit Churchills berühmter Erklärung geweigert haben, einen »ideologischen« Krieg zu führen[3], und daher unwissentlich den Nazis, die unbekümmert um Churchill ihre Niederlage ideologisch organisieren, einen Vorsprung und allen Rassentheoremen eine Chance des Überlebens gegeben haben.

Inzwischen geht es weder darum, das Selbstverständliche zu beweisen, nämlich daß Deutsche nicht seit Tacitus' Zeit bereits latente Nazis waren, noch das Unmögliche zu demonstrieren, daß alle Deutschen eine nazistische Gesinnung haben; sondern darum, sich zu überlegen, welche Haltung man einnehmen kann, wie man es ertragen kann, sich mit einem Volke konfrontiert zu finden, in welchem die Linie, die Verbrecher von normalen Menschen, Schuldige von Unschuldigen trennt, so effektiv verwischt worden ist, daß morgen niemand in Deutschland wissen wird, ob er es mit einem heimlichen Helden oder einem ehemaligen Massenmörder zu tun hat. Vor dieser Situation wird uns weder eine Definition der Verantwortlichen noch die Verhaftung der »Kriegsverbrecher« schützen. Dabei kann man von den Hauptschuldigen, welche nicht nur die Verantwortung auf sich genommen, sondern diese ganze Hölle inszeniert haben, ganz absehen. Auch die in einem weiteren Sinne Verantwortlichen gehören nicht hierher. Denn zu ihnen gehören alle jene, welche in Deutschland und im europäischen Ausland so lange wie möglich mit Hitler sympathisiert, seinem Aufstieg zur Macht Vorschub geleistet und sein Renommee innerhalb und außerhalb Deutschlands gefestigt haben. Und wer würde auch wagen, alle die Herrschaften der guten Gesellschaft als Kriegsverbrecher zu brandmarken? Sie sind es wirklich nicht; sie haben zweifellos ihre Unfähigkeit, moderne politische Gruppierungen zu beurteilen, unter Beweis gestellt – die einen, weil sie Prinzipien in der Politik für baren moralisierenden Unsinn hielten, die anderen, weil sie für Gangster, die sie mit »Seeräuber« verwechselten, eine romantische Vorliebe hegten. Schuldig im engeren Sinne haben sie, die Verantwortlichen im weiteren Sinne, sich zumeist nicht gemacht. Sie, die der Nazis erste Komplizen und ihre besten Helfershelfer waren, wußten wahrlich weder, was sie taten, noch mit wem sie es zu tun hatten.

Die ungeheure Erregung, in die nachgerade jeder Mensch guten Willens gerät, wenn die Rede auf Deutschland kommt, hat ihren Grund weder in der Existenz jener verantwortungslos Verantwortlichen, über die vermutlich nur die Geschichte ihr Urteil sprechen wird, noch in den Taten der Nazis selbst. Sie ist vielmehr erzeugt von jener ungeheuerlichen Maschine des »Verwaltungsmassenmordes«, zu deren Bedienung man nicht Tausende und nicht Zehntausende ausgesuchter Mörder, sondern ein ganzes Volk gebraucht hat und gebrauchen konnte. In der Organisation, die Himmler für die Niederlage etabliert hat, gibt es nur noch Exekutoren, Opfer und Marionetten, welche über die Leichen ihrer Kameraden, die man früher beliebig aus jeder SA-Kolonne und heute aus jedem Truppenteil und aus jeder anderen Massenformation herausschießen kann, weitermarschieren. Daß in dieser Mordmaschine jeder auf diese oder jene Weise an einen Platz gezwungen ist, auch wenn er nicht direkt in den Vernichtungslagern tätig ist, macht das Grauen aus. Denn der systematische Massenmord, der die reale Konsequenz aller Rassentheorien und aller Ideologien von dem »Recht des Stärkeren« in unserer Zeit ist, sprengt nicht nur die Vorstellungskapazität des Menschen, sondern auch den Rahmen und die Kategorien, in welchen politisches Denken und politisches Handeln sich vollziehen. Wie auch immer das künftige Schicksal Deutschlands aussehen wird, es wird nie mehr enthalten können als die unseligen Folgen eines verlorenen Krieges; und solche Folgen sind der Natur der Sache nach temporär. Eine politische Antwort auf diese Verbrechen gibt es in keinem Fall; denn eine Ausrottung von 70 oder 80 Millionen Deutschen oder auch nur eine langsame Aushungerung, an die natürlich niemand außer ein paar psychotischen Fanatikern denkt, würde auch nur bedeuten, daß die Ideologien der Nazis gesiegt hätten, wenn auch die Macht und »das Recht des Stärkeren«, sie zu praktizieren, auf andere Völker übergegangen sind.

Wie an dem »Verwaltungsmassenmord« der politische Verstand des Menschen stillsteht, so wird an der totalen Mobilisierung für ihn das menschliche Bedürfnis nach Gerechtigkeit zuschanden. Wo alle schuldig sind, kann im Grunde niemand mehr urteilen. Denn dieser Schuld gerade ist auch der bloße Schein, die bloße Heuchelei der Verantwortung genommen.[4] Solange die Strafe das Recht des Verbrechers ist – und auf diesem Satz beruht seit mehr als zweitausend Jahren das Gerechtigkeits- und das Rechtsempfinden der abendländischen Menschheit –, gehört zur Schuld ein Bewußtsein, schuldig zu sein, gehört zum Strafen eine Überzeugung von der Verantwortungsfähigkeit des Menschen.

Wie es mit diesem Bewußtsein durchschnittlich bestellt ist, hat ein amerikanischer Korrespondent in einer Geschichte geschildert, deren Frage- und Antwortspiel wohl der Einbildungs- und Gestaltungskraft eines großen Dichters wert wäre:

Q. Did you kill people in the camp?
A. Yes.
Q. Did you poison them with gas?
A. Yes.
Q. Did you bury them alive?
A. It sometimes happened.
Q. Were the victims picked from all over Europe?
A. I suppose so.
Q. Did you personally help kill people?
A. Absolutely not. I was only paymaster in the camp.
Q. What did you think of what was going on?
A. It was bad at first, but we got used to it.
Q. Do you know Russians will hang you?
A. (Bursting into tears) Why should they? What have I done?

(PM, Sunday, Nov. 12., 1944.)

Deutsche Übersetzung.
Frage: Habt Ihr Leute im Lager getötet?
Antwort: Ja.
Frage: Habt Ihr sie mit Gas vergiftet?
Antwort: Ja.
Frage: Habt Ihr sie lebendig begraben?
Antwort: Das kam manchmal vor.
Frage: Wurden die Opfer in ganz Europa aufgegriffen?
Antwort: Das nehme ich an.
Frage: Haben Sie persönlich geholfen, Leute zu töten?
Antwort: Durchaus nicht. Ich war nur Zahlmeister im Lager.
Frage: Was dachten Sie sich denn bei diesen Vorgängen?
Antwort: Zuerst war es schlimm, aber wir gewöhnten uns daran.
Frage: Wissen Sie, daß die Russen Sie aufhängen werden?
Antwort (in Tränen ausbrechend): Warum sollten sie das? Was habe ich denn getan?

Er hat in der Tat nichts getan – er hat nur Befehle ausgeführt. Und seit wann war es ein Verbrechen, Befehle auszuführen? Seit wann war es eine Tugend zu rebellieren? Seit wann konnte man nur ehrlich sein, wenn man in den sicheren Tod ging. Was also hat er getan?

In seinem Stück *Die letzten Tage der Menschheit*, in welchem er die Vorgänge des letzten Krieges darstellte, ließ Karl Kraus den Vorhang fallen, nachdem Wilhelm II. ausgerufen hatte: »Dies habe ich nicht gewollt.« Und das Komisch-Grauenhafte lag darin, daß dies in der Tat stimmte. Wenn der Vorhang diesmal fallen wird, werden wir einem ganzen Chor von Spießern zu lauschen gezwungen sein, die ausrufen werden: »Dies haben wir nicht getan.« Und wenn uns auch inzwischen das Lachen vergangen ist, das Grauenhafte wird wieder darin liegen, daß es in der Tat stimmt.

III

Um zu wissen, welches die eigentliche Triebfeder im Herzen der Menschen ist, durch die sie in die Maschine des Massenmords einzuschalten waren, werden uns Spekulationen über deutsche Geschichte und den sogenannten deutschen Nationalcharakter, von dessen Möglichkeiten die besten Kenner Deutschlands vor fünfzehn Jahren noch nicht die leiseste Ahnung hatten, wenig nutzen. Aufschlußreicher ist die eigentümliche Figur dessen, der sich rühmen kann, das organisatorische Genie des Mordes zu sein. Heinrich Himmler gehört nicht zu jenen Intellektuellen, welche aus dem dunklen Niemandsland zwischen Bohème- und Fünfgroschenjungen-Existenz stammen und auf deren Bedeutung für die Bildung der Nazielite in neuerer Zeit wiederholt hingewiesen worden ist. Er ist weder ein Bohémien wie Goebbels noch ein Sexualverbrecher wie Streicher, noch ein pervertierter Fanatiker wie Hitler, noch ein Abenteurer wie Göring. Er ist ein Spießer mit allem Anschein der Respektabilität, mit allen Gewohnheiten des guten Familienvaters, der seine Frau nicht betrügt und für seine Kinder eine anständige Zukunft sichern will. Und er hat seine neueste, das gesamte Land umfassende Terrororganisation bewußt auf der Annahme aufgebaut, daß die meisten Menschen nicht Bohémiens, nicht Fanatiker, nicht Abenteurer, nicht Sexualverbrecher und nicht Sadisten sind, sondern in erste Linie »jobholders« und gute Familienväter.

Es war, glaube ich, Péguy, der den Familienvater den »grand aventurier du 20e siècle« genannt hat; er ist zu früh gestorben, um in ihm noch den großen Verbrecher des Jahrhunderts zu erleben. Wir sind so gewohnt gewesen, in dem Familienvater die gutmütige Besorgtheit, die ernste Konzentriertheit auf das Wohl der Familie, die feierliche Entschlossenheit, Frau und Kindern das Leben zu weihen, zu bewundern oder zu belächeln, daß wir kaum gewahr wurden, wie der treusorgende Hausvater, der um nichts so besorgt war wie Sekurität, sich unter dem Druck der chaotischen ökonomischen Bedingungen unserer Zeit in einen Abenteurer wider Willen verwandelte, der bei aller Sorge des nächsten Tages nie sicher sein konnte. Seine Gefügigkeit war in den Gleichschaltungen zu Beginn des Regimes bereits bewiesen worden. Es hatte sich herausgestellt, daß er durchaus bereit war, um der Pension, der Lebensversicherung, der gesicherten Existenz von Frau und Kindern willen Gesinnung, Ehre und menschliche Würde preiszugeben. Es bedurfte nur noch der teuflischen Genialität Himmlers, um zu entdecken, daß er nach solcher Degradierung aufs beste präpariert war, wortwörtlich alles zu tun, wenn man den Einsatz erhöhte und die nackte Existenz der Familie bedrohte. Die einzige Bedingung, die er von sich aus stellte, ist, daß man ihn von der Verantwortung für seine Taten radikal freisprach. Es ist der gleiche Durchschnittsdeutsche, den die Nazis trotz wahnsinnigster Propaganda durch Jahre hindurch nicht dazu haben bringen können, einen Juden auf eigene Faust totzuschlagen (selbst nicht, als sie es ganz klarmachten, daß solch ein Mord straffrei ausgehen würde), der heute widerspruchslos die Vernichtungsmaschinen bedient. Im Gegensatz zu den früheren Formationen von SS und Gestapo rechnet die Himmlersche Gesamtorganisation weder mit Fanatikern noch mit Lustmördern, noch mit Sadisten; sie rechnet einzig und allein mit der Normalität von Menschen vom Schlage Herrn Heinrich Himmlers.

Daß kein besonderer Nationalcharakter erforderlich ist, um den neusten Typ des Funktionärs zum Funktionieren zu bringen, bedarf wohl nach den traurigen Nachrichten über Letten, Litauer, Polen und sogar Juden in Himmlers Mordorganisation keiner besonderen Erwähnung. Sie alle sind nicht von Natur Mörder und nicht aus Perversion Verräter. Es ist noch nicht einmal sicher, ob sie funktioniert hätten, wenn nur ihr eigenes Leben und ihre eigene Existenz auf dem Spiel gestanden hätten. Sie fühlten sich, nachdem sie Gott nicht mehr fürchteten und ihr Gewissen ihnen durch den Funktionscharakter ihrer

Handlungen abgenommen war, nur noch ihrer Familie verantwortlich. Die Verwandlung des Familienvaters aus einem an den öffentlichen Angelegenheiten interessierten, verantwortlichen Mitglied der Gesellschaft in den Spießer, der nur an seiner privaten Existenz hängt und öffentliche Tugend nicht kennt, ist eine moderne internationale Erscheinung. Die Nöte unserer Zeit – »bedenkt den Hunger und die große Kälte in diesem Tale, das von Jammer schallt« (Brecht) – können ihn jeden Tag zum Spielball allen Wahnsinns und aller Grausamkeit machen. Jedesmal, wenn die Gesellschaft in der Erwerbslosigkeit den kleinen Mann um sein normales Funktionieren und seine normale Selbstachtung bringt, bereitet sie ihn auf jene letzte Etappe vor, in der er jede Funktion, auch den »job« des Henkers, zu übernehmen bereit ist. Ein aus Buchenwald entlassener Jude entdeckte unter den SS-Leuten, die ihm seine Entlassungspapiere aushändigten, einen ehemaligen Schulkameraden, den er nicht ansprach, wohl aber ansah. Darauf sagte der so Betrachtete sehr spontan: »Du mußt verstehen – ich habe fünf Jahre Erwerbslosigkeit hinter mir; mit mir können sie alles machen.«

Es ist richtig, daß dieser moderne Typus Mensch, den wir mangels eines besseren Namens noch mit dem alten Wort Spießer bezeichnet haben, auf deutschem Boden eine besonders gute Chance des Blühens und Gedeihens hatte. Kaum ein anderes der abendländischen Kulturländer ist von den klassischen Tugenden des öffentlichen Lebens so unberührt geblieben; in keinem haben privates Leben und private Existenz eine so große Rolle gespielt. Diese Tatsache haben die Deutschen in Zeiten nationaler Not immer wieder mit viel Erfolg verschleiert, aber nicht geändert. Hinter der Fassade behaupteter und propagierter »Nationaltugenden« wie »Vaterlandsliebe«, »deutscher Mut«, »deutsche Treue« usw. verstecken sich entsprechende wirklich existierende Nationallaster. Es gibt kaum irgendwo durchschnittlich so wenig Patriotismus wie gerade in Deutschland; und hinter der chauvinistischen Anmaßung von »Treue« und »Mut« verbirgt sich ein verhängnisvoller Hang zur Untreue und zum Verrat aus Opportunismus.

Der Spießer selbst aber ist eine internationale Erscheinung, und wir täten gut daran, ihn nicht im blinden Vertrauen, daß nur der deutsche Spießer solch furchtbarer Taten fähig ist, allzusehr in Versuchung zu führen. Der Spießer ist der moderne Massenmensch, betrachtet nicht in seinen exaltierten Augenblicken in der Masse, sondern im sicheren oder vielmehr heute so unsicheren Schutz seiner vier Wände. Er hat die

Zweiteilung von Privat und Öffentlich, von Beruf und Familie so weit getrieben, daß er noch nicht einmal in seiner eigenen identischen Person eine Verbindung zwischen beiden entdecken kann. Wenn sein Beruf ihn zwingt, Menschen zu morden, so hält er sich nicht für einen Mörder, gerade weil er es nicht aus Neigung, sondern beruflich getan hat. Aus Leidenschaft würde er nicht einer Fliege etwas zu Leide tun.

Wenn man einem Individuum dieser neuesten Berufsgattung, die unsere Zeit hervorgebracht hat, morgen sagen wird, daß es zur Verantwortung gezogen wird, so wird es sich nur betrogen fühlen. Wenn es aber im Schock der Katastrophe zum Bewußtsein davon kommen sollte, daß es in Wahrheit nicht nur ein beliebiger Funktionär, sondern ein Mörder ist, so wird es auch nicht den Weg der Rebellion, sondern den Weg des Selbstmordes gehen – wie ihn schon so viele in Deutschland, wo es offenbar eine Selbstmordwelle nach der anderen gibt, gegangen sind. Und damit wäre uns auch nicht sehr viel geholfen.

IV

Seit vielen Jahren begegnen mir Deutsche, welche erklären, daß sie sich schämten, Deutsche zu sein. Ich habe mich immer versucht gefühlt, ihnen zu antworten, daß ich mich schämte, ein Mensch zu sein. Diese grundsätzliche Scham, die heute viele Menschen der verschiedensten Nationalitäten miteinander teilen, ist das einzige, was uns gefühlsmäßig von der Solidarität der Internationalen verblieben ist; und sie ist bislang politisch in keiner Weise produktiv geworden. Die Menschheitsschwärmerei unserer Väter hat nicht nur leichtfertig die sogenannte nationale Frage übersehen; sie hat, was ungleich schlimmer ist, den Ernst und den Schrecken der Idee der Menschheit und des jüdisch-christlichen Glaubens an einen einheitlichen Ursprung des Menschengeschlechts noch nicht einmal geahnt. Es war schon nicht sehr angenehm, die trügerische Hoffnung auf den »edlen Wilden« begraben und entdecken zu müssen, daß Menschen auch Kannibalen sein können. Seither haben die Völker einander besser und besser kennengelernt, haben sie mehr und mehr über die Möglichkeiten zum Bösen im Menschen erfahren. Der Erfolg ist, daß sie mehr und mehr vor der Idee der Menschheit zurückscheuen und immer anfälliger für Rassendoktrinen werden, welche die Möglichkeit der Menschheit prinzipiell verneinen.

Sie spüren instinktiv, daß in der Idee der Menschheit, gleich ob sie in religiöser oder humanistischer Form auftritt, eine Verpflichtung zu einer Gesamtverantwortlichkeit mitenthalten ist, die sie nicht zu übernehmen wünschen. Denn die Idee der Menschheit, gereinigt von aller Sentimentalität, hat politisch die sehr schwerwiegende Konsequenz, daß wir in dieser oder jener Weise die Verantwortung für alle von Menschen begangenen Verbrechen, daß die Völker für alle von Völkern begangenen Untaten die Verantwortung werden auf sich nehmen müssen. Die Scham, daß man ein Mensch ist, ist der noch ganz individuelle und unpolitische Ausdruck für diese Einsicht.

Politisch gesprochen ist die Idee der Menschheit, von der man kein Volk ausschließen und innerhalb derer man keinem ein Monopol des Lasters zubilligen kann, die einzige Garantie dafür, daß nicht eine »höhere Rasse« nach der anderen sich verpflichtet glauben wird, dem Naturgesetz vom »Recht der Stärkeren« zu folgen und die »niederen lebensunfähigen Rassen« auszurotten – bis schließlich am Ende des »imperialistischen Zeitalters« wir uns auf einer Bahn bewegen werden, auf der die Nazis wie dilettantische Vorläufer einer zukünftigen Politik sich ausnehmen werden. Eine nichtimperialistische Politik zu machen, eine nichtrassische Gesinnung sich zu bewahren wird täglich schwerer, weil täglich klarer wird, was für eine Last die Menschheit für den Menschen ist.

Vielleicht haben jene Juden, deren Vätern die erste Konzeption der Idee der Menschheit zu danken ist, etwas über diese Last gewußt, wenn sie alljährlich im »Owinu Malkenu chotonu lefonecho« (»Unser Vater, unser König, wir haben gesündigt vor Dir«) nicht nur alle in der Gemeinde begangenen Sünden, sondern alle menschlichen Verfehlungen überhaupt auf sich nahmen. Diejenigen, die heute bereit sind, in moderner Form diesen Weg wieder zu gehen, haben sich vermutlich nicht pharisäisch mit dem Stoßseufzer des »Gott-sei-Dank-ich-bin-nicht-so« über die ungeahnten Möglichkeiten des »deutschen Nationalcharakters« entsetzt; dafür haben sie in Furcht und Zittern endlich begriffen, wessen alles der Mensch fähig ist – und dies ist in der Tat eine Vorbedingung modernen politischen Denkens. Sie werden sich vermutlich nicht sehr gut zu Funktionären der Rache eignen. Eines aber ist sicher: Auf sie und nur auf sie, die eine genuine Angst vor der notwendigen Verantwortung des Menschengeschlechts haben, wird Verlaß sein, wenn es darum geht, gegen das ungeheure Übel, das Menschen anrichten können, furchtlos und kompromißlos und überall zu kämpfen.

(3) Die Nachwirkungen des Naziregimes – Bericht aus Deutschland*

I

In weniger als sechs Jahren zerstörte Deutschland das moralische Gefüge der westlichen Welt, und zwar durch Verbrechen, die niemand für möglich gehalten hätte, während die Sieger die sichtbaren Zeugnisse einer über tausendjährigen deutschen Geschichte in Schutt und Asche legten. Danach strömten in dieses verwüstete Land, das durch den Schnitt entlang der Oder-Neiße-Linie verkleinert wurde und seine demoralisierte und erschöpfte Bevölkerung kaum versorgen konnte, Millionen von Menschen aus den Ostgebieten, dem Balkan und aus Osteuropa. Dieser Menschenstrom fügte dem üblichen Katastrophenbild noch spezifisch moderne Züge, nämlich Heimatlosigkeit, soziale Entwurzelung und politische Rechtlosigkeit hinzu. Man mag bezweifeln, ob die Politik der Alliierten, alle deutschen Minderheiten aus nichtdeutschen Ländern zu vertreiben – als ob es nicht schon genug Heimatlosigkeit auf der Welt gäbe –, klug gewesen ist; doch außer Zweifel steht, daß bei denjenigen europäischen Völkern, die während des Krieges die mörderische Bevölkerungspolitik Deutschlands zu spüren bekommen hatten, die bloße Vorstellung, mit Deutschen auf demselben Territorium zusammenleben zu müssen, Entsetzen und nicht bloß Wut auslöste.

Der Anblick, den die zerstörten Städte in Deutschland bieten, und die Tatsache, daß man über die deutschen Konzentrations- und Vernichtungslager Bescheid weiß, haben bewirkt, daß über Europa ein Schatten tiefer Trauer liegt. Beides zusammen hat dazu geführt, daß man sich an den vergangenen Krieg schmerzlicher und anhaltender erinnert und die Angst vor künftigen Kriegen an Gestalt gewinnt. Nicht das »deutsche Problem«, insofern es sich dabei um einen nationalen Konfliktherd innerhalb der Gemeinschaft der europäischen Nationen handelt, sondern der *Alptraum* eines physisch, moralisch und politisch

* 1950 in englischer Sprache veröffentlicht, deutsche Übersetzung (1986) von Eike Geisel.

ruinierten Deutschlands ist ein fast ebenso entscheidender Bestandteil im allgemeinen Leben Europas geworden wie die kommunistischen Bewegungen.

Doch nirgends wird dieser Alptraum von Zerstörung und Schrecken weniger verspürt und nirgendwo wird weniger darüber gesprochen als in Deutschland. Überall fällt einem auf, daß es keine Reaktion auf das Geschehene gibt, aber es ist schwer zu sagen, ob es sich dabei um eine irgendwie absichtliche Weigerung zu trauern oder um den Ausdruck einer echten Gefühlsunfähigkeit handelt. Inmitten der Ruinen schreiben die Deutschen einander Ansichtskarten von den Kirchen und Marktplätzen, den öffentlichen Gebäuden und Brücken, die es gar nicht mehr gibt. Und die Gleichgültigkeit, mit der sie sich durch die Trümmer bewegen, findet ihre genaue Entsprechung darin, daß niemand um die Toten trauert; sie spiegelt sich in der Apathie wider, mit der sie auf das Schicksal der Flüchtlinge in ihrer Mitte reagieren oder vielmehr nicht reagieren. Dieser allgemeine Gefühlsmangel, auf jeden Fall aber die offensichtliche Herzlosigkeit, die manchmal mit billiger Rührseligkeit kaschiert wird, ist jedoch nur das auffälligste äußerliche Symptom einer tief verwurzelten, hartnäckigen und gelegentlich brutalen Weigerung, sich dem tatsächlich Geschehenen zu stellen und es zu begreifen.

Die Gleichgültigkeit und die Irritation, die sich einstellt, wenn man dieses Verhalten kritisiert, können auf vielen Bildungsniveaus überprüft werden. Das einfachste Experiment besteht darin, expressis verbis festzustellen, was der Gesprächspartner schon von Beginn der Unterhaltung an bemerkt hat, nämlich daß man Jude sei. Hierauf folgt in der Regel eine kurze Verlegenheitspause; und danach kommt – keine persönliche Frage, wie etwa: »Wohin gingen Sie, als Sie Deutschland verließen?«, kein Anzeichen für Mitleid, etwa dergestalt: »Was geschah mit Ihrer Familie?«, sondern es folgt eine Flut von Geschichten, wie die Deutschen gelitten hätten (was sicher stimmt, aber nicht hierhergehört); und wenn die Versuchsperson dieses kleinen Experiments zufällig gebildet und intelligent ist, dann geht sie dazu über, die Leiden der Deutschen gegen die Leiden der anderen aufzurechnen, womit sie stillschweigend zu verstehen gibt, daß die Leidensbilanz ausgeglichen sei und daß man nun zu einem ergiebigeren Thema überwechseln könne. Ein ähnliches Ausweichmanöver kennzeichnet die Standardreaktion auf die Ruinen. Wenn es überhaupt zu einer offenen Reaktion kommt, dann besteht sie aus einem Seufzer, auf welchen die halb rhetorische, halb wehmütige Frage folgt: »Warum muß die Menschheit immer nur Krieg führen?« Der Durchschnittsdeutsche sucht die Ursachen des letzten Krieges nicht in den Taten des Naziregimes, sondern in den Ereignissen, die zur Vertreibung von Adam und Eva aus dem Paradies geführt haben.

Eine solche Flucht vor der Wirklichkeit ist natürlich auch eine Flucht vor der Verantwortung. Hierbei stehen die Deutschen nicht allein da; alle Völker Westeuropas haben die Angewohnheit entwickelt, für ihr Mißgeschick Kräfte verantwortlich zu machen, die außerhalb ihres Einflußbereiches liegen: Damit mag heute Amerika und der Atlantikpakt gemeint sein, morgen die Hinterlassenschaft der Nazibesatzung und täglich die Geschichte ganz allgemein. Doch in Deutschland ist diese Haltung ausgeprägter, denn dort kann man der Versuchung kaum widerstehen, den Besatzungsmächten für alles Erdenkliche die Schuld zuzuschieben: In der Britischen Zone ist es die Furcht der Briten vor der deutschen Konkurrenz, in der französischen Zone der französische Nationalismus und in der amerikanischen Zone, wo die Lage in jeder Hinsicht besser ist, die amerikanische Unkenntnis der europäischen Mentalität. Daß die Leute sich beklagen, ist nur natürlich, und die Beschwerden enthalten alle einen Kern von Wahrheit; doch dahinter steckt ein hartnäckiger Widerwille, die vielen Möglichkeiten zu nutzen, die deutscher Initiative überlassen sind. Dies offenbart sich vielleicht am deutlichsten in den deutschen Zeitungen, in denen jede geäußerte Überzeugung einen Anstrich von Schadenfreude[1] erhält – ein Stil, der sorgfältig kultiviert wird. Es sieht so aus, als ob sich die Deutschen nun, nachdem man ihnen die Weltherrschaft verwehrt hat, in die Ohnmacht verliebt hätten, als ob sie, ungeachtet der möglichen Konsequenz für sich selbst, jetzt ein richtiges Vergnügen daran fänden, Betrachtungen über die internationalen Spannungen und die beim Regierungsgeschäft unvermeidlichen Fehler anzustellen. Furcht vor einer russischen Aggression führt nicht notwendigerweise zu einer unzweideutigen proamerikanischen Haltung, sondern oftmals zu einer entschiedenen Neutralität, als ob eine Parteinahme in dem Konflikt ebenso absurd wäre wie bei einem Erdbeben. Das Bewußtsein, daß eine neutrale Haltung das eigene Schicksal nicht zu ändern vermag, verhindert seinerseits die Verwandlung dieser Stimmung in rationale Politik, so daß sich diese an sich schon äußerst irrationale Atmosphäre noch verschlimmert.

Aber die Wirklichkeiten der Naziverbrechen, des Krieges und der Niederlage beherrscht, ob wahrgenommen oder verdrängt, offensichtlich noch das gesamte Leben in Deutschland, und die Deutschen haben sich verschiedene Tricks einfallen lassen, um den schockierenden Auswirkungen aus dem Weg zu gehen.

Aus der Wirklichkeit der Todesfabrik wird eine bloße Möglichkeit: Die Deutschen hätten nur das getan, wozu andere auch fähig seien (was natürlich mit vielen Beispielen illustriert wird) oder wozu andere künftig in der Lage wären; deshalb wird jeder, der dieses Thema anschneidet, ipso facto der Selbstgerechtigkeit verdächtigt. In diesem Zusammenhang wird die Politik der Alliierten in Deutschland oft als erfolgreicher Rachefeldzug dargestellt, auch wenn sich später herausstellt, daß diejenigen Deutschen, die diese Auffassung vertreten, ganz genau wissen, daß sich die meisten ihrer Klagen entweder auf unmittelbare Folgeerscheinungen des verlorenen Krieges beziehen oder auf Dinge, auf welche die Westmächte keinen Einfluß besaßen. Aber die beharrliche Behauptung, daß es einen ausgeklügelten Racheplan gebe, dient als beruhigendes Argument für den Beweis, daß alle Menschen gleichermaßen Sünder seien.

Die Realität der Zerstörung, die jeden Deutschen umgibt, löst sich in einem grüblerischen, aber kaum verwurzelten Selbstmitleid auf, das rasch verfliegt, wenn auf einigen breiten Straßen häßliche kleine Flachbauten, die von irgendeiner Hauptstraße in Amerika stammen könnten, errichtet werden, um ansatzweise die trostlose Landschaft zu verdecken und eine Fülle provinzieller Eleganz in supermodernen Schaufenstern feilzubieten. Verglichen mit der Haltung der Deutschen angesichts all ihrer verlorenen Schätze, verspüren die Menschen in Frankreich und Großbritannien eine tiefere Trauer über die vergleichsweise wenigen zerstörten Wahrzeichen ihrer Länder. In Deutschland wird die verstiegene Hoffnung geäußert, das Land werde das »modernste« Europas; doch dies ist bloßes Gerede, und kaum hat jemand von dieser Hoffnung gesprochen, dann versteift er sich kurz später im Gespräch darauf, daß der nächste Krieg in allen anderen europäischen Städten dasselbe anrichten werde wie der vergangene in deutschen

Städten – was natürlich möglich ist, was andrerseits aber nur ein erneuter Beleg für die Verwandlung der Realität in bloße Möglichkeit ist. Jener Unterton von Genugtuung, den man oftmals in den Gesprächen der Deutschen über den nächsten Krieg heraushören kann, signalisiert jedoch nicht, wie so viele Beobachter behauptet haben, das bösartige Wiederaufleben deutscher Eroberungspläne, sondern stellt nur einen weiteren Kunstgriff dar, um vor der Wirklichkeit zu fliehen: Angesichts einer unterschiedslosen und endgültigen Zerstörung würde nämlich die deutsche Situation ihre Brisanz verlieren.

Der wohl hervorstechendste und auch erschreckendste Aspekt der deutschen Realitätsflucht liegt jedoch in der Haltung, mit Tatsachen so umzugehen, als handele es sich um bloße Meinungen. Beispielsweise kommt als Antwort auf die Frage, wer den Krieg begonnen habe – ein keineswegs heiß umstrittenes Thema –, eine überraschende Vielfalt von Meinungen zutage. In Süddeutschland erzählte mir eine Frau von ansonsten durchschnittlicher Intelligenz, die Russen hätten mit einem Angriff auf Danzig den Krieg begonnen – das ist nur das gröbste von vielen Beispielen. Doch die Verwandlung von Tatsachen in Meinungen ist nicht allein auf die Kriegsfrage beschränkt; auf allen Gebieten gibt es unter dem Vorwand, daß jeder das Recht auf eine eigene Meinung habe, eine Art Gentlemen's Agreement, dem zufolge jeder das Recht auf Unwissenheit besitzt – und dahinter verbirgt sich die stillschweigende Annahme, daß es auf Tatsachen nun wirklich nicht ankommt. Dies ist in der Tat ein ernstes Problem, nicht allein, weil Diskussionen dadurch oftmals so hoffnungslos werden (man schleppt ja normalerweise nicht immer Nachschlagewerke mit sich herum), sondern vor allem, weil der Durchschnittsdeutsche ganz ernsthaft glaubt, dieser allgemeine Wettstreit, dieser nihilistische Relativismus gegenüber Tatsachen sei das Wesen der Demokratie. Tatsächlich handelt es sich dabei natürlich um eine Hinterlassenschaft des Naziregimes.

Die Lügen totalitärer Propaganda unterscheiden sich von den gewöhnlichen Lügen, auf welche nichttotalitäre Regime in Notzeiten zurückgreifen, vor allem dadurch, daß sie ständig den Wert von Tatsachen überhaupt leugnen: Alle Fakten können verändert und alle Lügen wahrgemacht werden. Die Nazis haben das Bewußtsein der Deutschen vor allem dadurch geprägt, daß sie es darauf getrimmt haben, die Realität nicht mehr als Gesamtsumme harter, unausweichlicher Fakten wahrzunehmen, sondern als Konglomerat ständig wechselnder Ereignisse und Parolen, wobei heute wahr sein kann, was morgen schon falsch ist. Diese Abrichtung könnte exakt einer der Gründe dafür sein, daß man so erstaunlich wenig Anzeichen für das Fortbestehen irgendwelcher Nazipropaganda entdeckt und gleichzeitig ein ebenso erstaunliches Desinteresse an der Zurückweisung von Nazidoktrinen vorherrscht. Man hat es hier nicht mit Indoktrinationen zu tun, sondern mit der Unfähigkeit und dem Widerwillen, überhaupt zwischen Tatsache und Meinung zu unterscheiden. Eine Diskussion über die Ereignisse des Spanischen Bürgerkriegs wird auf derselben Ebene geführt wie eine Auseinandersetzung über die theoretischen Vorzüge und Mängel der Demokratie.

Von daher liegt das Problem an den deutschen Universitäten nicht so sehr in der Wiedereinführung der Lehrfreiheit, sondern darin, eine ehrliche Forschung wiederherzustellen, die Studenten mit unvoreingenommenen Berichten über das, was wirklich geschehen ist, zu konfrontieren und diejenigen Dozenten zu entfernen, die dazu unfähig sind. Für das akademische Leben in Deutschland stellen nicht nur jene eine Gefahr dar, die der Auffassung sind, man sollte die Meinungsfreiheit durch eine Diktatur ersetzen, in der eine einzige Meinung, die weder begründet noch verantwortet zu werden braucht, eine Monopolstellung einnähme, sondern auch jene, die von den Fakten und von der Realität nichts wissen wollen; ihre privaten Meinungen geben sie zwar nicht unbedingt als die einzig richtigen aus, aber sie sprechen ihnen doch dieselbe Berechtigung zu wie anderen Auffassungen.

Wie unwirklich und auch irrelevant die meisten dieser Auffassungen im Vergleich zur grauenhaften Bedeutung der Erfahrung sind, welche die heutigen Vertreter dieser Ansichten gemacht haben, geht vor allem daraus hervor, daß sie vor 1933 entwickelt wurden. Es gibt ein fast instinktives Bedürfnis, bei den Gedanken und Vorstellungen Zuflucht zu suchen, die man hatte, bevor irgend etwas Kompromittierendes geschehen war. Das hat zum Ergebnis, daß die Menschen, während sich Deutschland äußerlich und innerlich bis zur Unkenntlichkeit verändert hat, so oberflächlich daherreden und sich so benehmen, als ob seit 1932 absolut nichts geschehen wäre. Die Verfasser der wenigen seit 1933 geschriebenen oder nach 1945 veröffentlichten bedeutenden Bücher in Deutschland waren schon zwanzig oder fünfundzwanzig Jahre vorher berühmt. Die jüngere Generation scheint wie versteinert zu sein und ist unfähig, sich auszudrücken oder widerspruchsfrei zu denken.

Ein junger deutscher Kunsthistoriker, der in einem Museum in Berlin eine Besuchergruppe an den Meisterwerken vorbeiführte, die zuvor auf einer Ausstellungsreise durch mehrere amerikanische Städte geschickt worden waren, zeigte auf die altägyptische Nofretete-Büste, »um die uns die ganze Welt beneidet«, und fuhr dann fort, daß a) nicht einmal die Amerikaner es »gewagt« hätten, dieses »Symbol der Berliner Sammlungen« in die Vereinigten Staaten zu schaffen, und daß b) die Briten aufgrund der »Intervention der Amerikaner« es nicht »wagten«, die Nofretete ins Britische Museum zu bringen. Diese beiden einander widersprechenden Haltungen gegenüber den Amerikanern lagen nur einen Satz auseinander: Der sie an den Tag legte, war bar jeder eigenen Überzeugung und tappte nur automatisch zwischen den Klischees herum, mit denen sein Verstand ausgerüstet war, um genau jenes zu finden, welches an dieser Stelle passen könnte. Diese Klischees haben in der Regel einen eher altmodisch nationalistischen Beigeschmack und zeugen weniger direkt vom Tonfall der Nazis, aber wenn man hinter ihnen eine konsequente Sichtweise – und sei es auch eine verwerfliche – auszumachen sucht, dann ist das immer vergebliche Mühe.

Mit dem Sturz des Nazismus sahen sich die Deutschen wieder mit den Tatsachen und mit der Wirklichkeit konfrontiert. Doch die Erfahrung des Totalitarismus hat sie jeden spontanen Ausdrucks und jeder Fähigkeit des Verstehens beraubt, so daß sie nun, wo die offizielle Richtschnur fehlt, gewissermaßen sprachlos und unfähig sind, irgendwelche Überlegungen zu artikulieren oder ihre Gefühle angemessen zum Ausdruck zu bringen. Die intellektuelle Atmosphäre ist von vagen Gemeinplätzen durchdrungen, von Anschauungen, die sich lange vor den jetzigen Ereignissen, zu denen sie nun passen sollen, herausgebildet hatten; man fühlt sich erdrückt von einer um sich greifenden öffentlichen Dummheit, der man kein korrektes Urteil in den elementarsten Dingen zutrauen kann und die es beispielsweise möglich macht, daß in einer Zeitung die Klage angestimmt wird: »Die ganze Welt hat uns wieder einmal sitzenlassen.« Die blinde Egozentrik dieser Aussage läßt sich mit der Bemerkung vergleichen, die Ernst Jünger zufällig bei einer Unterhaltung über russische Zwangsarbeiter in der Nähe von Hannover aufgeschnappt und in seinen Kriegstagebüchern notiert hat: »Da sollen böse Brüder drunter sein. Die fressen den Hunden das Futter weg.« Wie Jünger beobachtet, »hat man [oft] den Eindruck, daß der deutsche Bürger vom Teufel geritten wird«[2].

Die Schnelligkeit, mit der in Deutschland nach der Währungsreform wieder der Alltag einkehrte und überall mit dem Wiederaufbau begonnen wurde, war Gesprächsstoff in ganz Europa. Zweifellos arbeiten nirgendwo Menschen so hart und so lang wie in Deutschland. Es ist eine wohlbekannte Tatsache, daß die Deutschen seit Generationen ins Arbeiten vernarrt sind, und auf den ersten Blick scheint ihre augenblickliche Betriebsamkeit den Eindruck zu nähren, Deutschland sei möglicherweise immer noch die gefährlichste europäische Nation. Außerdem gibt es eine Menge starker Arbeitsanreize. Die Arbeitslosigkeit nimmt schlimme Ausmaße an, und die Stellung der Gewerkschaften ist so schwach, daß die Arbeiter nicht einmal die Bezahlung von Überstunden verlangen und häufig darüber nicht einmal ihrer Gewerkschaft berichten. Die Lage auf dem Wohnungssektor ist schlimmer, als man angesichts der vielen Neubauten vermutet: Die Errichtung von Geschäfts- und Bürogebäuden für die großen Industrie- und Versicherungsunternehmen hat unbestrittenen Vorrang vor dem Bau von Wohnhäusern, und deshalb gehen die Leute lieber samstags und sonntags arbeiten, als zu Hause in der überfüllten Wohnung zu bleiben. Beim Wiederaufbau wird, wie in fast allen Lebensbereichen, alles darangesetzt (oft auf eine äußerst spektakuläre Weise), ein getreues Abbild der ökonomischen und industriellen Vorkriegsverhältnisse zu schaffen, während für das Wohlergehen der Masse der Bevölkerung nur sehr wenig getan wird.

Doch keine dieser Tatsachen liefert eine Erklärung, warum aus der Atmosphäre fieberhafter Geschäftigkeit nur eine vergleichsweise mittelmäßige Produktion resultiert. Unter der Oberfläche hat die Einstellung der Deutschen zur Arbeit einen tiefen Wandel erfahren. Die alte Tugend, unabhängig von den Arbeitsbedingungen ein möglichst vortreffliches Endprodukt zu erzielen, hat einem blinden Zwang Platz gemacht, dauernd beschäftigt zu sein, einem gierigen Verlangen, den ganzen Tag pausenlos an etwas zu hantieren. Beobachtet man die Deutschen, wie sie geschäftig durch die Ruinen ihrer tausendjährigen Geschichte stolpern und für die zerstörten Wahrzeichen ein Achselzucken übrig haben oder wie sie es einem verübeln, wenn man sie an die Schreckenstaten erinnert, welche die ganze übrige Welt nicht loslassen, dann begreift man, daß die Geschäftigkeit zu ihrer Hauptwaffe bei der Abwehr der Wirklichkeit geworden ist. Und man möchte aufschreien: Aber das ist doch alles nicht wirklich – wirklich sind die Ruinen; wirklich ist das vergangene Grauen, wirklich sind die Toten, die Ihr vergessen habt. Doch die Angesprochenen sind lebende Gespenster, die man mit Worten, mit Argumenten, mit dem Blick menschlicher Augen und der Trauer menschlicher Herzen nicht mehr rühren kann.

Es gibt natürlich auch viele Deutsche, auf welche diese Beschreibung nicht zutrifft. Vor allem gibt es da Berlin, dessen Bevölkerung inmitten der schrecklichsten materiellen Zerstörung nicht zu erschüttern war. Ich weiß nicht, warum sich das so verhält, aber Sitten und Gebräuche, Redeweise und Umgangsformen sind bis ins kleinste Detail so anders als alles, was man im übrigen Deutschland zu Gesicht bekommt, daß Berlin schon fast wie ein anderes Land wirkt. Es gab und gibt in Berlin offenbar kaum Ressentiments gegen die Sieger; als die ersten Flächen-Bombardements der Engländer die Stadt in Schutt und Asche legten, krochen, so wird berichtet, die Berliner aus ihren Kellern hervor und sagten, als sie sahen, daß ein Häuserblock nach dem anderen verschwunden war: »Also, wenn die Tommies damit weitermachen wollen, dann müssen sie bald ihre eigenen Häuser mitbringen.« Es gibt kein verlegenes Verhalten und kein Schuldgefühl, sondern es wird offen und detailliert geschildert, was den Berliner Juden bei Kriegsausbruch zustieß. Aber am allerwichtigsten ist dabei, daß die Berliner Bevölkerung Hitler immer noch tüchtig haßt, und obwohl die Menschen hier mehr Grund haben als andere Deutsche, sich als Schachfiguren internationaler Politik zu begreifen, fühlen sie sich doch nicht ohnmächtig, sondern sie sind davon überzeugt, daß ihre Einstellungen einiges taugen; und wenn man ihnen nur halbwegs eine Chance gibt, dann werden sie sich zumindest teuer verkaufen.

Die Berliner arbeiten genauso hart wie andere Leute in Deutschland, aber sie sind nicht so geschäftig, sie nehmen sich die Zeit, jemanden durch die Ruinen zu führen und dabei feierlich die Namen der verschwundenen Straßen herzusagen. Es ist kaum zu glauben, aber es scheint etwas dran zu sein an der Behauptung der Berliner, daß Hitler sie niemals völlig erobern konnte. Sie sind erstaunlich gut informiert und haben sich ihren Sinn für Humor und die ihnen eigene schnodderige Freundlichkeit bewahrt. Abgesehen davon, daß sie etwas trauriger geworden sind und nicht so schnell in Gelächter ausbrechen, besteht die einzige Veränderung bei den Bewohnern darin, daß das »Rote Berlin« nun heftig antikommunistisch geworden ist. Aber auch in diesem

Punkt gibt es wieder einen wichtigen Unterschied zwischen Berlin und dem übrigen Deutschland: Nur die Berliner machen sich die Mühe, die Ähnlichkeiten zwischen Hitler und Stalin klar herauszustellen, und nur Berliner machen sich die Mühe, einem zu erklären, daß sie natürlich nicht gegen das russische Volk sind, was um so bemerkenswerter ist, wenn man bedenkt, was den Berlinern, von denen viele die Rote Armee als wirklichen Befreier begrüßt hatten, während der ersten Monate der Besatzung widerfuhr und was mit ihnen im Ostsektor immer noch geschieht.

Berlin stellt eine Ausnahme dar, doch leider keine sehr bedeutende. Denn die Stadt ist hermetisch abgeriegelt und hat wenig Verbindung zum übrigen Land; aber man trifft überall Leute, die aufgrund der unsicheren Lage Berlin in Richtung Westzonen verlassen haben und nun bitterlich ihre Einsamkeit beklagen und ihrer Empörung Luft machen. Es gibt tatsächlich eine ganze Reihe von Deutschen, die »anders« sind, aber sie verbrauchen ihre ganze Energie, indem sie die bedrückende Atmosphäre um sich herum zu durchbrechen suchen, und dabei bleiben sie isoliert. In gewisser Weise sind diese Menschen heute psychologisch schlechter dran als in den schlimmsten Jahren unter Hitlers Terror. In den letzten Kriegsjahren gab es eine vage oppositionelle Kameradschaft unter all denen, die aus dem einen oder anderen Grund gegen das Regime waren. Zusammen hofften sie auf den Tag der Niederlage, und da sie – von den wenigen allseits bekannten Ausnahmen abgesehen – nicht wirklich die Absicht hatten, die Herbeiführung dieses Datums zu beschleunigen, konnten sie sich dem Reiz einer mehr oder weniger eingebildeten Rebellion hingeben. Die tatsächliche Gefahr, die schon in dem bloßen Gedanken an Opposition lag, schuf ein Gefühl der Solidarität, das um so tröstlicher war, als es sich nur in solchen nicht greifbaren, emotionalen Gesten wie einem Blick oder einem Händedruck äußern konnte, in Gesten, die dann eine unverhältnismäßig große Bedeutung erlangten. Der Übergang aus dieser überheizten Gefahrengemeinschaft in die rohe Selbstsucht und die sich ausbreitende Hohlheit des Nachkriegslebens ist für viele Menschen eine wahrhaft leidvolle Erfahrung gewesen. (Es sei hier noch angemerkt, daß heute in der Ostzone, deren Polizeiregime diesmal fast einhellig von der Bevölkerung verabscheut wird, eine im Vergleich zur Nazizeit noch ausgeprägtere Atmosphäre von Kameradschaft, Vertraulichkeit, halben Andeutungen und Gesten vorherrscht, so daß es oft gerade die besten

Elemente in der Ostzone sind, denen die Entscheidung schwerfällt, in den Westen überzusiedeln.)

II

Der vielleicht traurigste Teil der traurigen Geschichte ist, daß die Westalliierten mit ihren drei Maßnahmen zur Lösung der moralischen, politischen und wirtschaftlichen Probleme Deutschlands gescheitert sind. Entnazifizierung, Wiederbelebung des freien Unternehmertums und Föderalisierung sind sicherlich nicht die Ursachen der gegenwärtigen Verhältnisse in Deutschland, doch sie haben dazu beigetragen, die moralische Verwirrung, das wirtschaftliche Chaos, die soziale Ungerechtigkeit und die politische Ohnmacht zu verschleiern und damit zu verlängern.

Die Entnazifizierung beruhte auf der Annahme, es gäbe objektive Kriterien sowohl für eine klare Unterscheidung zwischen Nazis und Nichtnazis als auch für den Aufbau der gesamten Nazihierarchie, vom kleinen Sympathisanten bis zum Kriegsverbrecher hinauf. Von Anfang an war das ganze System, das auf Länge der Parteimitgliedschaft, Rang und Funktion, Datum des Parteieintritts usw. beruhte, sehr kompliziert, und fast jeder war darin einbezogen. Die ganz wenigen, die es geschafft hatten, nicht mit dem nationalsozialistischen Strom zu schwimmen und am Leben zu bleiben, waren von der Entnazifizierung befreit, und das war natürlich nur richtig so; doch zu ihnen gesellte sich eine Reihe ganz anderer Charaktere, die mit viel Glück, Vorsicht oder Einfluß den zahlreichen Verdrießlichkeiten wegen der Parteimitgliedschaft aus dem Weg gehen konnten: Personen also, die im nationalsozialistischen Deutschland prominent waren, von denen jetzt aber nicht verlangt wurde, den Entnazifizierungsprozeß zu durchlaufen. Einige dieser Herrschaften, die meist aus der oberen Mittelklasse kommen, haben mittlerweile offene Kontakte zu ihren weniger glücklichen Kollegen hergestellt, die wegen irgendeines Kriegsverbrechens im Gefängnis sitzen. Das tun sie teilweise, um sich in Wirtschaftsfragen und Betriebsangelegenheiten Rat zu holen, aber auch weil sie die Heuchelei schließlich langweilig finden. Die Ungerechtigkeiten des Entnazifizierungssystems waren so simpel wie monoton: Der städtische Müllfahrer, der unter Hitler entweder Parteimitglied werden oder sich nach einem anderen Beruf umsehen mußte, verfing sich im Netz der Entnazifizierung, wohingegen seine Vorgesetzten entweder ungeschoren davonkamen, weil sie wußten, wie man diese Sache regelt, oder dieselbe Strafe erhielten wie er; für sie war das natürlich eine viel harmlosere Angelegenheit.

Schlimmer als die alltäglichen Ungerechtigkeiten war der Umstand, daß dieses System, das konstruiert worden war in der Absicht, klare moralische und politische Unterscheidungen im Chaos eines völlig unorganisierten Volkes vorzunehmen, nun selbst dazu tendierte, auch noch die wenigen echten Unterschiede zu verwischen, die das Naziregime überlebt hatten. Aktive Regimegegner hatten natürlich einer Naziorganisation beitreten müssen, um ihre illegalen Aktivitäten zu tarnen, und nun wurden diese Mitglieder der Widerstandsbewegung, die es in Deutschland gegeben hat, im selben Netz wie ihre Feinde und zur großen Freude der letzteren gefangen. Theoretisch war es möglich, Beweise für antinazistische Aktivitäten beizubringen; aber es war nicht nur schwierig, Besatzungsoffiziere zu überzeugen, die nicht über die geringste Erfahrung mit der Kompliziertheit eines Terrorregimes verfügten, sondern es bestand auch die Gefahr, daß sich der Antragsteller in den Augen der Behörden selber schadete, wenn er zu überzeugend nachwies, daß er zu unabhängigem Denken und rebellischem Handeln in der Lage gewesen war – wo doch die Besatzungsbehörden vor allem an Ruhe und Ordnung interessiert waren.

Es ist jedoch zweifelhaft, ob das Entnazifizierungsprogramm in Deutschland die Neubildung politischer Gruppierungen, die aus dem Widerstand gegen den Nazismus hätten hervorgehen können, erstickt hat, denn die Widerstandsbewegung selbst besaß eigentlich wenig Lebenskraft. Aber es steht außer Zweifel, daß die Entnazifizierung eine ungute neue Interessengemeinschaft unter den mehr oder weniger Kompromittierten geschaffen hat, die aus opportunistischen Gründen mehr oder weniger überzeugte Nazis geworden waren. Diese mächtige Gruppe leicht dubioser Persönlichkeiten grenzt sowohl jene aus, die ihre Integrität bewahrt haben, als auch jene, die mit durchschlagendem Erfolg in der Nazibewegung aktiv waren. Es wäre in beiden Fällen falsch anzunehmen, daß diese Ausgrenzung auf politischen Überzeugungen beruht: Die Ausschaltung überzeugter Nazigegner beweist nicht, daß es sich bei den anderen um überzeugte Nazis handelt, und der Ausschluß von »berühmten« Nazis bedeutet nicht, daß die anderen den Nazismus hassen. Das Entnazifizierungsprogramm stellte einfach eine unmittelbare Bedrohung für den Lebensunterhalt und die Existenz dar, und deshalb versuchte die Mehrheit, den Druck abzuschwächen, indem sie sich systematisch untereinander versicherten, daß die ganze Angelegenheit nicht so ernst zu nehmen sei. Eine derartige Verständigung ist nur mit jenen möglich, die ähnlich kompromittiert sind wie man selber. Sowohl jene, die aus Überzeugung Nazis wurden, als auch jene, die ihre Integrität aufrechterhielten, werden als fremde und bedrohliche Elemente angesehen, teils weil ihnen die eigene Vergangenheit keine Angst einflößt, aber auch deshalb, weil ihre bloße Existenz ein leibhaftiger Beweis dafür ist, daß etwas wirklich Schlimmes geschehen, daß etwas Entscheidendes begangen worden ist. So ist es dazu gekommen, daß nicht nur aktive Nazis, sondern auch überzeugte Nazigegner heute von mächtigen und einflußreichen Positionen in Deutschland ausgeschlossen sind; hierin liegt das wichtigste Symptom dafür, daß die deutsche Intelligenz nicht willens ist, ihre eigene Vergangenheit ernst zu nehmen oder die Last der Verantwortung zu tragen, die ihr das Hitlerregime hinterlassen hat.

Die Interessengemeinschaft zwischen den mehr oder minder Kompromittierten wird noch durch die allgemeine, aber nicht nur für Deutschland typische Einstellung gegenüber offiziellen Befragungen gefestigt. Im Gegensatz zu angelsächsischen und amerikanischen Gepflogenheiten halten die Europäer nicht immer viel davon, die reine Wahrheit zu sagen, wenn eine amtliche Stelle unangenehme Auskünfte verlangt. In Ländern, deren Rechtssystem die Zeugenaussage in eigener Sache nicht zuläßt, hält man, wenn die Wahrheit die eigenen Chancen beeinträchtigen sollte, die Lüge nicht weiter für eine große Sünde. Daher besteht bei vielen Deutschen eine Diskrepanz zwischen ihren Antworten auf den Fragebögen der Militärregierung und der Wahrheit, wie sie ihre Nachbarn kennen, und auf diese Weise werden sie immer verschworenere Komplizen.

Doch es war nicht einmal die bewußte Unehrlichkeit, die das Entnazifizierungsprogramm zum Scheitern brachte. Eine ganze Reihe Deutscher, besonders gebildetere, ist anscheinend nicht mehr in der Lage, die Wahrheit zu sagen, selbst wenn sie möchte. All jene, die nach 1933 Nazis wurden, gaben irgendeinem Druck nach, der von der brutalen Bedrohung von Leib und Leben über verschiedene, die Karriere betreffende Erwägungen bis zu Betrachtungen über den »unwiderstehlichen

Strom der Geschichte« reichte. In Fällen des physischen oder wirtschaftlichen Drucks wäre es durchaus möglich gewesen, unter stillem Vorbehalt nachzugeben, also ganz zynisch sich den absolut notwendigen Mitgliedsausweis zu beschaffen. Doch eigenartigerweise scheinen nur sehr wenige Deutsche zu einem solchen gesunden Zynismus fähig gewesen zu sein; was ihnen zu schaffen machte, war nicht der Mitgliedsausweis, sondern der innere Vorbehalt, und so landeten viele dabei, daß sie ihren Zwangsbeitritt mit der erforderlichen inneren Überzeugung ausstatteten, um sich dadurch einer lästigen Doppelzüngigkeit zu entledigen. Heute neigen sie in gewisser Weise dazu, sich nur an den anfänglichen Druck zu erinnern, der ja wirklich vorhanden war; aus ihrer nachgezogenen inneren Anpassung an die Doktrinen der Nazis, die ihnen das Gewissen diktiert hatte, haben sie die mehr oder weniger bewußte Schlußfolgerung gezogen, es sei ihr Gewissen selber gewesen, das sie betrogen habe – eine Erfahrung, die nicht gerade zur moralischen Verbesserung beiträgt.

Gewiß war es nicht leicht, dem Druck eines Alltagslebens standzuhalten, das von den Doktrinen und den Praktiken der Nazis völlig durchdrungen war. Die Situation eines Nazigegners ähnelte dem Schicksal eines normalen Menschen, der zufällig in eine Nervenheilanstalt gesteckt wird, in der alle Insassen an ein und derselben Wahnvorstellung leiden: Unter solchen Umständen wird es schwierig, seinen eigenen Sinnen noch zu trauen. Und es bestand die dauernde Belastung, sich gemäß den Regeln der kranken Umgebung verhalten zu müssen, die schließlich die einzig greifbare Realität war, in welcher es sich ein Mensch niemals leisten durfte, den Orientierungssinn zu verlieren. Diese Situation verlangte ein hellwaches Bewußtsein der gesamten eigenen Existenz, eine Aufmerksamkeit, die niemals in die automatischen Reaktionen zurückfallen durfte, mit denen wir den Alltag meistern. Daß solche automatischen Reaktionen ausbleiben, rührt hauptsächlich von der Angst vor unzureichender Anpassung her; obwohl zwar objektiv gesehen ein gestörtes Verhältnis zur Nazigesellschaft geistige Normalität bedeutete, war dieses Spannungsverhältnis für den einzelnen aber auch nicht belastender als in einer normalen Gesellschaft.

Die tiefe moralische Verwirrung im heutigen Deutschland, die aus diesem von den Nazis fabrizierten Durcheinander von Wahrheit und Wirklichkeit hervorgegangen ist, läßt sich nicht mehr mit dem Begriff

Unmoral fassen, und ihre Ursachen liegen tiefer als in bloßer Bösartigkeit. Die sogenannten guten Deutschen gehen, wenn sie über sich oder andere moralisch urteilen, oft genauso fehl wie jene, die einfach nicht zur Kenntnis nehmen wollen, daß von den Deutschen etwas Schlimmes oder etwas Außergewöhnliches angerichtet wurde. Eine ganze Reihe Deutscher, die sogar besonders nachdrücklich auf der deutschen Schuld im allgemeinen und ihrer eigenen Schuld im besonderen besteht, gerät in eigenartige Verwirrung, wenn sie ihre eigene Meinung artikulieren muß; diese Personen machen aus irgendeiner Mücke gleich einen Elefanten, während etwas wirklich Ungeheuerliches gleichzeitig ihrer Aufmerksamkeit völlig entgeht. Eine Variante dieser Verwirrung besteht darin, daß Deutsche, die ihre eigene Schuld eingestehen, in vielen Fällen, nüchtern betrachtet, ganz unschuldig sind, wohingegen diejenigen, die sich wirklich etwas haben zuschulden kommen lassen, das ruhigste Gewissen der Welt haben. Das kürzlich veröffentlichte Tagebuch von Knut Hamsun[3], das in Deutschland eine große und begeisterte Leserschaft gefunden hat, legt auf höchstem Niveau Zeugnis von dieser schrecklichen Unschuld ab, die sich in einen Verfolgungswahn verwandelt, wenn sie mit dem Urteil einer moralisch intakten Welt konfrontiert wird.

Ernst Jüngers Kriegstagebücher liefern vielleicht den besten und ehrlichsten Beweis für die ungeheuren Schwierigkeiten, denen das Individuum ausgesetzt ist, wenn es sich selbst seine moralischen Wertvorstellungen und seinen Wahrheitsbegriff ungebrochen in einer Welt erhalten möchte, in der Wahrheit und Moral jeglichen erkennbaren Ausdruck verloren haben. Trotz des unleugbaren Einflusses, den Jüngers frühere Arbeiten auf bestimmte Mitglieder der nazistischen Intelligenz ausübten, war er vom ersten bis zum letzten Tage des Regimes ein aktiver Nazigegner und bewies damit, daß der etwas altmodische Ehrbegriff, der einst im preußischen Offizierskorps geläufig war, für individuellen Widerstand völlig ausreichte. Doch selbst diese unzweifelhafte Integrität klingt hohl; es ist, als ob die Moralität außer Kraft gesetzt und zu einem Hohlraum geworden wäre, in den sich die Person, die den ganzen Tag lang leben, funktionieren und überleben muß, nur des Nachts und in Stunden der Einsamkeit zurückzieht. Der Tag wird der Nacht zum Alptraum und umgekehrt. Das moralische Urteil, das für die Nacht aufgehoben wird, ist der Alptraum der Angst, tagsüber entdeckt zu werden, und das Leben am Tag ist ein Alptraum des

Schreckens, man könnte das intakte Gewissen verraten, das sich doch nur in den Nachtstunden regt.

Angesichts der sehr komplizierten moralischen Situation, in der sich das Land bei Kriegsende befand, überrascht es nicht, daß der gravierendste Irrtum der amerikanischen Entnazifizierungspolitik schon ganz am Anfang geschah, als nämlich versucht wurde, das Gewissen des deutschen Volkes angesichts der Ungeheuerlichkeit der in seinem Namen und unter Bedingungen organisierter Komplizenschaft begangenen Verbrechen wachzurütteln. In den ersten Tagen der Besatzung waren überall Plakate zu sehen, die das fotografisch festgehaltene Grauen von Buchenwald mit einem auf den Betrachter deutenden Finger zeigten, zu dem der Text gehörte: »Du bist schuldig.« Für eine Mehrheit der Bevölkerung waren diese Bilder die erste authentische Kenntnisnahme von den Taten, die in ihrem Namen geschehen waren. Wie konnten sie sich schuldig fühlen, wenn sie es nicht einmal gewußt hatten? Alles, was sie sahen, war der ausgestreckte Zeigefinger, der eindeutig auf die falsche Person zeigte. Aus diesem Irrtum zogen sie den Schluß, daß das ganze Plakat eine Propagandalüge war.[4]

So jedenfalls kriegt man es in Deutschland immer wieder zu hören. Die Geschichte spricht eigentlich für sich selbst, sie erklärt aber noch nicht die sehr heftige Reaktion auf diese Plakate, die selbst heute noch nicht verstummt ist, und sie liefert auch keine Erklärung für die verletzende Art, mit der man den Inhalt der Fotografien ignoriert. Sowohl die heftige Reaktion als auch der Umstand, daß die fotografierten Tatsachen keine Beachtung erfahren, werden viel eher durch die verborgene Wahrheit des Plakats provoziert als durch den offenkundigen Irrtum hervorgerufen. Denn während das deutsche Volk nicht über alle Verbrechen der Nazis informiert und sogar vorsätzlich über deren genaue Art in Unwissenheit gehalten wurde, hatten die Nazis doch dafür gesorgt, daß jeder Deutsche von irgendeiner schrecklichen Geschichte wußte. Er brauchte also gar nicht alle in seinem Namen verübten Untaten genau zu kennen, um zu begreifen, daß er zum Komplizen eines unsäglichen Verbrechens gemacht worden war.

Das Ganze ist ein Trauerspiel, das auch durch die Erkenntnis, daß die Alliierten angesichts der Verhältnisse keine andere Wahl hatten, nicht weniger traurig wird. Die einzige denkbare Alternative zum Entnazifizierungsprogramm wäre eine Revolution gewesen – der Ausbruch einer spontanen Wut des deutschen Volkes gegen all diejenigen, die als prominente Vertreter des Naziregimes bekannt waren. So unkontrolliert und blutig eine solche Erhebung auch gewesen wäre, sie hätte sicherlich gerechtere Maßstäbe angesetzt, als das in einem papiernen Verfahren geschieht. Doch zur Revolution kam es nicht, aber nicht etwa deshalb, weil sie nur schwer unter den Augen von vier ausländischen Armeen hätte organisiert werden können. Es lag wahrscheinlich allein daran, daß kein einziger deutscher oder alliierter Soldat nötig gewesen wäre, um die wirklich Schuldigen vor dem Zorn der Leute zu schützen. Diesen Zorn gibt es nämlich heute gar nicht, und offensichtlich war er auch nie vorhanden.

Das Entnazifizierungsprogramm war nicht nur der politischen und moralischen Situation nach Kriegsende unangemessen, sondern es geriet auch schnell in Konflikt mit den amerikanischen Plänen für den Wiederaufbau und die Umerziehung Deutschlands. Deutschland auf der Grundlage einer freien Marktwirtschaft wiederaufzubauen schien eine ganz plausible Maßnahme zu sein; denn bei den Nazis hatte es eine eindeutige Planwirtschaft gegeben, auch wenn die Eigentumsverhältnisse im Land nicht oder vielleicht noch nicht angetastet worden waren. Aber die Fabrikbesitzer waren, als Klasse gesehen, gute Nazis, zumindest aber überzeugte Befürworter eines Systems gewesen, das als Gegenleistung für die Einschränkung der privaten Verfügungsgewalt angeboten hatte, den gesamten Handel und alle Wirtschaftszweige Europas in deutsche Hände zu bringen. In diesem Punkt verhielten sich deutsche Geschäftsleute nicht anders als die Geschäftsleute anderer Länder im Zeitalter des Imperialismus: Der imperialistisch gesonnene Geschäftsmann glaubt nicht an die freie Marktwirtschaft – im Gegenteil, er hält Staatseingriffe für die einzige Garantie sicherer Kapitalerträge aus seinen weitgestreuten Unternehmen. Es stimmt allerdings, daß die deutschen Geschäftsleute im Unterschied zu den Imperialisten alter Schule nicht den Staat kontrollierten, sondern von der Partei für Parteiinteressen benutzt wurden. Doch dieser Unterschied war, so entscheidend er auf Dauer hätte werden können, noch nicht in vollem Umfang hervorgetreten.

Die deutsche Unternehmerklasse räumte im Austausch für die staatlich abgesicherte Expansion ganz bereitwillig einige ihrer augenfälligsten Machtpositionen, darunter vor allem ihre mächtige Stellung gegenüber der Arbeiterklasse. Die systematische Wirtschaftskontrolle und der bessere Schutz der Arbeiterinteressen wurden in den Augen der Arbeiterklasse wie des gehobenen Mittelstands deshalb zur größten Einzelattraktion des Naziregimes. Aber auch hier nahm die Entwicklung nicht ihren Lauf, denn die vom Staat oder vielmehr von der Partei betriebene Sklaverei, wie wir sie von Rußland kennen, wurde noch zu keiner Gefahr für die deutschen Arbeiter (aber natürlich zur größten Bedrohung für die Arbeiterklassen aller anderen europäischen Länder während des Krieges). Das Ergebnis ist, daß in Deutschland Planwirtschaft – ohne kommunistische Beiklänge – als einziger Schutz gegen Arbeitslosigkeit und Überausbeutung in Erinnerung bleiben wird.

Die Wiedereinführung einer wirklich freien Marktwirtschaft war gleichbedeutend mit der Übergabe der Fabriken und der Verfügungsgewalt an jene, die, was die praktischen Ziele der Nazis betraf, stramme Anhänger des Regimes gewesen waren, auch wenn sie sich über die letzten Konsequenzen des Nazismus ein wenig im Irrtum befunden hatten. Auch wenn sie unter den Nazis nicht über sehr viel reale Macht verfügt hatten, so waren sie doch in den Genuß aller Annehmlichkeiten ihres Status gekommen, ob sie nun Parteimitglied waren oder nicht. Seit dem Ende des Krieges haben sie zusammen mit der nahezu unbeschränkten Macht über das Wirtschaftsleben auch ihre alte Macht über die Arbeiterklasse wiedergewonnen, also über die einzige Klasse in Deutschland, die zwar Staatseingriffe als Sicherungsmaßnahme gegen Arbeitslosigkeit begrüßte, aber nie voll und ganz nazistisch gewesen war. Mit anderen Worten, zu dem Zeitpunkt, als Entnazifizierung das Schlüsselwort der alliierten Politik in Deutschland war, wurde die Macht an Personen zurückgegeben, deren Nazisympathien aktenkundig waren, und damit jenen genommen, deren Unzuverlässigkeit im nazistischen Sinn die einzige einigermaßen feststehende Tatsache in einer ansonsten schwankenden Situation gewesen war.

Zu allem Übel wurde die Macht, die den Industriellen zurückgegeben wurde, auch noch von den schwächlichen Kontrollen befreit, die es in der Weimarer Republik gegeben hatte. Die von den Nazis beseitigten Gewerkschaften haben ihre frühere Position nicht wiedererhalten, teils, weil es innerhalb der Gewerkschaften an Fachleuten mangelte, teils, weil man sie antikapitalistischer Überzeugungen verdächtigte; die Bemühungen der Gewerkschaften, ihren früheren Einfluß auf die Arbeiter wiederzugewinnen, scheiterten kläglich, und das hat zur Folge, daß sie nun auch noch das bißchen Selbstvertrauen verloren haben, das sie aus der Erinnerung an frühere Zeiten geerbt haben könnten.

Es mag nach außen hin lächerlich wirken, wie verbissen die Sozialisten den Schuman-Plan[5] attackierten. Man kann diese Attacke jedoch erst richtig verstehen (allerdings kaum entschuldigen), wenn man in Rechnung stellt, daß unter den gegenwärtigen Umständen eine Zusammenlegung der Industrie an Rhein und Ruhr mit der französischen Industrie sehr wohl einen noch planmäßigeren und massiveren Angriff auf den Lebensstandard der Arbeiter bedeuten könnte. Schon allein die Tatsache, daß die Bonner Regierung, in der man häufig die bloße Fassade für die Interessen der Industriellen sieht, den Plan so kräftig unterstützt, wäre Grund genug, mißtrauisch zu werden. Denn unglücklicherweise hat der gehobene Mittelstand Deutschlands aus der Vergangenheit nichts gelernt, aber auch nichts vergessen; trotz einer Fülle gegenteiliger Erfahrungen glaubt man dort immer noch, daß eine große »Arbeiterreserve«, d. h. beträchtliche Arbeitslosigkeit, ein Anzeichen für eine gesunde Wirtschaft sei, und man ist zufrieden, wenn man auf diese Weise die Löhne niedrig halten kann.

Die wirtschaftlich angespannte Lage wird durch das Flüchtlingsproblem, bei dem es sich um das größte wirtschaftliche und soziale Problem der deutschen Gegenwart handelt, erheblich verschärft. Solange diese Menschen nicht wieder angesiedelt sind, stellen sie vor allem deshalb eine ernste politische Gefahr dar, weil sie in ein politisches Vakuum hineingetrieben worden sind. Mit den relativ wenigen überzeugten Nazis, die es immer noch in Deutschland gibt und bei denen es sich fast ausnahmslos um ehemalige SS-Angehörige handelt, haben die Vertriebenen ein klar umrissenes politisches Programm gemein und können sich auf eine gewisse Gruppensolidarität verlassen – dies sind zwei Elemente, die offensichtlich in allen anderen Schichten der Bevölkerung nicht vorhanden sind. Ihr Programm heißt Wiedererrichtung eines mächtigen Deutschlands, das es ihnen ermöglichen soll, in ihre frühere Heimat im Osten zurückzukehren und sich dort an jenen Bevölkerungsgruppen zu rächen, von denen sie vertrieben wurden. In der Zwischenzeit sind sie damit beschäftigt, die einheimische deutsche Bevölkerung, die sie nicht gerade mit brüderlichen Gefühlen empfangen hatte, zu hassen und zu verachten.

Im Unterschied zu dem Problem, das aus den Überbleibseln der Nazibewegung herrührt, könnte das Flüchtlingsproblem mit energischen und gescheiten Wirtschaftsmaßnahmen gelöst werden. Daß mangels solcher Maßnahmen die Flüchtlinge in eine Lage gedrängt wurden, in der sie praktisch keine andere Wahl hatten, als eine eigene Partei zu gründen, daran ist zu einem erheblichen Teil die gegenwärtige Regierung und insbesondere der Einfluß der Parole von der freien Marktwirtschaft schuld, wie sie von den Deutschen verstanden beziehungsweise mißverstanden wird. Öffentliche Mittel gehen als Kredite an Großunternehmen; die Förderung von Kleinunternehmen (viele der Flüchtlinge sind Facharbeiter und Handwerker), vor allem in der Form von Genossenschaften, wurde fast völlig vernachlässigt. Die Höhe der zugunsten der Flüchtlinge bereitgestellten Beträge schwankt zwar von Bundesland zu Bundesland, doch die Hilfsgelder sind sowohl in absoluten Zahlen als auch auf den Bundeshaushalt bezogen fast immer hoffnungslos unangemessen. Die kürzlich von der Bonner Regierung gemachten Vorschläge zur Senkung der Unternehmersteuern – ein klarer Beleg für die Wirtschaftspolitik der Regierung – hätten die für die Flüchtlinge zur Verfügung stehenden Mittel sogar noch weit empfindlicher zusammenschrumpfen lassen. Die Tatsache, daß die Besatzungsbehörden ihr Veto gegen diese Maßnahme einlegten, läßt etwas Hoffnung aufkommen, daß die amerikanischen Behörden zu verstehen anfangen, daß die Parole von der freien Marktwirtschaft in Deutschland und in ganz Europa in einem anderen Zusammenhag zu sehen ist als in den Vereinigten Staaten.

Eines der größten Hindernisse der amerikanischen Politik in Europa liegt in der Tat darin, daß dieser Unterschied nicht genau verstanden wird. Das amerikanische System, in dem die Macht des industriellen Managements ein starkes Gegengewicht in der Macht der organisierten Arbeiterschaft findet, würde für den europäischen Anhänger einer freien Marktwirtschaft kaum akzeptabel sein; in Europa gehörten die Gewerkschaften selbst in ihren besten Tagen nicht zu den herrschenden Mächten, sondern führten immer die ungewisse Existenz einer nur leicht rebellischen Kraft, die im Dauerkampf gegen die Arbeitgeber mit wechselndem Erfolg operierte. In Amerika gibt es darüber hinaus bei Arbeitern wie Unternehmern eine gewisse Abneigung gegen das Mittel des Staatseingriffs; manchmal bringt die bloße Drohung einer staatlichen Schlichtung die streitenden Parteien wieder zu bilateralen Verhandlungen zurück. In Deutschland haben Arbeitnehmer und Arbeitgeber nur eine Vorstellung im Kopf: daß der Staat sein volles Gewicht in die Waagschale ihrer Interessen werfen möge. Vielleicht mit Ausnahme der skandinavischen Länder besitzt keine Bürgerschaft Europas die politische Reife der Amerikaner, für die ein gewisses Maß an Verantwortlichkeit, d. h. an Mäßigung bei der Verfolgung von Eigeninteressen, fast eine Selbstverständlichkeit ist. Außerdem ist Amerika immer noch ein Land des Überflusses und des Chancenreichtums, so daß von freier Eigeninitiative zu reden noch nicht bedeutungslos geworden ist, und dazu bringen die Dimensionen der amerikanischen Wirtschaft jede umfassende Planung zum Scheitern. Doch in den Ländern Europas, deren Territorien im Verhältnis zur industriellen Kapazität kontinuierlich geschrumpft sind, herrscht bei den meisten Menschen die feste Überzeugung vor, daß selbst der gegenwärtige Lebensstandard nur dann garantiert werden kann, wenn ein gewisses Maß an Planung vorhanden ist, das allen einen gerechten Anteil am Nationaleinkommen sichert.

Hinter dem ungenierten und grundlosen Gerede vom amerikanischen »Imperialismus« in Europa zeichnet sich die gar nicht so grundlose Furcht ab, daß die Einführung des amerikanischen Wirtschaftssystems in Europa oder vielmehr die Aufrechterhaltung des wirtschaftlichen Status quo durch Amerika nur bei einem erbärmlich niedrigen Lebensstandard der Massen enden kann. Die soziale und politische Stabilität der skandinavischen Länder rührt teilweise von starken Gewerkschaften, teilweise von der Rolle der Genossenschaften im Wirtschaftsleben her und nicht zuletzt auch von umsichtig gehandhabten Staatseingriffen. Diese Faktoren geben zumindest die allgemeine Richtung an, in der die Lösung der ökonomischen und sozialen Probleme Europas gefunden werden könnte, sofern nicht ungelöste politische Probleme dazwischenkommen und die allgemeine Weltlage genügend Zeit dafür läßt. Auf jeden Fall hat in Deutschland das System der freien Marktwirtschaft rasch zu halsabschneiderischen Praktiken, zu Monopolisierung und Trustbildung geführt, ungeachtet aller Bestrebungen der amerikanischen Behörden, diese Entwicklung zu verhindern.

Politisch gesehen handelt es sich bei der wachsenden Unzufriedenheit der Arbeiterklasse nicht, wie man vielleicht erwartet hätte, um den ernstesten Aspekt der Situation. Die tragische Geschichte der deutschen sozialistischen Parteien scheint diese Organisationen um ihre Vitalität gebracht zu haben; niemals befand sich die deutsche Arbeiterklasse in einer weniger revolutionären Stimmung als jetzt. Es gibt zwar eine gewisse verbitterte Resignation gegenüber einem System, das ihnen unter dem Markenzeichen Demokratie »verkauft« wird, doch dieser Groll wird kaum irgendwelchen Ärger heraufbeschwören; es ist im Gegenteil fast eine Garantie für die allgemeine Indifferenz, mit der jedes Regime, ob gut oder schlecht, akzeptabel wird. Eine ganz andere und wirklich gefährliche Seite dieser Angelegenheit besteht darin, daß im Gefolge der größeren Hoffnungslosigkeit, der gestiegenen Unsicherheit und Verelendung der Arbeiter die alte Angst vor der »Proletarisierung« erneut und kräftig genährt wird.

Von dieser Furcht wird vor allem der Mittelstand ergriffen, der durch die Währungsreform wieder einmal sein Geld verloren hat, wohingegen das Vermögen der Industriellen durch Sachwerte gesichert war. Die finanzielle Lage der mittelständischen Deutschen unterscheidet sich in nichts von der Lage einer normalen Arbeiterfamilie, vor allem dann nicht, wenn sie ihre Habe bei einem Bombenangriff verloren haben oder wenn sie Flüchtlinge sind. Aber ein Leben lang das Los eines Arbeiters zu teilen ist in der Tat eine trübe Vorstellung.

Weil sie das vermeiden wollen, versuchen die jüngeren Leute verzweifelt, ein paar Mark zusammenzukratzen, um eine der vielen überfüllten Universitäten besuchen zu können. Dies ist die einzige Chance, ihren mittelständischen Status zu erhalten und dem Elend eines proletarisierten Daseins zu entgehen. Überall in Deutschland wird einem gesagt, es werde in wenigen Jahren so viele Anwälte, Ärzte, Lehrer, Kunsthistoriker, Philosophen und Theologen geben, daß diese eine Schlange bilden könnten, die so lang ist wie das gesamte Autobahnnetz. Und die meisten dieser möglicherweise arbeitslosen Akademiker werden ihren Abschluß um den Preis entsetzlicher Opfer gemacht haben; viele Studenten leben monatlich von 60 bis 70 Mark, das bedeutet chronische Unterernährung und den völligen Verzicht selbst auf so bescheidene Genüsse wie ein Glas Wein oder einen Kinobesuch. Die akademischen Anforderungen sind im allgemeinen kaum niedriger als früher, was dazu führt, daß die fanatische Hingabe, mit der diese jungen Menschen ihr Studium betreiben, zu dem sie vielleicht aufgrund ganz unintellektueller Motive gekommen sind, nur von wiederkehrenden Perioden harter körperlicher Arbeit unterbrochen wird, in denen sie sich zusätzlich etwas Geld verdienen.

Niemand in Deutschland scheint daran zu zweifeln, daß dieses gewaltige Opfer der Studentengeneration nur in einer schweren Enttäuschung enden kann, doch niemand scheint an dieses Problem einen wirklich ernsthaften Gedanken zu verschwenden. Die einzige Lösung läge in der Schließung einer Reihe von deutschen Universitäten, und das könnte mit einem erbarmungslosen Aussieben der Abiturienten verknüpft werden, vielleicht sogar mit der Einführung des ansonsten fragwürdigen französischen Systems der Auswahlprüfungen, demzufolge die Zahl der erfolgreichen Kandidaten von vornherein durch die Zahl der verfügbaren Plätze festgelegt wird. Statt sich mit diesen oder jenen Vorstellungen auseinanderzusetzen, hat die bayerische Regierung erst kürzlich eine weitere (die vierte) Universität eröffnet[6], und die französischen Besatzungsbehörden sind, um das Niveau der deutschen Kultur anzuheben, mit einem unklugen Akt vorgeprescht und haben soeben eine nagelneue Universität in Mainz aufgemacht – was bedeutet, daß sechstausend Studenten nun die ohnehin völlig hoffnungslose Wohnungssituation in der fast vollständig zerstörten Stadt nur noch verschlimmern. Tatsächlich könnte man unter den gegenwärtigen Bedingungen nur mit dem Mut der Verzweiflung zu Maßnahmen greifen, um die Universitäten zu leeren, doch das wäre, als beraubte man einen verzweifelten Menschen seiner letzten Chance, bei der es sich doch nur um die Chance eines Glücksspielers handelt. Welche Richtung die politische Entwicklung in Deutschland nehmen wird, wenn eine ganze Klasse frustrierter und hungernder Intellektueller auf eine gleichgültige und verdrossene Bevölkerung losgelassen wird, bleibt den Vermutungen jedes einzelnen überlassen.

Selbst diejenigen Beobachter der alliierten Politik in Deutschland, die die Entnazifizierung mit Bedenken verfolgten und sahen, daß das System der freien Marktwirtschaft nur zu einer Aufwertung politisch unerwünschter Elemente führen würde, setzten beträchtliche Hoffnung auf das Föderalisierungsprogramm, durch das Deutschland in Bundesländer mit jeweils beträchtlichen Machtbefugnissen der lokalen Selbstverwaltung aufgeteilt wurde. Das schien in vieler Hinsicht eine unbestreitbar richtige Maßnahme zu sein: Sie würde vor Machtanhäufung schützen und dadurch die verständlichen, wenn auch übertriebenen

Ängste der Nachbarn Deutschlands beschwichtigen; sie würde das deutsche Volk auf die erhoffte Föderalisierung Europas vorbereiten; sie würde basisnahe Demokratie auf der Ebene kommunaler und lokaler Angelegenheiten lehren, also dort, wo die Menschen ihre unmittelbaren Interessen ausdrücken und sich auskennen; und schließlich könnte man damit dem Nazi-Größenwahn entgegenarbeiten, der den Deutschen beigebracht hatte, in Kontinenten zu denken und in Jahrhunderten zu planen.

Aber daß die Länderregierungen gescheitert sind, ist schon fast aktenkundig. Es handelt sich dabei um den Fehlschlag auf dem einzigen politischen Gebiet, auf welchem die Deutschen fast von Besatzungsbeginn an allein gelassen wurden und wo Erfolg oder Mißerfolg vom Status Deutschlands in der internationalen Arena unabhängig waren. Bis zu einem gewissen Grad kann man natürlich für das Scheitern der Länderregierungen das allgemeine Klima in Deutschland verantwortlich machen, das von der Entnazifizierung und den sozialen Folgen einer rücksichtslosen Wirtschaftspolitik geprägt war; doch diese Erklärung klingt nur einleuchtend, wenn man vorsätzlich das große Maß an Freiheit ignoriert, das den Deutschen bei den Länderregierungen zugestanden wurde. Die Wahrheit sieht nämlich so aus, daß die Zentralisierung, wie sie in Nationalstaaten erreicht und wie sie in Deutschland nicht von Hitler, sondern von Bismarck geschaffen wurde, jedes echte Verlangen nach lokaler Autonomie erfolgreich zerstört und die politische Lebenskraft aller Organe auf Provinz- und Stadtebene zersetzt hat. Was immer von diesen Traditionen übriggeblieben ist, hat einen hoffnungslos reaktionären Charakter angenommen und ist zu billigster Folklore erstarrt. Kommunalverwaltungen haben meistens die übelsten Lokalkonflikte ausgelöst und überall Chaos hervorgerufen, weil es keine Macht gibt, die groß genug ist, um die Konfliktparteien in Schach zu halten. Da das Moment öffentlicher Verantwortung und sogar des nationalen Interesses ganz offenkundig fehlt, tendiert Lokalpolitik leicht dazu, zur primitivsten Form offener Korruption zu verkommen. Die zweifelhafte politische Vergangenheit derjenigen, die über Erfahrung verfügen (die »Unerfahrenen« sind mittlerweile ziemlich rücksichtslos entfernt worden), und die niedrigen Gehälter im Öffentlichen Dienst bereiten gemeinsam jeder Art von Mißwirtschaft den Weg: Viele Beamte sind leicht erpreßbar, und noch viel mehr können nur sehr schwer der Versuchung widerstehen, ihr Gehalt durch Schmiergelder aufzubessern.

Die Bonner Regierung steht kaum in einem unmittelbaren Verhältnis zu den Länderregierungen: Weder wird sie von ihnen kontrolliert, noch übt sie ihrerseits irgendeine nennenswerte Kontrolle aus. Die einzigen funktionierenden Bindeglieder zwischen Bonn und den Länderregierungen sind die Parteiapparate, die in allen Personal- und Verwaltungsfragen die entscheidende Rolle spielen und in scharfem Kontrast zur »kleinstaatlichen« Aufgliederung des Landes so zentralistisch organisiert sind wie nie zuvor und deshalb heute die einzig sichtbare Macht darstellen.

Das ist zwar ein gefährlicher Umstand, aber an sich nicht unbedingt das Schlimmste, was hätte passieren können. Das eigentliche Problem rührt vom Wesen der Parteiapparate her. Die gegenwärtigen Parteien sind Fortsetzungen der Parteien aus der Vor-Hitler-Zeit, also jener Parteien, deren Zerstörung Hitler so erstaunlich leicht fiel. Sie werden in vielen Fällen wieder von denselben Leuten geführt, und in ihnen dominieren wieder die alten Ideologien und Taktiken. Allerdings haben sich nur die Taktiken irgendwie ihre Vitalität erhalten; die Ideologien werden einfach aus Traditionsgründen mitgeschleppt – und weil eine deutsche Partei nicht gut ohne eine Weltanschauung auskommen kann. Man kann nicht einmal sagen, daß die Ideologien deshalb überlebt hätten, weil nichts Besseres vorhanden gewesen wäre; es ist eher so, daß die Deutschen nach ihrer Erfahrung mit der Nazi-Ideologie zu der Überzeugung gelangt sind, daß so ungefähr alles verwendbar ist. Die Parteiapparate sind vor allem darauf ausgerichtet, ihren Mitgliedern Jobs und Vorteile zu verschaffen, und sie haben auch durchaus dazu die Macht. Dies bedeutet, daß sie dazu neigen, die opportunistischsten Elemente der Bevölkerung anzuziehen. Weit davon entfernt, jegliche Art von Initiative zu ermuntern, fürchten sie sich vor jungen Leuten mit neuen Ideen; kurzum, sie wurden vergreist wiedergeboren. Folglich findet das wenige, das es an politischem Interesse und an politischer Diskussion gibt, in kleinen Kreisen außerhalb der Parteien und außerhalb der öffentlichen Institutionen statt. Jede dieser kleinen Gruppen ist wegen des politischen Vakuums, in dem sie sich befinden, und der allgemeinen Korruption des öffentlichen Lebens, die sie umgibt, möglicherweise der Kern einer neuen Bewegung; denn die Parteien sind nicht nur dabei gescheitert, die Unterstützung der deutschen Intelligenz zu gewinnen, sondern sie haben auch die Massen davon überzeugt, daß sie deren Interessen nicht vertreten.

Die deprimierende Geschichte Nachkriegsdeutschland ist nicht eine der verpaßten Chancen. In unserem Eifer, einen bestimmten Schuldigen und bestimmbare Fehler auszumachen, übersehen wir leicht die eher grundsätzlichen Lehren, die wir aus dieser Geschichte ziehen können. Letztendlich bleibt die zweifache Frage: Was konnte man überhaupt von einem Volk nach zwölf Jahren totalitärer Herrschaft erwarten? Was konnte man überhaupt von einer Besatzung erwarten, die sich der unmöglichen Aufgabe gegenübergestellt sah, ein Volk wieder aufzurichten, das den Boden unter den Füßen verloren hatte?

Es wäre jedenfalls gut, wenn man die Besatzung Deutschlands im Gedächtnis behielte und versuchte, diese Erfahrungen zu begreifen, denn es ist nur allzu wahrscheinlich, daß wir so etwas in einem gigantischen Ausmaß zu unseren Lebzeiten sich wiederholen sehen. Unglücklicherweise vollzieht sich die Befreiung eines Volkes vom Totalitarismus wahrscheinlich nicht einfach durch den »Zusammenbruch des Kommunikationsnetzes und der zentralen Kontrollinstanzen, was die tapferen russischen Völker ohne weiteres in die Lage versetzen könnte, sich selber von einer Tyrannei zu befreien, die viel schlimmer als die der Zaren ist«, wie Churchill kürzlich in seiner Rede vor der Versammlung des Europarats[7] formulierte. Das deutsche Beispiel zeigt, daß Hilfe von außen wahrscheinlich keine einheimischen Selbsthilfekräfte freisetzt und daß totalitäre Herrschaft mehr ist als bloß die schlimmste Form von Tyrannei. Der Totalitarismus vergiftet die Gesellschaft bis ins Mark.

Politisch betrachtet sind die heutigen Verhältnisse in Deutschland viel eher ein Paradebeispiel für die Konsequenzen des Totalitarismus als eine Demonstration des sogenannten deutschen Problems an sich. Dieses Problem kann wie alle anderen europäischen Probleme erst in einem föderativen Europa gelöst werden; doch selbst eine solche Lösung scheint angesichts der in den nächsten Jahren bevorstehenden Krisen von geringer Bedeutung zu sein. Es ist unwahrscheinlich, daß Deutschland, ob und wie erneuert es auch aussehen mag, dabei eine große Rolle spielen wird. Und dieses Wissen, daß jede von ihnen ausgehende Initiative in der gegenwärtigen Auseinandersetzung vergeblich ist, gehört zu den nicht zu unterschätzenden Faktoren, welche die Deutschen wenig geneigt sein lassen, der Wirklichkeit ihres zerstörten Landes ins Gesicht zu sehen.

(4) »Wohin treibt die Bundesrepublik?«

Vorwort zu Karl Jaspers, *The Future of Germany**

Ein Buch von Karl Jaspers bedarf keiner Einführung, nicht von mir oder sonst jemandem. Dennoch mögen in diesem speziellen Fall ein paar Worte nicht unangebracht sein, um den amerikanischen Leser auf die ziemlich verblüffende Tatsache vorzubereiten, daß ein Philosoph und überdies ein deutscher Philosoph das politisch wichtigste Buch geschrieben haben mag, das nach dem Zweiten Weltkrieg in Deutschland erschienen ist. Darüber hinaus dürfte dessen Hauptthese für das amerikanische Publikum ziemlich schockierend sein: Die Bundesrepublik Deutschland befindet sich auf dem besten Weg, die parlamentarische Demokratie abzuschaffen, und könnte auf eine Art von Diktatur zutreiben, die unter bestimmten Bedingungen – wenn Deutschland beispielsweise sich entschließen sollte, de Gaulle zu folgen und seine Streitkräfte aus der NATO zurückzuziehen – zu einer Bedrohung des Friedens in Europa würde.

Da dieses Land [die USA] vor allem mit seinen neuen Unternehmungen in Asien beschäftigt ist, haben wir den recht beängstigenden Anzeichen einer Desintegration in Europa und besonders in Deutschland wenig Aufmerksamkeit geschenkt und noch weniger Information dazu erhalten. Und wenn in einzelnen Fällen Korrespondenten und für Magazine schreibende Journalisten diese Wand des Unwissens und Schweigens durchbrachen, so geschah das mit sehr wenigen Ausnahmen, um uns mitzuteilen, daß wir uns nicht zu beunruhigen bräuchten. Bonn ist nicht Weimar, heißt es, und: Ein Wiederaufleben des Nationalismus ist nur natürlich; die Tatsache, daß der neue Kanzler [Kurt Georg Kiesinger] ehemals ein hoher Beamter in Ribbentrops Außenministerium war, ist ein gutes Zeichen für Deutschlands Genesung, denn sein Vizekanzler [Willy Brandt] ist ein Sozialist und ehemaliger Flüchtling, und beide zusammen geben, wie Willy Brandt selbst sagte, ein gutes Beispiel für das Einswerden der Nation. Ferner: Die jüngsten Erfolge der Nationaldemokratischen Partei (NPD), einer extrem rechts-

* 1967 in englischer Sprache veröffentlicht, deutsche Übersetzung für diese Ausgabe von Ursula Ludz.

gerichteten Gruppierung, welche niemand vorausgesehen hatte, sollten kein Alarmzeichen sein, auch wenn in näherer Zukunft noch größere Erfolge zu erwarten wären. Über ernste antisemitische Vorfälle bei den Streitkräften, wo die NPD in den unteren Rängen des Offizierskorps besonders stark ist, wurde in Deutschland kaum und in diesem Land überhaupt nicht berichtet. Auch hielten es, soweit ich weiß, unsere Zeitungen nicht für nötig, die Reaktion von Franz Josef Strauß, dem neuen Finanzminister, auf den Wahlerfolg der NPD zu drucken. »Dies ist die Antwort«, sagte er, »auf die jahrelange Methode, alles was deutsch ist und was national heißt, in den Dreck zu ziehen«[1]. Andererseits ist hinreichend bekannt, daß Westdeutschland die Oder-Neiße-Linie nie anerkannt hat, daß keine Partei es je gewagt hätte, öffentlich zu erklären, eine solche Anerkennung des Status quo im Osten wäre Teil ihres Programms, und daß in den vergangenen Jahren die Ansprüche auf die verlorenen Ostgebiete an Intensität zugenommen haben. Doch, so wird uns gesagt, solch alarmierendes, verbrecherisches Geschrei sollte nicht ernst genommen werden, weil all dies – einschließlich der Existenz zweier deutscher Staaten – seit langem in Bonn akzeptiert wird. Jeder dieser selbstgefälligen Ratschläge ist in gedruckten Veröffentlichungen sowohl innerhalb wie außerhalb Deutschlands zurückgewiesen worden, doch der Bann der Selbstgefälligkeit wurde nie gebrochen. Nicht einmal die Rufe »Zweites Versailles!«, die anläßlich der Verhandlungen zwischen diesem Land und der Sowjetunion über einen Vertrag über die Nichtverbreitung von Kernwaffen [Atomwaffensperrvertrag] in weiten Kreisen der deutschen Öffentlichkeit und offiziellen Meinung Unterstützung fanden – was sicherlich das alarmierendste Symptom einer veränderten Stimmung in der Bundesrepublik ist –, wurden als bedeutend genug empfunden, um darüber angemessen zu berichten.

Dieses Buch schlägt Alarm. Als Jaspers es vor etwa zwei Jahren schrieb und als es vor mehr als einem Jahr veröffentlicht wurde, war ein Großteil der Dinge, die ich hier erwähne, noch nicht Wirklichkeit. So kommt es, daß er erst jetzt – nämlich in seiner gerade veröffentlichten *Antwort* an seine Kritiker, von der einige Teile in die amerikanische Ausgabe eingearbeitet wurden, als er sich vor die vollendete Tatsache der Großen Koalition, d. h. der De-facto-Ausschaltung der parlamentarischen Opposition mit der drohenden Gefahr einer Notstandsgesetzgebung, die tatsächlich die Verfassung außer Kraft setzen würde, und dem Aufkommen einer aggressiven, neuen Partei, die den Bankrott der anderen enthüllt und das Vakuum in Bonn provisorisch füllt (»die verrückteste ›Glaubenskraft‹« kann in einer solchen Lage »Erfolg haben«), gestellt sah – die unausweichliche Schlußfolgerung all seiner Analysen zieht: »Eine neue sittlich-politische Katastrophe steht bevor.«[2]

Jaspers glaubt nicht an ein Wiederaufleben des Nazismus, was unter den gegenwärtigen Umständen in der Tat unwahrscheinlich ist, auch wenn einige Sprecher für die neue NPD öffentlich erklärten, schuld am Ausbruch des letzten Krieges sei nicht Hitler, sondern das internationale Judentum. Bonn mag nicht Weimar sein, doch die Auflösungsprozesse in der Bonner Regierung zeigen Züge, die denen der letzten Monate der Weimarer Republik auffällig ähneln. Wem kommen nicht die schicksalhaften Brüningschen Notverordnungen von 1931 in den Sinn, wenn er von Notstandsgesetzen hört? Und daß im Gegensatz zur wirtschaftlichen und politischen Krise in den frühen dreißiger Jahren heute überhaupt kein Ausnahmezustand besteht, wie Jaspers hervorhebt, ist nicht beruhigend. Im Gegenteil, man hat den Eindruck, daß dieses völlig überflüssige Unternehmen eine vermeintlich mögliche Ausnahmesituation als Vorwand nutzt, damit man sich der gegenwärtigen Regierungsform entledigen kann. Der Unterschied ist: »Dieselbe Gefahr, die in der Weimarer Republik von den gegen diesen Staat gerichteten Mächten kam, um ihn durch Umsturz zu verwandeln, liegt jetzt im Staate selber. Er ist nicht durch Gegenbewegungen gegen ihn bedroht. Nicht gegen ihn, sondern mit ihm und durch ihn selbst wird er verwandelt, wird unklar dasselbe gesucht wie damals: Obrigkeit, autoritärer Staat, Diktatur.«[3]

Historisch ist unzweifelhaft, daß bei der Errichtung des Bonner Staates bewußt versucht wurde, nicht einen »neuen Staat«, sondern den Status quo ante Hitler zu schaffen, d. h. eine Restauration der Weimarer Republik. Die verfassungsmäßigen Veränderungen im neuen Grundgesetz sind technischer Art und dazu bestimmt, gewisse institutionelle Mängel, die Verfassungsexperten für das Desaster von 1933 verantwortlich machten, zu beseitigen. Daher das Klischee: »Bonn ist nicht Weimar.« (Wie Bonn möglicherweise doch auf dem Weg ist, »Weimar« zu werden, ist im einzelnen von Karl Dietrich Bracher, dem ausgewiesensten Historiker in Sachen »Auflösung der Weimarer Republik«, in einem Artikel in *Der Spiegel*[4] erläutert worden.) Häufig wird vergessen, daß es in der Krise von 1932 eine Alternative zur Übernahme der Herrschaft durch die Nationalsozialisten gab, nämlich eine Militärdiktatur unter General Schleicher, den die Nazis, denen diese Möglichkeit nur zu bewußt war, dann auch prompt ermordeten. Sollten sich Jaspers' Befürchtungen, daß die westdeutsche Regierung in eine Militärdiktatur treibt, bewahrheiten, wäre dies – wenn Beweise in solchen Angelegenheiten möglich wären – beinahe der Beweis dafür, daß Bonn tatsächlich die Wiederholungsveranstaltung von Weimar ist, welche es von seinen ersten Anfängen an sein sollte.

Mit einem unfehlbaren Auge für das Wesentliche gibt Jaspers einen kurzen Überblick über die letzten zwanzig Jahre deutscher Geschichte, und bei deren Beurteilung hat er den großen Vorzug, sich lebendig und konkret an die ganze bisherige Geschichte des 20. Jahrhunderts zu erinnern. Er war dreißig Jahre alt, als in einer Atmosphäre eines nationalen Paroxysmus der Erste Weltkrieg ausbrach, und zwanzig Jahre später beobachtete er aus der Nähe den zweiten Anfall, als fast die ganze Nation nazistisch wurde. All das, was konstant geblieben ist – nicht in den Weltumständen, aber in der inneren Verfaßtheit und dem Verhalten des Volkes – ist ihm schmerzlich bewußt. Dabei handelt es sich nicht um das Problem eines ewig gleichen deutschen Nationalcharakters, sondern vielmehr um eine Angelegenheit typischer und sich wiederholender Verhaltensmuster seit der Bismarckschen Reichsgründung. Die Gefahr liege jetzt in den automatischen Folgen der Tatsache, daß 1945 kein neuer Staat entstanden und daß es niemals zum klaren Bruch mit der Vergangenheit, nicht einmal mit der Nazivergangenheit, gekommen sei. Statt dessen habe sich eine allgemeine, unsere politische und damit auch persönliche Existenz durchdringende Verlogenheit ausgebreitet, und seit den Anfängen der Adenauer-Regierung gehöre zu ihr an entscheidender Stelle die Lüge, daß die Deutschen »eigentlich nie Nationalsozialisten«[5] gewesen seien. Die Große Koalition, die unter gegenseitigem Sich-auf-die-Schulter-Klopfen der Politiker zustande kam und im In- und Ausland fast nur Applaus erhielt, ist eigentlich der groteske Übergang von einem Zwei-Parteien-System zu einer neuen Regierungsform, einer Art von Zwei-Parteien-Diktatur oder, in Jaspers' Worten, einer »Politiker-Diktatur«.

Um zu verstehen, daß dies wirklich der Anfang vom Ende der parlamentarischen Demokratie in Deutschland ist, muß man sich nur an das Argument erinnern, mit dem Adenauer 1949 die Idee einer Koalition der beiden großen Parteien verwarf. Unter solchen Umständen, schrieb er in seinen *Erinnerungen*, gäbe es »keine kraftvolle Opposition im Parlament ... Ich befürchtete, es könnte sich dann eine Opposition auf nationaler Basis außerhalb des Parlaments entwickeln, die durch nationalistische Demagogen dem jungen Staatswesen gefährlich werden könnte.«[6] Siebzehn Jahre später hatte Herr Adenauer vergessen, was immer er vom Funktionieren einer parlamentarischen Regierung wußte. Deshalb war er kurz vor seinem Tod nicht nur von General de Gaulle beeindruckt, sondern voller Bewunderung für General Franco, der schließlich seine gegenwärtige Stellung in nicht geringem Umfang Hitler und Mussolini zu verdanken hat. Wie dem auch sei, 1967 haben weder Staatsmänner noch Politiker diese augenfällige und gerechtfertigte Sorge geteilt. Nur ein paar einsame Stimmen scheinen das zu verstehen, was allen einleuchten sollte: ein Philosoph, ein Publizist und ein Romanschriftsteller, nämlich Karl Jaspers, Rudolf Augstein in *Der Spiegel* und Günter Grass, der in zwei verzweifelt eindringlich gehaltenen Briefen Kiesinger bat, die Kanzlerschaft wegen seiner Nazivergangenheit nicht zu übernehmen, und – mit Worten, die kurioserweise an Adenauers frühes Argument gegen eine Regierung ohne Opposition gemahnten – Willy Brandt flehentlich ersuchte, eine Entscheidung zu überprüfen, die »... mich und viele meiner Freunde ... in eine linke Ecke drängen und zum bloßen, obendrein politisch machtlosen Widerpart der NPD degradieren ... Die Jugend unseres Landes ... wird sich vom Staat und seiner Verfassung abkehren: Sie wird sich nach links und rechts verrennen, sobald diese miese Ehe beschlossen sein wird.«[7]

Selbstgefälligkeit, Optimismus aus Angst und nichtssagendes gegenseitiges Schultergeklopfe mögen die Hauptelemente der gegenwärtigen offiziellen deutschen Wetterlage sein, doch ist die ganze Geschichte damit bei weitem nicht erzählt. Es muß heute viele Deutsche geben, die ganz und gar nicht selbstgefällig sind. Sonst wäre der spektakuläre Erfolg dieses Buches, das seit seinem Erscheinen auf der Bestseller-Liste steht, unerklärlich. Doch auch das ist nicht allzu beruhigend. Dieser Erfolg, der nicht wirklich ein »succès d'estime« ist, hat etwas Seltsames. Das liegt nicht daran, daß Bonn und alle, die mit der Regierung verbunden sind, das Buch öffentlich ignorieren und alles in ihrer Macht Stehende tun, um es und seinen Autor privat zu diskreditieren, sondern daran, daß sich die ehrenwerte öffentliche Meinung in ihrer Hauptströmung ehrerbietig feindlich geäußert hat – wenn vielleicht auch nicht in demselben Maß wie einige Jahre zuvor, als Jaspers zuerst vorschlug, unter gewissen Bedingungen die DDR, die Regierung von Ostdeutschland, anzuerkennen. Damals schrieb ein Schweizer Journalist, daß es nicht einmal Chruschtschow gelungen sei, eine derartige Demonstration nationalen Einverständnisses hervorzurufen. Die Kluft zwischen dem unmittelbaren Erfolg des Buches und der von nahezu allen Organen der öffentlichen Meinung geäußerten Kritik scheint anzuzeigen, daß es Jaspers gelungen ist, viele zu erreichen, daß aber diese Vielen gerade jene sind, deren Meinungen und Überzeugungen kaum in der Öffentlichkeit vertreten sind. Man wird an den einzigen anderen Bestseller, den Jaspers jemals schrieb, unglücklich erinnert, nämlich an seine *Geistige Situation der Zeit*, die, 1931 veröffentlicht, in der kurzen Zeit bis zu Hitlers Machtergreifung fünf Auflagen erreichte. Damals warnte Jaspers vor der schnellen Auflösung der Weimarer Republik, die Hitlers Sieg möglich machte. Die Art des Erfolgs, die ihm seinerzeit zuteil wurde, war verhängnisvoll ähnlich: Seine Vorahnungen einer drohenden Katastrophe wurden von allen angesehenen Kritikern verworfen, und er wurde von einer Minderheit gelesen – einer Minderheit, die zahlenmäßig stark genug gewesen sein mag, um sich Gehör zu verschaffen, in Wirklichkeit aber ohnmächtig war, das heißt fähig und willens, die allzu augenfälligen Realitäten wahrzunehmen, aber machtlos, sie zu ändern.

II. »Krieg und Revolution« nach den Erfahrungen zweier Weltkriege

(5) Die Ungarische Revolution und der totalitäre Imperialismus*

Fast zwei Jahre sind vergangen, seit die Flammen der Ungarischen Revolution in zwölf langen Tagen den enormen Raum erhellten, den eine der totalitären Diktaturen seit dem Ende des Zweiten Weltkrieges beherrscht. Dies Ereignis kann nicht an Sieg oder Niederlage gemessen werden, seine Größe beruht und ist gesichert in der Tragödie, die sich in ihm entfaltete. Noch sehen wir den schwarzen Zug schweigender Frauen, der durch die Straßen des bereits von den Russen besetzten Budapest schritt, um in großer Öffentlichkeit den Toten der Revolution die letzte Ehre zu erweisen. Dies war die letzte politische Geste des Freiheitskampfes, und es war offenbar der letzte Akt eines tragischen Geschehens, wie wir es in solch einfacher Eindringlichkeit kaum aus der neueren Geschichte kennen. Danach vertrieb der Terror in wenigen Wochen und Monaten wieder alle in die Dunkelheit ihrer Häuser, in denen nicht Geborgenheit waltet, sondern die immer gegenwärtige Angst herrscht. Und doch hatte das besiegte und terrorisierte Volk ein Jahr nach der Niederlage noch Kraft genug, um wenigstens für den Jahrestag der Niederlage sich aus der Dunkelheit herauszuwagen und zu bekunden, daß in den Häusern neben der Angst auch die Erinnerung umgeht – jenes Andenken nämlich, das allein Gehandeltes dauerhaft machen und ihm schließlich seinen Platz in der Geschichte sichern kann. Am ersten Todestag der Freiheit blieb das ganze Volk einmütig und in voller Spontaneität allen Vergnügungsstätten, den Theatern und Kinos, den Cafés und Restaurants fern, und es schickte seine Kinder mit kleinen Kerzen in die Schule, die sie in die Tintenfässer der Klassenpulte steckten. Daß dem Ereignis der Revolution die Größe eignete, die für Geschichtlichkeit unerläßlich ist, war damit erwiesen. Nun mag es nur noch an uns liegen, ob wir die Kraft des Gedächtnisses und des Nachdenkens aufbringen können, durch die das geschichtlich Ereignete in der Geschichte gehalten werden muß.

Die Umstände, die bei Ausbruch der Revolution zusammentrafen,

* 1958 in einer von der Verfasserin autorisierten deutschen Übersetzung veröffentlicht.

waren sicher von großer Bedeutung, aber sie waren nicht zwingend, und sie lösten auch keineswegs einen jener automatischen Prozesse aus, in welchen Geschichtliches fast immer sich zu verfangen droht, obwohl sie mit Geschichte eigentlich gar nichts zu tun haben – sofern wir unter Geschichte das verstehen, was wert ist, erinnert zu werden. Nirgendwo sonst ist geschehen, was in Ungarn geschah, und die zwölf Tage seiner Revolution enthielten mehr Geschichte als die zwölf Jahre, die seit der »Befreiung« des Landes durch die Rote Armee vergangen waren.

In diesen zwölf Jahren hatte sich alles genau so abgespielt, wie zu erwarten stand: das eintönige Nacheinander von gebrochenen Versprechen und offenem Betrug auf der einen Seite, von sinnlosen Hoffnungen und schließlicher Verzweiflung auf der anderen. Die neu eroberten Gebiete wurden für die totale Beherrschung präpariert und zugerichtet – erst durch Volksfront-Taktik und Schein-Parlamentarismus, dann durch die Ein-Partei-Diktatur, in der Führer und Mitglieder der eben noch legalen Parteien liquidiert wurden, schließlich durch die Schauprozesse, in denen ganz im russischen Stil den zu Recht oder Unrecht von Moskau beargwöhnten einheimischen Kommunisten der Garaus gemacht wurde –, bis alles so weit war, daß die Macht in die Hände der korruptesten und verächtlichsten Elemente unter den ungarischen Moskau-Agenten übergehen konnte.

All dies mit all dem, was dazu gehört, war voraussagbar, nicht weil irgendwelche historischen oder gesellschaftlichen oder ökonomischen Kräfte in eine solche Richtung drängten, sondern weil all dies zu den bekannten Methoden des russischen Herrschaftsapparates gehört. Die russischen Gewalthaber wiederholten gleichsam in zeitlich komprimierter Form alle Stadien der russischen Entwicklung von der Oktober-Revolution bis zur Etablierung der totalen Diktatur. Der Unterschied war nur, daß das, was im Rußland der zwanziger Jahre immerhin noch ein echtes, wenn auch katastrophales Geschehen gewesen, das als solches von niemandem eindeutig geplant worden war, auch nicht von Stalin, jetzt bewußt in Szene gesetzt wurde, als gelte es ein Programm so schnell wie möglich herunterzuspielen und abzuwickeln. Daher ist die Geschichte dieser zwölf Jahre zwar unsagbar grauenhaft, aber nicht eigentlich von Interesse und ohne jede Abwechslung; was in einem der Satellitenstaaten passierte, geschah nahezu im gleichen Zeitpunkt in allen anderen, von der Ostsee bis zur Adria.

Ausnahmen von dieser Regel bildeten die baltischen Staaten einerseits und die sowjetische Besatzungszone andererseits. Die ersteren hatten das Unglück, direkt in die Sowjet-Union eingegliedert zu werden – mit dem Erfolg, daß das Zeremoniell der Wiederholung, das ja die Entwicklung bei den Satelliten immerhin verlangsamte, wegfiel und ihr Status sofort dem der sowjetischen Nationalitäten angeglichen wurde. Als nahezu 50 % der einheimischen Bevölkerung deportiert und der Verlust durch zwangsweise Einwanderung aus Rußland gutgemacht worden war, konnte ein jeder sich ausrechnen, an welche der russischen Nationalitäten der Status der baltischen Länder assimiliert worden war, an den der Tartaren, Kalmücken und Wolga-Deutschen nämlich, d. h. an diejenigen, welche sich im Krieg mit Hitler nicht bewährt hatten. Der Fall der Sowjetzone liegt genau umgekehrt. Trotz des unbezweifelbaren Eifers der deutschen Moskau-Agenten haben es die deutschen Gebiete noch nicht zum Satellitenstaat gebracht; sie sind besetztes Gebiet unter einer Art Quisling-Regierung geblieben mit dem Resultat, daß sie, wenn auch im Vergleich mit der Bundesrepublik schlecht genug, doch ökonomisch wie politisch erheblich besser daran sind als die Satelliten. Das mag den dort lebenden Deutschen anders erscheinen, aber allein die Tatsache, daß sie sich verhältnismäßig leicht, wann immer sie wollen, in die Bundesrepublik flüchten können, sollte auch ihnen einsichtig machen, daß der Eiserne Vorhang erst an der östlichen Grenze der Sowjetzone beginnt. Sie genießen allein dadurch, daß sie immer noch nach Ostberlin reisen und nach Westberlin mit der Untergrundbahn fahren können, einen Spielraum persönlicher Entscheidung, den es weder in den Satellitenstaaten noch in der Sowjet-Union gibt. Beide Gebiete jedoch stellen Ausnahmen nur insofern dar, als auch sie in den russischen Machtbereich fallen; Ausnahmen von dem Satelliten-System kann man sie nicht gut nennen, weil sie nie dazu gehörten.

Nicht einmal die nach Stalins Tod allenthalben auftretenden Schwierigkeiten kamen unerwartet. Sie reflektierten nur die Schwierigkeiten und Kontroversen in der Spitze der russischen Regierung, und diese wiederholten getreulich die Verhältnisse der zwanziger Jahre, als die internationale kommunistische Bewegung noch nicht eindeutig totalitär festgelegt und jede kommunistische Partei in Fraktionen aufgespalten war, die den russischen Fraktionen entsprachen, zu deren Führer sie wie zu ihren Schutzheiligen aufblickten – die diese auch tatsächlich waren, da von ihrem Geschick in den russischen Fraktionskämpfen die

Geschicke ihrer Schützlinge in der ganzen Welt durchaus abhingen. Dabei war es bemerkenswert, daß Stalins Tod nicht nur die gleiche Nachfolgekrise wie Lenins Tod dreißig Jahre vorher im Gefolge hatte (was sich schließlich beim Fehlen eines Nachfolgegesetzes nahezu von selbst versteht), sondern daß man für eine temporäre Lösung der Krise wieder auf die von Stalin im Jahre 1925 vorgeschlagene »kollektive Führung« zurückgriff, was dann eben zur Folge hatte, daß die nichtrussischen Parteien einen des Kollektivs zu ihrem Führer machten und versuchten, um ihn ihre Fraktion zu bilden. So ist etwa Kádár genau so der Schützling von Chruschtschow wie Nagy der Schützling Malenkows war. Der Sieg Chruschtschows über Malenkow entspricht nicht nur dem Sieg der stalinistischen Fraktion in den zwanziger Jahren, er spielt sich auch in den gleichen Formen ab und hat in der kommunistischen Bewegung außerhalb Rußlands die gleichen Folgen.

Dies Repetieren geschichtlicher Entwicklungen, als seien sie ein Pensum, gehört offenbar zu dem festen Inventar totalitärer Bewegungen und grenzt oft ans Komische. Es kam gelegentlich selbst noch in der Ungarischen Revolution zum Vorschein, da in ihr ja auch Kommunisten eine Rolle spielten, die unwillkürlich, vor allem im Taktischen und in der Verzweiflung der Niederlage, auf die alten Kunststücke zurückgriffen, die doch weder zu dem Stil der Ereignisse noch zu ihrer eigenen Rolle in ihnen paßten. So forderte der Sender Rajk, der freie kommunistische Rundfunk, in einer seiner letzten Sendungen die Genossen auf, »der pseudo-kommunistischen Kádár-Partei beizutreten, um sie von innen in eine wirkliche ungarische Kommunistische Partei zu verwandeln«. Genau so haben vor dreißig Jahren die Anti-Stalinisten in der kommunistischen Bewegung die Genossen ermahnt, nicht aus der Partei auszutreten, sondern sich auf die Taktik des trojanischen Pferdes zu verlassen, bis Stalin selbst den deutschen Kommunisten befahl, in die NSDAP einzutreten, um sie von innen her in eine KPD zu verwandeln. Wie sehr diese scheinbar hochpolitischen Ermahnungen auf die geheimen Wünsche moderner Massenmenschen abgestimmt waren, die in ihrer Verlassenheit es nicht ertragen, abseits zu bleiben und nicht mitzumachen, kann man vielleicht am besten an dem Beispiel der freiwilligen Gleichschaltungen in Nazideutschland sehen, wo ja Unzählige, ganz von selbst und ohne von irgend jemandem dazu angehalten worden zu sein, sich einredeten, ihr Eintritt in die NSDAP sei ein Akt hoher Politik, durch den sie die Dinge von innen her zum Besseren wenden würden.

Das Resultat war natürlich immer das gleiche: Diejenigen, die aus taktischen Gründen den totalitären Parteien beigetreten waren, wurden praktisch ganz ausgezeichnete Stalinisten beziehungsweise Nazis.

Es sind diese automatischen Geschehnisse und diese bewußten oder unbewußten Wiederholungen, die das Ereignis der Ungarischen Revolution durchbrach, und zwar gerade, als die Experten totaler Herrschaftsformen sie in- und auswendig kannten und die öffentliche Meinung auf sie nur noch mit Apathie reagierte. Die Revolution kam ganz und gar unerwartet, selbst die Vorfälle in Polen hatten sie in keiner Weise vorbereitet. Sie war nicht vorbereitet, und niemand war auf sie vorbereitet – weder diejenigen, die kämpften und litten, noch jene, die in ohnmächtigem Zorn zusehen mußten, noch schließlich die, welche mit Waffengewalt daran gingen, sie zu unterdrücken.[1] Hier ereignete sich etwas, woran niemand mehr glaubte, wenn er je daran geglaubt hatte, weder Kommunisten noch Antikommunisten und am wenigsten diejenigen, welche den Mund vollgenommen hatten mit hochtönenden Phrasen über die Pflichten der Völker, gegen totalitären Terror zu rebellieren – ahnungslos oder unbekümmert darum, welchen Preis andere für ihre Redensarten zu zahlen haben würden. Wenn es je so etwas gegeben hat wie Rosa Luxemburgs »spontane Revolution«, diesen plötzlichen Aufstand eines ganzen Volkes für die Freiheit und nichts sonst – spontan und nicht veranlaßt durch das demoralisierende Chaos einer militärischen Niederlage, nicht herbeigeführt durch Staatsstreich-Techniken, nicht organisiert von einem Apparat berufsmäßiger Verschwörer und professioneller Revolutionäre, ohne die Führung selbst einer Partei, also etwas, das jedermann, Konservative wie Liberale, Revolutionäre wie Radikale längst als einen schönen Traum hinter sich gelassen haben –, dann ist es uns vergönnt gewesen, wenigstens Zeuge davon gewesen zu sein. Denn vermutlich hat der ungarische Professor recht, als er vor der Kommission der Vereinten Nationen aussagte, daß dies Ereignis ohne Beispiel in der Geschichte sei, weil diese Revolution keine Führer hatte. »Sie war nicht organisiert und nicht zentral gelenkt. Der Wille zur Freiheit war die treibende Kraft bei jeder Aktion.«

Weder die sogenannten gesellschaftlichen Kräfte noch die historischen Tendenzen und am wenigsten die Fragebogen, Untersuchungen der öffentlichen Meinung und was sonst noch zum Apparat der Sozialwissenschaften gehören mag, sondern nur die Ereignisse der Vergangenheit und der Gegenwart können den Politiker und den politischen

Wissenschaftler darüber belehren, was eigentlich geschieht oder geschehen ist. Hat ein Ereignis von so ungewöhnlicher Bedeutung wie die spontane Revolution in Ungarn einmal stattgefunden, so müssen alle Politik, alle Theorie und alle Vorhersagen des Möglichen und Unmöglichen neu geprüft werden. Was immer wir über das Wesen totaler Herrschaftsformen und die Methoden des totalitären Imperialismus zu wissen meinen, muß in seinem Licht kontrolliert und korrigiert werden. Die Fragen, die sich hier erheben, sind sehr einfacher Art. Ist es wahr, wie Hugh Seton-Watson meint, daß »Orwells *1984* nur ein Alptraum ist«, daß der »Totalitarismus einmal gestürzt worden (ist) und ... wieder gestürzt werden« wird, daß mit einem Wort »die Ungarische Revolution sich sehr wohl als das 1905 des Bolschewismus erweisen« kann?[2]

I. *Rußland nach Stalins Tod*

Trotz ihrer unbezweifelbaren Spontaneität kann die Ungarische Revolution nicht außerhalb der Entwicklung nach Stalins Tod [5. 3. 1953] verstanden werden. Wie wir heute wissen, trat dieser Tod am Vorabend einer neuen, gigantische Säuberung ein, so daß, gleichviel ob Stalin eines natürlichen Todes gestorben oder umgebracht worden ist, die Atmosphäre in den höheren Parteiorganen von intensivster Furcht beherrscht gewesen sein muß. Da es keinen Nachfolger gab, weder einen, den Stalin ernannt hatte, noch einen, der der Lage gewachsen gewesen wäre und schnell zugegriffen hätte, begann sofort der Kampf um die Nachfolge und mit ihm eine ernste Krise in Rußland wie in den Satellitenstaaten. Selbst heute, fast sechs Jahre nach Stalins Tod, kann man noch zweifeln, ob dieser Kampf wirklich entschieden ist. Gewiß ist nur, daß die Unfähigkeit der totalen Herrschaft, das Nachfolgeproblem zu lösen, von außerordentlicher Bedeutung ist.

Die Stellung der totalitären Diktatoren selbst zu dieser Frage war uns bereits bekannt. Stalins Praxis, gelegentlich Nachfolger zu ernennen, um sie nach kurzer Zeit umzubringen oder abzusetzen, und ein paar verstreute Bemerkungen Hitlers in den »Tischgesprächen« zeigen deutlich, daß sie der Frage keine große Bedeutung zumaßen, sondern eher der Meinung waren, daß nahezu jeder sich eignen würde, wenn nur der Herrschaftsapparat intakt bleibe. Um diese Unbekümmertheit zu verstehen, muß man sich vor Augen halten, daß ja die Wahl ohnehin auf diejenigen sich beschränkt, die ihre »Begabung« für totale Herrschaft bereits dadurch unter Beweis gestellt haben, daß sie im Moment des Todes des Führers an der Spitze *und* am Leben sind. Das Risiko scheint also tragbar und ist auf jeden Fall einer bindenden Regelung der Nachfolge vorzuziehen, weil diese ein Element von Stabilität in die totalitäre Bewegung tragen würde, das in krassem Widerspruch zu ihren Bedürfnissen nach extremer Flexibilität steht. Gäbe es ein Gesetz, das die Nachfolge automatisch sichert, so wäre es in der Tat das einzige stabile Gesetz in dem gesamten totalen Herrschaftsapparat und könnte daher als solches leicht den ersten Schritt in eine Art von Legalität darstellen.

Wie dem auch sei und was immer wir gewußt haben mögen, wir konnten unmöglich wissen, was nach dem Tod des Führers wirklich eintreten würde. Erst jetzt wissen wir, daß hier ein ungelöstes Problem liegt, das ernste Krisen zur Folge hat, in denen es um die Beziehungen der potentiellen Nachfolger zueinander, um die Beziehungen der verschiedenen Apparate, auf die sie sich stützen, und um ihre Beziehungen zu den Massen geht. Da totalitäre Führer Massenführer sind, brauchen sie Popularität, deren Wirkung nicht dadurch kleiner wird, daß sie durch Propaganda fabriziert und durch Terror am Leben gehalten wird. So begann denn auch der Nachfolgestreit mit einem Konkurrenzkampf um Popularität, denn es lag im Wesen der totalen Herrschaft, daß keiner der führenden Männer, die für die Nachfolge in Frage kamen, auch nur hinreichend bekannt, geschweige denn populär war. (Schukow mag hier eine Ausnahme bilden, aber er hatte als Militär ohnehin am wenigsten Chancen, wirklich an die Macht zu kommen.) Chruschtschow reiste durch die Lande, schüttelte Hände, küßte Babies, kurz, benahm sich wie ein amerikanischer Politiker, der gewählt werden will. Berija versuchte es mit außenpolitischen Experimenten von großer Friedensliebe und mit Versöhnungsreden an die Verbündeten, die stark an Himmlers Bemühungen kurz vor Kriegsende erinnerten, sich den Alliierten als den für einen Friedensschluß geeignetsten Mann zu empfehlen. Malenkow versprach mehr Verbrauchsgüter und eine Hebung des Lebensstandards. Schließlich taten Chruschtschow und Malenkow sich zusammen und liquidierten Berija, nicht nur weil seine Eskapaden in der Außenpolitik anfingen gefährlich zu werden, sondern auch weil er natürlich das eigentliche Symbol für den Volkshaß innerhalb und außerhalb Rußlands war – was, wiederum wie im Falle Himmlers, offenbar ein jeder wußte, nur nicht er selbst.

Diese Konkurrenz um die Popularität bei den Massen sollte man nicht mit Furcht vor den Massen verwechseln. Zwar bildete Furcht eines der vorherrschenden Motive bei der Etablierung der »kollektiven Führung«, aber nicht wie bei dem Triumvirat nach Lenins Tod die Furcht vor der »Konterrevolution« des Volkes, sondern die Furcht voreinander; es handelte sich nicht darum, sich zusammen gegen die Massen zu schützen, sondern sich gegenseitig zu versichern, daß man einander nicht umbringen würde. Und wer sich die Mühe gibt, sich über die Vergangenheit der Herren zu informieren – alle aufrechte Stalinisten, erzogen und erprobt in dem Jahrzehnt der Parteisäuberungen und der Massenmorde –, wird zugeben müssen, daß diese Furcht berechtigt war und die Maßnahmen einer Versicherung auf Gegenseitigkeit nur natürlich waren.

Furcht vor den Massen hingegen wäre schwerlich gerechtfertigt gewesen. Als Stalin starb, war der Polizeiapparat noch intakt; und selbst als im Zug der Liquidierung Berijas das mächtige Polizeireich zerbrochen und der Terror jahrelang erheblich gelockert war, hat es zwar infolge der Unruhen in den Satellitenstaaten ein paar Zwischenfälle gegeben – einige Unannehmlichkeiten mit Studenten, ein einziger Streik in einer Moskauer Fabrik, vorsichtige Bitten um mehr Raum für »Selbstkritik« unter den Intellektuellen –, aber ernste Anzeichen einer drohenden Revolte, etwa wirkliche Forderungen nach freier Meinungsäußerung unter den Intellektuellen oder wirkliche Unruhen, sind nicht vorgekommen.[3] Hinzu kommt, daß die Opposition unter den Intellektuellen von der Partei nicht nur ermutigt, sondern vermutlich direkt angeordnet war; und auch dies, weit entfernt von einer echten Konzession, gehört zu den altbekannten Techniken des Stalinschen Herrschaftsapparats, der mit dem Mittel der Provokation sich über den Stand der öffentlichen Meinung informierte und etwaige Opposition ans Licht lockte, um mit ihr dann entsprechend zu verfahren. So war denn auch Chruschtschows Rede an die Intellektuellen, in der er offiziell das Ende des »Tauwetters« ankündigte und ihnen mitteilte, sie hätten »die positive Rolle Stalins unterschätzt« und überhaupt »das Wesen der Kritik der Partei an Stalins Persönlichkeitskult mißverstanden«, um dann eine Rückkehr zu den »unbegrenzten Möglichkeiten des sozialistischen Realismus« und der

»Glorifizierung der sowjetischen Wirklichkeit« anzuordnen, kaum mehr als Routine.

Anders steht es mit einem anderen Teil der gleichen Rede. In ihr kündigt Chruschtschow die Schaffung von »Gewerkschaften für geistig schöpferische Menschen« an, welche die Entwicklung jedes Schriftstellers, Malers, Bildhauers usw. mit »ständiger kameradschaftlicher Sorge« umgeben sollen. Hier finden wir einen Hinweis darauf, wie Chruschtschow hofft, den Polizeiterror zu ersetzen. Er scheint eine Art Überwachung zu planen, deren Organe nicht (wie im Falle der Polizei) von außen eingesetzt werden müssen, sondern die direkt aus der Mitte der jeweiligen Gruppen rekrutiert werden können. Das würde bedeuten, daß das die totalitäre Gesellschaft beherrschende gegenseitige Denunziantentum (dessen Wirksamkeit Stalin dadurch erreicht hatte, daß er die Denunziation anderer als einzigen Beweis der eigenen Zuverlässigkeit gelten ließ) nun eine ihm entsprechende Institution gefunden hat, und dies könnte in der Tat eine »Verbesserung« des Systems darstellen. Für diese Annahme spricht eine andere von Chruschtschow proklamierte Neuerung. Sein Erlaß gegen »gesellschaftliche Parasiten« sieht ausdrücklich vor, daß diese »asozialen« Elemente von der Bevölkerung selbst für die Überführung in Konzentrationslager ausgewählt werden sollen. Es ist mit anderen Worten eine Art organisierter und institutionalisierter Mobherrschaft, mit der Chruschtschow gewisse Funktionen der Geheimpolizei zu ersetzen gedenkt. Es ist, als sei das Stadium erreicht, in dem man den Massen zumuten und zutrauen könne, sich selbst zu bespitzeln und die für den Terror notwendigen Opfer freiwillig zu stellen.

Ähnliche Neuentwicklungen von Herrschaftsmethoden kommen in den vieldiskutierten Dezentralisierungsprojekten zutage. Denn diese sind keineswegs ein Anzeichen für eine Demokratisierung der Sowjetgesellschaft oder eine Rationalisierung der russischen Wirtschaft. Sie haben vielmehr offensichtlich zum Ziel, die Macht der Manager zu brechen, und zwar durch Schaffung neuer Wirtschaftsprovinzen und die Ernennung neuer Männer an ihrer Spitze.[4] Die Zwangsversetzung und Zerstreuung des bisher in Moskau zentralisierten Personals sichert die Atomisierung dieser Klasse, die, ist sie erst einmal in die Provinz abgeschoben, dort der Überwachung lokaler Parteibehörden unterworfen ist, welche nicht verfehlen werden, das »schöpferische Wachstum« jeder Fabrik und jedes Produktionszweiges mit der gleichen »ständigen kameradschaftlichen Sorge« zu umgeben, welche die neuen Gewerkschaften den Künstlern angedeihen lassen sollen. Das Ziel ist nicht neu: Chruschtschow hat von Stalin gelernt, daß jede Bevölkerungsgruppe, die Zeichen von Klassen-Solidarität zu zeigen beginnt, von anderen isoliert werden muß – ideologisch um der Etablierung der klassenlosen Gesellschaft willen und praktisch-politisch um der Atomisierung der Gesellschaft willen, da nur eine atomisierte Gesellschaft total und zuverlässig beherrscht werden kann.[5] Aber was Stalin nur durch die ungeheuren Erschütterungen seiner permanenten Revolution mit ihren periodisch wiederkehrenden gigantischen Parteisäuberungen erreichen konnte, hofft Chruschtschow auf eine weniger dramatische und weniger destruktive Weise zu schaffen, indem er die Polizeiorgane direkt in die Gesellschaft einbaut und so von innen her eine permanente Atomisierung sichert, welche die gewaltsamen Erschütterungen der gesamten Struktur des Landes überflüssig machen würde.

Solch eine Reform der Herrschaftsmethoden und Institutionen ist wichtig genug, besonders da es sich hier nicht um Vorschläge handelt, die aus der Periode des »Tauwetters« stammen. Es war auffallend, wiewohl es fast unbemerkt geblieben ist, daß die Niederschlagung der Ungarischen Revolution zwar sehr blutig war und daß der auf sie folgende Polizeiterror in typisch totalitärer Weise erst nach der Befriedung wirklich einsetzte und bis heute sich konstant verstärkt hat, daß aber dennoch all dies noch nicht eigentlich die typisch Stalinsche Lösung einer solchen Krise darstellte.[6] Stalin hätte vermutlich überhaupt nicht Armee-, sondern Polizeitruppen eingesetzt, und er hätte bestimmt eine solche Aktion nicht einfach mit der Hinrichtung der Führer und der Einkerkerung von Tausenden beschlossen, sondern hätte Massendeportationen und eine zielbewußte Entvölkerung des Landes durchgeführt. Sicher hätte ihm nichts ferner gelegen, als den völligen Zusammenbruch der ungarischen Wirtschaft und eine reguläre Hungersnot durch große Hilfsaktionen abzuwenden, wie es die Sowjet-Union in den letzten Jahren getan hat.

Ob dieser auffallende Wechsel in den Methoden sich bewähren wird, kann man noch nicht sagen. Es mag sich um ein Übergangsphänomen handeln, gleichsam ein Überbleibsel aus der Zeit der kollektiven Führung, als die ungelösten Konflikte an der Spitze eine Lockerung des Terrors und der Ideologie zur Folge hatten. Dagegen spricht, daß in allen ideologischen und auch allen eigentlich politischen Fragen

Chruschtschow rücksichtslos zu den Methoden Stalins zurückgefunden und diesen Rückzug mit der Ermordung Nagys besiegelt hat, wobei in diesem Fall noch nicht einmal der Mord so kennzeichnend war, wie daß er unmittelbar auf ein weithin publiziertes Versprechen an Gomulka erfolgte, das Leben von Nagy zu schonen. So pflegte schon Stalin seine Entschlossenheit, sich keiner Legalität oder Moral zu beugen, nicht einfach zu proklamieren, sondern den Genossen am eigenen Leib zu demonstrieren. Um so auffallender ist, daß trotz solch offensichtlicher Rückkehr zu Stalins Herrschaftsmethoden Chruschtschow bisher jedenfalls den Terror in seiner früheren Form der Konzentrations- und Vernichtungslager für große Massen der Bevölkerung nicht losgelassen hat. Und hierfür mag er Gründe haben, die mit der Nachfolgekrise kaum etwas zu tun haben. Überdenkt man die Lage, in die Rußland in dem letzten Jahrzehnt geraten ist, so ist nicht von der Hand zu weisen, daß es gewisse objektive Faktoren gibt, die es den russischen Machthabern höchst wünschenswert erscheinen lassen müssen, wenn irgend möglich gewisse Methoden aufzugeben, die wir uns gewöhnt haben, mit totaler Herrschaft zu identifizieren.

Zu diesen Faktoren gehört in erster Linie, daß die Sowjet-Union zum ersten Male in ihrer Geschichte unter einer wirklichen Arbeiter-Knappheit leidet. In dieser hauptsächlich durch die fortschreitende Industrialisierung des Landes verursachten Situation sind die alten Institutionen der Sklavenarbeit, der Konzentrations- und Vernichtungslager, die immerhin unter anderem auch der Lösung der akuten Arbeitslosigkeit der dreißiger Jahre dienten, nicht nur überflüssig, sondern direkt gefährlich. Es ist durchaus möglich, daß die russische Führerschicht kurz vor Stalins Tod nicht nur aus persönlichen Sicherheitsgründen Stalins Pläne einer neuen gigantischen Säuberungsaktion fürchtete, sondern auch der Meinung war, daß Rußland nicht mehr in der Lage sei, sich die damit verbundenen ungeheuren Kosten an »Menschenmaterial« zu leisten. Dies wenigstens würde erklären, warum der Liquidierung Berijas und seiner Clique in der Polizei die teilweise Zerbrechung des Polizeiapparats und seines enormen Wirtschaftsreiches gefolgt war, warum eine Reihe von Konzentrationslagern in Zwangssiedlungen umgewandelt und eine nicht unbeträchtliche Anzahl von Gefangenen entlassen worden sind.

Den zweiten, hiermit in enger Verbindung stehenden Faktor bildet die Existenz eines kommunistischen Chinas, das Rußland in dem halb verborgen geführten, aber darum nicht weniger realen Kampf um die schließliche Vormachtstellung mit seiner dreifach überlegenen Bevölkerungszahl in eine höchst ungünstige Lage versetzt. Dabei fällt besonders ins Gewicht, daß sich China, ungeachtet seiner Zugehörigkeit zum Sowjetblock, bisher geweigert hat, der russischen Entvölkerungspolitik Stalinscher Prägung zu folgen; denn wie groß uns auch die Zahl der Opfer, welche die Chinesische Revolution bisher gefordert hat, erscheinen mag – es handelt sich vermutlich um ca. 15 Millionen –, sie ist nicht groß genug, um eine Bevölkerung von 600 Millionen ernstlich zu dezimieren, und sie steht in keinem Verhältnis zu den Opfern, die Stalins Regime dem russischen Volke periodisch abverlangte.[7] Solche Erwägungen rein zahlenmäßiger Natur machen zwar die Abschaffung weder des Polizeistaates noch der Terror-Herrschaft notwendig, aber sie stehen doch in einem ausgesprochenen Widerspruch zu jenem Massenmorden unschuldiger Menschen oder, wie die totalen Machthaber behaupten, »objektiver Gegner«, das für die Hitler- und Stalin-Ära so ungemein charakteristisch war.

Sollte es sich bewahrheiten, daß die russischen Machthaber solch objektiven Gegebenheiten, bei denen Rußlands nationale Existenz und internationale Position auf dem Spiele stehen, Rechnung tragen, so dürften sie selbst in die Richtung eines Nationalbolschewismus gedrängt werden, der bekanntlich innerkommunistisch als Häresie gilt und heute offensichtlich nicht nur die Politik Jugoslawiens, sondern auch die Chinas entscheidend bestimmt. Dabei versteht es sich eigentlich von selbst, daß die Diktatoren der kleinen Länder, daß Gomulka in Polen, früher Rajk und Nagy in Ungarn, Tito in Jugoslawien, ausgesprochen nationalbolschewistische Tendenzen zeigen. Kommunisten, die nicht einfach Agenten Moskaus sind – und das heißt, nicht bereit sind, die Existenz ihrer Nation der Strategie der Weltrevolution ohne weiteres zu opfern, um dann in irgendeinem anderen Lande die Funktionäre der Weltrevolution zu spielen –, haben gar keine andere Wahl. Anders liegt der Fall in China, das sich den Preis totalitären Terrors leichter hätte leisten können als selbst Rußland und das dennoch unter der Führung Maos sich bewußt für eine nationale Politik entschieden hat. Das wird deutlich aus seiner Innenpolitik und geht auch klar aus Maos berühmter Rede über »innere Widersprüche« hervor, die offensichtlich in bewußtem Widerspruch zu der offiziellen russischen Ideologie formuliert ist. Diese ist zweifellos das erste ideologisch neue und ernstzunehmende

Dokument, das seit Lenins Tod aus dem kommunistischen Machtbereich zu uns kommt, und mit ihr ist, wie richtig bemerkt wurde, die ideologische Initiative von Moskau auf Peking übergegangen.[8] Das kann von großer Bedeutung für die Zukunft sein, es mag sogar irgendwann einmal die totalitäre Natur des russischen Regimes ändern. Aber daß solche Hoffnungen im Moment noch höchst vorzeitig sind, bewies bereits die Degradierung Schukows[9], die sicher auch deswegen erfolgte, weil er sich »nationalistische Abweichungen« geleistet und von einem »Volk der Sowjet-Union« in dem gleichen Sinne zu sprechen angefangen hatte wie Mao, der ebenfalls versucht, den Begriff des Volkes wieder in die kommunistische Ideologie einzuführen.

So mag das dramatische Nachlassen des Massenterrors nach Stalins Tod nicht nur das Ergebnis der Nachfolgekrise, sondern auch der Furcht vor der chinesischen Konkurrenz geschuldet sein. In diesem Falle würde es sich in der Tat um mehr als ein bloßes Manöver und vorübergehendes Tauwetter handeln. Dies aber heißt keineswegs, daß die heute so gängigen Hoffnungen, die totale Herrschaft werde sich im Laufe ihrer Geschichte von innen her reformieren und entweder in einer Art aufgeklärtem Despotismus oder einer Militärdiktatur enden, berechtigt sind. Das Auffallende an der augenblicklichen Situation ist gerade, daß das Morden und die Parteisäuberungen wieder im großen Stil begonnen haben, ohne doch zu einem Massenmorden zu werden, das die Bevölkerung dezimiert und die Wirtschaft ruiniert. Dies aber kommt eher einem taktischen Rückzug gleich, und für ihn sprechen eine Reihe von Anzeichen, denen zufolge es so aussieht, als hätte Chruschtschow sich mit Bedacht auch die Möglichkeit offen gehalten, den Massenterror und das Massenmorden jederzeit wieder loszulassen.

Eines dieser Anzeichen erwähnte ich bereits. Der Erlaß gegen »gesellschaftliche Parasiten« – ein uns aus der Nazizeit nur zu bekannter Begriff – ermöglicht es, jeden Augenblick wieder eine beliebige Anzahl von Menschen in Konzentrationslagern verschwinden zu lassen, die nie irgend etwas gegen das Regime unternommen oder irgendein anderes Verbrechen begangen haben. Der totalitäre Charakter des Erlasses steht außer Zweifel, da er ausdrücklich alle strafgesetzlich definierten verbrecherischen Handlungen ausschließt und als einzige Bestrafung die Deportation angibt. Es handelt sich offensichtlich darum, eine Handhabe zu schaffen, das System der Konzentrationslager und die Sklavenarbeit gegebenenfalls ohne große Umstände wieder einführen zu können. Hätte man diesem Erlaß, der freilich noch auf dem Papier steht, die ihm gebührende Aufmerksamkeit in der freien Welt geschenkt, so hätte das Gerede von der neuen Sowjet-Legalität, das inzwischen ja durch die Ereignisse widerlegt ist, gar nicht erst aufkommen können.

Ein weiteres Anzeichen ist in Chruschtschows Rede auf dem Zwanzigsten Parteikongreß enthalten, die ursprünglich wohl ausschließlich für die höheren Parteifunktionäre und die Kollegen in der »kollektiven Führung« bestimmt war. Wahrscheinlich hat diese ja ungewöhnlich gut trainierte Zuhörerschaft gleich gemerkt, daß die Rede sich auf zwei ganz verschiedene Weisen interpretieren läßt. Entweder nämlich war Stalins Geisteskrankheit die Ursache aller Verbrechen des Regimes, und dann war niemand schuld, weder die Zuhörer noch Herr Chruschtschow selbst; in welchem Falle auch die Furcht voreinander, aus der die kollektive Führung entstanden war, ganz ungerechtfertigt wäre: nur ein Verrückter sinnt auf Mord. Oder aber Stalin war im Verfolg seiner Krankheit und wegen seines wahnsinnigen Mißtrauens schlechten Einflüssen außerordentlich zugänglich gewesen, und in diesem Fall war nicht Stalin, sondern wer immer die Macht des Kranken für seine eigenen Zwecke mißbraucht hatte, der Schuldige. Bis zum Sommer 1957, als Chruschtschow mit Hilfe der Armee die Macht ergriff, galt die erste dieser Interpretationsmöglichkeiten als offizielle Lesart. In seiner Rechtfertigung des Staatsstreiches jedoch, als Chruschtschow auf Malenkows Rolle in der Leningrader Affäre zu sprechen kam und ausdrücklich auf dessen Position als Chef von Stalins persönlichem Sekretariat anspielte, d. h. darauf, daß er faktisch der inoffizielle Chef der NKWD[10] gewesen war, schwenkte er entschieden zu der zweiten Lesart über. Daß die Technik des Staatsstreichs selbst deutlich dem Modell Stalins, seiner Liquidierung der Troika und der rechten und linken innerparteilichen Opposition Ende der zwanziger Jahre, nachgebildet war, ist allgemein bekannt; es war daher nur recht und billig, daß Chruschtschow sofort daran ging, den toten Meister zu rehabilitieren und den Intellektuellen zu erklären, daß es mit dem »Tauwetter« ein Ende haben müsse.

Niemand, und Herr Chruschtschow wahrscheinlich am allerwenigsten, kann wissen, wie es nun weitergehen wird. Daß das Tauwetter längst zu Ende ist, weiß heute jedermann, und sicher ist auch, daß er auf Grund seiner Staatsstreichrede nicht nur seine exilierten ehemaligen

Kollegen aus der Zeit der kollektiven Führung jederzeit auch physisch liquidieren kann, sondern daß er auch jederzeit mit einer neuen Säuberungswelle alle Leute aus der Stalin-Ära in den Partei-, Regierungs- und Verwaltungsbürokratien wegspülen kann. Fragt man sich aber, wohin die Reise nun geht, und erwägt man die realen Aussichten der Völker, die unter das totale Herrschaftssystem geraten sind, so wird es gut sein, sich der Erklärung zu erinnern, welche die Kádár-Gruppe in Ungarn bereits vor einem Jahr, also zu einer Zeit abgegeben hat, als die Hoffnungen westlicher Beobachter auf eine Reform des Regimes noch in voller Blüte standen. Die ganze Zweideutigkeit der von Chruschtschow in die Wege geleiteten sogenannten Entstalinisierung wird schlagartig offenbar, wenn man liest, daß »die alten Stalinisten nicht rücksichtslos genug gewesen seien in der Zerschmetterung der Feinde des Sozialismus« und in »der Durchführung der Diktatur des Proletariats«.[11]

Die letzte Veränderung aus der Zeit nach Stalins Tod, deren wir in unserm Zusammenhang gedenken müssen und an die sich besonders große Hoffnungen auf eine entscheidende Änderung des Regimes geknüpft hatten, betrifft den Stellungswechsel von Armee und Polizei, den plötzlichen Aufstieg der Armee und speziell Marschall Schukows in der Sowjet-Hierarchie auf Kosten des Polizeiapparats. Ganz unbegründet sind diese Hoffnungen nicht gewesen, denn bisher hat tatsächlich eines der hervorstechendsten Merkmale der totalen Herrschaft darin bestanden, daß die Armee in ihr eine untergeordnete Rolle spielte und mit den Polizeikadern weder an Macht noch an Ansehen konkurrieren konnte. Dennoch waren diese Hoffnungen verfehlt, weil sie ein anderes Hauptmerkmal der totalen Herrschaft nicht in Rechnung stellten, nämlich die außerordentliche Flexibilität ihres institutionellen Apparates, die es ihr nahezu jederzeit ermöglicht, ihr Machtzentrum zu verlagern. Wenn man von dem monolithischen Charakter des totalitären Machtapparats spricht, muß man nicht vergessen, daß dies nur von der rigiden Stimmigkeit der Ideologie gilt, der gerade ein außerordentlicher Opportunismus in allen tagespolitischen Fragen und eine noch außerordentlichere Möglichkeit der Multiplizierung von Ämtern und Institutionen entspricht.

Zudem ist der Vorrang der Polizei vor dem militärischen Apparat das Merkmal aller, nicht nur der totalitären Diktaturen; nur dient die Machtstellung der Polizei in der totalitären Diktatur nicht so sehr dem Zweck, die Bevölkerung zu unterdrücken, als dem ideologischen Anspruch auf Weltherrschaft Geltung zu verschaffen. Wer die ganze Erde als sein potentielles Reich betrachtet, wird darauf bedacht sein, neu erobertes Gebiet von vornherein dem Mutterland gleichzuschalten und es mit Polizeitruppen und Polizeimethoden zu beherrschen statt mit der Armee. So haben auch die Nazis mit Vorliebe die Polizeitruppen der SS für die Beherrschung und selbst für die Eroberung fremder Länder eingesetzt unter betonter Benachteiligung des Heeres, wobei ihr Ziel eingestandenermaßen war, Polizei und Wehrmacht schließlich unter Führung der SS zu verschmelzen. Angesichts der Flexibilität totalitärer Regime ist nicht von der Hand zu weisen, daß das gleiche Resultat auch einmal auf dem umgekehrten Wege erreicht werden, d. h. daß man, statt die Armee der Polizei zu unterstellen, direkt daran gehen könnte, die militärischen Einheiten in Polizeitruppen zu verwandeln, wobei die Verschmelzung von Armee und Polizei dadurch getarnt würde, daß das höhere Offizierskorps der Armee auch die Polizei befehligt. Solange die Partei und ihre Ideologie hierbei die Initiative behalten, würde auch eine solche Entwicklung keineswegs ausschließen, daß Polizeimethoden schließlich die Oberhand behalten. Nur in Deutschland wäre ein solcher Weg nicht gangbar gewesen wegen der starken militärischen Tradition der Wehrmacht, die nur von außen her zu brechen war. Aber auch eine solche Tradition kann natürlich nur solange lebendig bleiben, als das Offizierskorps noch nicht ausschließlich aus den Reihen der Partei rekrutiert und daher weniger zuverlässig und parteitreu ist als die Kader der Polizei. Unter russischen Verhältnissen erscheint es durchaus möglich, daß es Chruschtschow gelingen könnte, die politischen Kommissare, die bisher der Roten Armee von außen aufgezwungen worden sind, durch eine Kontrolle aus den Reihen der Armee selbst zu ersetzen, wobei sich die Partei nur die Offiziere auszusuchen brauchte, denen sie diese Funktion zu übertragen wünscht. Es wäre auch durchaus denkbar, daß Chruschtschow hier die gleichen Methoden anzuwenden gedenkt, die er anderswo bereits ausprobiert, so daß er die Offiziere der politischen Kontrolle der Soldaten unterstellen würde. In jedem Fall würde unter solchen Umständen der wesentliche Unterschied zwischen Armee und Polizei verschwinden.

Als Chruschtschow sich um Unterstützung für seinen Staatsstreich an Schukow wandte, war die Überlegenheit der Armee über die Polizei bereits eine vollendete Tatsache. Sie hatte sich nahezu automatisch aus der Liquidierung des Polizeiapparates ergeben, und sie war immerhin erheblich dauerhafter als die vorübergehende Stärkung der Wirtschaftsbürokratie, der durch die Auflösung der von der Polizei beherrschten Wirtschaftszweige erst einmal ein ungeheures Erbe an Fabriken, Grund und Boden und Bergwerken zugefallen war. Es spricht für Chruschtschows Intelligenz, daß er diese Folgen schneller übersah und entschlossener danach handelte als seine Kollegen. Entscheidend war nicht das ökonomische Moment, sondern die einfache Tatsache, daß nach Liquidierung der Polizei die Armee allein über die Gewaltmittel verfügte, mit denen innerparteiliche Konflikte notfalls entschieden werden konnten. Chruschtschow hat Schukow auf genau die gleiche Art in der Partei ausgespielt, wie Stalin vor mehr als dreißig Jahren seine Beziehungen zur Geheimpolizei ausgespielt hat. Wie damals blieb auch jetzt die Partei die höchste Autorität im Staat, und so wie Stalin diese Autorität dadurch realisierte, daß er den Polizeiapparat immer gerade dann säuberte, wenn er ihm zu entscheidenden innerparteilichen Siegen verholfen hatte, so zögerte auch Chruschtschow nicht, Schukow sofort der Macht wieder zu berauben, auf die er sich noch gerade gestützt hatte. Beide taten dies nicht nur aus Machthunger, sondern vor allem um auf diese Weise die Macht der Partei, die für einen Augenblick so erschüttert gewesen war, daß sie für ihre Rettung die Organe der Gewalt, Armee oder Polizei, mobilisieren mußte, wiederherzustellen. Aber selbst in der kurzen Zeit seiner Macht hat Schukow nie mehr erreicht als zweitrangige Konzessionen, wie etwa die Sicherung der militärischen Befehlsgewalt gegen Einmischung durch politische Kommissare, und diese Konzessionen hatten eine fatale Ähnlichkeit mit denjenigen, die Stalin während des Krieges an die Bevölkerung gemacht hatte, als auch militärische Erwägungen und nationalistische Propaganda für einige Jahre die Partei-Ideologie in den Hintergrund drängten. Wenn man die russische Entwicklung aus der Perspektive der Naziherrschaft sieht, übersieht man leicht, daß bei allen Ähnlichkeiten gerade die Kriegsfrage von Hitler und Stalin in durchaus entgegengesetzter Weise behandelt worden ist. Während Hitler den Krieg bewußt benutzte, um seine Diktatur endgültig in das totalitäre Fahrwasser zu lenken, und hierfür auch militärische Nachteile in Kauf nahm, hat Stalin umgekehrt während des Krieges seine eigene bereits totalitär entwickelte Herrschaft im Sinne einer Militär- und Parteidiktatur abgeschwächt. Selbstverständlich hatte diese Taktik für die Kriegführung selbst die allergrößten Vorteile; das russische Volk konnte wirklich glauben, es kämpfe nicht nur gegen den fremden Eroberer, sondern auch für seine Befreiung von der totalen Herrschaft.

Dieser letzte Punkt ist entscheidend. Denn die Erwartung, die totalitäre Diktatur würde sich ganz von selbst in eine Militärdiktatur verwandeln, war nicht nur unberechtigt, sie gab nicht einmal zu Hoffnungen auf eine friedliche Entwicklung Anlaß. Zwar kann man verstehen, daß die westliche Welt auf Grund ihrer Erfahrungen in den letzten vierzig Jahren zu dem Schluß gekommen ist, daß Generäle zu den friedfertigsten und harmlosesten Kreaturen der Welt gehören, aber diese Beobachtung gilt ja darum noch nicht für diejenigen, die von vornherein als Angreifer auftreten. Schukow war kein zweiter Eisenhower, und sein steigendes Prestige konnte auf nichts anderes hinweisen als darauf, daß Rußland sich für den Krieg vorbereitete. Das hat unmittelbar nichts mit den Sputniks und der Entwicklung interkontinentaler Waffen zu tun, wiewohl diese Erfolge zeigen, daß eine solche Politik der materiellen Basis nicht ermangeln würde. Wichtiger ist, daß Malenkow im Jahre 1954 erklärt hat, daß ein Atomkrieg den Untergang der gesamten Menschheit zur Folge haben würde. Dies scheint seine wirkliche Meinung gewesen zu sein, denn sein Programm für eine nicht-militärische industrielle Entwicklung und eine gesteigerte Produktion von Gebrauchsgütern lag auf der gleichen Linie; beides zusammen hat ihm höchstwahrscheinlich die Unterstützung der Armee gekostet und damit Chruschtschow indirekt zu seinem Sieg verholfen. Jedenfalls meinte Molotow ein Jahr später, als Malenkow schon aus der Führung ausgeschieden war, daß ein Atomkrieg nur dem Imperialismus und Kapitalismus ein Ende bereiten würde, daß aber der kommunistische Block von ihm nicht weniger profitieren würde als von den anderen beiden Weltkriegen.

Chruschtschow nun hatte inoffiziell bereits im Jahre 1956 die gleiche Ansicht geäußert und hat sie 1957 offiziell, und zwar vor Schukows Fall, bestätigt: »Ein neuer Weltkrieg kann nur mit dem Zusammenbruch des Kapitalismus enden. ... Der Sozialismus wird ihn überdauern, während der Kapitalismus nicht fortbestehen wird. Denn die Menschheit wird trotz großer Verluste nicht nur überleben, sie wird sich weiter fortentwickeln.« Diese Erklärung, die in einem Interview für das Ausland über friedliche Koexistenz abgegeben wurde, klang so kriegerisch, daß selbst Chruschtschow meinte, »jemand könne auf den Gedanken kommen, daß die Kommunisten ein Interesse am Kriege haben, da dieser zum Sieg des Sozialismus führen würde.«[12] Nun hat natürlich auch diese Erklärung nicht bedeutet, daß Rußland bereits drauf und dran war, den Krieg vom Zaun zu brechen; totalitäre Führer können ihre Meinung genau so ändern wie jedermann sonst, und es wäre nur natürlich, wenn die russischen Führer nicht nur zwischen der Hoffnung auf Sieg und der Furcht vor der Niederlage schwankten, sondern auch zwischen der Hoffnung, durch einen Sieg zu unbestrittenen Herren der Erde zu werden, und der Furcht, nach einem kostspieligen Sieg erschöpft und allein dem wachsenden Machtkoloß China gegenüberzustehen. Dies wären Erwägungen nationaler Natur; sollten sie sich durchsetzen, so hätte Rußland vielleicht wirklich ein Interesse, zu einem Modus vivendi mit den Vereinigten Staaten zu kommen.

Jedenfalls dürfte Schukows Absetzung u. a. auch dem geschuldet sein, daß Chruschtschow seine Meinung änderte und einen Krieg im Augenblick jedenfalls für unwahrscheinlich und nicht wünschenswert hält. Sie war daher von vornherein eher ein Grund zur Beruhigung, wenn wir auch zu wenig wissen, um sicher urteilen zu können. Immerhin ist es wahrscheinlich, daß Schukow den Krieg gewollt hat und daß man ihn berechtigterweise der »Abenteurerpolitik« beschuldigte, was kommunistischem Sprachgebrauch zufolge so viel heißt wie Kriegshetzerei. Chruschtschow hat offenbar einen Moment geschwankt und sich dann entschlossen, auch in dieser Frage der »Weisheit« seines toten Herrn und Meisters zu vertrauen, der stets rücksichtsloses Durchgreifen in innerpolitischen Angelegenheiten mit äußerster Vorsicht auf dem Gebiet der Außenpolitik zu kombinieren wußte. (Sicher aber kann man nicht sein, denn es ist auch möglich, daß Chruschtschow seine Anschuldigungen gegen Schukow genau darum erhob, weil er selbst mit dem Gedanken des Krieges spielte – so wie Stalin Tuchatschewski genau in dem Augenblick der Verschwörung mit Nazideutschland bezichtigte, als er gerade selbst sich zu einem Bündnis mit Hitler entschlossen hatte. Diese uns so beunruhigenden und verwirrenden Möglichkeiten liegen in der Natur der totalitären Diktaturen, und wir dürfen nicht vergessen, daß alle Änderungen dort immer nur temporärer Natur sind und sein sollen. In Chruschtschows eigenen Worten: »Im Leben stirbt eine Zelle ab, und eine andere tritt an ihre Stelle, aber das Leben geht weiter.«) Immerhin spricht für unsere Deutung, daß Schukows Entlassung von ganz ungewöhnlichen Beteuerungen der Friedensliebe an die Adresse der Alliierten begleitet war, von einem Toast auf das Kriegsbündnis gegen Hitler und einer Verfluchung aller Kriegshetzer – »Fluch über alle, die an Krieg denken! Fluch über jeden, der Krieg wünscht!« –, wobei Chruschtschow, der den Toast ausbrachte, offensichtlich nicht an die »kapitalistischen und imperialistischen Mächte« dachte, sondern an die Generäle im eigenen Haus. Natürlich sind auch diese Worte mit Vorsicht zu genießen; sie sind zweifellos auch für Propagandazwecke in Rußland selbst und den Satellitenstaaten bestimmt, wo Schukows Popularität es ratsam erscheinen lassen mochte, ihn als Kriegshetzer zu diffamieren. Eines ist leider sicher: Es ist höchst unwahrscheinlich, daß Chruschtschow seine allgemeine Meinung über einen Atomkrieg geändert hat.

Es liegt in der schrecklichen Natur dieser Dinge, daß unsere Hoffnungen auf die Erhaltung des Friedens zu einem beträchtlichen Teil daran hängen, daß die Verhältnisse in Rußland und den Satellitenstaaten, die ja für einige Jahre sich wesentlich gebessert hatten, sich wieder entscheidend verschlechtert haben. Eine aggressive Außenpolitik mit Konzessionen im eigenen Lande zu verbinden und umgekehrt eine friedliche Außenpolitik durch Aggression gegen das eigene Volk zu kompensieren, um auf keinen Fall die Bewegung der permanenten Revolution zum Stillstand kommen zu lassen, gehörte bereits zu den wesentlichen Routinetechniken Stalinscher Politik, und es ist unwahrscheinlich, daß Chruschtschow hierin wie in allem anderen nicht auch dem Rat seines toten Lehrers folgen wird.

Das ist schlimm genug und ist noch nicht das Schlimmste. Das Schlimmste ist, daß es unter diesen Umständen ganz unmöglich ist, die wichtigste politische Frage des Atomzeitalters, die Kriegsfrage, auch nur vernünftig zu stellen, geschweige denn zu lösen. In den Augen der nicht-totalitären Welt ist es eine einfache Tatsache, daß ein mit atomaren Waffen geführter Krieg die Fortexistenz der Menschheit und selbst des organischen Lebens auf der Erde ernsthaft in Frage stellt. Diese Tatsache entzieht allen unseren traditionellen Vorstellungen über die Rolle des Krieges in der Politik – daß er berechtigt sein könnte um der Freiheit willen oder daß er notwendig sei als eine *ultima ratio* der Außenpolitik – den Boden. Dadurch wird in der Tat, wie Jaspers in seinem großen Buch *Die Atombombe und die Zukunft des Menschen* nach allen Seiten hin erläutert, »die Politik in einen anderen Aggregatzustand versetzt«[13]. Was aber für uns eine Sache der Tatsächlichkeit ist, ist für die totalitären Bewegungen eine Angelegenheit der Ideologie. Es handelt sich in diesem Konflikt keineswegs um Meinungsverschiedenheiten und die dazugehörenden Schwierigkeiten, zu einer Verständigung zu kommen; es handelt sich vielmehr um die ungleich furchtbarere Unmöglichkeit, sich über Tatsachen zu einigen.[14] So ist die vor einem Jahr von Chruschtschow hingeworfene Bemerkung zur Kriegsfrage: »Arme Leute fürchten keine Feuersbrunst« nicht nur deshalb so empörend, weil derartige Sprichwortweisheiten von einer gefährlichen Irrelevanz in der heutigen Situation sind, sondern weil sie mit seltener Präzision anzeigt, wie sehr er – ganz gleich, wie volkstümlich oder vulgär er sich ausdrücken mag – in dem geschlossenen Rahmen der kommunistischen Ideologie denkt und wie wenig er bereit ist, sich darin durch Tatsachen stören zu lassen.

Es war immer ein Fehler, die Bedrohung durch die totale Herrschaft an dem Maßstab des relativ harmlosen Konflikts zwischen einer kapitalistischen und einer sozialistischen Wirtschaftsordnung zu messen und darüber den explosionsgeladenen Gegensatz zwischen der totalitären Fiktion und der Tatsachen-Welt, in der wir uns bewegen, zu ignorieren. Aber dieser Fehler war niemals so gefährlich wie heute, da die gleichen technischen Errungenschaften, welche in ihrer Gesamtheit für uns eine in ihrer Faktizität veränderte Welt bedeuten, denen zur Verfügung stehen, die sie in allem Ernst als bloße Mittel betrachten, als zusätzliche Werkzeuge, für die Errichtung einer fiktiven Welt, die aus Lügen erbaut ist und auf einer prinzipiellen Leugnung der Faktizität als ihrem Fundament beruht. Weder die Freiheit noch der Fortbestand des Menschengeschlechts sind von dem abhängig, was wir unter der freien Marktwirtschaft verstehen; aber sie könnten beide sehr wohl in ihrer Existenz davon abhängen, ob es uns gelingt, die totalitär regierte Welt zu der einfachen Anerkennung von Tatsachen zu bewegen, und dazu, sich mit der neuen Faktizität der Welt im Atomzeitalter abzufinden.

II. *Die Ungarische Revolution*

Ein russisch-amerikanischer Kritiker hat mit großem Recht darauf aufmerksam gemacht, daß Chruschtschows Rede vor dem Zwanzigsten Parteikongreß weder den Beginn noch den Höhepunkt der Entstalinisierung, sondern im Gegenteil ihr Ende anzeigte.[15] Die gleiche Rede aber löste zweifellos die Rebellion in Polen und den Aufstand in Ungarn aus. Sieht man diese Vorgänge aus der Perspektive der Ereignisse nach Stalins Tod, so kann man nicht umhin, sich zu fragen, wie das möglich war. Offenbar ist, daß diese entscheidende Rede in den Satellitenstaaten von vornherein ganz anders verstanden wurde als in Rußland selbst; im Sinne der Absicht des Redners handelte es sich zweifellos um ein katastrophales Mißverständnis. Was in diesem Mißverständnis zum Ausdruck kam, war eine eben immer noch bestehende Differenz der Mentalität in der Bevölkerung verglichen mit der in totalitärem Denken so unheilvoll und unheimlich erfahrenen Bevölkerung der Sowjetunion.

An den Leser in den Satellitenstaaten war die unheimliche Doppeldeutigkeit der Rede offenbar verschwendet, und es scheint, er hat sie nicht anders verstanden als der Durchschnittsleser in der freien Welt auch. Las man sie unbefangen, so mußte sie in der Tat eine ungeheure Erleichterung hervorrufen; zum ersten Mal sprach ein Führer aus der Sowjetwelt wie ein normaler Mensch über gewisse traurige Vorkommnisse, wie sie im normalen Leben der Menschen üblich sind, über Krankheit, Wahnsinn und Verbrechen, die sich in die Politik eingeschlichen und großes Unheil über ein Volk gebracht hatten. Keine Rede von marxistischer Phraseologie oder der historischen Notwendigkeit des dialektischen Materialismus. Hätte sich diese Lesart als »korrekt« herausgestellt, so hätte die Rede in der Tat einen außerordentlichen Wendepunkt bedeutet; es hätte sich dann nicht mehr und nicht weniger ereignet als der bewußte Bruch mit den Methoden totalitärer Bewegungen und totaler Herrschaft, was natürlich keineswegs einem Bruch mit Sozialismus und Diktatur gleichzukommen braucht. Damit wäre zwar nicht der Konflikt beigelegt, wohl aber der unheilvolle, zwischen den beiden Weltmächten klaffende Riß geheilt worden; denn Chruschtschow hätte dann die von der freien Welt erhobene Hauptanklage bestätigt, daß das Stalinregime nicht so sehr eine kommunistische als eine verbrecherische Regierung dargestellt habe, die nicht nur nicht demokratisch und nicht konstitutionell regiert, sondern in der es irgendeine Beschränkung der Macht durch Gesetz schlechterdings nicht gegeben habe. Sollte es sich von da an nur darum handeln, daß die Sowjetunion den Grundsätzen einer sozialistischen Wirtschaftsordnung folgt, während Amerika sich an den Grundsätzen einer freien Marktwirtschaft orientiert, so hätte es keinen Grund mehr gegeben, warum die beiden Länder zusammen mit ihren Verbündeten nicht zu einer friedlichen Einigung und ehrlichen Zusammenarbeit in allen Fragen der Weltpolitik kommen sollten.

Mehrere Monate vergingen, bevor die Welt den Inhalt der geheimgehaltenen Rede durch die Vermittlung der *New York Times* erfuhr, und auch die Satellitenstaaten erreichte sie nur auf diesem Umweg über Amerika. Was dann geschah, war unerhört: offene Rebellionen in Polen und Ungarn, wie sie nie zuvor vorgekommen waren, weder in den Jahren nach Stalins Tod, als sein Name stillschweigend, aber äußerst wirksam aus der Öffentlichkeit verschwunden und eine ganze Anzahl bewährter Stalinisten vom Typus Rákosi in Ungarn aus der Macht entfernt worden waren, noch in den darauffolgenden Jahren, als einige dieser Stalinisten bereits rehabilitiert und die Polizeikontrollen wieder stärker eingesetzt worden waren. Entscheidend war, daß nur das offen und klar gesprochene Wort, aber keine schweigenden Manöver – wie aufschlußreich sie auch für den Beobachter gewesen sein mochten – eine echte Wirkung auf die Völker ausübten und daß keine Doppeldeutigkeit die zündende Wirkung dieser Worte aufheben konnte. Keine Tat, sondern das »bloße Reden« hatte, sehr gegen den Willen des Redners, es zu Wege gebracht, den tödlichen Bann ohnmächtiger Apathie zu brechen, in den die totale Herrschaft durch Terror und Ideologie die Beherrschten schlägt.

Jedoch ereignete sich dies nicht überall. Es fand nur in den Ländern statt, wo es noch ein paar Überlebende aus der alten Garde kommunistischer Revolutionäre, wie Nagy oder Gomulka, gab, die wie durch ein Wunder den von Stalin mit peinlichster Genauigkeit durchgeführten Säuberungen der Parteien von allen Elementen, die sich nicht als bloße Agenten handhaben ließen, entgangen waren. Zu Beginn verlief die Entwicklung in Polen und Ungarn sehr ähnlich. In beiden Ländern hatte eine innerparteiliche Spaltung zwischen den eigentlichen Kommunisten und den Moskau-Agenten stattgefunden; auch war die allgemeine Stimmung beider Länder ähnlich mit ihren starken nationalen und religiösen Traditionen und der Unruhe unter den Studenten. Fast ist man versucht zu meinen, es wäre ein Zufall gewesen, daß in Polen nicht das geschah, was in Ungarn geschehen ist, und umgekehrt. Faktisch gelang es dann Gomulka, indem er dem polnischen Volk das furchtbare Geschick Ungarns vor Augen hielt, die Rebellion in ihren Anfangsstadien aufzuhalten, wodurch aber das polnische Volk auch um die ungeheure Erfahrung der Macht, die dem Zusammenhandeln entspringt, gekommen ist und nicht weiß, was daraus folgt, wenn ein Volk offen und vor aller Augen die Fahne der Freiheit entrollt.

Schließlich darf nicht übersehen werden, daß die Unruhen in beiden Ländern unter den Studenten und Intellektuellen anfingen, und zwar durchweg in der jüngeren Generation, also in einer Bevölkerungsschicht, deren materielles Wohlergehen und ideologisches Training eine der Hauptsorgen des Regimes gewesen waren. Nicht die Schlechtweggekommenen, sondern die Bevorzugten der kommunistischen Gesellschaft ergriffen die Initiative, und ihr Motiv bildete weder ihr eigenes materielles Elend noch das ihrer Mitbürger, sondern einzig das Verlangen nach Freiheit und Wahrheit.[16] Dies dürfte ein ebenso böses Erwachen in Moskau bedeutet haben, wie es erleichternd in der freien Welt gewirkt hat. Zeigte es doch, daß Bestechungen in der Form von Privilegien materieller und gesellschaftlicher Art nicht immer und überall zu verfangen brauchten, und vor allem, daß die Klasse der Gebildeten, die Gelehrten, Schriftsteller und Künstler, die in unserem Jahrhundert solchen Bestechungen so leicht zugänglich und allem möglichen Unsinn so gefügig sich erwiesen haben, doch noch eine ihrem Beruf gemäße Rolle in der Politik unserer Zeit spielen konnte. Die Stimme, die da aus Osteuropa so einfach und klar von Freiheit und Wahrheit sprach, klang wie eine endgültige Bestätigung der Unveränderbarkeit menschlichen Wesens, an dem der Nihilismus scheitern muß, weil selbst bei Fehlen jeder Unterweisung und unter dem Druck eines unablässigen ideologischen Trainings ein Streben nach Freiheit und Wahrheit aus dem menschlichen Herzen aufsteigt.

Leider gilt all dieses nicht uneingeschränkt. Einmal haben wir es ja nur mit Ländern zu tun, die erst seit kurzer Zeit unter totaler Herrschaft gestanden haben. Die Diktaturen der Satellitenstaaten waren erst um 1949 wirklich totalitär geworden, und der Prozeß ihrer Bolschewisierung wurde bereits im Jahre 1953 durch Stalins Tod und das auf ihn folgende »Tauwetter« unterbrochen. Durch den Streit um die Nachfolge entstandene Fraktionen und Diskussionen wurden unvermeidlich. Der Ruf nach Freiheit machte sich zuerst in der Atmosphäre dieser innerparteilichen Diskussionen geltend; in der Sprache der kommunistischen Bewegung der zwanziger Jahre gesprochen, handelte es sich für diese Männer um die Wiedererrichtung der innerparteilichen Demokratie. Aber auch dies erste innerkommunistische Stadium der Revolution können wir kaum in Rußland selbst beobachten, sondern nur in den neuen, gerade erst eroberten Ländern. Zwar stammt das Wort »Tauwetter«, die treffende Metapher für die neue Parteilinie, von einem russischen Schriftsteller; aber Ilja Ehrenburg, der es prägte, ein Bohémien und typischer Pariser Kaffeehausliterat, der vielleicht selbst sich mit großen Hoffnungen betrog, ist natürlich erheblich charakteristischer für die westlichen Literaten, die sich einem Gott verschrieben hatten, »der keiner war«, als für die russische Intelligenz. Jedenfalls handelt Dudinzews Roman *Der Mensch lebt nicht vom Brot allein*, durchaus ein Produkt der oben erwähnten Periode offiziell befohlener »Selbstkritik«, keineswegs von Freiheit, sondern von »freier Laufbahn dem Tüchtigen«. Sofern man überhaupt von einer Rebellion unter der russischen Intelligenz sprechen kann – und die Indizien dafür sind außerordentlich mager –, so scheint sie sich erheblich mehr für ein Recht auf Tatsachenwahrheit interessiert zu haben als für Freiheit. So erzählt Dudinzew in seinem Roman ein Erlebnis aus dem Zweiten Weltkrieg: Er lag im Schützengraben und beobachtete ein Gefecht deutscher und russischer Flugzeuge, in dem die an Zahl unterlegenen Messerschmitts siegreich blieben. »Etwas in mir brach zusammen, denn ich hatte nie etwas anderes gehört, als daß unsere Flugzeuge die schnellsten und besten der Welt sind.« Hier erzählt uns Dudinzew in der Tat von einem langen Augenblick, in welchem die totalitäre Fiktion unter dem Druck der Tatsachen zusammengebrochen war und die Erfahrung der Wirklichkeit sich nicht mehr durch die »historische Wahrheit« des Parteiarguments verdrängen ließ, demzufolge der Satz: »Unsere Flugzeuge sind die besten und schnellsten« bedeutet: Im Verfolg einer unabänderlichen historischen Entwicklung werden wir die besten und schnellsten Flugzeuge haben, und sei es um den Preis, daß wir alle anderen Konkurrenten im Flugzeugbau vernichten müssen.

Ganz anders liegt der Fall Pasternaks. Er ist einzigartig, denn in ihm handelt es sich um den einzigen großen Dichter aus der frühen Revolutionsperiode, der wie durch ein Wunder nicht vernichtet wurde und der, weil er die ungeheure Kraft hatte, Jahrzehnte zu schweigen, in seiner dichterischen Substanz nicht zerstört worden ist. Für die Hoffnung, daß »Orwells *1984* nur ein Alptraum ist«, ist er die einzige lebendige und herrliche Stütze. Aber in den Bereich dieser Hoffnungen gehört auch die außerordentliche Anekdote, die von dem offenbar einzigen öffentlichen Auftreten des Dichters unter der totalen Herrschaft berichtet wird. Pasternak, so hören wir, hatte in Moskau einen Vorleseabend angekündigt, zu dem sich eine ungeheure Menschenmenge eingefunden hatte, wiewohl doch sein Name nach all den Jahren des Schweigens nur noch als der des Übersetzers von Shakespeare und Goethe ins Russische bekannt war. Er las aus seinen Gedichten, und es geschah, daß ihm beim Lesen eines alten Gedichtes das Blatt aus der Hand glitt: »Da begann eine Stimme im Saal aus dem Gedächtnis das Gedicht weiterzusprechen. Von mehreren Ecken des Saales stiegen andere Stimmen auf. Und im Chor endete die Rezitation des unterbrochenen Gedichts.«[17] Dies ist die einzige Anekdote, die mir bekannt ist, die dafür spricht, daß auch in Rußland selbst die totalitäre Herrschaft noch nicht gesiegt hat, und sie ist von einer eindeutigen und unbezweifelbaren Größe. Aber sie ereignete sich nicht in den fünfziger Jahren zur Zeit der Rebellionen in den Satellitenstaaten, sondern im Jahre 1946, in dem zwar die durch den Befreiungskampf Rußlands erzwungene größere Freiheit des Volkes noch nachklang, aber von irgendeiner Rebellion gegen die Herrschaft Stalins doch gar keine Rede sein konnte.

Im Lichte solch einer Geschichte, vor allem wenn man sie mit den jüngsten Ereignissen zusammenhält, ist man natürlich wieder versucht, die Leistungsfähigkeit der totalen Herrschaft in der Hervorbringung einer spezifisch totalitären Mentalität zu bezweifeln und sie, fürchte ich, zu unterschätzen. Jedenfalls sprechen alle unsere Erfahrungen mit totalitären Verhältnissen dafür, daß der totalen Herrschaft im allgemeinen, wo sie erst einmal fest im Sattel sitzt, die Erfahrung der faktischen Wirklichkeit erheblich gefährlicher ist als ein natürlicher menschlicher Freiheitsdrang. Dies konnte man bereits den Maßnahmen des Stalinregimes kurz nach dem Kriege entnehmen, als ganze Regimenter der Roten Armee, die als Besatzungstruppen gedient hatten und also einer ihnen unerwarteten tatsächlichen Wirklichkeit ausgesetzt gewesen waren, in die Konzentrationslager deportiert wurden. Das gleiche konnte man aus dem merkwürdig radikalen Zusammenbruch der Nazi-Ideologie in Deutschland nach der Niederlage lernen, der weniger mit »deutscher Charakterlosigkeit« zu tun hat, als gemeinhin angenommen wird, und im wesentlichen dem dramatischen Zusammenbruch einer fiktiven Welt geschuldet war.

Denn die Wirklichkeit, in der wir leben, bedarf, wenn ihr Einfluß auf uns den Augenblick der lebendigen Erfahrung überdauern soll, der Sprache, sie bedarf der Rede und des Mitteilens, der Kommunikation mit anderen, um als Realität bestehen zu bleiben. Der Erfolg totaler Herrschaft hängt davon ab, wie weit es ihr gelingt, alle normalen Kommunikationswege, die privaten von Mensch zu Mensch wie die öffentlichen, die in konstitutionellen Regierungen durch Rede- und Meinungsfreiheit gesichert sind, zu unterbrechen und zu zerstören. Wie weit nun dieser Versuch, jeden Menschen wortwörtlich incommunicado zu halten, gelingen kann außer in den Grenzsituationen von Einzelhaft und Folter, ist schwer auszumachen. Auf jeden Fall braucht der Versuch Zeit, und es ist ganz offenbar, daß die Präparierung der Menschen für totale Herrschaft in den Satellitenstaaten noch sehr viel zu wünschen übrig läßt. Solange der Terror von außen nicht durch das ideologische Sich-Selbst-Zwingen im Inneren des Menschen ergänzt und unterstützt wird – und es ist dieser Selbstzwang, der in den Selbstbezichtigungen der Schauprozesse so gräßlich zum Ausdruck kommt[18] –, bleibt die Fähigkeit des Volkes, elementar zwischen Tatsache und Lüge zu unterscheiden, intakt. Solange dies der Fall ist, wird Unterdrückung noch als Unterdrückung von außen empfunden, und das Resultat ist eine Rebellion im Namen der Freiheit.

Das ungarische Volk in allen seinen Altersklassen wußte, daß es »unter Lügen lebte«, und verlangte einstimmig und in allen Manifesten etwas, woran die russische Intelligenz (sofern man sie nur nach ihren Äußerungen zur Zeit der Nachfolgekrise beurteilt – und für ein allgemeines Urteil können wir uns schwerlich auf anderes stützen –) offenbar nicht einmal mehr im Traume denkt, nämlich Gedankenfreiheit. Hieraus kann man vermutlich nicht schließen, daß der gleiche Drang nach Gedankenfreiheit, der die Rebellion in der Intelligenz entfachte, den Aufstand auch in jene wie ein Waldbrand um sich fressende Revolution verwandelte, in welcher schließlich niemand mehr außer den Kadern der Geheimpolizei bereit war, auch nur einen Finger für das Regime zu rühren. Ein ähnlicher Irrtum wäre es, die Revolution für eine im wesentlichen innerparteiliche Angelegenheit zu halten, eine Art Revolte der »echten« gegen die »unechten« Kommunisten, nur weil sie in der Tat ursprünglich von Mitgliedern der Kommunistischen Partei entfacht wurde. Die Tatsachen sprechen eine ganz andere Sprache. Was sind die Tatsachen?

Um eine bewaffnete und im Grunde harmlose Studentendemonstration von ein paar Tausend Menschen sammelte sich plötzlich und spontan eine große Menschenmenge, die beschloß, eine der Forderungen der Studenten sofort in die Tat umzusetzen, nämlich das Stalin-Denkmal auf einem der öffentlichen Plätze Budapests umzustürzen und zu entfernen. Am nächsten Tage gingen einige Studenten zum Rundfunkhaus, um die Station zur Sendung der 16 Punkte ihres Programms zu bewegen. Wieder sammelte sich um sie eine große Menge, von der man kaum wußte, wo sie überhaupt herkam, und als die AVO, die das Funkhaus bewachende politische Polizeitruppe, versuchte, die Menge mit ein paar Schüssen zu zerstreuen, brach die Revolution aus. Die Massen griffen die Polizei an und verschafften sich auf diese Weise ihre ersten Waffen. Die Nachricht erreichte die Arbeiter in den Fabriken, die ihre Arbeitsplätze verließen und zu der Menge stießen. Die zur Unterstützung der bewaffneten Polizei eingesetzten Einheiten der Armee schlugen sich auf die Seite der Volksmenge und bewaffneten das Volk. Was als eine Studentendemonstration begonnen hatte, war in weniger als vierundzwanzig Stunden zu einem bewaffneten Aufstand geworden.

Programme und Manifeste spielten von diesem Augenblick an keine Rolle mehr. Was die Revolution vorwärtstrieb, war nichts als die elementare Kraft, entsprungen aus dem Zusammenhandeln eines ganzen Volkes, das so genau wußte, was es wollte, daß es umständlicher Formulierungen nicht bedurfte: Die russischen Truppen sollten sofort das Land verlassen, und freie Wahlen sollten stattfinden, um die neue Regierung zu bilden. Hier ging es nicht darum zu debattieren, wie man es mit den verschiedenen Freiheiten, der Meinungs- und Gedankenfreiheit, der Versammlungsfreiheit, der Freiheit zum Handeln und Wählen, halten solle, sondern einzig darum, eine Freiheit, die bereits eine vollendete Tatsache war, zu stabilisieren und die für sie geeigneten politischen Institutionen zu finden. Sieht man von der Intervention durch die russische Armee ab, und zwar sowohl von den im Lande stationierten Einheiten wie von den kriegsmäßig ausgerüsteten Divisionen, die schließlich das Land überfielen, so kann man wohl sagen, daß nie zuvor eine Revolution ihre Ziele so schnell, so gründlich und mit so wenig Blutvergießen erreicht hat.[19] Denn das Erstaunliche an der Ungarischen Revolution ist, daß sie keinen Bürgerkrieg im Gefolge hatte. Die ungarische Armee löste sich innerhalb von Stunden, die ungarische Regierung innerhalb von Tagen auf; und nachdem das Volk erst einmal seinen Willen klar und in aller Öffentlichkeit zur Geltung gebracht hatte, gab es in ganz Ungarn nicht eine Gruppe oder Klasse, die ihm hätte

Widerstand leisten wollen. Denn die Angehörigen der Geheimpolizei, die bis zuletzt der Diktatur loyal ergeben waren, bildeten weder eine Gruppe noch gar eine Klasse; man hatte sie aus der Hefe des Volkes rekrutiert, und sie bestanden aus verbrecherischen Elementen, aus ehemaligen Naziagenten oder schwer belasteten ehemaligen Mitgliedern der ungarischen faschistischen Partei, während die höheren Ränge mit Agenten Moskaus, Ungarn mit sowjetischen Pässen unter dem Oberkommando russischer NKWD-Offiziere, besetzt waren.

Die Rapidität, mit der sich die Machtstruktur des Landes zersetzte, mit der Partei, Armee und die Beamtenschaft auseinanderfielen, sowie das Fehlen jeglicher Bürgerkriegssituationen sind um so bemerkenswerter, als der Aufstand ursprünglich eindeutig von Kommunisten geführt wurde, die zwar sehr rasch die alleinige Initiative verloren, aber darum doch in keinem Moment Gegenstand des Volkszorns oder der Volksrache wurden, so wenig wie sie selbst, als sie sahen, daß ihnen die Macht entglitt, sich gegen das Volk wandten. Das auffallende Fehlen allen Parteizanks, jeglicher ideologischen Erbitterung und der damit zusammenhängende auffallende Mangel an Fanatismus lassen sich nur dadurch erklären, daß der ideologische Überbau sich noch schneller zersetzt haben muß als die Organe der Diktatur selbst. In der allgemeinen Atmosphäre einer überwältigenden Brüderlichkeit – das Wort im Sinne der Fraternité der Französischen Revolution verstanden –, die in der ersten Straßendemonstration sich bildete und bis zum bitteren Ende, ja, über das Ende hinaus, anhielt, scheinen alle Partei-Ideologien und Schlagworte, nicht nur die der Kommunisten, sich einfach in nichts aufgelöst zu haben, so daß Intellektuelle und Arbeiter, Kommunisten und Nichtkommunisten aller Schattierungen wirklich gemeinsam, nämlich um die gemeinsame Sache der Freiheit kämpfen konten.[20] Was diesen Zusammenbruch der Ideologie erzeugte, war einzig und allein die Realität der Revolution selbst, und in dieser negativen Hinsicht hatte der plötzliche Wechsel der Wirklichkeit ungefähr den gleichen dramatischen Effekt auf die Mentalität des ungarischen Volkes, den der plötzliche Zusammenbruch des Hitlerregimes auf die Denkweise des deutschen Volkes gehabt hatte. (An diese aus der Wirklichkeit selbst stammenden dramatischen Zusammenbrüche von Ideologien sollte man sich erinnern, wenn es nach einem solchen Ereignis wieder einmal irgend jemandem einfallen sollte, Völker »umzuerziehen«. Diese Belehrungen von außen erreichten niemals das Niveau des Schocks, das einzig dem Ereignis angemessen ist; sie bleiben daher entweder ganz und gar wirkungslos oder lähmen sogar die Schlagkraft der Lektion, welche die Realität soeben erteilt hatte.[21])

So wichtig diese Aspekte sein mögen, so sagen sie doch mehr über das Wesen des Regimes aus, gegen das die Ungarische Revolution aufstand, als über den Aufstand selbst. Positiv gesehen war das Erstaunlichste hier, daß aus einer Volksaktion ohne Führer und ohne vorher festgelegtes Programm kein Chaos entstand und keine Anarchie. Es kamen keine Plünderungen der Läden vor, überhaupt keine Eigentumsdelikte, und dies in einem Lande, dessen niedriger Lebensstandard und großer Warenhunger notorisch sind. Es gab auch keine Morde, denn in den wenigen Fällen, in denen die Menge zu direkter Aktion schritt und höhere Offiziere der Geheimpolizei öffentlich aufhängte, hat sie sich bemüht, gerecht zu sein und auszuwählen, und nicht einfach jeden aufzuhängen, der ihr in die Hände geriet. Statt Lynchjustiz und Mobherrschaft, auf die man sich hätte gefaßt machen müssen, bildeten sich sofort, nahezu gleichzeitig mit den ersten bewaffneten Demonstrationen, jene revolutionären Räte – Arbeiter- und Soldatenräte –, welche nun seit mehr als hundert Jahren mit einer Regelmäßigkeit ohnegleichen im Aktionsfeld der Geschichte erscheinen, wann immer das Volk für ein paar Tage oder Wochen oder Monate die Chance hat, seinem eigenen politischen Menschenverstand zu folgen, ohne von einer Partei am Gängelband geführt oder von einer Regierung gelenkt zu werden.

Historisch begegnen wir diesen Räten zum erstenmal in den Revolutionen, welche im Jahre 1848 über Europa dahinfegten. Wir treffen sie wieder in der Pariser Commune von 1871 und in der ersten Russischen Revolution von 1905; aber in voller Stärke und Klarheit zeigen sie sich doch erst 1917 in der Oktober-Revolution in Rußland und den Nachkriegsrevolutionen von 1918 und 1919 in Deutschland und Österreich. Für diejenigen, die meinen, daß die Weltgeschichte das Weltgericht sei, ist das Rätesystem natürlich längst erledigt, denn es ist immer besiegt worden, und zwar keineswegs immer nur von der sogenannten Konter-Revolution. Das bolschewistische Regime entmachtete die Räte, nämlich die Sowjets, wie sie auf russisch heißen, bereits unter Lenin und stahl den Namen für das eigene antisowjetische Regime, womit es ihnen immerhin ihre Popularität bestätigte. Um die Ereignisse der Ungarischen Revolution zu verstehen, müssen wir in der Tat, wie Silone in einem großartigen Artikel zu den Vorgängen im Winter 1956 bemerkte,

»erst einmal die Sprache säubern« und einsehen, daß »die Sowjets schon 1920 aus Rußland verschwanden«, daß die russische Armee gerade nicht eine »Sowjet«-Armee ist, und daß »die einzigen Sowjets, die es gegenwärtig [d. h. vor zwei Jahren] in der Welt [gab], die ungarischen Revolutionsräte« waren.[22] Vielleicht hat die russische Armee gerade deshalb so unerbittlich und so schnell zugeschlagen, weil die Ungarische Revolution nichts restaurieren wollte und keineswegs »reaktionär« war, sondern weil in ihr das ursprüngliche Sowjet-System, das Rätesystem, das aus der Oktober-Revolution entstanden und in dem Aufstand von Kronstadt von der bolschewistischen Partei niedergeschlagen worden war, wieder auf die Bühne der Geschichte getreten war. Man möchte meinen, vor nichts haben die totalitären Machthaber Rußlands heute größere Furcht als vor dieser »elementaren Form der Volksmacht« (Silone), ganz gleich in welchem Lande sie zum Vorschein kommen sollte. Es gibt heute in Jugoslawien kein Rätesystem und keine freien Arbeiterräte; aber allein die Tatsache, daß Tito manchmal noch die alte revolutionäre Sprache spricht und die Partei dort mit dem Gedanken der Räte noch spielt, genügt wohl, die russischen Machthaber in Furcht zu versetzen. Aber mit dieser Furcht steht die bolschewistische Partei nicht allein; sie wird, ist das Rätesystem nur verstanden, von allen Parteien von rechts bis links geteilt. So ist es auch in Deutschland nicht die Reaktion gewesen, sondern die Sozialdemokratie, die das Rätesystem liquidiert hat. Und hätte sie es nicht getan, die Kommunisten hätten es bestimmt getan, wenn sie ans Ruder gekommen wären.

Deutlicher noch als in den früheren Revolutionen repräsentierte das Rätesystem in Ungarn »den ersten praktischen Schritt, die Ordnung wiederherzustellen und die ungarische Wirtschaft auf sozialistischer Basis neu zu organisieren, ohne sie der Starrheit einer Parteikontrolle zu unterstellen oder einem Terrorapparat auszuliefern.«[23] Die Räte hatten demgemäß zwei Funktionen, eine politische und eine ökonomische. Nun wäre es zwar falsch anzunehmen, daß diese beiden Funktionen scharf und institutionell voneinander geschieden gewesen wären, aber man darf doch vermuten, daß den sogenannten revolutionären Räten vor allem politische Aufgaben oblagen, während die Arbeiter-Räte eher für eine Regelung des Wirtschaftslebens vorgesehen waren. Uns werden im folgenden vor allem die revolutionären Räte und ihre politischen Funktionen interessieren, die vorerst darin bestanden, kein

Chaos aufkommen zu lassen und zu verhindern, daß verbrecherische Elemente die Oberhand gewannen; in beidem waren sie außerordentlich erfolgreich. Die Frage, ob wirtschaftliche Angelegenheiten, die ganz anderen Gesetzen unterstehen als die politischen, gleichfalls im Rahmen eines Rätesystems gehandhabt werden können, ob mit anderen Worten es möglich ist, Fabriken von der gleichen Belegschaft verwalten und besitzen zu lassen, die in ihnen arbeitet, wollen wir hier offen lassen. Denn es ist in der Tat sehr zweifelhaft, ob die politischen Prinzipien der Gleichheit und Freiheit ohne weiteres auf den ökonomischen Bereich anwendbar sind. Es könnte sein, daß das politische Denken der Antike, wonach alles Wirtschaftliche an das für das schiere Leben Benötigte und damit an Notwendigkeit geknüpft ist, nicht so unrecht hatte, wenn es meinte, daß das Ökonomische, sei es des Familienhaushaltes oder des Staatshaushaltes, nur unter einem Herrn und Meister gedeihen und in Gang gehalten werden kann, und gerade darum in der Polis, dem Bereich des Politischen, keine Rolle spielen dürfe. Das Prinzip der Herrschaft entspricht hier der Notwendigkeit, unter welcher menschliches Leben steht, weil es auch biologisches Leben ist; frei ist der Mensch nur, weil und insofern er nicht nur ein Lebewesen, sondern auch ein politisches Wesen ist. Freiheit und Gleichheit beginnen also erst, wo die Lebensinteressen ihre Grenze haben und ihnen Genüge getan ist – außerhalb des Haushaltes und der Sklavenwirtschaft in antiken Verhältnissen, jenseits der Berufe und der Sorge um den Lebensunterhalt in unserer Zeit. Dabei ist wichtig, sich klarzumachen, daß sowohl Freiheit wie Gleichheit als politische Prinzipien weder durch eine transzendente Instanz, vor der alle Menschen qua Menschen gleich sind, noch durch ein allgemeinmenschliches Schicksal wie den Tod, der alle Menschen gleichermaßen eines Tages aus dieser Welt nimmt, bestimmt sind. Sie sind vielmehr innerweltliche Prinzipien, die aus dem Zusammen der Menschen, ihrem Miteinanderleben und Gemeinsamhandeln, direkt erwachsen. Diese antike Blickweise, wonach das Wirtschaftliche weder mit Politik noch mit Freiheit etwas zu tun hat und daher auch nicht im Sinne der Gleichheit geregelt werden kann, erhält eine, wenn auch negative Unterstützung aus der Neuzeit, in welcher sich immer herausgestellt hat, daß diejenigen, welche die Geschichte in erster Linie als das Produkt ökonomischer Kräfte sahen, auch zu dem Schluß kamen, der Mensch selbst sei nicht frei und seine Geschichte sei die zeitliche Entfaltung einer Notwendigkeit.

Auf jeden Fall tut man besser, die revolutionären und die Arbeiterräte, wiewohl sie immer gleichzeitig auftraten, auseinanderzuhalten, schon weil die einen primär und vor allem im Falle der Ungarischen Revolution die Antwort auf die politische Gewaltherrschaft waren, während die anderen gerade in Ungarn sich gegen einen Typus von Gewerkschaften gebildet hatten, die nicht die Arbeiter und ihre Interessen, sondern die Partei und ihr Interesse an der Niederhaltung der Arbeiter vertraten. So gehört auch die Forderung nach freien Neuwahlen im ganzen Land zum festen Programmbestand des Rätesystems, wo immer wir es antreffen, während die ungarische Forderung, das Vielparteiensystem zu restaurieren, nicht charakteristisch für das Rätesystem ist, sondern eine nahezu automatische Reaktion des ungarischen Volkes darstellte auf die schamlose Unterdrückung und Ausrottung aller Parteien, die der Ein-Partei-Diktatur vorangegangen waren.

Das Rätesystem kann man nur verstehen, wenn man sich vergegenwärtigt, daß es genau so alt ist wie das Parteiensystem selbst, zusammen mit ihm entstand und immer wieder von ihm vernichtet worden ist. Die Räte stellen bis heute die einzige Alternative zu dem Parteiensystem dar, d. h. die einzige Alternative einer demokratischen Regierung in der Moderne. Sie sind nicht anti-parlamentarisch, sie schlagen nur eine andere Art der Volksvertretung vor, aber sie sind ihrem Wesen nach anti-parteilich, das heißt, sie richten sich gegen eine Volksvertretung, die durch Klasseninteressen auf der einen Seite, durch Ideologien oder Weltanschauungen auf der anderen bestimmt ist. Während der historische Ursprungsort des Parteiensystems im Parlament liegt, entstehen die Räte ausschließlich durch das Zusammenhandeln selbst und durch die in dieser Aktion spontan entstehenden Forderungen des Volkes. Hinter ihnen steht keine Ideologie, und sie sind von keiner politischen Theorie über die beste Staatsform vorgesehen, geschweige denn vorbedacht worden. Wo immer Räte auftraten, begegnete ihnen die gesamte Parteibürokratie von der äußersten Rechten bis zur äußersten Linken mit entschlossener Feindschaft, und von Seiten der Staatswissenschaftler und der politischen Theorie ist ihnen bisher nur einmütiges Totschweigen und vollständiges Ignorieren zuteil geworden. Dabei ist es ganz fraglos, daß der Geist des Rätesystems echt demokratisch ist, aber Demokratie tritt hier in einer Form auf, die man nie zuvor gesehen und noch nie erwogen hat. Desto kennzeichnender ist die eigentümliche Hartnäckigkeit, mit der sie jedesmal wieder vorgeschlagen wird, wenn das Volk überhaupt dazu kommt, seine Stimme zu erheben. Hier haben wir es wirklich mit einer Spontaneität zu tun, die unmittelbar aus dem Handeln selbst stammt und weder von einem außerhalb des Handelns liegenden Interesse noch von einer von außen herangetragenen Theorie bestimmt ist.

Unter modernen Bedingungen also kennen wir überhaupt nur zwei Möglichkeiten demokratischer Herrschaft: das seit hundert Jahren siegreiche Parteiensystem und das seit hundert Jahren immer wieder besiegte Rätesystem; und sie stehen in vieler Beziehung in schärfstem Widerspruch zueinander. So werden die in die Räte berufenen Männer von unten in direkter Wahl gewählt, während die Partei den Wählern von oben die Kandidaten vorschlägt, sei es, daß sie den Wählern die Wahl zwischen verschiedenen Personen beläßt oder sie zur Annahme einer Liste von Kandidaten zwingt. Dadurch entsteht eine ganz anders geartete Auswahl der Vertreter selbst; denn während die von der Partei vorgenommene Ernennung des Kandidaten von dem Parteiprogramm oder der Parteiideologie abhängt, an welcher seine Eignung geprüft wird, geht es bei dem Kandidaten im Rätesystem lediglich darum, ob seine Person, seine Integrität, sein Mut und seine Urteilskraft genug Vertrauen einflößen, um ihn mit der Vertretung der eigenen Person in allen politischen Angelegenheiten zu betrauen. Der Gewählte ist daher auch durch nichts gebunden als die Verpflichtung, dies Vertrauen in seine Person zu rechtfertigen, und sein Stolz ist es, von seinesgleichen gewählt zu sein, also z. B. »von den Arbeitern, und nicht von einer Regierung ernannt zu sein«[24] oder von einer Parteimaschine.

Ist solch eine Körperschaft von Vertrauensmännern erst einmal im Amt, so werden sich natürlich auch unter ihnen Meinungsverschiedenheiten herausstellen und entwickeln, welche dann zu Parteibildungen führen können. Aber solche Gruppierungen zwischen Männern gleicher Meinung innerhalb des Rätesystems sind streng genommen keine Parteien; sie dürften eher jenen Fraktionen innerhalb eines Parlaments entsprechen, aus denen die Parteien ursprünglich entstanden sind. Daß sich aus solchen Fraktionen wieder Parteien entwickeln müssen, ist keineswegs ausgemacht, solange die Wahl des Kandidaten selbst nicht von seiner Fraktionszugehörigkeit, sondern von der persönlichen Überzeugungskraft abhängt, mit der er seine Meinung vorzutragen und zu vertreten versteht, d. h. solange die Wahl selbst wieder auf persönlichen Eigenschaften beruht. Das würde aber bedeuten, daß die

Räte die Partei-Fraktionen kontrollieren würden, anstatt ihre Repräsentanten zu sein. Die Macht der Fraktion würde nicht von ihrem bürokratischen Apparat und von ihrem Programm, auch nicht von der Attraktion irgendeiner Weltanschauung abhängen, sondern einzig davon, wie viele Menschen zu ihr gehören, die über Eigenschaften verfügen, die sie vertrauenswürdig machen. Sie würde mit anderen Worten davon abhängen, populär im besten Sinne des Wortes zu sein. Wie gefährlich dies rein persönliche Prinzip für die Diktatur einer Partei sich auswirken kann, konnte man aus den Anfangsstadien der Russischen Revolution lernen, als Lenin es für nötig hielt, die Sowjets zu entmachten, weil es sich herausgestellt hatte, daß die Sozialrevolutionäre bei weitem mehr Menschen in ihren Reihen hatten, denen das Volk traute, als die Bolschewisten. Die Macht der bolschewistischen Partei, die ja immerhin die Revolution gemacht hatte, war gefährdet durch das Rätesystem, das aus der Revolution hervorgewachsen war.

Von entscheidender Bedeutung ist schließlich noch die große Flexibilität, die dem Rätesystem innewohnt, das durch nichts anderes gegründet wird und sich auf keine anderen Voraussetzungen stützt als das Zusammenkommen und Zusammenhandeln einer bestimmten Anzahl von Menschen während einer bestimmten, nicht zu kurz bemessenen Zeit. Es gab in Ungarn alle Arten von Räten – solche, die aus dem Zusammenwohnen der Menschen entstanden, die Nachbarschaftsräte, die dann zu Stadt-, Kreis- und Provinzorganen anwuchsen, die revolutionären Räte, die aus dem Zusammenkämpfen geboren waren, die Schriftsteller- und Künstlerräte, die, möchte man meinen, in den Cafés sich bildeten, die Studenten- und Jugendlichenräte aus dem Zusammenstudieren an den Schulen und Universitäten, die Soldatenräte der Armee, aber auch Räte für Ministerialbeamte, Arbeiterräte in den Fabriken und so fort. Wo immer es ein Zusammen von Menschen in einem wie immer gearteten öffentlichen Raum gab, entstanden Räte, wobei eben diese Räte in jeder dieser unter sich ja ganz disparaten Gruppen das zufällige Zusammen in eine politische Institution verwandelten. In sie wurden Kommunisten, Nicht-Kommunisten und Angehörige aller Parteien in buntem Durcheinander gewählt, einfach weil Parteilinien überhaupt keine Rolle spielten. Das einzige Kriterium, so meinte eine Tageszeitung, war, daß »niemand unter ihnen seine Macht mißbrauchen oder nur an seine eigenen Interessen denken würde«. Und dies ist weniger eine Frage der Moral als der persönlichen

Qualifikation – des Talents. Denn wer Macht mißbraucht beziehungsweise Macht in Gewalt pervertiert oder nicht an der allen gemeinsamen Welt, sondern nur an seinem Privatleben interessiert ist, eignet sich einfach nicht zur Politik. Die gleichen Prinzipien setzten sich in den Wahlen durch, in denen die niederen Räte ihre Vertrauensmänner für die jeweils höheren Organe der Regierung zu wählen hatten. Worum es sich handelte, war, Repräsentanten zu wählen »ohne Rücksicht auf Parteizugehörigkeit und unter gebührender Rücksicht auf das Vertrauen des werktätigen Volkes«.[25]

In den zwölf kurzen oder langen Tagen, die ihr vergönnt waren, hat die Ungarische Revolution nicht nur das Prinzip des Rätesystems überhaupt hervorgebracht, sie hat – und dies war vielleicht das Erstaunlichste – einen großen Bereich seiner Verwirklichungsmöglichkeiten im einzelnen und konkreten abgeschritten und die Richtungen gewiesen, in der es sich entfalten kann. Kaum waren die ersten Räte in direkter Wahl gewählt, als sie begannen, sich miteinander in Beziehung zu setzen und aus ihrer Mitte die Vertreter für die höheren Regierungsorgane zu wählen bis hinauf zu dem Obersten Nationalen Rat, der etwa einer Landesregierung gleichkommt. Und die Initiative dafür, die normale Landesregierung durch ein höchstes Organ, das aus den Räten selbst hervorgeht, zu ersetzen, ging von der gerade wieder ins Leben gerufenen Nationalen Bauernpartei aus, sicher keiner Gruppe, die man linksradikaler Ideen verdächtigen könnte. Während es wegen der Kürze der Zeit zu der Etablierung eines solchen Obersten Rates nicht mehr kam, war doch genug Zeit, um überall die nötigen Vorkehrungen zu treffen; Arbeiterräte hatten Kommissionen aufgestellt, die zwischen ihnen vermittelten und sie miteinander in Beziehung hielten, und zentrale Arbeiterräte waren in vielen Gebieten bereits in Funktion getreten. Die revolutionären Räte der einzelnen Provinzen waren koordiniert und planten die Schaffung einer Nationalen Revolutionären Kommission, welche das Parlament, die Nationalversammlung, ersetzen sollte.

Sehr viel mehr als dies wissen wir nicht. Hier wie in den früheren nur zu kurzen historischen Augenblicken, in denen die Stimme des Volkes, unverfälscht von dem Geschrei des Gesindels und dem Gezänk der Fanatiker, hörbar wird, bleibt uns nichts übrig, als so skizzenhaft, wie es eben gehen will, uns ein Bild von dem Gewollten und Gescheiterten zu machen, von der Physiognomie des einzigen demokratischen Systems nämlich, das in Europa, wo das Parteiensystem schon fast bei seiner

Geburt diskreditiert war, je wirklich das Volk auf seiner Seite gehabt hat. (Dabei ist wichtig, den entscheidenden Unterschied, der immer zwischen dem europäischen Vielparteien- und dem angloamerikanischen Zweiparteiensystem bestanden hat und auf den ich hier nicht eingehen kann, im Auge zu behalten.) So wissen wir nicht, ob dies System den Anforderungen moderner Politik auf die Dauer sich gewachsen zeigen würde, welcher Korrekturen es bedürfen mag, wie groß seine Tragfähigkeit als ein politischer Körper ist und ob die Rätedemokratie und das ihr zugrunde liegende Wahl- und Auswahlprinzip geeignet sein würden, auch in Ländern mit großen Bevölkerungszahlen die repräsentative Demokratie zu ersetzen. Politische Erfahrung kann durch keine theoretischen Überlegungen ersetzt werden, aber für dies System, d. h. für seine Tragfähigkeit, spricht doch ein wenig mehr als seine unbezweifelbare Popularität. Immerhin ist es einmal in Rußland ausprobiert worden, also einem der modernen Großstaaten, und es ist nicht in sich zusammengebrochen, sondern mußte mit Waffengewalt aus der Welt geschafft werden. Nicht zu übersehen ist auch die ja erstaunliche Tatsache, daß die Demokratie in der modernen Welt nur dort wirklich zu funktionieren scheint, wo jene lokalen Organe der Selbstverwaltung existieren, die – wie das Kanton-System der Schweiz oder das Townhall-Meeting in Amerika, wie ähnliche Organe in England und Skandinavien – mit dem Rätesystem im Prinzip eine verblüffende Ähnlichkeit haben. Jedenfalls war es die spontane Entfaltung des Rätesystems, nicht die Versuche, die alten Parteien zu restaurieren, welche der Ungarischen Revolution den Stempel eines echten demokratischen Elans, des Kampfes um Freiheit gegen Gewaltherrschaft aufprägten, aber es ist nicht zu leugnen, daß angesichts der Doppelentwicklung der Ungarischen Revolution, nämlich der Entfaltung des Rätesystems einerseits, der Restaurierung des Vielparteiensystems andererseits, es gut hätte passieren können, daß das Vielparteiensystem schließlich siegreich geblieben wäre und das Rätesystem wieder vernichtet hätte.

Überprüft man die Lehren, die aus der Ungarischen Revolution zu ziehen sind, so tut man gut, die Maßnahmen zu erwägen, die die wiederhergestellte Gewaltherrschaft ergriff, um die Unruhen zu ersticken. Die russische Armee brauchte drei ganze Wochen eines regulären, kriegsmäßig geführten Feldzuges, um des Landes wieder Herr zu werden, was immerhin zeigt, wie solide die junge Macht des Räteregimes bereits war. Von den einmütigen Forderungen des ganzen Volkes wurde nur eine halbwegs befriedigt: Die Bauernschaft, die in Polen wie in Ungarn spontan aus den Kollektivwirtschaften ausgetreten war, ist bisher nicht wieder in sie zurückgezwungen worden, mit dem Erfolg, daß die landwirtschaftliche Produktion, die bereits auf Kollektivierung umgestellt war und dadurch ohnehin erheblich an Produktivität eingebüßt hatte, nun erst einmal praktisch zusammenbrach und der Ertrag an landwirtschaftlichen Bedarfsgütern in diesen Ländern, die früher immer einen Überschuß zum Export produzierten, weit unter das gesunken ist, was sie selbst unmittelbar brauchen. Die Konzession an die Bauern ist daher sowohl vom ökonomischen wie vom ideologischen Standpunkt aus nicht unerheblich.

Der erste und blutigste Schlag der Unterdrückung richtete sich gegen die revolutionären Räte, die nicht nur das Volk als Ganzes, unabhängig von Klassen- und anderer Zugehörigkeit, repräsentierten, sondern auch das eigentliche Organ seines Handelns waren. Dadurch wurde die Nation wieder in den Zustand der Ohnmacht versetzt, und man konnte den zweiten Schritt wagen, der sich kompromißlos und mit großer Härte gegen die Studentenschaft und die Intellektuellen richtete und gegen alle Organe, die Gedanken- und Meinungsfreiheit verlangt hatten. Danach erst erfolgte die Auflösung der Arbeiterräte, die der Diktatur offenbar mehr als die Nachfolger der staatlich und parteilich kontrollierten Gewerkschaften denn als eigentliche politische Körperschaften erschienen. Daß diese Rangordnung der Unterdrückung nicht zufällig entstand, kann man daran sehen, daß sie auch in Polen eingehalten wurde, wo die russischen Machthaber es nicht mit einer Revolution zu tun hatten und es sich nur darum handelte, bestimmte Konzessionen wieder rückgängig zu machen, die in den Unruhen des Jahres 1956 gewährt worden waren. Auch hier kamen die neuen Arbeiterräte, d. h. die unabhängigen Gewerkschaften, verhältnismäßig spät an die Reihe; sie sind erst im April des Jahres 1958 abgeschafft worden, und ihre Liquidierung folgte auf die ungleich drastischeren Maßnahmen gegen die Intellektuellen.

Übersetzen wir diese Rangordnung, die bei der Unterdrückung der Revolution vorwaltete, in eine begrifflich-theoretische Sprache, so ergibt sich, daß die totale Herrschaft die Freiheit des Handelns für das ihr Gefährlichste erachtete, aber nur um ein Weniges gefährlicher als die Freiheit des Denkens. Da alle Interessenvertretung offenbar ein Element des Handelns mitenthält, wurde auch sie als gefährlich, aber ihre Unterdrückung doch als weniger dringlich empfunden. Die einzige Sphäre schließlich, in der man trotz allem Gerede über ihr absolutes Primat in der Politik temporäre Konzessionen für möglich und im gegebenen Moment für angezeigt hielt, war das Gebiet der Wirtschaft, in dem es um nicht mehr geht als das Arbeiten und Verzehren, also um Tätigkeiten, die offenbar zu den niedrigsten des Menschen gehören und in denen er ohnehin einem, wenn auch nicht politischen Gezwungenwerden untersteht.

Am bemerkenswertesten an diesen Maßnahmen und der in ihnen obwaltenden Rangordnung ist vielleicht das Fehlen jeglicher materialistischen Ideologie. In dem Augenblick als die russischen Machthaber nicht mehr mit ideologischen Streitereien, sondern mit echtem politischen Handeln konfrontiert wurden, haben sie erstaunlich schnell begriffen, daß Freiheit sich nicht im Materiellen und in den Tätigkeiten, in denen der Mensch des materiellen Herr werden muß, also im Arbeiten und im Lebensunterhalt-Verdienen, äußert, sondern allein im Handeln und Denken. Da das Arbeiten und Verdienen ohnehin dem Zwang untersteht, sich am Leben zu erhalten, war es nicht sehr wahrscheinlich, daß Konzessionen in der ökonomischen Sphäre der Freiheit Tor und Tür öffnen könnten. Was immer die freie Welt von dieser Sache halten mag, wie stolz sie immer darauf sein möge, daß in ihr gerade die Wirtschaft frei sei, die totalitäre Herrschaft hat durch ihre Praxis bewiesen, daß sie sehr wohl weiß, daß der Unterschied zwischen kapitalistischer und sozialistischer Wirtschaft nicht nur nicht den entscheidenden Konfliktpunkt mit der freien Welt darstellt, sondern daß dies sogar das einzige Gebiet ist, in dem wenigstens temporäre Zugeständnisse möglich sind.

III. *Das Satelliten-System*

Die letzten Worte aus dem freien Ungarn kamen über die Radiostation Kossuth und endeten mit dem Satz: »Heute ist es Ungarn, und morgen oder übermorgen ist es ein anderes Land; dies ist nur eine Frage der Zeit; denn der Moskauer Imperialismus kennt keine Grenzen.« Einige Tage zuvor hatte der freie kommunistische Sender Rajk bereits erklärt, daß »nicht nur Stalin den Kommunismus als Vorwand für die Expansion des russischen Imperialismus gebraucht« habe und daß es eines der Ziele der Ungarischen Revolution gewesen sei, der Welt »ein klares Bild von der brutalen russischen Kolonialherrschaft zu präsentieren«.

Wir sagten zu Beginn, daß die Entwicklung und die Expansion des Nachkriegsrußlands in dem flammenden Licht der Ungarischen Revolution gesehen werden müßten. Dies Licht – wer könnte es leugnen? – ist nicht stetig, und die Helle, die es verbreitet, loht und flackert; ein anderes als dies unstete Licht steht uns nicht zur Verfügung. Wenn wir aus dem, was geschieht und sich ereignet, Politik lernen wollen – und eine andere Lehre gibt es nicht –, so werden sich unsere Augen gewöhnen müssen, in solchem Zwielicht zu sehen. Was diejenigen, die in Freiheit handeln und für Freiheit kämpfen, sagen, hat mehr Gewicht und findet, so möchten wir hoffen, ein ernsteres Gehör als alle theoretischen Betrachtungen, gerade weil diese Worte im Zuge und in der Erregung des Ereignisses selbst gesprochen werden.[26] Denn eine solche Erregung ist nicht hysterisch und stumpft den Geist nicht ab, vielmehr schärft und erweitert sie den Verstand, wie sie die physische Leistungsfähigkeit und die Intensität der Sinne steigert und die Kraft des Herzens stärkt. Wenn die, welche kämpften, aus der Intensität des Kampfes heraus meinten, daß sie gegen einen Imperialismus kämpften, so muß die politische Wissenschaft das akzeptieren, wiewohl sie vielleicht – aus begrifflichen wie geschichtlichen Gründen – den Terminus »Imperialismus« sich lieber vorbehalten hätte, um mit ihm jene Epoche kolonialer Expansion Europas zu bezeichnen, die im letzten Drittel des 19. Jahrhunderts begann und mit der Liquidierung der englischen Herrschaft über Indien endete. So aber bleibt uns nichts übrig, als dem nachzugehen, was es mit diesem »Imperialismus«, wie er sich aus der totalen Herrschaft entwickelt hat, auf sich hat.[27]

Es gab weder das Wort noch die Sache des Imperialismus vor jenem letzten Drittel des 19. Jahrhunderts, in dem die Industrialisierung Europas in einem immer beschleunigteren Tempo die territorialen Grenzen des Nationalstaates sprengte.[28] So wurde das eigentliche Kennzeichen des imperialistischen Zeitalters die »Expansion um der Expansion willen«, eine Ausweitung nämlich, die sich nicht mehr von traditionellen nationalen Belangen, weder von den Notwendigkeiten militärischer Verteidigung noch den Wünschbarkeiten der Annexion von Grenzgebieten, begrenzen und die Gesetze des Handelns vorschreiben ließ. Anlaß und Antrieb waren und blieben ökonomischer und nicht politischer Natur, und die Expansion folgte nur dem Gesetz einer sich ständig erweiternden Wirtschaft, und zwar überall hin, wohin sie ausländische Kapitalinvestitionen, d. h. Geld, das innerhalb der nationalen Wirtschaft überflüssig geworden war, oder die Auswanderung von Erwerbslosen, d. h. von Menschen, die innerhalb des nationalen Territoriums entbehrlich geworden waren, verschlugen. Imperialismus war eigentlich das Resultat der Versuche des Nationalstaates, unter den Bedingungen einer neuen, industrialisierten Wirtschaft sich den Erfordernissen des modernen Weltmarktes gewachsen zu zeigen und als Staatsform zu überleben. Das Dilemma, in das der Nationalstaat geriet, war, daß die wirtschaftlichen Interessen der Nation in der Tat eine Ausdehnung notwendig machten, die sich aber mit dem traditionellen Nationalismus und seiner Grundlage in einer geschichtlich gewordenen Identität von Volk, Staat und Territorium nicht vereinigen ließ.

Von Anfang bis Ende, in Glück und Unglück, war das Geschick des Imperialismus – das, was er den herrschenden Nationen zufügte, nicht minder als was er den unterworfenen Völkern antat – von diesem Ursprung bestimmt. Das europäische Nationalbewußtsein verkehrte sich unter dem Druck einer verständlichen Solidarität des »weißen Mannes« in fremden Ländern in ein Rassenbewußtsein, das seinerseits wiederum bewirkte, daß die unterworfenen Völker begannen, sich nach Rassengesichtspunkten zusammenzufinden und zu organisieren. Aber zusammen mit dem Rassismus gelangte der Nationalismus in die alten Kulturen Asiens und unter die wilden, kulturlosen Stämme Afrikas, und wenn die kolonialen Verwaltungsbeamten in imperialistischer Gesinnung es nicht schwer fanden, das nationale Selbstbewußtsein, das sie selbst erweckt hatten, zu ignorieren, so konnte der Nationalstaat des Mutterlandes ihnen hierin nicht folgen, ohne sich selbst zu verleugnen. So entstand ein permanenter Konflikt zwischen den kolonialen Verwaltungsbeamten und ihrer Regierung; und obwohl es richtig ist, daß der Imperialismus durch die Züchtung des Rassenbewußtseins und die Pervertierung des Nationalismus die Grundlagen des Nationalstaates ernsthaft bedroht, ja, unterminiert hat, so muß man doch sagen, daß der Nationalstaat, solange seine legalen und politischen Institutionen intakt waren, mehr oder minder den Sieg davon getragen hat und das Schlimmste beinahe immer verhütet worden ist. Die Furcht vor einer Rückwirkung imperialistischer Herrschaftsmethoden auf das Mutterland blieb stark genug, um die Reichstage der Nationen zu Bollwerken der Gerechtigkeit für die unterdrückten Völker und gegen die eigene Verwaltungsmaschine zu machen.

Als eine Regierungsform für die Unterdrückung fremder Völker ist der ältere überseeische Imperialismus gescheitert, und zwar an dem unausrottbaren Zwiespalt zwischen einer konstitutionellen Regierung im Mutterland und den Methoden, die unerläßlich sind für permanente Unterdrückung. Aber dies Scheitern war weder durch Untüchtigkeit noch durch Unwissenheit verschuldet. Die englischen Imperialisten wußten sehr gut, daß die Methode des »Verwaltungsmassenmords« Indien für immer befrieden konnte; aber sie wußten auch, daß die öffentliche englische Meinung solche Maßnahmen niemals tolerieren würde. Man sollte gerade heute nicht vergessen, daß der Imperialismus sich ohne weiteres hätte durchsetzen können, wenn der Nationalstaat bereit gewesen wäre, Selbstmord zu begehen und sich in eine Gewaltherrschaft zu verwandeln. Wie das konkret ausgesehen hätte, kann man leider heute an dem französischen Beispiel nur zu eindringlich studieren. Denn in dem Kampf, den Frankreich um Algerien führt, steht für Frankreich nicht mehr und nicht weniger auf dem Spiel als die Unterwerfung des Mutterlandes unter das Kolonialregiment, das Algerien verwüstet hat. Es gehört zu den wenigen echten Ruhmesblättern in der neueren europäischen Geschichte, daß England und damit Europa diesen Preis nicht hat zahlen wollen.

Die Erinnerung an diese nahe Vergangenheit mag uns eine Vorstellung davon geben, wie groß die Erfolgschancen eines Imperialismus sein müssen, der von einer Gewaltherrschaft entwickelt wird. Hinzu kommt, daß die dem Nationalstaat eigentümliche Kontrolle von Rußland ohnehin nicht zu erwarten gewesen wäre, weil Rußland niemals ein Nationalstaat war; auch die zaristische Herrschaft war in Moskau zentralisiert und erstreckte sich über ein Reich mit vielen Völkern. Das Prinzip nationaler Selbstbestimmung, das wie ein Alptraum auf dem nationalen Imperialismus lastete, weil das politische Grundprinzip der eigenen Existenz den unterworfenen Völkern verweigert werden mußte, ist für Moskau noch nicht einmal ein Problem. Die Satellitenstaaten werden im wesentlichen mit den gleichen Methoden beherrscht wie die Völker der Sowjetunion, denen einerseits auch gewisse Konzessionen auf dem Gebiet der Folklore und der Sprachen gemacht werden und die andererseits ebenfalls einer in Moskau formulierten und von Moskau dirigierten Parteilinie unterstellt sind und Russisch als öffentlich politische Sprache gebrauchen müssen. Für diese Verhältnisse war charakteristisch, daß Moskau die zwangsmäßige Einführung des Russischen als obligatorische Sprache auf allen Schulen in einem sehr frühen Stadium der Bolschewisierung der Satellitenstaaten verlangte, wie denn auch die Forderung nach Abschaffung dieses Zwangsunterrichtes eine wesentliche und prominente Rolle in allen Programmen und Manifesten Polens und Ungarns gespielt hat.

Der totalitäre Imperialismus leidet also nicht an dem tödlichen Zwiespalt zwischen den politischen Prinzipien im Mutterlande und den imperialistischen Methoden im Kolonialland; soweit auch er gewisse Boomerang-Wirkungen von seinen imperialistischen Abenteuern zu befürchten hat, haben sie andere Ursachen. So ist nicht von der Hand zu weisen, daß die Rolle der Roten Armee in der Niederschlagung des ungarischen Aufstandes Schukow zu den schönsten Hoffnungen berechtigte, die Parteidiktatur in Rußland durch eine Militärdiktatur zu ersetzen; denn die Ereignisse in Ungarn hatten ja schlagend bewiesen, daß man sich für diese Art von Fremdherrschaft weder auf Partei noch Polizei verlassen konnte. Und in die gleiche Richtung einer gerade von der totalen Herrschaft nie anerkannten Abhängigkeit der Regierung von der Armee und ihrer Zuverlässigkeit wies der rapide Verfall der ungarischen Armee zu Beginn der Revolution, ohne den eine vielleicht unangenehme, aber sicher nicht gefährliche Demonstration natürlich nie zu einem bewaffneten Aufstand hätte werden können. Chruschtschows überraschend schnelle und radikale Reaktion auf derartige Hoffnungen und Aspirationen mag einer dem Imperialismus älteren Typus nicht unähnlichen Furcht vor Boomerang-Wirkungen auf die politische Struktur des eigenen Landes entsprungen sein. Aber die Gefahr ist hier doch nur eine temporäre, die Folge der unvermeidlichen »Rückständigkeit« der Kolonien im Prozeß der Bolschewisierung. So beweist die Unzuverlässigkeit der Satelliten-Armeen, die wohl auch im Kriegsfall nur mit äußerster Vorsicht eingesetzt werden könnten, doch nicht viel mehr, als daß die alten militärischen und nationalen Traditionen noch nicht ganz wirkungslos geworden sind und die Bolschewisierung der Armee natürlich langsamer vonstatten geht als die der Polizei, die ja ohnehin eine Neugründung ist.

Natürlich unterscheiden sich die Boomerang-Wirkungen im totalitären Imperialismus von denen des nationalen Imperialismus dadurch, daß sie in umgekehrter Richtung wirksam werden; das Wenige, was wir von Unruhen in Rußland wissen oder erhoffen, geht sicher auf Rechnung der Ereignisse in Polen und Ungarn. Das gleiche gilt für die Maßnahmen der Regierung zu ihrer Bekämpfung. So wie der europäische Imperialismus niemals gewisse Grenzen überschreiten konnte, selbst wenn die Wirksamkeit extremer Maßnahmen außer allem Zweifel stand, weil die öffentliche Meinung des Mutterlandes sie nicht geduldet und eine konstitutionelle Regierung sie nicht überlebt hätte, so ist der totalitäre Imperialismus zur Niederschlagung jeglicher Opposition und zur Verweigerung aller Konzessionen gezwungen, selbst wenn es für die Befriedung ratsamer wäre, sie zu gewähren, weil eine solche »Milde« das Regime im eigenen Lande gefährden und den eroberten Ländern eine bevorzugte Stellung verleihen würde.

So mußte dem russischen Imperialismus von vornherein vor allem daran gelegen sein, nicht den europäisch-imperialistischen Unterschied zwischen Mutterland und Kolonialgebiet zu etablieren, sondern umgekehrt alles zu tun, um die Lebensbedingungen der neu eroberten Länder schnell und radikal denen der Sowjetunion anzugleichen, d. h. ihr Lebensniveau auf das Rußlands herunterzudrücken. Rußlands Nachkriegsexpansion war nicht von wirtschaftlichen Motiven bestimmt, und selbst die Raubzüge der russischen Armeen waren nur sekundär ökonomisch geleitet. Das Profitmotiv, das den überseeischen Imperialismus so offenbar beherrschte, ist hier durch reine Machterwägungen ersetzt. Aber diese Erwägungen sind nicht nationaler Art und haben wenig mit den außenpolitischen Interessen Rußlands als solchen zu tun, wiewohl es zehn Jahre lang scheinen mochte, als ob die Herrscher in Moskau an nichts anderem interessiert wären, als die Satellitenstaaten auszurauben und ihnen haarsträubende Handelsverträge aufzuzwingen. Schon die Nachlässigkeit, mit der die Russen ihre Beute von den demontierten Industrien in den besetzten Gebieten behandelten, die häufig bereits ruiniert war, bevor sie verfrachtet wurde, zeigt, daß es viel mehr darum ging, den Lebensstandard der eroberten Länder zwangsmäßig zu senken, als den des eigenen Landes mit Hilfe von Plünderungen zu heben. Inzwischen hat sich bereits eine Kursänderung bemerkbar gemacht, und große Quantitäten von Kohle, Eisenerz, Petroleum sowie landwirtschaftliche Erzeugnisse werden in die Satellitenstaaten verschifft; dies hat bereits eine ernsthafte Verknappung gewisser Rohstoffmaterialien in Rußland zur Folge gehabt. Auch hier geht es wieder um die Angleichung der Lebensbedingungen, also um etwas, woran der überseeische Imperialismus nicht nur nicht interessiert war, sondern was er bewußt zu vermeiden trachtete.

Aber all diese Unterschiede zwischen dem westlichen nationalen und dem russischen totalitären Imperialismus gehen noch an dem Kern der Sache vorbei. Denn der unmittelbare Vorgänger des russischen Imperialismus ist nicht der überseeische Imperialismus Englands, Frankreichs und Hollands, sondern der kontinentale Imperialismus Deutschlands, Österreichs und Rußlands, der sich zwar nie in die Wirklichkeit hat umsetzen können und daher von den Historikern des Imperialismus kaum beachtet wird, aber in Form der sogenannten Panbewegungen, des Pan-Slawismus und der Alldeutschen Bewegung, doch eine sehr wichtige politische Kraft in Mittel- und Osteuropa vor und während des Ersten Weltkrieges gebildet hat. Einer der Ursprünge der totalen Herrschaft liegt jedenfalls in diesen Panbewegungen, und wiewohl ihr Endziel der Weltherrschaft über alle noch begrenzten Ziele des kontinentalen Imperialismus prinzipiell hinausgeht, so ist doch die Taktik ihrer Expansion den Programmen der kontinentalen Expansionspolitik der Panbewegungen nachgebildet. So entwickelt der totalitäre Imperialismus eine Strategie geographischer Kontinuität, die von einem Machtzentrum peripherisch nach außen strebt, so daß alle neu eroberten Gebiete um das alte Machtzentrum gravitieren können. Solch eine kontinuierlich verlaufende Expansion hätte sich natürlich niemals mit einem Unterschied zwischen Regierung im Mutterland und kolonialer Verwaltung abfinden können; da der kontinentale Imperialismus der Panbewegungen beabsichtigte, seine Reiche im Herzen Europas zu errichten, war sein Rassedenken auch nicht von der Hautfarbe bestimmt, und er schlug statt dessen vor, die unterdrückten Völker Europas als Kolonialvölker zu behandeln und endgültig unter der Herrschaft einer germanischen oder slawischen Herrenrasse zu versklaven.

Von diesem Kontinental-Imperialismus hat der totalitäre Imperialismus russischer Prägung nur das geographische kontinuierlich verlaufende Expansionsprogramm, also gewissermaßen seine Strategie übernommen, nicht aber seinen rassisch-völkisch bestimmten Inhalt. Für das in dieser Strategie entstehende politische Gebilde ist das Wort »Satellit« in der Tat außerordentlich treffend. Den Russen scheint im Moment weder daran zu liegen, in irgendwelchen entfernten Ländern der Welt neue Besitzungen zu erwerben, noch kommunistische Revolutionen in ihnen vorwärtszutreiben. (Rußland wäre wahrscheinlich nicht weniger entsetzt als Amerika, wenn etwa in Frankreich durch ein unglückliches Zusammentreffen von Umständen mit chaotischen Zersetzungsphänomenen der Zufall einer kommunistischen Machtergreifung sich ereignen sollte.) Rußlands Nachkriegspolitik hat sich trotz ihrer ja ganz außerordentlichen Aggressivität im großen Ganzen darauf beschränkt, Unruhe zu stiften und mit Hilfe der kommunistischen Parteien den Zerfall überalterter und ohnehin in Zersetzung begriffener Regime zu unterstützen und vorwärtszutreiben, aber sie hat sich wohl gehütet, neue Besitzungen in irgendwelchen entfernten Ländern der Welt der Sowjetunion als Kolonien anzugliedern oder gar die kommunistische Revolution in ihnen zu entfachen. Diese bolschewistische Außenpolitik wird oft mißverstanden, weil man die revolutionäre Unruhe in den Völkern unterschätzt und sie aufs Konto russischer Hetzpolitik bucht, oder weil man die Rolle der Kommunisten in den neueren Revolutionen mißdeutet und nicht sieht, daß die Agenten Moskaus immer auch die Aufgabe haben, die Revolution als eine autochthone Erhebung des Volkes niederzuschlagen. Denn gerade kommunistische, aber von Rußland verhältnismäßig unabhängige Revolutionen sind dem Moskauer Regime seiner eigenen Meinung nach am allergefährlichsten; die Weltrevolution – das ist die schrittweise, von Moskau gelenkte Eroberung der Welt durch die Rote Armee, nicht die von Land zu Land greifende Revolution unterdrückter Völker. Es ist im Sinne des totalitären Imperialismus, die Welt nicht zur Ruhe kommen zu lassen, überall Unruhe zu stiften und Stabilisierung zu verhindern; aber es ist nicht in seinem Interesse, mit unabhängigen revolutionären Regierungen konfrontiert zu sein, selbst wenn diese kommunistisches Gepräge tragen. Da seine Expansion fernerhin kontinuierlich verläuft und an den eigenen nationalen Grenzen beginnt, kann sie natürlich ihre eigenen Ziele besonders leicht hinter traditionellen nationalen Belangen der Außenpolitik verbergen. So wäre es Stalin in Jalta schwerlich gelungen, seine Ansprüche bei den Alliierten durchzusetzen, wenn sie nicht doch gemeint hätten, daß Rußland im Grunde nicht viel mehr verlange, als was seit Jahrhunderten die immer wieder verfolgten Ziele russischer Außenpolitik gewesen sind. Es ist das gleiche Mißverständnis, das Hitler in München zu Hilfe kam, als er erklärte, ihm liege lediglich an der Annexion eigentlich deutscher Gebiete in Österreich und der Tschechoslowakei und der Befreiung deutscher Minderheiten von Fremdherrschaft.

Das Satellitensystem selbst ist weder die einzige noch die einzig mögliche Form des totalitären Imperialismus. Es muß gegen den Hintergrund des Nazi-Imperialismus gesehen werden, mit dem es die geographisch kontinuierlich verlaufende Expansion gemein hat; Hitlers Desinteressiertheit an früherem deutschem überseeischen Kolonialbesitz war notorisch. Nazideutschland hat Westeuropa mit Quislings und korrupten einheimischen Politikern regiert und im Osten die besetzten Gebiete durch Vernichtungsmaßnahmen größten Stils zu entvölkern begonnen, mit dem Ziel, in diesem entleerten Raum nach dem Kriege seine Elite-Truppen anzusiedeln. Aber die Agenten Moskaus, welche in den Satellitenländern herrschen, sind keine Quislings, sondern alte und erprobte Mitglieder der kommunistischen Bewegung und als solche ihren Moskauer Herren gegenüber in keiner schlechteren Lage als irgendein beliebiger ukrainischer oder weißrussischer Bürokrat, von dem auch erwartet wird, daß er Order pariert und die nationalen Interessen seines Volkes den Forderungen der internationalen Bewegung, so wie Moskau sie versteht, zum Opfer bringt. Andererseits scheint nicht einmal Stalin die Absicht gehabt zu haben, die Satellitenstaaten zu entvölkern und diese Territorien neu zu besiedeln. Eine andere, dem russischen Imperialismus näher liegende Möglichkeit hätte vielleicht darin bestanden, alle eroberten Gebiete wie das Baltikum ohne alle Zwischenschaltung lokaler Behörden direkt dem Reich der Sowjetunion einzugliedern, das ja ohnehin behauptet, eine beliebig erweiterbare Föderation von Bundesrepubliken darzustellen.

Das Satellitensystem verdankt seine Entstehung offenbar einem Kompromiß und vielleicht einem nur temporären. Es ist das Kind jener Nachkriegskonstellation, in der die beiden Weltmächte, Amerika und Rußland, sich, in oft höchst feindseligen Formen, über ihre Einflußgebiete einigen mußten. In diesem Sinne ist das Satellitensystem die russische Antwort auf das amerikanische Bündnissystem, und die Scheinunabhängigkeit der Satelliten wird wichtig für Rußland, weil sie die intakte nationale Souveränität der amerikanischen Bündnispartner widerzuspiegeln geeignet ist. Das Wort »Satellit« kennzeichnet leider wieder nur zu gut die wirklichen Verhältnisse, denn die Metapher entspricht genau der Furcht, die schließlich jedes Land ergreifen muß, das gezwungen ist, mit einem ihm an Macht weit überlegenen Partner in ein Bündnis zu gehen – der Furcht nämlich, nicht so sehr seine Identität zu verlieren, als zu einem »Satelliten« zu werden, der nur noch im

Orbit der zentralen Macht rotierend sich am Leben erhalten kann. Zweifellos liegt in der Koexistenz zweier, einander feindlich gegenüberstehender Großmächte die Gefahr, daß jedes Bündnissystem in einer solchen Konstellation automatisch zu einem Satellitensystem degeneriert, bis jedes Land der Welt in den einen oder anderen der beiden Machtkreise gravitierend einbezogen ist.

Für die amerikanische Nachkriegspolitik zerfällt die Welt in kommunistische, verbündete und neutrale Länder, und ihr Ziel ist gewesen, das Gleichgewicht zwischen den beiden Großmächten aufrechtzuerhalten durch eine faktische, wenn auch nicht juridisch festgelegte Anerkennung der gegenseitigen Einflußsphären einerseits und das Bestehen auf der echten Neutralität aller der Länder andererseits, die sich noch außerhalb der beiden Orbits befinden. Nur in diesem Rahmen amerikanischer Außenpolitik, scheint mir, kann man die uns ja alle besonders bewegende Frage einer möglichen Intervention der »freien Welt«, also Amerikas in diesem Falle, zugunsten der Ungarischen Revolution sinnvoller Weise stellen. Eine solche Intervention hätte auf jeden Fall der faktischen Konzeption der amerikanischen Außenpolitik widersprochen, eben weil sie nicht, wie im Falle des Libanon, in ein neutrales Gebiet außerhalb der Einflußsphären Amerikas wie Rußlands gegriffen, sondern dort interveniert hätte, wo die russische Hegemonie stillschweigend anerkannt war. Aber ganz abgesehen von diesen Erwägungen technisch-politischer Natur, die wohl für den Entschluß Washingtons, sich neutral zu verhalten und zuzusehen, entscheidend waren, sollte man doch einmal bedenken, was eine Intervention im Sinne der Ungarischen Revolution selbst bedeutet hätte. Nach menschlichem Ermessen hätte sie, da sie von einer Regierung ausgegangen wäre, vor allem die Restaurierung jenes Status quo bedeutet, welche das ungarische Volk mit einer seltenen Einmütigkeit ablehnte; gerade die produktiven politischen Kräfte, die in der Revolution zum Vorschein kamen, hätte sie wohl sicher erstickt. Zwar hätte sie möglicherweise Ungarn in die Einflußsphäre der westlichen Welt, die wir die »freie Welt« nennen, zurückgebracht und dem ungarischen Volk das schreckliche Leiden erspart; aber die Freiheit, welche die Revolution in den wenigen Wochen ihres Bestehens verwirklichte und die aus dem Zusammenhandeln direkt entsprang, hätte auch sie nicht gerettet. Und diese positive Freiheit war der Freiheit, die in der »freien Welt« Wirklichkeit ist, prinzipiell überlegen; denn die »freie Welt«, zu der immerhin auch Franco-Spanien gehört, ist ja nur frei, wenn wir sie an der totalen Herrschaft messen; gemessen an der Freiheit der Ungarischen Revolutionäre und Freiheitskämpfer war auch die »freie Welt« nicht frei. Die einzige Intervention, welche der Ungarischen Revolution als solcher hätte helfen können, wären jene Freiwilligenbataillone aus aller Welt gewesen, die wirklich bereit sind, sich für nichts als die Freiheit selbst zu schlagen. Und sie können natürlich nur ins Spiel kommen, wenn die bestehenden Mächte bereit sind, ihre Formierung zuzulassen und ihnen aktiv zu helfen; ob Amerika sich eventuell entschlossen hätte, sich in dieser Frage diesmal anders zu verhalten als seinerzeit im Spanischen Bürgerkrieg, wissen wir nicht, weil ja die russische Intervention so schnell und so radikal zuschlug, daß es zu solchen Erwägungen gar nicht mehr kommen konnte.

Sicher scheint gegen diese hypothetischen Erwägungen, daß die amerikanische Außenpolitik von einer Art Gleichgewicht der Mächte im Weltmaßstab ausgeht, und wie labil auch in Wirklichkeit dieses Gleichgewicht der Mächte sein mag, das der amerikanischen Außenpolitik vorschwebende Bild ist im wesentlichen das einer stabilen Struktur. Aber die russische Außenpolitik wird von Bildern ganz anderer Art geleitet, und in ihr gibt es keine neutralen Länder zwischen den Großmächten und ihren Einflußgebieten, deren Neutralität es zu bewahren gilt. Während Amerika unwillkürlich die neutrale dritte Macht in der Welt am Modell europäischer Staaten versteht, deren Stabilität gerade außerordentlich gesichert ist, sieht Rußland sie im Bilde der asiatischen und afrikanischen Länder, in welchen durch den Zusammenbruch des Imperialismus europäischer Prägung alles in eine revolutionäre Bewegung geraten ist. Leider ist kaum zu bestreiten, daß die russische Perspektive erheblich realistischer ist als die amerikanische; vom Standpunkt der relativen Stabilität der amerikanischen Republik ist es in der Tat schwer einzusehen, daß Stabilität im zwanzigsten Jahrhundert nicht mehr als ein Randphänomen ist. Jedenfalls besteht für die Russen der wichtige dritte Teil der Welt aus Gebieten – in Asien und Afrika –, in denen die nationale Revolution und damit, kommunistischer Auffassung nach, ein automatischer Zuwachs an russischer Einflußsphäre vor der Tür steht. Insofern die russischen Äußerungen über die Möglichkeit einer friedlichen Konkurrenz zwischen den beiden Großmächten mehr als bloße Propaganda sind, geht es ihnen sicher nicht um einen friedlichen Wettbewerb in der Herstellung von Autos,

Eisschränken und Butter, sondern um eine im Kalten Krieg gewonnene Vergrößerung der betreffenden Einflußsphären.

Wie und aus welchen Gründen immer das Satellitensystem entstanden sein mag, sicher ist, daß die Eroberungs- und Verwaltungsmethoden des russischen Imperialismus ihm ganz und gar entsprechen. In jedem einzelnen Lande ließen die russischen Machthaber einen Prozeß los, demzufolge es so aussehen mußte, als habe nicht eine Eroberung von außen, sondern eine revolutionäre Entwicklung im Innern stattgefunden, in welcher die einheimische kommunistische Partei schließlich an die Macht gedrängt wurde. Zu diesem Zweck begann man damit, erst einmal mehrere Parteien in den vierziger Jahren zu tolerieren, um sie dann zugunsten der Ein-Partei-Diktatur zu liquidieren und diese schließlich in eine totalitäre Diktatur zu verwandeln. Moskau begnügte sich also nicht etwa damit, in die neu eroberten Gebiete die eigene Herrschaftsform zu importieren, sondern wiederholte in ihnen mit einer ans Pedantische grenzenden Genauigkeit die russische Entwicklung, die zu ihr geführt hatte. Dabei sicherte man sich gegen alle Zufälle, die diese Entwicklung in eine falsche Richtung hätten drängen können, dadurch, daß man von vornherein, und wieder in allen Ländern gleichermaßen, sofort das Innenministerium und damit die Kontrolle über die Polizei Kommunisten übergab, während man in der Zeit der Volksfront-Taktik alle anderen Ministerialposten ruhig anderen Parteien überließ.

Der Polizei galt überhaupt die erste Sorge der Eroberer, und ihr Kern wurde bereits von sowjetischen Polizeitruppen geschaffen, welche mit den ersten Einheiten der Roten Armee ins Land kamen. In diesem einen Fall wurde die Entwicklung der russischen Revolution nicht nachgeahmt; die Polizei war von vornherein totalitär organisiert: Sie war im Innern von einem Spionage-Apparat, an dessen Spitze die zuverlässigsten Eliteelemente der Partei standen, zusammengehalten, denen die Funktion oblag, die Polizei zu bespitzeln, während die gewöhnlichen Mitglieder der Polizei das gleiche Geschäft innerhalb der Partei und natürlich auch in allen anderen Schichten der Bevölkerung betrieben. Die eigentliche Bolschewisierung der Länder begann überall mit den bekannten Schauprozessen prominenter Parteimitglieder, während die weniger Prominenten sang- und klanglos in Konzentrationslagern, vermutlich in Rußland, verschwanden. Auf diese Weise wurde der einheimischen Kommunistischen Partei das Rückgrat gebrochen und der Boden entzogen; es gab weder die alten Führer noch die alte Gefolgschaft, die Partei änderte ihre Physiognomie radikal. Auch die für die totale Herrschaftsform so außerordentlich charakteristische Duplizierung und Multiplizierung von Ämtern und Funktionen wurde sofort in die Organisation der Polizei eingebaut, indem man dem Spionagenetz der Polizei einen zweiten Spionageapparat der roten Armee zur Seite stellte, wobei der einzige Unterschied dieser beiden miteinander in Konkurrenz stehenden Apparate darin bestand, »daß sie zwei verschiedenen Herren in der gleichen Sowjetoligarchie in Moskau dienten« und Bericht erstatteten. Auch die Einführung von »Kaderakten« für jeden Bürger des Landes entsprach genau dem russischen Modell, und auf ihnen fand sich vermutlich nicht nur kompromittierendes Material aller Art verzeichnet, sondern die für den totalen Terror ungleich wichtigeren Informationen über den Familien-, Freundes- und Bekanntenkreis eines jeden.

Zwar wurde der Polizeiapparat genau nach dem russischen Modell errichtet, aber in diesem einen Fall verzichtete man darauf, die Kopie so herzurichten, als sei sie einheimischer Herkunft, und alle Positionen mit einheimischen Kommunisten zu besetzen. Die Polizei war die einzige Institution, in der die russischen Ratgeber nicht im Hintergrund blieben, sondern die Einheimischen offen überwachten und als ihre Vorgesetzten die Schauprozesse vorbereiteten und dirigierten. Ähnliche Verhältnisse scheinen sich inzwischen in den Satellitenarmeen entwickelt zu haben, die nach dem ungarischen Aufstand der Befehlsgewalt russischer Offiziere unterstellt worden sind. Aber während diese Kontrolle des Militärs offensichtlich eine Reaktion auf unvorhergesehene Ereignisse ist, war die russische Kontrolle der Polizei von Anfang an geplant. Es scheint, daß man in Moskau angenommen hat, daß, ist nur diese wichtigste Institution totaler Herrschaft erst einmal etabliert und hat sie die »Bewegung« erst einmal in Gang gesetzt, alles übrige automatisch von selbst folgen wird.

Dabei sollte man vielleicht einen anderen, unauffälligeren, aber doch nicht unwichtigen Unterschied zwischen der einheimischen russischen Herrschaft und der in den Satellitenstaaten nicht übersehen. Es handelt sich um die Auswahl der Kandidaten für den Polizeiapparat. Hier waren die Russen offenbar gezwungen, auf Methoden aus den Anfangsstadien der totalen Herrschaft zurückzugreifen und die Mitglieder der Geheimpolizei aus kriminell und politisch kompromittierten Elementen der Gesellschaft zu rekrutieren, denen man alles zumuten konnte. Dies hat man in Rußland selbst seit etwa fünfundzwanzig Jahren nicht mehr nötig; man kann beliebig Parteimitglieder zum Polizeidienst einziehen, wie man andere Bürger zum militärischen Dienst einberuft. Aber auch dieser Unterschied dürfte ein zeitweiliger sein, der sich eben daraus ergibt, daß die totale Herrschaft noch nicht lange genug an der Macht ist, um alle ihre Möglichkeiten zu entfalten. Jedenfalls stellt die Geheimpolizei in den Satellitenstaaten noch eine Elite im ursprünglichen Sinne dar, deren Angehörige nicht beliebig, sondern auf Grund bestimmter, sie auszeichnender Eigenschaften ausgewählt werden, durch die sie sich nicht nur von den normalen Bürgern des Landes, sondern auch von der normalen Parteimitgliedschaft unterscheiden.

Bisher hat dies Zeitelement Moskau daran gehindert, die russische Regierungsform bis ins einzelne in allen unter seinem Einfluß stehenden Ländern zu kopieren. Dabei dürfte es zweifelhaft bleiben, ob dieser Zeitunterschied sich so gefährlich bemerkbar gemacht hätte, wenn Stalins Tod und die ihm folgende Nachfolgekrise nicht die normale Entwicklung unterbrochen hätten. Jedenfalls war dies der Augenblick, in dem sich die sklavische Imitation des russischen Modells rächte. Denn die Unruhen in Polen und Ungarn entstanden im Zug des Entstalinisierungsprozesses, dem gerade die Rußland am treuesten ergebenen Satellitendiktatoren folgten, ohne zu bedenken, daß, was man sich in Rußland leisten konnte, man sich nicht unbedingt überall erlauben konnte. Es ist in dieser Richtung sehr lehrreich zu sehen, daß in Ländern wie Rumänien und Albanien, Bulgarien und der Tschechoslowakei, wo die Stalinisten am Ruder blieben und dadurch zeitweilig sogar in einen gewissen Gegensatz zu Moskau gerieten, keinerlei Unruhe entstand und alles beim alten blieb, und daß andererseits der »neue Kurs in Ungarn weiter getrieben (wurde) als in allen anderen osteuropäischen Ländern«.[29]

Es ist vor allem diese verschiedene Reaktion in den Spitzen der Kommunistischen Partei auf die innerrussische Entwicklung, welche die augenblicklich bestehenden Differenzen in den Satellitenstaaten erklärt. Sie entsprechen zweifellos gewissen Fehlschlägen des totalitären Imperialismus, aber sie enthalten doch kaum Anzeichen dafür, daß durch sie die unheimliche Monotonie der Gesamtentwicklung entscheidend durchbrochen ist. Das Ausmaß dieser Mißerfolge kann man am besten an der Stärke der russischen Besatzungstruppen ermessen, die notwendig geworden sind, die Ruhe in diesen Ländern zu garantieren – achtundzwanzig Garnisonen sind allein in Ungarn stationiert, wo man immer noch nicht wagt, ungarischen Soldaten, die jetzt unter direktem Kommando russischer Offiziere stehen, Waffen in die Hand zu geben; und anderswo ist die Situation kaum besser. Die Anwesenheit russischer Truppen ist zwar scheinbar durch den Warschauer Pakt legalisiert, für dessen Rechtmäßigkeit man sich auf die NATO berufen konnte; dennoch möchte man hoffen, daß durch sie wenigstens die Illusion der Unabhängigkeit in den Augen der betroffenen Völker wie den der zuschauenden Welt zerstört worden ist; und diese Schein-Unabhängigkeit war an sich, ganz unabhängig von allen anderen Greueln und Grausamkeiten, bereits eine schlimmere Hypokrisie als alle scheinheiligen Heucheleien, die sich das imperialistische Europa zur Zeit seiner kolonialen Herrschaft hat zuschulden kommen lassen. Auf Bajonetten sitzen zu müssen ist nicht nur eine unbequeme und veraltete Herrschaftsmethode, sie stellt auch einen ausgesprochenen Rückschlag für die Hoffnungen der totalitären Machthaber dar, welche selbstverständlich gemeint hatten, durch die bloße Kraft von Ideologie und Terror die Satellitenstaaten im Orbit Moskaus halten zu können. Es bleibt abzuwarten, ob dieser Rückschlag stark genug ist, den Bann zu brechen, den das System in ganz Asien und Afrika ausübt, also in all den Ländern, in denen das politische Leben noch auf die Reaktion gegen den Imperialismus älterer Prägung gestimmt ist, in dem die fremden Herrscher offen die Macht ergriffen. Leider leiden diese Völker ohnehin an einer bösen politischen Erfahrungslosigkeit und finden sich besonders in dem Wirrsal moderner politischer Methoden so schlecht zurecht, daß man sie leicht zum Narren halten kann. So dürften sie nur zu geneigt sein zu meinen, daß, was immer man diesem Regime vorwerfen mag, es sich jedenfalls nicht um Imperialismus, wie sie ihn kannten, handeln kann, und daß, welche Prinzipien immer es verletzen möge, es wenigstens das Prinzip der absoluten Gleichheit der Rassen respektiere und propagiere. Dies dürfte sich nicht ändern, solange die früheren Kolonialvölker sich mehr für ihre Hautfarbe als für die Freiheit interessieren.

Wie immer es damit bestellt sein mag, die Mißerfolge des totalitären Imperialismus müssen sicher ebenso ernst genommen werden wie die Erfolge sowjetischer Techniker und Ingenieure; nur sollte man aus dem einen und dem anderen nicht schließen, daß eine Neuentwicklung im Gange ist, die schließlich zu einer Art »aufgeklärtem Despotismus« führen könnte. Weder die Mißerfolge des Jahres 1956 noch die Erfolge des Jahres 1957[30] haben den Charakter des Regimes geändert, und wenn die dramatischen Ereignisse des Jahres 1956 überhaupt etwas beweisen, so höchstens, daß die totale Herrschaft nicht nur von außen zu erschüttern, sondern auch von innen bedroht ist: durch die Struktur- und Gesetzlosigkeit, die ihrer Dynamik eigen ist und die in der Unfähigkeit, die Nachfolgefrage zu lösen, zum Ausdruck kommt. Soweit wir sehen können, ist der Augenblick einer akuten Gefahr für die totale Herrschaft heute bereits wieder vorüber. Chruschtschow verdankt seinen Sieg in dem Machtkampf nach Stalins Tode der sorgsamen Wiederholung all der Methoden, mit denen Stalin selbst in den zwanziger Jahren die Macht errang. Wir wissen nicht, ob diese Wiederholung der relativ unblutigen Vorbereitungszeit wieder von einer Terrorwelle gefolgt sein wird, die sich der der dreißiger Jahre vergleichen kann. Wir wissen nicht einmal, ob die Nachfolgekrise überhaupt dem Regime gefährlich geworden wäre, wenn sie nicht in einem Zeitpunkt erfolgt wäre, in dem der russische Imperialismus sich neu eroberte Gebiete einverleiben mußte, in denen die totale Herrschaft noch nicht voll funktionierte. Man kann sich schwer des Verdachts erwehren, daß die Krise des totalitären Imperialismus vor allem der Koinzidenz der Nachfolgekrise mit einer noch nicht stabilisierten Expansion geschuldet ist.

Dennoch waren die Gefahrzeichen des Jahres 1956 bedrohlich genug, um über den großen Erfolgen des Jahres 1957 und dem einfachen Faktum, daß das System sie überlebt hat, nicht vergessen zu werden. Daß diese Bedrohungen schließlich zu einer Strukturänderung des Regimes führen werden, ist nicht wahrscheinlich; wahrscheinlicher ist, daß das von uns noch nicht absehbare Ende dieser neuen Herrschaftsform so unerwartet und katastrophal eintreten wird wie der Ausbruch der Ungarischen Revolution. Daß ein solcher Zusammenbruch nicht unbedingt in einem unvorstellbaren Chaos zu enden braucht, haben wir aus der Ungarischen Revolution gelernt – wenn es auch nicht sehr weise wäre, von dem russischen Volk nach vierzig Jahren Gewaltherrschaft und dreißig Jahren totaler Herrschaft den gleichen Geist und die gleiche politische Produktivität zu erwarten, die das ungarische Volk der Welt bewiesen hat in seiner größten und ruhmreichsten Stunde.

(6) Der Kalte Krieg und der Westen*

Kriege und Revolutionen haben bislang das Gesicht des 20. Jahrhunderts geprägt; und im Gegensatz zu den Ideologien, die in den letzten zwanzig Jahren mehr und mehr zu leerem Gerede verkommen sind, sind Krieg und Revolution noch immer die Hauptthemen, mit denen wir konfrontiert sind. Faktisch sind beide auf vielerlei Weise miteinander verknüpft, und doch müssen sie voneinander getrennt gehalten werden, will man zu einer Klärung in diesen Angelegenheiten kommen. Kriege gehören, historisch gesehen, zu den ältesten Erscheinungen der überlieferten Geschichte, während Revolutionen im modernen Sinn des Wortes wahrscheinlich vor dem Ende des 18. Jahrhunderts nicht existierten; sie sind die neuesten aller bedeutenden politischen Tatbestände. Mehr noch: Revolutionen werden uns sehr wahrscheinlich bis in die voraussehbare Zukunft erhalten bleiben, während Kriege, wenn sie weiterhin die Existenz der Menschheit bedrohen und deshalb rational nicht weiter zu rechtfertigen sein sollten, verschwinden könnten, zumindest in ihrer gegenwärtigen Gestalt – selbst ohne die gleichzeitige radikale Veränderung der internationalen Beziehungen. Deshalb (und damit nehme ich vorweg, was ich im folgenden zu sagen habe) mag sich der gegenwärtige Konflikt zwischen den beiden Teilen der Welt – läßt man die totale Vernichtung und eine entscheidende technische Entwicklung der Kriegführung außer Betracht – durchaus an der einfachen Frage entscheiden, welche Seite das besser versteht, was zu Revolutionen gehört und dabei auf dem Spiel steht.

Im folgenden möchte ich einige Überlegungen anführen, die alle beinahe zufällig in dieselbe Richtung zu weisen scheinen.

1. Offensichtlich ist die Clausewitzsche Definition des Krieges als Fortsetzung der Politik mit anderen Mitteln[1], wie angemessen sie für die begrenzte Kriegführung der europäischen Nationalstaaten des 18. und 19. Jahrhunderts auch gewesen sein mag, auf unsere Situation nicht mehr anwendbar. Das gälte selbst dann, wenn es die nukleare Kriegführung nicht gäbe. Seit dem Ersten Weltkrieg wissen wir, daß voraussichtlich keine Regierung und keine Herrschaftsform einen ver-

* 1962 in englischer Sprache veröffentlicht, deutsche Übersetzung für diese Ausgabe von Ursula Ludz.

lorenen Krieg überleben werden. Eine revolutionäre Veränderung der Herrschaft, die entweder, wie nach dem Ersten Weltkrieg, vom Volk selbst herbeigeführt oder (wie nach dem Zweiten Weltkrieg) von den Siegermächten durch die Forderung nach bedingungsloser Kapitulation und der Einrichtung von Kriegsgerichtsverfahren erzwungen wird, gehört zu den sichersten Folgen einer Niederlage, wenn wir die totale Vernichtung oder das komplette Chaos außer Betracht lassen. Das heißt, daß Kriege schon vor der nuklearen Kriegführung im politischen, allerdings noch nicht biologischen Sinne eine Angelegenheit auf Leben und Tod geworden waren.

Zur Zeit, wo uns die Drohung der totalen Vernichtung so sehr beschäftigt, mag dies irrelevant erscheinen. Doch ist es keinesfalls unvorstellbar, daß uns das nächste Stadium der voranschreitenden technischen Entwicklung zu einer Art Kriegführung zurückbringen wird, die, obzwar immer noch schrecklich genug, nicht selbstmörderisch sein und vielleicht für die Besiegten nicht einmal die völlige Vernichtung mit sich bringen wird. Eine solche Entwicklung scheint im Bereich echter Möglichkeit zu liegen, aus dem einfachen Grund, weil die gegenwärtige Stufe unserer noch immer auf die nationale Souveränität gegründeten internationalen Beziehungen nicht ohne Gewalt oder Androhung von Gewalt als »ultima ratio« aller Außenpolitik funktionieren kann. Ob uns das gefällt oder nicht, unser gegenwärtiges außenpolitisches System hat ohne den Krieg als letzte Zuflucht keinen Sinn; und angesichts der Alternative, dieses System radikal zu ändern oder einige technische Entdeckungen zu machen, die den Krieg in die politische Arena zurückholen würden, könnte sich der letztere Weg als der viel leichtere und geeignetere erweisen.

Politisch liegt der Hauptpunkt darin, daß Regierungen, unabhängig davon, wie gut sie etabliert sind und wie sehr sie von ihren Bürgern unterstützt werden, selbst unter veränderten technischen Bedingungen einen verlorenen Krieg wahrscheinlich nicht überleben können, und solches Überleben muß als einer der äußersten Prüfsteine für die Stärke und Autorität einer Regierung angesehen werden. Mit anderen Worten: Unter den Bedingungen der modernen Kriegführung haben selbst im vornuklearen Stadium alle Regierungen zeitlich auf Pump gelebt. Also ist die Kriegsfrage in ihrer extremsten Form eine Frage des biologischen Überlebens, unter allen Umständen eine Frage des politischen Überlebens. Nur wenn es uns gelingt, den Krieg überhaupt aus der Politik zu verbannen, können wir hoffen, jenes Minimum an Stabilität und Dauer des politischen Gemeinwesens zu erreichen, ohne das kein politisches Leben und kein politischer Wandel möglich sind.

2. Verwirrung und mangelnde Einsicht bei der Diskussion der Kriegsfrage stellen keine Überraschung dar. Denn es steht fest, daß eine rationale Debatte solange unmöglich ist, wie wir in einem technischen Entwicklungsstadium gefangen sind, in dem die Art der Mittel der Kriegführung ihren rationalen Gebrauch ausschließt. Der Versuch, zwischen »lieber tot als rot« und »lieber rot als tot« zu entscheiden, ähnelt nichts so sehr wie dem, einen Kreis eckig zu machen. Denn jene, die »lieber tot als rot« sagen, vergessen, daß ein sehr großer Unterschied darin besteht, ob man sein Leben für Leben und Freiheit seines Landes und der Nachkommen riskiert oder ob man für dieselben Zwecke die Existenz der menschlichen Gattung als ganzer aufs Spiel setzt. Ferner ist zu bedenken, daß gerade diese Redensart auf die Antike zurückgeht und auf der Überzeugung beruht, daß Sklaven keine Menschen sind, daß Seine-Freiheit-Verlieren soviel bedeutet wie Seine-Natur-Verändern und sozusagen entmenschlicht zu werden. Keiner von uns kann m. E. sagen, daß er das glaubt – am wenigsten noch jene Liberalen, die sich heute dieser alten Redensart zu bedienen suchen. Doch damit ist nicht gesagt, daß deren Gegenteil mehr zu bieten hat. Eine alte Wahrheit, die brauchbar zu sein aufhört, wird nicht wahrer, wenn man sie auf den Kopf stellt. Im Bereich der Tatsachen, denen wir ins Auge schauen, kann der Slogan »lieber rot als tot« nur soviel bedeuten wie das Unterzeichnen des eigenen Todesurteils, und zwar schon bevor es ergangen ist und bestätigt wurde.

Insofern die Diskussion der Kriegsfrage sich innerhalb des geschlossenen Kreises dieser widersinnigen Alternative bewegt, wird sie auf beiden Seiten so gut wie immer mit einem unausgesprochenen Vorbehalt geführt. Jene, die sagen: »lieber tot als rot«, denken eigentlich: »Die Verluste dürften nicht so groß sein, wie manche annehmen, unsere Zivilisation wird überleben«, während jene, die sagen: »lieber rot als tot« eigentlich denken: »Die Sklaverei wird nicht so schlimm sein, der Mensch wird seine Natur nicht ändern, die Freiheit wird nicht für immer von der Erde verschwinden.« Was uns an diesen Diskussionen alarmieren sollte, ist der unbekümmerte Optimismus auf beiden Seiten – auf der einen die Bereitschaft, Verluste in zwei- und dreistelliger Millionenhöhe in Kauf zu nehmen, was vielleicht teilweise einem einfachen

Mangel an Einbildungskraft geschuldet ist, aber teilweise auch dem furchtbaren und furchterregenden Bevölkerungswachstum; auf der anderen Seite die Bereitschaft, die Konzentrations- und Vernichtungslager zu vergessen und mit ihnen die schlimme Aussicht, daß Freiheit für immer von der Erde verschwinden könnte.

Der einzig tröstliche Aspekt dieser Debatte scheint zu sein, daß alle Betroffenen inzwischen nicht nur darin übereinstimmen, daß der Krieg als solcher der Rechtfertigung bedarf, sondern auch darin, daß die Freiheit sein einziger Rechtfertigungsgrund ist. Aus einer Reihe von Gründen ist das nicht selbstverständlich. Erstens wird damit die Freiheit implizit als das eigentliche Zentrum, als das Wesen der Politik auch von Leuten anerkannt, die dies fünfzehn oder zwanzig Jahre zuvor für den Gipfel politischer Naivität, wenn nicht gar ein Vorurteil der unteren Mittelklassen gehalten hätten. Doch noch wichtiger vielleicht: Rechtfertigungen des Krieges, die mindestens so alt sind wie die römische Antike, basierten gewöhnlich – entgegen dem, was wir zu denken geneigt sind – nicht auf der Freiheit, sondern auf der Notwendigkeit. »Gerecht ist ein Krieg, der notwendig ist«, sagte Livius, »und heilig sind die Waffen, wo nur in den Waffen noch Hoffnung ist.«[2] Und unter Notwendigkeit verstanden er und seine Nachfolger durch die Jahrhunderte hindurch all die wohlbekannten »Realitäten« der Machtpolitik – Eroberung und Expansion, Verteidigung unabdingbarer Interessen und Bewahrung der Macht oder Erhaltung eines Gleichgewichts der Mächte usw. –, die für uns ohne weiteres ausreichen würden, um einen Krieg eher als ungerecht denn als gerecht zu bezeichnen, obwohl wir natürlich wissen, daß sie die Ursache für den Ausbruch der meisten Kriege in der Geschichte sind. Selbst unsere heutige Vorstellung, daß Aggression ein Verbrechen ist, hat ihre praktische und theoretische Bedeutung erst erlangt, nachdem der Erste Weltkrieg die fürchterlich zerstörerischen Möglichkeiten der Kriegführung unter den Bedingungen moderner Technologie unter Beweis gestellt hat.

3. Da die Allianz, die im Zweiten Weltkrieg den Sieg herbeiführen konnte, nicht stark genug war, um auch den Frieden zu erreichen, verbrachten die beiden Großmächte die ganze Nachkriegszeit damit, ihre Interessensphären zu definieren und in der sich schnell ändernden Machtstruktur einer Welt im Aufruhr Stellung zu beziehen. Diese Periode hat man »Kalter Krieg« genannt, und der Begriff hat genügend Aussagekraft, wenn wir uns daran erinnern, daß die Furcht vor einem

großen Krieg die aktuelle Außenpolitik bestimmt und die öffentliche Meinung mehr beschäftigt hat als irgendein anderes Thema. Doch in Wirklichkeit und trotz gelegentlichen Aufflammens von Konflikten war diese Periode viel eher eine des kalten und unbehaglichen Friedens, und der Grund, warum ich darauf bestehe, liegt nicht darin, daß ich an Begriffskritik interessiert bin, sondern weil ich den Eindruck habe, wir sollten nicht zu früh und blind Alarm schlagen.

Mit anderen Worten: Meine Befürchtung ist, daß ein Kalter Krieg, als wirklicher Ersatz für einen heißen, eines Tages ausbrechen könnte, weil das in unserer gegenwärtigen Lage, in der wir die drohende totale Vernichtung vermeiden müssen, ohne zu wissen, wie wir den Krieg als solchen aus dem Bereich der Außenpolitik heraushalten, die einzige Alternative bieten könnte. Die neuerliche, hoffentlich nur zeitweise Wiederaufnahme atomarer Tests hat gezeigt, wie kalt tatsächlich ein Krieg geführt werden könnte. Denn diese Tests wurden – im Gegensatz zu denen, die ihnen vorausgingen – nicht mehr durchgeführt, um bestimmte Waffensysteme zu vervollkommnen. Sie wurden vielmehr selbst als Instrument der Politik eingesetzt und auch sofort als solches verstanden. Sie vermittelten den verhängnisvollen Eindruck einer Art versuchsweiser Kriegführung, in welcher zwei gegensätzliche Lager einander die Zerstörungskraft der in ihrem Besitz befindlichen Waffen vorführten. Und während es immer möglich ist, daß dieses tödliche Spiel des Falls-und-Wenn sich plötzlich in die wirkliche Sache verwandelt, ist es nicht unvorstellbar, daß ein hypothetischer Sieg und eine hypothetische Niederlage einen Krieg beenden könnten, der nie wirklich ausgebrochen war.

Ist das ein bloßes Hirngespinst? Ich denke, nein. Am Ende des Zweiten Weltkriegs, genau in dem Augenblick, als die Atombombe erstmals auf der Bildfläche erschien, waren wir einem solchen Szenario zumindest potentiell konfrontiert. Damals wurden Überlegungen angestellt, ob eine Demonstration des Potentials der neuen Waffe auf einer verlassenen Insel nicht ausgereicht hätte, um die bedingungslose Kapitulation der Japaner zu erzwingen. Die Vorteile dieser Alternative aus moralischen Erwägungen sind vielfach hervorgehoben worden, und zwar, wie ich denke, mit Recht. Das entscheidende politische Argument zu ihren Gunsten war, daß sie sehr viel mehr auf der Linie unserer tatsächlichen und erklärten Kriegsziele gelegen hätte; denn es besteht kein Zweifel: Was wir erreichen wollten, war die bedingungslose Kapitulation und nicht die Ausrottung der Zivilbevölkerung oder ein Massenmorden.

Die hypothetische Kriegführung beruht zugegebenermaßen auf zwei Annahmen, die beide in den Beziehungen zwischen jenen hochentwickelten Mächten, die überhaupt einen nuklearen Krieg beginnen könnten, aktuelle Gegebenheiten sind. Erstens setzt sie eine Stufe der technischen Entwicklung voraus, auf der Risiken mit fast perfekter Genauigkeit kalkuliert werden können, so daß dem Zufall sehr wenig Raum gelassen wird. Zweitens setzt sie eine Gleichheit des Wissens und des Know-how bei den Kriegführenden voraus. Ein Schachspiel zwischen zwei gleich erfahrenen Spielern wird bekanntlich damit enden, daß einer seine Niederlage eingesteht oder beide sich über ein Patt einigen, lange bevor alle dahin führenden Züge gemacht worden sind. Der Vergleich des Krieges mit dem Schachspiel ist alt und war niemals richtig, weil der Ausgang des Krieges in hohem Maße vom Zufall und personengebundenen Faktoren wie der Truppenmoral und der militärischen Strategie abhing. Die technische Kriegführung hat diese Faktoren in einem solchen Maße ausgeschlossen, daß nun in dem alten Gleichnis unerwarteterweise ein Korn Wahrheit stecken mag. Oder um es anders zu sagen: Die gegenseitige Anerkennung der Ergebnisse eines Kalten Krieges, der tatsächlich ein Krieg ist, würde keine Veränderung der menschlichen Natur implizieren; die Atombombe hätte den Feind in die bedingungslose Kapitulation *gezwungen*, sie hätte ihn nicht *überzeugt*. Die Ergebnisse der Tests konnten für die Experten ebenso schlüssige und zwingende Beweise für Sieg oder Niederlage sein wie in heißen Kriegen das Schlachtfeld, die territoriale Eroberung, die Verlustrechnung usw. für die Generäle auf beiden Seiten.

4. Das Problem bei diesen Überlegungen ist dasselbe wie bei anderen Erörterungen der Kriegsfrage. Sie sind müßig, wir können in der ganzen Angelegenheit sowieso kaum etwas tun. Selbst Klärungen und Verstehensversuche, auch wenn sie immer verlockend und vielleicht um der menschlichen Würde willen notwendig sind, können kaum praktische oder gar theoretische Ergebnisse zeitigen. Es ist nichts anderes als ein Gefühl der Vergeblichkeit, das uns zu befallen scheint, wann immer wir uns dieser Sache zuwenden.

Für das andere große Thema, dem wir uns gegenübersehen, das Thema der Revolution, trifft das nicht zu. Dieses Thema kann im Licht vergangener und gegenwärtiger Erfahrung geklärt werden, und eine solche Klärung dürfte kaum vergebens sein. Die erste Voraussetzung dabei ist zu erkennen und zu verstehen, was so offensichtlich scheint, daß niemand darüber sprechen mag: Das der Revolution innewohnende Ziel war immer die Freiheit und sonst nichts. Die Haupthindernisse, die einem solchen Verstehen entgegenstehen, sind natürlich die verschiedenen Ideologien – der Kapitalismus, der Sozialismus, der Kommunismus –, die alle ihre Existenz dem 19. Jahrhundert und jenen gesellschaftlichen und wirtschaftlichen Bedingungen verdanken, die so völlig anders waren als die unseren. Wir sind heute nicht in der Lage vorauszusagen, welches Wirtschaftssystem unter den schnell sich wandelnden technischen und wirtschaftlichen Umständen auf der ganzen Welt einmal das bessere sein wird. Doch wir können schon jetzt feststellen, daß der Westen seit langem nicht mehr gemäß den Lehren des Kapitalismus lebt und handelt, genauso wie wir sehen können, daß in den von kommunistischen Diktaturen regierten Ländern der starre Glaube an eine Ideologie das Haupthindernis auf dem Weg zu einem schnellen Fortschritt ist. In Wahrheit sind West und Ost heute mit allerlei wirtschaftlichen Experimenten befaßt, und so sollte es auch sein. Je mehr diese Experimente von ideologischen Rücksichtnahmen befreit sind, um so besser dürften die Ergebnisse ausfallen. Und angesichts der bestehenden ungeheuren Probleme objektiver Art könnte sich schließlich herausstellen, daß ein Wettstreit zwischen verschiedenen Wirtschaftssystemen nicht weniger gesund ist als der Wettbewerb innerhalb des begrenzten Rahmens der nationalen Volkswirtschaften. Politisch gesehen kommt es zwischen Ost und West nur auf ein Problem an: Freiheit gegen Tyrannei; und die einzige politische Freiheit im wirtschaftlichen Bereich betrifft das Recht der Bürger, ihren Beruf und ihren Arbeitsplatz zu wählen.

Wenn die Ideologien des 19. Jahrhunderts ein ernstes Hindernis beim Verständnis der Gefahren und Möglichkeiten des Konfliktes, der gegenwärtig die Welt teilt, darstellen, so mögen sehr wohl die beiden großen Revolutionen des 18. Jahrhunderts, die politisch, nicht ökonomisch der Ursprung, sozusagen der Geburtsort der modernen Welt sind, genau jene Prinzipien enthalten, um die es noch immer geht. Auch wenn ich unter keinen Umständen davon ausgehen kann, dies in diesen beiläufigen Bemerkungen einsichtig machen zu können, will ich es dennoch versuchen und ein paar Punkte herausstellen, die mir in den Sinn kamen, als ich Ihre Fragen las. Zuvor allerdings muß ich zugeben, daß ich die Fragen sofort interpretierte und so umformulierte, bis sie alle in einer einzigen enthalten zu sein schienen: Was sind die Aussichten des Westens in der näheren Zukunft, unter der Voraussetzung, daß der Atomkrieg vermieden werden kann, und vorausgesetzt, daß die Revolution, wie ich glaube, das Hauptthema des Jahrhunderts bleiben wird?

Mein erster Punkt wäre, daß jede Revolution zwei Stadien zu durchlaufen hat, das Stadium der Befreiung – von der Armut (Befreiung von der Notwendigkeit) oder von der äußeren oder inneren politischen Vorherrschaft (Befreiung von Gewalt) – und das Stadium der Gründung, der Hervorbringung eines neuen politischen Körpers oder einer neuen Regierungsform. Wenn man an die tatsächlichen politischen Prozesse denkt, gehören beide zusammen, doch als politische Phänomene sind sie sehr unterschiedlich und müssen voneinander getrennt gehalten werden. Ich berufe mich hierbei nicht nur auf die Binsenwahrheit (so theoretisch interessant sie auch sein mag), daß Befreiung die Voraussetzung von Freiheit ist und damit von dieser völlig unterschieden, sondern auf die praktische Wahrheit, daß die Befreiung, insbesondere die von der Notwendigkeit, immer den Vorrang vor der Errichtung der Freiheit hat, und zwar wegen der der Notwendigkeit inhärenten Dringlichkeit. Darüber hinaus wird die Befreiung, selbst wenn sie erfolgreich verwirklicht wurde, niemals Garant für die Errichtung der Freiheit sein; sie bewirkt nicht mehr, als daß sie deren sichtbarstes Hindernis beiseite räumt.

Mein zweiter Punkt wäre, daß die ganze Geschichte der Revolutionen – wenn wir sie nur richtig zu lesen verstünden – ohne Zweifel beweist, daß jeder Versuch, mit politischen Mitteln die Armut zu beseitigen, d. h. die sogenannte soziale Frage zu lösen, scheitern muß und aus diesem Grund in den Terror führt; Terror andererseits bedeutet den Untergang der Revolution. Nicht eine einzige Revolution hat es gegeben, die in bezug auf das wichtigste von ihr zu besorgende Geschäft, nämlich das der Etablierung einer neuen Herrschaft um der Freiheit willen, jemals erfolgreich gewesen wäre, außer der amerikanischen, die auch insofern einzigartig war, als sie sich keiner Massenarmut gegenübersah, sondern schon damals unter den Bedingungen eines sonst unbekannten Wohlstands ausgetragen wurde.

Hieraus würde ich schließen, daß es in der Tat keine große Hoffnung gibt, Revolution und Freiheit könnten in der Welt insgesamt je erfolgreich sein, wenn wir noch immer unter Bedingungen lebten, in denen sich Knappheit und Überfluß menschlicher Verfügungsmacht entzögen. Dann würde die Amerikanische Revolution, d. h. die Gründungserfahrung, auf der die Republik der Vereinigten Staaten ruht, das bleiben, was sie nun schon so lange gewesen ist, eine Ausnahme von einer eisernen Regel und eine Episode von kaum mehr als regionaler Bedeutung. Doch das ist nicht mehr der Fall. Auch wenn die Schwierigkeiten, die einer Lösung des Zustands der Massenarmut im Wege stehen, noch immer gewaltig sind, so sind sie doch, zumindest grundsätzlich, nicht mehr unüberwindbar. Der Fortschritt von Naturwissenschaften und Technologie hat Möglichkeiten eröffnet, die es sehr wahrscheinlich werden lassen, daß wir in einer nicht allzu fernen Zukunft in der Lage sein werden, alle wirtschaftlichen Angelegenheiten auf technischen und wissenschaftlichen Grundlagen außerhalb aller politischen Erwägungen in den Griff zu bekommen. Schon heute drückt uns in den hochentwickelten Gebieten des Westens die Notwendigkeit (und weder politisches noch humanitäres Raisonnement) zu allen möglichen Arten von Entwicklungshilfeprogrammen, aus dem einfachen Grund, weil unsere Wirtschaft Überfluß und Über-Überfluß in derselben automatischen Weise produziert wie die der frühen Neuzeit Massenarmut. Unsere gegenwärtigen technischen Mittel erlauben es uns, die Armut zu bekämpfen, und sie zwingen uns, des Über-Überflusses Herr zu werden, bei völliger politischer Neutralität. Mit anderen Worten: Wirtschaftliche Faktoren brauchen in keiner Weise den politischen Entwicklungen in die Quere zu kommen. Für unsere politische Zukunft heißt das, daß der Schiffbruch der Freiheit auf dem Felsen der Notwendigkeit, dessen Zeugen wir seit Robespierres »Despotismus der Freiheit«[3] immer und immer wieder gewesen sind, nicht mehr unvermeidbar ist.

Die Lage des Westens im allgemeinen und der Vereinigten Staaten im besonderen wird – wenn der Krieg und die totale Vernichtung, die m. E. als akute Gefahren weiterbestehen, außer Betracht bleiben – in einem beträchtlichen Maße von einem klaren Verständnis jener zwei der Revolution innewohnenden Faktoren, der Freiheit und der Überwindung der Armut, abhängen. Technisch und wirtschaftlich ist der Westen in einer exzellenten Lage, im Kampf gegen Armut und Elend, der nun in der ganzen Welt geführt wird, zu helfen. Wenn wir es versäumen, in diesem Kampf unseren Beitrag zu leisten, dann, fürchte ich, werden wir in bitterer Erfahrung die Gelegenheit haben zu lernen, wie recht die Männer der Französischen Revolution hatten, als sie ausriefen: »Les malheureux sont la puissance de la terre.«[4] Was unserem Verständnis im Westen im allgemeinen und in den Vereinigten Staaten im besonderen zu entgehen scheint, ist die ungeheure Macht, die im Elend steckt, wenn dies »malheur« erst einmal ins Freie getreten ist und seine Stimme in der Öffentlichkeit erhebt. Das geschah erstmals in der Französischen Revolution, und seitdem ist es immer wieder vorgekommen. In einem gewissen Sinn muß der Kampf gegen die Armut, auch wenn er mit technischen, nicht-politischen Mitteln geführt wird, als Machtkampf verstanden werden, nämlich als der Kampf gegen die Gewalt der Notwendigkeit, um den Kräften der Freiheit den Weg zu bahnen. In den Vereinigten Staaten mag das mangelnde Verständnis für die politische Bedeutung der sozialen Frage seine Wurzeln in der Geschichte des Landes haben, speziell in der Geschichte der Revolution, die die Regierungsform des Landes hervorbrachte. Aus dem gleichen Grund sollte das Volk dieser Republik in der bestmöglichen Lage sein, der ganzen Welt und besonders jenen neuen ethnischen Gruppen und Völkern, die jetzt in rascher Folge zu Nationen aufsteigen, ein Beispiel zu geben, wenn es um Fragen der Gründung neuer politischer Körper und der Errichtung dauerhafter Institutionen der Freiheit geht. Es gibt m. E. zwei Hauptgründe, weshalb man uns selbst hier Versäumnisse nachweisen kann. Der eine Grund liegt darin, daß wir das, worum es in der Amerikanischen Revolution ging, nicht erinnern und konzeptionell zum Ausdruck bringen, und dies in einem solchen Ausmaß, daß die Leugnung der Tatsache, hier hätte es eine Revolution gegeben, in der öffentlichen und akademischen Meinung für lange Zeit gang und gäbe werden konnte. Der zweite Grund für unsere Versäumnisse ist möglicherweise noch schwerwiegender, weil er offensichtlich eine Schwäche der Revolution selbst und der ganzen weiteren Geschichte des Landes betrifft, nämlich die Unfähigkeit, die Rassenfrage zu lösen.

Lassen Sie mich zum Schluß noch auf die beiden geschichtlich letzten großen Revolutionen hinweisen: die Ungarische Revolution[5], die so schnell und so brutal von Rußland zusammengeschlagen wurde, und die Kubanische Revolution[6], die unter russischen Einfluß geraten ist. Nach der Amerikanischen Revolution war die Ungarische die erste mir bekannte, in der Brot, Armut, die Ordnung der Gesellschaft als Problem gar keine Rolle spielten. Sie war ganz und gar politisch in dem Sinne, daß die Menschen für nichts anderes als für die Freiheit kämpften und daß ihre Hauptsorge der Form galt, die ihre neue Regierung annehmen sollte. Die teilnehmenden Gruppen oder Menschen – praktisch war die ganze Bevölkerung beteiligt – dachten nicht einmal daran, den tiefen gesellschaftlichen Wandel, den das kommunistische Regime im Lande bewirkt hatte, ungeschehen zu machen. Gerade die gesellschaftlichen Bedingungen wurden von allen für selbstverständlich gehalten – genauso wie unter weitaus anderen Umständen die Männer der Amerikanischen Revolution die gesellschaftlichen und wirtschaftlichen Bedingungen des Volkes für selbstverständlich gehalten hatten. Die Kubanische Revolution bietet offensichtlich das gegenteilige Beispiel; bis jetzt ist sie genauso wie die Französische Revolution verlaufen und deshalb so ohne weiteres in den Bann des Bolschewismus geraten. Wenn ich über unsere Haltung zu diesen beiden jüngsten Revolutionen nachdenke, so scheint mir, daß was immer wir während der Ungarn-Krise an Richtigem oder Falschem taten oder besser nicht taten, auf machtpolitischen Erwägungen beruhte und nicht auf einem Mangel an Verständnis für das, worum es in der Sache ging. Jedoch im Falle der Kubanischen Revolution, die uns geographisch soviel näher und doch offenbar soviel weiter von unserem Verstehenshorizont entfernt ist, zeigt unser Verhalten m. E., daß wir nicht verstanden haben, was es heißt, wenn man ein von Armut geplagtes Volk in einem rückständigen Land, in dem seit sehr langer Zeit Korruption herrscht, plötzlich aus der Dunkelheit der Höfe und Häuser entläßt, ihm erlaubt, sein Elend zu zeigen, und es einlädt, in die Straßen der Landeshauptstadt zu kommen, die es nie zuvor gesehen hatte. Der Fehler beim Kuba-Abenteuer lag nicht so sehr in falschen Informationen wie in einer auffälligen Unfähigkeit, den revolutionären Geist zu verstehen, zu begreifen, was es heißt, wenn »les malheureux« ins Freie kommen und ihnen gesagt wird: All dies gehört euch, hier sind eure Straßen und eure Bauten und eure Besitztümer und also das, worauf ihr stolz sein könnt! Von nun an werdet ihr niemandem die Vorfahrt gestatten, ihr werdet aufrecht gehen!

Letztlich wird die Lage des Westens, wenn es nicht zu einer Katastrophe kommt, von seinem Revolutionsverständnis abhängen. Und zur Revolution gehört beides: die Befreiung von der Notwendigkeit, damit Menschen sich in Würde bewegen können, und die Schaffung eines politischen Körpers, der es ihnen erlauben wird, in Freiheit zu handeln.

(7) Einführung zu J. Glenn Gray, *The Warriors – Reflections on Men in Battle* *

Seltsames und Beunruhigendes widerfuhr diesem Buch, als es vor sieben Jahren veröffentlicht wurde. Sehr gute Bücher bleiben in der Regel nicht unbeachtet, desgleichen hoffen wir, daß nur sehr schlechte Bücher in den Lektoraten der Verlage in die Abfallkörbe gelangen. Sicherlich, fast alles nur Erdenkliche zwischen diesen Extremen kann passieren und passiert auch der Mehrzahl der gedruckten Sachen – die Nichtbeachtung, der »succès d'estime«, die Aufnahme in die Bestsellerliste; und da dies in Anbetracht der Flut von Veröffentlichungen, die jahraus, jahrein Kritiker wie Leser überschwemmen, kaum anders sein kann, hängt von dieser Regel viel ab, damit ein Minimum an Qualität und geistiger Integrität im allgemeinen Klima unserer Kultur präsent ist. Aber Ausnahmen bestätigen die Regel, und wenn wir feststellen, daß *The Warriors* von Glenn Gray zu ihnen gehört, können wir nur beten, daß es wenige davon geben möge. Bei seinem Erscheinen ist das Buch fast völlig übersehen worden, und doch hat es, einfach weil auf dem Markt verfügbar, langsam und beständig seinen eigenen Kreis nicht nur von Bewunderern, sondern von Liebhabern gefunden – eine Gruppe von Lesern aus sehr verschiedenen gesellschaftlichen Schichten, die es als persönliche Entdeckung hochhielten und vielleicht aus diesem sehr persönlichen Grund seinen Autor als jemand anzusehen begannen, dem sie sich zugetan, nah und verbunden fühlen konnten, was bei Meisterwerken sehr selten vorkommt. So mögen wir uns mit der Hoffnung trösten, daß solch brüderlich-freundliche, von Kritik und öffentlicher Meinung unvermittelte Aufnahme aus dem einen oder anderen Grund jenen Autoren zuteil wird, die nicht im Strom fragwürdiger Berühmtheit verschlungen werden.

Darüber hinaus gibt es bei diesem Buch etwas, das zu seinem langsamen und intimen Erfolg auf sonderbare Weise paßt. Der Autor, während des Zweiten Weltkriegs Offizier im Nachrichtendienst, erzählt, was er in den mehr als vier Jahren in Kriegs- und Besatzungszeit erlebt

* 1967 in englischer Sprache veröffentlicht, deutsche Übersetzung für diese Ausgabe von Ursula Ludz.

und gelernt hat; und da dieser besondere Kämpfer, den ein Freund schon damals als »*den Soldaten* angesehen« hat, zufällig ein Philosoph ist (ironischerweise erhielt er seinen Einberufungsbefehl mit derselben Post wie die Nachricht von der Verleihung des Doktorgrades durch die Columbia-Universität), kostete es ihn vierzehn Jahre des Erinnerns und Nachdenkens, um das, was in jenen vier Jahren geschehen war, zu verstehen und in Begriffe zu fassen. Soviel Zeit war nötig, um »Einfachheit« zu lernen und »die Vereinfachung des abstrakten Denkens« zu verlernen, um die Kunst und Sprache des »konkreten« Denkens und Fühlens fließend zu beherrschen und so zu verstehen, daß abstrakte Begriffe wie Gefühle nicht nur das, was tatsächlich geschieht, verfehlen, sondern untereinander auf schreckliche Weise verwoben sind; denn »abstraktes Denken ist in seiner Unmenschlichkeit ... absolut vergleichbar« den »abstrakten Gefühlen«, der Liebe oder dem Haß in bezug auf Kollektive wie mein eigenes Volk oder, insbesondere während des Krieges, *den* Feind – beziehungsweise ist, schließlich und in einer Stimmung von Illusionslosigkeit niedergeschrieben, vergleichbar dem Haß oder der blinden Treue zur »Menschheit als ganzer, die ebenso wie die Nationen zweifellos zur Ungerechtigkeit neigt«.

Die erste Lektion, welche daher auf dem Schlachtfeld zu lernen war, lautete, daß man den Feind um so weniger haßte, je näher man ihm war – »ein Zivilist, der weit vom Kampfgebiet entfernt lebt, ist mit ziemlicher Sicherheit blutdürstiger als der Frontsoldat«, es sei denn, der Soldat wäre ein Mörder, und nur Pazifisten, die hinsichtlich des Krieges abstrakte Begriffe und Gefühle haben, werden den einen mit dem anderen verwechseln. Deshalb »fanden Soldaten, denen konkrete Gefühle teuer waren, die moralische Atmosphäre an der Front so sehr viel erträglicher als in der Etappe, daß sie die größere Anstrengung und persönliche Gefahr im Kampf bereitwillig auf sich nahmen«. Diese Soldaten wurden die geistigen Brüder unseres Verfassers, weil sie mit ihm darin übereinstimmen würden, daß Nietzsche »sicher recht« gehabt hatte, als er schrieb: »Lieber zugrunde gehn als hassen und fürchten, und zweimal lieber zugrunde gehn, als sich hassen und fürchten machen.« Und die zweite Lektion war, daß kein Ismus, nicht der Nationalismus, ja nicht einmal der Patriotismus und keine Gefühle, wie sie den Menschen anerzogen werden und dann ihrer Manipulation dienen können, sondern nur Kameradschaft die »Loyalität zur Gruppe das Wesen der Kampfesmoral ausmacht«. Diese selbst erlernte Konkretheit, eine unerschütterliche Treue zum Wirklichen, welche für den Philosophen mit seiner formalen Ausbildung im abstrakten Denken genauso schwer zu erlangen ist wie für den gemeinen Mann, der den abstrakten Empfindungen und Gefühlen nicht weniger frönt, ist das Kennzeichen dieses einzigartig ernsten und schönen Buches.

Was dem Leser bei diesem Kriegsbuch als erstes ins Auge fällt, ist dessen besondere Stille, der ruhig-reflektierende Ton dieser Stimme, die niemals belehrt oder predigt, sondern in größter Bescheidenheit erzählt, woran sich der Autor erinnert. Das Erinnern beginnt auf der ersten Seite; nach vierzehn Jahren hat Gray seine Kriegstagebücher und -briefe wiedergelesen, damit steht das Szenario fest. Er findet sie »traurig und zum Lachen und fremd«, so daß sie ihn an Platos Beschreibung der Menschen in der Hölle am Ende von *Der Staat* erinnern. Aber sie machen ihm auch bewußt, wieviel er vergessen hat, daß da »Kontinuität fehlt zwischen jenen Jahren und dem, was aus mir geworden ist«, und nun fürchtet er, weiter zu vergessen, weil solches Vergessen »die tiefsten Ängste meiner Kriegszeit« bestätigen könnte, daß nämlich »diese Ereignisse keinen wirklichen Sinn« hatten, daß sie »durchaus nichts bedeuten könnten oder nicht viel«. Mit dieser Furcht, so gibt er zu, »lebe ich noch immer«, woraus wir schließen können, daß er nie vergessen hat, aber erst jetzt die Zeit des Erzählens gekommen ist.

Als wüßte er nicht, wie sehr das, was er zu erzählen hat, gegen den Strich modischer Überzeugungen und moderner Empfindlichkeit in diesen Angelegenheiten geht, stellt er das, was die Schlachten »fortdauernd anziehend« macht, an den Anfang der Geschichte: die »Gefahrenbrüderschaft«; die starke »Faszination« des »Außergewöhnlichen«; die »Härte und Intensität« des Lebens im Angesicht des Todes, denn »genauso wie die Wonnen erotischer Liebe durch ihre Vergänglichkeit bedingt sind, so ist das Leben süß wegen der es einhüllenden Todesdrohung«; die »Unbeschwertheit«, die daher kommt, daß »wir von unserer individuellen Ohnmacht befreit und trunken sind von der Macht, die die Vereinigung mit unseren Gefährten mit sich bringt« – ein Gefühl, das dem intensiven ästhetischen Gefallen gleicht, wenn wir so von dessen Gegenständen gefangengenommen werden, daß unser »Ich uns verläßt« und wir uns nicht länger »in den Mauern des Selbst eingeschlossen und den Unzulänglichkeiten des Ich ausgeliefert« fühlen; schließlich die wundersame »Zwanghaftigkeit« der Liebe in der Kriegszeit, wenn »sie auf uns herniederstürzt ›wie vom Gebirge der

Wind auf die Eichen‹, wie es in dem treffenden Vergleich der Dichterin Sappho heißt«. Gray faßt diese fortdauernde Anziehungskraft – General Robert E. Lee zitierend: »Es ist gut, daß der Krieg so schrecklich ist, wir würden ihn sonst zu gerne mögen« – in dem immer wieder gebrauchten Wort »Ekstase« zusammen; denn allen diesen Erfahrungen ist gemeinsam, daß die Menschen buchstäblich außerhalb ihres Selbst stehen oder besser geworfen sind, ob nun ihr »›Ich‹ unmerklich in ein ›Wir‹ übergeht« oder ob sie sich so sehr als »Teil dieser kreisenden Welt« empfinden, so sehr lebendig sind, daß, scheinbar paradox, ihnen der Tod nichts mehr ausmacht. Die erotische Liebe ist von solch ekstatischem Wesen – das läßt sich leicht unterschreiben –, doch der Punkt, auf den es hier ankommt, ist, daß das auch für die Kameradschaft gilt und daß die Freundschaft gerade nicht eine intensivere Form der Kameradschaft ist, sondern deren genaues Gegenteil. »Während die Kameradschaft die Mauern des Selbst einzureißen bestrebt ist, sucht die Freundschaft diese zu dehnen und intakt zu halten. Die eine Beziehung ist ekstatisch, die andere ganz individuell«, die eine ist amoralisch (nicht unmoralisch), die andere von moralischer Verantwortung geleitet. Doch da alle Sittlichkeit von Selbstbewußtheit und daher einem gewissen Maß an Selbstliebe abhängt, ist es eher die Kameradschaft als die Freundschaft, die Anstoß zur Selbstaufopferung gibt; denn »die Freundschaft macht das Leben doppelt lieb und teuer«, und die »unerträgliche Furcht, die Freunde auf dem Schlachtfeld befällt, ist unendlich weit von der Sorglosigkeit des Mörder-Soldaten« und der »Liebe zur Selbstaufopferung« entfernt, die, wie wir bestens wissen, gleich mühelos für gute wie für böse Zwecke geweckt werden können.

Beim Wiederlesen des Buches ist man versucht, endlos zu zitieren und so den Leser um seine eigenen Entdeckungen und das damit verbundene große Lesevergnügen zu bringen. An der Oberfläche ist dies ein Buch über den »homo furens« und den »homo sapiens«, doch im Grunde handelt es von Leben und Tod, Liebe, Freundschaft und Kameradschaft, Mut und Leichtsinn, Sensibilität und dem »Wogen der Lebendigkeit«; von »unmenschlicher Grausamkeit« und »übermenschlicher Güte« – beide nicht als stereotyp gegensätzlich, sondern als gleichzeitig in einer Person vorhanden (denn »der Krieg preßt die größten Gegensätze auf kleinstem Raum und auf kürzeste Zeit zusammen«, worin seine größte Faszination liegt); und am Ende geht es über das Gewissen, das genaue Gegenteil der Ekstase, weil Gewissen heißt,

»sich selbst gegen andere zu stellen und ihre wärmende Gegenwart mit einem Schlag zu verlieren«. Gewiß, dies sind alles Grunddaten der menschlichen Existenz, nicht mehr und nicht weniger, doch »wenn wir menschliche Wesen nicht zum äußersten getrieben werden, ist es nicht so sehr wahrscheinlich, daß wir einfachen und primären Wirklichkeiten begegnen« oder über sie nachdenken werden.

Widerstand gegen den Krieg ist heute nichts Besonderes, und für Glenn Gray ist er eine Selbstverständlichkeit. Nicht Hiroshima und Nagasaki, nicht einmal die Tatsache, daß selbst im Zweiten Weltkrieg mehr Angehörige der Zivilbevölkerung getötet wurden, als Soldaten im Kampf fielen, waren nötig, um ihn »das Weh der Schuld« zu lehren, das zu seinem großen Erstaunen in zeitgeschichtlichen Romanen, die jede Art des Schmerzes im Krieg so offen behandeln, fast ganz übersehen worden ist. Zu den großen Verdiensten des Buches gehört, daß es den Widerstand gegen den Krieg stärkt und überzeugend macht und dabei nicht die Wirklichkeiten leugnet und uns nicht nur warnt, sondern verstehen läßt, warum »viele sich heute vor einem sterilen und unattraktiven Frieden so fürchten wie vor einem großen Krieg«. Und um dies zu verdeutlichen, erzählt Gray die Geschichte einer Französin, die er in den Jahren der Gefahr und des Leidens gekannt und dann im Frieden und Wohlstand wiedergetroffen hatte. Sie sagte: »Alles ist besser, als wenn Tag für Tag nichts passiert. Sie wissen, daß ich den Krieg nicht liebe und nicht zurückhaben möchte. Doch wenigstens lebendig hat er mich gemacht – so lebendig, wie ich mich niemals zuvor oder danach gefühlt habe.« Gray kommentiert: »Der Frieden legte eine Leere in ihnen frei, die sie durch die kriegsbedingte Erregung hatten unter Verschluß halten können«, und er warnt vor der »Leerheit in uns«, vor dem Jubel derer, die sich »an etwas, was größer ist als das Selbst, gebunden fühlen«. Kann Langeweile schrecklicher sein als alle Schrecken des Krieges?

In seiner unauffälligen, zurückhaltenden Art bewegt sich das Buch um eine kleine Episode herum, die sich in den Bergen des Apennin zugetragen hat. Dort war er, nicht weit von der Front entfernt, einem alten Mann begegnet, einem Analphabeten und offenbar Eremiten, der friedlich seine Pfeife rauchte und in dessen Gesellschaft sich außer seinem Esel kein einziges Lebewesen befand. Der Soldat wurde sofort gebeten, sich neben ihn ins Gras zu setzen, weil, wie sich herausstellte, der alte Mann zutiefst verwirrt war von dem Schlachtenlärm und dem

Staub, der in der Ferne zu sehen war; er wußte nicht, daß Krieg war. Das allein war schon merkwürdig. Doch noch merkwürdiger war, daß die beiden Männer, der Soldat und der Eremit, »gleich über wichtige Dinge zu sprechen begannen, als ob sie einander gut kennten«. Hier also war unser Autor erneut »einfachen und primären Wirklichkeiten« begegnet, doch nun weit entfernt vom Kriegsjubel und dem extremen Kriegsgeschehen, in »Friedfertigkeit und geistiger Gesundheit«, wo das »Vertraute und Evidente« nicht länger weit weg zu sein schienen, weil zwei Männer sozusagen außerhalb der Geschichte sich austauschen konnten über »die wichtigen Fragen: Wer bin ich? Warum bin ich? Was ist meine Funktion im Leben?« Dies war Brüderlichkeit, und sie war möglich, weil einer von ihnen, der alte Mann und Eremit, mit der »Gabe der Einfachheit« gesegnet war und weil vom anderen, dem Soldaten und Philosophen, die gewohnten Feinheiten – all das, was am Gelehrten und Erlernten sublim falsch ist – abgefallen waren. Denn geschehen war folgendes: »Die Professoren, bei denen ich Philosophie gehört hatte und vor denen ich großen Respekt und viel Hochachtung hatte, wurden in meiner Vorstellungswelt auf einmal belanglos. Selbst die großen Denker der westlichen Kultur schienen plötzlich ihre Größe zu verlieren und nur noch menschliche Wesen zu sein. … Ihre Weisheit war in dieser Situation fast schon grotesk unangemessen.« Solche Weisheit konnte von dem analphabetischen Bauern im Gras neben ihm nicht erwartet werden; doch seine Gesellschaft war nicht unangemessen. Beide befanden sich außerhalb der Zivilisation, der Tradition und Kultur – der Soldat, weil der Krieg ihn in eines jener Schützenlöcher verschlagen hatte, wo ihm nichts Gesellschaft leistete, außer daß er »bei Nacht die Sterne beobachten« konnte; der Einsiedler, weil es so aussah, »als sei er der Natur selbst entsprungen … ihr echtes Kind«. So hatte der eine verlernt, was der andere nie besessen hatte: die »Arroganz«, welche die Menschen normalerweise »die Bedeutung der Menschengeschichte gegenüber allem anderen im Haushalt der Natur übertreiben« läßt.

Das Buch endet, wie es sollte, mit Reflexionen über »die Zukunft des Krieges« und die Aussichten auf einen »ewigen Frieden«. Sein Verfasser weist Optimismus und Pessimismus als gleichermaßen »irrelevant« zurück und ist überzeugt, daß »Frieden niemals als Folge von Schwäche, Erschöpfung oder Furcht eintreten wird«. Gleichzeitig hofft er, daß der Tag kommen möge, an dem die Starken und Mächtigen – in

Nietzsches Worten, wie der Autor zitiert: »ein Volk durch Kriege und Siege ausgezeichnet« – »das Schwert zerbrechen« werden, weil sie es sich leisten können zu sagen, »daß die Menschen den Tod zweimal lieber wählen, ihm gegenüber dem Gefürchtet- und Gehaßt-Werden den Vorzug geben« und daß »ein Überleben ohne die Integrität des Gewissens schlimmer ist als ein direkter Untergang«. Hier und an keiner anderen Stelle versteht man vielleicht besser, warum Glenn Grays Freund diesen als »den Soldaten« bezeichnet. Denn hier findet seinen Ausdruck, was in letzter Konsequenz und unter heutigen Gegebenheiten unvermeidlich das Credo des Soldaten ausmacht – daß das Leben *nicht* das höchste Gut ist.

(8) Macht und Gewalt*

I

An Anlässen, sich über das Wesen der Gewalt, ihre Rolle in Geschichte und Politik, Gedanken zu machen, hat es in diesem Jahrhundert, das Lenin bereits vor mehr als fünfzig Jahren als ein Jahrhundert der Kriege und Revolutionen diagnostizierte, nicht gefehlt; und es ist eigentlich erstaunlich, daß erst die Ereignisse der letzten Jahre dies Thema in den Mittelpunkt der öffentlichen Aufmerksamkeit und Diskussion gerückt haben. Der unmittelbare Anlaß waren zweifellos die in ihrer Weise einzigartige, weltweite Rebellion an den Universitäten und die Debatten über gewalttätigen oder gewaltlosen Widerstand, die sie von vornherein begleiteten; aber die tiefere Ursache dürfte wohl doch ein Faktor sein, der, von niemandem vorausgesagt, offensichtlich die gesamte Problematik des Verhältnisses von Macht und Gewalt entscheidend verändert hat.

Die technische Entwicklung der Gewalt*mittel* hat in den letzten Jahrzehnten den Punkt erreicht, an dem sich kein politisches Ziel mehr vorstellen läßt, das ihrem Vernichtungspotential entspräche oder ihren Einsatz in einem bewaffneten Konflikt rechtfertigen könnte. (Wir lesen mit einiger Verblüffung, daß Engels nach dem Deutsch-Französischen Krieg meinte, »die Waffen [sind nun] so vervollkommnet, daß ein neuer Fortschritt von irgendwelchem umwälzenden Einfluß nicht mehr möglich ist.«[1]) Damit ist ein wirklicher Wendepunkt eingetreten. Der Krieg – seit undenklichen Zeiten letzte Instanz der Außenpolitik – hat seine Effektivität und das Kriegshandwerk seinen Glanz eingebüßt. Das »apokalyptische Schachspiel« zwischen den Supermächten, den Staaten nämlich, die auf der Höhe der gegenwärtigen Zivilisation stehen, hat keine Ähnlichkeit mehr mit den bisherigen Kriegsspielen; es wird nach der Regel gespielt, »wenn einer siegt, sind beide am Ende«[2]. Und auch der Wettlauf der Rüstung hat nicht mehr den Sinn, den Krieg vorzubereiten, sondern im Gegenteil ihn durch wechselseitige Abschreckung zu verhindern. Auf die Frage nach einem Ausweg aus dieser offensichtlich unhaltbaren Position gibt es bisher keine Antwort.

* 1970 in einer von der Verfasserin autorisierten deutschen Übersetzung veröffentlicht.

Da Gewalt (im Unterschied zu Macht, Kraft oder Stärke) als »reale Vorbedingungen zu ihrer Betätigung … *Werkzeuge* erfordert«[3], hatte die technische Revolution, eine Revolution in der Herstellung von Geräten, besonders weitreichende Folgen auf dem Gebiet der Gewaltbetätigung, also vor allem der Kriegführung. Es liegt im Wesen der Gewalthandlung, daß sie wie alle Herstellungsprozesse im Sinne der Zweck-Mittel-Kategorie verläuft. Wird diese Herstellungskategorie auf den Bereich der menschlichen Angelegenheiten angewandt, so hat sich noch immer herausgestellt, daß die Vorrangstellung des Zwecks im Verlauf der Handlung verloren geht; der Zweck, der die Mittel bestimmt, die zu seiner Erreichung notwendig sind, und sie daher rechtfertigt, wird von den Mitteln überwältigt. Denn das Resultat menschlichen Handelns läßt sich niemals mit der gleichen Sicherheit voraussagen, mit der das Endprodukt eines Herstellungsprozesses bestimmt werden kann; daher sind die zur Erreichung politischer Ziele eingesetzten Mittel für die Zukunft der Welt zumeist von größerer Bedeutung als die Zwecke, denen sie dienen sollen.

Zu diesem Unsicherheitsfaktor, der dem Handeln ohnehin innewohnt, fügt die Gewalthandlung noch ein nur ihr eigentümliches Element des rein Zufälligen hinzu. Napoleon hatte ganz recht, wenn er sagte, seine Generäle müßten »fortune« haben. Nirgends spielt Fortuna, spielen Glück und Pech eine entscheidendere Rolle als auf dem Schlachtfeld. Und dieses Eindringen des gänzlich Unerwarteten wird nicht dadurch beseitigt, daß man versucht, es als »random event« in »wissenschaftliche« Kalkulationen mit einzubeziehen oder es mit Hilfe von Simulationen, Szenarios, Spieltheorien und dergleichen auszuschalten. Es gibt auf diesem Gebiet keine Gewißheit; nicht einmal die gegenseitige totale Vernichtung, auf der die Theorie der wechselseitigen Abschreckung beruht, läßt sich mit absoluter Sicherheit unter im vorhinein errechneten Voraussetzungen voraussagen. Daß die Vervollkommnung der Gewaltmittel schließlich den Grad erreicht hat, an dem die zur Verfügung stehenden Mittel im Begriff sind, ihr Ziel, nämlich die Kriegführung, unmöglich zu machen,[4] ist wie eine letzte ironische Reflexion auf die grundsätzliche Willkür und Un-sinnigkeit, der wir überall begegnen, wo wir uns dem Bereich der Gewalt nähern. Wie wir aber dieses Un-sinns Herr werden sollen, wissen wir nicht. Denn wenn Kriege immer noch geführt werden und immer noch gerüstet wird, so nicht, weil die Menschheit von einem geheimen Todes- oder einem unkontrollierbaren Aggressionstrieb besessen wäre, und noch nicht einmal, weil – was immerhin einleuchtender wäre – die Abrüstung der ungeheuren Militarmaschinen in den in Frage stehenden Landern ernste politische, gesellschaftliche und ökonomische Probleme zur Folge haben würde,[5] sondern einzig und allein, weil bisher nirgends ein annehmbares Surrogat für die Willkür der Gewalt als »ultima ratio« in den Konflikten der Völker zum Vorschein gekommen ist. Es gilt immer noch Hobbes' Wort: »Covenants, without the sword, are but words.«

Und unter der Herrschaft des heutigen Staatsbegriffs, den bekanntlich keine Revolution bisher auch nur erschüttert hat, ist selbst eine theoretische Lösung des Kriegsproblems, von der nicht so sehr die Zukunft der Menschheit wie die Frage, ob die Menschheit überhaupt eine Zukunft haben wird, abhängt, auch gar nicht vorstellbar. Solange nationale Unabhängigkeit, die Freiheit von Fremdherrschaft, auf die jedes Volk ein Recht hat, und Staatssouveränität, unkontrollierte und unbegrenzte Macht in außenpolitischen Angelegenheiten, gleichgesetzt werden, ist ein gesicherter Friede so utopisch wie die Quadratur des Kreises. Und wenn Freiheit und Souveränität nicht mehr gleichgesetzt würden, sähen wir uns, wie die Dinge heute liegen, mit einer Staatskrise konfrontiert, die über den gesamten Erdball ginge und von der nur sehr wenige Länder vielleicht verschont blieben. (Theoretisch könnten die Vereinigten Staaten zu diesen wenigen gehören; ihrer Verfassung ist in der Tat, wie Justice James Wilson 1793 feststellte, »der Begriff der Souveränität völlig unbekannt«, was sich schon daran erweist, daß vom Senat gebilligte Verträge mit anderen Nationen laut der Verfassung zum Gesetz des Landes gehören. Aber die Zeiten, da Amerika sich in voller Klarheit von den politischen Kategorien des europäischen Nationalstaats trennte, sind lange vorbei. Die amerikanische Regierung handelt und argumentiert nicht im Sinne der Amerikanischen Revolution und der »Founding Fathers«, sondern ganz im Sinne des europäischen nationalstaatlichen Denkens, als sei dies schließlich und endlich doch das ihr angestammte Erbe. Und dies ungeachtet der Tatsache, daß sie dies Erbe überhaupt nur hat übernehmen können, weil Europa politisch bankrott war und dieser Bankrott von dem Bankrott des Nationalstaates und seinem Souveränitätsbegriff verursacht und begleitet wurde.) Inzwischen hat sich herausgestellt, daß die Großmächte nicht einmal mehr imstande sind, Kolonialkriege zu führen, so daß das Kriegshandwerk mehr und mehr zu einer Art Luxus wird, den sich nur noch die unterentwickelten Länder leisten können. Das ist kein Trost, denn jedermann weiß, daß das gefürchtete »random event«, das alle Kalkulationen und Intentionen des wechselseitigen Abschreckungsspiels über den Haufen werfen könnte, am ehesten dort auftauchen kann, wo die unter den heutigen Gegebenheiten einfach stupide Redensart des »there is no alternative to victory« (für den Sieg gibt es keinen Ersatz) immerhin noch einen hohen Grad von Plausibilität hat.

Unter diesen Umständen ist in der Tat das in den letzten Jahrzehnten ständig wachsende Ansehen der wissenschaftsgläubigen »brain trusters«, von denen die Regierungen sich beraten lassen, höchst beunruhigend. Gegen ihre Kaltblütigkeit, »das Undenkbare zu denken«, wäre kaum etwas einzuwenden, wenn man nur sicher sein könnte, daß sie überhaupt *denken.* Anstatt sich auf ein so altmodisches, von Computern nicht zu übernehmendes Geschäft wie das Denken einzulassen, *rechnen* sie sich mit Hilfe ihrer Maschinen die Konsequenzen gewisser hypothetisch angenommener Konstellationen aus, ein in den Wissenschaften durchaus berechtigtes Verfahren, weil man nämlich aufgrund solcher Berechnungen die Hypothesen experimentell kontrollieren und verifizieren kann. Dies ist in dem Kriegsspiel keineswegs der Fall; dies Rechnen kommt mit wirklichen Begebenheiten nie in Berührung. Der logische Fehler in diesen hypothetischen Konstruktionen möglicher zukünftiger Ereignisse ist immer der gleiche: Was zuerst – je nach dem intellektuellen Niveau mit oder ohne Berücksichtigung der implizit gegebenen Alternativen – als Hypothese erscheint, wird sehr schnell, oft nach wenigen Abschnitten, zur »Tatsache«, einem Datum, das dann eine ganze Serie ähnlicher Data gebiert, deren hypothetischer Charakter vergessen ist – und damit der rein spekulative Charakter des ganzen Unternehmens. Natürlich ist das nicht Wissenschaft, sondern Pseudo-Wissenschaft, die darin besteht, »die oberflächlichen Merkmale der Wissenschaften, die an ihrer Stelle durchaus sinnvoll sind, nachzuahmen«[6]. Und der evidenteste und »tiefste Einwand gegen diese Sorte strategischer Theorien ist nicht ihr begrenzter Nutzen, sondern ihre Gefährlichkeit; denn sie führen dahin zu meinen, man verstehe Ereignisse und könne ihren Ablauf kontrollieren, die man weder versteht noch kontrolliert«, wie Richard N. Goodwin in einer Buchbesprechung kürzlich ausführte,[7] die das seltene Verdienst hat, die »unbewußte Komik« aufzudecken, die für so viele dieser prätentiösen, in wissenschaftlichen Jargon gekleideten Theorien charakteristisch ist.

Ereignisse sind dadurch gekennzeichnet, daß sie automatische Prozesse oder zur Gewohnheit gewordene Verfahrensweisen unterbrechen; nur eine Welt, in der sich nichts ereignet, entspräche der Grundprämisse der Futurologen. Zukunftsprognosen projizieren gegenwärtige Prozesse und Verfahrensweisen; sie sagen voraus, was aller Wahrscheinlichkeit nach eintreten wird, wenn Menschen nicht handelnd eingreifen und wenn nichts Unerwartetes geschieht. Jede Handlung und jeder Zwischenfall zerstört mit einem Schlag alle Voraussetzungen, in deren Rahmen die Prognose erfolgt und ihre Indizien zusammenstellt. (Eine gelegentliche Bemerkung Proudhons, »die Fruchtbarkeit des Unerwarteten übersteigt bei weitem die Weisheit des Staatsmanns«, könnte man mit noch größerem Recht auf die Berechnungen der Experten anwenden.) Solche unerwarteten, unvorausgesehenen und unvorhersagbaren Zwischenfälle als bloße Zufälle oder die »letzten Zuckungen der Vergangenheit« abzutun beziehungsweise sie in Engels' »Rumpelkammer« oder in Trotzkis berühmtem »Abfalleimer der Geschichte« unterzubringen, ist der älteste Trick der zu Propheten gewordenen Historiker; zweifellos helfen solche Kunststücke dabei, in sich widerspruchslose Theorien aufzustellen, doch um den Preis, sie weiter und weiter von der Wirklichkeit zu entfernen. Als Projektionen tatsächlich beobachtbarer gegenwärtiger Prozesse haben sie immer eine gewisse Wahrscheinlichkeit für sich; gefährlich werden sie erst, wenn sie als in sich schlüssige Theorien auftreten, mit deren Hilfe man angeblich wissen kann, was *wirklich* war, ist und sein wird. Dann tritt jene hypnotische Wirkung ein, derzufolge der von den Theoretikern ohnehin so verachtete gesunde Menschenverstand auch ganz untheoretisch veranlagte Menschen verläßt und mit ihm der Gemeinsinn oder common sense, dem wir es verdanken, daß wir Wirklichkeit und Tatsächlichkeit wahrnehmen, verstehen und uns handelnd in ihnen orientieren können.

Keinem, der dem Wesen der menschlichen Angelegenheiten, das sich in Geschichte und Politik manifestiert, nachdenkt, kann die Rolle, welche die Gewalt seit eh und je in den Beziehungen der Menschen zueinander gespielt hat, entgehen; und es ist auf den ersten Blick einigermaßen überraschend, daß sie so selten zum Gegenstand besonderer Untersuchungen gemacht wurde.[8] (In der letzten Ausgabe der *Encyclopedia of the Social Sciences* wird »violence« nicht einmal eines eigenen Artikels gewürdigt.) Die Rolle der Gewalt in der Politik galt offenbar als so selbstverständlich, daß man sie noch nicht einmal eigens zu untersuchen oder in Frage zu stellen brauchte. Diejenigen zudem, die in der Geschichte ohnehin nichts anderes sahen als das schiere Geratewohl oder den Beweis dafür, daß Gott immer mit den stärkeren Bataillonen ist, hatten verständlicherweise über den Gegenstand weiter nichts zu sagen und wandten sich lieber lohnenderen Gebieten zu. Wer aber in der Geschichte nach einer Art Sinn suchte, dem mußte der dem gewalttätigen Handeln innewohnende Zufalls- und Willkürcharakter als der eigentliche Stein des Anstoßes in seinem ganzen Unternehmen erscheinen, so daß er beinahe zwangsläufig dazu kommen mußte, die Gewalt für ein bloßes Randphänomen zu erklären. Ob Clausewitz den Krieg die Fortsetzung der Politik mit veränderten Mitteln nennt, oder ob Engels die Gewalt als eine »die gesetzmäßige ökonomische Entwicklung« beschleunigende Kraft definiert,[9] der Akzent liegt bei beiden auf der politischen oder wirtschaftlichen Kontinuität, auf der Kontinuität eines Prozesses, der determiniert bleibt durch Faktoren, die schon vor der gewaltsamen Aktion existierten. Demgemäß war man bis vor kurzem noch der Meinung, auf dem Gebiete der Außenpolitik gelte »die Maxime, daß keine militärische Lösung von Dauer sein könne, die im Widerspruch zu den tieferen kulturellen Quellen nationaler Macht steht«, oder daß, wie Engels sagt, die politische Macht mit ihren Gewaltmitteln notwendigerweise unterliegen muß, »wo die ... innere Staatsgewalt eines Landes in Gegensatz tritt zu seiner ökonomischen Entwicklung«.[10]

Nichts von alledem trifft auf die Bedingungen zu, unter denen wir leben. Es ist, als habe sich das Verhältnis von Politik und Krieg, von Macht und Gewalt umgekehrt. Die Friedenspolitik, die auf den Zweiten Weltkrieg folgte, war der Kalte Krieg, also die Fortsetzung des Krieges mit anderen Mitteln, und ein Atomkrieg kann überhaupt nicht mehr als »Mittel« betrachtet werden, es sei denn als »das Selbstmordmittel für die ganze Welt«[11]. Aber wir brauchen uns nicht an die Extreme zu halten, in denen ein paar Bomben genügen würden, »alle anderen Machtquellen eines Landes in wenigen Augenblicken zu vernichten«[12]. Wir wissen von biologischen Kampfmitteln, die es »kleinen Gruppen Einzelner ermöglichen, ... das strategische Gleichgewicht über den Haufen zu werfen«, und die zudem wegen ihrer geringen Herstellungskosten auch für »Länder, die sich eine eigene nukleare

Streitmacht nicht leisten können«, erschwinglich sind;[13] zudem werden vermutlich »innerhalb weniger Jahre« Roboter »den Einsatz von Menschen in Kampfhandlungen überflüssig gemacht haben«[14]; schließlich beobachten wir bereits heute, um wieviel weniger verwundbar die armen Länder in konventionell geführten Kriegen sind als die Großmächte, eben weil sie »unterentwickelt« sind und weil im Guerillakrieg technische Überlegenheit »viel eher eine Belastung als ein Vorteil ist«[15]. All dies läuft auf eine Umkehrung des Verhältnisses von Macht und Gewalt hinaus; von nun ab kann die »Staatsgewalt eines Landes in Gegensatz [treten] zu seiner ökonomischen Entwicklung«, ohne daß dies »mit dem Sturz der politischen Gewalt« zu endigen braucht.[16]

Zudem zeichnet sich in der Umkehrung von Macht und Gewalt eine vermutlich noch entscheidendere Umkehrung des Kräfteverhältnisses zwischen den Staaten ab; die Kleinstaaten oder auch die unterentwickelten Länder brauchen nicht mehr notwendigerweise den Großmächten und voll entwickelten Industriestaaten unterlegen zu sein. Das Quantum an Gewaltmitteln, über das ein Land verfügt, wird vermutlich in absehbarer Zukunft kein sicheres Indiz seiner Stärke und keine verläßliche Garantie gegen Zerstörung seitens einer erheblich kleineren und schwächeren Macht mehr bieten. Und dies wiederum erinnert in bedenklicher Weise an eine der ältesten Einsichten der politischen Wissenschaft: daß nämlich Macht und Wohlstand nicht zusammenfallen; daß wirtschaftliche Potenz und gesellschaftlicher Reichtum vielmehr ein Staatswesen genauso unterminieren können wie wirtschaftliche Unfähigkeit und gesellschaftliches Elend; daß schließlich gerade Republiken für die Gefahren des Wohlstandes besonders anfällig sind – Einsichten, die heute vergessen sind, aber darum nichts von ihrer Gültigkeit eingebüßt haben, zumal nicht in einer Zeit, in der ihre Wahrheit sich in einer neuen Dimension, der Dimension der Gewalt, manifestiert.

Nun haben die Ereignisse und Debatten der letzten Jahre merkwürdigerweise gezeigt, daß, je selbstmörderischer sich die Gewalt als letzte Instanz der Außenpolitik erweist, desto höher ihr Ansehen in Fragen der Innenpolitik gestiegen ist, vor allem in Sachen der Revolution. Der starke marxistische Einschlag in der Rhetorik der Neuen Linken koinzidiert mit einem stetigen Anwachsen der von Mao Tse-tung verkündeten, ganz und gar unmarxistischen Überzeugung: »Die politische Macht kommt aus den Gewehrläufen.« Natürlich war auch Marx sich der Rolle der Gewalt in der Geschichte bewußt, aber für ihn war sie sekundär; nicht Gewalt, sondern die der alten Gesellschaft inhärenten Widersprüche würden ihr ein Ende bereiten und in die Revolution führen. Das Aufkommen einer neuen Gesellschaft werde durch gewaltsame Ausbrüche eingeleitet, nicht jedoch verursacht. Die Gewalt ist die Geburtshelferin der Geschichte, und sie macht Geschichte oder Revolution so wenig, wie die Hebamme das Kind erzeugt oder gebiert. In derselben Weise betrachtet Marx den Staat als ein Instrument der Gewalt im Dienst der herrschenden Klasse; doch die wirkliche Macht der herrschenden Klasse beruht nicht auf deren Gewaltmitteln und verläßt sich nicht auf sie. Sie ist definiert durch die Rolle, die diese Klasse in der Gesellschaft beziehungsweise dem gesellschaftlichen Produktionsprozeß spielt. Man hat oft festgestellt, gelegentlich auch bedauert, daß die revolutionäre Linke unter dem Einfluß Marxscher Lehren der Anwendung von Gewalt abgeschworen hat; die »Diktatur des Proletariats« – die in Marx' Schriften tatsächlich offen repressiven Charakter trägt – sollte erst nach der Revolution kommen und war wie die Diktatur im alten Rom für eine streng befristete Periode gedacht. Politischer Mord – einzelne Akte »individuellen Terrors« von seiten kleiner Anarchistengruppen ausgenommen – war weitgehend das Prärogativ der Rechten, während der bewaffnete Aufstand und der Staatsstreich den Militärs vorbehalten blieben. Die Linke blieb mit Engels überzeugt, »daß alle Verschwörungen nicht nur nutzlos, sondern sogar schädlich sind. [Die Kommunisten] wissen zu gut, daß Revolutionen nicht absichtlich und willkürlich gemacht werden, sondern daß sie überall und zu jeder Zeit die notwendige Folge von Umständen waren, welche von dem Willen und der Leitung einzelner Parteien und ganzer Klassen durchaus unabhängig sind.«[17]

Auf dem Felde der politischen Theorie gibt es einige wenige Ausnahmen. Georges Sorel, der Anfang des Jahrhunderts den Marxismus mit Bergsons Lebensphilosophie zu kombinieren versuchte – ein Unternehmen, das auf weit niedrigerem intellektuellen Niveau eine eigentümliche Ähnlichkeit mit Sartres Amalgamierung von Existentialismus und Marxismus aufweist –, interpretierte den Klassenkampf mit militärischen Begriffen, hatte jedoch letzten Endes nichts Gewaltsameres vorzuschlagen als den »Mythos des Generalstreiks«, eine Form der Aktion, die wir heute eher dem Arsenal der gewaltlosen Politik zuweisen würden. Vor fünfzig Jahren trug ihm selbst dieser bescheidene Vorschlag, ungeachtet seiner Begeisterung für Lenin und die russische Revolution, den Ruf eines Faschisten ein. Noch Sartre, der in seinem Vorwort zu Fanons *Die Verdammten dieser Erde* in der Glorifizierung der Gewalt weit über Sorels berühmte *Réflexions sur la violence* hinausgeht – weiter auch als Fanon selbst, aus dessen Argumentation er die Konsequenzen ziehen will –, spricht von Sorels »faschistischen Äußerungen«. Dies zeigt, wie wenig sich Sartre über seinen fundamentalen Widerspruch zu Marx in puncto Gewalt im klaren ist, so wenn er etwa behauptet: »Diese ununterdrückbare Gewalt ... das ist der Mensch, der sich selbst schafft«, und meint, daß erst in der »außer sich geratenen Wut« die »Verdammten dieser Erde« zu Menschen werden. Diese Vorstellungen sind um so bemerkenswerter, als die Idee des sich selbst schaffenden Menschen durchaus in der Tradition des Hegel- und Marxschen Denkens liegt; sie ist in der Tat die theoretische Basis jedes linken Humanismus. Aber nach Hegel »produziert« sich der Mensch durch das Denken,[18] und bei Marx, der Hegels »Idealismus« »vom Kopf auf die Füße« stellt, übernimmt diese Funktion die Arbeit als die menschliche Form des »Stoffwechsels mit der Natur«. Und obwohl man einwenden könnte, daß alle Vorstellungen vom sich selbst schaffenden Menschen auf eine Rebellion gegen eines der Grundfakten menschlicher Existenz hinauslaufen – schließlich ist nichts offenkundiger, als daß der Mensch, als Gattungswesen wie als Individuum, seine Existenz *nicht* sich selbst verdankt – und daß somit, was Sartre, Marx und Hegel gemeinsam haben, von größerer Relevanz ist als die spezifischen Wege zur Verwirklichung dieses Non-factums (der Selbsterschaffung), so läßt sich doch kaum leugnen, daß ein Abgrund die wesentlich friedlichen Tätigkeiten des Denkens und Arbeitens von allen Tätigkeitsformen der Gewalt trennt. »Einen Europäer umbringen heißt zwei Fliegen mit einer Klappe schlagen ... Was übrig bleibt, ist ein toter Mensch und ein freier Mensch«, schreibt Sartre in seinem Vorwort zu Fanon. Diesen Satz hätte Marx nie schreiben können (s. Exkurs 1).

Ich habe Sartre zitiert, um hervorzuheben, daß dieser neue Trend zur Gewalt im Denken der heutigen Revolutionäre selbst einem ihrer repräsentativsten und artikuliertesten Wortführer entgehen konnte (s. Exkurs 2). Ich halte das für um so bemerkenswerter, als es zeigt, daß wir es hier nicht mit einem abstrakten, ideengeschichtlich zu erklärenden Phänomen zu tun haben. (Wenn man den »idealistischen« *Begriff* des Denkens umkehrt, kann man wohl zu dem »materialistischen« *Be-*

griff der Arbeit kommen, nie jedoch zur Idee der Gewalt.) Zweifellos hat eine solche Entwicklung ihre guten Gründe, aber diese Gründe stammen nicht aus theoretischen Überlegungen, sondern aus der Erfahrung, und zwar aus Erfahrungen, die früheren Generationen unbekannt waren.

Das Pathos und der Elan der Neuen Linken, das, was ihr Glaubwürdigkeit verleiht, hängen aufs engste zusammen mit der unheimlichen, selbstmörderischen Entwicklung der modernen Waffen. Dies ist die erste Generation, die im Schatten der Atombombe aufgewachsen ist. Von der Generation ihrer Väter hat sie die Erfahrung des Verbrecherstaats, des massiven Einbruchs der Kriminalität in die Politik, geerbt; sie weiß Bescheid über Konzentrations- und Vernichtungslager, über Völkermord, Folter und Terror,[19] über die Massaker der Zivilbevölkerung im Kriege, die die moderne Kriegführung, auch wenn sie sich auf »konventionelle« Waffen beschränkt, unweigerlich zur Folge hat. Die erste Reaktion war Abscheu gegen Gewalt in all ihren Formen, ein fast selbstverständliches Eintreten für eine Politik der Gewaltlosigkeit. Die Bewegung setzte in Amerika mit dem Kampf um die Bürgerrechte der Neger ein; die anfänglichen Erfolge waren sehr groß. Auf sie folgte die Widerstandsbewegung gegen den Krieg in Vietnam, die wiederum in beträchtlichem Ausmaß das Klima der öffentlichen Meinung in Amerika bestimmt hat. Auch sie war in den Anfangsstadien prinzipiell gewaltlos. Aber wir wissen alle, daß die Dinge sich seither geändert haben, und es ist vergeblich, sich diesen Tatbestand mit der Redensart von der »Handvoll von Extremisten« zu verschleiern, die allein der Faszination durch die Gewalt erliegen und – wie Fanons algerische Bauern – entdeckt haben, daß »nur die Gewalt sich auszahlt«[20].

Man hat die Rebellen als Anarchisten denunziert, als Nazis, rote Faschisten, ja als Konterrevolutionäre und, mit erheblich mehr Berechtigung, als die Maschinenstürmer des 20. Jahrhunderts (siehe Exkurs 3), und die Studenten haben mit ebenso unsinnigen Schlagworten geantwortet, mit »Polizeistaat«, »latenter Faschismus des Spätkapitalismus« oder, mit erheblich mehr Berechtigung, »Konsumgesellschaft«[21]. Man hat alle nur erdenklichen sozialen und psychologischen Gründe für ihr Verhalten gefunden – in Deutschland oder Japan soll natürlich die zu autoritäre Erziehung an allem schuld sein, in Amerika dagegen das Fehlen derselben; in Osteuropa die Freiheitsberaubung, im Westen hingegen ein Übermaß an Freiheit; in Frankreich der verhängnisvolle

Mangel an Arbeitsplätzen für Soziologiestudenten, in Amerika wiederum die bis vor kurzem unbegrenzten Möglichkeiten für Soziologen, Psychologen und Politologen, die darum nicht weniger rebellisch waren als ihre Kollegen in Europa. Da es sich hier um ein weltweites Phänomen handelt, können die Ursachen, auch wenn sie jeweils noch so plausibel erscheinen, nicht gut lokaler Natur sein. Einen gemeinsamen sozialen Nenner gerade scheint es nicht zu geben, aber psychologisch fällt doch auf, daß diese Generation überall sich durch gewisse Eigenschaften auszeichnet: Sie ist ungewöhnlich mutig, sie hat Lust am Handeln und besitzt auch, wenigstens in Ländern mit politischer Tradition, einige Erfahrung darin und verfügt über einen vorläufig noch nicht aufgebrauchten Vorrat an Vertrauen in die Möglichkeit, durch Handeln die Welt zu verändern.[22]

Aber solche Qualitäten sind keine Ursachen, und wenn man fragt, was denn nun eigentlich diese gänzlich unvorhergesehene Entwicklung an den Universitäten in der ganzen Welt ausgelöst hat, kann man nicht gut übersehen, daß *eine* Erfahrung dieser Generation in der Tat überall gemeinsam ist, die überdies ohne Beispiel und ohne Analogie ist – die Erfahrung, daß gerade der »Fortschritt« in mancherlei Hinsicht das Leben auf der Erde katastrophal bedroht (s. Exkurs 4). Mit diesen »Fortschritten« beziehungsweise ihren wissenschaftlichen Grundlagen werden sie an den Universitäten vertraut gemacht, und was sie dabei lernen, ist unter anderem auch, daß die Wissenschaften nicht nur unfähig scheinen, die verhängnisvollen Folgen ihrer eigenen Technik rückgängig zu machen, sondern daß man nun nachgerade das Stadium erreicht hat, »where there's no damn thing you can do that can't be turned into war«[23]. (In Amerika ist im Interesse der Universitäten zweifellos nichts dringlicher als die Liquidierung der Waffenforschung und aller Unternehmungen, die mit dem Militärestablishment zu tun haben [siehe Exkurs 5]. Aber es wäre naiv zu meinen, daß man damit das Wesen der modernen Naturwissenschaften ändern oder auch nur verhindern könnte, daß rein wissenschaftliche Entdeckungen für Rüstungszwecke benutzt werden, ganz abgesehen davon, daß die für die Integrität der Universität als einer Institution unabdingbare, rigorose Entpolitisierung sehr wohl dazu führen könnte, daß sie an wissenschaftlichem Niveau verliert.[24]) Kurz, der anscheinend unwiderstehliche technische Fortschritt, der im Verlauf der industriellen Revolution nur bestimmte Volksschichten mit Erwerbslosigkeit bedrohte und die Maschinenstürmerei auslöste, bedroht heute die Existenz ganzer Volksgruppen und potentiell die der Menschheit, ja des organischen Lebens überhaupt.

Bei der neuen Generation haben wir es mit einer Menschengruppe zu tun, der die unheimlich destruktiven Tendenzen des rasanten technischen »Fortschritts« der letzten Jahrzehnte in Fleisch und Blut sitzen, sie ist »gleichsam die Inkarnation der Zukunftsprobleme, die der älteren Generation abstrakt und unverständlich erscheinen«[25]. Daß diese Generation stärker im Bewußtsein eines Jüngsten Gerichts, das die Menschheit sich selbst bereitet, lebt als die »über Dreißig«, ist nur natürlich, nicht weil sie jünger sind, sondern weil dies ihre ersten und entscheidenden Erfahrungen in der Welt waren. Fragt man einen Angehörigen dieser Generation: »Wie soll die Welt in fünfzig Jahren aussehen?« und »Wie möchtest Du, daß Dein Leben in fünf Jahren aussieht?«, so wird man viele verschiedene Antworten hören, aber sie werden fast durchgängig von einem: »Vorausgesetzt, daß es dann noch eine Welt gibt« und »Vorausgesetzt, daß ich dann noch lebe«, eingeleitet sein. In der Tat: »Womit wir konfrontiert sind, ist eine Generation, die in keiner Weise sicher ist, daß sie eine Zukunft hat« (George Wald), oder für die, in den Worten Stephen Spenders, »die Zukunft eine vergrabene Zeitbombe [ist], deren Zeitzünder in der Gegenwart abläuft«;[26] die man also als die Gruppe definieren könnte, die das leise Ticken der Bombe im Lärm der Gegenwart hört. Jedenfalls dürften wir alle die Erfahrung gemacht haben, daß diejenigen, die sich am heftigsten und kompromißlosesten über sie entrüsten, zumeist auch der Meinung sind, daß wir in der besten aller möglichen Welten leben, und sich weigern, die Dinge, wie sie wirklich sind, auch nur zur Kenntnis zu nehmen.

Zwar ist die Studentenrebellion ein weltweites Phänomen, ihre Manifestationen aber sind natürlich lokal bestimmt und darum recht verschieden. Dies gilt besonders für die Frage der Gewalt. Wo der Generationsbruch nur den eben erwähnten Faktoren geschuldet ist und nicht mit handfesten Interessen zusammengeht, ist Gewalt zumeist eine theoretische Angelegenheit und eine Sache des rhetorischen Stils geblieben. In den Vereinigten Staaten jedenfalls kam es zu einer ernsteren Radikalisierung der Studentenbewegung anfänglich nur, wo die Polizei, oft mit großer Brutalität, gegen gewaltlose Demonstrationen, Besetzungen von Gebäuden, Sit-ins usw. eingriff. Dies hat sich erst mit dem Auftreten der Black-Power-Bewegung geändert. Im Gefolge der Bürgerrechtsbewegung haben die Universitäten und Colleges eine große Anzahl von Negerstudenten aufgenommen, ohne von ihnen die üblichen akademischen Qualifikationen zu verlangen; und die Folge war, daß diese Studenten, die besser als irgend jemand sonst wußten, daß der ihnen gebotene Nachhilfeunterricht ein hoffnungsloses Unternehmen war, sich von der Studentenschaft absonderten, organisierten und nun verständlicherweise einfach forderten, das Universitätsniveau so weit zu senken, daß sie mitkommen konnten – beziehungsweise da dies vielleicht doch nicht möglich war, ihnen ein eigenes »Studiengebiet«, die sogenannten Black studies, einzurichten. Jetzt wurde die Universität zum erstenmal mit einer universitätsfremden, gesellschaftlichen Interessengruppe konfrontiert, da die Negerstudenten zu Recht oder Unrecht beanspruchen, im Namen der Negerbevölkerung zu sprechen und ihre Interessen zu vertreten. Die hierbei sich ergebenden Konflikte waren und sind natürlich erheblich gefährlicher als universitätsinterne Interessenkollisionen, wie wir sie auch aus anderen Ländern kennen. Wo immer gesellschaftliche Interessen aufeinanderprallen, ist die Gefahr der Gewalttätigkeit gegeben; und obwohl die Negerstudenten gewöhnlich erheblich vorsichtiger vorgehen als die weißen Rebellen, mit denen sie nichts zu tun zu haben wünschen, da ja in der Tat keine gemeinsamen Interessen existieren, so war es doch von vornherein – und nicht erst nach den Vorfällen an der Cornell-Universität und am City College in New York – klar, daß Gewalt für sie keine theoretische oder bloß rhetorische Angelegenheit ist. Hinzu kommt, daß, im Gegensatz zu den weißen Studenten, die, jedenfalls im Westen, auf keine Unterstützung aus anderen Bevölkerungskreisen rechnen können, ja zumeist in der Öffentlichkeit ausgesprochener Feindseligkeit begegnen, hinter den schwarzen organisierten Studenten zumindest die Black-Power-Bewegung, also eine nicht unerhebliche Minderheit der Negerbevölkerung, steht. Hier liegt eine Parallele mit der in Amerika auch recht gewalttätigen Arbeiterbewegung in den zwanziger und dreißiger Jahren nahe; viel entscheidender aber ist die offensichtliche Neigung der Universitätsbehörden, den oft absurden Forderungen der Negerstudenten entgegenzukommen, auch wenn ihre Erfüllung den Interessen der Universität nur schaden kann. Man hat den Eindruck, daß nicht nur die Administration, sondern auch die Fakultäten sich erheblich wohler in diesen reinen Interessenkämpfen fühlen, bei denen man doch weiß wie und wo, als wenn sie sich den uneigennützigen und gemeinhin hochmoralischen Forderungen der Rebellen gegenübersehen. Interesse plus Gewalt oder Erpressung, das versteht man; »Mitbestimmungsdemokratie« und gewaltloser Widerstand mit allen seinen oft auch nicht sehr feinen Kniffen ist, denkt man, viel bedrohlicher.

Wie steht es nun aber mit der allgemeinen theoretischen Verherrlichung der Gewalt, die wir auch bei denen finden, die keine gesellschaftlichen Interessen repräsentieren? Das Merkwürdige an der Rhetorik der Neuen Linken ist, daß sie zwar im wesentlichen eindeutig von Fanon inspiriert ist, aber trotzdem in ihrer theoretisch-kritischen Argumentation kaum mehr bietet als ein meist recht primitives, mit Schlagwörtern durchsetztes Gemisch aus allen möglichen marxistischen Restbeständen. Dies Amalgam von Fanon und Marx ist für Leute, die Marx und Engels gelesen (und nicht nur Zitate aufgeschnappt) haben, einigermaßen verblüffend. Wer kann im Ernst eine Ideologie marxistisch nennen, die ihre Hoffnung »auf die Erwerbslosen und Deklassierten« setzt, die meint, daß »der Aufstand seine städtische Vorhut im Lumpenproletariat« finden werde, und darauf baut, daß »die Gangster ... dem Volk die Leuchtfeuer, die Aktionspläne und die ›Helden‹ liefern«[27] werde? Sartre hat mit dem ihm eigenen Geschick die Formel für den Glauben gefunden, der hinter dieser Rhetorik steht: »Die Gewalt gleich der Lanze des Achill ist imstande, die Wunden zu heilen, die sie schlägt.« Wenn das stimmte, dann wäre Rache eine Art Allheilmittel. Diese neuen Vorstellungen von der Gewalt und dem, was sie vermag, sind abstrakter, realitätsferner, als es Sorels Mythos vom Generalstreik je war. Sie stehen auf einer Stufe mit Fanons ärgsten rhetorischen Entgleisungen – wie daß es besser sei, in Würde zu hungern als das Brot der Sklaverei zu essen. Es bedarf keiner Geschichte und keiner Theorie, um diesen Ausspruch als Unsinn zu durchschauen; es genügt die flüchtigste Beobachtung der Körperprozesse. Hätte aber Fanon gesagt, daß es besser sei, sein Brot in Würde zu essen als Kuchen in der Sklaverei, was natürlich richtig ist, so wäre die rhetorische Pointe verloren.

Liest man solche unverantwortlich großsprecherischen Redensarten – und die von mir zitierten sind recht typisch, nur daß Fanon immer noch realitätsnäher ist als die meisten anderen – und betrachtet man sie aus der Perspektive der Geschichte der Rebellionen und Revolutionen, so ist man leicht versucht, ihnen jede Bedeutung abzusprechen und sie bestenfalls mit der Ratlosigkeit und Gefühlsnoblesse zu entschuldigen, die sich stimmungsmäßig leicht einstellen, wenn eine Generation sich unversehens mit Ereignissen und Entwicklungen konfrontiert sieht, auf die sie geistig in keiner Weise vorbereitet ist oder sein kann. Das Ergebnis jedenfalls ist ein kurioses Wiederaufleben von Gedanken und Emotionen auf der Linken, die Marx ein für allemal begraben zu haben meinte. Denn es ist ja nichts Neues, daß die Vergewaltigten von Gewalt träumen, die Unterdrückten »mindestens einmal am Tag« von Unterdrückung, die Armen von dem Reichtum der Reichen, die Verfolgten davon, »die Rolle des gehetzten Wilds mit der des Jägers« zu vertauschen, und die Letzten von dem Reich, »in dem die Letzten die Ersten« und die Ersten die Letzten sein werden.[28] Entscheidend ist nur, daß solche Träume, wie Marx wußte, sich nie verwirklichen (s. Exkurs 6). Wie selten waren Sklavenaufstände in der Geschichte, wo hören wir schon von Revolten der Erniedrigten und Beleidigten! Und wo es schon einmal zu einer Verwirklichung solcher Träume kam, da war es die Entfesselung der »blinden Wut«, die den Traum für alle zum Alptraum werden ließ. Ich kenne keinen Fall, in dem die Kraft »vulkanischer« Ausbrüche sich mit »der Kraft des Druckes [vergleichen ließe] ..., mit dem die Unterdrückten unterdrückt wurden« (Sartre). Zu meinen, daß wir in den nationalen Freiheitsbewegungen solche Ausbrüche vor uns haben, heißt ihren Untergang prophezeien – ganz abgesehen davon, daß auch im Falle des Sieges sich weder die Welt noch das System, sondern nur das Personal, das ihm dient, ändern würde. Von einer »Einheit der Dritten Welt« zu träumen, an die man in der Ära der Entkolonisierung mit dem Wort: »Eingeborene aller unterentwickelten Länder, vereinigt Euch!« appellieren könnte, heißt die schlimmsten Illusionen von Marx, nur in viel größerem Maßstab und mit erheblich weniger Berechtigung, zu wiederholen. Die Dritte Welt ist keine Realität, sondern eine Ideologie.[29]

Bleibt die Frage, wie es kommt, daß die neuen Prediger der Gewalt nicht merken, daß sie keine Marxisten mehr sind, und warum sie mit so hartnäckiger Zähigkeit an Begriffen und Doktrinen festhalten, die nicht nur durch die Entwicklung faktisch widerlegt sind, sondern auch eindeutig in Widerspruch zu ihrer eigenen Politik stehen. Zwar stammt die einzige positive Losung der neuen Bewegung, der Ruf nach »Mitbestimmungsdemokratie« (participatory democracy), aus dem Besten der revolutionären Tradition: dem Rätesystem, dieser immer wieder vernichteten, einzig authentisch aus der Revolution geborenen Staatsform; aber sie läßt sich weder dem Wortlaut noch dem Sinne nach bei Marx und Lenin nachweisen, die beide in den Räten nicht mehr sahen als vorübergehende Organe revolutionärer Aktion. Und dies ist auch ganz natürlich, da beiden eine Gesellschaftsordnung vorschwebte, in der zugleich mit dem Staat die Notwendigkeit politischer Betätigung und Beteiligung an öffentlichen Angelegenheiten »abgestorben« sein würde.[30] Und da der Mut dieser Generation in Sachen der Praxis mit einer ausgesprochenen Zaghaftigkeit in theoretischen Angelegenheiten Hand in Hand geht, ist die Losung der Neuen Linken rein rhetorisch-deklamatorisch geblieben, eine Art Beschwörungsformel im Kampf gegen die östlichen Einpartei-Bürokratien, welche Mitbestimmungsrecht prinzipiell ausschließen, wie gegen die westliche parlamentarische Parteien-Demokratie, die im Begriff steht, selbst ihre rein repräsentative Funktion an die riesigen Parteimaschinen zu verlieren, die nicht einmal mehr die eigenen Mitglieder, sondern nur noch die Funktionäre »repräsentiert«.

Denkt man an den Gesamttenor von Marx' Werk, so ist vielleicht noch auffallender, daß die Neue Linke sich nicht darüber klar geworden ist, in welchem Ausmaß der moralische Charakter ihrer Rebellion, den heute kaum noch jemand bestreitet (s. Exkurs 7), in Widerspruch steht zu ihrer marxistischen Rhetorik. Nichts ist in der Tat auffälliger als die Uneigennützigkeit der Bewegung, und es ist mit Recht gesagt worden, daß Péguy sich vorzüglich »zum Schutzpatron der Kulturrevolution in Frankreich geeignet hätte mit seiner Verachtung des Mandarinentums an der Sorbonne und der Losung: ›Die soziale Revolution wird eine Revolution der Moral sein oder sie wird nicht sein‹«[31]. Nun sind zwar revolutionäre Bewegungen immer von »klassenfremden« Elementen geführt worden, also denen, die an dem Umsturz persönlich kein Interesse hatten, und dies gilt natürlich auch für Marx und Lenin; aber Marx hat bekanntlich sehr erfolgreich die eigentlichen Motive der »Klassenfremden«, also das Mit-Leiden mit den Leidenden und das leidenschaftliche Engagement für Gerechtigkeit, als pure Sentimentalitäten verfemt – wenn das Establishment heute moralische Argumente als »Gefühlsduselei« (»emotional«) ablehnt, denkt es marxistischer als die Rebellen –, und das Problem einer klassenfremden, also von keinem Interesse gebundenen Führerschaft hat sich dann wenigstens theoretisch so lösen lassen, daß diese die Menschheit im Ganzen repräsentierte und sich mit den Interessen der »fortschrittlichsten« Klasse identifizierte. Und diese Identifikation, wie wir wissen, klappt heute nicht mehr. Die rebellierenden Studenten haben trotz verzweifelter Anstrengungen außerhalb der Universitäten keine Klasse, keine gesellschaftliche Gruppe hinter sich bringen können.[32] Die feindselige Haltung der Arbeiter in allen Ländern ist bekannt, und das totale Scheitern jeglicher Zusammenarbeit mit der Black-Power-Bewegung in den Vereinigten Staaten und ihren Repräsentanten an den Universitäten, die eine so viel bessere Verhandlungsbasis haben, war für die weißen Rebellen die bisher bitterste Enttäuschung. (Ob die Black-Power-Leute klug daran taten, sich so energisch zu weigern, die Rolle des Proletariats für »farbfremde« Führer zu spielen, ist eine andere Frage.) Es ist nicht weiter verwunderlich, daß man unter diesen Umständen in Amerika anfängt, Schulkinder politisch zu organisieren, oder in Deutschland, der Heimat der Jugendbewegung, auf die Idee kommt, »sämtliche Jugendverbände« als »Bundesgenossen« zu gewinnen;[33] aber dies ist offensichtlich nicht weniger absurd als die »These, daß die außerparlamentarische und antiautoritäre Opposition dort anzuknüpfen habe, wo vor hundert Jahren die Arbeiterbewegung ihren Ausgangspunkt genommen hat«[34].

Es scheint mir außer Frage, daß die zahlreichen theoretischen Unstimmigkeiten seitens der Neuen Linken, die samt und sonders daher rühren, daß man die Wirklichkeit des zwanzigsten Jahrhunderts mit Kategorien des neunzehnten zu verstehen sucht, nicht einfach der Unfähigkeit dieser Generation geschuldet sind, anders als in abstrakten, vorgeprägten Schemata zu denken. Ich vermute vielmehr, daß der eigentliche Grund für diesen verblüffenden Konservativismus[35] einiges mit dem Fortschrittsbegriff zu tun hat beziehungsweise mit dem Widerstand gegen die Zumutung, den Grundbegriff aufzugeben, der seit mehr als hundert Jahren der gesamten Linken von den Liberalen über die Sozialisten zu den Kommunisten gewissermaßen heilig gewesen ist und den wir zweifellos nirgends auf einem so hohen geistigen Niveau finden wie in den Schriften von Karl Marx. (Inkonsequenz war immer die Achillesferse liberalen Denkens; nur weil der Liberalismus es mit dem Durchdenken der eigenen Theorien nie so genau genommen hat, konnte er es sich leisten, an dem Fortschrittsgedanken festzuhalten, ohne die Geschichtskategorien von Marx und Hegel zu akzeptieren.)

Die Vorstellung, daß es so etwas wie einen Fortschritt der Menschheit im Ganzen gibt, war vor dem siebzehnten Jahrhundert unbekannt, entwickelte sich im achtzehnten zu einer von den Gebildeten vielfach geteilten Meinung und wurde im neunzehnten zu einem nahezu allseits anerkannten Dogma. Aber der Unterschied zwischen diesem Dogma und den anfänglichen Vorstellungen ist doch recht entscheidend. Natürlich mußte man von Anfang an unterstellen, daß man von dem Menschengeschlecht so reden kann wie von irgendeiner Tiergattung, in welcher Pluralität nicht mehr besagt als Exemplare der gleichen Spezies. Pascal, merkwürdigerweise einer der ersten Denker, der an den Fortschritt *des* Menschen geglaubt hat, geht direkt davon aus, daß der Unterschied zwischen der menschlichen Vernunft und dem tierischen Instinkt darin bestehe, daß die »Resultate des *raisonnement* ständig zunehmen, während der Instinkt immer der gleiche« bliebe; »Bienenwaben sind vor tausend Jahren genau so wohl gebildet gewesen wie heute«. Bei den Tieren trägt die Natur nur dafür Sorge, daß die Gattungen »in einer Ordnung begrenzter Vollkommenheit« erhalten bleiben; so ist es nicht mit dem Menschen, »qui n'est produit que pour l'infinité«. »So schreitet nicht nur jeder Mensch täglich in den Wissenschaften fort, sondern alle Menschen zusammen machen darin einen ständigen Fortschritt ..., weil in der Abfolge der Menschen sich das gleiche begibt wie in den verschiedenen Altersstufen eines jeden. Daher muß die Abfolge der Generationen durch so viele Jahrtausende hindurch wie der gleiche Mensch angesehen werden, der immer weiterlebt und ständig zulernt.« Diejenigen, die wir die Alten nennen, sind eigentlich die in allen Dingen Neuen, sie bilden die Kindheit der Menschheit, und auf das Alter, das wir in ihnen verehren, haben im Grunde wir selbst Anspruch.[36]

Es ist sehr bezeichnend, daß der Fortschrittsgedanke, der bei Pascal zweifellos von den großen naturwissenschaftlichen Errungenschaften seines Jahrhunderts inspiriert war, von vornherein den Prozeß des Fortschreitens der Menschheit im ganzen in Analogie zu den Lebensprozessen des einzelnen Exemplars der Gattung versteht. Es scheint ihm nicht aufgefallen zu sein, daß die logische Konsequenz dieser Analogie ist, daß auf den Fortschritt der Untergang folgen muß. Wenn die Menschheit eine Kindheit kennt, dann kann sie dem Alter nicht entgehen, auf den biologischen Aufstieg folgt unweigerlich ein Abstieg; die Fortschrittsideologie ist denn auch seit dem achtzehnten Jahrhundert bis in die Gegenwart immer von einer Untergangsideologie begleitet gewesen. Diesen Schwierigkeiten hat das achtzehnte Jahrhundert auf die Weise Rechnung getragen, daß es Geschichte überhaupt als eine »Erziehung des Menschengeschlechts« (Lessing) begriff, die mit der Mündigkeit *des* Menschen endigt. Dieser Fortschritt war also expressis verbis nicht unbegrenzt, und Marx' klassenlose Gesellschaft in einem Reich der Freiheit ist noch ganz im Sinne der Aufklärung das Endziel der Geschichte, aber nicht das Ende der Menschheit. Diese Vorstellung ist bei Marx nicht viel mehr als eine Verlegenheitslösung, die Antwort auf die unbeantwortbare Frage: Und was dann? – ein Restbestand, der für die eigentliche Doktrin des Marxismus kaum eine Rolle spielt.

Denn mit dem Aufkommen der Industriellen Revolution hatte das, was man unter Fortschritt verstand, an Rapidität so zugenommen,[37] daß der ideologische Akzent sich von der Betrachtung des Menschengeschlechts und seiner in der Geschichte aufgespeicherten Kenntnisse auf die Bewegung des Prozesses als solchen verlagerte. In der Sicht Proudhons, der wie Marx von Hegel herkam, ist die Bewegung das »Urfaktum« (»le fait primitif«); »ewig sind nur die Gesetze der Bewegung«, und diese Bewegung hat weder Anfang noch Ende. »Le mouvement est; voilà tout!« Was den Menschen anlangt, so kann man nur sagen: »Wir sind vervollkommbar, aber wir werden nie vollkommen.«[38] Man sollte meinen, daß dieser unendliche Fortschritt nicht mehr in biologischen Kategorien verstanden werden konnte, schließlich ist der *Lebens*prozeß, was das Individuum anlangt, von Geburt und Tod begrenzt. Damit wäre aber der Fortschritt des Menschen*geschlechts* im Ganzen nicht mehr vorstellbar gewesen; Fortschritt als das Grundgesetz der Geschichte ist undenkbar, wenn man ihm nicht die Vorstellung der Menschengattung, verkörpert in dem Begriff *des* Menschen als eines Gattungswesens, zugrunde legt.

Marx' von Hegel entliehene Idee, daß jede alte Gesellschaft den Keim der auf sie folgenden ebenso in sich trägt wie jeder lebende Organismus den Keim seiner Nachkommenschaft, ist in der Tat nicht nur die genialste, sondern die einzig mögliche Konzeption, die eine Kontinuität des Fortschritts in der Geschichte garantieren kann; und da die fortschrittliche Bewegung durch »Widersprüche« beziehungsweise durch Kräfte zustande kommt, von denen eine jede die ihr eigene Gegenkraft selbst erzeugt, kann jeder »Rückschritt« als notwendiger und notwendig vorübergehender Rückschlag aufgefaßt werden. Nun ist natürlich eine Garantie, die letzten Endes auf nicht viel mehr als einer

Metapher beruht, nicht gerade die solideste Basis einer Doktrin, aber dies ist ein Schönheitsfehler, den der Marxismus leider mit einer ganzen Anzahl von philosophischen Lehrmeinungen teilt. Im Vergleich mit anderen Geschichtsauffassungen, die sich historisch genauso gut dokumentieren und rechtfertigen lassen – wie etwa die Lehre von der ewigen Wiederkunft des Gleichen oder des Aufstiegs und Untergangs einzelner Völker oder auch der rein zufälligen Abfolge wesentlich unzusammenhängender Ereignisse –, besitzt die Fortschrittsidee den großen Vorteil, ein gradlinig verlaufendes Zeitkontinuum zu gewährleisten, das die geschichtliche Kontinuität, in der Fortschritt statthaben soll, erst ermöglicht. Solch ein Kontinuum sichert sonst nur die uralte Vorstellung von dem goldenen Zeitalter, mit dem alle geschichtliche Entwicklung anhebt, und sie hat den Nachteil, daß sie den unendlichen Rückschritt impliziert.

Zwar sind mit der beruhigenden Vorstellung, daß wir nur in die Zukunft zu marschieren brauchen, was wir ja ohnehin tun, um eine bessere Welt zu finden, einige beunruhigende Nebenerscheinungen verknüpft. Da ist einmal die einfache Tatsache, daß die Zukunft der Menschheit dem Einzelnen, dessen einzig gewisse Zukunft der Tod ist, kaum etwas zu bieten hat, es sei denn die Hoffnung, daß seine Kinder und Kindeskinder besser dran sein werden als er selbst. Und da ist ferner, wenn man von dem Menschenschicksal absehen will, der ebenso einfache Einwand gegen den Fortschrittsglauben, den etwa Alexander Herzen wie folgt formuliert: »Die menschliche Entwicklung ist eine chronische Ungerechtigkeit, da die Späteren von den Anstrengungen ihrer Vorgänger profitieren können, ohne denselben Preis zu zahlen«[39], und den wir bereits bei Kant finden: »Befremdend bleibt es immer hierbei: daß die älteren Generationen nur scheinen um der späteren willen ihr mühseliges Geschäft zu treiben ... und daß doch nur die spätesten das Glück haben sollen, in dem [vollendeten] Gebäude zu wohnen.«[40]

Daß sich der Fortschrittsgedanke gegen diese doch erheblichen Einwände hat durchsetzen können, ja daß sie kaum je ernsthaft in Betracht gezogen wurden, ist verständlich genug. Nicht nur kann diese letztlich unbewiesene und unbeweisbare Hypothese die Vergangenheit auslegen, ohne das Zeitkontinuum aufzubrechen, sie liefert vor allem auch dem Handeln einen Zukunftsentwurf, an dem es sich orientieren kann. Dies eben ist es, was Marx entdeckte, als er Hegel vom Kopf auf die Füße stellte: Er akzeptierte von Hegel die Idee der einen in sich schlüssigen Menschheitsgeschichte, die sich dem rückwärts gewandten Blick des Historikers erschließt; in der Marxschen Konzeption ändert sich diese Blickrichtung, der Historiker wird zum Politiker, indem er, aufgrund der gleichen Hypothese, vertrauensvoll in die Zukunft blickt. Der Fortschrittsgedanke beantwortet die höchst unbequeme Frage, die sich jeder neuen Generation stellt: Und was machen wir nun? Auf dem untersten Niveau lautet die Antwort: Laßt uns, was wir haben, verbessern, erweitern, vergrößern, vervielfachen (statt einem Auto pro Familie zwei). (Die Vorstellung, daß der wirtschaftliche Stand eines Landes an der Wachstumsrate der Produktion und des Nationaleinkommens abzulesen ist, ist das A und O aller Wirtschaftstheorien; sie beruht auf einem blinden Glauben an Fortschritt, den alle teilen.) Auf dem erheblich weniger primitiven Niveau der Linken gilt es, die der Gegenwart jeweils inhärenten Widersprüche in die auf sie notwendigerweise folgenden Synthesen zu entwickeln. In beiden Fällen meint man, daß etwas ganz und gar Neues und Unvorhersehbares sich nicht ereignen kann, nichts, was nicht »notwendigerweise« aus dem folgt, was wir kennen.[41] Wie beruhigend, wenn man mit Hegel sagen kann: »Es kommt nichts Anderes heraus, als was schon vorhanden war.«[42]

Ich brauche kaum hinzuzufügen, daß alle unsere Erfahrungen in diesem Jahrhundert, das uns ständig mit dem völlig Unerwarteten, von niemandem Vorhergesehenen konfrontiert hat, in flagrantem Widerspruch zu diesen Vorstellungen und Lehrmeinungen stehen. Deren Popularität beruht gerade darauf, daß sie ein bequemes, sei es spekulatives, sei es pseudo-wissenschaftliches Ausweichen vor der Wirklichkeit ermöglichen. Zu dem gänzlich Unerwarteten gehört auch eine Studentenrebellion, die sich nahezu ausschließlich in moralischen Kategorien versteht. Diese Generation, der man auf den Universitäten kaum etwas anderes in Soziologie und Politologie angeboten hat als die verschiedenen Varianten der Interessenpolitik beziehungsweise ihrer Entlarvung, hat uns eine Lektion über die Manipulierbarkeit von Menschen oder besser deren Grenzen erteilt, die nur ein erneutes Ausweichen vor der Wirklichkeit wieder zunichte machen könnte. »Manipuliert« werden können Menschen nur durch physischen Zwang, durch Furcht, Folter oder Hunger, und die Meinungsbildung kann zuverlässig nur durch organisierte, gezielte Falschinformation gelenkt werden, aber weder durch »hidden persuaders«, Fernsehen, Reklame oder andere psychologische Mittel, deren sich die freien Länder gern bedienen.

Zweifellos verdient es die Fortschrittsideologie, ernster genommen zu werden als die meisten Dinge, die auf dem Jahrmarkt des Aberglaubens in unserem Jahrhundert angeboten worden sind.[43] Schließlich entstammt sie den erstaunlichen Fortschritten der Naturwissenschaften seit dem Beginn der Neuzeit, und wenn sich seit dem neunzehnten Jahrhundert der Glaube an einen *unbegrenzten* Fortschritt durchsetzen konnte, so doch auch, weil diese Wissenschaften tatsächlich »universal« waren und geblieben sind. Wenn der Gegenstand der Forschung das für den menschlichen Verstand in jedem Sinn unendliche Universum und nicht mehr die begrenzte Erdnatur ist, so liegt es nahe, einen unendlichen Fortschritt der Erkenntnis anzunehmen, wiewohl auch dies durchaus nicht sicher ist. Sicher aber ist, daß die eigentlich wissenschaftliche Forschung der Geisteswissenschaften und ihr »Fortschritt« nicht unbegrenzt sein können. Die unsinnige Forderung nach neuen Forschungsergebnissen auf Gebieten, wo alle spezifisch wissenschaftliche Arbeit schon geleistet und nur noch Gelehrsamkeit sinnvoll ist, hat entweder zu dem Aufbauschen von Nebensächlichkeiten geführt oder zu einer Art Pseudo-Forschung, die sich selbst ad absurdum führt.[44]

So hat sich denn auch die Rebellion der Jugend, soweit sie nicht ausschließlich moralisch-politisch motiviert ist, vor allem gegen die akademische Verherrlichung der geistes- und naturwissenschaftlichen Disziplinen gerichtet, die in ihren Augen, wenn auch aus verschiedenen Gründen, gleichermaßen kompromittiert sind – die einen wegen ihrer Irrelevanz, die anderen wegen der ihnen inhärenten Technik. Und es ist in der Tat durchaus möglich, daß wir in beiden Fällen an einem Wendepunkt stehen, dem Punkt, an dem die Ergebnisse unseres wissenschaftlichen Tuns sich auf das jeweilige Gebiet selbst zerstörerisch auswirken. Nicht nur fällt der Fortschritt der Naturwissenschaften nicht mehr mit dem Fortschritt der Menschheit (was immer man darunter verstehen mag) zusammen, er könnte das Ende der Natur und der Menschengattung bedeuten, so wie der weitere Fortschritt in den Geisteswissenschaften schließlich mit der Zerstörung des geistigen Gutes enden könnte, um dessentwillen die Forschung sich überhaupt erst auf den Weg gemacht hatte. Kurz, Fortschritt kann auf keinem wissenschaftlichen Feld mehr als Maßstab und Kriterium dienen, mit denen man die von uns entfesselten, reißenden Veränderungsprozesse messen oder beurteilen könnte.

Bevor wir uns nun dem Problem der Gewalt zuwenden, möchte ich vor einem naheliegenden Mißverständnis warnen. Wenn wir unter Geschichte einen kontinuierlich chronologischen Prozeß verstehen, dessen Fortschreiten in der einmal eingeschlagenen Richtung zudem automatisch vonstatten geht beziehungsweise von Menschen nur verzögert oder beschleunigt werden kann, so liegt es nahe, in der Gewalt in Form von Kriegen und Revolutionen die einzig mögliche Unterbrechung solcher Abläufe zu sehen. Wenn dies stimmte, wenn nur das gewalttätige Handeln imstande wäre, automatische Prozesse im Bereich der menschlichen Angelegenheiten zu unterbrechen, dann hätten die Befürworter der Gewalt in einem sehr entscheidenden Punkt gewonnen. (Soviel ich weiß, hat keiner der Gewalt-Theoretiker je auf diesen Punkt hingewiesen, aber es scheint mir unbestreitbar, daß diese Überzeugung hinter den vielfach rein destruktiven Studentenaktivitäten steht.[44a]) In Wahrheit jedoch ist es die Funktion jeden Handelns, im Unterschied zu einem bloß reaktiven Sichverhalten (behavior), Prozesse zu unterbrechen, die sonst automatisch und damit voraussagbar verlaufen würden.

II

Unsere Überlegungen über das Wesen und die Rolle der Gewalt in der Politik sind von diesem Erfahrungshorizont vorgezeichnet. Theoretisch fällt vorerst auf, daß Sorels Bemerkung vor etwa sechzig Jahren: »Die Probleme der Gewalt sind immer noch sehr dunkel«[45], nicht überholt ist. Ich erwähnte bereits, daß Gewalt kaum je als ein eigenständiges Phänomen beachtet worden ist; bei näherem Zusehen stellt sich indessen heraus, daß die Sache wesentlich komplizierter liegt. Sieht man sich nämlich die sehr große Literatur über das Phänomen der Macht an, so wird man schnell gewahr, daß man die Gewalt deshalb nicht beachtet hat, weil man von Links bis Rechts der einhelligen Meinung ist, daß Macht und Gewalt dasselbe sind beziehungsweise daß Gewalt nichts weiter ist als die eklatanteste Manifestation von Macht. »Alle Politik ist Kampf um die Macht; aufs höchste gesteigerte Macht ist Gewalt«, sagt der links stehende amerikanische Politologe C. Wright Mills und folgt damit nur Max Webers berühmter Definition vom Staat als »ein auf das Mittel der legitimen (das heißt: als legitim angesehenen) Gewaltsamkeit gestütztes *Herrschafts*verhältnis von Menschen über Menschen«.

Und Max Weber zitiert ausdrücklich in diesem Zusammenhang Trotzki, der in Brest-Litowsk sagte: »Jeder Staat wird auf Gewalt gegründet«, und fügt hinzu: »Das ist in der Tat richtig.«[46]

Diese Übereinstimmung ist sehr merkwürdig; denn politische Macht mit der organisierten Staatsgewalt gleichzusetzen hat nur Sinn, wenn man wie Marx den Staat als ein Instrument der Unterdrückung in der Hand der herrschenden Klasse versteht. Die Gleichsetzung von Macht und Gewalt findet sich aber auch bei nahezu allen Autoren, die weit davon entfernt sind, den Bereich des eigentlich Politischen, den Staat mit seinen Gesetzen und Institutionen, als bloßen Überbau anzusehen. So lesen wir etwa bei Bertrand de Jouvenel, dessen Buch *Du Pouvoir, Histoire naturelle de sa croissance* wohl die angesehenste, jedenfalls interessanteste neuere Abhandlung zu diesem Thema ist, wie folgt: »Dem Betrachter der Abfolge der Zeitalter stellt sich der Krieg als ein Akt dar, *der zum Wesen der Staaten gehört.*«[47] Folgt daraus nicht, daß das Ende der Kriege das Ende staatlicher Organisation bedeuten würde? Heißt das nicht, daß die Ausschaltung der militärischen Gewalt im zwischenstaatlichen Verkehr auch das Phänomen der Macht zum Verschwinden bringen würde? Max Weber geht noch einen Schritt weiter: Das spezifische Merkmal des Staates ist »das Monopol legitimer physischer Gewaltsamkeit«. »Wenn nur soziale Gebilde beständen, denen die Gewaltsamkeit als Mittel unbekannt wäre, dann würde der Begriff ›Staat‹ fortgefallen sein, dann wäre eingetreten, was man … als ›Anarchie‹ bezeichnen würde.«[48] Der »Staatssinn« ist nach Hegel ein »Sinn des Regierens und Gehorchens«.

Die Staatsmacht, ja die Existenz des Staates also beruht auf Gewalt (ganz im Sinne von Marx), und Jouvenel definiert Macht (ganz im Sinne Max Webers) als Instrument der Herrschaft. Herrschaft wiederum entspringt angeblich einem dem Menschen eigentümlichen »Trieb, andere zu unterjochen«; denn andere unter den eigenen Willen zu zwingen, erzeuge ein »unvergleichliches Lustgefühl«, sich durchzusetzen und »andere zu Instrumenten des eigenen Willens zu machen« gehöre zur Männlichkeit des Mannes[49] – was uns natürlich unweigerlich an das erinnert, was Sartre über die Selbstbefreiung des Menschen durch Gewalt sagte. »Macht« also, wie schon Voltaire meinte, »besteht darin, andere zu veranlassen, so zu handeln, wie es mir beliebt«; sie bedeutet nach Max Weber »jede Chance, innerhalb einer sozialen Beziehung den eigenen Willen auch gegen Widerstreben durchzusetzen«. Strausz-Hupé zufolge bedeutet das Wort nichts anderes als »die Macht des Menschen über den Menschen«[50]. Das erinnert an Clausewitz' Definition: »Der Krieg ist ein Akt der Gewalt, um den Gegner zur Erfüllung unseres Willens zu zwingen.«[51] Und um auf Jouvenel zurückzukommen: »Befehlen und Gehorchen, ohne das gibt es keine Macht – sie braucht kein anderes Attribut. ... Jenes Etwas, ohne das Macht nicht sein kann, ihr Wesen ist der Befehl.«[52] Wenn das Wesen der Macht in der Wirksamkeit des Befehls besteht, dann gibt es in der Tat keine größere Macht als die, welche »aus den Gewehrläufen« kommt, und die einzige Schwierigkeit würde darin bestehen, daß es nun unmöglich wird zu sagen, »wodurch sich denn der Befehl der Polizei von dem Befehl eines bewaffneten Verbrechers unterscheidet«. (So Alexander Passerin d'Entrèves, der einzige mir bekannte Autor, der es für der Mühe wert hält, zwischen Gewalt und Macht zu unterscheiden. »Wir müssen zusehen, ob und in welchem Sinne Macht von Gewalt unterschieden werden kann, um dann zu ermitteln, wie eine gesetzlich limitierte Gewaltanwendung die Qualität der Gewalt selbst verändert und uns ein gänzlich anderes Bild menschlicher Beziehungen vor Augen führt.« Denn »durch die bloße Tatsache der Beschränkung hört Gewalt auf, bloße Gewalt zu sein«. Aber selbst diese Unterscheidung – sie ist der bei weitem durchdachteste Beitrag zu der Macht-Gewalt-Problematik in der ganzen Literatur – genügt nicht. Macht ist nach der Auffassung von d'Entrèves »beschränkte« oder »institutionalisierte« Gewalt. Mit anderen Worten: während die oben zitierten Autoren Gewalt als die eklatanteste Manifestation von Macht definieren, bestimmt d'Entrèves umgekehrt Macht als eine Art gemilderter Gewalt. Letzten Endes kommt das auf dasselbe heraus.[53]) Sollte also von Rechts bis Links, von Jouvenel bis Mao Tse-tung in einem für die politische Philosophie so entscheidenden Punkt wie dem des Wesens der Macht volle Übereinstimmung herrschen?

Im Sinne der Tradition politischen Denkens haben diese Definitionen viel für sich. Nicht nur sind sie die logische Folge des absoluten Machtbegriffs, der den Aufstieg des souveränen europäischen Nationalstaats begleitete, dessen früheste und immer noch größte Repräsentanten Jean Bodin und Thomas Hobbes sind; sie decken sich auch mit den Begriffen, die seit dem griechischen Altertum dazu dienten, Staatsformen als Herrschaftsformen von Menschen über Menschen voneinander zu unterscheiden – des Einen oder der Wenigen in Monarchie und Oligarchie, der Besten oder der Vielen in Aristokratie und Demokratie. Wir müßten heute diesen Grundformen noch die jüngste und vielleicht furchtbarste Herrschaftsform hinzufügen, die Bürokratie oder die Herrschaft, welche durch ein kompliziertes System von Ämtern ausgeübt wird, bei der man keinen Menschen mehr, weder den Einen noch die Wenigen, weder die Besten noch die Vielen, verantwortlich machen kann und die man daher am besten als Niemandsherrschaft bezeichnet. (Im Sinne der Tradition, welche die Tyrannis als die Herrschaft definierte, der man keine Rechenschaft abfordern kann, ist die Niemandsherrschaft die tyrannischste Staatsform, da es hier tatsächlich niemanden mehr gibt, den man zur Verantwortung ziehen könnte. Ein Hineintreiben in solche Niemandsherrschaft kennzeichnet heute nahezu überall die politische Situation; es ist einer der stärksten Faktoren in der Rebellion, die um die Welt geht, und trägt viel zu ihrem oft chaotischen Charakter bei. Die Unmöglichkeit, die verantwortlichen Stellen auch nur zu ermitteln und den Gegner zu identifizieren, führt theoretisch zu jenen Verallgemeinerungen, in denen alles Partikulare verschwindet und die dann nichts mehr besagen, und in der Praxis zu einem Amoklaufen, das alles und vor allem die eigene Organisation vernichtet.)

Hinzu kommt, daß die Kraft dieser aus dem griechischen Altertum stammenden Terminologie nochmals durch die jüdisch-christliche Tradition und ihre Vorstellung von »dem imperativen Charakter des Gesetzes« (d'Entrèves[54]) bestätigt wurde; denn die Definition des Gesetzes als ein Befehl, der Gehorsam verlangt, ist nicht die Erfindung der Realpolitiker, sondern die selbstverständliche Konsequenz einer sehr viel früheren und nahezu automatischen Verallgemeinerung der »Gebote« Gottes, die nun alle Gesetzesvorschriften umfaßte, als genüge das »einfache Verhältnis von Gebot und Gehorsam«, um das Wesen aller Gesetze und nicht nur das der Zehn Gebote zu bestimmen. Schließlich haben die neuzeitlichen wissenschaftlichen und philosophischen Meinungen über die Natur des Menschen das Ihre getan, um diese Traditionen, nun in säkularisierter Form, nochmals zu bekräftigen. Den zahlreichen jüngsten »Entdeckungen« auf diesem Gebiet, die dem Menschen einen angeborenen Herrschaftstrieb und einen natürlichen Aggressionsinstinkt nachsagen, sind sehr ähnliche Behauptungen aus dem neunzehnten Jahrhundert vorausgegangen. So meinte John Stuart Mill, daß »Gehorsam die erste Lektion der Zivilisation« sei, und er spricht von den zwei fundamentalen »Gemütszuständen des Menschen ... Der eine ist das Verlangen, Macht über andere auszuüben, der andere die Abneigung dagegen, Macht über sich ausüben zu lassen.«[55] Würden wir unseren Erfahrungen in diesen Dingen trauen, so sollten wir wissen, daß der Hang zur Unterwerfung, der Trieb zum Gehorsam und der Schrei nach dem starken Mann in der menschlichen Psychologie eine mindestens ebenso große Rolle spielen wie der Wille zur Macht und daß diese Unterwerfungsinstinkte politisch vermutlich erheblich relevanter sind. Immerhin mag die uralte Redensart »Wer befehlen will, muß gehorchen lernen«, die sich so oder anders in allen Jahrhunderten und bei allen Völkern findet,[56] auf eine psychologische Wahrheit weisen. Wille zur Macht und Unterwerfungsinstinkt stehen in der Tat in einem engen psychologischen Zusammenhang; es ist fraglich, ob J. S. Mill recht hat, wenn er meint, »bereitwillige Unterwerfung unter Gewaltherrschaft« und »extreme Passivität« seien immer miteinander gekoppelt. Wer nicht gehorchen will, will zumeist auch nicht befehlen, und wer befehlen will, hat zumeist auch nicht viel gegen das Gehorchen einzuwenden. (Historisch gesprochen ist die antike Sklavenwirtschaft unter diesen Voraussetzungen schlechthin unverständlich. Denn ihr ausdrücklicher Zweck war keineswegs individuelle Bereicherung, sondern die Bürger von der Bürde rein wirtschaftlicher Tätigkeiten zu befreien und ihnen so zu ermöglichen, ein Leben in der Öffentlichkeit zu führen, das von dem Prinzip der Gleichheit [Isonomie] bestimmt war. Wenn es wahr wäre, daß nichts dem Menschen köstlicher ist, als Befehle zu erteilen und über andere zu herrschen, hätte der »pater familias« gut daran getan, niemals sein Haus zu verlassen.)

Nun gibt es aber noch eine andere Tradition und ein ganz anderes Vokabular in diesen Dingen, die nicht weniger weit zurückreichen. Wenn die athenische Polis von ihrer Verfassung als Isonomie sprach, einer Organisation der Gleichen im Rahmen des Gesetzes, oder wenn die Römer ihre »res publica«, das öffentliche Ding, eine »civitas«, eine Bürgervereinigung nannten, so schwebte ihnen ein anderer Macht- und Gesetzesbegriff vor, dessen Wesen nicht auf dem Verhältnis zwischen Befehlenden und Gehorchenden beruht und der Macht und Herrschaft oder Gesetz und Befehl nicht gleichsetzt. Auf eben diese Beispiele griffen die Revolutionäre des achtzehnten Jahrhunderts zurück, als sie die Archive des Altertums durchstöberten, um ihre Republik zu konstituieren, also eine Staatsform, in der die Herrschaft des Gesetzes, die auf der Macht des Volkes beruht, der Herrschaft des Menschen über den

Menschen ein Ende bereiten sollte. Zwar sprachen auch sie noch von Gehorsam, dem Gehorsam, den man den Gesetzen, aber keinem Menschen schuldete, aber was sie tatsächlich meinten, war eine aktive Unterstützung von Anordnungen, denen die Bürger vorerst einmal ihre Zustimmung gegeben hatten (s. Exkurs 8). Solche Unterstützung ist niemals bedingungslos und kann es an Zuverlässigkeit nicht mit dem fraglosen Gehorsam aufnehmen, den ein Akt der Gewalt erzwingt – mit dem Gehorsam, auf den jeder rechnen kann, der mir die Pistole auf die Brust oder das Messer an die Kehle setzt, um mir die Handtasche zu entreißen oder eine Bank auszuplündern. Aber dieser Gehorsam erzeugt und verleiht keine Macht.

Was den Institutionen und Gesetzen eines Landes Macht verleiht, ist die Unterstützung des Volkes, die wiederum nur die Fortsetzung jenes ursprünglichen Konsenses ist, welcher Institutionen und Gesetze ins Leben gerufen hat. (In einem Rechtsstaat mit parlamentarischer Repräsentation gilt theoretisch, daß das Volk über die herrscht, die es regieren.) Alle politischen Institutionen sind Manifestationen und Materialisationen von Macht; sie erstarren und verfallen, sobald die lebendige Macht des Volkes nicht mehr hinter ihnen steht und sie stützt. Dies ist, was Madison meinte, wenn er sagte, daß alle Regierungen letztlich auf »Meinung« beruhen, ein Wort, das für die verschiedenen monarchischen Staatsformen so gültig ist wie für die Demokratie, die ausdrücklich ihre Legitimität aus dem Volkswillen herleitet. (»Anzunehmen, daß die Majorität nur in einer Demokratie ausschlaggebend sei, ist eine phantastische Illusion«, sagt Jouvenel mit Recht, »der Monarch, gerade weil er ein Einzelner ist, bedarf der allgemeinen Unterstützung durch die Gesellschaft mehr als irgendeine andere Staatsform.«[57] Selbst der Tyrann, der als Einer über alle herrscht, bedarf der Helfer für das Geschäft der Gewalt, obwohl sie an Zahl geringer sind als in anderen Staatsformen.) Die Stärke dieser Meinung wiederum, also die eigentliche Macht der Regierung, hängt von der Zahl derer ab, die sie teilen; sie »ist proportional der Zahl derjenigen, mit denen sie im Bunde ist«[58]. Dies ist der Grund, warum die Tyrannis, wie Montesquieu entdeckte, die gewalttätigste und zugleich die ohnmächtigste aller Staatsformen ist.

Zu den entscheidenden Unterschieden zwischen Macht und Gewalt gehört, daß Macht immer von Zahlen abhängt, während die Gewalt bis zu einem gewissen Grade von Zahlen unabhängig ist, weil sie sich auf

Werkzeuge verläßt. Eine Demokratie, die im Unterschied zu einer Republik nicht an Gesetze gebunden zu sein braucht, also eine einfache Mehrheitsherrschaft, die nur auf Macht basiert, kann Minderheiten auf eine furchtbare Weise unterdrücken und abweichende Meinungen ohne alle Gewaltsamkeiten sehr wirkungsvoll abwürgen. Ungeteilte und unkontrollierte Macht kann eine Meinungsuniformität erzeugen, die kaum weniger »zwingend« ist als gewalttätige Unterdrückung. Aber das heißt nicht, daß Gewalt und Macht dasselbe sind.

Der Extremfall der Macht ist gegeben in der Konstellation: Alle gegen Einen, der Extremfall der Gewalt in der Konstellation: Einer gegen Alle. Und das letztere ist ohne Werkzeuge, d. h. ohne Gewalt*mittel*, niemals möglich. Deshalb ist die oft gehörte Behauptung, eine Handvoll unbewaffneter Extremisten sei imstande, »gewaltsam« – durch Geschrei, Spektakel, Krawall – den Abbruch stark besuchter Vorlesungen zu erzwingen, obwohl eine große Mehrzahl für deren normale Durchführung stimmte, so irreführend. (An einer deutschen Universität soll kürzlich sogar *ein* einsamer »Protestierer« solch einen seltsamen Sieg über mehrere hundert Studenten für sich verbucht haben können.) In Wirklichkeit liegen die Dinge in solchen Fällen erheblich ernster: Die Mehrheit weigert sich einfach, von ihrer Macht Gebrauch zu machen und die Störer zu überwältigen; der akademische Betrieb bricht zusammen, weil niemand bereit ist, für den Status quo mehr zu tun als einen Finger hochzuheben. Das besagt, daß die Universitäten sehr viel mehr Studenten gegen sich haben, als man gemeinhin glaubt, und daß die militante Minderheit ein größeres Machtpotential besitzt, als die in öffentlichen Abstimmungen ermittelte Zahl erwarten läßt. Die Mehrheit der bloßen Zuschauer, die den lautstarken Gefechten zwischen Student und Professor belustigt folgen, sind in Wirklichkeit schon die heimlichen Verbündeten der Minderheit. (Man braucht sich nur vorzustellen, was geschehen wäre, wenn ein oder ein paar unbewaffnete Juden im Vor-Hitler-Deutschland versucht hätten, die Vorlesung eines antisemitischen Professors zu unterbrechen, und die Absurdität des Geredes von der »Handvoll« extremer Elemente springt in die Augen.)

Es spricht, scheint mir, gegen den gegenwärtigen Stand der politischen Wissenschaft, daß unsere Fachsprache nicht unterscheidet zwischen Schlüsselbegriffen wie Macht, Stärke, Kraft, Autorität und schließlich Gewalt – die sich doch alle auf ganz bestimmte, durchaus verschiedene

Phänomene beziehen und kaum existieren würden, wenn sie das nicht täten. (Um mit d'Entrèves zu sprechen: »Stärke, Macht, Autorität – auf die exakte Verwendung all dieser Worte legt die Umgangssprache keinen besonderen Wert; sogar die größten Denker gebrauchen sie manchmal aufs Geratewohl. Aber es wäre angebracht, darauf zu bestehen, daß sie sich auf ganz bestimmte Eigenschaften beziehen und daß ihr Aussagegehalt deshalb jeweils sorgfältig abgewogen und geprüft werden sollte.... Der korrekte Gebrauch dieser Worte ist nicht nur eine Frage der Grammatik, sondern der geschichtlichen Perspektive.«[59] Sie synonym zu gebrauchen, zeigt nicht nur, daß man das, was die Sprache eigentlich sagt, nicht mehr hören kann, was schlimm genug wäre; der Unfähigkeit, Unterschiede zu hören, entspricht die Unfähigkeit, die Wirklichkeiten zu sehen und zu erfassen, auf die die Worte ursprünglich hinweisen. In solchen scheinbar nur semantischen Schwierigkeiten fühlt man sich immer versucht, neue Definitionen einzuführen. Aber obwohl ich dieser Versuchung kurz nachgeben werde, glaube ich nicht, daß Definitionen hier viel helfen können; es handelt sich nicht einfach um unachtsamen Sprachgebrauch. Hinter der scheinbaren Konfusion steht eine theoretische Überzeugung, derzufolge alle Unterscheidungen in der Tat von bestenfalls sekundärer Bedeutung wären, die Überzeugung nämlich, daß es in der Politik immer nur eine entscheidende Frage gäbe, die Frage: Wer herrscht über wen? Macht, Stärke, Kraft, Autorität, Gewalt – all diese Worte bezeichnen nur die Mittel, deren Menschen sich jeweils bedienen, um über andere zu herrschen; man kann sie synonym gebrauchen, weil sie alle die gleiche Funktion haben. Erst wenn man diese verhängnisvolle Reduktion des Politischen auf den Herrschaftsbereich eliminiert, werden die ursprünglichen Gegebenheiten in dem Bereich der menschlichen Angelegenheiten in der ihnen eigentümlichen Vielfalt wieder sichtbar werden.

Diese Gegebenheiten in unserem Zusammenhang und mit Bezug auf die oben genannten Begriffe lassen sich wie folgt spezifizieren:

Macht entspricht der menschlichen Fähigkeit, nicht nur zu handeln oder etwas zu tun, sondern sich mit anderen zusammenzuschließen und im Einvernehmen mit ihnen zu handeln. Über Macht verfügt niemals ein Einzelner; sie ist im Besitz einer Gruppe und bleibt nur solange existent, als die Gruppe zusammenhält. Wenn wir von jemand sagen, er »hat die Macht«, heißt das in Wirklichkeit, daß er von einer bestimmten Anzahl von Menschen ermächtigt ist, in ihrem Namen zu handeln. In dem Augenblick, in dem die Gruppe, die den Machthaber ermächtigte und ihm ihre Macht verlieh (»potestas in populo« – ohne ein »Volk« oder eine Gruppe gibt es keine Macht), auseinandergeht, vergeht auch »seine Macht«. Wenn wir in der Umgangssprache von einem »mächtigen Mann« oder einer »machtvollen Persönlichkeit« sprechen, gebrauchen wir das Wort schon im übertragenen Sinn; nicht metaphorisch gesprochen handelt es sich um einen starken Mann oder eine starke Persönlichkeit.

Denn *Stärke*, im Gegensatz zu Macht, kommt immer einem Einzelnen, sei es Ding oder Person, zu. Sie ist eine individuelle Eigenschaft, welche sich mit der gleichen Qualität in anderen Dingen oder Personen messen kann, aber als solche von ihnen unabhängig ist. Stärke hält der Macht der Vielen nie stand; der Starke ist nie am mächtigsten allein, weil auch der Stärkste Macht gerade nicht besitzt. Wo der Starke mit der Macht der Vielen zusammenstößt, wird er immer durch die schiere Zahl überwältigt, die sich oft nur darum zusammenschließt, um mit der der Stärke eigentümlichen Unabhängigkeit fertig zu werden. Von Plato bis Nietzsche hat man die fast instinktive Feindseligkeit der Vielen gegen den Einen, der sich von ihnen absondert, dem Ressentiment der Schwachen gegen den Starken zugeschrieben, aber diese psychologische Deutung, so richtig sie im einzelnen Fall sein mag, übersieht, daß es im Wesen einer Gruppe und der von ihr erzeugten Macht liegt, sich gegen Unabhängigkeit, die mit Stärke Hand in Hand geht, zu wehren.

Das Wort *Kraft*, das im deutschen Sprachgebrauch meist synonym mit Stärke gebraucht wird, sollte in der Begriffssprache für »Naturkräfte« vorbehalten bleiben, um dann metaphorisch überall da verwandt zu werden, wo physische oder gesellschaftliche Bewegungen bestimmte Energiequanten erzeugen – die »Wasserkraft« oder »die Kraft der Verhältnisse« –, die sich auf den Einzelnen auswirken.

Autorität, das begrifflich am schwersten zu fassende Phänomen und daher das am meisten mißbrauchte Wort,[60] kann sowohl eine Eigenschaft einzelner Personen sein – es gibt persönliche Autorität, z. B. in der Beziehung von Eltern und Kindern, von Lehrer und Schülern – als einem Amt zugehören, wie etwa dem Senat in Rom (»auctoritas in senatu«) oder den Ämtern der katholischen Hierarchie (auch ein betrunkener Priester kann vermöge der Autorität des Amtes gültige Absolution erteilen). Ihr Kennzeichen ist die fraglose Anerkennung seitens derer, denen Gehorsam abverlangt wird; sie bedarf weder des Zwanges noch der Überredung. (So kann ein Vater seine Autorität entweder dadurch verlieren, daß er das Kind durch Schläge zwingt, oder dadurch, daß er versucht, es durch Argumente zu überzeugen. In beiden Fällen handelt er nicht mehr autoritär, in dem einen Fall tyrannisch, in dem anderen demokratisch.) Autorität bedarf zu ihrer Erhaltung und Sicherung des Respekts entweder vor der Person oder dem Amt. Ihr gefährlichster Gegner ist nicht Feindschaft, sondern Verachtung, und was sie am sichersten unterminiert, ist das Lachen.[61]

Gewalt schließlich ist, wie ich bereits sagte, durch ihren instrumentalen Charakter gekennzeichnet. Sie steht dem Phänomen der Stärke am nächsten, da die Gewaltmittel, wie alle Werkzeuge, dazu dienen, menschliche Stärke beziehungsweise die der organischen »Werkzeuge« zu vervielfachen, bis das Stadium erreicht ist, wo die künstlichen Werkzeuge die natürlichen ganz und gar ersetzen.

Wenn wir uns solcher begrifflichen Unterscheidungen bedienen, dürfen wir nicht vergessen, daß sie zwar keineswegs willkürlich sind und den Phänomenen in der Wirklichkeit durchaus entsprechen, daß sie aber andererseits aus dieser Wirklichkeit gleichsam herauspräpariert sind und in begrifflicher Reinheit nur selten in ihr anzutreffen sind. So nimmt Macht in organisierten Gemeinwesen oft Kennzeichen an, die eigentlich der Autorität angehören, immer dann nämlich, wenn das Funktionieren des sozialen Lebens sofortige, fraglose Anerkennung von Anordnungen erfordert. (Ein scheinbar unbedeutender und vorläufig noch vereinzelter Zwischenfall in New York mag illustrieren, was passieren kann, wenn Autorität in einem Sozialgefüge so völlig verschwunden ist, daß sie sich nicht einmal mehr in ihrer sekundären, rein funktionellen Gestalt durchzusetzen vermag. Ein kleinerer U-Bahn-Schaden – die Türen eines Zuges schlossen nicht automatisch in der Station – führte zu einer vierstündigen Stillegung des gesamten Verkehrs, von der 50 000 Menschen betroffen wurden, weil die Insassen des defekten Zuges sich einfach weigerten, der Aufforderung der Verkehrsleitung, die Wagen zu verlassen, nachzukommen.[62]) Auch Macht und Gewalt treten gewöhnlich, wie wir sehen werden, kombiniert auf und sind nur in extremen Fällen in ihrer reinen Gestalt anzutreffen – woraus man natürlich nicht folgern kann, daß Autorität, Macht und Gewalt alle auf dasselbe hinauslaufen.

Nun ist allerdings die Versuchung, sich in der Bestimmung des Wesens der Macht an den Kategorien des Gehorchens und Befehlens zu orientieren, besonders groß, wenn es sich um die Staatsmacht handelt, also um einen speziellen Fall von Macht. Da die Gewalt sowohl in der Außen- wie in der Innenpolitik immer als letzter Ausweg des Handelns miteinkalkuliert ist und infolgedessen als der letztlich entscheidende Schutz der Machtstruktur gegen alle entschlossenen Gegner erscheint – gegen den Feind von außen und den Verbrecher im Innern –, kann es wirklich so aussehen, als sei Gewalt die Vorbedingung von Macht und Macht nichts anderes als eine Fassade, hinter der die Gewalt sich verbirgt, der Samthandschuh, unter dem sich entweder die eiserne Faust oder eine Art Papiertiger befindet. Bei näherem Zusehen jedoch sind diese und ähnliche Vorstellungen von dem Verhältnis zwischen Macht und Gewalt sehr viel weniger einleuchtend, als man auf den ersten Blick glaubt. Dies läßt sich vielleicht am besten an dem Phänomen der Revolution erläutern.

Seit Beginn des Jahrhunderts hat man immer wieder behauptet, die Chancen für Revolutionen hätten sich entscheidend verringert, ja Revolutionen wären nicht mehr möglich, und zwar wegen der ständig anwachsenden Zerstörungskapazität von Waffen, die ihrem Wesen nach nur der Staatsmacht zur Verfügung stehen.[63] Die Geschichte der letzten siebzig Jahre, die einen Rekord an erfolgreichen wie gescheiterten Revolutionen aufstellten, spricht eine andere Sprache. Waren die Leute, die gegen eine so erdrückende Übermacht auch nur zu rebellieren versuchten, einfach wahnsinnig? Und wie erklären sich denn erfolgreiche Revolutionen oder auch nur eine vorübergehende Machtergreifung? Die Lösung des Rätsels ist einfach. Einmal ist die Kluft zwischen staatlichen Gewaltmitteln und dem, womit das Volk sich zur Not bewaffnen kann – von Bierflaschen und Pflastersteinen bis zu Molotow-Cocktails und Schußwaffen – schon immer so enorm gewesen, daß die modernen technischen Errungenschaften kaum ins Gewicht fallen. Zum anderen ist die verbreitete Vorstellung von der Revolution als Folge des bewaffneten Aufstands ein Märchen. Revolutionen gerade werden nicht »gemacht« und am wenigsten durch eine lernbare Prozedur, in der man vom Dissent zur Verschwörung, von passivem Widerstand zum bewaffneten Aufstand fortschreitet. Wo Gewalt der Gewalt gegenübersteht, hat sich noch immer die Staatsgewalt als Sieger erwiesen. Aber diese an sich absolute Überlegenheit währt nur solange, als die Machtstruktur des Staates intakt ist, das heißt, solange Befehle befolgt werden und Polizei und Armee bereit sind, von ihren Waffen Gebrauch zu machen. Ist das nicht mehr der Fall, so ändert sich die Situation jählings. Nicht nur kann der Aufstand nicht niedergeworfen werden, die Waffen wechseln die Hände, und zwar manchmal, wie etwa in der Ungarischen Revolution, binnen weniger Stunden. (Der beste Beweis dafür, daß Amerika in Vietnam de facto in einen revolutionären Bürgerkrieg eingegriffen hat, ist die bekannte Tatsache, daß vor dem vollen Einsatz russischer Hilfe die Nationale Befreiungsfront mit in Amerika hergestellten Waffen kämpfte.) Erst wenn dies geschehen, wenn der Zusammenbruch der Staatsmacht offenkundig geworden ist und den Rebellen erlaubt hat, sich zu bewaffnen, kann man überhaupt von einem »bewaffneten Aufstand« sprechen, der oft überhaupt nicht mehr erfolgt. (Revolutionen sind *im Beginn* zumeist sehr unblutig.) Wo Befehlen nicht mehr gehorcht wird, sind Gewaltmittel zwecklos. Und für die Frage dieses »Gehorsams«, wo nämlich entschieden wird, ob überhaupt noch gehorcht werden soll, ist die Befehl-Gehorsam-Korrelation gänzlich irrelevant. Die Beantwortung dieser Frage hängt von nichts anderem als der »Meinung« ab und natürlich der Zahl derer, die diese Meinung so oder anders teilen. Jetzt stellt sich auf einmal heraus, daß alles von der Macht abhängt, die hinter der Gewalt steht. Der plötzliche dramatische Machtzusammenbruch, wie er für Revolutionen charakteristisch ist, zeigt, wie sehr der sogenannte Gehorsam des Staatsbürgers – gegenüber den Gesetzen, den Institutionen, den Regierenden oder Herrschenden – eine Sache der öffentlichen Meinung ist, nämlich die Manifestation von positiver Unterstützung und allgemeiner Zustimmung.

Die innere Zersetzung der Staatsmacht macht Revolutionen möglich; sie sind keineswegs eine notwendige, errechenbare Folge. Die Geschichte kennt zahllose Beispiele von völlig ohnmächtigen Staaten, die über lange Zeiträume fortbestehen konnten. Entweder gab es niemanden, der die bestehende Macht auch nur auf die Probe stellte, oder das Regime hatte das Glück, in keinen Krieg verwickelt zu werden und keine Niederlage zu erleiden. Denn Machtzerfall wird häufig nur manifest in direkter Konfrontation; und selbst dann, wenn die Macht schon auf der Straße liegt, bedarf es immer noch einer Gruppe von Menschen, die auf diese Eventualität vorbereitet und daher bereit ist, die Macht zu ergreifen und die Verantwortung zu übernehmen. Vor zwei Jahren waren wir Zeugen der Ereignisse, die auf die relativ harmlose und wesentlich gewaltlose Rebellion der Studenten in Frankreich folgten. Sie genügte, um die Brüchigkeit des ganzen Systems zu enthüllen, das sich vor den erstaunten Augen der jungen Rebellen rapid auflöste. Ohne es zu ahnen, hatten sie das System auf die Probe gestellt. Sie hatten nichts weiter beabsichtigt, als das veraltete und verknöcherte Universitätssystem zu »konfrontieren«, und siehe da, alles geriet ins Wanken, die Staatsmaschine sowohl wie die gewaltigen Partei- und Gewerkschaftsbürokratien – »une sorte de désintégration de toutes les hiérarchies« (Raymond Aron[64]). Dies war ein Schulbeispiel der viel beredeten und oft mißverstandenen »revolutionären Situation«[65], in der die Revolution ausblieb, weil niemand, am wenigsten natürlich die Studenten, daran dachte, die Macht zu ergreifen und damit die Verantwortung zu übernehmen. Niemand – mit Ausnahme von de Gaulle. Nichts beleuchtete den Ernst der Lage schärfer als sein Appell an die Armee, der Flug zu Massu und den Generälen in Deutschland, ein Gang nach Canossa wie nur je einer, wenn man bedenkt, was sich nur wenige Jahre vorher ereignet hatte. Doch was de Gaulle suchte und empfing, war Unterstützung und nicht Gehorsam; er erreichte sie durch Konzessionen und nicht durch Befehle (s. Exkurs 9). Hätten Befehle genügt, er hätte Paris nie zu verlassen brauchen.

Es hat nie einen Staat gegeben, der sich ausschließlich auf Gewaltmittel hätte stützen können. Selbst die totale Herrschaft, deren wesentliche Herrschaftsmittel Konzentrationslager, Polizeiterror und Folter sind, bedarf einer Machtbasis, die in diesem Fall von der Geheimpolizei und einem Netz von Spitzeln gestellt wird. Nur die Entwicklung von Robotersoldaten könnte an dieser prinzipiellen Überlegenheit der Macht und der Meinung über die Gewalt etwas ändern; dann könnte in der Tat ein Mann durch das Auslösen eines Hebels vernichten, wen und was immer ihm gerade beliebt. Selbst das despotischste Regime, das wir kennen, die Herrschaft über Sklaven, die ihre Herren an Zahl immer übertrafen, beruhte nicht auf der Überlegenheit der Gewaltmittel als solchen, sondern auf der überlegenen Organisation der Sklavenhalter, die miteinander solidarisch waren, also auf Macht.[66]

Solange Roboter Menschen nicht ersetzt haben, hat kein einzelner Mensch ohne die Unterstützung von anderen je die Macht, die Gewalt wirklich loszulassen. So hat auch innenpolitisch die Gewalt immer die Funktion eines äußersten Machtmittels gegen Verbrecher oder Rebellen, das heißt gegen einzelne oder verschwindende Minderheiten, die sich weigern, sich von der geschlossenen Meinung der Mehrheit überwältigen zu lassen. Es ist normalerweise die Übermacht dieser Mehrheit und ihrer »Meinung«, die die Polizei beauftragt beziehungsweise ermächtigt, mit Gewalt gegen die vorzugehen, die sich ihrem Machtspruch entziehen. Und selbst im Kriegsfall, wo doch nun wirklich die nackte Gewalt das letzte Wort zu haben scheint, kann es geschehen, daß eine enorme Überlegenheit an Machtmitteln wirkungslos bleibt, wenn sie einem zwar schlecht ausgerüsteten, aber gut organisierten und deshalb viel mächtigeren Gegner gegenübersteht – wie wir es in Vietnam sehen. Und diese Lektion der Partisanen- und Guerillakriege ist nicht neu. Sie ist mindestens so alt wie die Niederlage der bis dahin unbesiegten Armee Napoleons in Spanien.

Begrifflich gesprochen heißt dies: Macht gehört in der Tat zum Wesen aller staatlichen Gemeinwesen, ja aller irgendwie organisierten Gruppen, Gewalt jedoch nicht. Gewalt ist ihrer Natur nach instrumental; wie alle Mittel und Werkzeuge bedarf sie immer eines Zwecks, der sie dirigiert und ihren Gebrauch rechtfertigt. Und das, was eines anderen bedarf, um gerechtfertigt zu werden, ist funktioneller, aber nicht essentieller Art. Der Zweck des Krieges ist der Friede; aber auf die Frage: Und was ist der Zweck des Friedens? gibt es keine Antwort. Friede ist etwas Absolutes, obwohl in der uns bekannten Geschichte die Perioden des Krieges nahezu immer länger waren als die des Friedens. Ein solches Absolutes ist auch die Macht; sie ist, wie man zu sagen pflegt, ein Selbstzweck. (Damit soll natürlich nicht geleugnet werden, daß Regierungen jeweils eine bestimmte Politik verfolgen und ihre Macht dafür einsetzen, vorgegebene Ziele zu erreichen. Aber die Machtstruktur selbst liegt allen Zielen voraus und überdauert sie, so daß Macht, weit davon entfernt, Mittel zu Zwecken zu sein, tatsächlich überhaupt erst die Bedingung ist, in Begriffen der Zweck-Mittel-Kategorie zu denken und zu handeln.) Und wenn der Staat seinem Wesen nach organisierte und institutionalisierte Macht ist, so hat auch die gängige Frage nach seinem Endzweck keinen Sinn. Die Antwort wird sich entweder in einem Zirkel bewegen – etwa: er soll das Zusammenleben von Menschen ermöglichen –, oder sie wird utopische Ideale aufstellen, das Glück der größten Zahl, die klassenlose Gesellschaft, aber auch Gerechtigkeit, Freiheit und dergleichen mehr, die, wenn man sie im Ernst zu verwirklichen versucht, unweigerlich zu einer Zwangsherrschaft führen.

Macht bedarf keiner Rechtfertigung, da sie allen menschlichen Gemeinschaften immer schon inhärent ist. Hingegen bedarf sie der Legitimität. Macht entsteht, wann immer Menschen sich zusammentun und gemeinsam handeln, ihre Legitimität beruht nicht auf den Zielen und Zwecken, die eine Gruppe sich jeweils setzt; sie stammt aus dem Machtursprung, der mit der Gründung der Gruppe zusammenfällt. Ein Machtanspruch legitimiert sich durch Berufung auf die Vergangenheit, während die Rechtfertigung eines Mittels durch einen Zweck erfolgt, der in der Zukunft liegt. Gewalt kann gerechtfertigt, aber sie kann niemals legitim sein. Ihre Rechtfertigung wird um so einleuchtender sein, je näher das zu erreichende Ziel liegt. Niemandem kommt es in den Sinn, die Berechtigung von Gewalttätigkeit im Falle der Selbstverteidigung in Frage zu stellen, weil die Gefahr nicht nur evident, sondern unmittelbar gegenwärtig ist, mithin zwischen dem Zweck und den Mitteln, die er rechtfertigen muß, so gut wie keine Zeitspanne liegt.

Obwohl Macht und Gewalt ganz verschiedenartige Phänomene sind, treten sie zumeist zusammen auf. Bisher haben wir nur solche Kombinationen analysiert, wobei sich herausgestellt hat, daß in ihnen jedenfalls die Macht immer das Primäre und Ausschlaggebende ist. Dies ändert sich jedoch, sobald wir unsere Aufmerksamkeit den selteneren Fällen zuwenden, wo sie in Reingestalt auftreten. Eine direkte Konfrontation von Macht und Gewalt begegnet uns zum Beispiel im Falle kriegerischer Auseinandersetzung, die mit einer feindlichen Besatzung endet. Wie wir sahen, beruht die übliche Gleichsetzung von Gewalt und Macht darauf, daß man das staatlich geregelte Zusammenleben als eine Herrschaft versteht, die sich auf die Mittel der Gewalt stützt. Diese Art von Herrschaft wird in der Tat von dem fremden Eroberer errichtet, und sie kann sich verhältnismäßig leicht durchsetzen, wenn sie es mit einer ohnmächtigen Regierung und einer Nation zu tun hat, die nicht an Freiheit gewöhnt ist, das heißt nicht weiß, wie man politische Macht bildet und mit ihr umgeht. In allen anderen Fällen sind die Schwierigkeiten außerordentlich groß, und die Besatzungsmacht wird sofort versuchen, eine Quisling-Regierung zu organisieren, um sich eine Machtbasis in der einheimischen Bevölkerung zu verschaffen, auf die sie ihre Herrschaft stützen kann. Der Zusammenprall von russischen Tanks mit dem völlig gewaltlosen Widerstand des tschechischen und slowakischen Volkes ist ein Schulbeispiel für eine Konfrontation von Gewalt und Macht in ihrer reinen Form. Eine reine Gewaltherrschaft hat ihre Schwierigkeiten, aber sie ist keineswegs unmöglich, denn sie beruht ja nicht auf der Meinung der Beherrschten beziehungsweise auf der Anzahl derer, die eine bestimmte Meinung teilen, sondern ausschließlich auf den Mitteln der Gewalt. Wer versucht, sich der Gewalt durch bloße Macht zu erwehren, wird sofort zu spüren bekommen, daß er nicht mehr mit Menschen und möglichen Mehrheiten konfrontiert ist, sondern mit von Menschen erzeugten Geräten, mit Objekten, deren Vernichtungskraft proportional zu der Entfernung zwischen den Gegnern anwächst. Auch die größte Macht kann durch Gewalt vernichtet werden; aus den Gewehrläufen kommt immer der wirksamste Befehl, der auf unverzüglichen, fraglosen Gehorsam rechnen kann. Was niemals aus den Gewehrläufen kommt, ist Macht.

Bei einem Aufeinanderprall von Gewalt und Macht ist der Ausgang niemals zweifelhaft. Wäre Gandhis außerordentlich mächtige und erfolgreiche Strategie des gewaltlosen Widerstands auf einen anderen Gegner gestoßen – auf Stalins Rußland, Hitlers Deutschland, ja selbst auf das Japan des Vorkriegs anstatt auf England –, dann wäre ihr Ergebnis nicht Entkolonisierung, sondern »administrativer Massenmord« und schließlich Unterwerfung gewesen. Dabei darf man nicht übersehen, daß die imperialistischen Mächte – England in Indien, Frankreich in Algerien – gute Gründe hatten, auf einen solchen Sieg zu verzichten. Nackte Gewalt tritt auf, wo Macht verloren ist. Die russische Lösung des tschechischen Problems zeigte deutlich einen entscheidenden Machtverlust des russischen Regimes an, genauso wie der Machtverlust des europäischen Imperialismus sich in der Alternative zwischen Massenmord oder Dekolonisierung manifestierte. Man kann Macht durch Gewalt ersetzen, und dies kann zum Siege führen, aber der Preis solcher Siege ist sehr hoch; denn hier zahlen nicht nur die Besiegten, der Sieger zahlt mit dem Verlust der eigenen Macht. Das gilt in besonderem Maße, wenn der Sieger sich zu Hause der Segnungen der konstitutionellen Regierungsform erfreut. Es ist, wie Henry Steele Commager (der berühmte amerikanische Historiker) gesagt hat: »Wenn wir die Weltordnung umstürzen und den Weltfrieden zerstören wollen, müssen wir unvermeidlich zuerst unsere eigenen politischen Institutionen umstürzen und zerstören.«[67] Im Zeitalter des Imperialismus sprach man von dem Bumerangeffekt, den die »Herrschaft über unterworfene Völker« (Lord Cromer) auf das eigene Land haben könne, und meinte damit, daß die Gewaltherrschaft, die man in fernen Ländern errichtet hatte, schließlich auf die Bevölkerung des Mutterlandes zurückschlagen werde. Das Vorgehen der Polizei im vorigen Jahre an der Universität Berkeley, bei dem nicht nur Tränengas, sondern ein anderes, von der Genfer Konvention verurteiltes und von der Armee zur Ausräucherung der Guerillakämpfer in Vietnam verwendetes Gas eingesetzt wurde, während gleichzeitig Polizisten mit Gasmasken alle Leute daran hinderten, den vergasten Bereich zu verlassen, ist ein gutes Beispiel für dieses Bumerang-Phänomen.

Man hat oft gesagt, daß Ohnmacht Gewalt provoziere, daß die, welche keine Macht haben, besonders geneigt sind, zur Gewalt zu greifen, und psychologisch ist dies durchaus richtig. Politisch ist ausschlaggebend, daß Macht*verlust* sehr viel eher als Ohnmacht zur Gewalt verführt, als könne diese die verlorene Macht ersetzen (s. Exkurs 10) – im Sommer 1968 während des Konvents der Demokraten in Chicago war ein solcher Prozeß mit Händen zu greifen –, und daß Gewalt, eben weil sie in der Tat Macht vernichten kann, stets die eigene Macht mitbedroht. Wo die Gewalt mit ihren Geräten der Machtbasis verlustig gegangen ist, die ihr Ziele und Grenzen setzt, tritt die bekannte Umkehr des Zweck-Mittel-Verhältnisses in Kraft; nun sind es die Mittel, die Werkzeuge der Vernichtung, die die Zwecke bestimmen – mit dem Resultat, daß der tatsächlich erreichte Endzweck die Vernichtung aller Macht ist.

Nirgends tritt das selbstzerstörerische Element, das dem Sieg der Gewalt über die Macht innewohnt, schärfer zutage als in der Terrorherrschaft, über deren unheimliche Erfolge und schließliches Scheitern wir vielleicht besser Bescheid wissen als irgendeine Zeit vor uns. Terror und Gewalt sind nicht dasselbe. Die Terrorherrschaft löst eine Gewaltherrschaft ab, und zwar in den, wie wir wissen, nicht seltenen Fällen, in denen die Gewalt nach Vernichtung aller Gegner nicht abdankt, sondern im Gegenteil die zentrale Kontrolle über den Staatsapparat ergreift. Die Gewaltherrschaft bezweckt und erreicht die Entmachtung der Gesellschaft, bis sie einer organisierten Opposition nicht mehr fähig ist, und dies ist der Augenblick, wo der eigentliche Terror entfesselt werden kann. Die Tyrannis erzeugt die Ohnmacht, welche dann totale Herrschaft ermöglicht. Der Terror konserviert und intensiviert die Entmachtung durch die Atomisierung der Gesellschaft – ein empörend akademisch-blasses Wort für einen grauenhaften Tatbestand –, die im wesentlichen durch die Allgegenwart des Denunzianten erreicht wird, der nun buchstäblich überall sein kann, weil es sich nicht mehr um bezahlte Agenten handelt; jeder Mensch, mit dem man in Berührung kommt, kann morgen gezwungen werden zu denunzieren. Wie ein solcher vollständig entwickelter Polizeistaat organisiert ist und wie er funktioniert, beziehungsweise wie nichts mehr funktioniert, wo er funktioniert, kann man jetzt auf das genaueste nachlesen in dem großen Roman von Alexander Solschenizyn, *Der erste Kreis der Hölle*, der voraussichtlich eines der literarischen Meisterwerke des zwanzigsten Jahrhunderts bleiben wird und sicher die bei weitem beste Darstellung des Stalin-Regimes bietet (s. Exkurs 11). Der entscheidende Unterschied zwischen totaler Herrschaft, die auf Terror beruht, und den verschiedenen Arten der Gewaltherrschaft besteht darin, daß die erstere nicht nur ihren Gegnern, sondern auch ihren Freunden und Anhängern den Garaus macht, da sie sich gegen Macht schlechthin, also auch gegen die mögliche Macht organisierter Anhänger wendet. Der Terror erreicht seinen Gipfel, wenn der Polizeistaat beginnt, seine eigenen Kinder zu verschlingen, und dem Henker von Gestern morgen die Rolle des Opfers zugeteilt wird. Und das ist auch der Augenblick, da Macht in jeglichem Sinne aus dem Lande verschwunden ist. Zur Erklärung der Entstalinisierung Rußlands sind eine Reihe einleuchtender Gründe vorgebracht worden; keiner scheint mir so zwingend wie die Erkenntnis der stalinistischen Funktionäre selbst, daß eine Fortdauer des Regimes zwar keinen Aufstand zur Folge haben würde – dagegen bietet Terror in der Tat den zuverlässigsten Schutz –, wohl aber die totale wirtschaftliche und schließlich auch militärische Lähmung des Landes.

Ich fasse zusammen: Politisch gesprochen genügt es nicht zu sagen, daß Macht und Gewalt nicht dasselbe sind. Macht und Gewalt sind Gegensätze: Wo die eine absolut herrscht, ist die andere nicht vorhanden. Gewalt tritt auf den Plan, wo Macht in Gefahr ist; überläßt man sie den ihr selbst innewohnenden Gesetzen, so ist das Endziel, ihr Ziel und Ende, das Verschwinden von Macht. So kann man auch nicht eigentlich sagen, das Gegenteil von Gewalt sei eben die Gewaltlosigkeit. Von »gewaltloser« Macht zu sprechen, ist ein Pleonasmus. Gewalt kann Macht vernichten; sie ist gänzlich außerstande, Macht zu erzeugen. Hegels und Marx' großes Vertrauen in die dialektische »Macht der Negation«, kraft welcher Gegensätze einander nicht zerstören, sondern bruchlos ineinander übergehen, weil Widersprüche die Entwicklung vorantreiben und nicht lähmen, beruht auf einem viel älteren philosophischen Vorurteil, nämlich dem, daß das Böse nichts anderes sei als die Privation des Guten, und daß Gutes aus Bösem entstehen könne, als sei das

Böse nur die vorläufige Manifestation eines noch verborgenen Guten. Solche traditionellen Denkwege sind gefährlich geworden. Sie werden von vielen geteilt, die noch nie etwas von Hegel oder Marx gehört haben – aus dem einfachen Grund, weil sie Hoffnung wecken und Furcht vertreiben: Eine trügerische Hoffnung dient dazu, begründete Furcht zu beruhigen.

Das soll nicht heißen, daß ich die Gewalt mit dem Bösen gleichsetze. Ich wollte mich nur gegen die moderne Dialektik wenden, die meint, man könne Gegensätze auseinander ableiten. Zwischen Macht und Gewalt gibt es keine quantitativen oder qualitativen Übergänge; man kann weder die Macht aus der Gewalt noch die Gewalt aus der Macht ableiten, weder die Macht als den sanften Modus der Gewalt noch die Gewalt als die eklatanteste Manifestation der Macht verstehen. Wollen wir uns also über die Gewalt Rechenschaft geben, so bleibt uns nichts übrig, als ihrem Wesen und ihrer Natur nachzugehen.

III

In den Auseinandersetzungen und Debatten der letzten Jahre hat sich bewahrheitet, was Joseph Alsop vor vier Jahren voraussagte – die neue Wissenschaft der Ethologie, »die man kurz als Biologie des Verhaltens definieren kann« (Lorenz), hat nicht nur die ältere Verhaltensforschung verdrängt, sondern Zoologen, Biologen und Physiologen nahezu beherrschend auf einem Gebiet auftreten lassen, das noch vor wenigen Jahrzehnten von Psychologen, Soziologen und Politikwissenschaftlern besetzt war.[68] Und der Anstoß zu dieser Eroberung war Konrad Lorenz' berühmtes Buch über *Das sogenannte Böse* im Jahre 1963, in dem er das Thema der, wie er sagt, »Aggression« oder, wie wir sagen würden, der »Gewalt« naturgeschichtlich untersucht. In jüngster Zeit hat sich der Ethologie eine weitere Wissenschaft zugesellt, die als »Polemologie« (Wissenschaft vom Kriege) die eigentlichen Antriebe auch der Ethologie klar ausspricht. All diese Versuche der Naturwissenschaftler, das Problem der Gewalt nicht nur zu stellen, sondern angesichts der bedrohlichen Situation, in die wir durch die Entwicklung der Technik geraten sind, auch zu lösen, sind dadurch gekennzeichnet, daß sie – wie allerdings nur Lorenz selbst zugesteht – geschrieben sind, als säße »ein objektivierender Verhaltensforscher auf einem anderen Planeten, etwa auf dem Mars, und untersuche das soziale Verhalten des Menschen«. Man kann sich gut vorstellen, daß er zu dem Schluß käme, »die menschliche Sozietät [sei] sehr ähnlich aufgebaut wie die der Ratten«, und das, was man unter Menschen »Begeisterung« nennt, gleiche »in mehreren Hinsichten ... dem Triumphgeschrei der Graugänse«.[69] Angesichts der vereinten Anstrengungen so vieler hervorragender Forscher und angesichts der zahllosen Forschungsprojekte, die von Stiftungsgeldern finanziert überall angelaufen sind, muß es anmaßend erscheinen, das Problem der Gewalt aus einer, wie man sagt, »humanistischen« Perspektive, ohne alle »Forschung«, auch nur aufwerfen zu wollen. Ich will es dennoch versuchen, und zwar aus den folgenden Gründen.

Die jüngsten Forschungsresultate vor allem der Zoologen sind faszinierend, was aber dabei für das Gewaltproblem, so wie es unter Menschen besteht, herauskommen soll, ist schwer einzusehen. Um zu wissen, daß Menschen für ihre Heimat zu kämpfen bereit sind, hätten wir kaum von den Revierkämpfen der Fische, Ameisen und Affen zu erfahren brauchen; um zu lernen, daß das Zusammengepferchtsein Menschen überreizt und Aggressivität steigert, hätten wir nicht mit Ratten experimentieren müssen: Ein Tag in den Slums einer beliebigen Großstadt sollte genügt haben. Man ist überrascht und oft entzückt zu hören, daß gewisse Tiere sich wie Menschen benehmen, aber ich verstehe nicht, wie man daraus eine Rechtfertigung oder Verurteilung menschlichen Verhaltens ableiten will. Warum fordert man uns auf, endlich zu der Einsicht zu kommen, »daß der Mensch sich ganz ähnlich wie Tierarten verhält, die in Gruppen auf einem Territorium zusammen leben«[70], anstatt umgekehrt zu sagen: gewisse Tierarten verhalten sich ähnlich wie Menschen? So hat denn auch Portmann zu Beginn dieser neuen Entwicklung bei den Naturwissenschaftlern im Jahre 1953 bereits gewarnt: »Wer sich in die Tatsachen vertieft, ... der wird feststellen, daß die neuen Einblicke in die Differenziertheit tierischen Treibens uns zwingen, mit allzu einfachen Vorstellungen von höheren Tieren ganz entschieden aufzuräumen. Damit wird aber nicht etwa – wie zuweilen leichthin gefolgert wird – das Tierische dem Menschlichen immer mehr genähert. *Es zeigt sich lediglich, daß viel mehr von dem, was wir von uns selber kennen, auch beim Tier vorkommt.*«[71] Warum sollten wir, nachdem wir versuchten, alle Anthropomorphismen aus der Tierpsychologie zu entfernen (ob es uns gelungen ist, ist sehr die

Frage), jetzt zu entdecken suchen, »wie ›theriomorph‹ der Mensch ist«[72]? Ist es nicht offensichtlich, daß Anthropomorphismus und Theriomorphismus nur zwei Seiten des gleichen Irrtums sind? Und selbst wenn wir uns damit einverstanden erklärten, den Menschen unter die Tiergattungen einzureihen, was berechtigt uns denn, dieser besonderen Gattung die Verhaltungsregeln anderer Gattungen vorzuschreiben oder zu empfehlen – vor allem die »Ritterlichkeit« der Wölfe, die den Gegner nicht totbeißen, wenn er sich zum Demutritual entschließt, wird uns in nahezu jeder dieser Abhandlungen als Beispiel vorgehalten.

Abgesehen davon aber, daß ich die »leichtsinnigen« Folgerungen, die inzwischen Schule gemacht und neue Wissenschaften haben entstehen lassen, nicht mitmachen kann, scheinen sie mir auch höchst unerwünschte und mit den Phänomenen nicht im Einklang stehende Resultate zu zeitigen. Das Endresultat all dieser Untersuchungen ist nämlich, daß die Gewalttätigkeit beziehungsweise der Aggressionstrieb als noch »natürlicher« erscheint und ihm eine noch größere Rolle im menschlichen Zusammenleben zugeschrieben wird, als wir ohne sie anzunehmen bereit waren. Er steht nun auf der gleichen Stufe wie die Nahrungs- und Fortpflanzungstriebe und spielt eine ebenso große Rolle für das Überleben des Individuums und der Gattung. Und mit diesen neuen »Trieben« der Forschung steht es anders als mit den früheren Instinkten. Diese entsprangen dringenden und drängenden körperlichen Bedürfnissen und wurden durch Anreize ausgelöst. Die Triebe aber sind »spontan«: fallen die Anreize fort, so »zeigen sie erst ihre Spontaneität«[73]. So ist vor allem der Aggressionstrieb von Anreizen – wirklichen Gefahren, wirklichen Angriffen usw. – unabhängig; ihr Fehlen führt zu einer Unterdrückung des Triebes, der nun kein Objekt mehr findet, und das führt wiederum zu einer »Triebstauung«, deren schließliche Entladung um so gefährlicher wird. (Es ist, als ob die Sensation des Hungers sich um so stärker spürbar macht, je weniger ein wirkliches Bedürfnis nach Nahrung vorliegt.[74]) In dieser Interpretation ist unprovozierte Gewalttätigkeit nur »natürlich«; wenn der Anreiz und damit ihre Unterordnung unter den Selbsterhaltungstrieb fortfällt, wird sie »unvernünftig« und wahllos in der Wahl der Objekte, und das soll der Grund sein, warum Menschen sich tierischer verhalten als andere Tierarten.

Offensichtlich handelt es sich hier nicht mehr um Wissenschaft, sondern um eine auf Hypothesen beruhende Theorie, die schon darum suspekt ist, weil sie weitgehend mit physikalischen Begriffen – Energie und Kraft beziehungsweise ihrer Stauung – arbeitet, die auf biologische und physiologische Sachverhalte übertragen höchst fragwürdig werden, weil sie nicht meßbar sind, also die Eigenschaft, die ihnen ihre wissenschaftliche Dignität verlieh, gerade nicht besitzen.[75] Und was die Theorie selbst anlangt, so fürchte ich, daß hinter diesen neuesten Entdeckungen eine der ältesten Definitionen der Menschennatur steckt, derzufolge der Mensch ein »animal rationale« ist, ein Verstandestier, das sich von anderen Tierarten durch nichts als das zusätzliche Attribut des Verstandes unterscheidet – wobei stillschweigend vorausgesetzt ist, daß er, sofern er Rationalität besitzt, eigentlich nicht gewalttätig sein dürfte. Weil die moderne Wissenschaft diese Vorstellung unkritisch übernahm, konnte sie sich auf die Suche begeben nach Eigenschaften, die der Mensch mit dieser oder jener Tiergattung teilt, um dann schließlich zu dem Schluß zu kommen, daß die zusätzliche Gabe der Rationalität die verhaltensphysiologischen Mechanismen seiner Triebstruktur nur störe und so z. B. zur »Fehlfunktion« seiner Aggressivität geführt habe. Gerade der Verstand, dem wir unter anderem die Entwicklung der Technik verdanken, bewirkt, daß unsere Triebe »irrational« werden; »nicht, weil wir Verstandeswesen, sondern weil wir außerdem ganz urtümliche Triebwesen sind, ist unser Dasein im Zeitalter der Technik gefährdet«[76]. Denn die Wissenschaftler wissen natürlich, daß der Mensch, weil er ein »toolmaking animal« (Benjamin Franklin), ein Werkzeug fabrizierendes Lebewesen ist, jene in die Ferne tragenden Waffen erfunden hat, die ihn von den natürlichen Hemmungsinstinkten beim Töten, wie wir sie im Tierreich finden, befreien, und daß die Herstellung von Werkzeugen eine höchst differenzierte geistige Tätigkeit ist.[77] Darum fühlt sich die Wissenschaft heute dazu aufgerufen, uns von diesen Nebenwirkungen des Verstandes zu heilen, und zwar indem sie unsere Triebe nicht so sehr unter Kontrolle bringen als neu orientieren will, ihnen Ersatzobjekte anbietet und sie in Kompensationsleistungen steuert, nachdem sie ihre ursprüngliche Funktion im Haushalt der Natur durch das Eingreifen des Verstandes verloren haben. Der Maßstab dafür, wie man sich nun eigentlich verhalten soll, ist wieder von dem Verhalten anderer Tiergattungen abgeleitet, und der spezifische Unterschied zwischen Mensch und Tier ist nun nicht mehr Verstand oder Vernunft (das »lumen naturale« des Menschentiers), sondern die Wissenschaft; der Mensch handelt jetzt irrational oder benimmt sich tierisch, wenn er sich weigert, auf die Wissenschaftler zu hören, oder ihre letzten Forschungsresultate beziehungsweise die daraus entwickelten Theorien nicht kennt.

Im Gegensatz zu diesen Theorien und Hypothesen sowie ihren Implikationen werde ich im folgenden versuchen darzulegen, daß Gewalttätigkeit ein menschliches Phänomen und weder »tierisch« noch »irrational« ist – ob wir nun diese Begriffe im landläufigen Sinn oder in Anlehnung an den wissenschaftlichen Sprachgebrauch verstehen.

Daß gewisse Affekte wie Wut oder Empörung zur Gewalttätigkeit neigen, ist ein Gemeinplatz; auch gibt es natürlich »sinnlose« Wut und unvernünftige Empörung, d. h. pathologische Perversionen, die alle Affekte befallen können. Zweifellos ist es möglich, Menschen unter Bedingungen zu stellen, die sie dehumanisieren – Konzentrationslager, Folter, Hunger usw.; aber das heißt nicht, daß sie vertieren, und die Reaktion auf solche entmenschlichenden Bedingungen ist nicht Empörung, Zorn und Gewalttätigkeit; das deutlichste Zeichen der Entmenschlichung ist gerade das Ausbleiben aller Reaktionen. Überhaupt ist Empörung keineswegs eine automatische Reaktion auf Not und Leiden; niemand reagiert mit Wut auf eine Krankheit, der die Medizin machtlos gegenübersteht, oder auf ein Erdbeben oder auf an sich unerträgliche gesellschaftliche Zustände, solange sie unabänderlich scheinen. Nur wo der begründete Verdacht besteht, daß Bedingungen geändert werden könnten und dennoch nichts geschieht, stellt Wut sich ein. Erst wenn unser Gerechtigkeitssinn verletzt wird, reagieren wir mit Empörung – »denn die Ohnmacht gegen Menschen, nicht die Ohnmacht gegen die Natur, erzeugt die desparateste Erbitterung« (Nietzsche) –, und diese Reaktion muß sich keineswegs unbedingt an persönlichen Leiden entzünden. Die gesamte Geschichte der Revolutionen beweist, daß es immer wieder Angehörige der oberen Klassen waren, die den Anstoß zu Empörung gaben und dann die Rebellion der Erniedrigten und Beleidigten anführten. Die Versuchung, angesichts empörender Umstände zur Gewalt zu greifen, ist wegen der ihr innewohnenden Unmittelbarkeit sehr groß. Es liegt im Wesen der Empörung, nicht langsam und mit Bedacht zu reagieren. Das heißt aber noch lange nicht, daß Empörung und der Gewaltakt, der möglicherweise auf sie folgt, irrational sind. Sowohl in unserem Privatleben wie in der Öffentlichkeit gibt es Situationen, denen nur die Schnelligkeit eines

Gewaltakts angemessen zu sein scheint. Das Entscheidende dabei ist nicht, daß man sich Luft machen will – was in der Tat durch Türenzuschlagen oder Mit-der-Faust-auf-den-Tisch-Hauen, also durch beliebige Ersatzhandlungen auch zu erreichen ist –, sondern daß unter gewissen Umständen nur der Gewaltakt, also ein wortloses Handeln, das keine Konsequenzen in Betracht zieht, der Situation gerecht werden kann. (In der Literatur ist Melvilles Billy Budd, der den Mann erschlug, der falsches Zeugnis gegen ihn abgelegt hatte, das klassische Beispiel.) In diesem Sinne gehören Zorn, Empörung und die Gewalttätigkeit, von der diese Affekte manchmal begleitet sind, zu den spezifisch menschlichen Regungen, und die Menschen davon durch Ersatzbefriedigungen zu heilen, wie manche Psychologen und Ethologen uns vorschlagen, hieße nichts anderes als sie zu entmenschlichen. Zweifellos kommen gewalttätige Akte, in denen sich jemand selbst Recht verschafft, in Konflikt mit dem Rechtsstaat, sie sind unleugbar wesentlich un- oder antipolitisch, wie nichts besser zeigt als Melvilles großer Roman; aber das heißt weder, daß die in ihnen ausbrechende Gewalttätigkeit unmenschlich, noch daß sie einer bloßen Gefühlsaufwallung geschuldet ist.

Gefühlskälte ist kein Kennzeichen von Vernunft. »Objektivität und Gleichmut« angesichts unerträglichen Leidens können in der Tat mit Recht »Furcht erregen«[78], nämlich dann, wenn sie nicht Ausdruck der Selbstkontrolle sind, sondern die offenbare Manifestation der Unrührbarkeit. Um vernünftig reagieren zu können, muß man zunächst einmal ansprechbar sein, »bewegt« werden können; und das Gegenteil solcher Ansprechbarkeit des Gemüts ist nicht die sogenannte Vernunft, sondern entweder Gefühlskälte – gemeinhin ein pathologisches Phänomen – oder Sentimentalität, also eine Gefühlsperversion. Empörung und Gewaltsamkeit werden irrational nur, wenn sie zu Ersatzhandlungen führen oder auf Ersatzobjekte umorientiert werden, und ich fürchte, solche Umorientierung ist genau, was nicht nur die Psychologen, Ethologen und Polemologen heute vielfach empfehlen, sondern was leider gewissen Stimmungen und unreflektierten Impulsen der heutigen Gesellschaft entgegenkommt. So haben die weißen Liberalen Amerikas nahezu einmütig auf die berechtigten Beschwerden der Negerbevölkerung mit dem Ruf »Wir sind alle schuldig« reagiert, und die Black-Power-Bewegung hat dieses »Bekenntnis« benutzt, um eine irrationale »schwarze Wut« auf den weißen Mann überhaupt zu entfachen. Nun, wo alle schuldig sind, ist es keiner; gegen die Entdeckung der wirklich Schuldigen oder Verantwortlichen, die Mißstände abstellen könnten, gibt es keinen besseren Schutz als kollektive Schuldbekenntnisse. In diesem besonderen Falle handelt es sich außerdem noch um eine gefährliche und vernebelnde Eskalation des Rassismus in höhere, weniger greifbare Regionen: Die furchtbare Kluft zwischen Schwarz und Weiß wird nicht dadurch überbrückt, daß man sie im Sinne eines prinzipiell unlösbaren Konflikts zwischen kollektiver Unschuld und kollektiver Schuld versteht. »Alle Weißen sind schuldig« ist nicht nur gefährlicher Unsinn, sondern Rassismus mit anderen Vorzeichen, und er dient auf recht wirksame Weise dazu, den sehr konkreten Beschwerden und rationell begründeten Gefühlsreaktionen der Neger ein Ventil zu öffnen auf Ersatzobjekte und in Ersatzhandlungen, um sie so die Flucht aus der Realität, in der sie etwas erreichen könnten, antreten zu lassen.

Ferner steht unter den Ursachen einer zu Gewalttätigkeit reizenden Empörung historisch nicht die Ungerechtigkeit, sondern die Heuchelei an erster Stelle. Die Rolle, die sie in den Endstadien der Französischen Revolution gespielt hat, als Robespierres »Krieg gegen die Hypokrisie« den Terror losließ, ist zu bekannt, um mehr als erwähnt zu werden. Nur darf man nicht übersehen, daß dieser Krieg schon vorher von den französischen Moralisten erklärt worden war, die in der Heuchelei das Laster par excellence sahen, das Prinzip jener »guten Gesellschaft«, die dann später zur »bürgerlichen« Gesellschaft wurde. Es gibt nicht viele Autoren von Rang, welche die Gewalt um ihrer selbst willen verherrlicht haben; aber diese wenigen – Sorel, Pareto, Fanon – hegten einen erheblich tieferen Haß auf die Gesellschaft und vollzogen einen erheblich radikaleren Bruch mit ihrem Sittenkodex als die konventionelle Linke, deren Hauptmotive das Mitleiden und die Leidenschaft für Gerechtigkeit waren. Dem Feind die Maske vom Gesicht zu reißen, die Machenschaften und Manipulationen zu entlarven, die es ihm erlauben, ohne Gewaltmittel zu herrschen, also auch auf die Gefahr der eigenen Vernichtung hin Aktionen zu provozieren, nur um ihn zu zwingen, Farbe zu bekennen, damit die Wahrheit ans Licht komme – diese Ziele geben heute noch den Gewalttätigkeiten an den Universitäten und auf den Straßen ihre stärksten Impulse.[79] Und auch solche scheinbar zwecklose Gewalt ist alles andere als »irrational«. Wir leben in einer *erscheinenden* Welt und müssen uns daher im Umgang mit ihr auf das, was erscheint, verlassen können. Vernunft kann nur gelten, wo diese Verläßlichkeit garantiert ist, und Worte können Geltung nur so lange beanspruchen, als nicht der Verdacht besteht, daß sie dazu benutzt werden, etwas zu verbergen. Was Wut provoziert, sind nicht so sehr entgegenstehende Interessen als die »Scheinheiligkeit«, der Schein von Vernunft, hinter dem man sie zu verbergen trachtet. Sich vernünftig zu benehmen, wo die Vernunft als Falle gebraucht wird, ist nicht »rational«, so wie es nicht »irrational« ist, in Selbstverteidigung zur Gewalt zu greifen. Die gewalttätige Reaktion auf Heuchelei, so sehr sie innerhalb ihrer Grenzen zu rechtfertigen ist, verliert Berechtigung, sobald aus ihr eine bestimmte Strategie mit spezifischen Zielen entwickelt wird; sie wird »irrational« in dem Augenblick, in dem sie »rationalisiert« wird, das heißt sobald die Re-aktion im Verlauf des Kampfes in Aktion umschlägt, die Jagd auf Verdächtige beginnt und mit ihr die psychologische Jagd auf Hintergedanken und unbewußte Motive (s. Exkurs 12).

Nun hängt, wie ich bereits sagte, die Effektivität der Gewalt nicht von Zahlen ab – ein Mann mit einem Maschinengewehr kann Hunderte gut organisierter Menschen in Schach halten. Um so merkwürdiger ist, daß die eigentlich faszinierenden und gefährlichen Züge der Gewalttätigkeit erst bei dem Einsatz *kollektiver* Gewalt in Erscheinung treten. Fanon hat völlig recht, daß in allen Gewaltaktionen, militärischer wie revolutionärer Art, »individualistische Werte als erste verschwinden«[80]. An ihre Stelle setzt sich eine Gruppenkohärenz, die sogenannte Kameradschaft, die intensiver empfunden wird und sich als stärkeres Band erweist als alle Formen der Freundschaft oder der Solidarität.[81] Zwar muß bei allen illegalen, kriminellen oder politischen Aktionen die Gruppe um ihrer eigenen Sicherheit willen verlangen, »daß jeder einzelne eine Tat vollbringt, durch die er die Brücken zur bürgerlichen Gesellschaft unwiderruflich abbricht«, bevor er in die Gemeinschaft aufgenommen wird. Aber einmal aufgenommen, verfällt er dem Zauber des kollektiv-gewalttätigen Handelns, in dem, wie Fanon sagt, »jeder sich zum gewalttätigen Glied der großen Kette bildet, des großen Organismus der Gewalt, der gegen die anfängliche Gewalt des Kolonisators emporbrandet … und so die Nation als ein ungeteiltes Ganzes vorbildet«.[82]

Fanon beschreibt sehr eindringlich das Phänomen der Brüderlichkeit, das in Situationen gewalttätigen Handelns auftaucht und das wir auch von den Schlachtfeldern kennen, wo oft die nobelsten, selbstlosesten Taten alltägliche Vorkommnisse sind. Von allen Instanzen, vor denen Menschen sich als Gleiche erfahren, dürfte der Tod in den seltenen Lagen, in denen ihm eine politische Rolle zukommt, die mächtigste sein. Denn gemeinhin ist sowohl die Erfahrung des Sterbens wie das innere Gewahrwerden der eigenen Sterblichkeit wohl die Politik-feindlichste Erfahrung, die es gibt. Für sie sind absolute Ohnmacht und Verlassenheit charakteristisch, da sie den Augenblick anzeigt, in dem wir aus der Erscheinung und der Gemeinschaft unserer Mitmenschen verschwinden und damit aus den Gegebenheiten, welche die Grundbedingungen aller Politik sind. Dies ändert sich auch nicht, wenn eine Gruppe von Todesgefahr bedroht ist, der sie sich nicht anders als passiv entgegenstellen kann; die Flucht, das »sauve-qui-peut«, vereinzelt, der Angriff vereint. Der Tod, dem ein handelndes Kollektiv in der Gemeinsamkeit des Kampfes und der Gefahr begegnet, zeigt ein anderes Gesicht; dann ist es, als ob nichts unser Lebensgefühl stärker zu intensivieren vermöchte als seine Nähe. Etwas, dessen wir uns sonst kaum bewußt werden, nämlich daß der eigene Tod von der Unsterblichkeit der Gruppe, zu der wir gehören, begleitet ist, rückt plötzlich in das Zentrum der Todeserfahrung. Nun ist es, als ob das Leben selbst, das unsterbliche Fortleben des Menschengeschlechts, das sich von dem immerwährenden Sterben der Einzelnen gleichsam nährt, »emporbrandet«, als ob also gerade die unsterbliche Lebenskraft sich da aktualisiert, wo die Gewalttätigkeit herrscht.

Es wäre verfehlt, hier von bloßen Emotionen zu sprechen. Schließlich manifestiert sich in dieser Erfahrung eine der Grundbedingungen menschlicher Existenz. Entscheidend in unserem Zusammenhang aber ist, daß diese Erfahrungen, an deren elementarer Kraft nicht zu zweifeln ist, noch niemals zu dauerhaften politischen Institutionen geführt haben und daß die Gleichheit vor dem Tod in der politischen Philosophie kaum eine Rolle spielt, obwohl die Sterblichkeit des Menschen – die Tatsache, daß wir »Sterbliche« sind, wie die Griechen zu sagen pflegten – dem vorphilosophischen Denken der Griechen als eines der stärksten Motive des Handelns galt; weil der große Name noch lebt, wenn der Leib in Staub zerfallen, ist der Ruhm das Höchste von des Lebens Gütern, und das politische Gemeinwesen war ihnen vor allem auch eine Erinnerungsstätte, die ob ihrer potentiellen Unvergänglichkeit diese Unsterblichkeit des Andenkens vielleicht sichern konnte. Aber hier ging es ja gerade nicht darum, die Gleichheit vor dem Tod zu aktualisieren, sondern im Gegenteil durch Taten und Worte, die einen auf das bestimmteste vor allen anderen auszeichnen, seiner Gleichmacherei zu entgehen. (Hobbes, könnte man sagen, ist der einzige politische Denker, in dessen Philosophie der Tod eine Rolle spielt. Aber es ist bei Hobbes nicht die Sterblichkeit als solche, sondern die Furcht vor einem gewaltsamen, nicht natürlichen Tod, welche die Menschen dazu veranlaßt, den Naturzustand zu verlassen und ein Gemeinwesen zu gründen. Was die Gleichheit anlangt, so ist die egalisierende Instanz nicht der Tod, sondern die bei allen Menschen gleiche Fähigkeit zu töten). Kein noch so egalitärer Staatskörper hat je an die Gleichheit der Menschen vor dem Tode, geschweige denn an die Aktualisierung dieser Gleichheit in den kollektiven Gewalthandlungen militärischer Unternehmungen, appelliert. Wohl aber hat die Erfahrung der Brüderlichkeit, die der kollektiven Gewalthandlung eignet, schon oft Anlaß zu falschen Hoffnungen gegeben, als könne aus dieser eine neue Gemeinschaft und ein »neuer Mensch«[83] entstehen. Dies ist eine Illusion, weil keine menschliche Verbundenheit vergänglicher ist als die Brüderlichkeit, die sich nur unter Bedingungen unmittelbarer Lebensgefahr verwirklicht und sehr schnell verschwindet, wenn das Leben wieder normal geworden ist.

So jedenfalls sieht es in der Praxis aus. Theoretisch jedoch hat die Sache noch eine andere Seite. Fanon schließt aus seiner Beschreibung der in kollektiver Gewalttätigkeit gemachten Erfahrungen, daß durch sie dem Volke die Erkenntnis vermittelt werde, daß »alles Leben ein nie endender Kampf« und die Gewalt ein Element des Lebendigen sei, und zwar sein eigentlich schöpferisches Element. Hier sind wir offensichtlich nicht mehr mit Erfahrungen konfrontiert, sondern mit Theorien, und die Theorien sind uns aus den Lebensphilosophien Bergsons und Nietzsches wohl vertraut. Bei Fanon finden wir sie in Sorelscher Prägung wieder. Sorel entwarf seine »Apologie der Gewalt«, weil er in ihr die größte, wenn nicht einzige Manifestation des Lebens sah. Mehr als ein Jahrzehnt vor Spengler sagte er den »Untergang des Abendlandes« voraus, und zwar auf Grund der Beschwichtigung des Klassenkampfes, weil »die herrschenden Klassen nicht mehr den Mut haben zu regieren und sich der Vorrechte ihrer Lage schämen«, weil allen Ortes eine »tiefe Abneigung … Gewalthandlungen gegenüber« besteht, weil die Bourgeoisie ihre »Energie« verloren hat und die Klassenspaltung und mit ihr die Rolle der Gewalt nicht mehr aufrecht erhält. Aber »alles kann noch gerettet werden, wenn [das Proletariat] durch die Gewalt dazu gelangt, die Klassenscheidung wieder zu festigen und dem Bürgertum etwas von seiner Energie wiederzugeben«.[84]

Lange bevor also Konrad Lorenz die lebensfördernde Funktion des Aggressionstriebs im Tierreich entdeckte, ist die Gewalt als Manifestation der Lebenskraft, insbesondere um ihrer angeblich schöpferischen Qualitäten willen, gepriesen worden. Sorel, unter dem Eindruck von Bergsons »élan vital«, schwebte eine »Philosophie des Schöpferischen«, des »producteur« im Gegensatz zum Verbraucher auf der einen, zum Intellektuellen auf der anderen Seite vor.[85] Dem »Bourgeois«: friedlich, selbstzufrieden, verlogen, genußsüchtig, ohne Machtwillen, eher ein spätes Produkt des Kapitalismus als dessen Repräsentant, und dem »Intellektuellen«, dessen Theorien »Konstruktionen« und nicht »Ausdrücke von Wollungen«[86] seien, stellt er den Arbeiter, nämlich den »Produzenten« entgegen. Der »Produzent« wiederum verkörpert die »zur Vervollkommnung der Produktion notwendigen Werte«, und was Sorel eigentlich mit seinem Buch beabsichtigte, war diese künftige »Produzentenmoral« aufzustellen, die mit dem parlamentarischen System Schluß machen wird, das »ebenso auf Schwindel beruht wie eine Versammlung von Aktionären«[87]. Die Generalstreiksidee dient nur dazu, »dem Bilde des Fortschritts ... das Bild der Gesamtkatastrophe entgegenzustellen«, in welcher »eine Art unwiderstehliche Flut über die alte Zivilisation hinweggehen wird«[88]. Was nun die moralischen Werte der künftigen Produzenten anlangt, so sind sie nicht sonderlich neu. In enger Anlehnung an Nietzsche hofft Sorel, »die durch die Idee des Generalstreiks erleuchtete Gewalt« werde die antiken und die eigentlich soldatischen Tugenden an die Stelle der »Konsumentenmoral« setzen,[89] also Ehre, Ruhmesgesinnung, Kampfgeist »ohne Haß und Rachegeist«, vor allem Verachtung materieller Vorteile; es sind tatsächlich die Tugenden, die man im Moralkodex des Bourgeois vergeblich suchen wird. »Der soziale Krieg vermag durch seinen Appell an das Ehrgefühl ... die niedrigen Gesinnungen auszuschalten ... Und wenn dieser Grund der einzige sein würde, ... so würde er ... für sich allein durchaus zugunsten der Verteidiger der Gewalt entscheiden.«[90]

Viel ist von Sorel, und mehr noch von seinem begabteren Zeitgenossen Pareto, zu lernen über die Motive, die Menschen dieses Jahrhunderts veranlassen konnten, theoretisch für die Gewalt zu optieren. Fanon, der praktisch unvergleichlich besser Bescheid wußte als seine Lehrer, spricht ihre Sprache auch dann noch, wenn sie seinen eigenen Erfahrungen widersprechen (s. Exkurs 13). Für Sorel wie für Pareto war die Dreyfus-Affäre das entscheidende Erlebnis, das sie zur Gewalt bekehrte. Damals erfuhren sie, wie »die Dreyfusards gegen ihre Gegner die gleichen niederträchtigen Methoden anwandten, die sie selbst noch eben gebrandmarkt hatten« (Pareto[91]), daß sie es also gar nicht mit wirklichen Gegnern zu tun hatten – hie die Armee, dort die Dreyfusards –, sondern mit einem System, in welchem mit jeweils verteilten Rollen nach den gleichen Regeln gespielt wurde. Das, was man damals und bis in die dreißiger Jahre das »System« nannte, nennen wir heute »Establishment«, und wir sollten nicht vergessen, daß eine der ersten Reaktionen auf dieses Phänomen die Verherrlichung der Gewalt und, was Pareto anlangte, die Verzweiflung an der Arbeiterklasse war. (Pareto sah schon damals, daß die Arbeiter voll in dies System integriert werden würden, und sprach von einem »Bündnis zwischen Bourgeoisie und Arbeiterschaft«, das ein neues System entstehen lassen würde: auf die Plutokratie würde die Pluto-Demokratie folgen.) Sorel hielt an seinem marxistischen Glauben an die Arbeiterklasse fest, weil diese »producteurs« das einzig schöpferische Element in der Gesellschaft darstellen und daher dazu bestimmt seien, die Produktivkräfte der Menschheit revolutionär freizusetzen; das Ärgerliche war nur, daß die Arbeiter, kaum daß sie befriedigende Lebens- und Arbeitsbedingungen erreicht hatten, sich hartnäckig weigerten, die ihnen von den Theoretikern zugeschriebene Rolle weiter- und zu Ende zu spielen.

Unvergleichlich verhängnisvoller als dieser »subjektive Faktor« sollte sich für den naiv marxistischen Glauben in der Folge, allerdings erst nach Sorels und Paretos Tod, eine andere »objektive« Entwicklung auswirken. Über die enorme Produktionssteigerung der letzten Jahrzehnte kann kein Zweifel bestehen, aber sie ist ausschließlich eine Errungenschaft der Technik, die ihrerseits weder der Arbeiterklasse noch der Bourgeoisie zu verdanken ist, sondern ausschließlich den Wissenschaftlern, also den von Sorel und Pareto so verachteten »Intellektuellen«, die plötzlich sich als alles andere als die »Parasiten« des Produktionsprozesses entpuppten. Sie haben in wenigen Jahrzehnten die Welt und die menschlichen Lebensbedingungen bis zur Unkenntlichkeit verändert und bilden heute die wahre Elite der modernen Welt, die einzige Schicht in ihr, die für ihr Weiterfunktionieren schlechthin unerläßlich ist. Zwar hat diese neue Elite vorläufig noch keine Macht, und dafür bestehen mancherlei Gründe; aber es besteht in der Tat kaum noch ein Zweifel, daß, mit Daniel Bell zu sprechen, »schließlich die Gemeinschaft der Wissenschaftler und Intellektuellen nicht nur alle großen Begabungen an sich ziehen, sondern daß vor allem auch der ganze Komplex des gesellschaftlichen Ansehens und des sozialen Status von ihr bestimmt werden wird«[92]. Diese Entwicklung zeichnet sich vorläufig nur im rohen ab. Diejenigen, die dieser neuen Gruppe angehören, leben verstreuter und sind weniger an bestimmte Interessen gebunden, als die Klassen es waren. Sie brauchen sich, um ihre Arbeit zu tun, nicht im gleichen Sinn zu organisieren, und ihnen fehlt daher jede Erfahrung in der Erzeugung und im Gebrauch von Macht. Zudem fühlen sie sich kulturellen Traditionen, zu denen auch die revolutionäre Tradition gehört, verpflichtet, was sie unter Umständen daran hindern kann, ihre eigene neue Rolle in dem Produktionsprozeß und der Gesellschaft der Gegenwart zu verstehen. Es ist oft rührend zu sehen, wie die rebellischsten unserer Studenten, von denen schließlich eine beträchtliche Anzahl dieser Elite zugehören wird, sehnsüchtig darauf warten, daß ihre »Revolution« von den traditionell revolutionär gesinnten Schichten der Gesellschaft unterstützt werden wird, wie sie darum um die Anerkennung von Gruppen werben, die ihnen schon deshalb am feindlichsten gesinnt sind, weil jede Störung des glatten Funktionierens der Konsumgesellschaft sie am empfindlichsten treffen würde. Wie immer das ausgehen mag – und ich meine, es gibt viele Gründe, dieser Entwicklung besorgt entgegenzusehen –, die wirklich neue und potentiell revolutionäre »Klasse« wird aus Intellektuellen bestehen; ihr Machtpotential ist sehr groß, auch wenn sie noch keinen Gebrauch davon gemacht haben, größer vielleicht, als uns lieb sein sollte. Aber das sind Spekulationen (s. Exkurs 14).

In unserem Zusammenhang handelt es sich um das seltsame Wiederaufleben der Lebensphilosophien von Bergson und Nietzsche in Sorelscher Prägung. Es kann doch wohl kein Zweifel daran bestehen, daß die alte Verknüpfung des Lebensbegriffs mit der Gewalt auf der einen und dem sogenannten Schöpferischen auf der anderen Seite nicht zufällig gerade heute in der rebellischen Geistes- und Gemütsverfassung der jungen Generation wieder auflebt. Den Ton auf die schiere Faktizität des Lebendigseins zu legen, die Geschlechtsliebe als des Lebens herrlichste Manifestation zu feiern, dies ist eine in ihrer Weise durchaus präzise Antwort auf die Bedrohung des irdischen Lebens durch den Fortschritt der Technik. Aber die Kategorien, in denen die neuen Verherrlicher des Lebens sich selbst verstehen, sind nicht neu. Die Produktivität der Gesellschaft im Bilde des »schöpferischen« Lebens zu sehen, ist mindestens so alt wie Marx; der Glaube an die lebensfördernde Funktion der Gewalt mindestens so alt wie Nietzsche; und Kreativität für die höchste Begabung des Menschen zu halten mindestens so alt wie Bergson.

Und auch die scheinbar so neuen biologischen Rechtfertigungen der Gewalt hängen wiederum aufs engste mit den verderblichsten Traditionsbeständen politischen Denkens zusammen. Wieder müssen wir auf den Machtbegriff zurückgreifen, der ja in unserer Tradition mit dem der Gewalt gleichgesetzt ist. Macht, so hören wir, ist von Natur expansiv, ihr wohnt ein »innerer Drang zu wachsen« inne, und weil »der Wachstumstrieb zu ihrem Wesen gehört«[93], ist sie schöpferisch. Politisch kann sich dies angeblich Schöpferische nur in Expansion manifestieren, die Macht des einen kann nur auf Kosten des anderen wachsen. Macht, die ihren Bereich nicht erweitert, stirbt ab. (»Was aufhört zu wachsen, beginnt zu faulen«, sagt ein Wort aus der Umgebung Katharinas der Großen, das von Machttheoretikern gerne zitiert wird.) Könige, sagt man uns, werden hingerichtet »nicht, weil sie Tyrannen, sondern weil sie schwach sind. Das Volk errichtet Schafotte, nicht als *moralische* Strafe für Despotismus, sondern als *biologische* Strafe für Schwäche« (Hervorhebung vom Vf.). Deshalb richten sich Revolutionen in Wahrheit gar nicht gegen die etablierten Mächte. Sie »bewirken vielmehr eine Erneuerung und Stärkung der Macht, sie beseitigen die Hindernisse, die lange genug ihre Entwicklung verhindert hatten«[94]. Wenn Fanon von der der Gewalt immanenten »folie créative«[95] spricht, denkt er in der Tradition dieser organisch-biologischen Kategorien.

Denkt man im Bereich des Politischen in diesen Kategorien, so ergibt sich nahezu automatisch eine Gleichsetzung von Macht und Gewalt, in welcher die Gewalt den unbestreitbaren Vorrang haben, das heißt den Machtbegriff bestimmen wird. Im Haushalt der Natur sind Geburt und Tod, Neuschöpfung und Vernichtung nur Stadien desselben lebendigen Prozesses, die bruchlos ineinander übergehen. Zudem vollzieht sich dieser Prozeß in Form eines Kampfes ums Dasein, der zwischen den Gattungen des organischen Lebens unabläßlich ausgefochten wird. Ganz abgesehen also von der großen Faszination, die kollektiver Gewalttätigkeit ohnehin innewohnt, erscheint hier die Gewalt als eine ebenso natürliche Grundbedingung für den kollektiven Lebensprozeß der Menschheit wie der Kampf ums Dasein und der gewaltsame Tod im Tierreich.

Dabei ist natürlich die Gefahr, sich von der trügerischen Plausibilität organischer Metaphern irreführen zu lassen, in der Diskussion der Rassenfrage besonders groß. Jeder Rassismus, der weiße wie der schwarze, ist von Haus aus gewaltträchtig, weil er gegen natürliche, organische Gegebenheiten protestiert, eine schwarze oder eine weiße Haut, die nicht von Meinungen abhängen und an denen keine Macht etwas ändern könnte; kommt es hart auf hart, so bleibt nichts als die Ausrottung ihrer Träger. Rassismus ist, im Unterschied zur Rasse selbst, keine tatsächliche Gegebenheit, sondern eine zur Ideologie entartete Meinung, und die Taten, zu denen er führt, sind keine bloßen Reflexe, sondern Willensakte, die sich logisch aus gewissen pseudowissenschaftlichen Theorien ergeben. Auch die Gewalt, die im Rassenkampf auftritt, ist also, obwohl immer mörderisch, nicht eigentlich »irrational«, wobei man allerdings unter Rassismus nicht irgendwelche vagen Vorurteile zu verstehen hat, sondern ein ausgebildetes ideologisches System. Vorurteile, im Unterschied zu Interessen und Ideologien, pflegen dem Druck der Macht genau so zu weichen wie andere Meinungen auch, und die großen Erfolge der amerikanischen Bürgerrechtsbewegung, die ganz und gar gewaltlos war, sind dafür ein eindrucksvolles Beispiel. (»Um 1964 ... waren die meisten Amerikaner überzeugt, daß Unterdrückung und, in einem geringeren Ausmaß, Rassentrennung von Übel sind.«[96]) Diese Macht erwies sich als ohnmächtig erst, als sie auf gesellschaftliche Verhältnisse und Interessenkonflikte stieß, die durch keine Boykotts, Sit-ins und Demonstrationen zu beheben waren – die nackte Not in den schwarzen Ghettos einerseits, die überwältigenden Interessen des Kleinbürgertums in Wohnungs- und Schulfragen andererseits. Alles, was Macht hier erreichen konnte und auch wirklich erreichte, war, diese Zustände und die ihnen inhärenten Interessenkonflikte offen an den Tag zu bringen, was die Gefahr einer Explosion eher noch steigerte.

Aber selbst die Gewaltakte der letzten Jahre, die schwarzen Unruhen und die größere potentielle Gewalt eines weißen Rückschlags, sind noch keineswegs von Rassenideologien und ihrer mörderischen Folgerichtigkeit verursacht. (Die Krawalle sind, wie kürzlich konstatiert wurde, »artikulierte Proteste gegen echte Mißstände ...«[97]. »Zurückhaltung und abwägende Unterscheidung – also rationales Verhalten ... gehören sicher zu ihren entscheidenden Zügen.«[98] Und das gleiche gilt auch für den weißen Gegenstoß, der bisher – entgegen allen Erwartungen – im allgemeinen sich nicht gewalttätig geäußert hat. Es ist die rational völlig verständliche Reaktion gewisser Interessengruppen, die wütend dagegen protestieren, den vollen Preis für gewisse, sehr zweifelhafte Integrationsprogramme zahlen zu sollen, deren Konsequenzen sich ihre Urheber mit Leichtigkeit entziehen können. S. Exkurs 15.) Die größte Gefahr droht nicht von einer bereits bestehenden Ideologie, sondern umgekehrt daher, daß eine weitere Eskalation der Gewalt in den Straßen zur Ausbildung rassistischer Ideologien führen könnte, um die Gewalt zu rechtfertigen. So ist auch der schwarze Rassismus, wie er uns in dem Manifest von James Forman (s. Exkurs 6) nackt und unverfroren entgegentritt, vermutlich eher eine rechtfertigende Reaktion auf die chaotischen und oft kriminellen Krawalle der letzten Jahre als deren Ursache. Dies könnte natürlich irgendwann einmal ein wirklich gewaltsames Zurückschlagen der Weißen provozieren, und die größte Gefahr wäre dann, daß sich die Vorurteile der Weißen in einer sich verselbständigenden Rassenideologie kristallisierten, der die Forderung nach »Gesetz und Ordnung« dann tatsächlich nur noch als Fassade diente. In diesem vorläufig noch unwahrscheinlichen Fall könnte sich das Meinungsklima im Lande so weit verschlechtern, daß eine Mehrzahl seiner Bürger für Gesetz und Ordnung auf den Straßen bereitwillig den Preis des unsichtbaren Terrors eines Polizeistaates zahlen würde. Das, was wir gegenwärtig haben, ein recht brutales und höchst sichtbares Zurückschlagen der Polizei, ist etwas ganz anderes.

Verhaltensweisen und Argumente in Interessenkonflikten pflegen sich nicht durch »Vernünftigkeit« auszuzeichnen. Nichts ist leider mit so hartnäckiger Beständigkeit von der Wirklichkeit widerlegt worden, wie das Credo des »aufgeklärten Eigeninteresses« (enlightened self-interest) – in seinem liberalen Sinne sowohl wie in der intellektuell anspruchsvolleren marxistischen Variante. Erfahrung mit ein wenig Nachdenken verbunden sagt deutlichst, daß kaum etwas sich so schlecht »aufklären« läßt wie das Eigeninteresse. Nehmen wir etwa das alltägliche Beispiel des Interessenkonflikts zwischen Mieter und Hausbesitzer. Es würde im »aufgeklärten Interesse« liegen, dafür Sorge zu tragen, daß das Haus in einem guten Zustand erhalten bleibt; aber dieses Interesse ist ganz verschieden von und steht in den meisten Fällen im Widerspruch zu dem Eigeninteresse des Hausherrn an hohem Profit und dem des Mieters an niedriger Miete. Ein Schiedsrichter, der ein Befürworter der »Aufklärung« wäre, könnte natürlich antworten, daß *auf die Dauer* das Interesse des Hauses im wahren Interesse sowohl des Hausherrn wie der Mieter liege; aber dieser Einwand läßt einen Faktor außer Betracht, der für alle Betroffenen von höchster Bedeutung ist: die Zeit. Das Eigeninteresse ist ich-bezogen, und dieses Ich stirbt oder zieht aus oder verkauft das Haus; da die Lebensumstände des Ichs sich beständig ändern – und das heißt letztlich, da der Mensch sterblich ist –, kann das Ich qua Ich nicht mit Interessen auf sehr lange Sicht rechnen. Die Abnutzung und der schließliche Ruin des Hauses ist eine Frage von Jahren, Mietsteigerung oder eine zeitweise geringere Profitrate betreffen das Heute oder das Morgen. Und etwas Ähnliches gilt natürlich mutatis mutandis auch für Konflikte zwischen Arbeitern und Unternehmern, Land- und Stadtbevölkerung usw. Das Eigeninteresse wird, wenn man von ihm verlangt, es solle das »wahre« Interesse, das Interesse der Welt im Unterschied zu dem des Ich, über das Interesse des einzelnen stellen, immer erklären: Das Hemd ist mir näher als der Rock. Das mag nicht besonders vernünftig sein, aber es ist durchaus realistisch; es ist die nicht sehr noble, aber angemessene Antwort auf den Zeitunterschied zwischen dem Leben einzelner Menschen und der gänzlich anderen Lebenserwartung der uns gemeinsamen Welt. Von Leuten, die nicht die leiseste Ahnung haben, was ein Gemeinwesen beziehungsweise was die »res publica«, das »öffentliche Ding«, ist, zu erwarten, sie sollten, wenn es um ihr persönliches Interesse geht, gewaltlos reagieren und vernünftig argumentieren, ist weder realistisch noch vernünftig.

Da Gewalt ihrem Wesen nach instrumental ist, ist sie in dem Maße rational, als sie wirklich dazu dient, den Zweck, der sie rechtfertigen muß, zu erreichen. Und da Menschen, wenn sie zu handeln beginnen, niemals wissen oder wissen können, was sie tun beziehungsweise was schließlich die Folgen ihres Tuns sein werden, ist Gewalttätigkeit in dem Maße rational, nämlich den Grundbedingungen menschlicher Existenz adäquat, als sie kurzfristige Ziele verfolgt. Mit Gewalt heizt man weder die Lokomotive des Fortschritts noch der Geschichte oder der Revolution, aber sie kann durchaus dazu dienen, Mißstände zu dramatisieren und die öffentliche Aufmerksamkeit auf sie zu lenken. So wie es manchmal zweckmäßig ist, das Unmögliche zu wollen, um Mögliches zu erreichen, so kann auch manchmal – wie Conor Cruise O'Brien, den gleichnamigen irischen Agitator aus dem vorigen Jahrhundert zitierend, gelegentlich bemerkte – einige Gewaltsamkeit vonnöten sein, um der Stimme der Mäßigung Gehör zu verschaffen. Gewalt nämlich, im Gegensatz zu dem, was ihre Propheten uns glauben machen wollen, ist erheblich geeigneter, Reformen zu erzwingen als Revolutionen auszulösen. Ohne die Studentenkrawalle an der Sorbonne hätte Frankreich sich schwerlich zu radikalen Reformmaßnahmen seines veralteten Universitätssystems entschlossen; ohne die schweren Studentenunruhen in New York im Frühjahr letzten Jahres hätte niemand im Traum daran gedacht, daß die Columbia-Universität auch nur reformbedürftig sei; und es trifft vermutlich zu, daß in der Bundesrepublik die Existenz »andersdenkender Minoritäten ohne Provokation überhaupt nicht wahrgenommen« wird (Rudi Dutschke). Kein Zweifel, Gewalt »zahlt sich aus«, aber das Unglück ist, daß sie sich unterschiedslos auszahlt, für »soul«- und Suaheli-Kurse für Negerstudenten ebenso wie für wirkliche Reformen. (Ob die Hochschulen noch reformfähig sind oder ob, wie *Der Spiegel* meint, die Universitätskrise sich zur Staatskrise ausweiten könnte, ist eine andere Frage.[99]) Und da Gewalttätigkeit und Krawalle nur für kurzfristige Ziele sinnvoll eingesetzt werden können, ist es, wie wir in Amerika reichlich Gelegenheit haben zu beobachten, immer noch wahrscheinlicher, daß sich die Obrigkeit zur Erfüllung offensichtlich unsinniger und auf die Dauer sehr gefährlicher Forderungen entschließen wird, nur weil sie sich leicht und schnell durchführen lassen – wie die Aufnahme unqualifizierter Studenten und die Einrichtung blödsinniger Kurse –, als daß die Taktik der Gewalt notwendige, aber langfristige Reformen erreicht.

Die Gefahr der Gewalttätigkeit, selbst wenn sie sich bewußt im Rahmen kurzfristiger Ziele hält, bleibt bestehen. Sie liegt darin, daß, wie man gemeinhin sagt, nicht der Zweck die Mittel, sondern die Mittel den Zweck bestimmen. Werden die Ziele nicht schnell erreicht, so ist das schließliche Resultat nicht nur die Niederlage, sondern das Überhandnehmen von Gewalttätigkeit in allen Bereichen des politischen Lebens. Denn Handlungen kann man nicht rückgängig machen, und eine

Rückkehr zum Status quo im Falle der Niederlage ist immer sehr unwahrscheinlich.[100] Die Praxis der Gewalt verändert, wie alles Handeln, die Welt; wo die Reform nicht gelingt, wird das Ergebnis schließlich sein, daß die Welt gewalttätiger geworden ist, als sie es vorher war.

Um schließlich auf Paretos und Sorels verhältnismäßig frühe Einsichten zurückzukommen, daß man es nicht eigentlich mehr mit Personen und einander feindlich gegenüberstehenden Klassen, sondern mit einem »System« zu tun hat, in dem sich alle gleicherweise verhalten und in die Hände spielen: Je mehr die Bürokratisierung des öffentlichen Lebens zunimmt, desto stärker wird die Versuchung sein, einfach zuzuschlagen. Denn in einer vollentwickelten Bürokratie gibt es, wenn man Verantwortung verlangt oder auch Reformen, nur den Niemand. Und mit dem Niemand kann man nicht rechnen, ihn kann man nicht beeinflussen oder überzeugen, auf ihn keinen Druck der Macht ausüben. Bürokratie ist diejenige Staatsform, in welcher es niemanden mehr gibt, der Macht ausübt; und wo alle gleichermaßen ohnmächtig sind, haben wir eine Tyrannis ohne Tyrannen. Was die Studentenunruhen in der ganzen Welt miteinander gemeinsam haben, ist, daß sie sich überall gegen die bestehenden Bürokratien richten. Das erklärt, was auf den ersten Blick so verwirrend wirkt, daß nämlich die jungen Rebellen im Osten genau die Rede- und Gedankenfreiheiten fordern, welche ihre Kollegen im Westen als irrelevant ablehnen oder gar für eine Art von Betrug halten. Im Rahmen ideologischen Denkens, in denen diese Diskussionen zumeist geführt werden, ist das schwer verständlich; im Rahmen der wirklichen Tatbestände stellt sich die Sache einfacher dar. Schließlich ist es den ungeheuren Parteiapparaten überall gelungen, die Staatsbürger inklusive der Parteimitglieder völlig zu entmachten, und dies gilt auch für die Länder, in denen der Schutz der elementaren Bürgerrechte noch funktioniert. Die Rebellen des Ostens fordern Rede- und Gedankenfreiheit als die unerläßliche Vorbedingung politischen Handelns; die Rebellen des Westens leben unter Verhältnissen, in denen diese Vorbedingungen nicht mehr die Wege des politischen Handelns öffnen. Worum es im Westen geht, ist tatsächlich der »Praxisentzug«, wie Jens Litten es sehr treffend genannt hat (s. Exkurs 16). Das Absterben des Staates und des Gemeinsinns, der sich nur in einem öffentlichen Raum zur Geltung bringen kann, der damit verbundene »Praxisentzug« und das Überhandnehmen der reinen Verwaltung – von der sich noch Engels, uns unverständlicherweise, so viel versprach –, all dies hat eine lange Geschichte, die mit der Neuzeit anhebt. Aber dieser Prozeß ist in den letzten hundert Jahren durch das Aufkommen der riesigen Parteibürokratien noch erheblich beschleunigt worden. (Vor siebzig Jahren hat Pareto bereits gemeint, daß »die Freiheit, worunter ich die Macht zu handeln verstehe, in den sogenannten freien und demokratischen Ländern – außer für Verbrecher – täglich mehr zusammenschrumpft«[101].)

Was den Menschen zu einem politischen Wesen macht, ist seine Fähigkeit zu handeln; sie befähigt ihn, sich mit seinesgleichen zusammenzutun, gemeinsame Sache mit ihnen zu machen, sich Ziele zu setzen und Unternehmungen zuzuwenden, die ihm nie in den Sinn hätten kommen können, wäre ihm nicht diese Gabe zuteilgeworden: etwas Neues zu beginnen. Philosophisch gesprochen ist Handeln die Antwort des Menschen auf das Geborenwerden als eine der Grundbedingungen seiner Existenz: Da wir alle durch Geburt, als Neuankömmlinge und als Neu-Anfänge auf die Welt kommen, sind wir fähig, etwas Neues zu beginnen; ohne die Tatsache der Geburt wüßten wir nicht einmal, was das ist: etwas Neues; alle »Aktion« wäre entweder bloßes Sichverhalten oder Bewahren. Keine andere Fähigkeit außer der Sprache, aber weder Verstand noch Bewußtsein, unterscheidet uns so radikal von jeder Tierart. Etwas tun und etwas beginnen ist nicht das gleiche, aber beides ist eng miteinander verknüpft. Alle dem Leben zugeschriebenen schöpferischen Qualitäten, die sich angeblich in Macht und Gewalt manifestieren, sind in Wahrheit einzig der Fähigkeit zu handeln geschuldet. Zeugen und Gebären sind so wenig »schöpferisch« wie Sterben eigentlich »vernichtend« ist. Sie sind nur die verschiedenen Phasen des gleichen, unvergänglichen Kreislaufs, in den alles Lebendige gebannt ist. Macht und Gewalt sind keine Naturphänomene und können mit Metaphern, die dem Lebensprozeß entnommen sind, niemals adäquat erfaßt werden. Ich glaube, es läßt sich nachweisen, daß keine andere menschliche Fähigkeit in solchem Ausmaß unter dem »Fortschritt« der Neuzeit gelitten hat wie die Fähigkeit zu handeln. Denn Fortschritt nennen wir den erbarmungslosen Prozeß des Mehr und Mehr, Größer und Größer, Schneller und Schneller, der immer gigantischerer Verwaltungsapparate bedarf, um nicht im Chaos zu enden. Woran Macht heute scheitert, ist nicht so sehr die Gewalt als der prinzipiell anonyme Verwaltungsapparat. Auf dem Höhepunkt des tschechoslowakischen Experiments mit der Freiheit definierte der Schriftsteller Pavel Kohout den freien Bürger als einen »Bürger-Mitregenten«. Damit meinte er nichts anderes als jene Mitbestimmungsdemokratie (participatory democracy), die in den letzten Jahren im Westen überall den modernen Repräsentativ-Systemen entgegengestellt worden ist. Kohout fügt hinzu, daß die Welt offenbar eines »neuen Beispiels« bedürfe, sollen »die nächsten tausend Jahre nicht zu einem Zeitalter überzivilisierter Affen« führen – beziehungsweise die Menschen, wie der weit pessimistischere russische Physiker Sacharow ausführt, zu Hühnern oder Ratten werden, denen man »mittels mit dem Gehirn gekoppelter Elektroden« »angenehme elektronische Reize« versetzt und die von den »weisen Ratschlägen ihrer künftigen geistigen Helfer, den künstlichen Denkautomaten«, regiert werden. Abgesehen von allem anderen: »Die Ratschläge können sich als unerwartet hinterhältig erweisen, die nicht menschliche Ziele, sondern den Sinn einer Lösung abstrakter, unvorhergesehen im künstlichen Gehirn umgeformter Aufgaben verfolgen.«[102]

Die Praktiken der Gewalt werden schwerlich dies neue Beispiel zu setzen imstande sein, obwohl ich meine, daß ihre Verherrlichung zu einem guten Teil die endliche Folge des neuzeitlichen »Praxisentzugs« ist. (Wer könnte leugnen, daß die Krawalle in den amerikanischen Ghettos und die Unruhen an den Universitäten »den Beteiligten ein Gefühl des Zusammenhandelns geben, zu dem sie anders schwerlich je Gelegenheit haben«[103]?) Ob diese Vorgänge der Beginn von etwas Neuem oder, wie die Technokraten glauben, nur der Anfang vom Ende sind, die letzten Manifestationen einer Fähigkeit, welche die Menschheit zu verlieren im Begriff steht, wissen wir nicht. Mit größerer Bestimmtheit können wir sagen, daß das »neue Beispiel«, wenn überhaupt, nur in relativ kleinen Ländern oder kleinen, genau umschriebenen Sektoren der Massengesellschaften eine Chance haben kann.

Denn die in den letzten Jahren so offenkundig gewordenen Desintegrationsprozesse erfassen alles, was ursprünglich dazu bestimmt war, den Bedürfnissen der Massengesellschaften zu dienen. Überall zeigt sich die Unmöglichkeit, mit den Schwierigkeiten fertig zu werden: in der Schule und bei der Polizei, im Post- und Transportwesen, bei der Müllabfuhr und der Verunreinigung von Luft und Wasser, auf den Autobahnen mit ihrer hohen Todesrate und beim Verkehrsproblem in den Großstädten. Je größer und moderner eine Organisation ist, desto verletzlicher wird sie, und wiewohl niemand mit Bestimmtheit zu sagen vermag, wo und wann der kritische Punkt erreicht ist, können wir doch gerade bei den Supermächten deutlich beobachten, wie die Ohnmacht in ihnen anwächst. Das gilt im besonderen Maße für die gigantischen Parteiapparate im Osten wie im Westen, für die Ein-Partei-Diktaturen wie für die Zwei-Parteien-Systeme in England und Amerika und das europäische Vielparteien-System. Unter den politischen Institutionen ist die Partei die jüngste; sie sollte den politischen Erfordernissen der Massengesellschaft Rechnung tragen und ein Repräsentativsystem ermöglichen, wo direkte Demokratie nicht mehr möglich war, weil »der Raum nicht alle faßt« (John Selden).

Gleichzeitig beobachten wir ein merkwürdiges Wiederaufleben des Nationalismus, das gemeinhin als ein Rechtsruck verstanden wird, mit mehr Wahrscheinlichkeit aber einen zunehmenden, weltweiten Widerstand gegen »Größe« als solche anzeigt. Denn während das Nationalgefühl früher verschiedene Volksgruppen durch Konzentrierung ihres politischen Bewußtseins auf die »Nation« aneinander zu assimilieren pflegte, können wir heute beobachten, wie ein ethnischer »Nationalismus« die ältesten und am festesten gegründeten Nationalstaaten mit Auflösung bedroht. Dieser neueste Nationalismus ist nicht chauvinistisch und nicht expansionshungrig. Im Gegenteil: Die Schotten und die Walliser, die Bretonen und die Provençalen, also ethnische Gruppen, deren erfolgreiche Assimilation die Vorbedingung der Nationalstaaten gewesen war, wollen sich von der »Nation« wieder trennen und rebellieren gegen die für den Nationalstaat charakteristische Zentralisierung aller politischen und administrativen Funktionen in der Hauptstadt. Und während diese Zentralisierung, welche die Einheit der Nationalstaaten garantieren sollte, angesichts der Massenhaftigkeit der Gesellschaft in den Großstaaten sowohl wirtschaftlich wie politisch deutlich zu versagen beginnt, entschließen sich die Vereinigten Staaten, die auf dem föderativen, also dem nationalstaatlichen genau entgegengesetzten Prinzip und auf der Gewaltenteilung, also einer Pluralität von Machtzentren, gegründet sind, zu dem für Amerika neuen Experiment der Zentralisierung aller Entscheidungen und Funktionen in Washington beziehungsweise im Weißen Haus; denn so wie die Länder, die den Bundesstaat konstituieren, in den letzten Jahrzehnten immer entscheidender der ihnen durch die Verfassung garantierten Machtvollkommenheiten beraubt wurden, so sind auch die beiden Häuser des Kongresses, also die legislative Gewalt, von der Macht der Exekutive, also dem Präsidenten, immer mehr entmachtet worden, bevor sich ernsthafter Widerstand vor allem im Senat bemerkbar machte.[104]

Was immer die wirtschaftlichen und administrativen Vor- und Nachteile eines zentralisierten Staatsapparates sein mögen, die politischen Konsequenzen sind immer die gleichen: Monopolisierung der Macht führt zur Austrocknung oder zum Versickern aller lokalen Machtquellen des Landes und damit letzten Endes zu einem offenbaren Machtverlust. So sind wir auch heute in Amerika, dessen Staatswesen ursprünglich auf einer großen Pluralität von Machtzentren basiert, die auf eine höchst sinnreiche Weise durch das System der »checks and balances« gegeneinander ausgespielt und vereinigt werden, nicht nur mit einer Desintegration der Machtstrukturen, sondern mit dem noch viel unheimlicheren Phänomen konfrontiert, daß auch Macht, die noch intakt ist und sich frei manifestieren kann, ihre Wirksamkeit verliert und den ihr gestellten Aufgaben nicht mehr gewachsen ist. Von der »Ohnmacht der Macht« zu sprechen ist kein geistreiches Paradox mehr. Man denke nur an das erstaunliche Ereignis des »Kinderkreuzzugs« (Children's Crusade), den Senator Eugene McCarthys Wahlkampagne 1968 hervorrief. Er hatte, wie er sagte, »das System testen wollen«, ausprobieren, ob die normalen Kanäle republikanischer Politik noch funktionierten, und hatte damit der allgemein verbreiteten Abneigung dieses Volkes gegen eine imperialistische Abenteuerpolitik den öffentlichen Raum geschaffen, in dem sie wirksam in Erscheinung treten konnte; er hatte vor allem die Verbindung zwischen der Opposition im Senat mit der außerparlamentarischen Opposition auf den Universitäten und der Straße hergestellt, die Regierung zu einem zumindest temporären Wechsel der politischen Linie gezwungen und bewiesen, daß die große Mehrheit der jungen Rebellen nur zu gern ihre »Entfremdungspolitik« aufgibt und bei der ersten ernsten Gelegenheit alles zu tun bereit ist, nicht um an dem Umsturz des Systems mitzuhelfen, sondern um es wieder in Gang zu bringen. Das hier entfaltete Machtpotential war sehr groß und konnte doch relativ leicht von der Parteibürokratie überwältigt werden, die darauf verzichtete, den populärsten Kandidaten zu nominieren, und lieber mit einem erwiesenermaßen unpopulären Kandidaten die Wahl verlor, als daß sie mit jemandem gewonnen hätte, der nicht ein Apparatschik war. (Etwas ganz Ähnliches passierte in der republikanischen Partei, als Rockefeller die Nominierung an Nixon verlor.)

Die Ohnmacht der Macht läßt sich auch an anderen Beispielen illustrieren. Dank der enormen Effektivität wissenschaftlicher Teamarbeit – vielleicht Amerikas hervorragendster Beitrag zu moderner Wissenschaft – können wir komplizierteste Prozesse mit einer Genauigkeit kontrollieren, die eine Reise zum Mond weniger gefährlich macht als gewöhnliche Wochenendausflüge; aber die angeblich »größte Macht der Welt« ist außerstande, einen für alle Betroffenen eindeutig katastrophalen Krieg in einem der kleinsten Länder der Erde zu beenden. Es ist, als seien wir wie im Märchen einem Zauberspruch verfallen, der uns die Gabe verliehen hat, das »Unmögliche« zu tun unter der Bedingung, daß wir die Fähigkeit, das Mögliche zu tun, verlieren, als gelinge uns das Außerordentliche nur noch um den Preis, daß wir alltägliche Bedürfnisse nicht mehr zu befriedigen wissen. Wenn Macht im Unterschied zum bloßen Können meint: wir-*wollen*-und-wir-können, dann liegt in der heutigen sich ständig noch steigernden Macht der Menschen auf der Erde ein seltsames Element der Ohnmacht; denn der Fortschritt der Wissenschaft ist von dem, was wir tun *wollen*, fast unabhängig geworden; seine Rasanz ist, wie die Wissenschaftler uns immer wieder erklären, nicht mehr zu stoppen, so wenig wie die scheinbar unaufhaltsame Entwicklung der Technik. Der Fortschritt folgt seinen eigenen unerbittlichen Gesetzen und zwingt uns, ohne Rücksicht auf die Folgen zu tun, was immer wir tun *können*. Sollten das Ich-will und das Ich-kann sich voneinander getrennt haben? Sollte Valéry recht gehabt haben, als er vor fünfzig Jahren sagte: »On peut dire que tout ce que nous savons, c'est-à-dire tout ce que nous pouvons, a fini par s'opposer à ce que nous sommes«?

Wiederum wissen wir nicht, wohin diese Entwicklungen uns führen. Aber wir wissen oder sollten wissen, daß jeder Machtverlust der Gewalt Tor und Tür öffnet, und sei es nur, weil Machthaber, die fühlen, daß die Macht ihren Händen entgleitet, der Versuchung, sie durch Gewalt zu ersetzen, nur sehr selten in der Geschichte haben widerstehen können.

III. Innere und äußere Angelegenheiten der amerikanischen Republik

(9) Unsere fremdsprachlichen Volksgruppen*

I

Im Zuge der herannahenden Präsidentschaftswahlen entdeckt die amerikanische öffentliche Meinung wieder einmal einen der verwirrendsten und wichtigsten politischen Faktoren des Landes: die Existenz der fremdsprachlichen Volksgruppen im allgemeinen und im besonderen die Rolle jener Wähler, die von akuten Problemen anderer Länder beeinflußt werden. Auch wenn es ziemlich gewagt wäre, das Gewicht dieser Wählerschaft in exakten Zahlen zu schätzen, und obwohl die Ansprüche der verschiedenen Gruppen in dieser Hinsicht sicherlich übertrieben werden, bleibt doch die Tatsache bestehen, daß »fast die Hälfte der weißen Bevölkerung postkolonialer, ausländischer Herkunft ist«[1], daß die meisten von ihnen Söhne von Neu-Einwanderern sind und ein beträchtlicher Teil der »Nachkommen« (»descendants«) daher die Erinnerung an ihren Ursprung bewahrt und hochhält.

Kein amerikanischer Staatsmann kann es sich leisten, darüber hinwegzusehen, daß die Bevölkerung seines Landes aus allen vier Himmelsrichtungen dieser Welt kommt. Mit diesen Menschen mag sich eines Tages zwischen diesem Land und der übrigen Welt eine Art internationaler Verwandtschaftsbeziehung herausbilden. Gegenwärtig jedoch erleichtern sie der Regierung das Leben keinesfalls; im Gegenteil, zu politischen Entscheidungen zu gelangen ist hier sehr viel komplizierter, und die Aufgaben sind sehr viel schwieriger zu bewältigen als bei einer Regierung mit einer völlig homogenen Bevölkerung. Das Hauptproblem ist, daß jede außenpolitische Entscheidung notwendigerweise und ohne böse Absicht von irgendeiner Seite sich dazu eignet, ein innenpolitisches Thema von unmittelbarer Bedeutung zu werden.

Schon allein wegen seiner Bevölkerung wäre der Isolationismus für Amerika eine Absurdität. Schlagworte wie »America First« sind von deutschen und italienischen Zeitungen im ganzen Land verkündet worden, weil man zum Wohle der Heimatländer wollte, daß Amerika sich aus dem Krieg heraushalten sollte. Das gleiche gilt für alle jene

* 1944 in englischer Sprache veröffentlicht, deutsche Übersetzung für diese Ausgabe von Ursula Ludz.

Gruppen von Nachkommen (»descendant-groups«), deren Heimatländer entweder ihre Neutralität bewahrt oder von Hitlers Eroberung in anfänglichen Stadien des Krieges profitiert hatten. Viele von ihnen waren Anhänger oder Sympathisanten des America First Committee[2], die absichtlich gerade das Gegenteil des »America First« taten und für die der Isolationismus das bestmögliche Alibi bereithielt.

Während einige Nachkommen-Gruppen isolationistisch wurden, ohne Amerika ernstlich an die erste Stelle zu setzen, wurden andere interventionistisch, ohne daß ihre Haltung etwas von dem internationalen Weitblick oder den allgemeinen liberalen oder gar antifaschistischen Überzeugungen offenbart hätte, die üblicherweise auf der amerikanischen Bühne dazugehören. Tatsächlich ist es so, daß alle diese Etikettierungen nahezu ihres Sinnes verlustig gehen, wenn wir uns mit den fremdsprachlichen Gruppen befassen. Die amerikanisch-polnische Presse bietet nur eins der Beispiele hierfür. In diesem Fall verlangte die Loyalität zum alten Land, zusammen mit der Anhänglichkeit an eine entschieden halb-faschistische Regierung, den Interventionismus, und, wen wundert's, die Intervention um jeden Preis war der Kampfruf der reaktionärsten Teile der polnischen Presse, als Deutschland das Heimatland besetzte. Als zwei von neun Kongreßabgeordneten polnischer Herkunft im Sommer 1941 gegen das Gesetz der Regierung zur Ausweitung des Militärdienstes stimmten, ging ein Sturm durch die polnischen Zeitungen, denen niemand vorwerfen konnte, »liberal« zu sein. Den Abgeordneten wurde vorgeworfen, gegen die Interessen der amerikanischen Polen gestimmt zu haben, und man hätte »in Zukunft kein Verlangen mehr, diese polnischen Kandidaten zu wählen«. Bezeichnenderweise ist niemandem eingefallen, sie zu beschuldigen, Amerika an die erste Stelle gesetzt zu haben – vielmehr warf man ihnen vor, sich deutschen und irischen Einflüssen im Kongreß gebeugt zu haben.

Wie es bei besonders schwierigen Aspekten des öffentlichen Lebens manchmal vorkommt, wird die Rolle der fremdsprachlichen Wählergruppen zu oft entweder ignoriert oder kleingeredet. Während die Anhänger der Schmelztiegel-Ideologie uns zu überzeugen suchen, daß die fremdsprachliche Presse nichts anderes ist als eine übersetzte englisch-amerikanische, geben sich ihre Gegner wilden und beängstigenden Übertreibungen hin. So wird uns gesagt, daß es fünf Millionen polnische Wählerstimmen gibt, die erfolgreich benutzt werden können, um die Regierung zu einer öffentlichen Erklärung zugunsten der Vorkriegsgrenzen Polens zu zwingen, oder daß – um ein ganz anderes Beispiel zu nehmen – die kürzliche Demission des jugoslawischen Botschafters in Washington, Constantin Fotitch, grundsätzlich den Meinungsverschiedenheiten zwischen ihm und dem Yugoslav Committee in the United States unter Louis Adamic geschuldet war. Bei beiden Beispielen wird der Einfluß der Nachkommen-Gruppen sicherlich übertrieben. Doch diesen Einfluß ganz und gar zu leugnen wäre ein fast genauso schlechtes Urteil.

Denn das Interesse amerikanischer Bürger aus nicht-amerikanischem Elternhaus am Wohlergehen ihrer Ursprungsländer ist eine verbürgte Tatsache. Wenn man die Analyse auf den Punkt treibt, könnte man sogar entdecken, daß diese gefühlsmäßige Bindung die realistische Basis für die humanitäre Tradition der amerikanischen Außenpolitik bildete, für zahlreiche Interventionen der Regierung im Namen der Freiheit und gegen die Unterdrückung in anderen Ländern. Lange Zeit agierten die fremdsprachlichen Gruppen als Schutzwache einer liberalen und humanitären Außenpolitik, zusammen mit ihren Mitbürgern, deren Interessen allerdings mehr auf innenpolitischem Gebiet lagen. Sie waren an die Küste der Neuen Welt gespült worden, getragen vom Geist der Rebellion gegen die Regierungen ihrer Heimatländer oder vom Durst auf Chancen und Abenteuer – so oder so von Liebe zur Freiheit und einem Haß gegen die Unterdrückung. Es mag sein, daß sie nicht die gleiche Sprache sprachen wie ihre Mitbürger oder eine andere Vergangenheit und andere Gewohnheiten hatten, doch sie teilten mit ihnen die politischen Ideen und Ideale. Sie taten mehr als jede offizielle Politik, um für Amerika das breite, allgemeine Vertrauen und den guten Ruf, den es heute bei allen europäischen Nationen genießt, zu gewinnen. Ihr Interesse an den Angelegenheiten des jeweiligen alten Landes war nicht »un-amerikanisch«, wenn wir unter dem viel mißbrauchten Schlagwort vom »true Americanism« die politischen Lehren der Gründerväter verstehen. Im Gegenteil, für ihre ehemaligen Länder wollten sie nicht mehr und nicht weniger als die gleichen Wohltaten, Freiheit und Chancen im Leben, die sie selbst in der Neuen Welt genossen.

Durch seine fremdsprachlichen Volksgruppen ist Amerikas Anteil an der europäischen Freiheitsgeschichte in der Tat beträchtlich. Denn während des ganzen 19. Jahrhunderts wurden die meisten nationalen Freiheitsbewegungen von Nachkommen der Eingewanderten finanziert. Ein herausragendes Beispiel ist der irische Unabhängigkeitskampf, der mehr oder weniger von einem amerikanischen Stützpunkt aus betrieben wurde. Das gleiche gilt, wenn auch in etwas geringerem Maße, von den ungarischen, polnischen und italienischen patriotischen Bewegungen, die mit finanzieller Unterstützung und politischem Druck von den jeweiligen Gruppen in den Vereinigten Staaten gefördert wurden. Vor 1914 waren hierzulande viele deutsche Einwanderer stolz darauf, daß sie oder ihre Väter das politische Regime der Hohenzollern verlassen hatten. Als Sozialdemokraten organisiert, hatten sie den Ruf, die am weitesten vorangeschrittenen und radikalsten Söhne des Vaterlandes zu sein. Während des Ersten Weltkriegs reichten sich Tschechen und Slowaken in Amerika die Hand und halfen, die Tschechoslowakische Republik ins Leben zu rufen, weil beide sich als Angehörige unterdrückter Völker empfanden und vom Joch der Habsburger befreit werden wollten. Das neueste Beispiel einer solchen Befreiungsbewegung, die kaum ohne die aktive Hilfe von Bürgern dieses Landes möglich gewesen wäre, ist die Errichtung der jüdischen Heimstätte (Jewish National Home) in Palästina.

II

Die lange und ruhmreiche Geschichte der Einwanderungsgruppen in den Vereinigten Staaten läßt es um so erstaunlicher erscheinen, daß ein beachtliches Segment jener Gruppen in wenigen Jahrzehnten eine zutiefst reaktionäre Politik in ihren früheren Heimatländern unterstützt und manchmal initiiert hat.

Viele verschiedene Faktoren haben dazu beigetragen, diesen höchst unglückseligen Wandel zu bewirken. Zu ihnen muß gerechnet werden, daß der Einwanderer nach der Jahrhundertwende sich in seinen allgemeinen Auffassungen und Einstellungen von seinen Vorvätern radikal unterschied. Dieser neue Typ, dessen Einfluß sich erst etwa zwanzig Jahre nach der Ankunft bemerkbar machte, kam aus nur wirtschaftlichen Gründen, war ohne politisches Bewußtsein und hatte wenig Kenntnisse darüber, welche Bedeutung Amerika als das Land der Freiheit und Selbstregierung traditionell für das europäische Denken besitzt. Er erwartete eher eine Art gelobten Landes des Viel-Geld-Verdienens und materiellen Wohlstands als neue politische Formen. Seine

Beziehung zum alten Land war nicht länger von Kritik an dessen Regierung geprägt, sondern in der ersten Generation von Heimweh und in der zweiten von einer kuriosen Mischung aus Sentimentalität und Stolz.

Die Folgen dieses Wandels im Charakter der Nachkommen-Gruppen sind beträchtlich gewesen. Die Einwanderer, denen die politische Erziehung ihrer Vorfahren in schlimmer Weise abging, waren nicht mehr fähig, einen Unterschied zu machen zwischen dem alten Land und der Regierung, die es nun einmal hatte. Für viele Italiener wurde Mussolini einfach zum Synonym für Italien, wie für viele Deutsche Hitler mit Deutschland identisch wurde oder für Litauer Smetona mit Litauen; für Polen Pilsudski mit Polen; für Spanier Franco mit Spanien usw. Eine sentimentale Sehnsucht nach nationalem Stolz hat die vorherige kritische politische Haltung verdrängt, und die leere Großtuerei der faschistischen und halb-faschistischen Diktatoren ließ die Herzen der Nachkommen in Übersee höherschlagen. Dieser Trend war ebenso in jenen Gruppen zu erkennen, die zu den Verlierern des Ersten Weltkriegs gehörten, wie auch in jenen, die in Amerika auf Diskriminierung stießen und einigen Grund hatten, sich als Amerikaner nicht voll anerkannt zu fühlen. Die hohlen Worte, die Diktatoren der Nachkriegszeit gebrauchten, um ihre jeweiligen Völker als überlegen, ruhmreich und über allen anderen stehend zu bezeichnen, machten auf die nationalen Gruppen einen tiefen, die Wunden verletzten Selbstgefühls lindernden Eindruck, und sie waren hier sogar wirksamer als in den Heimatländern, wo sich den Menschen bald reichlich Gelegenheit bot, den schmutzigen Terror und die tiefe Verachtung zu erfahren, die sich hinter den Nebelschwaden der Propagandareden verbargen.

Das heißt, daß die Nachkommen-Gruppen trotz ihres vehementen Interesses an der Zukunft ihrer früheren Länder nur wenig mit ihren früheren Mitbürgern und deren tatsächlicher gegenwärtiger Geistesverfassung gemeinsam haben. Während der Sturz Mussolinis Italien in eine Freuden- und Hoffnungsekstase versetzte, war die Meinung von sechs Millionen amerikanischen Italienern – gelinde ausgedrückt – geteilt, wobei die Mehrzahl ihren Kummer unter einer energischen Verteidigung der Monarchie verbarg und eine Minderheit stur die alte Leier weiterspielte, Mussolini hätte in Italien ein Bollwerk gegen den Kommunismus errichtet. Es gibt natürlich ein kleines Segment in der italienischen Gemeinschaft, das antifaschistisch ist und auch immer schon war. Die Mitglieder der Mazzini Society, die Leser von Graf Sforzas *Nazione Unite* oder von Don Luigi Sturzos *La Voce del Popolo* haben die Invasion auf Sizilien ebenso einmütig willkommen geheißen wie die Mehrzahl der Sizilianer, und sie haben Mussolinis Untergang ebenso enthusiastisch begrüßt wie die Bürger Roms. Doch diese Gruppen sind klein und machtlos. Sie werden von antifaschistischen Flüchtlingen geleitet, welche keine starken Wurzeln in der Gemeinschaft derer haben, die amerikanische Bürger sind und die eigentlich der Auffassung sind, daß es in diesem Lande »genug Führungspotential« gibt, »um die italienischen Gruppen zu leiten, ohne daß man auf ausrangierte Elemente aus Italien zurückgreifen muß«, wie es in einer ihrer Zeitungen vor einem Jahr hieß.

Die Einflußlosigkeit der italienischen antifaschistischen Flüchtlinge ist kein Einzelbeispiel. Gewöhnlich haben vielmehr reaktionäre oder halb-faschistische Politiker Zugang und ein Betätigungsfeld gefunden; denn sie hatten in ihren Regierungen ein Amt. Umgekehrt ist es das Schicksal von aufrechten Antifaschisten, isoliert und auf ihre jüngst gegründeten kleinen, einflußlosen Zeitungen beschränkt zu bleiben. Wie schwierig die Bedingungen für diese Flüchtlinge sind, die aus naheliegenden Gründen sich nicht damit brüsten können, in den halb-faschistischen Vorkriegsregimen ihrer Länder eine anerkannte offizielle Stellung angenommen zu haben, kann an der traurigen Tatsache abgelesen werden, daß sie manchmal nicht einmal in der Lage waren, das Vertrauen der demokratischeren Organisationen ihrer Nachkommen-Gruppen zu gewinnen. Selbst wenn man zu einem gewissen Maß an politischer Übereinstimmung gelangen konnte, wurden die Neuankömmlinge aus Europa, die kein Amt hatten, als lästig empfunden.

Dieses allgemeine Mißtrauen gegen die Neuankömmlinge, die Schutz vor der Verfolgung durch die faschistischen oder halb-faschistischen Regierungen suchen mußten und den schlecht informierten Nachkommen die wahre Geschichte ihrer Heimatländer erzählen könnten, beraubt die amerikanische Außenpolitik eines ihrer besten Aktivposten der Freiheitsperiode. Wenn deren wahrhaft demokratische Überzeugungen Rückhalt in der öffentlichen Meinung der nationalen Splittergruppen fänden, dann hätte die amerikanische Regierung, deren Außenpolitik die Nachkommen notwendigerweise zu berücksichtigen hat, besonders wenn in den Heimatländern die Verwaltung der inneren Angelegenheiten ansteht, von Anfang an mit unmißverständlicher Entschlossenheit handeln können. Ein Beispiel hierfür ist wiederum Italien. Während die antifaschistische italienische Presse sich vor einem Jahr über das offensichtliche Widerstreben der [amerikanischen] Regierung, sich mit den wahrhaft antifaschistischen Elementen in diesem Lande zu befassen, und deren mutmaßlichem Eifer, die Unterstützung jener zu gewinnen, die in der Vergangenheit keine ungeteilte Loyalität erkennen ließen, bitter beklagte, erkannten die Führer der antifaschistischen Gruppen, daß die Haltung der Masse der amerikanischen Bevölkerung italienischer Herkunft mehr Gewicht haben müsse als ihre kleinen und relativ neuen Organisationen. In dieser Hinsicht war es recht bedeutsam, daß altgediente antifaschistische Führer verzweifelt versuchten, in der italienischen Gemeinschaft an Einfluß zu gewinnen. Männer wie Luigi Antonini und selbst Graf Sforza taten, was sie nur konnten, um den Abgrund zwischen sich und den früheren pro-faschistischen Führern, welche auf breite Unterstützung rechnen konnten, zu überbrücken.

III

Während der letzten fünfundzwanzig Jahre sind die Auflagenzahlen der fremdsprachlichen Presse in den Vereinigten Staaten erheblich zurückgegangen. Doch der Anteil der im Lande Geborenen in jeder der fremdsprachlichen Volksgruppen gegenüber den im Ausland Geborenen ist in einem sehr viel größeren Prozentsatz gestiegen. Das bedeutet, daß diese Volksgruppen heute im wesentlichen aus amerikanischen Bürgern bestehen, die mehr tatsächliche Macht und mehr halb-offizielle Verbindungen zur Regierung und zu den politischen Institutionen haben, als das vor einigen Jahrzehnten noch der Fall war. Die italienische Presse schreibt und spricht im Namen von 6 Millionen amerikanischen Italienern, von denen nur etwa 1,5 Millionen nicht in den Vereinigten Staaten geboren wurden. Die polnische im Ausland geborene Bevölkerung zählt nur etwa 1 Million Menschen, aber die polnische Presse mit einer Gesamtauflage von etwa 800 000 wird von einer Bevölkerung von 5,5 Millionen Amerikanern polnischer Herkunft gelesen. Ziemlich lächerlich wäre es anzunehmen, daß 52 000 im Ausland geborene Kroaten die Abonnenten von etwa 25 000 Exemplaren der kroatischen Tageszeitung sein könnten oder daß 35 000 im Ausland geborene Ukrainer sich zwei Tageszeitungen mit einer Gesamtauflage von 27 000 Exemplaren leisten könnten – und dies übrigens zusätzlich zu vier Wochenpublikationen mit einer Gesamtauflage von 15 000. Es wurde bereits darauf hingewiesen, daß »die Amerikaner in der dritten Generation im allgemeinen eine Haltung zur Sprache oder den Sprachen ihrer Großeltern haben, die positiver ist als die der vorangegangenen Generation«[3]. Und die Auflagenhöhen der fremdsprachlichen Presse sind beredte Zeugen dafür, daß diese Bemerkung stimmt.

Zu Bedeutung und Einfluß dieser Presse trägt bei, daß die Mehrzahl der Zeitungen Organe von Clubs, Gesellschaften, Wohltätigkeitsorganisationen und Vereinen, Versicherungsgesellschaften, Kirchen und Pfarrgemeinden sind. Sie können mit der Unterstützung der organisierten Mitglieder rechnen, in deren Namen sie sprechen und von deren Zustimmung sie andererseits weitgehend abhängig sind. Man kann behaupten, daß sie in derselben Weise Ausdruck der Meinungen ihrer Leser sind wie die wenigen englischsprachigen Zeitungen mit einer entschiedenen »Parteilinie« oder politischen »Richtung«. Ihre Herausgeber sind häufig, im Gegensatz zu den englischsprachigen Kollegen, die politischen Führer der jeweiligen Gemeinschaften, die Präsidenten der Versicherungsgesellschaften, die Sekretäre der Arbeiterwohlfahrtsverbände oder herausragende Mitglieder der neu gegründeten »national councils« (nationalen Räte), die bei Volksgruppen wie den Tschechoslowaken, den Polen und Jugoslawen die Funktion haben, den Regierungen in den Heimatländern oder den Exilregierungen den Rücken zu stärken. Die neuen politischen Räte setzen sich zumeist aus den alten Gesellschaften zusammen, die wiederum überall im Land lokale Zweiggruppen haben. Die Zeitung, die jedes Mitglied erhält, ist eines der wichtigsten Bindeglieder zwischen den über den ganzen Kontinent verstreuten Angehörigen der verschiedenen nationalen Gruppen.

Ohne diese alteingesessenen Versicherungsgesellschaften und Clubs fehlte den neueren eindeutig politischen Gründungen die notwendige Grundlage. Die Hungarian World Association, die 1938 unter der Präsidentschaft von [Miklós] Horthy, dem ungarischen Staatsoberhaupt, gegründet wurde, brauchte nicht die individuelle Mitgliedschaft als Basis. Sie nutzte einfach die bestehenden ungarischen Versicherungsgesellschaften mit Zehntausenden von Versicherten und hatte die wichtigsten ungarischen Tageszeitungen zur Verfügung, weil diese nun mal der Versicherungsgesellschaft angegliedert waren.

Dasselbe gilt für andere Volksgruppen. Die beiden Verbände der sehr kontroversen polnischen Politik in Amerika, der Polish American Council (der die polnische Exilregierung unterstützt) wie das National Committee of Americans of Polish Descent (das heftig gegen diesen opponiert), bestehen aus Vereinen oder anderen nichtpolitischen Gesellschaften wie etwa der Polish Roman Catholic Union oder der Polish National Alliance. Die tschechische Exilregierung wird vom Czech National Council unterstützt, der sich aus Organisationen zusammensetzt, denen Amerikaner tschechischer Herkunft in der dritten und vierten Generation noch immer anhängen. Und so verhält es sich mit dessen unerbittlichstem Feind, der Slovak League.

Alle diese Volksgruppen haben zusätzliche Bedeutung erlangt, seitdem der Krieg die Trennung der Regierungen von ihren Völkern mit sich brachte. Für die geflohenen Regierungen ist es nur natürlich gewesen, den Versuch zu machen, von den jeweiligen Nachkommen-Gruppen Unterstützung zu erhalten; denn diese waren ja gut organisiert, und ihre alten Loyalitäten waren durch die Katastrophe, die ihr Heimatland zerstört hatte, tief aufgewühlt. Hierin allerdings sind sie nicht sehr erfolgreich gewesen. Wann immer einer ihrer Vertreter – in der bedauernswerten Lage, eine Regierung ohne Volk zu repräsentieren – in Amerika versucht hat, Beistand und Unterstützung zu erhalten, ist ihm fast immer von wichtigen Teilgruppierungen bedeutet worden, daß es ziemlich zweifelhaft sei, ob er das Recht hätte, überhaupt mit und für jemanden zu sprechen, und daß er diplomatische Vorrechte mißbrauche. Sehr wenige Zeitungen sind andererseits der vernünftigen Auffassung (wie sie einmal von der polnischen Wochenschrift *Trybuna* ausgesprochen wurde), daß »die Wahrung der polnischen Interessen der Exilregierung überlassen werden muß«. Die meisten würden (mit *Nowiny Polskie*, einer polnischen Tageszeitung) übereinstimmen und behaupten, daß unter den gegenwärtigen Umständen nur die amerikanisch-polnische Presse die politischen Aktionen der geflohenen Regierungen gutheißen oder kritisieren kann, wobei nicht gerade wenige »gleiche Rechte hinsichtlich der Angelegenheiten der polnischen Nation« verlangen (wie es *Nowy Swiat* vor ein paar Jahren ausdrückte).

Daß die Einwanderergruppen leidenschaftlich an der Zukunft ihrer Heimatländer interessiert sind, aber hinsichtlich der exilierten Regierungen gar keine Verpflichtung eingehen wollen, macht die Lage für die verschiedenen Botschafter in Washington ziemlich schwierig.

Sicher ist es kein Zufall, daß Regierungen ohne große und gut organisierte Gruppen von Nachkommen, wie die Holländer oder Belgier, einen besseren Ruf haben und für den Anspruch, ihr Land zu repräsentieren, mehr Vertrauen erhalten als die Tschechoslowaken, die Jugoslawen oder die Polen. Der von gegnerischen Verbänden ausgehende Widerstand gegen die tschechoslowakischen und polnischen nationalen Räte ist extrem heftig gewesen und wurde von Organisationen unterstützt, die fest in ihren Gemeinden verankert waren. Unter diesen Umständen werden oft die offiziellen Vertreter oder Resolutionen der exilierten Regierungen von neutralen oder gar wohlmeinenden Beobachtern nicht ernst genommen. Als beispielsweise vor mehr als einem Jahr die jugoslawische Regierung entschied, Jugoslawien nicht zu teilen, hat der Serb National Defense Council eine Resolution angenommen, in der die Teilung des Heimatlandes und die Errichtung eines Groß-Serbien gefordert wurden. Diese Erklärung veranlaßte William Philip Simms (in seinem Leitartikel im *New York World Telegram*), skeptisch zu fragen, ob die jugoslawische Regierung wirklich die jugoslawische Nation repräsentiere. Mit anderen Worten, man hielt den Serb National Defense Council – obwohl ähnlich wie die entsprechende kroatische und slowenische Organisation hauptsächlich aus amerikanischen Bürgern bestehend – eher für den Vertreter des Volkes von Jugoslawien als eine anerkannte Regierung mit ihrer offiziellen Entscheidung. Der Fall der Tschechoslowakei ist nicht weniger kompliziert. Da die amerikanischen Tschechen und Slowaken während und nach dem Ersten Weltkrieg Masaryk[4] in großem Umfang geholfen hatten, ist es um so verwirrender, daß nun, wo es darum geht, das, was einst mit ihrer Unterstützung gewonnen wurde, wieder aufzubauen, genau dieselben Organisationen ihre Hilfe verweigern, ja sogar sich mit Angriffen und Verleumdungen hervortun.

In jeder der verschiedenen Volksgruppen gibt es eine oder mehrere Zeitungen, auf deren unerschütterliche Unterstützung sich die exilierten Regierungen verlassen können. Doch sind dies selten die Zeitungen mit den stärksten Auflagen. Häufig fehlt es ihnen an allgemeiner Unterstützung in Form von Vereinen oder Gesellschaften. Die Argumente, die gegen die exilierten Regierungen gebraucht werden, zeigen eine erstaunliche Ähnlichkeit mit den gewöhnlich gegen Flüchtlinge vorgebrachten Anschuldigungen. Indem sie ihre Länder verloren, haben sie auch jene offizielle Position, aus der sich Autorität ableitete, verloren. Die Nachkommen wollen ganz einfach keinen »Flüchtling« anerkennen und schlagen sich, wie es im Falle der Slowaken geschah, sogar auf die Seite von Marionetten-Regierungen, die allerdings dessenungeachtet doch handelnde Regierungen sind.

IV

Daß es im allgemeinen Leben dieser Nation die Nachkommen-Gruppen als klar unterschiedene Einheiten gibt, darauf ist seit langem hingewiesen worden – seit den dreißiger Jahren des letzten Jahrhunderts, als nämlich Anstrengungen unternommen wurden, sich auf lokaler Ebene der deutschen und irischen Wählerschaft zu versichern. Ein Jahrhundert lang jedoch haben diese Gruppen ohne rechte Verbindung untereinander bestanden, und obwohl sie alle gleichzeitig bis zum Ende des letzten Krieges eine ziemlich progressive Linie verfolgten und die meisten während der letzten beiden Jahrzehnte gefährlich pro-faschistisch wurden, ergaben sich diese Parallelerscheinungen eher zufällig durch den ähnlichen europäischen Hintergrund als durch gemeinsames Handeln irgendwelcher Art.

Dieser Zustand der Dinge allerdings scheint sich zu ändern. Gewisse Anzeichen in der fremdsprachlichen Presse der letzten Jahre deuten darauf hin, daß es Querverbindungen gibt und sogar die Formierung von Blöcken nicht ganz auszuschließen ist. All dies geht auf den Tag zurück, an dem Rußland der Welt mitteilte, daß es die baltischen Staaten, die Teil Polens waren, und Bessarabien als künftige Republiken der Sowjetunion betrachte. Seitdem ist den meisten kleinen Staaten zu Bewußtsein gekommen, daß Souveränität und Unabhängigkeit allein weder zu nationaler Sicherheit noch zu wirtschaftlichem Wohlstand führen werden. Der zunehmende Gebrauch des nun modischen Wortes »Föderation« hat dies ganz klar werden lassen. Volksgruppen wie die Polen und Litauer, die einander noch vor wenigen Jahren nur zur Kenntnis genommen hätten, um uralte Fehden in grob schmähender Rede auszutragen, machen nun große Anstrengungen, sich zu verständigen. Dasselbe gilt für Polen und Ukrainer, ja selbst für Ungarn und Slowaken. Alle begannen, »regionale Föderationen« zu planen.

Das Reden von den regionalen Föderationen war in vollem Gang, als die Sowjetunion zum zweiten Mal eine klare Stellungnahme zu ihrer künftigen Außenpolitik veröffentlichte. Sie erklärte, daß sie gegen schlechthin alle Arten von Föderation in Europa sei, doch insbesondere gegen die sogenannte Ost-Föderation, die sie als einen »cordon sanitaire« gegen sich betrachte. Noch ist die Frage offen, ob damit die »Föderationen« die Bühne der politischen Argumentation ebenso schnell wieder verlassen werden wie die Atlantikcharta[5] vor mehr als einem Jahr. Doch ist es wahr, daß über Föderation meist dann geredet wurde, wenn man den »gemeinsamen Feind« im Auge hatte, bei dem es sich für die östlichen Nationen um Rußland handelte, für die mitteleuropäischen um die Tschechen – wobei eher beiläufig manchmal noch Deutschland hinzugefügt wurde.

Das eigentliche politische Problem der Neuorganisation Europas nach diesem Krieg wird durch den Gebrauch des Wortes Föderation bei den Nachkommen-Gruppen eher verborgen gehalten als angezeigt. Die Nachkriegspläne, die die verschiedenen Zeitungen anbieten, haben bereits alle einzelnen nur erdenklichen Kombinationen von Staaten und Nationalitäten erschöpfend erfaßt. Wenn es ans Planen geht, vergessen die Tschechen ohne weiteres, daß die Slowaken sich von ihnen trennten, und erklären die Tschechoslowakei zum »Eckpfeiler« Mitteleuropas. Die Ungarn und Slowaken vergessen ihre bitteren Streitigkeiten und überlegen, ob sie sich gegen die Tschechen zusammenschließen. Die Serben schienen in manchen Fällen nur einen Feind, nämlich die Kroaten, zu kennen und bereiten sich auf ein enges Bündnis mit Griechenland und möglicherweise Bulgarien vor. Polen, Litauer und Ukrainer verkünden die Einheit gegen den »bolschewistischen Aggressor«. Die Slowaken entdecken, daß sie schon immer »freundschaftlichere Beziehungen zu den Polen als zu den Tschechen« unterhielten (in *Slovenska Obrana*), und von Polen wird (in der ungarischen Wochenschrift *Harc*) berichtet, daß sie diese neue Freundschaft so weit kultiviert hätten, daß man die Einbeziehung der Slowakei in ein neues Groß-Polen vorschlägt. Offensichtlich kann dieses Spiel mit Kombinationen mögliche künftige Bündnisse ankündigen oder auch nicht. Mit Föderationen hat das nichts zu tun, außer dem schlecht gewählten Begriff. Die Geschichte hält gewiß noch ein paar neue Möglichkeiten bereit, um den europäischen Pudding aufzuteilen; aber so wie die Vorschläge aussehen, gibt es kein Anzeichen dafür, daß diejenigen, die teilen müssen, mit ihren neuen Portionen zufriedener sein werden, als sie es mit den alten waren.

Wenn die unterschiedlichen »Föderations«-Vorschläge nichts anderes als Nachkriegsplanungen wären, wären sie kaum wert, diskutiert zu werden. Was ihre Bedeutung auf der amerikanischen Bühne ausmacht, liegt darin, daß sie eher einen Versuch darstellen, Kampfbündnisse zwischen verschiedenen Nachkommen-Gruppen in diesem Land ins Leben zu rufen, als eine ernste Anstrengung, Europa neu zu ordnen. Im Gegensatz zu der einst so bekannten Atlantikcharta, die tatsächlich bestimmte Ziele auf der europäischen Bühne verfolgte – auch wenn es sich, gemäß der Interpretation in der fremdsprachlichen Presse, überwiegend um die Restauration halb-faschistischer Regime handelte –, sollen diese Föderationen direkt hier verwirklicht werden. Ein »politischer Block«, der von »amerikanischen Nachkommen der kleinen Nationen in Übersee« gebildet wird und »in Übereinstimmung handelt« (wie es das litauische Wochenblatt *Lietuviu Zinios* ausdrückte), ist im Entstehen begriffen. Wenn ein solcher Block zustande käme, wären die Nachkommen-Gruppen in der Lage, mit vereinten Kräften als Interessengruppen beim Abschluß des Friedensvertrages zu agieren. Befürworter der »Bildung einer Föderation der Staaten von der Ostsee bis zur Adria«[6] haben möglicherweise keine klare Vorstellung von der vorgeschlagenen künftigen Struktur Europas; dennoch können sie darauf hoffen, daß sie die amerikanischen Nachkommen der Litauer, Polen, Slowaken, Ungarn, Kroaten und Slowenen unter dem Deckmantel der Forderung nach einer regionalen Föderation in Europa zu organisiertem Einfluß und gemeinsamen Aktionen in Amerika mobilisieren werden.

Die »Föderationen« haben den großen Vorteil, daß sie nirgendwo leichter zu verwirklichen sind als hier, wo Ukrainer und Slowaken, Kroaten und Polen, Litauer und Ungarn auf dem gleichen Fleck leben. Die Zeiten sind vorbei, als tschechoslowakische Streitigkeiten allein zwischen Tschechen und Slowaken ausgetragen wurden und Angriffe auf Beneš[7] von Slowaken mit der einzig möglichen Hilfe einiger ungarischer Zeitungen geführt wurden. Jetzt entdecken die Ukrainer ihre »Verwandtschaft« mit den Slowaken als Schicksalsgenossen – eines Schicksals, das die Slowaken unter den Tschechen erlitten und die Ukrainer sowohl unter den Polen wie auch den Russen. Vorbei auch die Zeiten, in denen die Kämpfe, die Jugoslawien auseinanderrissen, allein die Kroaten, Slowenen und Serben interessierten. Jetzt tauschen die kroatische und die slowakische Presse untereinander Nachrichten und

Propagandaartikel aus, und die Serben klagen, dahinter stecke mehr, als an der Oberfläche erscheint.

Das Alarmierende an diesen Querverbindungen, die sich noch in einem anfänglichen Entwicklungsstadium befinden, ist, daß es kein wie auch immer geartetes klares, einheitliches Programm gibt, auch wenn gewisse Ähnlichkeiten erkennbar sind. Sicher ist es bezeichnend, daß die Nachkommen von keiner der größeren Nationen, seien sie nun unsere Feinde wie die Deutschen oder unsere Freunde wie die Franzosen oder neutral wie die Spanier, bei diesen Kampfbündnissen angetroffen werden. In der entsprechenden fremdsprachlichen Presse wird zwar über eine Föderalisierung Europas diskutiert, aber diese Diskussionen sind rein theoretisch und befassen sich wirklich mit Europa, und diejenigen, die sie führen, haben bisher keine handfesten Versuche unternommen, die Föderation Europas durch eine Föderation von Nachkommen in diesem Land ins Leben zu rufen. Was im Kommen ist, scheint ein Block der Nachkommen der kleineren Nationen als solcher zu sein, ganz gleich, ob deren ehemalige Länder sich im Kriegs- oder Friedenszustand mit den Vereinigten Staaten befinden.

Eine zweite charakteristische Gemeinsamkeit ist die Tatsache, daß die Nachkommen dieser kleinen Nationen überwiegend katholisch sind. Die skandinavischen Nationen glänzen durch Abwesenheit und haben keine Verbindung mit ost- und mitteleuropäischen Nachkommen-Gruppen. Dieser Faktor ist weit davon entfernt, vernachlässigbar zu sein. Katholische Gewerkschaften, Gemeinden, Vereinigungen und Orden spielen eine große Rolle als Herausgeber fremdsprachlicher Presseorgane (die Orden vor allem in der polnischen Presse). Sie sind ihrerseits mit großen katholisch-amerikanischen Verbänden wie der Catholic National Welfare Conference (CNWC) verbunden. Die Artikel, die vom Pressebüro der CNWC herausgegeben werden, werden von den katholischen Zeitungen in verschiedenen Sprachen im ganzen Land nachgedruckt und haben zweifellos einen wichtigen vereinheitlichenden Einfluß auf die politischen Anschauungen, welche andernfalls hinsichtlich gewisser Fragen eher kontrovers wären.

Der amerikanische Katholizismus ist tief im politischen Leben der Nation verwurzelt. Er bildet ein wichtiges Bindeglied zwischen den fremdsprachlichen Volksgruppen und Amerika. Katholische Organisationen haben für lange Zeit den Einwanderern und Angehörigen von unterprivilegierten Volksgruppen geholfen, sich den amerikanischen

Traditionen anzupassen. Das ist meist von Priestern besorgt worden, die, gleicher Herkunft wie ihre Gemeindemitglieder, darauf bedacht und wahrscheinlich auch weise genug waren, ein gewisses Erbe des alten Landes zu bewahren. Diese Aufgabe fiel ihnen fast automatisch bei jenen Einwanderern zu, die aus Ländern kamen, in welchen die Kirche in der Masse des Volkes noch immer über eine starke Autorität verfügt. Und die Auswanderung nach Amerika hat in vielen Fällen diese Autorität nicht geschwächt, sondern eher gestärkt, und zwar genau deshalb, weil die Einwanderer in einer neuen, verwirrenden Umgebung die katholischen Institutionen als Repräsentanten ihrer verschiedenen nationalen Traditionen anzusehen begannen, ja sie manchmal mit diesen gleichsetzten. Die neue Tendenz zu einer Zusammenarbeit der Volksgruppen könnte dieser Autorität zusätzliches Gewicht verschaffen, auch wenn bis heute keiner voraussagen kann, in welcher Richtung dieses Gewicht und dieser Einfluß spürbar sein werden.

V

Aus den vorangehenden Bemerkungen geht eindeutig hervor, daß der Fall der jüdischen Nachkommen und ihrer Presse bis zu einem gewissen Grad anders liegt. Kein wirklich eigenes Heimatland konnte ein besonderes Interesse an der Außenpolitik entfachen. Mehr noch, Juden waren wegen der Verfolgungen, die sie von europäischen Völkern erleiden mußten, in dieses Land gekommen, und folglich empfanden sie so etwas wie ein natürliches Mißtrauen gegen deren Nachkommen. Sie waren viel eher als jede andere Einwanderergruppe bereit, das Band zum alten Land zu zerschneiden, und dachten nur im amerikanischen Horizont. Und es ist selbstverständlich – nebenbei bemerkt, auch ein Glück –, daß das amerikanische Judentum den Einflüssen der faschistischen und chauvinistischen Trends, die in der jüngeren Geschichte der anderen Nachkommen-Gruppen eine so große Rolle spielten, nicht verfiel.

Das heißt nicht, daß – wie einige oberflächliche Beobachter zu denken geneigt sind – Juden eher bereit wären, ihre Identität aufzugeben als andere Einwanderergruppen. Es heißt vielmehr, daß die Veränderungen, denen das amerikanische Judentum seit dem Ende des letzten Krieges unterworfen war, viel weniger abrupt sind, daß alte geistige

Traditionen viel besser aufrechterhalten werden. Sicherlich, auch hier sind die Veränderungen beträchtlich. Die alten europäischen Einflüsse auf die jüdischen Massen, besonders die aus Polen, haben sich abgeschwächt. Die Bundistische[8] Art des Sozialismus und Anti-Zionismus ist dabei zu verschwinden, und Zeitungen mit ehemals starken antizionistischen Traditionen sind in jüngster Zeit eher pro-zionistisch geworden, während die ehemals pro-zionistische Presse die alten sentimentalen Haltungen zusammen mit den alten Streitereien zwischen den verschiedenen zionistischen Fraktionen hinter sich gelassen hat, um ganz und gar politisch zu werden – bei starker Betonung der Außenpolitik.

Im politischen Gefüge des amerikanischen Judentums nimmt Palästina mehr und mehr den Platz ein, den andere Nachkommen-Gruppen für ihre jeweiligen Heimatländer reserviert haben. Doch auch hier zeigt die jüdische Haltung mehr Ähnlichkeit mit der der Nachkommen-Gruppen vor dem Ersten Weltkrieg als mit jenen ihrer Zeitgenossen, deren Meinungen zwischen schamloser Expansion auf Kosten anderer kleiner Nationen und regionalem Föderalismus geteilt sind. Daß das Schlagwort Föderalismus in den jüdischen Zeitungen sichtbar fehlt, liegt nicht nur an der geographischen Lage von Palästina, wo scheinbar nur eine Föderation mit den Arabern möglich wäre, sondern auch an jenen besonderen Umständen, die die Juden zu dem fast einzigen kleinen europäischen Volk machten, dem im Versailler Vertrag weder ein eigener Staat noch die Mitverantwortung in einem der multinationalen Staaten zuerkannt wurde. Durchaus logisch verlangen sie heute mit dem Schlagwort »Jewish Commonwealth«, was nach Weizmann[9] soviel bedeutet wie »ein ihnen gehörender Staat«, ein Maß an Unabhängigkeit und Souveränität, dessen praktische Unmöglichkeit und Gefahren auszuprobieren andere kleine Nationen bereits Gelegenheit hatten.

Das jüdische Volk Amerikas empfindet sich heute – mehr sogar als andere Nachkommen-Gruppen – als Vorposten, dessen Kräfte bisher für den Fall des höchsten nationalen Ausnahmezustandes gespart wurden. Dies hat seine Bindungen an Palästina, vergleichbar der der anderen Nachkommen-Gruppen an ihre Heimatländer, gefestigt, und zusätzlich ist ein starkes Verantwortungsgefühl für die Zukunft des Volkes als ganzem entstanden. Das alte Gefühl, im »gelobten Land« zu leben, das einst unter amerikanischen Juden so verbreitet war, hat einer nüchterneren Auffassung von der Unteilbarkeit des jüdischen Schicksals auf dem ganzen Erdball Platz gemacht. So paradox es auch klingen mag, diese neuen Tendenzen begünstigen eine Situation, in der das amerikanische Judentum seine herausragende Stellung als einzige Einwanderergruppe ohne Heimatland verliert, und sie mögen es in einen Prozeß wahrer Amerikanisierung treiben. Der Erfolg einer solchen Entwicklung allerdings wird letztlich sehr viel weniger von den Juden abhängen als von den Haltungen der anderen Nachkommen-Gruppen.

Es gibt Grund zu der Hoffnung, daß diese Volksgruppen, im Zuge der Vernichtung des Faschismus in ihren Heimatländern, von den sonderbaren und gefährlichen Tendenzen, die ihre öffentlichen Äußerungen für eine gewisse Zeit kennzeichneten, ablassen werden. Mit dem Frieden und der Freiheit in Europa mag auch in ihren Köpfen Frieden einkehren. Mit der Ausmerzung des Antisemitismus, der auf der europäischen Bühne bereits bemerkenswert rückläufig ist, mögen sie lernen, die Juden nicht nur als Mitbürger anzusehen, sondern als Mitmenschen mit einem sehr ähnlichen Schicksal. Gewiß wird keine dieser Volksgruppen so schnell und einfach verschwinden oder ihr Interesse an der Politik des Heimatlandes verlieren, wie die Anwälte der Schmelztiegel-Idee geglaubt haben. Sie werden vielmehr für die Politiker dieses Landes eine Zeitlang weiterhin sowohl ein sehr gefährlicher Unruheherd bleiben wie gleichzeitig der hoffnungsvollste Posten für einen endgültigen Erfolg. Denn ihre Anwesenheit eröffnet im Rahmen der Außenpolitik die Möglichkeit einer natürlichen Beziehung zu fast allen Nationen der Welt und damit die Chance für eine Weltpolitik ohne imperialistische Inhalte, wie sie keine Nation mit einer homogenen Bevölkerung je besitzen kann.

(10) Gestern waren sie noch Kommunisten

Zur Erkenntnis einer gefährlichen Zeiterscheinung*

Die Rolle, welche die Ex-Kommunisten in unserer gegenwärtigen Politik spielen, sollte uns nachdenklich machen. Es handelt sich nicht einfach um ehemalige Kommunisten, nicht um die vielen Tausende, die hier und in der ganzen Welt irgendwann einmal in den Strudel einer totalitären Bewegung geraten sind – als Mitglieder der Parteien oder als Mitläufer und Sympathisierende. Unter ihnen gibt und gab es viele, die mit Politik wenig zu tun hatten, dafür aber durch ihren Namen der Bewegung ein gewisses Prestige gaben. Wenn ein großer Meister wie Picasso sich im politischen Wirrwarr unserer Zeit nicht mehr auskennt und Kommunist wird, so hat das erst dann eine Bedeutung, wenn er anfängt, schlechte Bilder zu malen, nicht wenn er politische Meinungen äußert. Träte Picasso morgen aus der Kommunistischen Partei aus, so wäre er ein ehemaliger Kommunist, kein Ex-Kommunist.

Aber auch Menschen, deren Hauptinteresse und Hauptverantwortlichkeit stets auf dem Gebiet der Politik lag, können in diese Kategorie ehemaliger Kommunisten gehören. Nicht alle sind Ex-Kommunisten geworden. Gerade die politisch Erfahrenen unter den ehemaligen Kommunisten kann man daran erkennen, daß sie verhältnismäßig früh aus der Partei austraten, daß sie spürten, wann der Moment gekommen war, in dem eine revolutionäre Partei sich in eine totalitäre Bewegung verwandelt hatte. Gemessen an dem, was wir heute wissen, mögen ihre Kriterien nicht ausreichend erscheinen; sie genügten, um sie vor dem Schlimmsten zu bewahren. Die Abschaffung der innerparteilichen Demokratie, die Aufhebung der Unabhängigkeit der nationalen kommunistischen Parteien und ihre absolute Unterwerfung unter das Diktat von Moskau waren wichtige Anhaltspunkte. Der entscheidende Wendepunkt für alle politisch Erfahrenen waren zweifellos die Moskauer Prozesse und nicht erst der Hitler-Stalin-Pakt.

Politisch ist das weitere Schicksal dieser Menschen ohne große Bedeutung. Sie sind in das allgemeine öffentliche und private Leben untergetaucht. Viele von ihnen haben alles Interesse an Politik verloren.

* 1953 in deutscher Sprache veröffentlicht.

Ihre kommunistische Vergangenheit wurde eine wichtige Tatsache ihres persönlichen Lebens, sie wurde nicht der Kristallisationspunkt einer neuen Weltanschauung; kein »Gott hatte sie betrogen«, und sie bedurften nicht eines neuen »Glaubens«. Sie waren und sind nicht der Meinung, daß sie berufen und auserwählt sind, den Kampf gegen den Kommunismus zu führen.

Theoretisch ist es leicht, zwischen ehemaligen und Ex-Kommunisten zu unterscheiden, praktisch hat die Sache ihre Schwierigkeiten. Um alle Mißverständnisse zu vermeiden, will ich die folgenden Überlegungen an Whittaker Chambers[1] orientieren, den die öffentliche Meinung aufgrund seiner offenbaren schriftstellerischen Begabung und die Ex-Kommunisten selbst aufgrund seiner überlegenen Intelligenz als repräsentativ anerkannt haben. Die Schwierigkeit der Unterscheidung liegt im folgenden:

Die Ex-Kommunisten, obschon klein an Zahl, haben aus ihrer Vergangenheit ein Sprungbrett in das normale öffentliche Leben gemacht, in welchem sie natürlich eine noch größere Rolle spielen könnten, wenn es ihnen gelänge, alle ehemaligen Kommunisten zu gewinnen. Jeder von diesen könnte ein Ex-Kommunist werden, wenn er sich entschließen würde, in großer Schaustellung ein Bekenntnis abzulegen und den Kommunismus nach wie vor in das Zentrum seines Lebens zu stellen. Es sieht so aus, als ob die beiden Gruppen durch nichts voneinander geschieden seien als durch die Geste des Bekenntnisses und der »Bekehrung«.

Dies Verlangen der Ex-Kommunisten bringt die ehemaligen Kommunisten natürlich in eine sehr unangenehme Lage. Es hat den Anschein, als seien sie weniger ehrlich in ihrem Bruch mit dem Kommunismus, weniger überzeugt von den Gefahren totalitärer Herrschaft. Hinzu kommt, daß unter heutigen Umständen die Tatsache, je der Kommunistischen Partei angehört zu haben, und sei es für vier Wochen im Alter von siebzehn Jahren, eine schwere Belastung geworden ist. Die Versuchung, sich den Ex-Kommunisten anzuschließen, ist darum sehr groß; aus einer sehr großen Belastung wird ein sehr großes Plus. Die Peinlichkeit eines öffentlich dramatischen Bekenntnisses wird mehr als gutgemacht durch den Vorteil, sich nicht in ein dauernd gefährdetes Privatleben zurückziehen zu müssen, sondern im Gegenteil eine öffentliche Karriere, wenn auch unter anderen Vorzeichen, weiterverfolgen zu können. Aus einem kommunistischen Politiker kann ohne weiteres ein Sachverständiger kommunistischer Politik werden. Die öffentliche Demütigung eines Bekenntnisses ist leichter zu tragen als die vielen privaten Demütigungen im Gefolge eines Berufswechsels. Aus dem Lichte der Öffentlichkeit zu verschwinden und ein Privatmann zu werden ist ein erheblich einschneidenderer Entschluß, als im Rollenspiel der »Weltgeschichte« die Rollen auszutauschen.

Noch ist es trotz des immer stärker werdenden Druckes den Ex-Kommunisten nicht gelungen, die ehemaligen Kommunisten zu sich herüberzuziehen und eine Art anti-kommunistischer Partei zu bilden. Vielleicht gelingt es ihnen nie. Noch jedenfalls spielen sie ihre Rolle als Experten, deren Spezialkenntnis und Erfahrung angeblich unentbehrlich sind im Kampf gegen totalitäre Bedrohung.

Die Gründe, welche die Ex-Kommunisten unentbehrlich für die Führung der Abwehr gegen den Kommunismus machen, faßt Chambers in folgenden Sätzen zusammen: »Nur die Ex-Kommunisten kennen in Wahrheit die Natur dieses Kampfes und das Wesen des Feindes; nur sie können ihm mit einem gleich tiefen Glauben und einer gleich großen Einsatzbereitschaft begegnen ... denn dieser Kampf kann nicht gekämpft, viel weniger gewonnen oder auch nur verstanden werden, wenn man nicht zum totalen Opfer bereit ist ... Das letzte Gefecht (in den Worten [Ignazio] Silones) wird daher zwischen Kommunisten und Ex-Kommunisten entbrennen. ... Und die letzteren, in den Worten [W. G.] Kriwitskys, haben inzwischen begriffen, daß Denunziation in heutiger Zeit eine Pflicht ist.«

Lesen wir diese Sätze aufmerksam, so fällt auf, daß die Ex-Kommunisten mit den Kommunisten gemeinsam haben, die ganze Struktur unserer Zeit in einer *extremen Zweiteilung* zu sehen, welche unausweichlich auf einen letzten Entscheidungskampf hindrängt. Es handelt sich für sie nicht um einen Kampf der Freiheit gegen Tyrannei, sondern um zwei Glaubensformen, die noch dazu aus der gleichen Quelle stammen. Insofern als die Ex-Kommunisten ausdrücklich versichern, daß niemand sie verstehen könne, der nicht einmal ihren früheren »Glauben« geteilt habe oder noch teile, sind sie nicht ehemalige Kommunisten, sondern *umgekehrte Kommunisten*, die aus irgendwelchen Gründen vom Kopf auf die Füße oder von den Füßen auf den Kopf gefallen sind. Mit den Kommunisten haben sie gemeinsam, daß sie versichern, sich im Zentrum der Zeit zu bewegen, deren Krise nur sie und die Kommunisten wirklich kennen. Letzten Endes kommt es auf niemanden sonst an; wir sind alle nur Zuschauer des großen Spektakels der Weltgeschichte, das von diesen beiden Protagonisten agiert wird. Sofern sie Verbündete – oder Mitspieler im Drama der Weltgeschichte – brauchen, so sollen diese Verbündeten von der überlegenen Weisheit der Ex-Kommunisten ebenso gelenkt werden, wie die kommunistische Partei in voller Übereinstimmung mit kommunistischer Lehre ihre eigenen Verbündeten stets »geleitet« hat. Die gleiche Verachtung, welche Kommunisten für ihre eigenen Bundesgenossen an den Tag zu legen pflegten, zeigen die Ex-Kommunisten für diejenigen, derer sie sich zu bedienen gedenken.

Die Kommunisten wie die Nazis haben immer nur ihre Feinde, nie aber ihre Freunde respektiert. So respektieren Ex-Kommunisten nur die, welche entweder Kommunisten geblieben oder Ex-Kommunisten geworden sind. Mit der tatsächlich bestehenden Mannigfaltigkeit und Vieldeutigkeit der Welt werden sie dadurch fertig, daß sie erklären, daß alles, was nicht in ihre Zweiteilung passe, entweder belanglos sei oder Resultat mangelnder Konsequenz des Denkens und des Charakters.

Dies zeigt sich am klarsten am Beispiel des Liberalismus: Nachdem die Kommunisten die Liberalen als charakterlose Lakaien der Bourgeoisie (oder des Kapitalismus etc.) denunziert haben, erklären die Ex-Kommunisten jetzt, der Liberalismus sei ein, wenn auch inkonsequenter und charakterloser Verbündeter des Kommunismus. Das Argument bleibt das gleiche: Liberale sind zu feige oder zu dumm, um die Konsequenzen aus ihren eigenen Anschauungen zu ziehen.

Das nächste, was in den zitierten Sätzen wie in dem ganzen Buch von Chambers auffällt, ist die Rolle der Denunziation. »Der schlechteste Mann im ganzen Land, das ist und bleibt der Denunziant« gilt in allen freien Staaten; nur in einem Polizeistaat, in welchem die Einwohner in zwei ständig wechselnde Gruppen geteilt sind, von denen die einen das Privileg haben, andere zu denunzieren, und die anderen fürchten, denunziert zu werden, ist Denunziation zur »Pflicht« erhoben. In diesem Fall wird uns direkt der Rat gegeben, totalitäre Mittel zu gebrauchen, um totalitäre Gefahren zu bekämpfen. Es ist die alte Geschichte: Der Zweck heiligt die Mittel. Wo gehobelt wird, da fallen Späne.[2]

Die Lehre, daß der Zweck die Mittel bestimmt und rechtfertigt, ist tief in der Tradition abendländischen politischen Denkens verankert. In der Form sprichwörtlicher Binsenwahrheiten – wo gehobelt wird, da fallen Späne – ist sie in die tägliche Sprache und Vorstellungswelt aller europäischen Völker eingedrungen und bezieht aus ihnen eine Art axiomatischer Beweiskraft. Auffallend an den Sprichwörtern ist, daß sie alle ihre Metaphern aus der Welt des Herstellens entnehmen, um dann metaphorisch die Welt des Handelns im Sinne von Erfahrungen zu verstehen, die wir beim Herstellen von Gegenständen machen. Es ist durchaus richtig, daß Späne fallen, wo gehobelt wird, daß das Herstellen eines Tisches unter anderem das Fällen eines Baumes erfordert und rechtfertigt. Wendet man diese Kategorien aber auf das Handeln zwischen Menschen an, so wird man – wenn man nur erst einmal die Binsenwahrheiten vergißt – bald sehen, daß alles auf dem Kopf zu stehen kommt. *Es ist offenbar, daß die Menschenwelt durch eine gute Handlung um eines bösen Zweckes willen besser und durch eine böse Handlung um eines guten Zweckes willen erst einmal notwendig böser wird.*

Das entscheidend »Böse« des Kommunismus liegt demzufolge nicht in dem utopisch-zukünftigen »Zweck«, sondern lediglich in den »Mitteln«, die für diesen Zweck angewendet werden. Anders ausgedrückt, das Wesen des totalitären Bolschewismus besteht in seinen täglichen politischen Handlungen, nicht in einem von diesen abgetrennten irgendwann einmal zu erreichenden Ziel; und *wer immer diese Mittel kopiert, auch wenn er eine andere ideologische Zielsetzung hat, dient totalitärer Politik.*

Der Kardinalirrtum der Ex-Kommunisten, den sie aus ihrer Vergangenheit unbesehen übernommen haben, ist, zu glauben, daß man Geschichte »machen« kann, wie man einen Tisch herstellt. Die Verwechslung von Handeln mit Herstellen ist uralt, aber die Identifizierung von Politik mit dem Machen von Geschichte geht auf Marx zurück. Nachdem Hegel die Geschichte der Menschheit interpretiert hatte, hoffte Marx, daß man von nun an die »Welt verändern«, das heißt die künftige Geschichte »machen« könne. Daß man aus Marx eine totalitäre Ideologie entwickeln konnte – diese wirkliche Tragödie des Marxismus –, hat letztlich seinen Grund in diesem Grundmißverständnis, das Marx, sofern er Handeln und Herstellen identifizierte, großenteils aus einer bereits populär gewordenen Tradition des Denkens übernahm und intensivierte. Das totalitäre Element im Marxismus ist ebenso wenig die Idee der Klasse oder der klassenlosen Gesellschaft, wie die Idee der Rasse oder der Herrenrasse das spezifisch totalitäre Element im Nazismus ist. In beiden Fällen ist das *eigentlich Totalitäre* die Vorstellung, daß *man Geschichte machen könne* und daß Politik in dieser kuriosen

Tätigkeit bestehe. Im Bereich des Handelns ist das Resultat einer Tätigkeit von dieser Tätigkeit selbst nicht zu trennen. Es wird nie gehobelt, es fallen immer nur Späne.

Das Element des Geschichtemachens ist unverkennbar in Whittaker Chambers' Buch. Kaum war er in die Partei eingetreten, flüchtete er aus dem offenen politischen Kampf der Partei, auf den er voll Verachtung herabsah, in den unterirdischen Apparat, wo seiner Meinung nach Geschichte gemacht wurde. Und in dieser Hinsicht hat Chambers sich nicht geändert. Er schildert, wie er bei Kriegsausbruch im September 1939 seine erste Unterredung in Washington hatte, um die Regierung vor sowjetischer Spionage zu warnen; die Schilderung ist erfüllt von dem Bewußtsein einer historischen Mission in einem historischen Augenblick. Chambers redet sich ein, daß nur diese geschichtliche Konstellation ihn dazu habe bewegen können, um diese Unterredung überhaupt nachzusuchen. Ihm fällt nicht auf, was der Leser aufgrund seines eigenen Berichts sofort erfährt, daß der Zeitpunkt der Unterredung Monate vor Kriegsausbruch und dem Stalin-Hitler-Bündnis festgesetzt worden war. Aus einer einfachen politischen Handlung wird sofort die geschichtliche Rolle.

Um der Freiheit willen muß sich die Gesellschaft gegen diejenigen wehren, die Geschichte zu machen glauben, ganz gleichgültig, wie erhaben oder wie vulgär-niederträchtig ihre letzten »Zwecke« aussehen mögen. Innerhalb der Geschichte gibt es keine letzten Zwecke, um derentwillen ich frei über Mittel verfügen könnte, weil innerhalb politischen wie allen menschlichen Handelns ich niemals mit der gleichen Gewißheit weiß, was ich tue, wie wenn ich einen Gegenstand herstelle. Sollte es ein Ziel der Geschichte geben, so können sterbliche Menschen es nicht kennen, weil keiner von ihnen es je erleben wird. Das Ziel der Geschichte kann nur ihr absolutes Ende, und das heißt das Ende des Menschengeschlechts, sein. In allem menschlichen Handeln, weil es zwischen und mit anderen Menschen vonstatten geht, ist stets ein Element des Unvorhersehbaren und Unübersehbaren entscheidend enthalten. Gerade wenn ich handele, weiß ich niemals ganz, was ich tue.

Die abendländische Tradition politischen Denkens hat dies Element der Unsicherheit in allem Handeln immer gekannt und seit Plato und Aristoteles aus diesem Grund die rein politische Tätigkeit stets als eine untergeordnete empfunden, die nur als die materiell notwendige Grundlage für andere »höhere« Lebensformen anerkannt wurde. Nur eine gerechte Politik konnte den »bios theoretikos« der Griechen oder die von allen materiell politischen Sorgen ungestörte Konzentration auf das Seelenheil der Christen ermöglichen. Wie zweifelhaft uns auch heute diese traditionelle Geringschätzung politischen Handelns erscheinen mag, sie hielt zumindest das Bewußtsein der fundamentalen Ungewißheit alles menschlichen Handelns wach.

Gegen die sprichwörtlichen Binsenwahrheiten, die dem nicht mehr sehr gesunden Menschenverstand heute unmittelbar einleuchten und die leider alle dem totalitären, geschichte-fabrizierenden Denken anstatt der Freiheit dienen – wie »Wo gehobelt wird, da fallen Späne«, »Wer A sagt, muß auch B sagen« usw. –, stehen nur wenige, nahezu verlorene Äußerungen einiger großer Staatsmänner, geboren aus der Tiefe der wirklichen Erfahrung, aber ohne die unmittelbare Überzeugungskraft der irreführenden Banalitäten, die uns allen im Blut sitzen und die sich heute eher als gefährlich, denn als vulgär erwiesen haben. Solch ein Ausspruch, der mir immer die Quintessenz wenigstens eines Teils des öffentlichen Lebens und Handelns zu treffen schien, ist Clemenceaus Ausruf im Kampf um die Dritte Republik während der Dreyfus-Affäre. Er sagte: »L'Affaire d'un seul est l'affaire de tous.« (Die Sache eines einzigen ist die Sache aller.) Was heißt das?

Dreyfus war persönlich kein guter Mann, er hätte nie Clemenceaus Freund werden können. Dennoch war seine Sache, die Ungerechtigkeit, die ihm angetan war, auch die Sache Clemenceaus. (In unserer heutigen Verwirrung gibt es viele, die meinen: Jedes Mittel ist recht, um fragwürdige Leute in eine Falle zu locken; wirklich »anständigen« Menschen passiert nichts.) Das Gesetz sieht darauf, daß Guten und Bösen das gleiche Recht wird; es muß den Ruf eines persönlich so unangenehmen Herrn wie Dreyfus mit der gleichen Gewissenhaftigkeit schützen wie den Clemenceaus selber. Der französische Generalstab war überzeugt, daß er die Gesetze der Republik ungestraft unterminieren könne, als er einen Mann verleumdete, mit dem niemand sympathisierte. Und vielleicht wäre es ihm gelungen, wenn Clemenceau nicht begriffen hätte, daß der Bruch des Gesetzes – oder das Aufs-Spiel-Setzen der bürgerlichen Rechte –, um einen fragwürdigen Mann zu kompromittieren, der Anfang vom Ende bürgerlicher Rechte und gesetzlicher Herrschaft für alle ist.

Nicht zwischen Kommunisten und Ex-Kommunisten wird das »letzte Gefecht« stattfinden; ihr gegenwärtiger Kampf gehört noch in die Geschichte der innerparteilichen Kämpfe und Fraktionsbildungen, die unter der Bolschewisierung der Kommunistischen Partei voranging. Dieser Kampf ist entweder das letzte Stadium im Zerfallsprozeß der sogenannten Linken oder die nicht sehr interessante Streitfrage um den Endzweck, über den sich natürlich die Herren, welche Geschichte machen, untereinander nicht einig sind.

Was die freie Gesellschaft anlangt, wird es ein solches »letztes Gefecht« nie geben. Im Zusammenstoß mit totalitär regierten Ländern würden ohnehin weder Niederlage noch Sieg das letzte Wort behalten. Sieg an sich löst keine Probleme, er *ermöglicht* manchmal ihre Lösung. Hinzu kommt, daß die totalitäre Herrschaft eine neue Staatsform darstellt, die höchstwahrscheinlich als Möglichkeit und immer gegenwärtige Gefahr uns von nun ab in der Geschichte begleiten wird – nicht anders als andere Staatsformen, die in anderen geschichtlichen Augenblicken entstanden und trotz gelegentlicher Niederlagen sich als immer mögliche Grundformen menschlich-politischer Organisation erwiesen haben: Monarchie und Republik, Tyrannei und Despotie und Diktatur. Es ist *typisch für totalitäres Denken*, an einen *Endkampf* in der Geschichte zu glauben. Die *Geschichte kennt keine Endgültigkeit*; die Geschichte, die sie uns erzählt, hat viele Anfänge, aber kein Ende.

Die Gefahr, daß die *Ex-Kommunisten die totalitäre Gefahr*, in der heute jede freie Gesellschaft steht, *verstärken*, ist klar und greifbar. Sie haben offen erklärt, worauf sich ihr Anspruch, eine hervorragende Rolle im öffentlich-politischen Leben zu spielen, gründet, was ihre Ziele sind und welche Methoden sie in das freie Spiel einer demokratischen Gesellschaft einzuführen gedenken. *Ihr Anspruch ist lediglich durch die Tatsache ihrer kommunistischen Vergangenheit legitimiert*; sie rühmen sich gewissermaßen eines Spezialtrainings im totalitären Denken. Ihr Ziel ist, einer neuen Sache zu dienen, nachdem die alte sie enttäuscht hat. Und ihre Methoden sind manchmal so weit gegangen, sich die Rolle der Polizei anzumaßen, und haben fast immer Mißtrauen unter den Bürgern verbreitet, deren Freundschaft, »philia«, nach Aristoteles die sicherste Grundlage eines Gemeinwesens ist.

Wir, auf der anderen Seite, wissen, daß dieses Jahrhundert voll ist von Gefahr und Verwirrung und daß wir selbst nicht immer wissen, und niemals vollkommen wissen, was wir tun. Dies gibt uns eine Solidarität selbst mit denen – und zu ihnen gehören manchmal die Besten unter uns –, die irgendwann einmal in den Strudel einer totalitären Bewegung geraten sind. Jeder, der in die freie Gesellschaft wirklich zurückgekehrt ist, ist willkommen, jeder, der nicht im Verlauf dieses Prozesses zu einem Mörder oder einem berufsmäßigen Spitzel geworden ist. Wo immer wir können, müssen wir Freundschaft schließen, und dies gilt für ehemalige Nazis oder Faschisten genau so wie für ehemalige Kommunisten.[3]

Aber den Anspruch, das Ziel und vor allem die Methoden der Ex-Kommunisten können wir nicht akzeptieren. Ihre Überzeugung, daß man selbst ein Drache gewesen sein muß, um Drachen bekämpfen zu können (in den Worten Karl Jaspers'), widerspricht all unseren Erfahrungen und unserem grundsätzlichen politischen Streben, wo immer wir können, ein wenig menschlicher zu werden.

Ihr Ziel, nun aus der Demokratie oder Amerika oder der Republik eine »Sache« zu machen, der sie dienen können, widerspricht den Regeln und Gesetzen, nach denen wir leben und leben lassen. Amerika, die Republik der Vereinigten Staaten, die demokratische Gesellschaft, in der wir leben, ist eine lebendige Angelegenheit, die von niemandem hergestellt werden kann und die nicht als eine Idee begriffen und ergriffen werden kann. Sie ist nicht vollkommen und wird nie vollkommen sein, weil der Maßstab der Vollkommenheit hier nicht am Platze ist. *Dies Lebendige umfaßt eine außerordentliche Vielfalt von Meinungen und Haltungen, Konformismus ist ohnehin seine größte Gefahr.* Die *Grenzen dieser Pluralität* liegen in der Verfassung und der *Erklärung der Menschenrechte* (Bill of Rights) und nirgend sonst. Wer immer versucht, Amerika »amerikanischer« zu machen oder »unamerikanische« Haltungen zu definieren oder die Vereinigten Staaten zu einer »Sache« zu machen, der man dienen muß, kann all dies nur zerstören.

Die Methoden schließlich, welche die Ex-Kommunisten, denen Denunzieren zur »Pflicht« geworden ist, einführen wollen, sind *Methoden der Polizei* und nur in ihren Händen legitim.

Solange die Ex-Kommunisten mehr wollen, als einfach in die freie Gesellschaft zurückkehren, solange sie insistieren, eine besondere Rolle in ihr zu spielen, müssen wir versuchen, uns ihrer zu erwehren. Als eine besondere Gruppe mit Führungsanspruch können sie *nur jene gefährlichen Elemente stärken*, die es heute in jeder freien Gesellschaft gibt.

Totalitäre Bewegungen können viele Farben annehmen und die entgegengesetzten Ideologien vertreten; am sichersten erkennt man sie an ihren Mitteln. Denn die totalitäre Herrschafts*form* wird sich trotz möglicher Varianten im wesentlichen wohl gleich bleiben. Der Zweck oder die Sache, der sie zu dienen behauptet, ist von untergeordnetem Interesse, schon weil er ohnehin nie erreicht wird und auch gar nicht erreicht werden kann.

(11) Europa und Amerika*

Traum und Alptraum – Anti-amerikanische Gefühle auf dem Weg zu einem neuen europäischen Ismus

Was für ein Bild hat Europa von Amerika? Welches es auch sei, es bringt die Einstellung der jeweiligen Nation in zweifacher Hinsicht zum Ausdruck: Zum einen spiegelt es konkrete Verhältnisse hierzulande, zum anderen enthält es eine Bewertung der Rolle, die Amerika in der internationalen Politik spielt. Die Originaltreue solcher Bilder ist immer anfechtbar; sie können und sollen auch nicht den Kriterien fotografischer Objektivität oder gar journalistischer Reportage genügen. Das Bild, das man gegenwärtig im Ausland von Amerika hat, macht keine Ausnahme von dieser Regel, und es ist nicht mehr und nicht weniger verzerrt als das Bild, das sich Nationen im Verlauf ihrer Geschichte und ihrer wechselseitigen Beziehungen gewöhnlich voneinander gemacht haben. Wenn es um nichts anderes ginge als um Mißverständnisse, Fehlinterpretation und um gelegentlich heftige Ausbrüche von Ressentiment oder Abneigung, dann wäre diese Angelegenheit allenfalls von historischem, also begrenztem Interesse.

In mehrerer Hinsicht entspricht jedoch das Bild, das von Amerika im Ausland existiert, nicht der allgemeinen Regel. Die erste und vielleicht bedeutsamste Ausnahme besteht darin, daß das Amerika-Bild der Europäer im Unterschied zu dem anderer Kontinente nicht als eine bloße Spiegelung und Interpretation tatsächlicher Verhältnisse angesehen werden kann, denn es ist nicht nur vor der Geburt der Vereinigten Staaten entstanden, sondern geht zeitlich auch der Kolonisierung, ja sogar bis zu einem gewissen Grad der Entdeckung des amerikanischen Kontinents voraus.

Ohne ein Amerika-Bild hätte kein europäischer Kolonist je den Ozean überquert. Die Träume und Ziele, die die Siedler im Kopf hatten, führten schließlich dazu, daß sich ein Teil der europäischen Menschheit auf dieser Seite des Atlantiks niederließ; und beides, das erste Bild der Europäer und die Vorreiteridee, beflügelte die Kolonisie-

* 1954 in englischer Sprache veröffentlicht, deutsche Übersetzung (1986) von Eike Geisel.

rung des Landes und inspirierte die politischen Institutionen. Dieses Bild von Amerika war das Bild einer Neuen Welt – kein anderes der vielen am Beginn der Neuzeit entdeckten Länder erhielt einen solchen Namen. In der Vorstellung waren mit dieser Welt ein neues Gleichheitsideal und ein neuer Begriff von Freiheit verbunden, die beide, wie Tocqueville sagte, aus Europa »exportiert« und auch nur im Kontext der europäischen Geschichte ganz zu verstehen waren. Erst in den Vereinigten Staaten fand dieses Bild mit der Errichtung der amerikanischen Republik eine politische Verwirklichung. Doch selbst diese Verwirklichung war teilweise ein Import aus Europa, da die Gründer der Republik bei Locke und Montesquieu Rat suchten, bei denen die gesetzlichen und politischen Prinzipien für die Gründung eines neuen politischen Körpers eindeutiger und detaillierter festgelegt waren als bei Rousseau und den französischen Ideologen (die die Geschichte der europäischen Revolutionen beeinflußten).

Durch die Amerikanische Revolution wurde das europäische Bild von Amerika Wirklichkeit. Eine neue Welt wurde geboren, weil ein neuer politischer Körper entstanden war. Doch derselbe Akt bedeutete, daß Europa und die Vereinigten Staaten (d. h. der Teil des neuen Kontinents, der in der Tat zu einer neuen Welt geworden war) von diesem Augenblick an getrennte Wege gingen. Egal, welches Bild Europa jeweils von Amerika hatte, dieses Bild konnte nie wieder zum Modell oder zum Leitgedanken für irgend etwas werden, was in den Vereinigten Staaten getan wurde oder sich dort ereignete.

Seit dieser Teil der europäischen Menschheit aufgehört hat, eine Kolonie zu sein, seit er seine Verfassung entwickelt und sich zur unabhängigen Republik erklärt hat, ist Amerika sowohl der Traum als auch der Alptraum Europas gewesen. Bis ins letzte Drittel des 19. Jahrhunderst hieß dieser Traum Freiheit von Not und Unterdrückung, und zu ihm gehörte die Behauptung, daß der Mensch Herr seiner Geschicke sei und daß er die Kraft besitze, die Last der Vergangenheit abzuschütteln, einer Vergangenheit, die durch die Autorität politischer Institutionen und die Tradition geistlicher Vormundschaft die volle Entfaltung der neuen Kräfte des 16. und 17. Jahrhunderts zu behindern schien. Zur gleichen Zeit war eben dieser Traum für jene, die diese moderne Entwicklung befürchteten, ein Alptraum, und so hing die Entscheidung, ob ein Autor in Amerika einen Traum oder einen Alptraum sah, primär nicht von seinen konkreten Erfahrungen in diesem Land selbst ab, sondern von seinen politischen Ansichten, wie sie in seiner Einstellung zu den Konflikten und Diskussionen in seinem Heimatland zum Ausdruck gekommen waren.

So waren Amerika und Europa getrennte Wege gegangen. Doch das Bild von Amerika, das in Reiseberichten und Romanen, Gedichten und politischen Abhandlungen durchscheint, war nie fremd und exotisch, wie etwa die Vorstellungen von Afrika oder Asien oder den Südseeinseln. Statt dessen blieb es das manchmal auf phantastische Weise übertriebene und verzerrte Bild von einer Realität, in der sich die allerneuesten Wesenszüge europäischer Zivilisation in nahezu unverfälschter Reinheit entwickelt hatten.

Diese Einstellung gegenüber Amerika war natürlich zunächst einmal die von Tocqueville selbst, worauf allein schon der Titel seines Buches *Über die Demokratie in Amerika* ganz offen hinwies. Das ganze Buch zeugt von dem Umstand, daß sein Interesse an der Funktionsweise der Demokratie, in der er eine Möglichkeit oder sogar eine Notwendigkeit für Europa sah, größer war als sein Interesse an der Beschreibung eines fremden Landes. Er kam nach Amerika, um die eigentliche Lektion der Französischen Revolution zu lernen, um herauszufinden, was mit den Menschen und mit einer Gesellschaft unter den noch nie dagewesenen Bedingungen der Gleichheit geschieht. In seinen Augen waren die Vereinigten Staaten ein großes und wunderbar ausgestattetes Labor, in welchem die allerneuesten Folgeerscheinungen der europäischen Geschichte erprobt wurden. Europa, wenn nicht die ganze Welt, war im Begriff, amerikanisiert zu werden, das stand für ihn fest; doch es wäre ihm nie in den Sinn gekommen, dieser Prozeß könnte auf irgendeine Weise im Gegensatz zur europäischen Entwicklung stehen, so als ob Amerika und Europa verschiedener Herkunft wären und ein verschiedenes historisches Schicksal hätten.

Für Tocqueville waren die Amerikaner kein junges Volk, gegen welches die Europäer je nachdem entweder den Stolz auf Herkunft und Zivilisation ins Feld führen konnten oder dessen Vitalität gegenüber sie sich womöglich unterlegen fühlen würden. Die Amerikaner, so sagte er, »sind ein sehr altes und sehr aufgeklärtes Volk, das auf ein neues und grenzenloses Land gestoßen ist«[1]. Hätten ihm Amerikaner gesagt, was sie wahrscheinlich damals auch schon getan haben, daß »die amerikanische Nation, so wie sie heute aussieht, in vergleichsweise jüngster Zeit aus dem gerodeten Waldboden gestampft worden ist, während großartige und vielschichtige Zivilisationen schon ... seit vielen Jahrhunderten existierten« (wie es Robert Trumbull Anfang des Jahres im *New York Times Magazin* sagte), dann hätte er vielleicht erwidert, daß der Ursprung dieses Jugendwahns wohl eher in den Ideen des 18. Jahrhundert über die »edlen Wilden« und den reinigenden Einfluß der unzivilisierten Natur zu finden sei als in den tatsächlichen Erfahrungen des Pioniertums und der Kolonisation. Oder anders gesagt, nur weil das neue Geschichtsbewußtsein des Westens die Metapher des biologischen Einzellebens im Zusammenhang mit der Existenz von Nationen benutzte, konnten sich sowohl Europäer als auch Amerikaner der phantastischen Illusion einer zweiten Jugend in einem neuen Land hingeben.

Wie auch immer, Tocqueville kam nach Amerika und hat »dort ein Bild der Demokratie selbst, ihres Strebens, ihres Wesens, ihrer Vorurteile, ihrer Leidenschaften gesucht; (er) wollte sie kennenlernen, und sei es auch bloß, um zu erfahren, was wir von ihr zu erhoffen oder zu befürchten haben«.[2] Weit davon entfernt, auf dem neuen Kontinent seine Wurzeln zu besitzen, war das Gleichheitsprinzip, politisch gesehen, das bedeutsamste und bemerkenswerteste Ergebnis aller großen Ereignisse »aus den letzten siebenhundert Jahren« europäischer Geschichte. Aus der Perspektive des modernen Europas und der Entwicklung des modernen Zeitalters waren die Vereinigten Staaten ein älteres und erfahreneres Land als Europa. Toqueville war von der Sichtweise, daß Amerika das Produkt der europäischen Entwicklung sei, so überzeugt, daß er sogar strikt inneramerikanische Entwicklungen, wie etwa den Zug nach Westen, als einen Strom ansah, der »im Innern Europas (begann), ... sich über das große Weltmeer (fortsetzte) und ... von da in die abgelegenen Gebiete der Neuen Welt (weiterging)«.[3]

Tocquevilles Ansicht kann man im einzelnen diskutieren, und sie bedarf gewiß der Korrektur. Doch im großen und ganzen wird sie von der historischen Wirklichkeit bestätigt. Die amerikanische Republik verdankt ihre Herkunft dem größten Abenteuer der Menschheit Europas, die zum ersten Mal seit den Kreuzzügen und auf dem Höhepunkt des europäischen Nationalstaatensystems ein gemeinsames Unternehmen begann, dessen Geist letztlich stärker war als alle nationalen Unterschiede.

Tocqueville ist der größte, aber nicht der einzige Autor des letzten Jahrhunderts, der die Neue Welt als das Ergebnis einer alten Geschichte und einer alten Zivilisation ansah. Auffälligerweise fehlt diese Ansicht in dem heutigen Amerika-Bild der Europäer völlig. Alle anderen Auffassungen von Schriftstellern des 19. Jahrhunderts, ihre Einsichten wie Irrtümer, ihre Träume wie Alpträume, haben irgendwie überlebt, auch wenn sie zu Klischees heruntergekommen sind, deren Trivialität es nahezu unmöglich macht, die ständig anwachsende Literatur über diesen Gegenstand wirklich ernst zu nehmen. Doch heute ist man allgemein der Ansicht, daß die USA zu Europa keine engere Beziehung haben als irgendein anderes Land, häufig sogar eine beträchtlich weniger enge als Rußland oder selbst asiatische Länder, die einem erheblichen Teil der Meinung Europas zufolge – womit keinesfalls nur Kommunisten oder deren Sympathisanten gemeint sind – beide durch den Marxismus europäisiert werden.

Es gibt viele Gründe für diese in letzter Zeit eingetretene Entfremdung. Zu ihnen zählt die Isolation Amerikas, die, ehe sie zur politischen Parole wurde, schon über hundert Jahre politische Wirklichkeit war. In dieser Hinsicht hat das europäische Bild von Amerika als einem fernen Land, das mit der eigenen Entwicklung nichts zu schaffen hat, seinen Ursprung in Amerika. Es gibt jedoch noch einen sehr viel zwingenderen Grund, der beträchtlich zur Erklärung beiträgt, weshalb Europa so oft behauptet, daß es sich in engerer Verwandtschaft mit nichteuropäischen Nationen als mit Amerika befinde: den enormen Reichtum der Vereinigten Staaten.

Es stimmt, Amerika ist fast von Beginn seiner Geschichte an das »Land des Überflusses« gewesen, und der relative Wohlstand seiner Bewohner hat selbst frühe Reisende tief beeindruckt. Der allgemeine hohe Lebensstandard (der von der Bildung gigantischer Vermögen weder beeinträchtigt wurde noch diese verhinderte) fand frühe Beachtung, und man sah zu Recht eine Verbindung zwischen ihm und den politischen Prinzipien der Demokratie wie auch dem damit einhergehenden ökonomischen Grundsatz, daß nichts so teuer sein solle wie persönliche Dienstleistungen und nichts so einträglich wie die menschliche Arbeit. Es stimmt außerdem, daß das Gefühl, der Unterschied zwischen den beiden Kontinenten sei größer als die nationalen Unterschiede in Europa selbst, immer vorhanden war, auch wenn konkrete Zahlen dafür keine Bestätigung lieferten. Doch irgendwann – vermutlich nachdem Amerika aus seiner langen Isolation herausgetreten war und nach dem Ersten Weltkrieg in Europa wieder einmal im Mittelpunkt stand – veränderte sich die Bedeutung dieses Unterschieds, er wurde qualitativ anstelle von quantitativ. Es ging nun nicht mehr darum, ob die Verhältnisse besser, sondern daß sie vollkommen anders waren und von ihrer Beschaffenheit her ein Verstehen nahezu unmöglich machten. Wie eine unsichtbare, aber doch sehr reale chinesische Mauer trennen Wohlstand und Reichtum die Vereinigten Staaten von allen anderen Ländern des Globus, genau so wie sie jeden einzelnen amerikanischen Touristen von den Einwohnern der Länder trennen, die er besucht.

Aus persönlichen Erfahrungen wissen wir alle, daß zur Freundschaft Gleichheit gehört. Wenngleich Freundschaft vorhandene natürliche oder ökonomische Ungleichheiten einebnen kann, so gibt es doch eine Grenze, über die hinaus eine solche Einebnung völlig unmöglich ist. Um es mit den Worten von Aristoteles zu sagen: Freundschaft zwischen einem Menschen und einem Gott kann es niemals geben. Dasselbe gilt für das Verhältnis zwischen Nationen, wo die ausgleichende Kraft der Freundschaft nicht zur Wirkung gelangt.

Es sind zwar keine identischen, aber doch einigermaßen gleiche Voraussetzungen vonnöten, wenn Nationen verständnisvoll und freimütig miteinander verkehren sollen. Das Problem mit dem amerikanischen Reichtum besteht darin, daß dieser irgendwann den Punkt überschritt, von welchem an andere Völker, genauer gesagt die Völker in den Geburtsländern vieler amerikanischer Bürger, anscheinend kein Verständnis mehr aufbringen können und wo selbst persönliche, über den Ozean hinwegreichende Freundschaften gefährdet werden.

Wer glaubt, man könne die Situation leicht mit Marshallplänen und Entwicklungsprogrammen korrigieren, befindet sich, so fürchte ich, in einem Irrtum. In dem Maße, in dem materielle Hilfe von einer echten Großzügigkeit und einem Verantwortungsgefühl motiviert ist, das über die naheliegenden politischen und ökonomischen Interessen und Erfordernissen der amerikanischen Außenpolitik hinausgeht, bringt sie uns weiter nichts ein als die sehr zweifelhafte Dankbarkeit, die der Wohltäter von den Objekten seiner Wohltätigkeit erwartet – und die im allgemeinen ausbleibt.

Mißtrauen gegenüber amerikanischen Absichten, die Furcht, in ungewollte politische Aktionen hineingedrängt zu werden, der Verdacht, daß finstere Motive im Spiel sind, wenn Hilfe ohne politische Auflagen gewährt wird – derlei ist soweit ganz natürlich und bedarf keiner feindlichen Propaganda, um zu entstehen. Doch es geht eigentlich um mehr. Auch in diesem Fall liegen wie bei jeder Wohltätigkeit das Vorrecht zu handeln und die Souveränität der Entscheidung beim Wohltäter, und deshalb ist es, um Aristoteles noch einmal zu zitieren, nur natürlich, daß der Wohltäter die Nutznießer mehr lieben sollte als diese ihn. Während sie tatenlos etwas geduldet haben, hat er etwas getan; sie sind sozusagen zu seinem Werk geworden.

Diesen realen Problemen in den internationalen Beziehungen Amerikas fügt die kommunistische Propaganda einerseits die offenkundig falsche Beschuldigung hinzu, daß die Vereinigten Staaten durch imperialistische Ausbeutung reich geworden seien, sowie andererseits das noch offener zutage liegende Phantasiegebilde einer von Klassenkämpfen geschüttelten Wirtschaft, in der die Massen sich im Elend abplagen. Diese Lügen werden leicht von der Wirklichkeit widerlegt, und sie werden nicht so lange leben wie der jüngste und gefährlichere Versuch, die Marxsche Gegenüberstellung von Kapitalisten und Proletariat in außenpolitische Begriffe zu übersetzen. Diese Interpretation unterteilt die Länder der Welt in Besitzende und Besitzlose, und dementsprechend sind die Vereinigten Staaten das einzige Land, das unter die erste Kategorie fällt. Unglücklicherweise kann sich dieses Bild von Amerika auf einen gewissen Vorrat an Erfahrung stützen, und gegenwärtig wird es seinerseits von gewissen aktuellen »amerikanistischen« Einstellungen und Ideologien in den Vereinigten Staaten auf gefährliche Weise bestärkt. Diese Haltungen sind, so fürchte ich, sehr viel gängiger und bringen eine sehr viel weiter verbreitete Stimmung zum Ausdruck als etwa der traditionelle Isolationismus oder der Anklang der »America First«-Bewegungen[4], der begrenzt war. Im Ausland ist der Antiamerikanismus, der die Kehrseite dieser Medaille ausmacht, vor allem deshalb sehr viel gefährlicher als alle Tiraden gegen ein imperialistisches, kapitalistisches Land, wie sie zum Handwerkszeug der kommunistischen Propaganda gehören, weil diese Ideologie mit einem wachsenden »Amerikanismus« zu Hause korrespondiert.

Die Frage des Wohlstands und Reichtums der Vereinigten Staaten ist keine belanglose Sache, denn international gesehen handelt es sich wahrscheinlich dabei um eines der schwerwiegendsten langfristigen Probleme dieser Nation. Es sieht fast so aus, als hätte die konsequente Entwicklung, die das Gleichheitsprinzip unter Verhältnissen großen natürlichen Reichtums genommen hat, die Lebensbedingungen der

Menschen derart verändert, daß die Bürger der Vereinigten Staaten heute zu einer Spezies sui generis zu gehören scheinen. Und die Situation wird auch dadurch nicht besser, daß der amerikanische Durchschnittstourist naiv annimmt, ein ähnliches Wunder könne sich auch in anderen Ländern ereignen, wenn nur die Menschen dort so einsichtig wären und die amerikanischen Institutionen und den amerikanischen Lebensstil übernähmen.

Vielleicht kann man vom Durchschnittsamerikaner kein Verständnis dafür erwarten, daß, auch wenn sich die Gleichheit der Lebensbedingungen überall auf der Welt durchsetzte, diese Angleichung in Ländern, denen der natürliche Reichtum des amerikanischen Kontinents fehlt, einen anderen Verlauf nimmt und andere Maßnahmen erfordert. Bedenklicher ist die Tatsache, daß die Unfähigkeit, die Verhältnisse des jeweils anderen zu verstehen, in unserer Außenpolitik in letzter Zeit zum Durchbruch kommt. Ein großer Teil der Unstimmigkeiten in den jüngsten britisch-amerikanischen Beziehungen läßt sich von daher erklären. Es ist das alte Lied: Nichts ist anscheinend so schwer zu verstehen und steht einer Freundschaft so direkt im Wege wie ein radikaler Unterschied in den äußeren Lebensumständen.

Es ist immer das Schicksal reicher Leute gewesen, abwechselnd mit Schmeicheleien und Beschimpfungen bedacht zu werden und unbeliebt zu bleiben, egal, wie freigiebig sie sind. Daß Amerikaner im Ausland ein bißchen von dieser uralten Behandlung abbekommen, verwundert weder, noch ist es übermäßig beunruhigend. Eine völlig andere Sache ist jedoch, daß sich in letzter Zeit ein radikaler Wandel in der Klassenstruktur jener Europäer vollzogen hat, deren Sympathien Amerika gehören, und jener, die nicht mit Amerika sympathisieren.

Jahrhundertelang ist dieses Land der Traum der unteren Klassen Europas und freiheitsliebender Menschen gewesen. Und gleichzeitig war es ein Alptraum für die reiche Bourgeoisie, die Aristokratie und für einen bestimmten Typus von Intellektuellen, der in der Gleichheit eher eine Bedrohung der Kultur als ein Freiheitsversprechen sah. Die Einwanderungsbeschränkungen nach dem Ersten Weltkrieg setzten den Hoffnungen vieler Angehöriger der unteren Klassen in Europa, durch Auswanderung nach Amerika ihre Probleme zu lösen, ein Ende. Zum ersten Mal wurde Amerika für sie ein bourgeoises Land, dessen Reichtum so unerreichbar geworden war wie der Reichtum ihrer eignen Bourgeoisie.

Diese Situation verschärfte sich nach dem Zweiten Weltkrieg, als die Vereinigten Staaten mit ihrer Politik in erster Linie überall die Wiederherstellung beziehungsweise die Aufrechterhaltung des Status quo unterstützten und anschließend gegenüber Großbritannien eine feindselige Haltung einnahmen, wo unter einer Labour-Regierung die friedliche und aufs Ganze gesehen maßvolle und kontrollierte Veränderung der gesellschaftlichen Verhältnisse ins Werk gesetzt wurde. Seit damals erweckt Amerika den Anschein, nicht nur reicher zu sein, als man es sich in den wildesten Träumen ausmalen konnte, sondern auch entschlossen, die Interessen der Reichen überall auf der Welt zu unterstützen. Dies war gewiß weder die Absicht noch das Ergebnis der amerikanischen Politik im Ausland, am allerwenigsten derjenigen in Europa, wo alle Klassen der Bevölkerung vom Marshallplan profitierten und amerikanische Beamte häufig die offiziellen Wege verließen, um die gröbsten sozialen Ungerechtigkeiten zu lindern. Trotzdem, dieser Eindruck ist nun einmal entstanden. Und das hat dazu geführt, daß man heute, ganz allgemein gesehen, Sympathie für Amerika bei jenen Leuten antrifft, die man in Europa »reaktionär« nennt, wohingegen eine antiamerikanische Pose eines der besten Mittel ist, sich als Liberaler auszuweisen.

Antiamerikanische Gefühle werden natürlich – wie alle anderen konfliktträchtigen Fragen – von der kommunistischen Propaganda ausgeschlachtet. Sie jedoch deshalb als ein Propagandaerzeugnis anzusehen hieße, ihre weitverzweigten Wurzeln gröblich zu unterschätzen. In Europa ist diese Einstellung auf dem besten Wege, zu einem neuen Ismus zu werden. Der Antiamerikanismus droht ungeachtet der Tatsache, daß es sich dabei um eine leere Negation handelt, zum Inhalt einer europäischen Bewegung zu werden.

Wenn es stimmt, daß am Beginn eines jeden Nationalismus (natürlich nicht an der Wiege jeder Nation) ein wirklicher oder konstruierter gemeinsamer Feind steht, dann könnte das aktuelle Amerika-Bild in Europa sehr wohl den Beginn eines neuen paneuropäischen Nationalismus markieren. Unsere Hoffnung, daß die Entstehung eines föderativen Europas und die Auflösung des gegenwärtigen Nationalstaatensystems den Nationalismus zu einer Sache der Vergangenheit machen wird, mag auf eine ungerechtfertigte Weise optimistisch sein. Auf den volksnäheren Ebenen – also gewiß nicht in den Beratungen der Staatsmänner in Straßburg – hat die Bewegung für ein vereintes Europa in der jüngsten Zeit entschieden nationalistische Züge an den Tag gelegt. Die Trennungslinie zwischen dieser antiamerikanischen Europaideologie und den recht gesunden und notwendigen Bemühungen um einen Zusammenschluß Europas wird dazuhin von dem Umstand verwischt, daß die Überbleibsel des europäischen Faschismus sich in die Auseinandersetzung eingeschaltet haben. Deren Anwesenheit erinnert jedermann daran, daß es Hitler war, der nach Briands nutzlosen Gesten vor dem Völkerbund den Krieg mit dem Versprechen begann, daß er das überholte Nationalstaatensystem Europas liquidieren und ein vereintes Europa schaffen würde. Die weitverbreiteten und unartikulierten antiamerikanischen Regungen finden genau hier ihren politischen Kristallisationspunkt. Da Europa offenbar nicht mehr gewillt ist, in Amerika das Spiegelbild der eigenen künftigen Entwicklung und das, was von dieser zu erhoffen und zu befürchten sei, zu sehen, gibt es hier die Tendenz, die Errichtung einer europäischen Regierung als einen Akt der Emanzipation von Amerika zu betrachten.

Amerikanismus auf der einen und Europatümelei auf der anderen Seite des Atlantik – dies sind zwei Ideologien, die sich gegenüberstehen, die einander bekämpfen und, wie alle scheinbar entgegengesetzten Ideologien, einander ähneln, und darin könnte eine der Gefahren liegen, denen wir ins Auge sehen müssen.

Europa und die Atombombe – Die Alternative »Freiheit oder Tod« hat ihre Plausibilität verloren

Die Tatsache, daß Amerika Atomwaffen entwickelt hat, besitzt und einzusetzen droht, ist in Europa aus dem politischen Leben nicht mehr wegzudenken. Natürlich haben sich die Europäer viele Jahre hindurch an den sattsam vertrauten Debatten über die Seelenlosigkeit eines Landes, das von moderner Technologie beherrscht wird, beteiligt, an den Diskussionen über die Monotonie der Maschine, über die Uniformität einer Gesellschaft, die auf Massenproduktion basiert, und dergleichen mehr. Doch heute geht es um weit mehr als das. Die innige Verbindung von moderner Kriegführung und technisierter Gesellschaft ist für jedermann offenkundig geworden, und das hat dazu geführt, daß sich breite Teile der Bevölkerung – und nicht bloß die Intellektuellen – vehement dem technologischen Fortschritt und der wachsenden Technisierung unserer Welt entgegenstellen und sich vor beidem fürchten.

Die Technologie und die von ihr bewirkte Verwandlung der Welt sind seit dem Beginn der Neuzeit eindeutig ein so fester Bestandteil europäischer Geschichte, daß es ganz offenkundig absurd ist, für deren Konsequenzen die Vereinigten Staaten verantwortlich zu machen. Europäer pflegten den technischen Fortschritt in Amerika so zu sehen wie Tocqueville den Fortschritt der amerikanischen Demokratie, nämlich als etwas, was grundsätzlich die westliche Zivilisation als Ganzes betraf, auch wenn es aus gewissen spezifischen Gründen seinen ersten und klarsten Ausdruck in den Vereinigten Staaten gefunden hatte. Diese Einstellung änderte sich nach dem Abwurf der Atombombe auf Hiroshima; seitdem gibt es eine wachsende Tendenz, einerseits alle technischen Errungenschaften als in sich böse und destruktiv anzusehen und andererseits hauptsächlich Amerika, manchmal auch Rußland, als den Inbegriff destruktiver Technisierung zu betrachten, die etwas für Europa Feinseliges und Fremdes darstellt.

Diese Neigungen, die technischen Entwicklungen der letzten Zeit als wesentlich nicht europäisch zu betrachten, ist um so erstaunlicher, als die Europäer sehr wohl wissen, daß die Entdeckung der Atomenergie zum großen Teil den Bemühungen europäischer Wissenschaftler entstammte, die von den politischen Ereignissen in ihren Heimatländern gezwungen wurden, nach Amerika zu kommen. Objektiv gesprochen gibt es wenig Grund, die Herstellung von Atomwaffen als Beleg dafür anzuführen, daß die Technisierung kein europäisches, sondern ein amerikanisches Phänomen sei. Aber ganz gleich, wie vernünftig das ist, so sieht die Einstellung der Europäer aus.

Allerdings fällt in den gegenwärtigen Technologiediskussionen eine bestimmte Veränderung auf. Die destruktiven Potenzen der neuen Waffen sind so groß und die physische Zerstörung europäischer Länder wird als derart drohende Möglichkeit empfunden, daß der Technisierungsprozeß in erster Linie nicht mehr als ein gegen den Geist gerichteter oder seelentötender Vorgang angesehen wird, sondern als ein Prozeß, der in sich die Gefahren der schieren physischen Vernichtung birgt. Das hat dazu geführt, daß die Anti-Technik-Stimmung keine Spezialität von Intellektuellen mehr ist; die Massen selbst betrachten die technische Entwicklung nicht mehr als eine Quelle materieller Verbesserungen.

Die politische Relevanz dieser allgemeinen Feindseligkeit gegenüber der Technologie – und darin eingeschlossen, gegenüber Amerika – liegt in der Tatsache, daß nun *jedermann* Angst hat. Alle neigen dazu, mit Mephisto in Goethes »Faust« zu denken: »Die Elemente sind mit uns verschworen, und auf Zerstörung läuft's hinaus.«

Anscheinend spricht einiges für diese Argumentation: Für die jüngsten Entwicklungen in der Technologie ist die Freisetzung von Naturkräften charakteristischer als die konstante Verbesserung von Produktionstechniken. Die Kettenreaktion der Atombombe kann deshalb leicht zu einem Symbol für die Verschwörung zwischen dem Menschen und den Elementarkräften der Natur werden, die sich, nachdem sie vom technischen Wissen der Menschen ausgelöst worden sind, eines Tages rächen und alles Leben auf der Erde, ja sogar die Erde selbst zerstören könnten. Ob das nun richtig ist oder nicht, jedenfalls sehen Europäer, wenn sie an Technologie denken, nicht das Fernsehgerät in jedem Haushalt, sondern den Atompilz über Hiroshima. Diese A-Bombe wurde von den Vereinigten Staaten abgeworfen, und seitdem stehen die USA bei der Entwicklung von Atomwaffen ganz vorne. Das hat dazu geführt, daß die politische Macht Amerikas in zunehmendem Maß mit der furchterregenden Kraft moderner Technologie gleichgesetzt wird, mit einer allmächtigen Zerstörungsmacht, der man keinen Widerstand entgegenzusetzen vermag.

Die Standardantwort auf dieses angsterfüllte Amerika-Bild lautet, daß die in den Händen der amerikanischen Republik befindliche Atomenergie garantiert nur zu Verteidigungszwecken oder zu Vergeltungsschlägen eingesetzt werde. Solange sich dieses Instrument in den Händen eines freien Landes befindet, besagt das Argument, sei gesichert, daß es überall in der Welt nur der Sache der Freiheit dient.

Diese These weist viele Schwächen auf, zu welchen nicht zuletzt die schon dem Freiheitsbegriff immanente Unberechenbarkeit gehört. Freiheit kann man durch Gesetze noch weniger garantieren als Gerechtigkeit; wenn man einen gesetzlichen Rahmen schaffen würde, mit Hilfe dessen die Dauerhaftigkeit der Freiheit gesichert werden soll, dann würde dadurch nicht nur jedes politische Leben abgetötet, sondern auch noch jener Rest von Unvorhersehbarkeit abgeschafft, ohne den die Freiheit nicht leben kann.

Das Standardargument, daß der Erhalt der Freiheit den Einsatz von Gewaltmitteln rechtfertige und daß eine um der Freiheit willen angewandte Gewalt von sich aus gewisse Grenzen respektieren werde, ist jedoch um einiges problematischer. Denn letztlich beruht dieses Argument auf der Überzeugung: lieber tot als Sklave.[5] Es basiert auf einer politischen Philosophie, die seit dem Altertum Mut als die politische Tugend *par excellence* betrachtet, als die einzige Tugend, ohne welche politische Freiheit gänzlich unmöglich ist.

Ursprünglich gründete die altehrwürdige Überzeugung, daß Mut die höchste politische Tugend sei, auf einer vorchristlichen Philosophie, die das Leben nicht für das geheiligtste Gut erachtete und der zufolge das Leben es unter gewissen Bedingungen nicht verdiente, gelebt zu werden. Im Altertum waren solche Bedingungen immer dann gegeben, wenn der einzelne Mensch notgedrungen nur noch damit beschäftigt war, das nackte Dasein zu erhalten, weshalb er als unfähig zur Freiheit angesehen wurde. Dies konnte beispielsweise im Fall der Sklaverei oder im Fall einer unheilbaren Krankheit eintreten; in beiden Fällen wurde Selbstmord als die angemessene, von Mut und Menschenwürde gleichermaßen gebotene Lösung erachtet.

Mit dem Sieg des Christentums in der westlichen Welt, und insbesondere der ursprünglich jüdischen Überzeugung von der Geheiligtheit des Lebens an sich, verlor dieser Kodex individueller Ethik, wie er in der ganzen antiken Welt bekannt gewesen war, seine absolute Gültigkeit. Kriege konnten aus religiösen Gründen gerechtfertigt sein, doch nicht unter Berufung auf säkulare politische Freiheit an sich geführt werden. Ebenso konnte es zwar zu Massenschlächtereien kommen, wie sie die Antike wohl kannte, aber es gab keine Rechtfertigung mehr dafür. Im großen und ganzen war die westliche Zivilisation übereingekommen, daß – den Worten Kants zufolge – in einem Krieg nichts geschehen dürfe, was einen künftigen Frieden unmöglich machen würde. Diese Übereinkunft ist nicht mehr allgemeingültig.

Mit dem Auftauchen von Atomwaffen sind sowohl die jüdisch-christliche Begrenzung der Gewalt wie der antike Appell an den Mut in jeder praktischen Hinsicht bedeutungslos geworden und damit auch das ganze politische und ethische Vokabular, in dem wir diese Fragen zu diskutieren gewohnt waren. Begrenzungen können in der Wirklichkeit nur im Hinblick auf vorhersehbare Entwicklungen vorgenommen werden; sie können nicht jene »Überraschungstechniken« einschließen, die Raymond Aron kürzlich als das zentrale Ereignis des Ersten Weltkriegs analysiert hat und die, solange wir im Prozeß fortschreitender Technisierung gefangen sind, unvermeidlich neue »Wunder«-Waffen hervorbringen werden. Unter den gegebenen Umständen ist nichts wahrscheinlicher als solche »Wunder«.

Tatsache ist, daß sogar unsere augenblicklich vorhandenen Vernichtungsmöglichkeiten die selbstverständlichen Begrenzungen früherer Kriege schon weit hinter sich gelassen haben. Und diese Situation hat den Wert von Mut generell in Frage gestellt. Die fundamentale menschliche Voraussetzung für Mut besteht darin, daß der Mensch nicht unsterblich ist, daß er also ein Leben opfert, das ihm eines Tages ohnehin genommen wird. Menschlicher Mut wäre nicht vorstellbar, wenn das Leben des einzelnen unter derselben Voraussetzung stünde wie das Leben der Gattung. Der Mut war die einzige Tugend, die Griechenlands unsterbliche Götter den Sterblichen überlassen mußten; alle anderen menschlichen Tugenden konnten in göttlicher Gestalt auftreten, vergöttlicht und als Geschenk der Götter verehrt werden. Allein der Mut ist den Unsterblichen versagt; aufgrund ihrer immerwährenden Allgegenwart sind die Einsätze, die sie riskieren, nie hoch genug. Wenn normalerweise dem Sterblichen das Leben nicht sowieso eines Tages entrissen würde, könnte er dieses gar nicht riskieren. Der Preis wäre zu hoch, der erforderliche Mut im wahrsten Sinne des Wortes unmenschlich, und das Leben wäre nicht bloß dem Anschein nach der Güter höchstes, sondern würde zu der zentralen Angelegenheit des Menschseins, die alles andere verdrängt.

Mit dieser Tatsache eng verknüpft ist eine andere Begrenzung menschlichen Mutes, nämlich die Überzeugung, daß die Nachwelt das tödliche Opfer des Individuums versteht, in Erinnerung behält und achtet. Der Mensch kann nur so lange Mut aufbringen, wie er weiß, daß er von jenen überlebt wird, die so sind wie er, daß er eine Rolle ausfüllt, die in gewisser Weise beständiger ist als er selbst, indem er sich, wie Faulkner einmal gesagt hat, »in die bleibende Chronik der Menschheit« einschreibt. Auf diese Art fühlten sich im Altertum, als Kriege mit der Ausrottung oder Versklavung ganzer Völker zu enden drohten, die Sieger verpflichtet, die Taten und die Größe des Feindes für die Nachwelt festzuhalten. So sang Homer das Loblied auf Hektor, und Herodot erzählte die Geschichte der Perser.

Angesichts der Umstände moderner Kriegführung hat Mut viel von seinem alten Sinn eingebüßt. Die moderne Kriegführung ist dadurch, daß das Überleben der Menschheit und nicht nur das Leben eines einzelnen oder allerhöchstens eines ganzen Volkes gefährdet ist, im Begriff, das sterbliche Individuum in ein bewußtes Mitglied des Menschengeschlechts zu verwandeln, dessen Unsterblichkeit sich der einzelne sicher sein muß, um überhaupt mutig zu sein, und an dessen Überleben ihm mehr gelegen sein muß als an allem anderen. Oder anders gesagt, während es gewiß Verhältnisse gibt, unter denen das einzelne Leben nicht wert ist, gelebt zu werden, kann dasselbe nicht für die Menschheit gelten. In dem Augenblick, wo ein Krieg schon der bloßen Vorstellung nach die Fortexistenz der Menschen auf Erden bedrohen kann, hat die Alternative zwischen Freiheit und Tod ihre alte Plausibilität verloren.

Solange Europa geteilt bleibt, kann es sich den Luxus erlauben, sich vor diesen beunruhigenden Problemen der modernen Welt zu drücken. Es kann weiterhin so tun, als ob die Bedrohung unserer Zivilisation von außerhalb käme, Europa also von zwei ausländischen Mächten Gefahr drohe, von Amerika und Rußland, von zwei Mächten, die ihm gleichermaßen fremd sind. Beide Strömungen, Antiamerikanismus und Neutralismus, sind in gewisser Hinsicht Anzeichen dafür, daß Europa im Augenblick nicht bereit ist, sich den Konsequenzen und Problemen seiner eigenen Geschichte zu stellen.

Wenn Europa vereint wäre, große industrielle Reserven an Menschen und Material zusammenwerfen würde und stark genug wäre, eigene Atomreaktoren zu bauen und eigene Atomwaffen herzustellen, dann wäre dieser Fluchtweg automatisch versperrt. Dann würde die Diskussion, die derzeit unter dem Deckmantel einer außenpolitischen Debatte geführt wird, sehr schnell ihr wahres Wesen enthüllen. Die augenblickliche Entfremdung Europas von Amerika fände ein Ende, weil offenkundig würde, daß die technologische Entwicklung ihren Ursprung in der Gesamtgeschichte des Westens hat und daß es sich dabei nicht um eine bloß amerikanische Angelegenheit handelt, sondern diese Entwicklung lediglich in Amerika erstmals einen Höhepunkt erreicht hat.

Die Bedrohung durch den Konformismus

Nur wenige Amerikaner, die in den letzten Jahren aus Europa zurückgekehrt sind, haben nicht mit einer gewissen Verbitterung darüber berichtet, wie sehr in Europa alles herausgestellt wird, was wir hier unter der Bezeichnung McCarthyismus[6] zusammenfassen. Amerikaner neigen in der Regel dazu, diese Hervorhebung für rundum deplaziert zu halten, und höchstwahrscheinlich betrachten sie solche Erfahrungen als Beweis für das verzerrte Amerika-Bild des Auslands – ganz gleich, wem ihre eigene Sympathie gehört.

Ein Punkt wird dabei hierzulande oft übersehen. Alle europäischen Länder mit Ausnahme Schwedens und der Schweiz haben Erfahrungen mit dem Totalitarismus gemacht, sei es in der Form totalitärer Bewegungen, sei es in der Form totalitärer Herrschaft. Amerikanern kamen diese Erfahrungen fremd und »unamerikanisch« vor, genauso wie spezifisch moderne amerikanische Erfahrungen häufig den Europäern fremd erscheinen. Die Standardantwort, die den Opfern des Nazismus und Bolschewismus gewöhnlich gegeben wurde und bis zu einem gewissen Grad immer noch gegeben wird, lautet: »Das kann hier nicht passieren.« Für Europäer scheint der McCarthyismus der schlüssige Beweis zu sein, daß es doch passieren kann.

Es gibt zwei Möglichkeiten. Man kann die Vermutungen der Ermittler für bare Münze nehmen. Man kann mit ihnen glauben, daß nicht Rußland das gravierendste Problem der amerikanischen Außenpolitik darstellt (was aber offenkundig der Fall ist), sondern daß der Bolschewismus in Gestalt einer einheimischen Verschwörung alle Schichten der Bevölkerung durchdringt, und zwar bis hinauf in die höchsten amerikanischen Regierungsstellen. In diesem Fall ist die Schlußfolgerung unvermeidlich, daß es sehr wohl hier passieren kann und es nur dank der Aktivitäten der ermittelnden Senatoren nicht passiert. Wenn man aber nicht an den Mythos von einer einheimischen Verschwörung glaubt, die von ganz oben bis nach ganz unten reicht, dann kann man in den Praktiken dieser Komitees sehr leicht bedrohlich vertraute Züge entdecken, zu denen nicht zuletzt ja die traditionelle Konstruktion eines Verschwörungsmythos gehört. Dieser Gedankengang liegt also ziemlich nahe, besonders für Europäer; eine Reaktion, die zwar ärgerlich sein mag und manchmal sogar beleidigend; sie mag einige Gefühle verletzen, doch langfristig gesehen wird sie keinen ernsthaften Schaden anrichten.

Sehr viel relevanter ist ein anderer Aspekt der nämlichen Angelegenheit. Angesichts der großen Beachtung, die das Thema in Europa gefunden hat, mutet es seltsam an, wie wenig dort über die Opposition gegen den McCarthyismus berichtet wird, die sich in völliger Freiheit in den Vereinigten Staaten artikuliert. Selbst gutinformierte Europäer gehen davon aus, daß in dieser Frage alle Amerikaner gleicher Meinung sind, und die Art und Weise, wie sie diese Haltung sehen, nämlich nicht als die Meinung einzelner amerikanischer Bürger, sondern ganz allgemein als amerikanische Meinung, ist höchst erschreckend. Was hier zutage tritt, das ist die für Europa charakteristische Erwartung, daß man es mit einer Art Konformismus zu tun habe, der auf Drohungen und Gewalt verzichten kann, weil er in einer Gesellschaft, die ihre einzelnen Mitglieder derart perfekt für ihre Anforderungen abrichtet, spontan entsteht, so daß keiner weiß, daß er konditioniert ist. Die Konditionierung des Individuums für die Anforderungen der Gesellschaft wurde frühzeitig als Wesenszug der amerikanischen Demokratie angesehen. In der Tat war das vielleicht der Hauptgrund dafür, daß Amerika zu einem Alptraum Europas, selbst eines freiheitsliebenden Europas, werden konnte, was Amerikaner nur schwer verstehen können.

Historisch gesehen wurde der europäische Konflikt zwischen dem Staat und dem Individuum häufig auf Kosten der individuellen Freiheit gelöst. Diese Tatsache wurde von Amerikanern als Beweis dafür genommen, daß dem Staat menschliche Freiheiten geopfert wurden. Die Europäer hingegen betrachteten die Situation auf der Ebene eines Konflikts zwischen Staat und Gesellschaft, so daß das Individuum, selbst wenn seine Freiheiten von der Regierung verletzt wurden, in seinem gesellschaftlichen und privaten Leben immer eine relativ sichere Zuflucht finden konnte. Erst totalitäre Herrschaft hat fertiggebracht, was keine andere Regierungsform, nicht einmal absoluter Despotismus oder moderne Diktaturen geschafft haben, nämlich diese private soziale Sphäre, diesen Zufluchtsort individueller Freiheit zu zerstören. Was amerikanische Verhältnisse anbelangt, hat man in Europa immer befürchtet, daß hier die Gesellschaft keine Zufluchtsstätte sein könnte, und zwar gerade deshalb, weil die Europäer merkten, daß die Unterscheidung von Regierung und Gesellschaft nicht existierte. Der europäische Alptraum war, daß unter einer Mehrheitsherrschaft die Gesellschaft selbst der Unterdrücker wäre und kein Raum für die individuelle Freiheit übrigbliebe.

Tocqueville sagte: »Wann immer die sozialen Bedingungen gleich sind, drückt die öffentliche Meinung mit (solch) enormem Gewicht auf den Geist jedes einzelnen«, daß »die Mehrheit ihn nicht zu zwingen braucht, sie überzeugt ihn«[7]; der gewaltlose Zwang öffentlicher Mißbilligung ist so stark, daß der Andersdenkende sich in seiner Einsamkeit und Ohnmacht nirgendwo hinwenden kann und am Ende entweder zum Konformismus oder zur Verzweiflung getrieben wird. Wenn wir Tocquevilles Einsicht auf moderne Verhältnisse anwenden, wenn wir versuchen, das gegenwärtige europäische Denken mit seinen Begriffen auszudrücken, dann könnten wir sagen, daß die Europäer befürchten, es bedürfe in Amerika keines Terrors und keiner Gewalt, um die Freiheit zum Verschwinden zu bringen. Die Beunruhigung Europas kann man auf die Überzeugung zurückführen, daß die Freiheit durch irgendeine Art allgemeiner Übereinkunft womöglich in einem kaum greifbaren Prozeß wechselseitiger Anpassung dahinschwindet. Und das ist etwas, was bislang in keinem Teil der westlichen Welt passiert ist.

Die Gefahr des Konformismus und seine Bedrohung der Freiheit ist in allen Massengesellschaften angelegt. Allerdings stand seine Bedeutung in jüngster Zeit im Schatten der mit ideologischer Propaganda einhergehenden Schrecken des Terrors – der spezifisch totalitären Form, große und unstrukturierte Menschenmassen zu organisieren. Diese Methode diente als Instrument, um sowohl die Überreste früherer Klassen- oder Kastensysteme zu zerstören als auch die Entstehung neuer Klassen oder neuer Gruppen zu verhindern, die in der Regel das Ergebnis einer erfolgreichen Revolution ist. Unter den Bedingungen einer bereits existierenden Massengesellschaft – im Unterschied zur sich vollziehenden Klassendesintegration, die von totalitären Bewegungen beschleunigt wird – ist es durchaus vorstellbar, daß totalitäre Elemente für einen begrenzten Zeitraum auf den Konformismus oder vielmehr auf die Belebung eines latenten Konformismus zum Erfolg der eigenen Ziele bauen. Es ist durchaus denkbar, daß in den Anfangsstadien der Konformismus dazu dienen könnte, den Terror weniger gewaltsam und die Ideologie weniger aufdringlich werden zu lassen, und dadurch würde mit seiner Hilfe der Übergang von einem freiheitlichen Klima in das Stadium einer prätotalitären Atmosphäre weniger wahrnehmbar.

In Amerika sind die potentiell gefährlichen Konsequenzen oder die Nebenprodukte egalitärer Verhältnisse (gemeint ist die Tatsache, daß es kein Klassensystem gibt – ein Umstand, der sehr viel mehr als bloße Zahlen den hervorstechenden Charakterzug einer Massengesellschaft ausmacht) gering gewesen, doch dabei wird es nur bleiben, solange die

Verfassung intakt bleibt und die »Institutionen der Freiheit« funktionieren. In Europa jedoch löst sich das alte Klassensystem irreparabel auf und entwickelt sich sogar in einer nicht-totalitären Atmosphäre rasch zu einer Massengesellschaft. Die Vorkehrungen, mit denen sich Amerika gegen die schlimmsten Gefahren des Konformismus geschützt hat, existieren dort zum größten Teil nicht. Wo es sie jedoch gibt, da sind sie teilweise aus Amerika importiert worden, und alles in allem haben sie bislang weder die Zeit gehabt, sich zu bewähren, noch sind die Menschen in ihrem Gebrauch geschult worden. Spezifisch europäische Schutzvorkehrungen, wie etwa Gebräuche und Traditionen, haben hingegen schon einmal bewiesen, daß sie in modernen Not- und Zwangslagen fast nichts taugen. Wenn Europäer konformistisches Verhalten in Amerika sehen, dann sind sie also zu Recht beunruhigt; die spezifisch amerikanischen Schutzvorrichtungen gegen die dem Konformismus innewohnenden Gefahren sind natürlich für jemanden außerhalb weniger erkennbar, und die Europäer haben mit ihrer Einschätzung ganz recht, daß ohne solche Vorkehrungen sich der Konformismus als ebenso tödlich wie andere, blutigere Formen moderner Massenorganisationen erweisen könnte.

Natürlich hat Amerika eine sehr viel längere Erfahrung mit dem Konformismus als Europa. Bei der Auseinandersetzung mit diesem Gegenstand werden Europäer instinktiv die Haltung des »Das kann hier nicht passieren« einnehmen, genau so wie Amerikaner, als sie das erste Mal vom Totalitarismus erfuhren. Doch in Wirklichkeit kann alles, was in Europa passiert, auch in Amerika geschehen und umgekehrt, denn ungeachtet aller Differenzen haben die beiden Kontinente grundsätzlich die gleiche Geschichte. Da nämlich die westliche Zivilisation ihren Einfluß auf dem ganzen Erdball verbreitet hat, nähert sich der Augenblick rasch, wo wir zu der Aussage imstande sein werden, daß fast nichts in irgendeinem Land geschehen kann, das nicht auch in irgendeinem anderen passieren könnte. In diesem Zusammenhang geht es jedoch wie bei der Frage der atomaren Kriegführung darum, daß Europa sich selbst den Gefahren einer solchen Entwicklung sehr viel mehr ausgesetzt sieht als Amerika. Genauso, wie man in Europa merkt, daß die Städte leichter angreifbar sind und leichter zerstört werden können, spürt man dort auch, daß die politischen Institutionen weniger stabil, weniger fest verankert und daß die politischen Freiheiten inneren Krisen sogar noch stärker ausgesetzt sind.

In Wirklichkeit handelt es sich bei dem Prozeß, den Europäer als »Amerikanisierung« fürchten, um die Herausbildung der modernen Welt mit all ihren verwirrenden Erscheinungen und Auswirkungen. Es ist wahrscheinlich, daß dieser Prozeß durch den Zusammenschluß Europas eher beschleunigt als gebremst wird, wobei diese Föderation ihrerseits höchstwahrscheinlich eine Conditio sine qua non für das Überleben Europas darstellt. Ob der Zusammenschluß Europas vom Anstieg eines antiamerikanischen, paneuropäischen Nationalismus begleitet wird, wie man heute manchmal befürchten könnte, oder ob das nicht geschieht, die Vereinheitlichung der ökonomischen und demographischen Verhältnisse wird mit großer Sicherheit einen Zustand schaffen, der der Situation in den Vereinigten Staaten sehr ähnlich sein wird.

Vor einhundertundzwanzig Jahren war das Amerika-Bild Europas das Bild der Demokratie. Auch wenn es nicht von allen geliebt werden konnte, so mußten sich doch die Europäer damit abfinden, denn sie wußten ganz genau, daß dieses Bild einen untrennbaren Bestandteil der Geschichte des Westens darstellte. Heute heißt das Bild von Amerika Modernität. Es ist das Bild der Welt, wie es mit der Neuzeit aufkam, einem Zeitalter, das beide, das heutige Europa und Amerika, geboren hat.

Die zentralen Probleme der Welt sind heute die politische Organisation von Massengesellschaften und die politische Integration technischer Macht. Wegen der diesen Problemen innewohnenden Vernichtungsmöglichkeiten ist sich Europa nicht mehr sicher, ob es sich mit der modernen Welt überhaupt abfinden kann. Und folglich versucht Europa unter dem Vorwand, sich von Amerika zu trennen, vor den Konsequenzen seiner eigenen Geschichte davonzulaufen.

Das Bild von Amerika, das in Europa vorhanden ist, mag uns zwar nicht viel über wirkliche Sachverhalte in Amerika oder über den Alltag amerikanischer Staatsbürger erzählen, doch wenn wir lernwillig sind, dann kann es uns etwas über die berechtigten Ängste sagen, die sich Europa um seine geistige Identität macht und über die noch tiefergehenden Befürchtungen, die der Frage des physischen Überlebens gelten. Diese Ängste und Befürchtungen sind nicht spezifisch europäisch, egal was uns die Europäer erklären. Es handelt sich um die Ängste der gesamten westlichen Welt und letztlich der ganzen Menschheit.

(12) Little Rock

»Ketzerische Ansichten über die Negerfrage und equality«*

Vorbemerkungen

Der nachfolgende Artikel wurde vor über einem Jahr auf Vorschlag eines der Herausgeber von Commentary *aus aktuellem Anlaß geschrieben. Seine Veröffentlichung wurde monatelang hinausgezögert, da meine kontroversen Überlegungen offenkundig von dem Standpunkt abwichen, den die Zeitschrift in Fragen der Rassendiskriminierung und Rassentrennung einnahm. Danach hatten sich die Wogen vorübergehend geglättet, und ich hegte die Hoffnung, daß meine Befürchtungen über den Ernst der Lage übertrieben gewesen seien; deshalb war ich an einer Veröffentlichung dieses Artikels nicht mehr interessiert. Die Entwicklungen der jüngsten Zeit haben mich jedoch davon überzeugt, daß derartige Hoffnungen vergeblich sind und daß die routinemäßige Wiederholung liberaler Klischees vielleicht sogar noch gefährlicher ist, als ich das vor einem Jahr angenommen habe. Ich habe daher zugestimmt, daß* Dissent *den Artikel unverändert veröffentlicht – nicht weil ich annehme, daß ein ein Jahr alter aktueller Artikel Themen vielleicht erschöpfend behandeln oder gar all den schwierigen Problemen, die hineinspielen, Gerechtigkeit widerfahren lassen könnte, sondern in der Hoffnung, daß selbst ein unzulänglicher Versuch dabei helfen könnte, die gefährlichen Denkschablonen zu durchbrechen, in welchen beide Seiten befangen sind.*

Es gibt jedoch zwei Punkte, auf die ich nach Abfassung des Artikels aufmerksam gemacht wurde und auf die ich hier wenigstens hinweisen möchte. Der erste betrifft meine Behauptung, daß die Rechtsbestimmungen über die Eheschließung in 29 der 49 Staaten einen sehr viel eklatanteren Bruch von Buchstaben und Geist der Verfassung darstellen als die Rassentrennung in den Schulen. Darauf hat Sidney Hook (in New Leader *vom 13. April 1958*[1]*) geantwortet, die Schwarzen seien an diesen*

* 1959 in englischer Sprache veröffentlicht, deutsche Übersetzung (1986) von Eike Geisel.

Gesetzen »völlig desinteressiert«, in ihren Augen sei »das diskriminierende Verbot der Mischehe und der Rassenvermischung der letzte Punkt in der Prioritätenliste«. Ich bezweifle das, besonders im Hinblick auf die gebildeten Schichten der schwarzen Bevölkerung, doch es ist natürlich völlig richtig, daß die öffentliche Meinung der Schwarzen und die Politik der NAACP[2] *fast ausschließlich die Diskriminierung auf dem Arbeits- und Wohnungsmarkt und im Bildungswesen im Auge haben. Das ist verständlich; unterdrückte Minderheiten waren nie gerade die besten Sachkenner, wenn es um Prioritäten in solchen Fragen ging, und es gibt viele Fälle, in denen sie es vorzogen, eher für soziale Chancengleichheit als für fundamentale menschliche oder politische Rechte zu kämpfen. Doch dies macht die Heiratsbestimmungen um keinen Deut weniger verfassungswidrig oder um nichts weniger schändlich; und was die Rechte anbelangt, so sollten nicht die öffentliche Meinung oder irgendwelche Mehrheiten die Prioritäten setzen, sondern die Verfassung.*

Der zweite Punkt kam von einem Freund, der zu Recht bemerkte, daß meine Kritik an der Entscheidung des Obersten Gerichtshofs nicht in Betracht gezogen habe, welche Rolle die Erziehung im politischen Gefüge dieses Landes spielt und schon immer gespielt hat. Diese Kritik ist völlig berechtigt, und ich hätte in den Artikel eine Auseinandersetzung mit dieser Rolle eingefügt, wenn ich nicht bereits an anderer Stelle, nämlich in dem Artikel »The Crisis in Education«, der in der Herbstnummer 1958 der Partisan Review *erschien,*[3] *auf die weitverbreitete, unkritische Übernahme des Rousseauschen Erziehungsideals eingegangen wäre. Um mich nicht zu wiederholen, habe ich den nachfolgenden Artikel unverändert belassen.*

Schließlich möchte ich den Leser darauf aufmerksam machen, daß ich in dieser Sache als Außenstehende schreibe. Ich habe nie im Süden gelebt und selbst gelegentliche Reisen in die Südstaaten vermieden, weil diese mich in eine mir persönlich unerträgliche Situation gebracht hätten. Wie die meisten Menschen europäischer Herkunft habe ich Schwierigkeiten, die gängigen Vorurteile von Amerikanern in dieser Region zu verstehen, geschweige denn, sie zu teilen. Da mein Text womöglich gutwillige Leute schockiert und von übelwollenden Leuten mißbraucht werden könnte, möchte ich gern klarstellen, daß ich es als Jüdin für selbstverständlich halte, daß meine Sympathie der Sache der Neger wie aller unterdrückten und unterprivilegierten Völker gilt, und es zu schätzen wissen würde, wenn der Leser dies gleichfalls täte.

Es ist bedauerlich und sogar ungerecht (allerdings nicht ganz unberechtigt), daß die Ereignisse von Little Rock ein so enormes Echo in der öffentlichen Meinung in der ganzen Welt gefunden haben und zu einem Stolperdraht für die amerikanische Außenpolitik geworden sind. Denn im Unterschied zu anderen innenpolitischen Problemen, die das Land seit dem Ende des Zweiten Weltkriegs heimsuchen (eine Sicherheitshysterie, ein unkontrollierbares Wirtschaftswachstum und die damit einhergehende Transformation einer reichen Wirtschaftsgesellschaft in eine Konsumgesellschaft, wo der schiere Überfluß und Ramsch die wirklich unerläßlichen Dinge und die schöpferische Tätigkeit sukzessive aufzehrt), und im Unterschied zu so langfristigen Schwierigkeiten wie etwa dem Problem der Kultur und Erziehung in der Massengesellschaft – Probleme, die nicht nur in Amerika anzutreffen, sondern für die moderne Gesellschaft im allgemeinen typisch sind – hat die Einstellung des Landes zu seiner Neger-Bevölkerung ihre Wurzeln allein in der amerikanischen Tradition und nirgendwo anders. Die Rassenfrage[4] ist das Ergebnis des einen großen Verbrechens in der Geschichte Amerikas und kann nur im politischen und historischen Rahmen der Republik gelöst werden. Daß diese Frage auch weltpolitisch zu einem großen Problem geworden ist, ist (was die amerikanische Politik und Geschichte betrifft) reiner Zufall; denn die Rassenfrage in der Weltpolitik ist aus dem Kolonialismus und Imperialismus der europäischen Nationen entstanden – d. h. dem einen großen Verbrechen, an dem Amerika niemals teilhatte. Die Tragödie besteht darin, daß die ungelöste Rassenfrage im Innern die Vereinigten Staaten um die Vorteile bringen könnte, derer sie sich andernfalls als Weltmacht zu Recht erfreuen würde.

Aus historischen und anderen Gründen haben wir uns angewöhnt, die Negerfrage als ein Problem des Südens zu behandeln, dabei betreffen die ungelösten Probleme, die mit den in unserer Mitte lebenden Negern zusammenhängen, natürlich das ganze Land und nicht nur den Süden. Wie andere Rassenfragen übt auch diese eine besondere Anziehung auf den Mob aus und eignet sich besonders gut als Kristallisationspunkt für dessen Ideologie und Organisation. Möglicherweise könnte sich eines Tages herausstellen, daß die Negerfrage in den Ballungszentren des Nordens mehr Zündstoff enthält als im mehr traditionsverhafteten Süden – insbesondere, wenn die Anzahl der Neger in den Städten des Südens weiterhin abnimmt und die Negerbevölkerung in den Städten außerhalb der Südstaaten in gleichem Maße zunimmt wie in den letzten Jahren. Die Vereinigten Staaten sind kein Nationalstaat im europäischen Sinne und sind dies auch nie gewesen. Ihr politischer Aufbau ist nie von einer homogenen Bevölkerung und einer gemeinsamen Vergangenheit getragen gewesen. Dies gilt weniger für den Süden, dessen Bevölkerung homogener und fester in der Vergangenheit verwurzelt ist als jeder andere Teil des Landes. Als William Faulkner neulich erklärte, daß er in einem Konflikt zwischen dem Süden und Washington letztlich als Bürger von Mississippi handeln müßte, hörte er sich eher an wie ein Angehöriger eines europäischen Nationalstaats und nicht wie ein Bürger dieser Republik. Doch wird dieser noch spürbare Unterschied zwischen dem Norden und dem Süden zwangsläufig mit der wachsenden Industrialisierung der Südstaaten verschwinden, und in einigen spielt er sogar schon heute keine Rolle mehr. In allen Teilen des Landes – im Osten und Norden, wo es eine Fülle von Nationalitäten gibt, ebenso wie im homogeneren Süden – fallen die Neger wegen ihrer »Sichtbarkeit« auf. Sie sind nicht nur die einzige »sichtbare Minderheit«, sondern die allersichtbarste überhaupt. In dieser Hinsicht ähneln sie auf gewisse Weise Neueinwanderern, die unweigerlich die am stärksten »hörbare« Minorität bilden und deshalb immer am ehesten fremdenfeindliche Gefühle hervorrufen. Während Hörbarkeit jedoch ein temporäres Phänomen ist, das selten eine Generation überdauert, ist die Sichtbarkeit der Neger unveränderbar und von Dauer. Dies ist keineswegs eine Trivialität. Im öffentlichen Raum, wo nichts zählt, was nicht die Blicke oder das Gehör auf sich lenken kann, sind Sichtbarkeit und Hörbarkeit von äußerster Wichtigkeit. Das Argument, es handle sich dabei um bloße Äußerlichkeiten, geht an der eigentlichen Frage vorbei. Denn gerade äußere Erscheinungen »erscheinen« in der Öffentlichkeit, während innere Qualitäten emotionaler oder intellektueller Art nur in dem Maße politisch sind, wie ihre Besitzer sie dem Rampenlicht der Öffentlichkeit aussetzen möchten.

Die amerikanische Republik gründet auf der Gleichheit aller Bürger; zwar ist die Gleichheit vor dem Gesetz ein unveräußerliches Prinzip aller moderner verfassungsmäßiger Regierungen geworden, doch im politischen Leben einer Republik kommt der Gleichheit an sich eine größere Bedeutung zu als in irgendeinem anderen Regierungssystem. Zur Debatte steht deshalb nicht allein das Wohlergehen der Negerbevölkerung, sondern, zumindest langfristig gesehen, auch das Überleben der

Republik. Tocqueville sah vor über einem Jahrhundert in der Gleichheit der Bedingungen und Chancen wie in der Gleichberechtigung das grundlegende »Gesetz« der amerikanischen Demokratie und sagte voraus, daß die dem Gleichheitsprinzip innewohnenden widerstreitenden Tendenzen und Schwierigkeiten eines Tages zur gefährlichsten Herausforderung der amerikanischen Lebensart werden könnten. In ihrer allumfassenden, typisch amerikanischen Form besitzt die Gleichheit eine enorme Kraft, das anzugleichen, was aufgrund von Natur und Herkunft verschieden ist – und nur dieser Kraft ist es zu verdanken, daß das Land seine ursprüngliche Identität angesichts der Einwanderungswellen, die seine Küsten immer überfluteten, bewahren konnte. Doch das Gleichheitsprinzip ist nicht allmächtig, auch nicht in seiner amerikanischen Form; charakteristische Unterschiede natürlicher, äußerlicher Art kann es nicht ausgleichen. Diese Grenze ist erst dann erreicht, wenn die ungleichen Voraussetzungen in Wirtschaft und Erziehung ausgeräumt sind. An diesem Zeitpunkt wird jedoch unweigerlich eine Historikern wohlbekannte Gefahrengrenze sichtbar: Je gleicher die Menschen in jeder Hinsicht geworden sind und je mehr die Gesamtstruktur einer Gesellschaft von Gleichheit geprägt ist, desto mehr werden die Unterschiede übelgenommen werden und desto mehr werden diejenigen auffallen, die sich sichtbar und von Natur aus von den anderen abheben.

Es ist deshalb durchaus möglich, daß sich, wenn die Neger gesellschaftliche und wirtschaftliche Gleichstellung und gleiche Voraussetzungen in Erziehung und Bildung erreicht haben, das Rassenproblem in diesem Land verschärft, anstatt an Brisanz zu verlieren. Selbstverständlich muß das nicht eintreten, doch es wäre nur natürlich, wenn dies geschähe, und sehr erstaunlich, wenn dies nicht passierte. Wir haben den gefährlichen Punkt noch nicht erreicht, doch das werden wir in absehbarer Zukunft tun, und eine Reihe von Entwicklungen, die eindeutig in diese Richtung weisen, hat bereits stattgefunden. Auch wenn man sich künftiger Schwierigkeiten bewußt ist, ist man nicht verpflichtet, für die Umkehr eines Trends einzutreten, der sich glücklicherweise nun schon mehr als fünfzehn Jahre außerordentlich günstig für die Neger auswirkt. Doch man hat die Verpflichtung, dafür einzutreten, daß die Regierung sich bei ihrem Eingreifen eher von Umsicht und Zurückhaltung leiten lassen soll, als mit Ungeduld und unklugen Maßnahmen vorzugehen. Seit der Oberste Gerichtshof beschlossen hat, die Aufhebung der Rassentrennung an öffentlichen Schulen zu erzwingen,[5] hat sich die allgemeine Situation im Süden verschlechtert. Während die jüngsten Ereignisse darauf hindeuten, daß es sich alles in allem nicht vermeiden läßt, den Bürgerrechten der Neger im Süden mit Bundeszwang Geltung zu verschaffen, verlangen die Umstände, daß eine derartige Intervention auf die wenigen Fälle beschränkt bleibt, in denen die Verfassung oder das Prinzip der Republik auf dem Spiel stehen. Die Frage ist also, wo dieses im allgemeinen und ob dieses im besonderen im Erziehungswesen der Fall ist.

Das Bürgerrechtsprogramm der Administration[6] bringt zwei vollkommen verschiedene Punkte zusammen. Es bekräftigt das Wahlrecht der Negerbevölkerung, was im Norden eine Selbstverständlichkeit ist, im Süden aber ganz und gar nicht. Und es geht auch auf die Rassentrennung ein, die im ganzen Land eine feststehende Tatsache und nur in den Südstaaten ein Gegenstand diskriminierender Gesetzgebung ist. Der derzeitige massive Widerstand im ganzen Süden ist das Ergebnis der forcierten Aufhebung der Rassentrennung und nicht einer gesetzlichen Erzwingung des Wahlrechts für Neger. Einer Meinungsumfrage in Virginia zufolge standen 92 % der Bürger der Integration an den Schulen völlig ablehnend gegenüber, 65 % waren bereit, unter diesen Bedingungen auf öffentliche Schulen zu verzichten, und 79 % sahen überhaupt keinen Grund, das Urteil des Obersten Gerichtshofs als bindende Entscheidung anzuerkennen – diese Ergebnisse illustrieren den Ernst der Lage. Was daran so erschreckt, das sind nicht die 92 %, die sich gegen Integration aussprechen, denn die Scheidelinie im Süden verlief nie zwischen Befürwortern und Gegnern der Rassentrennung – praktisch gibt es diese Kontrahenten nicht –, sondern was an dieser Umfrage schockiert, ist der Anteil der Leute, die die Herrschaft des Mob einer gesetzestreuen Bürgerschaft vorziehen. Die sogenannten Liberalen und Gemäßigten im Süden, also jene, die sich an die Gesetze halten, sind auf eine Minderheit von 21 % zusammengeschrumpft.

Aber es bedurfte keiner Meinungsumfrage, um diese Information zu offenbaren. Die Ereignisse von Little Rock waren erhellend genug; und diejenigen, die einzig das außergewöhnliche Fehlverhalten von Gouverneur Faubus für die Unruhen verantwortlich machen wollen, können sich selbst korrigieren, indem sie dem vielsagenden Schweigen der beiden liberalen Senatoren von Arkansas lauschen. Die gesetzestreuen

Bürger der Stadt überließen also die Straßen dem Mob; weder weiße noch schwarze Bürger hielten es für ihre Pflicht, die Neger-Kinder sicher zur Schule zu geleiten; das ist die traurige Wahrheit. Die gesetzestreuen Südstaatler hatten folglich sogar schon vor dem Eintreffen von Bundestruppen entschieden, daß sie die Erzwingung des Rechts gegen die Herrschaft des Mob nichts anginge, ebensowenig der Schutz der Kinder vor erwachsenen Gangstern. Mit anderen Worten, die Ankunft der Truppen hat nur den passiven in einen massiven Widerstand verwandelt.

Ich glaube, es war wiederum Faulkner, der gesagt hat, daß die per Gesetz erzwungene Integration um keinen Deut besser sei als die gesetzlich erzwungene Rassentrennung, und dies ist völlig richtig. Der einzige Grund, weshalb sich der Oberste Gerichtshof der Frage der Rassentrennung annehmen konnte, war zunächst einmal die Tatsache, daß die Rassentrennung im Süden seit vielen Generationen eine Rechtsfrage und nicht einfach eine soziale Frage ist. Denn der entscheidende Punkt ist, wie erinnerlich, nicht, daß die Rassentrennung als tradierte gesellschaftliche Haltung verfassungswidrig wäre, sondern allein deren *gesetzliche Erzwingung*. Diese Gesetze abzuschaffen ist zweifellos von großer Bedeutung, und was jenen Passus der Bürgerrechtsvorlage anlangt, der das Wahlrecht betrifft, so hat es eigentlich keiner der Südstaaten gewagt, heftigen Widerstand dagegen vorzubringen. Tatsächlich ging die Bürgerrechtsvorlage im Hinblick auf die verfassungswidrige Gesetzgebung gar nicht weit genug, denn sie ließ das schändlichste Gesetz der Südstaaten unangetastet – das Gesetz, das die Schließung einer Mischehe zu einer strafbaren Handlung macht. Das Recht zu heiraten, wen man will, ist ein elementares Menschenrecht, mit dem verglichen »das Recht, eine integrierte Schule zu besuchen, das Recht, im Bus zu sitzen, wo man will, das Recht, jedes Hotel, jeden Ferienort oder jede Vergnügungsstätte unabhängig von Hautfarbe und Rasse zu betreten«, tatsächlich weniger bedeutende Rechte sind. Selbst politische Rechte, wie etwa das Wahlrecht und nahezu alle anderen in der Verfassung aufgezählten Rechte, sind zweitrangig, verglichen mit den unveräußerlichen Menschenrechten auf »Leben, Freiheit und das Streben nach Glück«, wie sie in der Unabhängigkeitserklärung proklamiert wurden; und zu dieser Kategorie zählt fraglos das Recht, einen Hausstand zu gründen und zu heiraten. Es wäre sehr viel besser gewesen, wenn man den Obersten Gerichtshof auf diese Verfassungsverletzung hingewiesen hätte; denn hätte das Gericht das Verbot der Rassenmischung für verfassungswidrig erklärt, dann hätte es sich kaum genötigt gesehen, zu Mischehen zu ermutigen, geschweige denn in Einzelfällen ihre Rechtsgültigkeit erzwingen zu müssen.

Der bestürzendste Teil der ganzen Angelegenheit war jedoch die Entscheidung der Bundesregierung, mit der Rassenintegration ausgerechnet in den öffentlichen Schulen zu beginnen. Es war sicherlich nicht allzu viel Vorstellungskraft vonnöten, um zu erkennen, daß hier Kindern – schwarzen und weißen – die Bewältigung eines Problems aufgebürdet wurde, das Erwachsene eingestandenermaßen seit Generationen nicht hatten lösen können. Ich glaube, niemand kann so leicht die überall im Land in Zeitungen und Illustrierten abgedruckte Fotografie vergessen, die ein schwarzes Mädchen zeigt, wie es in Begleitung eines weißen Freundes ihres Vaters von der Schule weggeht und hautnah von einer Horde johlender und grimassierender Jugendlicher verfolgt wird. Von dem Mädchen wurde offensichtlich verlangt, es solle ein Held sein – also etwas, zu dem sich weder ihr abwesender Vater noch die gleichfalls abwesenden Vertreter der NAACP aufgerufen fühlten. Es wird diesen weißen Jugendlichen schwerfallen, zumindest denjenigen unter ihnen, die ihrer gegenwärtigen Brutalität entwachsen, mit dieser Fotografie fertig zu werden, die ihre jugendliche Kriminalität so gnadenlos bloßstellt. Auf mich wirkte dieses Bild wie eine Karikatur fortschrittlicher Erziehung, welche die Autorität von Erwachsenen abschafft und damit auch deren Verantwortlichkeit für die Welt, in welche sie ihre Kinder hineingeboren haben, leugnet und die Verpflichtung ablehnt, sie in diese Welt hineinzugeleiten. Sind wir heute an dem Punkt angelangt, wo man von den Kindern verlangt, daß sie die Welt verändern oder verbessern sollen? Haben wir die Absicht, künftig unsere politischen Gefechte auf Schulhöfen austragen zu lassen?

Die Rassentrennung ist eine gesetzlich erzwungene Diskriminierung, und deshalb kann eine Aufhebung der Rassentrennung nur bedeuten, daß diese diskriminierenden Gesetze abgeschafft werden; weder kann dadurch die Diskriminierung abgeschafft noch gesellschaftliche Gleichheit erzwungen werden, aber es kann und muß dadurch die Gleichheit innerhalb des politischen Gemeinwesens durchgesetzt werden. Denn Gleichheit entsteht nicht nur im politischen Gemeinwesen, ihre Gültigkeit ist auch auf den politischen Bereich beschränkt. Nur dort sind wir alle Gleiche. In der Neuzeit hat diese Gleichheit ihren wichtigsten Ausdruck im allgemeinen Wahlrecht gefunden, dem zufolge das Urteil und die Meinung des gepriesensten Bürgers ebensoviel zählen wie das Urteil und die Meinung einer Person, die kaum lesen oder schreiben kann. Wählbarkeit, d. h. das Recht, in ein Amt gewählt zu werden, gehört ebenfalls zu den unabdingbaren Rechten eines jeden Bürgers; doch hier ist die Gleichheit schon eingeschränkt, und auch wenn in einer numerischen Gleichheit, in der jeder buchstäblich auf das Einer-Sein reduziert ist, die Notwendigkeit entsteht, sich zu unterscheiden, so sind es doch der Unterschied und die Eigenschaften und nicht bloß die Gleichheit, welche den Ausschlag geben, wenn man Stimmen gewinnen will.

Im Gegensatz zu anderen Unterschieden (beispielsweise im Hinblick auf Fachkenntnisse, berufliche Qualifikation, die soziale Lage oder das intellektuelle Vermögen) sind die politischen Qualitäten, die man braucht, um ein Amt zu erringen, mit dem Umstand, ein Gleicher unter Gleichen zu sein, derart eng verknüpft, so daß man sagen kann, daß es sich dabei keineswegs um ganz spezielle Eigenschaften, sondern im Gegenteil um genau jene Unterscheidungen handelt, die alle Wähler gleichermaßen anstreben – nicht unbedingt als menschliche Wesen, sondern als Bürger und als politische Wesen. Von daher sind in einer Demokratie die Qualitäten der Amtsinhaber immer abhängig von der Beschaffenheit der Wählerschaft. Das passive Wahlrecht ist deshalb ein notwendiger Ausfluß des aktiven Wahlrechts; es bedeutet, daß jedem die Möglichkeit gegeben wird, sich in jenen Dingen zu unterscheiden, in denen erst einmal alle gleich sind. Genau gesprochen sind das aktive und passive Wahlrecht die einzigen politischen Rechte, und sie machen in einer modernen Demokratie die Quintessenz der Staatsbürgerschaft aus. Im Gegensatz zu allen anderen Bürger- oder Menschenrechten können ansässigen Ausländern diese Rechte nicht gewährt werden.

Was Gleichheit für das politische Gemeinwesen ist – nämlich dessen innerstes Prinzip – ist Diskriminierung für die Gesellschaft. Gesellschaft, das ist jenes sonderbare, irgendwie zwitterhafte Reich zwischen dem Politischen und dem Privaten, in welchem seit dem Beginn der Neuzeit die meisten Menschen den größeren Teil ihres Lebens verbringen. Denn jedesmal, wenn wir die schützenden vier Wände unseres privaten Zuhauses verlassen und die Schwelle zum öffentlichen Leben überschreiten, dann betreten wir zunächst einmal nicht das Reich der

Politik und der Gleichheit, sondern die Sphäre der Gesellschaft. Wir werden zwangsläufig in diese Sphäre verschlagen, weil wir unseren Lebensunterhalt verdienen müssen, oder wir werden davon angezogen, weil wir unserem Beruf nachgehen wollen oder weil das Vergnügen, das die Geselligkeit verspricht, uns lockt; und haben wir diese Sphäre erst einmal betreten, dann gilt für uns das alte Sprichwort: »Gleich und gleich gesellt sich gern«, ein Wort, das das ganze Reich der Gesellschaft in ihrer unendlichen Vielfalt von Gruppen und Vereinigungen regiert. Was hier eine Rolle spielt, ist nicht der persönliche Unterschied, sondern die unterschiedliche Gruppenzugehörigkeit von Menschen, die um ihrer Identifizierbarkeit willen notwendigerweise andere Gruppen im gleichen Lebensbereich diskriminieren. In der amerikanischen Gesellschaft schließen sich Menschen nach Beruf, Einkommen oder ethnischer Herkunft zusammen und diskriminieren konkurrierende Gruppierungen, während in Europa Klassenzugehörigkeit, Bildung und Umgangsformen die entsprechenden Faktoren sind. Rein menschlich betrachtet ergeben alle diese diskriminierenden Praktiken keinen Sinn; aber es ist ja durchaus zweifelhaft, ob im Reich der Gesellschaft der Mensch an sich je vorkommt. Wie dem auch sei, ohne irgendeine Form von Diskriminierung würde eine Gesellschaft einfach aufhören zu existieren, und es würden sehr wichtige Möglichkeiten der freien Vereinigung und des Zusammenschlusses von Gruppen verschwinden.

Eine Massengesellschaft, in der die Unterscheidungslinien verwischt und die Gruppenunterschiede eingeebnet werden, ist eine Gefahr für die Gesellschaft an sich und weniger eine Gefahr für die Integrität des einzelnen, denn persönliche Identität speist sich aus einer Quelle, die jenseits des Reichs der Gesellschaft entspringt. Konformismus ist jedoch nicht nur ein typisches Merkmal einer Massengesellschaft, sondern jeder Gesellschaft, insofern als nur diejenigen in eine bestimmte Gruppe aufgenommen werden, die den allgemeinen Unterscheidungsmerkmalen entsprechen, welche die Gruppe zusammenhalten. Die Gefahr des Konformismus in diesem Land – eine Gefahr, die so alt ist wie die Republik – besteht darin, daß aufgrund der außergewöhnlichen Heterogenität der Bevölkerung der soziale Konformismus die Tendenz hat, zu etwas Absolutem und zu einem Ersatz für nationale Homogenität zu werden. Wie dem auch sei, Diskriminierung ist ein ebenso unabdingbares gesellschaftliches Recht, wie Gleichheit ein politisches ist. Es geht nicht darum, wie die Diskriminierung abgeschafft werden kann, sondern um die Frage, wie man sie auf den Bereich der Gesellschaft, wo sie legitim ist, beschränkt halten kann; wie man verhindern kann, daß sie auf die politische und persönliche Sphäre übergreift, wo sie sich verheerend auswirkt.

Um diese Unterscheidung zwischen dem Politischen und Gesellschaftlichen zu illustrieren, möchte ich zwei Beispiele von Diskriminierung anführen, von denen eines meiner Meinung nach völlig gerechtfertigt ist und nicht in den Kompetenzbereich der Regierung fällt, wohingegen das andere ein für den politischen Bereich eindeutig schädlicher und nicht zu rechtfertigender Skandal ist.

Es ist jedermann bekannt, daß Ferienorte in diesem Land häufig nur für Gruppen einer bestimmten Herkunft zugänglich sind. Es gibt viele Leute, die an dieser Praxis Anstoß nehmen; nichtsdestotrotz handelt es sich dabei nur um eine Ausweitung des Rechts auf freie Vereinigung. Wenn ich als Jude meine Ferien nur in Gesellschaft von Juden verbringen möchte, dann kann ich mir nicht vorstellen, wie mich jemand begründet davon abhalten könnte; und ebenso sehe ich keinen Grund, weshalb nicht andere Urlaubsorte auf eine Klientel eingestellt sein sollten, die in den Ferien keine Juden sehen will. Ein »Recht, in jedes Hotel, jedes Erholungszentrum und jede Vergnügungsstätte zu gehen«, kann es nicht geben, denn viele von diesen befinden sich im rein gesellschaftlichen Raum, wo das Recht auf freie Vereinigung und damit auf Diskriminierung größere Gültigkeit als das Gleichheitsprinzip besitzt. (Dies gilt nicht für Theater und Museen, wo Menschen ganz offenkundig nicht in der Absicht zusammenkommen, sich zusammenzutun.) Die Tatsache, daß das »Recht«, Stätten der Geselligkeit zu betreten, in den meisten Ländern stillschweigend gewährt wird und nur in der amerikanischen Demokratie stark umstritten ist, liegt nicht an der größeren Toleranz anderer Länder, sondern teilweise an der Homogenität ihrer Bevölkerung und teilweise an ihrem Klassensystem, das selbst dann noch funktioniert, wenn dessen ökonomische Grundlagen verschwunden sind. Homogenität und Klassenzugehörigkeit sichern gemeinsam an jedem beliebigen Ort eine »Gleichartigkeit« der Klientel, wie sie in Amerika nicht einmal durch Zugangsbeschränkung und Diskriminierung erreicht werden kann.

Es handelt sich jedoch um eine vollkommen andere Sache, wo es um das »Recht (geht), im Bus zu sitzen, wo es einem gefällt«, oder in der

Eisenbahn und auf dem Bahnhof, oder um das Recht, Hotels und Restaurants in Geschäftsvierteln zu betreten – kurz, wo es um Dienstleistungsbetriebe geht, die, gleichgültig, ob sie sich in Privathand befinden oder Gemeineigentum sind, tatsächlich öffentliche Dienstleistungen erbringen, die jedermann braucht, um seinen Geschäften nachzugehen, und ohne die im Alltag niemand auskommt. Wenn sie auch nicht direkt im politischen Bereich liegen, so gehören solche Dienstleistungen doch eindeutig zur Sphäre der Öffentlichkeit, in der alle Menschen gleich sind; also ist Diskriminierung in Zügen und Bussen in den Südstaaten genauso skandalös wie Diskriminierung in Hotels und Restaurants im ganzen Land. Offensichtlich ist die Lage im Süden sehr viel schlimmer, weil die Rassentrennung in öffentlichen Dienstleistungsbetrieben vom Gesetz erzwungen wird und für jedermann klar erkennbar ist. Es ist wirklich bedauerlich, daß man nach so vielen Jahrzehnten, in denen man die Lage im Süden völlig vernachlässigt hatte, bei Beseitigung der Rassentrennung dort nicht zuerst mit ihren unmenschlichsten und augenfälligsten Aspekten begonnen hat.

Der dritte Bereich schließlich, in dem wir uns bewegen und mit anderen Menschen zusammenleben – die Privatsphäre –, wird weder von Gleichheit noch von Diskriminierung regiert, sondern von Abgeschlossenheit. Hier suchen wir uns diejenigen aus, mit denen wir unser Leben verbringen wollen, die persönlichen Freunde und diejenigen, die wir lieben; und bei unserer Wahl lassen wir uns nicht von ähnlichen oder übereinstimmenden Gruppeneigenschaften leiten, wir halten uns hierbei an keinerlei objektive Maßstäbe oder Regeln, sondern die Wahl fällt, so unerklärbar wie treffsicher, auf eine Einzelperson, auf einen Menschen in seiner Einmaligkeit und seiner Unverwechselbarkeit mit allen anderen, die wir kennen. Einzigartigkeit und Ausschließlichkeit haben ihre eigenen Gesetze, und diese befinden sich immer, auch künftig, gerade deshalb in Konflikt mit den Maßstäben der Gesellschaft, weil gesellschaftliche Diskriminierung einerseits das Privatleben im Prinzip verletzt, andererseits aber nicht gültig darüber bestimmen kann, wie es zu führen sei. Von daher stellt jede Mischehe eine Herausforderung der Gesellschaft dar, und sie bedeutet, daß die Partner einer solchen Ehe ihr persönliches Glück der gesellschaftlichen Anpassung so weit vorziehen, daß sie bereit sind, die Leiden der Diskriminierung zu ertragen. Dies ist ihre Privatangelegenheit und muß es auch bleiben. Der Skandal fängt erst dann an, wenn ihre Herausforderung der Gesellschaft und der vorherrschenden Sitten, wenn das, worauf jeder Bürger ein Recht hat, als strafbare Handlung interpretiert wird, so daß sie, indem sie aus der Sphäre der Gesellschaft heraustreten, sich gleichzeitig auch mit dem Gesetz im Konflikt befinden. Gesellschaftliche Normen sind kein gesetzlicher Maßstab, und wenn die Gesetzgebung dem gesellschaftlichen Vorurteil folgt, dann ist die Gesellschaft tyrannisch geworden.

Aus Gründen, deren Erörterung hier zu weit führen würde, ist die Macht der Gesellschaft in unserer Zeit größer als je zuvor, und es gibt nicht mehr viele Menschen, die ein Privatleben und dessen Regeln kennen. Doch das ist kein Freibrief für das politische Gemeinwesen, den Schutz der Privatsphäre zu vergessen und sich keine Gedanken zu machen, daß diese Rechte gröblich verletzt werden, wann immer die Gesetzgebung damit anfängt, der gesellschaftlichen Diskriminierung Gesetzeskraft zu verleihen. Während die Regierung kein Recht hat, sich in die Vorurteilsäußerungen und in die diskriminierenden Praktiken der Gesellschaft einzumischen, hat sie nicht nur das Recht, sondern die Pflicht zu gewährleisten, daß diese Praktiken nicht gesetzlich erzwungen werden.

In der gleichen Weise, wie die Regierung sicherstellen muß, daß Diskriminierung niemals die politische Gleichheit schmälert, muß sie auch das Recht jedes Individuums schützen, in seinen vier Wänden das tun zu können, was ihm beliebt. Gesellschaftliche Diskriminierung wird in dem Augenblick, da sie per Gesetz erzwungen wird, zur Verfolgung, und dieses Verbrechens haben sich viele Südstaaten schuldig gemacht. In dem Augenblick, da die gesellschaftliche Diskriminierung per Gesetz abgeschafft wird, wird die Freiheit der Gesellschaft verletzt, und es besteht die Gefahr, daß die unbesonnene Handhabung der Bürgerrechtsfrage durch die Bundesregierung zu einer solchen Verletzung führt. Die Regierung kann berechtigterweise keine Schritte gegen die gesellschaftliche Diskriminierung unternehmen, denn die Regierung kann nur im Namen der Gleichheit handeln – und das ist ein Prinzip, das im gesellschaftlichen Bereich keine Gültigkeit besitzt. Die einzige öffentliche Kraft, die das soziale Vorurteil bekämpfen kann, ist die Kirche, und sie kann das im Namen der Einzigartigkeit der Person tun, denn die Religion (und besonders der christliche Glaube) gründet ja auf dem Prinzip der Einzigartigkeit der Menschenseele. Die Kirchen sind eigentlich der einzige öffentliche Versammlungsort, wo es auf

Äußerlichkeiten nicht ankommt, und wenn sich Diskriminierung in die Gotteshäuser einschleicht, dann ist dies ein untrügliches Zeichen für das religiöse Versagen der Kirchen. Sie sind dann gesellschaftliche Einrichtungen geworden und keine religiösen Institutionen mehr.

Ein anderes Problem, um das es in der gegenwärtigen Auseinandersetzung zwischen Washington und dem Süden geht, sind die Rechte der Einzelstaaten. Eine Zeitlang war es unter Liberalen üblich zu behaupten, daß eine derartige Frage überhaupt nicht existiere, sondern daß es sich dabei um einen ausgemachten Trick von Südstaatenreaktionären handle, die nichts in den Händen hätten »außer abstrusen Argumenten und Verfassungsgeschichte«. Meiner Meinung nach ist dies ein gefährlicher Irrtum. Im Gegensatz zu dem klassischen Grundsatz des europäischen Nationalstaats, daß die Macht, genauso wie die Souveränität, unteilbar ist, beruht das politische Autoritätsgefüge dieses Landes auf dem Prinzip der Gewaltenteilung und auf der Überzeugung, daß das Staatswesen als Ganzes durch diese Teilung der Macht gestärkt wird. Gewiß, dieses Prinzip basiert auf einem System von »checks and balances« zwischen den drei politischen Bereichen; doch es ist gleichermaßen in der föderativen Struktur des Regierungssystems verwurzelt, das außerdem ein Gleichgewicht und eine wechselseitige Hemmung der Machtkompetenzen zwischen dem Bund und den achtundvierzig Einzelstaaten vorsieht. Wenn es stimmt (und ich bin überzeugt davon), daß Macht – im Unterschied zu Gewalt – durch Teilung mehr Macht hervorbringt, dann folgt daraus, daß jeder Versuch der Bundesregierung, die legislative Souveränität der Einzelstaaten zu beschneiden, nur mit juristischen und verfassungsgeschichtlichen Argumenten gerechtfertigt werden kann. Dies sind keine abstrusen Argumente; sie basieren auf einem Prinzip, das bei den Gründern der Republik an allererster Stelle stand.

All dies hat nichts damit zu tun, ob jemand ein Liberaler oder ein Konservativer ist, obwohl man vielleicht, wenn das Wesen der Macht zur Debatte steht, dem Urteil der Liberalen, deren tiefes Mißtrauen gegenüber Macht in jeder Form eine lange und ehrenwerte Geschichte hat, weniger trauen kann als in anderen Fragen. Liberale begreifen das Wesen der Macht nicht, nämlich die Tatsache, daß das Machtpotential der gesamten Union darunter leidet, wenn die regionalen Grundlagen, auf denen diese Macht ruht, untergraben werden. Die Sache ist die, daß

Gewalt zentralisiert werden kann, ja sogar muß, wenn sie wirksam sein soll, während Macht nicht zentralisiert werden kann und darf. Wenn die verschiedenen Quellen, denen sie entspringt, ausgetrocknet sind, dann wird das gesamte Autoritätsgefüge ohnmächtig. Die Rechte der Einzelstaaten dieses Landes gehören zu den ureigensten Quellen der Macht, und sie dienen nicht nur der Durchsetzung regionaler Interessen und Vielfalt, sondern der Republik als Ganzem.

Die Schwierigkeiten, die sich aus der Entscheidung ergaben, bei der Kampagne für die Rechte der Neger die Aufhebung der Rassentrennung zuerst im öffentlichen Erziehungswesen anstatt in einem anderen Bereich zu erzwingen, bestanden darin, daß mit dieser Entscheidung eine Ebene betreten wurde, auf der jedes einzelne der oben erörterten unterschiedlichen Rechte und Prinzipien betroffen ist. Es ist völlig richtig, und Südstaatler haben wiederholt darauf hingewiesen, daß die Verfassung sich zur Erziehung nicht äußert und daß das öffentliche Erziehungswesen juristisch und traditionell in die gesetzgeberische Kompetenz der Einzelstaaten fällt. Das Gegenargument, daß alle öffentlichen Schulen heutzutage aus Bundesmitteln unterstützt würden, ist schwach, denn Bundesmittel sollen in diesen Fällen nur die lokalen Aufwendungen ergänzen, wodurch die Schulen nicht in Bundeseinrichtungen, wie etwa die Bezirksgerichte, verwandelt werden. Es wäre wirklich sehr unklug, wenn die Bundesregierung – die jetzt immer mehr Einrichtungen und Vorhaben unterstützen muß, für die einst die Einzelstaaten die alleinige Verantwortung gehabt haben – ihre finanzielle Unterstützung als Knüppel benutzen würde, um die Einzelstaaten in eine Übereinstimmung mit Positionen hineinzuprügeln, die sie andernfalls nur zögernd oder überhaupt nicht beziehen würden.

Die gleiche Überlappung von Rechten und Interessen tritt offen zutage, wenn man die Frage der Erziehung vor dem Hintergrund der drei Lebensbereiche des Menschen untersucht – gemeint sind der politische, der gesellschaftliche und der private Raum. Kinder sind zuallererst Teil einer Familie und eines Zuhauses, und das bedeutet, daß sie möglichst in einer nach außen hin hochempfindlichen Atmosphäre erzogen werden, also gerade in der Atmosphäre, die ein Haus zu einem Zuhause macht, das stark und sicher genug ist, um die Heranwachsenden gegen die Anforderungen des gesellschaftlichen und gegen die Verpflichtungen des politischen Lebensbereichs abzuschirmen. Das Recht von Eltern, ihre Kinder so großzuziehen, wie es ihnen paßt, fällt unter den Schutz des Persönlichkeitsrechts und gehört zur Privatsphäre von Heim und Familie. Mit der Einführung der allgemeinen Schulpflicht wurde dieses Recht zwar nicht abgeschafft, aber doch seitdem immer wieder in Frage gestellt und vom Recht des Staatskörpers eingeschränkt, Kinder auf die Erfüllung ihrer künftigen Pflichten als Staatsbürger vorzubereiten. Das Interesse der Regierung an dieser Angelegenheit ist nicht zu leugnen – genausowenig wie das Recht der Eltern. Die Möglichkeit privater Erziehung stellt keinen Ausweg aus diesem Dilemma dar, denn dies würde den Schutz bestimmter Persönlichkeitsrechte vom ökonomischen Status abhängig machen und folglich diejenigen unterprivilegieren, die ihre Kinder gezwungenermaßen in öffentliche Schulen schicken.

Das Elternrecht ist gesetzlich eingeschränkt durch die allgemeine Schulpflicht und durch nichts anderes. Der Staat hat das unbestreitbare Recht, Minimalanforderungen für die Staatsbürgermündigkeit vorzuschreiben und darüber hinaus den Unterricht von Fächern und die Ausbildung von Berufen zu fördern und zu unterstützen, die für die Nation als Ganzes für wünschenswert und notwendig erachtet werden. Dies alles betrifft jedoch nur den Inhalt der Erziehung eines Kindes und nicht den Kontext, in welchem sich sein Umgang und sein gesellschaftliches Leben abspielen, etwas, das sich unweigerlich mit dem Schulbesuch entwickelt; sonst müßte man nämlich das Existenzrecht der Privatschulen in Frage stellen. Für das Kind selbst ist die Schule der erste Ort, wo es außerhalb des Zuhauses Verbindung aufnimmt mit der öffentlichen Welt, von der es und seine Familie umgeben ist. Diese öffentliche Welt ist nicht die politische, sondern die gesellschaftliche Sphäre, und für das Kind ist die Schule, was der Arbeitsplatz für den Erwachsenen ist. Der einzige Unterschied besteht darin, daß das Element der freien Wahl, welches in einer freien Gesellschaft zumindest dem Prinzip nach bei der Wahl des Arbeitsplatzes und der damit zusammenhängenden Vereinigungen existiert, für das Kind noch nicht verfügbar ist, sondern bei den Eltern verbleibt.

Werden die Eltern gezwungen, ihre Kinder gegen ihren Willen in eine integrierte Schule zu schicken, dann sind sie der Rechte beraubt, die ihnen in allen freien Gesellschaften eindeutig zustehen – des persönlichen Rechts, über ihre Kinder zu entscheiden, und des gesellschaftlichen Rechts auf freie Vereinigung. Was die Kinder betrifft, so bedeutet erzwungene Integration für sie einen sehr ernsten Konflikt zwischen Zuhause und Schule, zwischen ihrem privaten und ihrem sozialen Leben, doch während solche Konflikte im Erwachsenenleben gang und gäbe sind, kann man von Kindern nicht erwarten, daß sie damit fertig werden, und sollte sie ihnen deshalb nicht aussetzen. Es ist oft geäußert worden, daß der Mensch niemals so viel von einem Konformisten an sich hat – d. h. ein rein soziales Wesen ist – wie in der Kindheit. Das liegt daran, daß jedes Kind instinktiv Autoritäten sucht, welche ihm den Weg in die Welt weisen, wo es immer noch fremd ist und wo es sich mit seinen eigenen Urteilen nicht zurechtfinden kann. In dem Maß, wie Eltern und Lehrer es als Autorität im Stich lassen, wird sich das Kind stärker an seine eigene Gruppe anpassen, und unter bestimmten Bedingungen wird die Altersgruppe zu seiner höchsten Autorität werden. Das Ergebnis kann nur der Aufstieg der Herrschaft der Straße sein, wie das oben erwähnte Zeitungsfoto so beredt demonstriert. Der Konflikt zwischen Zuhause, wo es Rassentrennung gibt, und der Schule, wo diese aufgehoben ist, zwischen dem Vorurteil der Familie und den Forderungen der Schule, beseitigt auf einen Streich sowohl die Autorität der Lehrer als auch die der Eltern und ersetzt sie durch die öffentliche Meinung, die dann unter Kindern herrscht, welche weder die Fähigkeit noch das Recht besitzen, eine eigene öffentliche Meinung herzustellen.

Weil die vielen verschiedenen Faktoren, die im öffentlichen Erziehungswesen eine Rolle spielen, rasch einander in die Quere kommen können, wird selbst der bestgemeinte Staatseingriff immer ziemlich umstritten sein. Es scheint daher äußerst fragwürdig zu sein, ob es klug war, mit der Durchsetzung von Bürgerrechten in einem Bereich zu beginnen, in dem kein fundamentales Menschenrecht und kein politisches Grundrecht auf dem Spiel steht und wo andere Rechte – soziale und persönliche –, die zu schützen nicht weniger lebenswichtig ist, so leicht verletzt werden können.

Antwort an meine Kritiker

Einer meiner beiden Kritiker, Mr. Tumin, hat durch die Tonart, die er in seiner Entgegnung einschlug, selbst dafür gesorgt, daß sich eine Diskussion mit ihm erübrigt. Im Gegensatz dazu würde die Argumentation von Mr. Spitz, wäre sie tatsächlich eine Widerlegung meiner Position, es erfordern, daß man sie Punkt für Punkt analysiert. Trotz der Fairneß und der Stimmigkeit seiner eigenen Position hat Mr. Spitz jedoch meine Argumentation leider derart mißverstanden und mißdeutet, daß ich in einem fort und Satz für Satz aus unseren Artikeln zitieren müßte, und zwar nicht um auf seine Entgegnung zu antworten, sondern nur um die Mißverständnisse zu korrigieren, auf denen seine Entgegnung gründet. Aber dies wäre langweilig und reine Platzverschwendung, und das Ergebnis wäre nichts besseres als eine erneute Darstellung meiner Argumente. Aus diesem Grunde möchte ich mich lieber an die einfache Tatsache halten, daß mein Artikel, in der Form, in der ich ihn schrieb, nicht verstanden worden ist, und will versuchen, dessen wesentliche Punkte auf einer anderen, weniger theoretischen Ebene zu wiederholen.

Den Ausgangspunkt meiner Überlegungen bildete ein Zeitungsfoto, das ein Neger-Mädchen auf dem Nachhauseweg von einer soeben integrierten Schule zeigte; ein weißer Freund ihres Vaters schützte sie vor einer Horde weißer Kinder, die sie verfolgte, und ihr Gesichtsausdruck war ein beredtes Zeugnis für die offenkundige Tatsache, daß sie nicht gerade glücklich war. Dieses Foto erfaßte die gesamte Situation auf engstem Raum, denn es zeigte diejenigen, die unmittelbar von der Anordnung des Bundesgerichts betroffen waren – die Kinder. Meine erste Frage war: Was würdest du tun, wenn du eine Neger-Mutter wärst? Antwort: Ich würde mein Kind unter keinen Umständen Verhältnissen aussetzen, die ihm zumuten, so aufzutreten, als wolle es sich in eine Gruppe, in der es nicht erwünscht ist, hineindrängen. Psychologisch betrachtet ist die Situation, daß man unerwünscht ist (eine typisch soziale Zwangslage), schwerer zu ertragen als offene Verfolgung (eine politische Zwangslage), denn der persönliche Stolz ist hierbei mit im Spiel. Unter Stolz verstehe ich nichts dergleichen wie den »Stolz, ein Neger zu sein«, oder ein Jude, oder ein weißer angelsächsischer Protestant usw., sondern das angeborene und natürliche Gefühl, mit allem, was wir durch den Zufall der Geburt eben sind, identisch zu sein. Dieser Stolz, der keine Vergleiche anstellt und weder Minderwertigkeitskomplexe noch Überheblichkeitsgefühle kennt, gehört unabdingbar zur persönlichen Integrität, und man verliert ihn nicht so sehr durch Verfolgung, sondern dadurch, daß man aus einer Gruppe heraus in eine andere hineindrängt oder, wie in diesem Fall, daß man zum Drängen gedrängt wird. Wenn ich eine

Neger-Mutter im Süden wäre, dann hätte ich das Gefühl, daß der Oberste Gerichtshof durch seine Entscheidung mein Kind unabsichtlich, aber unvermeidlich in eine Lage gebracht hat, die entwürdigender ist als der vorherige Zustand.

Wenn ich eine Neger-Mutter wäre, hätte ich darüber hinaus das Gefühl, daß der Versuch, mit der Aufhebung der Rassentrennung ausgerechnet bei der Erziehung und in den Schulen anzufangen, nicht allein unfairerweise die Last der Verantwortung von den Schultern der Erwachsenen auf die Schultern der Kinder verlagert hat; ich wäre zusätzlich davon überzeugt, daß das ganze Unternehmen den Sinn hat, der wirklichen Frage auszuweichen. Die eigentliche Frage ist die nach der Gleichheit vor dem Gesetz dieses Landes, und diese Gleichheit wird durch Rassentrennungsgesetze verletzt, das heißt durch Gesetze, die die Rassentrennung erzwingen, und nicht durch gesellschaftliche Gepflogenheiten oder durch die Art und Weise der Kindererziehung. Wenn es nur um eine gleich gute Ausbildung für meine Kinder ginge, um den Versuch, ihnen Chancengleichheit zu verschaffen, warum hat man mich dann nicht gebeten, für eine Verbesserung der Schulen für Neger-Kinder zu kämpfen und für die sofortige Einrichtung von Sonderklassen für jene Kinder, die aufgrund ihrer schulischen Leistungen schon heute in weißen Schulen aufgenommen werden könnten? Anstatt daß ich zu einem klar begrenzten Kampf für meine unbestreitbaren Rechte aufgerufen würde – mein Wahlrecht und dessen geschützte Ausübung, das Recht zu heiraten, wen ich will, und in meiner Ehe geschützt zu sein (was natürlich nicht für Versuche gilt, irgend jemandes Schwager zu werden), oder das Recht auf Chancengleichheit –, stünde ich mit dem Gefühl da, man habe mich in eine soziale Aufstiegsangelegenheit verwickelt; und wenn ich diesen Weg, mich selbst zu verbessern, wählen würde, dann zöge ich es sicherlich vor, ihn ohne die Hilfe von irgendwelchen Regierungsstellen zu beschreiten. Und wenn ich dabei drängeln oder von meinen Ellbogen Gebrauch machen würde, dann geschähe dies gewiß nicht aus reiner Neigung. Ich wäre dazu gezwungen, um einigermaßen anständig zu leben oder um den Lebensstandard meiner Familie anzuheben. Das Leben kann sehr unangenehm sein, doch wozu es mich auch zwingen mag – und es zwingt mich sicherlich nicht, mir den Zugang zu Wohnvierteln zu erkaufen, die nur Menschen bestimmter Herkunft zugänglich sind –, ich kann meine persönliche Integrität genau in dem Maße bewahren, wie ich unter Zwang und auf-

grund einer drängenden Notlage und nicht allein gesellschaftlicher Gründe wegen handle.

Meine zweite Frage war: Was würde ich tun, wenn ich eine weiße Mutter im Süden wäre? Wiederum würde ich versuchen zu verhindern, daß mein Kind in einen politischen Kampf auf dem Schulhof hineingezogen wird. Außerdem wäre ich der Auffassung, daß jede derart drastische Veränderung meiner Zustimmung bedurft hätte, ganz gleich, welche Meinung ich dazu habe. Ich wäre damit einverstanden, daß die Regierung insofern bei der Erziehung meines Kindes mitzureden hat, als dieses Kind zu einem Staatsbürger heranwachsen soll, doch ich würde der Regierung jegliches Recht absprechen, mir zu sagen, in wessen Gesellschaft mein Kind unterwiesen werden sollte. Die Rechte von Eltern, solche Angelegenheiten für ihre Kinder so lange zu entscheiden, bis diese erwachsen sind, werden nur von Diktaturen in Frage gestellt.

Wenn ich jedoch tief davon überzeugt wäre, daß dem Zustand im Süden durch integrierte Schulen grundlegend abgeholfen werden könnte, dann würde ich – vielleicht mit Hilfe der Quäker oder irgendeiner anderen Körperschaft ähnlich gesonnener Bürger – versuchen, eine neue Schule für weiße und farbige Kinder einzurichten, und sie wie ein Pilotprojekt betreiben, das andere weiße Eltern zu einer Einstellungsänderung bewegen könnte. Gewiß würde ich auch hier die Kinder zu einem im wesentlichen politischen Kampf gebrauchen, doch ich hätte zumindest sichergestellt, daß die Schuldkinder alle mit der Zustimmung und Unterstützung ihrer Eltern dort sind; es gäbe keinen Konflikt zwischen Zuhause und Schule, wenn auch vielleicht einen Konflikt zwischen Zuhause und Schule einerseits und der Straße andererseits. Wir wollen nun einmal annehmen, daß im Verlauf eines solchen Unterfangens diejenigen Bürger der Südstaaten, die die integrierte Erziehung ablehnen, sich ebenfalls organisierten und daß es ihnen sogar gelänge, die staatlichen Behörden dazu zu überreden, die Öffnung und den Betrieb der Schule zu verhindern. Exakt in diesem Augenblick wäre meiner Meinung nach die Bundesregierung aufgefordert zu intervenieren. Denn hierbei würde es sich wiederum um einen eindeutigen Fall von Rassentrennung handeln, der von der Staatsgewalt des Einzelstaates erzwungen wäre.

Dies führt uns jetzt zu der dritten Frage, die ich mir stellte: Was genau unterscheidet eigentlich im Hinblick auf das Farbigenproblem das soge-

nannte Südstaaten-Leben von der amerikanischen Lebensweise? Und die Antwort darauf lautet selbstverständlich ganz einfach, daß Diskriminierung und Rassentrennung zwar im ganzen Land die Regel, aber nur in den Südstaaten im Gesetz verankert sind. Wer auch immer die Situation im Süden ändern will, kann es schwerlich vermeiden, für die Abschaffung der Heiratsgesetze und für die freie Ausübung des allgemeinen Wahlrechts einzutreten. Und dies sind in keinerlei Weise akademische Fragen. Teilweise geht es um einen Verfassungsgrundsatz, der definitionsgemäß jenseits von Mehrheitsentscheidungen liegt und nicht von Praktikabilitätserwägungen berührt werden darf; und teilweise geht es natürlich um die Rechte von Staatsbürgern, wie beispielsweise um die Rechte jener rund fünfundzwanzig jungen Neger aus Texas, die während ihrer Armeezeit europäische Mädchen geheiratet hatten und deshalb nicht nach Hause zurückkehren konnten, weil sie sich in den Augen der texanischen Gesetze eines Verbrechens schuldig gemacht hatten.

Der Widerwille amerikanischer Liberaler, die Frage der Heiratsgesetze anzurühren, die Bereitwilligkeit, mit der sie sich auf die Praktikabilität berufen und vom Thema ablenken, indem sie darauf beharren, daß die Neger selbst kein Interesse an dieser Sache hätten, und die Verlegenheit, die sie ergreift, wenn man sie an das erinnert, was in der ganzen Welt als das empörendste Einzelgesetz der westlichen Hemisphäre bekannt ist – all dies ruft einen früheren Widerwillen in Erinnerung, nämlich die Abneigung der Gründer der Republik, Jeffersons Rat zu folgen und das Verbrechen der Sklaverei abzuschaffen. Auch Jefferson gab aus praktischen Gründen nach, aber er besaß zumindest noch so viel politisches Bewußtsein, um nach dem verlorenen Kampf zu sagen: »Ich zittere bei dem Gedanken daran, daß Gott gerecht ist.« Er zitterte nicht um die Neger, auch nicht um die Weißen, sondern um das Schicksal der Republik, weil er wußte, daß einer ihrer lebenswichtigen Grundsätze ganz am Anfang verletzt worden war. Nicht Diskriminierung und gesellschaftlich praktizierte Rassentrennung in allen möglichen Formen, sondern Rassengesetze stellen die Verlängerung des Verbrechens dar, das mit der Gründung dieses Landes einherging.

Ein letztes Wort über Erziehung und Politik. Die Idee, daß man die Welt verändern kann, indem man die Kinder im Geist der Zukunft erzieht, gehört seit dem Altertum zu den Kennzeichen politischer Utopien. Das Mißliche an dieser Idee ist immer dasselbe gewesen: Sie kann nur dann erfolgreich umgesetzt werden, wenn die Kinder wirklich von ihren Eltern getrennt und in staatlichen Einrichtungen aufgezogen oder in der Schule indoktriniert werden, so daß sie sich gegen ihre eigenen Eltern wenden. Eben dies geschieht in tyrannischen Systemen. Wenn hingegen die Staatsorgane nicht willens sind, die Konsequenzen aus ihren eigenen vagen Hoffnungen und Prämissen zu ziehen, wird das ganze Erziehungsexperiment im besten Fall ohne Ergebnis bleiben, während es im schlimmsten Fall Eltern wie Kinder irritiert und entzweit und beide spüren läßt, daß sie einiger wesentlicher Rechte beraubt sind. Was sich im Süden nach der Entscheidung des Obersten Gerichtshofs ereignete – nachdem sich diese Administration darauf festlegte, ihren Kampf um Bürgerrechte im Bereich der Erziehung und der öffentlichen Schulen durchzufechten –, hinterläßt ein Gefühl von Vergeblichkeit und unnötiger Verbitterung. Es ist, als ob die betroffenen Parteien alle nur zu gut wüßten, daß, unter dem Vorwand, es geschehe etwas, tatsächlich nichts erreicht worden ist.

(13) Kennedy und danach*

War dies, wie ein von der Wucht der Nachricht überwältigter Kommentator der BBC sagte, »der lauteste Schuß seit Sarajewo«? Bedeutet dieser Schuß, daß der kurze »Augenblick vergleichsweiser Ruhe« und »aufkeimender Hoffnung«, von dem der tote Präsident noch vor nur zwei Monaten in einer Rede vor den Vereinten Nationen sprach, schon bald vorbei sein wird? Wird der Tag kommen, an dem wir gezwungen sein werden, in dieser Tragödie einen geschichtlichen Wendepunkt zu sehen? In Vergleichen zu denken und geschichtliche Kategorien auf gegenwärtige Ereignisse anzuwenden ist verlockend; denn sich den künftigen Historiker vorstellen heißt, der fürchterlichen Wirklichkeit und dem nackten Schrecken einer Tragödie, die nur allzu gegenwärtig ist, entfliehen. Und es führt in die Irre; denn die Zukunft, die von uns und unseren Zeitgenossen abhängt, ist nicht voraussehbar, und Geschichte beginnt erst dann, wenn die Geschichte, die sie uns zu erzählen hat, an ihr Ende gekommen ist.

In diesem Moment, in dem uns versichert wird, daß die amerikanische Politik im Inneren wie im Äußeren ihre Kontinuität behalten wird, scheint es, daß das Land weit davon entfernt ist, in eine neue Ära einzutreten, daß es sich vielmehr in alte Bahnen zurückbewegt. Anders als seinerzeit bei Herrn Truman[1], ist der neue Präsident[2] nicht nur Kennedys »running mate« gewesen, sondern selbst ein Präsidentschaftskandidat, und seine Chancen waren gut, wenn es da nicht den mit ziemlich neuen und unerwarteten Qualitäten ausgestatteten Senator von Massachusetts gegeben hätte. Immer wieder ist in diesen kurzen Tagen betont worden, daß alles genauso weitergehen werde wie bisher – daß das nur in einem anderen *Stil* geschähe.

Der Stil war es – der Stil all dessen, was Kennedy sagte und tat –, der diese Administration so auffallend anders machte, anders nicht nur in der Formulierung der amerikanischen Politik oder deren Verfolg, sondern vielmehr in der Einschätzung der Politik als solcher. John F. Kennedy – daran besteht kein Zweifel – hatte ein Politikverständnis, das auf den ersten Blick etwas altmodisch wirkte, in welchem es die Begriffe

* 1963 in englischer Sprache veröffentlicht, deutsche Übersetzung für diese Ausgabe von Ursula Ludz.

Ehre und Ruhm gab und zu dem die unvermeidliche, höchst willkommene Herausforderung gehörte, der sich seine Generation und sein Land hatten stellen müssen. Doch war er nicht altmodisch und hat niemals auch nur versucht, »sich über die Politik zu stellen«, dem widerlichen Konkurrenz- und Machtkampf, wie er zum Wesen der Parteipolitik gehört, auszuweichen. Er hat sich nicht darum bemüht, das Image des »großen Mannes« aufzubauen, welcher darauf wartete, zu einer Position »aufgefordert« zu werden, die er nicht anstrebte. Er wollte den Job, weil der für ihn die Sache auf der Welt war, die er sich am meisten wünschte, und er wußte Bescheid über dessen Gefahren und Ehrfurcht einflößende, einsame Verantwortung. Für Konventionen und das Protokoll hatte er keinen Sinn, da sie ihn tendenziell so hoch über die gewöhnlichen Mannschaftsgrade stellten, daß er nicht mehr das sein konnte, was er sein wollte – der Primus inter pares.

Dieser Stil war es, der – wie bereits ausgeführt – die Politik auf eine neue, höhere Ebene hob, der der ganzen Sphäre des Regierens ein neues Prestige und eine neue Würde verlieh. Das erste deutliche Zeichen dieser Absichten war schon gleich zu Anfang bei der Inauguration zu erkennen, als er viele herausragende Persönlichkeiten aus dem notorisch »unpolitischen« Bereich der Künste und Wissenschaften einlud. Er wollte diese Dichter und Künstler, Musiker und Gelehrten nicht für irgendwelche eng definierten politischen Zwecke gebrauchen, und ich vermute, er wollte nicht einmal, zumindest nicht in erster Linie, im öffentlichen Bereich für diejenigen Raum schaffen, die diesem traditionell und konventionell am meisten entfremdet waren. Es war genau umgekehrt. Er wollte, daß sie Glanz und Charisma hineintragen in die öffentlichen Angelegenheiten, welche, wenn sie sich selbst überlassen sind, also aufgrund eigener Verdienste nur selten, nur in Krisen- und Ausnahmezeiten, glänzen können. Er schaute auf die Künste und Wissenschaften mit den Augen des Staatsmannes und nicht als ein »Intellektueller«, der wie Hamlet das Gefühl hat, daß er wegen seiner Empfindsamkeit den Anforderungen des Handelns und Entscheidens nicht gewachsen sei.

Der Geist, der ihn leitete und kontrollierte, ist der Geist der Jugend genannt worden (was sicherlich nicht eine Angelegenheit des biologischen Alters war; denn so etwas wäre niemals von dem nur vier Jahre älteren Herrn Nixon[3] gesagt worden). Es war der Geist eines sehr modernen Mannes, eines vollkommen »gegenwärtigen Mannes«, wie Herr

Stevenson[4] so richtig bemerkte. Zweimal in diesem Jahrhundert, zunächst nach dem Ersten und dann nach dem Zweiten Weltkrieg, hat es die junge Generation versäumt, in den öffentlichen Angelegenheiten ihrer jeweiligen Länder ihrer Stimme Gehör zu verschaffen. Kennedy war möglicherweise der erste Mann der Moderne in einer hohen Stellung, der dies getan hat. Doch wenn seine Stimme die der Jugend und der sechziger Jahre war, war es um so bemerkenswerter, daß die höchsten Tugenden des Staatsmannes, nämlich Mäßigung und Einsicht, aus all seinen Worten und Taten sprachen. Am auffälligsten an seiner Art, die Kubakrise und den Bürgerrechtskonflikt zu handhaben, war, daß es Extreme gab, die er *nicht* verfolgte. Niemals verlor er das Denken seiner Gegner aus dem Blick, und solange deren Position nicht extrem und damit gefährlich gewesen ist für das, was seiner Meinung nach die Interessen des Landes waren, versuchte er nicht, sie nicht in Betracht zu ziehen, auch wenn er sie gegebenenfalls hätte verwerfen müssen. In diesem Geist, der seiner Fähigkeit, das Denken der Gegner zu erfassen, entsprang, begrüßte er die Studenten, die vor dem Weißen Haus demonstrierten, nachdem er entschieden hatte, die Atomtests wieder aufzunehmen.

Es gibt eine merkwürdige und unendlich traurige Ähnlichkeit zwischen dem Tod der zwei größten Männer, die wir in diesem Jahr verloren haben – der eine sehr alt, der andere in der Blüte seiner Jahre. Der Papst[5] und der Präsident, sie beide starben viel zu früh – in Anbetracht des Werks, das sie begonnen und unvollendet hinterlassen haben. Die ganze Welt veränderte und verdüsterte sich, als ihre Stimmen verstummten. Und doch wird die Welt niemals mehr so sein, wie sie war, bevor sie in ihr sprachen und handelten.

(14) Ziviler Ungehorsam*

Im Frühjahr 1970 feierte die Anwaltsvereinigung der Stadt New York ihr hundertjähriges Bestehen mit einem Symposium über die ziemlich bedrückende Frage »Ist das Gesetz tot?«. Es wäre interessant zu wissen, was eigentlich diesen Verzweiflungsschrei veranlaßt hat. War es die katastrophale Zunahme der Straßenkriminalität oder etwa die weiterreichende Einsicht, daß »das ungeheure Ausmaß des Bösen, das in modernen Tyranneien zum Ausdruck kommt, jeglichen schlichten Glauben an die zentrale Bedeutung der Gesetzestreue untergraben hat«? Ist nicht außerdem »zur Genüge nachgewiesen worden, daß geschickt organisierte Kampagnen des zivilen Ungehorsams sehr wirksam sein können, um wünschenswerte Gesetzesänderungen herbeizuführen«?[1] Die einzelnen Themen, zu denen Eugene V. Rostow die Teilnehmer um Referate bat, ermutigten jedenfalls zu einer etwas freundlicheren Sicht der Dinge. So wurde u. a. vorgeschlagen, »die moralische Beziehung des Bürgers zur Rechtsordnung in einer auf Konsens gegründeten Gesellschaft« zu diskutieren. Die folgenden Ausführungen sind ein Versuch, auf diese Anregung einzugehen. Die Literatur zu diesem Thema stützt sich zum großen Teil auf zwei berühmte Gefangene – auf Sokrates in Athen und auf Thoreau in Concord. Ihr Verhalten ist eine reine Freude für Juristen, weil es anscheinend den Beweis dafür erbringt, daß Ungehorsam gegen das Gesetz sich nur dann rechtfertigen läßt, wenn der Rechtsbrecher bereit oder gar darauf erpicht ist, die Strafe für seine Tat auf sich zu nehmen. Es gibt nur wenige, die nicht mit der Ansicht Philip A. Harts übereinstimmen: »Jegliches Verständnis, das ich für den Gehorsamsverweigerer aufbringen könnte, hinge von seiner Bereitschaft ab, jede Strafe, die ihm vom Gesetz auferlegt werden könnte, auch anzunehmen.«[2] Dieses Argument läßt das populäre Verständnis oder auch Mißverständnis durchschimmern, das über Sokrates vorherrscht, doch anscheinend gewinnt die Plausibilität dieser Auffassung in diesem Land erheblich an Gewicht durch »eine der gravierendsten Ungereimtheiten unseres Rechts, wodurch der einzelne Bürger ermutigt oder in gewisser Weise dazu gezwungen wird, ein wesentliches ge-

* 1970 in englischer Sprache veröffentlicht, deutsche Übersetzung (1986) von Eike Geisel.

setzliches Recht dadurch erst herzustellen, daß er einen Akt zivilen Ungehorsams begeht.«[3] Durch diese Ungereimtheit ist eine merkwürdige und, wie wir sehen werden, nicht ganz glückliche theoretische Ehe zwischen Moralität und Legalität, zwischen Gewissen und dem Recht des Landes zustande gekommen.

Weil »unser dualistisches Rechtssystem die Möglichkeit eines Konflikts zwischen dem Recht des Einzelstaates und dem Bundesrecht nicht ausschließt«[4], könnte man in der Tat über die Bürgerrechtsbewegung in ihrer Frühphase sagen, daß sie trotz eindeutiger Verstöße gegen Verordnungen und Gesetze der Südstaaten nichts anderes getan hat, als sich »in unserem föderativen System über Gesetz und Autorität einzelner Bundesstaaten hinweg auf Gesetz und Autorität der Nation zu berufen«. So heißt es etwa, daß »ohne jeden Zweifel die gesetzlichen Bestimmungen einzelner Bundesstaaten, gemessen am Bundesrecht, von vornherein ungültig waren«[5], die Abweichung vom Recht habe ausschließlich auf deren Seite gelegen – und dennoch wurde hundert Jahre lang dem Bundesrecht nicht Geltung verschafft. Auf den ersten Blick scheint diese Auslegung erhebliche Vorzüge zu bieten. Die juristische Hauptschwierigkeit, eine Vereinbarkeit von zivilem Ungehorsam und dem Rechtssystem dieses Landes zu entwickeln, nämlich das Problem, daß »der Verstoß gegen das Gesetz nicht durch das Gesetz gerechtfertigt werden kann«[6], scheint auf geniale Weise durch den Dualismus der amerikanischen Rechtsordnung gelöst zu sein sowie durch die Gleichsetzung von zivilem Ungehorsam mit dem gezielten Verstoß gegen ein Gesetz, um dessen Verfassungsmäßigkeit zu überprüfen. Ein weiterer Vorteil, so scheint es, besteht darin, daß das amerikanische Recht, im Unterschied zu anderen Rechtssystemen, eben wegen seiner dualistischen Verfassung einen keineswegs fiktiven, sondern sichtbaren Ort für jenes »höhere Gesetz« gefunden hat, auf dessen Existenz »die Rechtswissenschaft in der einen oder anderen Form immer wieder beharrt«[7].

Es würde großen Einfallsreichtum erfordern, diese Doktrin auf theoretischem Gebiet zu verteidigen, denn das Verhalten eines Menschen, der die Rechtmäßigkeit eines Gesetzes dadurch überprüft, daß er es bricht, läßt sich »kaum, wenn überhaupt, als ziviler Ungehorsam bezeichnen«[8]. Derjenige, der dem Gesetz aufgrund einer starken moralischen Überzeugung den Gehorsam verweigert und sich in seinen Handlungen auf ein »höheres Gesetz« beruft, fände es ziemlich befremdend, wenn man von ihm verlangte, die verschiedenen, über die Jahrhunderte hinweg getroffenen Entscheidungen des Obersten Gerichtshofs als Ausdruck jenes Gesetzes anzuerkennen, das über allen anderen Gesetzen steht und dessen Hauptmerkmal seine Unwandelbarkeit ist. In der Realität wurde diese Doktrin jedenfalls widerlegt, als der zivile Ungehorsam der Bürgerrechtsbewegung sich reibungslos zum Widerstand der Antikriegsbewegung weiterentwickelte, der eindeutig gegen Bundesgesetze verstieß. Und diese Widerlegung stand endgültig fest, als der Oberste Gerichtshof es mit dem Hinweis auf die politische Natur des Konflikts (»political question doctrine«) ablehnte, über die Rechtmäßigkeit des Vietnamkriegs zu entscheiden – also mit genau jener Begründung, mit der man die verfassungswidrigen Gesetze der Südstaaten so lange ohne die geringsten Einschränkungen hingenommen hatte.

Indessen ist die Zahl der wirklichen und potentiellen Akteure des zivilen Ungehorsams, d. h. der Leute, die sich freiwillig für Protestaktionen in Washington gemeldet haben, stetig gewachsen. Komplementär dazu wächst die Neigung der Regierung, die Protestierenden entweder als gewöhnliche Kriminelle zu behandeln oder als höchsten Preis ihrer Aufrichtigkeit die »Selbstaufopferung« von ihnen zu verlangen: Der Verweigerer, der sich dem geltenden Recht widersetzt hat, soll »seine Strafe willig auf sich nehmen«. (Harrop A. Freeman hat die Absurdität dieser Forderung aus der Sicht des Anwalts zutreffend aufgezeigt: »Kein Anwalt tritt vor die Schranken des Gerichts und sagt: ›Euer Ehren, dieser Mann will bestraft werden.‹«[9]) Daß man auf dieser unbefriedigenden und unangemessenen Alternative beharrt, liegt möglicherweise nur »in einer Periode des Aufruhrs« nahe, wenn »die Unterscheidung zwischen solchen exemplarischen Gesetzesverletzungen [die begangen werden, um die Verfassungsmäßigkeit eines Gesetzes zu überprüfen] und gewöhnlichen Vergehen immer delikater« und wenn nicht regionale Gesetze, sondern »die nationale gesetzgebende Gewalt« herausgefordert werden.[10]

Was immer die wirklichen Ursachen dieser Phase des Aufruhrs sein mögen – und natürlich handelt es sich dabei um sachliche und politische Gründe –, so sind doch die Verwirrung, die Polarisierung und die wachsende Bitterkeit, welche die gegenwärtige Diskussion auszeichnen, auch eine Folge des Versagens auf theoretischer Ebene, wo es darum geht, sich mit dem Phänomen adäquat auseinanderzusetzen und dessen wahren Charakter zu begreifen. Wann immer Anwälte einen

Fall von zivilem Ungehorsam mit einer ethischen oder einer rechtlichen Begründung zu rechtfertigen suchen, dann konstruieren sie ihn nach dem Muster einer Kriegsdienstverweigerung aus Gewissensgründen oder analog zu dem Fall, in dem die Verfassungsmäßigkeit eines Gesetzes überprüft werden soll. Das Problem liegt jedoch darin, daß keine Analogie zwischen dem zivilen Ungehorsam und diesen beiden Musterfällen besteht, und zwar aus dem einfachen Grund, weil der zivile Ungehorsam niemals als Handlung eines einzelnen Individuums in Erscheinung tritt. Der Protagonist des zivilen Ungehorsams kann nur als Mitglied einer Gruppe auftreten und auch nur so sich behaupten. Diesem Umstand wird selten Rechnung getragen, und wenn, dann auch nur am Rande: »Der zivile Ungehorsam eines einzelnen wird wahrscheinlich kaum etwas ausrichten. Man wird dieses Individuum für eine exzentrische Person halten, die zu beobachten viel interessanter ist, als sie zu unterdrücken. Bedeutung gewinnt ziviler Ungehorsam erst dann, wenn er von einer Anzahl von Menschen ausgeübt wird, die eine Interessengemeinschaft bilden.«[11] Doch eines der Hauptmerkmale der eigentlichen Handlung, das besonders auffällig bereits bei den Freedom Riders zutage trat, nämlich der »indirekte Ungehorsam« – wenn also der Gehorsamsverweigerer in seiner Absicht, gegen ungerechte Rechtsvorschriften oder Regierungspolitik und amtliche Verordnungen vorzugehen, Gesetze (zum Beispiel Verkehrsbestimmungen) übertritt, die er als solche für in Ordnung hält –, setzt voraus, daß eine Gruppe handelt (man stelle sich dagegen vor, ein einzelner mißachte die Straßenverkehrsordnung!), und ist mit Recht als Ungehorsam »im strengen Sinne« bezeichnet worden.[12]

Eine juristische Rechtfertigung gerade dieses »indirekten Ungehorsams« ist anscheinend unmöglich, denn diese Form von Ungehorsam ergäbe im Fall des Kriegsdienstverweigerers oder desjenigen, der gegen ein Gesetz verstößt, um dessen Verfassungsmäßigkeit zu prüfen, absolut keinen Sinn. Deshalb muß zwischen der Verweigerung aus Gewissensgründen und dem zivilen Ungehorsam unterschieden werden. Bei letzterem handelt es sich in Wirklichkeit um organisierte Minderheiten, die weniger durch ein gemeinsames Interesse als durch eine gemeinsame Meinung zusammengehalten werden und durch die Entscheidung, sich selbst dann gegen die Politik der Regierung zu stellen, wenn sie mit Grund annehmen können, daß eine Mehrheit diese Politik unterstützt. Ihre abgestimmte Aktion entspringt einer wechselseitigen

Übereinkunft, und gerade diese Übereinkunft verleiht ihrer Meinung Glaubwürdigkeit und Überzeugungskraft, ganz gleich, auf welche Weise sie ursprünglich zu diesem Standpunkt gelangt sein mochten. Argumente, die zur Verteidigung der Gewissensgründe eines einzelnen oder einer individuellen Handlung vorgetragen werden, das heißt moralische Imperative und Appelle an ein innerweltliches oder transzendentes »höheres Gesetz«[13], sind im Zusammenhang mit zivilem Ungehorsam unangemessen; auf dieser Ebene wird es nicht nur »schwierig«, sondern überhaupt nicht zu verhindern sein, daß aus »zivilem Ungehorsam eine Philosophie der Subjektivität ... von derart individualistischem Zuschnitt wird, daß es jedem aus jedem Grunde freisteht, das Gesetz zu mißachten«[14].

I

Das Bild von Sokrates und Thoreau taucht nicht nur immer wieder in der Literatur zu unserem Thema auf, sondern, was viel wichtiger ist, im Bewußtsein der Gehorsamsverweigerer selbst. Wenn man in der abendländischen Gewissenstradition erzogen wurde – und wer wurde das nicht? –, dann scheint es nur natürlich, daß man seine Übereinstimmung mit anderen im Vergleich zur einsamen Entscheidung »in foro conscientiae« [im Zustandsbereich des Gewissens] für eine zweitrangige Sache hält, so als ob das, was man mit anderen teile, keinesfalls eine Meinung oder ein Urteil, sondern ein gemeinsames Gewissen sei. Und da die Argumente, die benutzt werden, um diese Position zu stützen, gewöhnlich von einer mehr oder weniger vagen Erinnerung an das herrühren, was Sokrates oder Thoreau über die »moralische Beziehung des Bürgers zum Gesetz« zu sagen hatten, scheint es das beste zu sein, diese Überlegungen mit einer kurzen Untersuchung dessen zu beginnen, was diese beiden Männer tatsächlich zu dieser Frage zu sagen hatten.

Was Sokrates betrifft, ist natürlich Platons *Kriton** der entscheidende

* Anm. d. Hrsg.: Platons *Kriton* wird im folgenden zitiert nach der Übersetzung von Friedrich Schleiermacher, in: Platon, *Werke in acht Bänden: Griechisch und Deutsch*, hrsg, von Günther Eigler, Darmstadt: Wissenschaftliche Buchgesellschaft, 1973, Bd. 2, S. 71–107. Die Quellenangaben im Text beziehen sich auf die Zählung nach Stephanus.

Text, wobei die dort vorgetragene Argumentation sehr viel weniger eindeutig und sicherlich als Beleg für die Forderung nach fröhlicher Unterwerfung unter die Strafe weniger brauchbar ist, als die juristischen und philosophischen Lehrbücher uns erzählen. Da ist zunächst die Tatsache, daß Sokrates während seines Prozesses die Gesetze selbst niemals in Frage gestellt hat, sondern nur diesen besonderen Justizirrtum, jenes »Mißgeschick« (τύχη), das ihn, wie er meinte, getroffen habe. Aus seinem persönlichen Schicksal leitete er nicht das Recht ab, »seinen Vertrag und seine Übereinkunft« mit den Gesetzen »zu brechen«; er lag nicht mit den Gesetzen im Streit, sondern mit den Richtern. Mehr noch, als Kriton während des Prozesses versuchte, ihn zur Flucht ins Exil zu überreden, entgegnete ihm Sokrates, daß ihm die Gesetze tatsächlich die Möglichkeit der Verbannung geboten hätten: »Ja auch noch während des Rechtshandels konntest du dir ja die Verweisung zuerkannt haben, wenn du gewollt hättest, und so, was du jetzt gegen den Willen der Stadt unternimmst, damals mit ihrem Willen tun. Du aber tatest damals zwar gar schön, als wärest du gar nicht unwillig, wenn du sterben müßtest, sondern wähltest, wie du sagtest, lieber als die Verweisung den Tod.« (52) Aus der *Apologie* wissen wir auch, daß Sokrates die Wahl hatte, von seiner öffentlichen Untersuchung der gegebenen Dinge Abstand zu nehmen, denn fraglos säte er dadurch den Zweifel an den überlieferten Sitten und Glaubenssätzen, was zur Verunsicherung führte; aber auch hier wird deutlich, daß er den Tod vorzog, »daß ... ein Leben ohne Selbsterforschung aber gar nicht verdient, gelebt zu werden«. Hätte also Sokrates die Flucht ergriffen, dann hätte er nicht zu seinem eigenen Wort gestanden, es wäre alles, um was er sich im Prozeß bemüht hatte, hinfällig geworden, und »so wirst du nur das Ansehen deiner Richter befestigen, daß sie dafür gelten werden, in deiner Sache recht gerichtet zu haben« (53). Daß er blieb und starb, war er *sich selbst* wie auch seinen Mitbürgern schuldig, an die er sich gewandt hatte. »Es handelt sich um die Begleichung der Ehrenschuld eines Gentleman, der eine Wette verloren hat und bezahlt, weil er sonst nicht mehr im Einklang mit sich selbst hätte leben können. Es wurde in der Tat ein Vertrag abgeschlossen – und der Begriff eines Vertrages durchzieht die zweite Hälfte des *Kriton*; aber ... der bindende Vertrag ... ist *die Verpflichtung, um die es in diesem Prozeß geht.*«[15]

Der Fall Thoreau scheint, obzwar er weit weniger dramatisch ist (wegen seiner Weigerung, Wahlsteuern an eine Regierung zu entrichten, die die Sklaverei duldete, verbrachte er eine Nacht im Gefängnis, ließ sich aber am nächsten Morgen von seiner Tante auslösen), auf den ersten Blick mehr Relevanz für unsere gegenwärtigen Debatten zu besitzen, denn im Unterschied zu Sokrates richtete sich sein Protest gegen die Ungerechtigkeit der Gesetze selbst. Die Schwierigkeit bei diesem Fall besteht darin, daß sich Thoreau in »On the Duty of Civil Disobedience«, dem berühmten Essay, der diesem Zwischenfall entsprang und den Begriff »ziviler Ungehorsam« zum Bestandteil unseres politischen Wortschatzes machte, nicht auf die moralische Beziehung des *Bürgers* zum Gesetz, sondern auf das individuelle Gewissen und die daraus resultierende moralische Verpflichtung berief: »Der Mensch ist nicht unbedingt verpflichtet, sich der Austilgung des Unrechts zu widmen, und sei es noch so monströs. Er kann sich auch anderen Angelegenheiten mit Anstand widmen; aber zum mindesten ist es seine Pflicht, sich nicht mit dem Unrecht einzulassen, und wenn er schon keinen Gedanken daran wenden will, es doch wenigstens nicht praktisch zu unterstützen.« Thoreau behauptet nicht, daß sich die Welt, wenn man sich nicht auf sie einließe, verbessern würde, noch daß der Mensch auf irgendeine Weise dazu verpflichtet wäre. Der Mensch sei »in die Welt gekommen, um darin zu leben, ob nun schlecht oder recht, aber nicht unbedingt, um sie so zu verbessern, damit man gut darin lebt«. In der Tat, so kommen wir alle in diese Welt und haben Glück, wenn sie und der Teil von ihr, wo wir ankommen, sich zur Zeit unserer Ankunft gut zum Leben eignet oder zumindest ein Ort ist, wo das Unrecht, das begangen wird, nicht »so beschaffen ist, daß es notwendigerweise aus dir den Arm des Unrechts an einem anderen macht«. Denn wenn dies der Fall ist, »dann sage ich, brich das Gesetz«. Und damit hatte Thoreau recht: Das individuelle Gewissen erfordert weiter nichts.[16]

Hier, wie anderswo auch, ist das Gewissen unpolitisch. Weder ist es vorrangig an der Welt interessiert, in der Unrecht begangen wird, noch an den Folgen, welche dieses Unrecht für den künftigen Lauf der Welt hat. Es sagt nicht mit Jefferson: »Ich zittere *um mein Vaterland* beim Gedanken daran, daß Gott gerecht ist und daß seine Gerechtigkeit nicht ewig schlafen kann«[17], denn das Gewissen zittert um das individuelle Ich und dessen Integrität. Es kann daher viel radikaler auftreten und mit Thoreau sagen: »Dieses Volk muß aufhören, Sklaven zu halten und in Mexiko Krieg zu führen, *und wenn es seine Existenz als Volk kosten würde*« (meine Hervorhebung). Im Gegensatz dazu blieb für Lincoln, wie er 1862 schrieb,[18] selbst beim Kampf um die Befreiung der Sklaven, »die Rettung der Union das Hauptziel und nicht … die Rettung oder die Abschaffung der Sklaverei«. Dies bedeutet jedoch nicht, daß Lincoln sich »der ungeheuerlichen Ungerechtigkeit der Sklaverei selbst« – wie er sich acht Jahre zuvor geäußert hatte – nicht bewußt gewesen wäre, sondern daß ihm auch der Unterschied zwischen seiner »offiziellen Pflicht« und seinem »persönlichen Wunsch, daß die Menschen überall frei sein könnten«[19], bewußt war. Diese Unterscheidung ist, wenn man sie der jeweils komplexen und widersprüchlichen historischen Umstände entkleidet, letztlich genau dieselbe, die auch Machiavelli zum Ausdruck brachte: »Meine Heimatstadt ist mir teurer als meine eigene Seele.«[20] Die Diskrepanz zwischen »offizieller Pflicht« und »persönlichem Wunsch« besagt ebensowenig, daß es Lincoln am Bewußtsein einer moralischen Verpflichtung gemangelt habe, wie die Diskrepanz zwischen Stadt und Seele als Beleg für die These gelten kann, Machiavelli sei Atheist gewesen und habe nicht an die ewige Erlösung und die ewige Verdammnis geglaubt.

Dieser mögliche Konflikt zwischen dem »guten Menschen« und dem »guten Bürger« (Aristoteles zufolge könnte dieser gute Mensch nur in einem guten Staat ein guter Bürger sein; nach Kant könnte selbst ein »Volk von Teufeln [wenn sie nur Verstand haben]«, das Problem der Staatserrichtung mit Erfolg lösen), zwischen dem individuellen Ich einerseits – das an ein Leben nach dem Tode glaubt oder auch nicht – und dem Mitglied des Gemeinwesens andererseits oder, wie man es heute ausdrücken würde, zwischen Moral und Politik ist sehr alt, älter selbst als das Wort »Gewissen«, das in seiner gegenwärtigen Bedeutung verhältnismäßig jungen Ursprungs ist. Die Rechtfertigungen für beide Positionen sind fast ebenso alt. Konsequenterweise erkannte Thoreau an und gestand auch ein, daß ihm der älteste Vorwurf gegen den »guten Menschen«, nämlich der der »Verantwortungslosigkeit«, gemacht werden könne. Er sagte ausdrücklich: Ich bin nicht verantwortlich, daß die Maschine der Gesellschaft richtig funktioniert. Ich bin nicht der Sohn eines Uhrmachers. Der Spruch »Fiat justitia et pereat mundus« – das Recht muß seinen Gang haben, und sollte darüber die Welt zugrunde gehen –, der gängige rhetorische Vorwurf gegen die Verfechter einer absoluten Gerechtigkeit, wird oft dann vorgebracht, wenn es darum geht, Unrecht und Verbrechen zu entschuldigen, und er trifft den Kern des Dilemmas.

Noch anders verhält es sich jedoch mit der Frage, »daß das Problem des Ungehorsams gegen das Gesetz auf der Ebene der individuellen Moral überhaupt nicht erfaßt werden kann«[21]. Die Stimme des Gewissens ist nicht nur unpolitisch, sondern immer auch äußerst subjektiv. Als Sokrates sagte, Unrecht tun sei unschöner als Unrecht leiden, meinte er zweifellos, dies sei »unschöner« für *ihn*, wie er es auch für besser hielt, daß »die meisten Menschen nicht mit mir übereinstimmen, sondern mir widersprechen mögen, als daß ich allein mit mir selbst nicht zusammenstimmen, sondern mir widersprechen müßte«[22]. Doch politisch betrachtet zählt nur, daß Unrecht geschehen ist; dem Gesetz ist es gleichgültig, wer infolgedessen besser dasteht, der Täter oder der Leidtragende. Unsere Gesetzbücher unterscheiden zwischen Delikten, die eine Anklage erfordern, weil sie eine Verletzung der Gemeinschaft als ganzer darstellen, und Vergehen, bei denen nur Täter und Leidtragender einbezogen sind, wobei es letzterem überlassen bleibt, gerichtlich vorzugehen. Im ersten Fall bleibt die geistige Verfassung der Beteiligten außer Betracht, es sei denn, der Vorsatz wird als zur Tat an sich gehörig bewertet oder daß mildernde Umstände in Betracht kommen. Es spielt keine Rolle, ob der Geschädigte bereit ist zu verzeihen oder ob beim Täter eine Wiederholung seiner Tat völlig ausgeschlossen werden kann.

Im *Gorgias* wendet sich Sokrates nicht direkt an die Bürger von Athen wie in der *Apologie* oder wie zur Untermauerung der *Apologie* im *Kriton*. Hier läßt Plato Sokrates als den Philosophen sprechen, der entdeckt hat, daß Menschen nicht nur mit ihren Mitmenschen, sondern auch mit sich selbst Umgang pflegen und daß diese letztere Verkehrsform – das Bei-und-mit-mit-selbst-Sein – der erstgenannten bestimmte Regeln auferlegt. Dabei handelt es sich um die Vorschriften des Gewissens, und diese sind – analog zu denjenigen, die Thoreau in seinem Essay verkündet hat – gänzlich negativer Art. Sie sagen nicht, was man zu tun, sondern was man zu lassen habe. Sie stellen keine Prinzipien für das Handeln auf, sondern markieren Grenzen, die nicht überschritten werden sollten. Sie mahnen: Tue kein Übel, denn sonst mußt du mit einem Übeltäter zusammenleben. In den späteren Dialogen (*Sophistes* und *Theaitetos*) erörtert Plato diesen sokratischen Umgang des Ich mit sich selbst und definiert das Denken als den lautlosen Dialog zwischen mir und mir selbst; existentiell betrachtet, ist es bei diesem wie bei jedem Gespräch erforderlich, daß die Gesprächspartner miteinander befreundet sind. Die Gültigkeit der sokratischen Lehrsätze hängt von der inneren Beschaffenheit desjenigen ab, der sie äußert, und desjenigen, an den sie gerichtet werden. Sie leuchten dem Menschen von selbst ein, insofern er ein denkendes Wesen ist; für diejenigen, die nicht denken, die nicht mit sich selbst Umgang pflegen, sind sie nicht zwingend evident, geschweige denn beweisbar.[23] Diese Menschen – und sie sind die »Menge« – können Plato zufolge nur dadurch ein ernsthaftes Interesse an sich selbst gewinnen, daß sie an ein mythisches Jenseits mit Lohn und Strafe glauben.

Also ist der springende Punkt aller Gewissensvorschriften das Interesse am eigenen Selbst. Diese Vorschriften bedeuten dem Menschen: Hüte dich davor, irgend etwas zu tun, mit dem du dann nicht leben kannst. Mit der gleichen Begründung betonte Camus »die Notwendigkeit für das Widerstand leistende Individuum, *aus Gründen des eigenen Befindens und Wohlergehens* die Ungerechtigkeit zu bekämpfen«[24]. Die politischen und juristischen Schwierigkeiten einer solchen Rechtfertigung sind zwiefacher Art. Zum einen kann sie nicht verallgemeinert werden; um ihre Gültigkeit zu bewahren, muß sie subjektiv bleiben. Womit ich nicht leben kann, das mag das Gewissen eines anderen nicht stören. Im Endeffekt steht Gewissen gegen Gewissen: »Wenn der Entschluß, gegen das Gesetz zu verstoßen, wirklich vom Gewissen des einzelnen abhinge, dann läßt sich, juristisch betrachtet, schwerlich feststellen, inwiefern Dr. King besser dasteht als Gouverneur Ross Barnett von Mississippi, der ebenfalls fest von seiner Sache überzeugt und bereit war, ihretwegen ins Gefängnis zu gehen.«[25] Die zweite und möglicherweise noch ernstere Schwierigkeit besteht darin, daß das Gewissen, sofern wir es nicht metaphysisch definieren, nicht nur die angeborene Fähigkeit des Menschen, Recht von Unrecht zu unterscheiden, voraussetzt, sondern das Interesse des Menschen an sich selbst, denn die Verpflichtung zu einem bestimmten Verhalten kommt allein aufgrund dieses Interesses zustande. Und dieses Selbst-Interesse kann kaum als selbstverständlich vorausgesetzt werden. Obzwar wir wissen, daß Menschen zum Denken und zum Umgang mit sich selbst fähig sind, wissen wir nicht, wie viele sich den Luxus dieses ziemlich uneinträglichen Geschäfts leisten. Wir können nur feststellen, daß die Gewohnheit, über das, was man tut, nachzudenken und zu reflektieren, unabhängig vom gesellschaftlichen Status, vom Bildungsstand oder vom intellektuellen Rang des einzelnen ist. In dieser wie in so vieler anderer Hinsicht sind der »gute Mensch« und der »gute Bürger« keineswegs identisch, nicht nur im aristotelischen Sinne. Gute Menschen werden erst in Notsituationen erkennbar, in denen sie plötzlich wie aus dem Nichts in allen Gesellschaftsschichten auftauchen. Der gute Bürger muß dagegen auffällig in Erscheinung treten; ihn kann man studieren und kommt zu der nicht gerade tröstlichen Erkenntnis, daß er einer kleinen Minderheit angehört: In der Regel ist er gebildet und kommt aus den oberen Gesellschaftsklassen.[26]

Das ganze Problem, welches politische Gewicht moralischen Entscheidungen – Entscheidungen, die »in foro conscientiae« getroffen werden – beigemessen werden soll, wurde erheblich kompliziert durch die ursprünglich religiösen und später verweltlichten Bedeutungsassoziationen, die der Ausdruck »Gewissen« unter dem Einfluß der christlichen Philosophie annahm. Wenn wir heute das Wort Gewissen in moralischen wie in rechtlichen Zusammenhängen verwenden, ist in dieser Redeweise eine ständige Anwesenheit des Gewissen in uns unterstellt, so als ob es mit dem Bewußtsein identisch wäre. (In der Tat kannte die Sprache lange Zeit keine Unterscheidung zwischen den beiden Begriffen, und in manchen Sprachen, z. B. in der französischen, hat die Trennung zwischen Bewußtsein und Gewissen niemals stattgefunden.) Die Stimme des Gewissens war die Stimme Gottes und verkündete das göttliche Gesetz, ehe sie zum »lumen naturale« wurde, das die Menschen über ein höheres Gesetz informierte. Als Stimme Gottes schrieb das Gewissen den Menschen positive Regeln vor, deren Gültigkeit auf dem Gebot beruhte, Gott mehr zu gehorchen als den Menschen. Dieses Gebot war objektiv verbindlich, ohne jeden Bezug auf menschliche Institutionen und konnte, wie in der Reformation, sogar gegen die vorgeblich von Gott erleuchtete Kirche gewendet werden. In modernen Ohren muß dies wie »Selbstermächtigung« klingen, die »an Blasphemie grenzt«, denn dies ist der anmaßende Anspruch, den Willen Gottes zu kennen und seiner letztendlichen Billigung gewiß zu sein.[27] Völlig anders klang es dem Gläubigen, der an einen Schöpfer glaubte, welcher sich der einzigen nach seinem Bild erschaffenen Kreatur offenbart hatte. Doch die anarchische Natur göttlich erleuchteter Gewissensentscheidungen, die in den Anfängen des Christentums besonders deutlich hervortrat, kann man nicht leugnen.

Das Gesetz erkannte deshalb – verhältnismäßig spät und keinesfalls in allen Ländern – religiös motivierte Kriegsdienstverweigerer an, jedoch nur, wenn diese sich auf dasselbe göttliche Gesetz beriefen wie eine anerkannte religiöse Gemeinschaft, die von einem christlich geprägten Gemeinwesen schwerlich ignoriert werden konnte. Die derzeitige tiefe Krise der Kirchen sowie die wachsende Zahl der Verweigerer, die, auch wenn sie ihre Gewissensentscheidung religiös begründen, behaupten, keinerlei Beziehung zu religiösen Institutionen zu haben, haben daher zu großen Schwierigkeiten geführt. Diese Schwierigkeiten wird man kaum dadurch beseitigen können, daß man sich einer Strafe unterwirft, anstatt an ein öffentlich anerkanntes und religiös sanktioniertes höheres Gesetz zu appellieren. »Die Idee, daß die Verbüßung einer Strafe die Gesetzesverletzung rechtfertige, leitet sich nicht von Gandhi und der Tradition des zivilen Ungehorsams her, sondern von Oliver Wendell Holmes und der Tradition des Rechtsrealismus ... Auf dem Gebiet des Strafrechts ... ist eine solche Doktrin ... offensichtlich absurd. Die Annahme ist unsinnig, daß Mord, Vergewaltigung oder Brandstiftung gerechtfertigt seien, wenn man nur die Strafe bereitwillig verbüße.«[28] Es ist höchst bedauerlich, daß in den Augen vieler Leute ein »Element der Selbstaufopferung« als der beste Beweis für die »Intensität des inneren Engagements«[29], die »Ernsthaftigkeit des Verweigerers und seine Gesetzestreue«[30] gilt, denn besessener Fanatismus ist zumeist ein Kennzeichen von Übergeschnappten und verunmöglicht in jedem Fall eine rationale, sachbezogene Diskussion.

Außerdem gibt es einen gewaltigen Unterschied zwischen dem Gewissen eines Gläubigen, der auf die Stimme Gottes hört oder den Geboten des »lumen naturale« folgt, und dem strikt säkularen Gewissen – jenem Sich-selbst-Kennen und Mit-sich-selbst-Sprechen, welches Cicero zufolge besser als tausend Zeugen von Taten Zeugnis ablegt, die sonst für immer vergessen blieben. Es ist eben jenes Gewissen, das in Richard III. auf so großartige Weise zum Ausdruck kommt. »Es macht einen nur voller Schwierigkeiten«; das Gewissen begleitet den König nicht ständig, sondern es lauert ihm auf, wenn er allein ist; es verliert seine Macht über ihn, wenn die Mitternachtsstunde vorüber ist und er wieder unter seinesgleichen weilt. Erst dann, wenn er nicht mehr mit sich allein ist, sagt er: »Gewissen ist ein Wort für Feige nur / Zum Einhalt für den Starken erst erdacht.« Die Furcht davor, mit sich selbst allein zu sein und vor sich selbst Rechenschaft ablegen zu müssen, kann einen Menschen erfolgreich von einer bösen Tat abhalten; diese Furcht übt jedoch ihrem Wesen nach keine Überzeugungskraft auf andere aus.

Zweifellos kann selbst diese Form der Verweigerung aus Gewissensgründen politische Bedeutung erlangen, und zwar dann, wenn eine Reihe von Menschen in ihrem Gewissen übereinstimmen und sich diese Verweigerer entschließen, an die Öffentlichkeit zu gehen und sich dort Gehör zu schaffen. Dann jedoch haben wir es nicht mehr mit Einzelpersonen oder mit einem Phänomen zu tun, das im Sinne von Thoreau oder Sokrates beurteilt werden kann. Was »in foro conscientiae« beschlossen worden war, ist nun Teil der öffentlichen Meinung geworden, und wenn diese spezifische Gruppe, die den zivilen Ungehorsam praktiziert, sich auch auf ihre ursprüngliche Rechtfertigungsinstanz – das Gewissen – berufen mag, so verlassen sich ihre Mitglieder in Wirklichkeit nicht mehr allein auf sich selbst. Auf dem Forum der Öffentlichkeit werden die Stimmen des Gewissens und die Weisheit des Philosophen von einem ganz ähnlichen Schicksal ereilt: Aus ihnen werden Meinungen, die sich von anderen Meinungen nicht unterscheiden lassen. Und die Macht einer Meinung ist nicht vom Gewissen, sondern von der Zahl derer abhängig, die sie teilen: »Die einstimmige Übereinkunft, daß ›X‹ ein Übel sei ... macht die Annahme glaubwürdiger, daß ›X‹ ein Übel *ist*.«[31]

II

Ungehorsam gegen das Gesetz auf zivile wie auf kriminelle Art ist nicht nur in Amerika, sondern in vielen anderen Teilen der Welt in jüngster Zeit zu einer Massenerscheinung geworden. Das Phänomen des weltweiten Zerfalls etablierter Autorität, sei sie religiös oder säkular, sozial oder politisch, könnte eines Tages als das herausragende Ereignis des letzten Jahrzehnts festgehalten werden. In der Tat »scheinen die Gesetze ihre Macht eingebüßt zu haben«.[32] Von außen und aus historischer Perspektive betrachtet, ist schwerlich eine deutlichere Schrift an der Wand, ein eindeutigerer Hinweis auf die innere Instabilität und die Angreifbarkeit bestehender Regierungssysteme und Rechtsordnungen vorstellbar. Wenn die Geschichte uns irgend etwas über die Ursachen von Revolutionen lehrt – man kann zwar nicht viel aus der Geschichte lernen, aber immer noch beträchtlich mehr, als sozialwissenschaftliche Theorien bereithalten –, dann das, daß einer Revolution die Desintegration des politischen Systems vorausgeht, daß das bezeichnende Symptom dieser Desintegration die fortschreitende Aushöhlung der Autorität einer Regierung ist. Und daß diese Aushöhlung wiederum eine Folge des Umstandes ist, daß die Regierung ihre Funktion nicht recht erfüllt, was bei den Bürgern Zweifel an ihrer Legitimität aufkommen läßt. Diesen Zustand nannten die Marxisten eine »revolutionäre Situation« – die natürlich in den meisten Fällen nicht zum Ausbruch einer Revolution führte.

In unserem Zusammenhang ist die ernstzunehmende Gefährdung der Rechtsprechung in den Vereinigten Staaten ein einschlägiges Beispiel. Die Klage über die »krebsartige Zunahme von Rechtsbrüchen«[33] wird erst vor dem Hintergrund der Tatsache verständlich, daß die vollziehende Gewalt schon seit vielen Jahren nicht mehr in der Lage ist, das Einhalten der Gesetze gegen Drogenhandel, Einbruch und Raubüberfall zu erzwingen. In Anbetracht der Tatsache, daß bei diesen Delikten die Chancen des Straftäters, nicht gefaßt zu werden, besser als neun zu eins stehen und daß nur einer von hundert jemals ins Gefängnis kommt, gibt es allen Grund, sich darüber zu wundern, daß diese Formen der Kriminalität nicht noch ein viel schlimmeres Ausmaß angenommen haben. (Nach dem 1967 erschienenen Bericht der vom Präsidenten eingesetzten »Commission on Law Enforcement and Administration of Justice« werden »weit mehr als die Hälfte aller Straftaten nie der Polizei angezeigt«, und »weniger als ein Viertel der tatsächlichen Anzeigen führt zu einer Verhaftung. Die Verfahren gegen fast die Hälfte aller Verhafteten werden eingestellt.«[34]) Es ist, als ob wir in einem landesweiten Experiment begriffen wären, um die Zahl der potentiellen Kriminellen zu ermitteln, die es in einer bestimmten Gesellschaft gibt, das heißt die Zahl derjenigen, die nur durch die Abschreckungskraft des Gesetzes von Straftaten abgehalten werden. Das Ergebnis mag diejenigen entmutigen, die alle kriminellen Regungen als anormales Verhalten ansehen, will heißen als Regungen von Geisteskranken, die unter krankheitsbedingtem Zwang handeln. Die simple und ziemlich erschreckende Wahrheit ist, daß unter Verhältnissen rechtlicher und sozialer Permissivität ein unerhört kriminelles Verhalten von Menschen zutage tritt, die unter normalen Umständen möglicherweise von solchen Taten geträumt, sie aber nie ernsthaft in Erwägung gezogen hätten.[35]

In der heutigen Gesellschaft brauchen weder potentielle Rechtsbrecher (d. h. unorganisierte Kriminelle, die nicht als Profis handeln) noch gesetzesfürchtige Staatsbürger sorgfältig ausgearbeitete Studien, um erkennen zu können, daß kriminelle Handlungen wahrscheinlich, sprich voraussagbar, keinerlei juristische Konsequenzen nach sich ziehen. Zu unserem Leidwesen haben wir gelernt, daß das organisierte Verbrechen weniger zu fürchten ist als die nichtprofessionellen Gangster, die zugreifen, sobald sich eine Gelegenheit ergibt, und mit ihrer »Unbekümmertheit, was die Bestrafung angeht,« völlig recht behalten. Und Forschungsprojekte über das »Vertrauen der Öffentlichkeit in die amerikanische Rechtsprechung« ändern weder an diesem Zustand etwas, noch tragen sie zu einer Klärung bei.[36] Was uns zu schaffen macht, ist nicht der juristische Verfahrensweg, sondern die einfache Tatsache, daß kriminelle Handlungen gewöhnlich keine rechtlichen Konsequenzen haben, daß also ein Verfahren erst gar nicht stattfindet. Andererseits muß man sich fragen, was passierte, wenn die Polizeigewalt in angemessenem Umfang wiederhergestellt wäre und 60 bis 70 Prozent aller kriminellen Vergehen ordnungsgemäß zur Verhaftung und Aburteilung führten. Bestehen irgendwelche Zweifel daran, daß dies zum Zusammenbruch der ohnehin katastrophal überstrapazierten Gerichte und zu recht erschreckenden Konsequenzen für das genauso überlastete Gefängniswesen führen müßte? Das Erschreckende an der gegenwärtigen Situation ist nicht nur das Versagen der Polizeigewalt an und für sich, sondern auch der Umstand, daß eine radikale Behebung dieser Misere katastrophale Auswirkungen auf die anderen, ebenso wichtigen Bereiche der Rechtspflege hätte.

Als Antwort auf diese und ähnliche offenkundige Debakel der öffentlichen Dienstleistungen wartet die Regierung unbeirrt mit der Einrichtung von wissenschaftlichen Kommissionen auf, deren phantastische Vermehrung in den letzten Jahren die Vereinigten Staaten wahrscheinlich zum am meisten erforschten Land der Erde gemacht hat. Zweifelsohne gelangen diese Kommissionen oft zu vernünftigen Empfehlungen, nachdem sie viel Zeit und Geld aufgewandt haben, um herauszufinden, daß »je ärmer die Menschen sind, desto eher leiden sie an Unterernährung« (ein Geistesblitz, der es sogar zum Zitat des Tages in der *New York Times*[37] brachte). Diesen Empfehlungen folgen aber selten Taten, sondern sie werden ihrerseits wiederum Gegenstand neuer Untersuchungen. Der gemeinsame Nenner aller Kommissionen besteht in dem verzweifelten Versuch, etwas über die »tieferen Ursachen« des jeweiligen Problems herauszufinden – besonders wenn es sich dabei um die Frage der Gewalttätigkeit handelt. Da tiefere Ursachen per definitionem aber im verborgenen liegen, kommt bei derlei Teamforschung allzuoft nichts anderes heraus als Hypothesen und unbewiesene Theorien. Die einzige Wirkung solcher Unterfangen besteht darin, daß Forschung zum Handlungsersatz geworden ist und daß die »tieferen Ursachen« die offenkundigen überwuchern, welche häufig von derart simpler Natur sind, daß man von keinem »seriösen« und »gelehrten« Menschen verlangen kann, daß er ihnen seine Aufmerksamkeit widmet. Sicherlich hat man, wenn man Mittel zur Abhilfe offenkundiger Mängel herausgefunden hat, noch keine Garantie für die Lösung des Problems, doch diese Mängel außer acht zu lassen hieße, daß das Problem noch nicht einmal hinreichend definiert wäre.[38] Forschung ist zu einer Technik geworden, den Dingen auszuweichen, und dies verbessert den ohnehin angeschlagenen Ruf der Wissenschaft sicherlich nicht.

Da Ungehorsam und Mißachtung von Autorität zu so allgemeinen Kennzeichen unserer Zeit geworden sind, liegt die Versuchung nahe, den zivilen Ungehorsam als bloßen Sonderfall zu betrachten. Vom Standpunkt des Juristen aus wird das Gesetz dadurch um nichts weniger verletzt, daß es in einem Akt zivilen Ungehorsams gebrochen wird und nicht durch ein kriminelles Vergehen. Es ist daher verständlich, daß manche Leute, insbesondere Rechtsanwälte, den zivilen Ungehorsam, der ja in aller Öffentlichkeit praktiziert wird, für die Wurzel der ganzen Skala von Verbrechen halten,[39] und Argumente oder Beweise für das Gegenteil fruchten hier nichts. Der Beweis dafür, »daß Akte des zivilen Ungehorsams … die Neigung zum Verbrechen begünstigen«, ist nicht nur »unzureichend«, sondern nicht vorhanden.[40] Es trifft zwar zu, daß radikale Bewegungen und gewiß Revolutionen kriminelle Elemente anziehen, doch es wäre weder korrekt noch klug, beides gleichzusetzen; Kriminelle sind nämlich für eine politische Bewegung ebenso gefährlich wie für die gesamte Gesellschaft. Mehr noch, wiewohl man zivilen Ungehorsam als Anzeichen eines bedeutsamen Verlustes der Gesetzesautorität ansehen kann (jedoch kaum als dessen Ursache), so ist krimineller Ungehorsam nichts anderes als die zwangsläufige Konsequenz eines katastrophalen Kompetenz- und Machtzerfalls der Polizei. Vorschläge, die »kriminelle Geistestätigkeit« mittels Rorschachtests oder mit Hilfe nachrichtendienstlicher Mittel zu untersuchen, hören sich zwar finster an, sind aber gleichfalls bloß Ausweichtechniken. Eine endlose Flut ausgeklügelter Hypothesen über den Kriminellen und seine Geistestätigkeit, diese am wenigsten faßbare aller menschlichen Fähigkeiten, begräbt die handfeste Tatsache unter sich, daß niemand in der Lage ist, seiner physisch habhaft zu werden. Ebenso wird durch die hypothetische Annahme, es gäbe bei der Polizei »latente negative Einstellungen«, deren offensichtlich negative Leistungsbilanz bei der Ermittlung von Straftätern verschleiert.[41]

Ziviler Ungehorsam entsteht, wenn eine bedeutende Anzahl von Staatsbürgern zu der Überzeugung gelangt ist, daß entweder die herkömmlichen Wege der Veränderung nicht mehr offenstehen beziehungsweise auf Beschwerden nicht gehört und eingegangen wird oder daß im Gegenteil die Regierung dabei ist, ihrerseits Änderungen anzustreben, und dann beharrlich auf einem Kurs bleibt, dessen Gesetz- und Verfassungsmäßigkeit schwerwiegende Zweifel aufwirft. Dafür gibt es zahlreiche Beispiele: den nicht-erklärten Krieg in Vietnam, der nun schon ins siebte Jahr geht; den wachsenden Einfluß der Geheimdienste auf öffentliche Vorgänge; die offenen beziehungsweise kaum verhüllten Angriffe auf die Freiheiten, die im Ersten Verfassungszusatz garantiert sind; die Versuche, den Senat seiner verfassungsmäßigen Machtstellung zu berauben, welchen die in offener Mißachtung der Verfassung vom Präsidenten befohlene Invasion Kambodschas folgte (denn die Verfassung schreibt ausdrücklich vor, daß ein Krieg nicht ohne Zustimmung des Kongresses geführt werden darf); ganz zu schweigen von der noch verhängnisvolleren Bemerkung des Vizepräsidenten, Verweigerer und Andersdenkende seien »Geier und Parasiten, von denen sich unsere Gesellschaft unbeschadet trennen kann, wobei wir genausowenig Bedauern verspüren wie beim Aussortieren fauler Äpfel« – eine Bemerkung, die nicht nur die Gesetze der Vereinigten Staaten, sondern jede Rechtsordnung in Frage stellt.[42] Mit anderen Worten, ziviler Ungehorsam kann auf eine notwendige und wünschenswerte Veränderung oder auf die notwendige und wünschenswerte Erhaltung oder Wiederherstellung des Status quo ausgerichtet sein – auf die Erhaltung verfassungsmäßiger Rechte oder auf die Wiederherstellung des richtigen Machtgleichgewichts innerhalb des Regierungssystems, einer Balance, die sowohl durch die Exekutive als auch durch das enorme Anwachsen der Bundesgewalt auf Kosten der Einzelstaatsrechte gefährdet ist. In keinem der beiden Fälle kann ziviler mit kriminellem Ungehorsam gleichgesetzt werden.

Es gibt einen ungeheuren Unterschied zwischen dem Kriminellen, der das Licht der Öffentlichkeit scheut, und dem zivilen Gehorsamsverweigerer, der in offener Herausforderung das Gesetz in seine eigenen Hände nimmt. Dieser Unterschied zwischen offener Übertretung des Gesetzes, die vor aller Augen geschieht, und dem geheimen Rechtsbruch liegt so klar auf der Hand, daß er nur aufgrund vorgefaßter Meinung oder bösen Willens übersehen werden kann. Dieser Unterschied wird inzwischen von allen seriösen Autoren, die sich mit dem Thema befassen, anerkannt und ist eindeutig die Hauptbedingung für alle Ansätze, bei denen argumentiert wird, daß ziviler Ungehorsam mit der Verfassung und mit den Institutionen des amerikanischen Regierungssystem vereinbar ist. Wohlgemerkt, der gewöhnliche Rechtsbrecher handelt, selbst wenn er einer kriminellen Organisation angehört, ausschließlich im eigenen Interesse; er lehnt es ab, sich dem Konsens aller anderen zu unterwerfen, und beugt sich nur der Gewalt der Vollstrekkungsorgane. Der zivile Gehorsamsverweigerer handelt jedoch, auch wenn er zumeist gegen eine Mehrheit opponiert, im Namen und um einer Gruppe willen. Er stellt sich mit einer grundsätzlichen Haltung gegen das Gesetz und gegen die feststehenden Autoritäten, und nicht etwa, weil er für sich als einzelner eine Ausnahme machen und dabei nicht ertappt werden möchte. Wenn die Gruppe, der er angehört, der Zahl und dem Ansehen nach bedeutend genug ist, ist man versucht, ihn als Mitglied einer »concurrent majority« (mitlaufenden Mehrheit) einzustufen, wie der von John C. Calhoun geprägte Begriff für Teile der Bevölkerung lautet, die sich in ihrer abweichenden Einstellung einig sind. Dieser Begriff ist leider durch rassistische und für die Sklaverei votierende Argumente belastet und bezieht sich in *A Disquisition on Government*, wo er vorkommt, nur auf Interessen, nicht auf Meinungen und Überzeugungen von Minderheiten, die sich von »herrschenden Mehrheiten« bedroht fühlen. Was wir festhalten wollen ist, daß es sich hier um organisierte Minderheiten handelt, die nicht allein ihrer Zahl wegen, sondern wegen der Qualität ihrer Meinung zu wichtig sind, als daß wir sie einfach außer acht lassen könnten. Calhoun war sicherlich im Recht, als er behauptete, daß in Fragen von großer nationaler Bedeutung das »Mitlaufen oder Sichfügen der verschiedenen Teile des Gemeinwesens« eine Voraussetzung verfassungsmäßiger Regierung sei.[43] Wer unfolgsame Minderheiten für Rebellen und Verräter hält, verstößt gegen Buchstaben und Geist der amerikanischen Verfassung, deren Schöpfer sich der Gefahren einer zügellosen Mehrheitsherrschaft besonders bewußt waren.

Von allen Mitteln, derer sich die Akteure des zivilen Ungehorsams bei der Überzeugung anderer und bei der Darstellung ihrer Sache bedienen mögen, rechtfertigt nur eines ihre Bezeichnung als »Rebellen«: das Mittel der Gewalt. Also gilt Gewaltlosigkeit gemeinhin als das zweite notwendige Wesensmerkmal des zivilen Ungehorsams, woraus folgt, daß »ziviler Ungehorsam nicht Revolution heißt ... Im Gegensatz zum Revolutionär akzeptiert der zivile Gehorsamsverweigerer den Rahmen der bestehenden Autorität und die generelle Rechtmäßigkeit der Rechtsordnung«.[44] Jedoch bereitet diese letztere Unterscheidung zwischen Revolutionär und Gehorsamsverweigerer, wenn man sie aufrechterhalten will, größere Schwierigkeiten als die Unterscheidung zwischen zivilem Ungehorsam und Kriminalität. Der Gehorsamsverweigerer teilt mit dem Revolutionär den Wunsch, »die Welt zu verändern«, und auch die von ihm angestrebten Veränderungen können wirklich drastischer Art sein – wie beispielsweise im Falle Gandhis, der in diesem Zusammenhang immer als das große Beispiel für Gewaltlosigkeit herangezogen wird. (Erkannte Gandhi den »Rahmen der bestehenden Autorität«, also die britische Herrschaft in Indien, an? Respektierte er die »generelle Rechtmäßigkeit der Rechtsordnung« in der Kolonie?)

»Die Dinge dieser Welt befinden sich ständig in einem derartigen Fluß, daß nichts lange im selben Zustand bleibt.«[45] Wenn dieser von Locke vor circa dreihundert Jahren geschriebene Satz von heute stammte, klänge er wie die Untertreibung des Jahrhunderts. Dennoch mag er uns daran erinnern, daß Veränderung kein ausschließlich modernes Phänomen ist, sondern schon immer zu der von Menschen bewohnten und eingerichteten Welt gehörte. Man kommt als Fremder und als Neuankömmling (νέοι, die Neuen, wie die Griechen die Jungen nannten) in sie hinein und verläßt sie gerade dann, wenn man die Kenntnis und die Vertrautheit erworben hat, die es einem in bestimmten seltenen Situationen ermöglichen, über Lebenserfahrung zu verfügen, also »weise« zu sein. »Weise« haben verschiedenartige und manchmal bedeutende Rollen in der menschlichen Geschichte gespielt, aber eigentlich hat es sich dabei immer um Alte gehandelt, die kurz davor standen, aus dieser Welt zu entschwinden. Ihre in unmittelbarer Nähe zur Abreise erworbene Weisheit kann eine Welt, die dem ständigen Ansturm der Unerfahrenheit und »Narrheit« von Neuankömmlingen ausgesetzt ist, nicht regieren, und ohne diese in gegenseitiger Beziehung stehenden Bedingungen von Gebürtlichkeit und Sterblichkeit, die den Wandel garantieren und die Herrschaft der Weisheit unmöglich machen, wäre die Menschheit vermutlich längst aufgrund unerträglicher Langeweile ausgestorben.

Veränderung ist ein fester Bestandteil der »condition humaine«, die Geschwindigkeit, mit der sie vonstatten geht, hingegen nicht. Sie variiert stark, je nach Land und Jahrhundert. Im Vergleich zum Kommen und Gehen der Geschlechter fließt das Weltgeschehen so langsam, daß die Welt den kommenden, verbleibenden und scheidenden Menschen eine annähernd stabile Heimstatt bietet. Wenigstens verhielt es sich so über Tausende von Jahren hinweg – einschließlich der ersten Jahrhunderte des modernen Zeitalters, als erstmals und im Namen des Fortschritts die Vorstellung von der Veränderung um der Veränderung willen auftauchte. Unser Jahrhundert ist vielleicht das erste, in welchem der Wandel der Bewohner im Tempo weit hinter der raschen Veränderung der Dinge dieser Welt hinterherhinkt. (Ein alarmierendes Symptom dieser Verkehrung ist die ständig schrumpfende Zeitspanne zwischen den Generationen. Traditionell machten drei bis vier Generationen ein Jahrhundert aus, wenn man als Maßstab die »natürliche« Generationskluft zwischen Vätern und Söhnen nahm, wohingegen wir jetzt an einem Punkt angelangt sind, an dem vier oder fünf Jahre Altersunterschied genügen, um daraus einen Generationsunterschied werden zu lassen.) Doch selbst angesichts der außergewöhnlichen Verhältnisse des zwanzigsten Jahrhunderts, mit denen verglichen sich die Marxsche Forderung nach Veränderung der Welt wie die Aufforderung, Eulen nach Athen zu tragen, ausnimmt –, selbst angesichts dieser Verhältnisse kann man kaum behaupten, daß der Mensch über dem Appetit auf Veränderung sein Bedürfnis nach Stabilität eingebüßt hat. Es ist allgemein bekannt, daß der radikalste Revolutionär am ersten Tag nach der Revolution zum Konservativen wird. Offensichtlich verfügt der Mensch weder zur Veränderung noch zur Erhaltung eines Zustands über unbegrenzte Fähigkeiten, wobei das erstere Bestreben durch die Verlängerung der Vergangenheit in die Gegenwart eingeschränkt – kein Mensch beginnt ab ovo – und letzteres durch die Unvorhersehbarkeit der Zukunft begrenzt wird. Der Drang des Menschen nach Veränderung und sein Bedürfnis nach Stabilität haben sich immer wechselseitig eingeschränkt und die Waage gehalten, und unser heutiger Sprachgebrauch, der zwischen zwei Fraktionen, den Progressiven und den Konservativen, unterscheidet, weist auf einen Zustand hin, in welchem dieses Gleichgewicht nicht mehr funktioniert.

Keine Zivilisation – jenes von Menschen geschaffene künstliche Gehäuse für die aufeinanderfolgenden Generationen – wäre jemals ohne einen festumrissenen Rahmen möglich gewesen, innerhalb dessen der Veränderungsprozeß erst statthaben kann. An vorderster Stelle unter den stabilisierenden Faktoren stehen die Rechtsordnungen, von denen unser Leben auf dieser Welt und unser täglicher Umgang miteinander geregelt werden, und diese Rechtsordnungen sind von längerer Dauer als Bräuche, Sitten und Traditionen. Von daher erscheint das Gesetz in einer Zeit rapiden Wandels unvermeidlich als »hemmende Kraft, also als eine negative Beeinträchtigung der Welt, die positive Taten bewundert«.[46] Historisch und geographisch betrachtet gibt es eine Vielfalt solcher Rechtsordnungen, aber eines haben sie alle gemein – und dieser Umstand rechtfertigt, daß wir dasselbe Wort für so verschiedene Phänomene wie die römische *lex*, den griechischen *νόμος*, die hebräische »torah« gebrauchen – der Umstand nämlich, daß sie in der Absicht, Stabilität zu gewährleisten, entworfen worden sind. (Es gibt noch eine weitere generelle Eigenschaft des Gesetzes: daß es nicht universal, sondern territorial gültig oder, wie im Falle des jüdischen Gesetzes, ethnisch begrenzt ist; doch dies braucht uns hier nicht weiter zu beschäftigen. Wo beide Eigenschaften, Stabilität und begrenzte Gültigkeit, fehlen – wo also die sogenannten Gesetze der Geschichte oder der Natur, wie sie vom Staatsoberhaupt ausgelegt werden, eine »Legalität« aufrechterhalten, die sich von einem auf den andern Tag ändern kann und Geltung für die gesamte Menschheit beansprucht –, da haben wir es in Wirklichkeit mit Gesetzlosigkeit zu tun, jedoch nicht mit Anarchie, da die Ordnung mit dem Instrument der Zwangsorganisation aufrechterhalten werden kann. Das Endergebnis besteht jedenfalls darin, daß der gesamte Regierungsapparat kriminell wird, wie wir es von totalitären Regierungssystemen her kennen.)

Aufgrund des beispiellosen Tempos, mit dem sich in unseren Tagen alles ändert und wegen der Herausforderung für die Rechtsordnung, die dieser Wandel mit sich bringt – von seiten der Regierung wie auch von seiten derjenigen, die die Gesetze nicht befolgen –, ist heutzutage die Auffassung weit verbreitet, daß Veränderungen durch die Gesetze herbeigeführt werden können, im Gegensatz zur älteren Auffassung, daß »Rechtshandeln [d. h. Entscheidungen des Obersten Gerichts] Auswirkungen auf die Lebensweise der Bürger haben könne«[47]. Beide Auffassungen scheinen mir von einer irrigen Vorstellung von der Leistungsfähigkeit des Rechts auszugehen. Natürlich kann das Recht Veränderungen, wenn sie einmal vollzogen sind, stabilisieren und legalisieren, doch die Veränderungen an sich sind immer das Ergebnis von Handlungen außerrechtlicher Natur. Zwar bietet die Verfassung eine quasi-legale Möglichkeit, Gesetze durch deren Übertretung in Frage zu stellen, doch abgesehen von der Frage, ob derartige Verstöße als Ungehorsam gelten, hat der Oberste Gerichtshof das Recht, unter den ihm vorgelegten Fällen eine Auswahl zu treffen, und diese Auswahl geschieht unvermeidlich unter dem Einfluß der öffentlichen Meinung. Ein einschlägiges Beispiel dafür bietet die Weigerung des Obersten Gerichtshofs, über die neulich im Bundesstaat Massachusetts verabschiedete Gesetzesvorlage zu verhandeln, welche eine Prüfung der Rechtsmäßigkeit des Vietnamkriegs erzwingen sollte. Ist es nicht offenkundig, daß dieses in der Tat sehr bedeutsame Verfahren das Ergebnis des zivilen Ungehorsams derer war, die Widerstand gegen die Wehrpflicht leisteten, und daß es mit dem Ziel eingeleitet wurde, die Kriegsdienstverweigerung von Militärangehörigen zu legalisieren? Der ganzen Arbeitsgesetzgebung – dem Recht auf Tarifverhandlungen, dem Organisations- und Streikrecht – ging jahrzehntelang der oft gewalttätige Ungehorsam gegen Gesetze voraus, die sich am Ende als völlig überholt erwiesen.

Die Geschichte des Vierzehnten Verfassungszusatzes bietet vielleicht ein besonders lehrreiches Beispiel des Verhältnisses von Gesetz und Veränderung. Mit diesem Zusatz [von 1868] war beabsichtigt worden, den aus dem Bürgerkrieg resultierenden Veränderungen einen verfassungsmäßigen Ausdruck zu verleihen. Diese Veränderungen wurden von den Südstaaten nicht akzeptiert, was dazu führte, daß den Bestimmungen über die Rassengleichheit ungefähr hundert Jahre lang keine Geltung verschafft wurde. Ein noch augenfälligeres Beispiel für die Unfähigkeit des Gesetzes, Veränderungen durchzusetzen, ist der Achtzehnte Verfassungszusatz über die Prohibition, der wieder aufgehoben werden mußte, weil er sich als undurchsetzbar erwies.[48] Der Vierzehnte Zusatz wurde schließlich durch eine Entscheidung des Obersten Gerichtshofs durchgesetzt; es steht jedoch trotz der Argumentation, daß »das Vergehen gegen die Rassendiskriminierungsgesetze von

Einzelstaaten schon immer die eindeutige Pflicht des Obersten Gerichtshofs«[49] gewesen sei, fraglos fest, daß sich die Richter erst nach drastischen Einstellungsänderungen schwarzer und weißer Staatsbürger dazu bewegen ließen. Dieser Gesinnungswandel wurde durch Bürgerrechtsbewegungen herbeigeführt, bei denen es sich eindeutig um Bewegungen des zivilen Ungehorsams gegen Gesetze der Südstaaten handelte. Nicht das Gesetz, sondern ziviler Ungehorsam brachte das »amerikanische Dilemma« ans Licht und zwang die Nation vielleicht zum ersten Mal dazu, das enorme Ausmaß des Verbrechens zur Kenntnis zu nehmen, das nicht einfach Sklaverei heißt, sondern bei dem es sich um eine Form der Leibeigenschaft handelt, die »einzigartig unter allen der Zivilisation bekannten Systemen dieser Art«[50] dasteht. Mit den vielen Segnungen hat das Volk von seinen Vorvätern auch die Verantwortung für dieses Verbrechen geerbt.

III

Wenn man die Verhältnisse unter der Perspektive ihres rapiden Wandels betrachtet, drängt sich die Vermutung auf, daß »dem zivilen Ungehorsam in modernen Demokratien eine ständig wachsende Bedeutung zukommt«[51]. Wenn ziviler Ungehorsam sich tatsächlich als »nicht mehr wegzudenken« erweisen sollte, wie inzwischen viele annehmen, ist die Frage, ob er sich mit dem Recht vereinbaren läßt, von grundsätzlicher Bedeutung; die Antwort darauf könnte sehr wohl darüber entscheiden, ob die Institutionen der Freiheit den Ansturm der Veränderung überstehen werden, ohne daß es zu Revolution und Bürgerkrieg kommt. Die Literatur über dieses Thema neigt dazu, auf der schmalen Grundlage, die sich aus dem Ersten Zusatz zur Verfassung ergibt, für den zivilen Ungehorsam zu plädieren. Dabei räumt man die »Erweiterungsbedürftigkeit« dieses Zusatzes ein und äußert die Hoffnung, »daß künftige Entscheidungen des Obersten Gerichtshofs den Stellenwert dieses Verfassungszusatzes theoretisch neu bestimmen«[52]. Der Erste Zusatz stellt jedoch nur »Rede- und Pressefreiheit« unter eindeutigen Schutz; inwieweit »das Recht des Volkes, sich friedlich zu versammeln und die Regierung bei Beschwerden um Abhilfe zu ersuchen«, auch die Freiheit zu handeln schützt – dies ist hingegen eine kontroverse Frage, die verschieden interpretiert wird. Entscheidungen des Obersten Gerichtshofs zufolge genießt nach dem Ersten Verfassungszusatz »das Verhalten nicht den gleichen Freiraum wie die Rede« und ist »im Gegensatz zur Rede [natürlich] notorisch« beim zivilen Ungehorsam.[53]

Hier jedoch geht es in erster Linie nicht darum, ob und in welchem Umfang ziviler Ungehorsam mit dem Ersten Verfassungszusatz gerechtfertigt werden kann, sondern mit welchem Rechts*begriff* er vereinbar ist. Ich werde im folgenden darlegen, daß ziviler Ungehorsam, obwohl er sich weltweit ausgebreitet und erst in jüngster Zeit die Aufmerksamkeit der Rechts- und Politikwissenschaft in den Vereinigten Staaten auf sich gezogen hat, dem Ursprung und dem Gehalt nach in erster Linie immer noch ein amerikanisches Phänomen ist. Kein anderes Land und keine andere Sprache hat ein eigenes Wort dafür, und die amerikanische Republik ist der einzige Staat, der zumindest eine Chance besitzt, mit diesem Phänomen zurechtzukommen – vielleicht nicht in Übereinstimmung mit dem Wortlaut, wohl aber im Einklang mit dem *Geist* seiner Gesetze. Der Vereinigten Staaten verdanken ihre Entstehung der Amerikanischen Revolution, und die Revolution barg einen neuen, niemals voll ausformulierten Rechtsbegriff in sich, der nicht das Ergebnis einer Theorie war, sondern sich anhand der außergewöhnlichen Erfahrungen der frühen Siedler herausgebildet hatte. Es wäre ein Ereignis ersten Ranges, wenn man in der Verfassung für den zivilen Ungehorsam einen Ort ausmachen könnte – ein Ereignis, das vielleicht nicht weniger bedeutend wäre als die Gründung der »constitutio libertatis« vor fast zweihundert Jahren.

Die moralische Pflicht des Staatsbürgers zum Gehorsam gegen die Gesetze wird traditionell aus der Annahme abgeleitet, daß er ihnen zugestimmt habe oder sein eigener Gesetzgeber gewesen sei; daß unter der Herrschaft des Gesetzes die Menschen keinem fremden Willen untertan seien, sondern nur sich selbst gehorchten – was zum Ergebnis hat, daß jedermann zugleich sein eigener Herr und sein eigener Knecht ist und daß der als charakteristischer Konflikt angesehene Widerstreit zwischen dem Bürger, der sich um das öffentliche Wohl kümmert, und dem Selbst, das sein privates Glück verfolgt, verinnerlicht wird. Darin liegt das Wesen für die Lösung des Pflichtproblems durch Rousseau und Kant, und der Mangel dieser Lösung liegt meines Erachtens darin, daß es hierbei wieder auf das Gewissen ankommt – also auf das Verhältnis von mir und mir selbst.[54] Vom Standpunkt der modernen Politikwissenschaft aus betrachtet, liegt das Problem in der fiktiven Herkunft des Konsenses: »Viele ... schreiben so, als ob es einen Gesellschaftsvertrag oder irgendeine ähnliche Basis für die politische Verpflichtung gäbe, dem Willen der Mehrheit zu gehorchen«, weshalb heute das vorzugsweise gebrauchte Argument lautet: Man muß, wenn man in einer Demokratie lebt, dem Gesetz gehorchen, denn man besitzt ja das Recht zu wählen.[55] Aber gerade diese Behauptung, nämlich daß allgemeines Wahlrecht und freie Wahlen eine ausreichende Grundlage für eine Demokratie und für die Inanspruchnahme öffentlicher Freiheit bieten, ist heute ins Kreuzfeuer der Kritik geraten.

Trotz allem scheint mir der Vorschlag von Eugene Rostow, daß es notwendig sei, über »die moralische Beziehung des Bürgers zur Rechtsordnung *in einer auf Konsens gegründeten Gesellschaft*« nachzudenken, den entscheidenden Punkt zu treffen. Wenn Montesquieu recht hatte – und ich glaube, daß er damit recht hatte –, daß es so etwas wie »den Geist der Gesetze« gibt, der von Land zu Land variiert und je nach Regierungsform verschieden ist, dann können wir sagen, daß Konsens der Geist der amerikanischen Gesetze ist – Konsens nicht in dem sehr alten Sinne der stillschweigenden Einwilligung, die zwischen Herrschaft über willige und Herrschaft über unwillige Untertanen unterschied, sondern im Sinne aktiver Unterstützung und dauerhafter Teilnahme an allen Angelegenheiten von öffentlichem Belang. Theoretisch gesehen galt dieser Konsens als Ergebnis eines Gesellschaftsvertrags, dessen geläufigere Form – der Vertrag zwischen einem Volk und seiner Regierung – sich in der Tat leicht als bloße Fiktion denunzieren ließe. Von einer bloßen Fiktion kann jedoch im vorrevolutionären Lebensabschnitt Amerikas nicht die Rede sein, denn dieser wurde von zahlreichen feierlichen Abkommen und Übereinkünften geprägt, die vom Mayflower Compact bis zum Zusammenschluß der dreizehn Kolonien zu einer Einheit reichen. Als Locke seine Theorie vom Gesellschaftsvertrag formulierte, welche die Ursprünge der zivilisierten Gesellschaft aus dem Naturzustand der Menschen erklären wollte, deutete er in einer Nebenbemerkung an, welches Modell ihm in Wirklichkeit vorschwebte: »Am Anfang war die ganze Welt Amerika.«[56]

Theoretisch kannte und kombinierte das siebzehnte Jahrhundert unter der Bezeichnung »Gesellschaftsvertrag« drei gänzlich verschiedene Arten solcher ursprünglichen Übereinkünfte. *Erstens* gab es das Modell des biblischen Bundes, der zwischen einem Volk als ganzem und seinem Gott geschlossen wurde und mit welchem das Volk seine Zustimmung bekräftigte, all jenen Gesetzen, die ihm von einer allmächtigen Gottheit offenbart wurden, zu gehorchen. Hätte sich diese puritanische Version des Konsenses durchgesetzt, dann hätte sich, wie John Cotton zu Recht bemerkt hat, »eine Theokratie ... als die beste Regierungsform herausgebildet«.[57] Es gab *zweitens* das Hobbessche Modell, dem zufolge jeder einzelne ein Abkommen mit der nun ausschließlich weltlichen Obrigkeit zur Gewährleistung seiner Sicherheit abschließt, wofür er seinerseits auf alle Rechte und auf alle Macht verzichtet. Diesen Ansatz möchte ich die vertikale Version des Gesellschaftsvertrags nennen. Er steht offenkundig im Widerspruch zum amerikanischen Staatsverständnis, weil er für die Regierung ein Machtmonopol im Interesse des Wohls aller Untertanen beansprucht, die ihrerseits weder Rechte noch Macht besitzen, solange ihre körperliche Unversehrtheit gewährleistet ist; die amerikanische Republik beruht dagegen auf der Macht des Volkes – das ist die alte römische »potestas in populo« –, und alle der Regierung gewährte Macht ist delegierte Macht und kann widerrufen werden. Es gab *drittens* Lockes ursprünglichen Gesellschaftsvertrag, der kein Regierungssystem, sondern Gesellschaft im Sinne der lateinischen »societas« hervorbrachte, also eine »Allianz« aller Einzelmitglieder der Gesellschaft, die über ihre Staats- und Regierungsform beschließen, nachdem sie sich wechselseitig einander verpflichtet haben. Diese Auffassung möchte ich die horizontale Version des Gesellschaftsvertrags nennen. Dieser Vertrag begrenzt die Macht jedes einzelnen Mitglieds, läßt aber die Macht der Gesellschaft intakt; die Gesellschaft setzt dann »auf der klaren Grundlage eines ursprünglichen Vertrags zwischen unabhängigen Individuen«[58] eine Regierung ein.

Alle Verträge, alle Pakte und Übereinkünfte beruhen auf Gegenseitigkeit, und der große Vorteil der horizontalen Version des Gesellschaftsvertrags besteht darin, daß diese Gegenseitigkeit jedes Mitglied der Gesellschaft an seinen Mitbürger bindet. Diese horizontale Version ist die einzige Regierungsform, in der die Menschen nicht durch historische Erinnerungen oder durch ethnische Bande miteinander verknüpft sind, wie etwa im Nationalstaat, und auch nicht durch Hobbes' Leviathan, der »alle einschüchtert« und auf diese Weise vereint, sondern durch die Kraft gegenseitiger Versprechen. Nach Lockes Ansicht bedeutet dies, daß die Gesellschaft selbst dann intakt bleibt, wenn »die Regierung aufgelöst wird« oder sie ihren Vertrag mit der Gesellschaft bricht und sich die Herrschaft zur Tyrannei entwickelt. Wenn sich Gesellschaft einmal etabliert hat, dann kann sie, solange sie überhaupt noch existiert, niemals mehr in die Gesetzlosigkeit und Anarchie des ursprünglichen Naturzustands zurückgeworfen werden. Lockes Worten zufolge »kann die Macht, die jeder einzelne der Gesellschaft bei seinem Eintritt übertrug, niemals an die einzelnen zurückfallen, solange die Gesellschaft besteht, sondern sie wird stets bei der Gemeinschaft verbleiben«[59]. Dies war in der Tat eine neue Version der alten »potestas in populo«, denn im Gegensatz zu älteren Theorien des Widerstandsrechts, denen zufolge das Volk nur handeln durfte, »wenn es in Ketten liegt«, besaßen die Menschen jetzt das Recht, das Anketten »zu verhindern«, wie Locke sagt.[60] Als die Unterzeichner der Unabhängigkeitserklärung sich zum Einsatz ihres Lebens, ihres Gutes und der ihnen heiligen Ehre »gegenseitig verpflichteten«, war dies sowohl ein Zug, der die spezifischen amerikanischen Erfahrungen zum Ausdruck brachte, als auch eine Denkweise, die von der Verallgemeinerung und begrifflichen Erfassung dieser Erfahrungen durch Locke geprägt war.

Wenn Konsens bedeutet, daß jeder Bürger des Gemeinwesens dessen freiwilliges Mitglied ist, dann ist (außer im Fall der Naturalisierung) selbstverständlich der Einwand möglich, daß es sich dabei wie im Fall des ursprünglichen Vertrags um eine Fiktion handelt. Dieser Einwand ist zwar rechtlich und historisch korrekt, stimmt aber existentiell und theoretisch nicht. Jeder Mensch wird als Mitglied einer bestimmten Gemeinschaft geboren und kann in ihr nur überleben, wenn er von ihr angenommen wird und sich in ihr heimisch fühlen kann. Die reale Situation eines jeden Neugeborenen enthält implizit eine gewisse Form der Zustimmung, nämlich eine Art Anpassung an die Spielregeln, nach denen in der besonderen Gruppe, der es aufgrund seiner Geburt angehört, das große Welttheater aufgeführt wird. Wir alle leben und überleben durch eine Art *stillschweigenden Konsens*, den man jedoch kaum als freiwilliges Einverständnis bezeichnen kann. Wie können wir das wollen, was sowieso da ist? Doch man könnte in dem Fall von Freiwilligkeit reden, in dem ein Kind in ein Gemeinwesen hineingeboren wird, wo Dissens rechtlich und de facto möglich ist, sobald es erwachsen ist. Dissens schließt Konsens ein und ist das Kennzeichen eines freien Staates; jemand, der weiß, daß er widersprechen kann, weiß auch, daß er gewissermaßen zustimmt, wenn er nicht widerspricht.

Der im Recht auf Dissens eingeschlossene Konsens – Geist des amerikanischen Rechts und Quintessenz des amerikanischen Regierungssystems – ist nichts anderes als die klar zum Ausdruck gebrachte stillschweigende Zustimmung, die dem Gemeinwesen als Gegenleistung dafür, daß es die Neuankömmlinge – jene innere Einwanderung, durch welche es sich beständig erneuert – stillschweigend willkommen heißt, entgegengebracht wird. Aus diesem Blickwinkel betrachtet, ist stiller Konsens keine Fiktion, sondern er eignet der »condition humaine«. Jedoch erstreckt sich der allgemeine stille Konsens – das »schweigende Übereinkommen, eine Art von ›consensus universalis‹«, wie Tocqueville es nannte[61] – nicht auf spezifische Gesetze oder gar eine spezifische Politik, selbst wenn diese sich aus Mehrheitsentscheidungen ergeben.[62] Es wird oft behauptet, daß die Zustimmung zur Verfassung, der »consensus universalis«, auch Zustimmung zu den verabschiedeten Gesetzen mit einschließe, weil das Volk durch seine Vertreter an ihrem Zustandekommen beteiligt gewesen sei. Dieser Konsens ist, wie ich glaube, allerdings völlig fiktiv; jedenfalls hat er unter den gegenwärtigen Umständen jede Glaubwürdigkeit verloren. Das repräsentative Regierungssystem selbst befindet sich gegenwärtig in einer Krise, teilweise, weil es im Lauf der Zeit alle Institutionen, die eine wirkliche Beteiligung der Bürger ermöglichten, eingebüßt hat, und teilweise, weil es inzwischen mit derselben Krankheit geschlagen ist, unter der das Parteiensystem leidet: der Bürokratisierung und der in beiden Parteien vorhandenen Tendenz, niemand außer den eigenen Parteiapparat zu repräsentieren.

Jedenfalls rührt die gegenwärtige Gefahr einer Rebellion in den Vereinigten Staaten nicht vom Dissens oder vom Widerstand gegen bestimmte Gesetze, gegen Verordnungen der Exekutive oder gegen die nationale Politik her; eine Rolle spielt dabei nicht einmal die Anprangerung des »Systems« oder des »Establishments«, in welcher die vertrauten Untertöne von Entrüstung über die laxe Moral hoher Amtsinhaber und die schützende Atmosphäre der Kumpanei um sie herum mitklingen. Womit wir konfrontiert sind, das ist eine hochgradige Verfassungskrise, und diese Krise ist von zwei sehr verschiedenen Faktoren bewirkt worden, deren unglückliches Zusammentreffen sowohl zur besonderen Schärfe als auch zur allgemeinen Verwirrung der Situation geführt hat. Entsprechend der Häufigkeit, mit der die Verfassung von der Regierung in Frage gestellt wird, schwindet bei der Bevölkerung das Vertrauen in die notwendige Verfassungsmäßigkeit politischen Handelns, das heißt, der Konsens wird zurückgenommen; und ungefähr gleichzeitig ist die grundlegende Weigerung bestimmter Bevölkerungsteile, den »consensus universalis« anzuerkennen, offen zutage getreten.

Tocqueville prophezeite vor fast einhundertfünfzig Jahren, daß »das gefährlichste aller Übel, das die Zukunft der Vereinigten Staaten bedroht«, nicht von der Sklaverei herrühre, deren Abschaffung er voraussah, sondern »von der Anwesenheit der Schwarzen auf ihrem Gebiet«[63]. Daß er die Zukunft der Schwarzen und Indianer über mehr als ein Jahrhundert voraussagen konnte, lag an der so einfachen wie erschreckenden Tatsache, daß diese Menschen niemals in den ursprünglichen »consensus universalis« miteingeschlossen waren. Es gab nichts in der Verfassung oder in den Absichtserklärungen ihrer Urheber, was irgendwie als Einbeziehung der Sklavenbevölkerung in die ursprüngliche Übereinkunft hätte gedeutet werden können. Selbst diejenigen, die für eine völlige Emanzipation plädierten, dachten an Rassentrennung oder, vorzugsweise, an Deportation. Dies trifft auf Jefferson zu, der sagte: »Nichts steht mit größerer Sicherheit im Buch des Schicksals geschrieben, als daß diese Menschen frei sein werden; aber es ist auch um kein Deut weniger gewiß, daß diese beiden gleichermaßen freien Rassen nicht im selben Staat werden leben können« – wie auch für Lincoln, der sogar noch 1862, »als eine Abordnung Farbiger ihn aufsuchte ... diese zur Gründung einer Kolonie in Mittelamerika zu überreden«[64] versuchte. Es war die Tragödie der Abolitionisten-Bewegung, die in ihrem Frühstadium ebenfalls Deportation (in diesem Fall nach Liberia) und Kolonisation vorgeschlagen hatte, daß sie nur an das Gewissen des einzelnen und weder an die Verfassung noch an die öffentliche Meinung im Land appellieren konnte. Daraus mag sowohl ihre anti-institutionelle Grundhaltung zu erklären sein als auch ihre abstrakte Moral, mit der sie alle Institutionen als bösartig verdammte, weil diese das Übel der Sklaverei duldeten. Diese Haltung half sicher nicht, jene elementaren humanen Reformen voranzutreiben, durch welche die Sklaven in allen Ländern allmählich in die freie Gesellschaft emanzipiert wurden.[65]

Wir wissen, daß dieses zum Ursprung der Vereinigten Staaten gehörige Verbrechen nicht durch den Vierzehnten und Fünfzehnten Verfassungszusatz aus der Welt geschafft werden konnte; im Gegenteil, der *stillschweigende* Ausschluß der Schwarzen aus dem *stillschweigenden* Konsens trat durch die Unfähigkeit oder die Weigerung der Bundesregierung, ihren eigenen Gesetzen Geltung zu verschaffen, noch deutlicher hervor. Im Lauf der Zeit, als eine Einwanderungswelle nach der anderen ins Land strömte, wurde sogar immer offenkundiger, daß die inzwischen befreiten, im Land geborenen und aufgewachsenen Schwarzen die einzigen waren, auf welche die Worte Bancrofts – »Die Aufnahme durch das Gemeinwesen war von einer nie gekannten Herzlichkeit«[66] – nicht zutrafen. Das Ergebnis ist bekannt, und wir brauchen uns nicht darüber zu wundern, daß auf die gegenwärtigen verspäteten Versuche, die Negerbevölkerung in den ansonsten stillschweigenden »consensus universalis« der Nation aufzunehmen, nicht viel gegeben wird. (Ein expliziter, eigens an die Negerbevölkerung Amerikas gerichteter Verfassungszusatz hätte in den Augen dieser Menschen, die niemals willkommen geheißen worden waren, den großen Wandel eindrücklicher unterstrichen und endgültig besiegelt. Entscheidungen des Obersten Gerichtshofs sind Interpretationen der Verfassung, und zu diesen gehört beispielsweise die Entscheidung im Fall Dred Scott, wo es hieß: »Neger sind und können nicht Staatsbürger im Sinne der Bundesverfassung sein.«[67] Das Versagen des Kongresses, der einen solchen Zusatz nicht vorgelegt hat, tritt um so deutlicher hervor, als sich eine überwältigende Mehrheit für einen Verfassungszusatz zur Aufhebung der bei weitem nicht so schlimmen Diskriminierungspraktiken gegen Frauen entschieden hat.) Jedenfalls werden Integrationsversuche von schwarzen Organisationen oft harsch zurückgewiesen, und eine ganze Reihe ihrer Wortführer kümmert sich wenig um die gewaltlosen Spielregeln des zivilen Ungehorsams und oft auch genausowenig um die Streitfragen, die an der Tagesordnung sind – den Vietnamkrieg, die spezifischen Mängel unserer Institutionen –, weil sie sich in offener Rebellion gegen die amerikanische Gesellschaft als ganze befinden. Ihre Sache vermag zwar extreme Randgruppen des radikalen zivilen Ungehorsams anzuziehen, die ansonsten wohl längst von der Bildfläche verschwunden wären, ihr Instinkt sagt ihnen jedoch, sich sogar von diesen Anhängern zu trennen, war doch diese Gruppe ungeachtet ihres rebellischen Geistes in den ursprünglichen Vertrag, aus dem der stillschweigende »consensus universalis« hervorging, miteingeschlossen.

Im amerikanischen Verständnis des Begriffs gründet Konsens auf der horizontalen Version des Gesellschaftsvertrags und nicht auf Mehrheitsentscheidungen. (Im Gegenteil, die Überlegungen der Verfassungsväter galten zu einem erheblichen Teil den Schutzeinrichtungen für andersdenkende Minderheiten.) Der moralische Gehalt dieses Einverständnisses ähnelt dem moralischen Gehalt aller Übereinkünfte und Verträge und besteht aus der Verpflichtung, den Konsens einzuhalten. Diese Verpflichtung liegt am Grunde jedes Versprechens. Jeder Zusammenschluß von Menschen, sei er sozialer oder politischer Art, verläßt sich letzten Endes auf die menschliche Fähigkeit, Versprechen abzugeben und Versprechen einzuhalten. Die einzige im strengen Sinne moralisch zu nennende Pflicht des Staatsbürgers besteht in dieser zwiefältigen Bereitschaft, mit der er im Hinblick auf sein künftiges Verhalten eine feste Zusicherung abgibt und diese einhält. Diese Bereitschaft ist gewissermaßen die vorpolitische Voraussetzung für alle anderen, spezifisch politischen Tugenden. Der oft zitierte Ausspruch Thoreaus: »Die einzige Verpflichtung, die ich einzugehen berechtigt bin, besteht darin, zu jeder Zeit das zu tun, was ich für richtig halte«, könnte wohl folgendermaßen abgeändert werden: Die einzige Verpflichtung, die ich *als Bürger* einzugehen berechtigt bin, besteht darin, Versprechen zu geben und zu halten.

Versprechen sind die dem Menschen eigentümliche Art, die Zukunft in den Griff zu bekommen, sie in einem menschenmöglichen Ausmaß berechenbar und verläßlich zu machen. Weil aber die Zukunft nie absolut berechenbar ist, werden Versprechen von zwei wesentlichen Beschränkungen relativiert. Wir sind an unsere Versprechen gebunden, vorausgesetzt, daß keine unerwarteten Umstände eintreten, und vorausgesetzt, daß die Gegenseitigkeit, die allen Versprechen zugrunde liegt, aufrechterhalten bleibt. Es gibt eine ganze Reihe von Umständen, die zum Bruch eines Versprechens führen können, wobei in diesem Zusammenhang der allgemeine Umstand, daß sich die Dinge ändern, am wichtigsten ist. Eine Verletzung der jedem Versprechen innewohnenden Gegenseitigkeit kann ebenfalls durch viele Faktoren verursacht werden, wobei der einzig relevante Faktor in unserem Kontext der Umstand ist, daß die bestehenden Machtinstitutionen bei der Aufrechterhaltung der ursprünglichen Bedingungen versagen. Beispiele solchen Versagens gibt es mittlerweile zur Genüge; es gibt den Fall eines »illegalen und unmoralischen Krieges«, das Beispiel des immer ungeduldigeren Machtanspruchs der Exekutive, den Fall chronischer Irreführung in Tateinheit mit vorsätzlichen Angriffen auf die im Ersten Zusatz garantierten Freiheiten, deren hauptsächliche politische Funktion es immer gewesen ist zu verhindern, daß Irreführung zu einem *chronischen* Übel wird, und nicht zuletzt gab es die Fälle, in denen die spezifische Vertrauensstellung der Universitäten, die sie vor politischer Einmischung und gesellschaftlichem Druck schützt (in Form von kriegsorientierter und sonstiger regierungsabhängiger Forschung), verletzt wurde. Was die Auseinandersetzungen über den letztgenannten Fall angeht, stimmen leider die Kritiker und Befürworter dieser mißbräuchlichen Eingriffe in der grundlegend falschen Prämisse überein, daß die Universitäten lediglich »Spiegel der Gesamtgesellschaft« seien. Die treffendste Antwort auf dieses Argument gab der Präsident der Universität Chicago, Edward H. Levi: »Es wird manchmal gesagt, daß die Gesellschaft den Grad von Bildung erreichen wird, den sie verdient. Der Himmel stehe uns bei, wenn dem so ist.«[68]

Der »Geist der Gesetze« ist nach dem Verständnis von Montesquieu das Prinzip, nach welchem in einer bestimmten Rechtsordnung lebende Menschen handeln und handeln wollen. Konsens, der Geist der amerikanischen Gesetze, beruht auf der Vorstellung eines gegenseitig verbindlichen Vertrags von der Art, die zuerst die einzelnen Kolonien und dann die Union hervorbrachte. Ein Vertrag setzt eine Mannigfaltigkeit mit der Mindestzahl zwei voraus, und jede Vereinigung, die nach dem Prinzip des Einverständnisses auf der Basis gegenseitiger Versprechen geschlossen wird und dementsprechend handelt, setzt eine Mannigfaltigkeit voraus, die, ohne sich aufzulösen, die Gestalt einer Union annimmt – »de pluribus unum«. Wenn die einzelnen Mitglieder eines auf dieser Basis gegründeten Gemeinwesens sich entschließen sollten, ihre begrenzte Autonomie aufzugeben und in einer – der »union sacrée« der französischen Nation vergleichbaren – vollständigen Einheit zu verschwinden, dann wäre alles Reden über das *moralische* Verhältnis des Staatsbürgers zum Gesetz bloße Rhetorik.

Konsens und das Recht auf Dissens wurden die das Verhalten prägenden und organisierenden Prinzipien, welche die Einwohner dieses Kontinents die »Kunst, sich zu assoziieren« lehrten, woraus wiederum jene freiwilligen Vereinigungen entsprangen, deren Rolle Tocqueville als erster mit Erstaunen, Bewunderung und einigen Bedenken zur Kenntnis nahm; er sah in ihnen die eigentümliche Stärke des amerikanischen politischen Systems.[69] Die wenigen Kapitel, die er ihnen widmete, sind immer noch bei weitem das Beste in der nicht sehr umfangreichen Literatur zu diesem Thema. Seine einleitenden Worte –

»Amerika ist das Land, in dem man aus dem Verein am meisten Nutzen gezogen hat und wo man dieses Mittel des Handelns auf sehr viel mehr Gegenstände anwendet als anderswo« – haben in den fast einhundertundfünfzig Jahren nichts von ihrer Gültigkeit verloren. Dasselbe gilt für seine Schlußfolgerung, daß »nichts eine größere Aufmerksamkeit (verdient) als die zu geistigen und sittlichen Zwecken gegründeten Vereine Amerikas«. Freiwillige Vereinigungen sind keine Parteien; sie sind Ad-hoc-Organisationen, die kurzfristige Ziele verfolgen und dann wieder verschwinden, wenn das Ziel erreicht ist. Nur dann, wenn diese Versuche dauernd vergeblich sind und es sich um ein sehr bedeutendes Ziel handelt, »bilden sie innerhalb des Volkes eine Art Volk für sich, eine Regierung innerhalb der Regierung«. (Dies passierte 1861, ungefähr dreißig Jahre, nachdem Tocqueville diese Worte geschrieben hatte, und es könnte sich wieder ereignen; daß die Außenpolitik der [Nixon-]Administration durch die Legislative des Staates Massachusetts in Frage gestellt worden ist, ist eine deutliche Vorwarnung.) Leider trifft es unter den Bedingungen einer Massengesellschaft, besonders in den Großstädten, nicht mehr zu, daß der Geist der Vereine »das ganze Tun der Gesellschaft (beherrscht)«. Auch wenn dies zu einem gewissen Rückgang der riesigen Mitgliederzahl geführt hat – zu einem Rückgang der »Babbitts«, der spezifisch amerikanischen Ausgabe des Spießers –, besteht der Preis der vielleicht begrüßenswerten Weigerung, wegen jedes »noch so geringen Vorhabens« Vereine zu gründen, darin, daß offensichtlich die Bereitschaft zum Engagement schwindet. Denn Amerikaner betrachten die Vereinigung immer noch als »das einzige Mittel ihres Handelns« – und dies zu Recht. Die letzten paar Jahre mit ihren oft ganz spontan organisierten Massendemonstrationen in Washington haben gezeigt, in welch unerwartetem Ausmaß die alten Traditionen noch immer lebendig sind. Tocquevilles Bericht liest sich fast wie eine Lagebeschreibung von heute: »Sobald mehrere Bewohner der Vereinigten Staaten ein Gefühl oder einen Gedanken in die Welt tragen wollen« oder einen Mißstand gefunden haben, den sie beheben wollen, »suchen sie einander auf, und wenn sie sich gefunden haben, schließen sie sich zusammen. *Fortan sind sie nicht mehr vereinzelte Menschen, sondern eine weithin sichtbare Macht*, deren Taten als Beispiel dienen und auf deren Worte man hört« (Hervorhebung von mir).

Ich behaupte, daß der zivile Ungehorsam lediglich die neueste Form der freiwilligen Vereinigungen darstellt und von daher ganz im Einklang mit den ältesten Traditionen des Landes steht. Was könnte die Gehorsamsverweigerer besser beschreiben als die Worte Tocquevilles: »Die Bürger, die die Minderheit bilden, verbinden sich in Amerika zuerst, um ihre Zahl festzustellen und dadurch die moralische Herrschaft der Mehrheit zu schwächen«? Allerdings ist es lange her, daß die »zu geistigen und sittlichen Zwecken gegründeten Vereine« unter den freiwilligen Vereinigungen zu finden waren – die, im Gegenteil, nur zum Schutz besonderer Interessen gebildet wurden, zum Schutz von Pressure-groups und der sie in Washington vertretenden Lobbyisten. Ich zweifle nicht daran, daß die Lobbyisten den zweifelhaften Ruf, in dem sie stehen, genauso verdient haben wie die Politiker dieses Landes, die genug dafür getan haben, daß es sich so verhält. Es gilt jedoch festzuhalten, daß auch die Pressure-groups freiwillige Vereinigungen sind und daß sie in Washington anerkannt werden, wo ihr Einfluß so weit reicht, daß man sie eine »Hilfsregierung«[70] nennt. In der Tat wird die Zahl der Kongreßabgeordneten von der Anzahl der registrierten Lobbyisten weit übertroffen.[71] Daß sie öffentlich anerkannt werden, ist keine Bagatellsache, denn eine derartige »Hilfsregierung« war in der Verfassung und deren Erstem Zusatz genausowenig vorgesehen wie die Vereinigungsfreiheit als eine Form der politischen Betätigung.[72]

Zweifellos »geht eine elementare Gefahr vom zivilen Ungehorsam aus«[73], aber sie ist nicht anders und auch nicht größer als die der Vereinigungsfreiheit innewohnenden Gefahren, welche Tocqueville, ungeachtet der Bewunderung, die er für sie hegte, durchaus bewußt waren. (In seiner Besprechung des ersten Bandes von *Über die Demokratie in Amerika* formulierte John Stuart Mill den Kern von Tocquevilles Befürchtungen: »Die Fähigkeit zur kooperativen Verfolgung eines gemeinsamen Ziels, bislang ein monopolisiertes Machtinstrument in den Händen der oberen Klassen, ist jetzt ein äußerst gefährliches Mittel der niederen Klassen geworden.«[74]) Tocqueville wußte, daß »in solchen Vereinigungen oft eine unerträglichere Tyrannei (herrscht) als die, welche in der Gesellschaft im Namen der angegriffenen Regierung ausgeübt wird«. Aber er wußte auch, daß »die Vereinigungsfreiheit (in unserer Zeit) eine notwendige Sicherung gegen die Tyrannei der Mehrheit (darstellt)«, daß »man also eine Gefahr einer noch mehr zu fürchtenden Gefahr (entgegenstellt)«, und schließlich, daß »die Amerikaner durch den Gebrauch einer gefährlichen Freiheit die Gefahren der Freiheit verringern (lernen)«. Jedenfalls muß, »damit die Menschen gesittet bleiben oder es werden, ... sich unter ihnen die Kunst der Vereinigung in dem Grade entwickeln und vervollkommnen, *wie die gesellschaftlichen Bedingungen sich ausgleichen*« (meine Hervorhebung).

Man braucht sich nicht auf den alten Streit über die Herrlichkeiten und die Gefahren der Gleichheit oder über das Gute und das Schlechte an der Demokratie einzulassen, um zu begreifen, daß alle bösen Dämonen losgelassen würden, wenn das ursprüngliche Vertragsmodell der Vereinigungen – das gegenseitige Versprechen unter dem moralischen Imperativ »pacta sunt servanda« – verlorengehen sollte. Unter den heute herrschenden Umständen könnte dies dann eintreten, wenn die betreffenden Gruppierungen (und die ihnen entsprechenden Vereinigungen in anderen Ländern) ideologische Verpflichtungen politischer oder anderer Art an die Stelle der wirklichen Ziele setzen sollten. Wenn eine Vereinigung es nicht mehr vermag oder nicht mehr dazu bereit ist, »die Anstrengungen auseinanderstrebender Geister (zusammenzufassen) und ... sie einem klar umschriebenen Ziel (entgegenzutreiben)« (Tocqueville), hat sie ihre Handlungsfähigkeit verloren. Was die Studentenbewegung, im Augenblick der Hauptexponent des zivilen Ungehorsams, bedroht, sind nicht nur Vandalismus, Gewalttätigkeiten, schlechte Laune und noch schlechtere Manieren, sondern der Sachverhalt, daß die Bewegung zunehmend von Ideologien (Maoismus, Castrismus, Stalinismus, Marxismus-Leninismus und dergleichen) infiziert wird, welche sie als Vereinigung spalten und auflösen.

Ziviler Ungehorsam und freiwillige Vereinigungen sind Phänomene, die andernorts praktisch unbekannt sind. (Die dazugehörige politische Terminologie läßt sich nur sehr schwer übersetzen.) Es ist oft gesagt worden, daß die besondere Begabung des englischen Volkes darin bestünde, sich irgendwie durchzuwursteln, und daß das amerikanische Volk das Talent besäße, theoretische Überlegungen zugunsten pragmatischer Erfahrung und praktischer Betätigung zu ignorieren. Darüber kann man streiten; nicht bestreiten kann man hingegen, daß das Phänomen freiwilliger Vereinigung vernachlässigt worden ist und daß dem Gedanken des zivilen Ungehorsams erst in letzter Zeit gebührend Aufmerksamkeit geschenkt wird. Im Gegensatz zum Kriegsdienstverweigerer ist der zivile Gehorsamsverweigerer Mitglied einer Gruppe, und diese Gruppe ist, ob es uns paßt oder nicht, vom traditionellen Geist der freiwilligen Vereinigung geprägt. Meines Erachtens liegt der größte Fehler der gegenwärtigen Diskussion in der Annahme, wir hätten es mit

Einzelpersonen zu tun, die sich subjektiv und aufgrund ihres Gewissens gegen die Gesetze und Bräuche des Gemeinwesens stellen – eine Annahme, die von Verteidigern wie Kritikern des zivilen Ungehorsams geteilt wird. In Wirklichkeit haben wir es mit organisierten Minderheiten zu tun, die sich, wie sie annehmen, sprachlosen, wenngleich keineswegs »schweigenden« Mehrheiten widersetzen, und es ist, meine ich, unbestreitbar, daß diese Mehrheiten sich unter dem Druck der Minderheiten stimmungs- und meinungsmäßig in einem erstaunlichen Grad gewandelt haben. In dieser Hinsicht ist es vielleicht ungünstig gewesen, daß die Debatten in letzter Zeit bei uns größtenteils von Juristen beherrscht werden – von Rechtsanwälten, Richtern und anderen Männer des Gesetzes –, denn diesen muß es besonders schwerfallen, den Gehorsamverweigerer als Mitglied einer Gruppe anzuerkennen, anstatt in ihm einen einzelnen Rechtsbrecher, also einen potentiellen Angeklagten im Gerichtssaal, zu sehen. Es macht in der Tat die Erhabenheit der Gerichtsverhandlung aus, daß es dabei ausschließlich darum geht, dem einzelnen Gerechtigkeit widerfahren zu lassen, und daß alles andere unberücksichtigt bleibt – zum Beispiel der Zeitgeist oder Meinungen, die der Angeklagte eventuell mit anderen teilt und die er versuchen könnte, vor Gericht vorzubringen. Der einzige vom Gericht anerkannte nichtkriminelle Rechtsbrecher ist der Kriegsdienstverweigerer, und die einzige Gruppenzugehörigkeit, die das Gericht kennt, wird »Konspiration« genannt – was im Falle des zivilen Ungehorsams ein völlig unpassender Vorwurf ist, denn Konspiration erfordert nicht nur, daß man »zusammen atmet«, sondern auch Verschwiegenheit, während ziviler Ungehorsam in aller Öffentlichkeit stattfindet.

Obwohl ziviler Ungehorsam sich mit dem *Geist* der amerikanischen Gesetze verträgt, scheint der Versuch, ihn in das amerikanische Rechtssystem einzugliedern und ihn auf rein gesetzlicher Grundlage zu rechtfertigen, auf unüberwindliche Schwierigkeiten zu stoßen. Diese Schwierigkeiten ergeben sich jedoch aus der Natur des Rechts im allgemeinen, nicht aus dem besonderen Geist des amerikanischen Rechtssystems. Offensichtlich »kann der Rechtsbruch nicht gesetzlich gerechtfertigt werden«, selbst wenn dieser Verstoß in der Absicht begangen wird, der Verletzung eines anderen Gesetzes vorzubeugen.[75] Doch es ist eine völlig andere Frage, ob es nicht möglich wäre, für zivilen Ungehorsam in den Institutionen unseres Regierungssystems einen anerkannten Ort ausfindig zu machen. Dieser politische Ansatz zur Lösung drängt sich nachgerade durch die neuerliche Entscheidung des Obersten Gerichtshofs auf, in Fällen, in denen die »illegalen und verfassungswidrigen« Taten der Regierung im Hinblick auf den Vietnamkrieg angegriffen wurden, keine Berufung zuzulassen. Das Gericht befand, daß diese Fälle unter die sogenannte »political question doctrine« fielen, der zufolge bestimmte Handlungen der beiden anderen Zweige des Regierungssystems, der Legislative und der Exekutive, »nicht von den Gerichten überprüft werden können. Der exakte Status und die genaue Beschaffenheit dieser Doktrin sind sehr umstritten«, und die ganze Doktrin ist als »ein schwelender Vulkan« bezeichnet worden, »der möglicherweise kurz davor steht, seine alte Drohung wahrzumachen, in flammende Kontroverse auszubrechen«[76]. Dagegen gibt es wenig Zweifel an der Beschaffenheit jener Vorgänge, die das Gericht aus seinem Kompetenzbereich ausgrenzt und die daher gesetzlicher Kontrolle entzogen sind. Diese Vorgänge sind durch ihre »Tragweite«[77] gekennzeichnet und durch »eine außergewöhnliche Notwendigkeit, an bereits getroffenen politischen Entscheidungen bedingungslos festzuhalten«[78]. Graham Hughes, dessen ausgezeichneter Untersuchung der »political question doctrine« ich sehr viel verdanke, schließt direkt an, daß »diese Überlegungen ... offensichtlich auf ›inter arma silent leges‹ [darauf, daß die Gesetze schweigen, wenn die Waffen sprechen] hinauslaufen und dadurch den Aphorismus, daß es hier um die Auslegung der Verfassung gehe, in Zweifel ziehen«. Mit anderen Worten, die Doktrin von der politischen Natur eines Vorgangs ist in Wirklichkeit das Schlupfloch, durch welches man das Souveränitätsprinzip und die Doktrin der Staatsräson wieder in ein Regierungssystem hineinläßt, das beide prinzipiell ablehnt.[79] Ganz gleich, welche Theorie herangezogen wird, die Tatsachen lassen erkennen, daß der Oberste Gerichtshof gerade in wichtigen Streitfragen über genausowenig Macht verfügt wie ein internationaler Gerichtshof: Beide sind zur Durchsetzung von Entscheidungen nicht imstande, welche die Interessen souveräner Staaten auf entscheidende Weise beeinträchtigen würden, und beide wissen, daß ihre Autorität von der Umsicht abhängt, mit der sie strittige Fragen nicht aufgreifen und Entscheidungen vermeiden, die nicht durchgesetzt werden können.

Die politische Institutionalisierung des zivilen Ungehorsams könnte das bestmögliche Heilmittel gegen dieses letztendliche Scheitern juristischer Überprüfung sein. Der erste Schritt wäre, den Minderheiten, die den zivilen Ungehorsam praktizieren, die gleiche Anerkennung zu gewähren, die den zahlreichen Interessengruppen (die per definitionem auch Gruppen von Minderheiten sind) im Lande zugestanden wird, und Gruppen des zivilen Ungehorsams auf die gleiche Art wie Pressure-groups zu behandeln, welchen es gestattet ist, über ihre Vertreter – das heißt über registrierte Lobbyisten – den Kongreß mittels Überzeugungsarbeit, Gutachten und Anhängerzahl zu beeinflussen und zu »unterstützen«. Diese Meinungsminderheiten könnten sich auf diese Weise als Macht etablieren, die nicht nur anläßlich von Demonstrationen und anderer Darstellungen ihres Standpunkts »aus der Ferne zu sehen«, sondern ständig präsent wäre und mit der man in den täglichen Regierungsgeschäften rechnen müßte. Der nächste Schritt wäre, öffentlich einzugestehen, daß der Erste Zusatz weder dem Wortlaut noch dem Geist nach das Recht auf freie Vereinigung, wie es tatsächlich in diesem Land ausgeübt wird, vorsieht – ein kostbares Recht, dessen Ausübung faktisch seit Jahrhunderten »in den Bräuchen und Sitten des Volkes verwurzelt« ist (wie Tocqueville bemerkte). Wenn es irgend etwas gibt, das einen neuen Zusatz zur Verfassung und die ganze dazugehörige Mühe rechtfertigt, dann sicherlich dies.

Vielleicht bedurfte es eines Notstandes, um für den zivilen Ungehorsam ein Zuhause nicht nur in unserem politischen Wortschatz, sondern auch in unserem politischen System zu finden. Ein Notstand ist sicherlich gegeben, wenn die traditionellen Institutionen eines Landes nicht mehr richtig funktionieren und unter Autoritätsverlust leiden, und ein derartiger Notstand hat heute in den Vereinigten Staaten die freiwilligen Vereinigungen in zivilen Widerstand verwandelt und den Dissens in Widerstand übergehen lassen. Es ist allgemein bekannt, daß diese Situation eines latenten oder offenen Notstands gegenwärtig – und wohl schon seit einiger Zeit – in weiten Teilen der Welt herrscht; neu daran ist nur, daß dieses Land keine Ausnahme mehr bildet. Ob unsere Regierungsform dieses Jahrhundert überstehen wird, ist so ungewiß wie das Gegenteil. Von Wilson Carey McWilliams stammen die weisen Worte: »Wenn Institutionen versagen, müssen Menschen in die Bresche der politischen Gesellschaft springen, und Menschen sind wie ein Rohr im Winde; sie neigen dazu, in Schlechtigkeiten einzuwilligen, wenn nicht gar, sie zu begehen.«[80] Seitdem der Mayflower Compact unter einer anderen Art von Notstand entworfen und unterzeichnet wurde, waren freiwillige Vereinigungen das spezifisch amerikanische Heilmittel gegen das Versagen der Institutionen, die Unzuverlässigkeit der Menschen und die ungewisse Beschaffenheit der Zukunft. Im Unterschied zu anderen Ländern mag diese Republik, trotz der heftigen Unruhe, die derzeit das Land wegen des rapiden Wandels und des häufigen Versagens ergriffen hat, noch im Besitz ihrer traditionellen Instrumente sein, um der Zukunft mit einer gewissen Zuversicht entgegensehen zu können.

(15) Die Lüge in der Politik

Überlegungen zu den Pentagon-Papieren*

> Es ist kein schöner Anblick, wie die größte Supermacht der Welt bei dem Versuch, eine winzige rückständige Nation wegen einer heftig umstrittenen Sache in die Knie zu zwingen, wöchentlich tausend Nichtkombattanten tötet oder schwer verwundet.
> ROBERT S. McNAMARA

I

Wie so vieles in der Geschichte haben auch die Pentagon-Papiere verschiedenen Lesern Unterschiedliches zu sagen und verschiedene Lehren zu erteilen. Manche behaupten, sie hätten erst jetzt begriffen, daß Vietnam die logische Folge des Kalten Krieges oder des ideologischen Antikommunismus sei; andere sehen darin eine einzigartige Gelegenheit, etwas darüber zu erfahren, auf welche Weise eine Regierung ihre Entscheidungen trifft. Inzwischen sind sich aber die meisten einig, daß das fundamentale Problem, mit dem uns diese Papiere konfrontieren, das der Täuschung ist. Offensichtlich hat dieses Problem vor allem auch jene beschäftigt, welche die Pentagon-Papiere für die *New York Times* zusammengestellt haben. Auch ist es zumindest wahrscheinlich, daß dieses Problem für das Autoren-Team, das die siebenundvierzig Bände der ursprünglichen Studie geschrieben hat, von entscheidender Bedeutung gewesen ist. Die berühmte Glaubwürdigkeitslücke (»credibility gap«), die uns seit sechs Jahren vertraut ist, hat sich plötzlich in einen Abgrund verwandelt. Der Flugsand unwahrer Behauptungen aller Art, von Täuschungen und Selbsttäuschungen, benimmt dem Leser den Atem. Atemlos realisiert er, daß er es mit der Infrastruktur der amerikanischen Außen- und Innenpolitik während fast eines Jahrzehnts zu tun hat.

* 1972 in einer von der Verfasserin autorisierten deutschen Übersetzung veröffentlicht.

Weil man sich in den oberen Rängen der Regierung so ausschweifend der politischen Unwahrhaftigkeit ergeben hatte und weil man infolgedessen zuließ, daß sich die Lüge in gleicher Weise überall im militärischen und zivilen staatlichen Apparat breit machte – die frisierten Zahlen der mit »Suchen und Vernichten« beauftragten Einheiten; die zurechtgemachten Erfolgs- und Verlustmeldungen der Luftwaffe;[1] die »Fortschritte«, die Untergebene von der Front nach Washington meldeten, wohl wissend, daß ihre Leistungen nach ihren eigenen Berichten beurteilt würden[2] –, gerät man leicht in die Versuchung, zu übertreiben und den geschichtlichen Hintergrund zu vergessen. Vor diesem Hintergrund jedoch, der ja auch nicht gerade einen makellosen Anblick bietet, muß man diese neueste Episode betrachten und beurteilen.

Geheimhaltung nämlich und Täuschung – was die Diplomaten Diskretion oder auch »arcana imperii«, die Staatsgeheimnisse, nennen –, gezielte Irreführungen und blanke Lügen als legitime Mittel zur Erreichung politischer Zwecke kennen wir seit den Anfängen der überlieferten Geschichte. Wahrhaftigkeit zählte niemals zu den politischen Tugenden, und die Lüge galt immer als ein erlaubtes Mittel in der Politik. Wer über diesen Sachverhalt nachdenkt, kann sich nur wundern, wie wenig Aufmerksamkeit man ihm im Laufe unseres philosophischen und politischen Denkens gewidmet hat: einerseits im Hinblick auf das Wesen des Handelns und andererseits im Hinblick auf unsere Fähigkeit, in Gedanken und Worten Tatsachen abzuleugnen. Diese unsere aktive, aggressive Fähigkeit zu lügen unterscheidet sich auffallend von unserer passiven Anfälligkeit für Irrtümer, Illusionen, Gedächtnisfehler und all dem, was man dem Versagen unserer Sinnes- und Denkorgane anlasten kann.

Ein Wesenszug menschlichen Handelns ist, daß es immer etwas Neues anfängt; das bedeutet jedoch nicht, daß es ihm jemals möglich ist, ab ovo anzufangen oder ex nihilo etwas zu erschaffen. Um Raum für neues Handeln zu gewinnen, muß etwas, das vorher da war, beseitigt oder zerstört werden; der vorherige Zustand der Dinge wird verändert. Diese Veränderung wäre unmöglich, wenn wir nicht imstande wären, uns geistig von unserem physischen Standort zu entfernen und uns vorzustellen, daß die Dinge auch anders sein könnten, als sie tatsächlich sind. Anders ausgedrückt: Die bewußte Leugnung der Tatsachen – die Fähigkeit zu lügen – und das Vermögen, die Wirklichkeit zu verändern – die Fähigkeit zu handeln –, hängen zusammen; sie verdanken ihr Dasein denselben Quellen: der Einbildungskraft. Es ist nämlich keineswegs selbstverständlich, daß wir *sagen* können: »Die Sonne scheint«, wenn es tatsächlich regnet (gewisse Hirnverletzungen haben den Verlust dieser Fähigkeit zur Folge). Es beweist vielmehr, daß wir mit unseren Sinnen und unserm Verstand zwar für die Welt gut ausgerüstet, daß wir ihr aber nicht als unveräußerlicher Teil eingefügt sind. Es steht uns *frei*, die Welt zu verändern und in ihr etwas Neues anzufangen. Ohne die geistige Freiheit, das Wirkliche zu akzeptieren oder zu verwerfen, ja oder nein zu sagen – nicht nur zu Aussagen oder Vorschlägen, um unsere Zustimmung oder Ablehnung zu bekunden, sondern zu Dingen, wie sie sich jenseits von Zustimmung oder Ablehnung unseren Sinnes- und Erkenntnisorganen darbieten –; ohne diese geistige Freiheit wäre Handeln unmöglich. Handeln aber ist das eigentliche Werk der Politik.[3]

Wenn wir also vom Lügen und zumal vom Lügen der Handelnden sprechen, so sollten wir nicht vergessen, daß die Lüge sich nicht von ungefähr durch menschliche Sündhaftigkeit in die Politik eingeschlichen hat; schon allein aus diesem Grund wird moralische Entrüstung sie nicht zum Verschwinden bringen. Bewußte Unaufrichtigkeit hat es mit kontingenten Tatbeständen zu tun, also mit Dingen, denen an sich Wahrheit nicht inhärent ist, die nicht notwendigerweise so sind, wie sie sind. Tatsachenwahrheiten sind niemals notwendigerweise wahr. Der Historiker weiß, wie verletzlich das ganze Gewebe faktischer Realitäten ist, darin wir unser tägliches Leben verbringen. Es ist immer in Gefahr, von einzelnen Lügen durchlöchert oder durch das organisierte Lügen von Gruppen, Nationen oder Klassen in Fetzen gerissen oder verzerrt zu werden, oftmals sorgfältig verdeckt durch Berge von Unwahrheiten, dann wieder einfach der Vergessenheit anheimgegeben. Tatsachen bedürfen glaubwürdiger Zeugen, um festgestellt und festgehalten zu werden, um einen sicheren Wohnort im Bereich der menschlichen Angelegenheiten zu finden. Weshalb keine Tatsachen-Aussage jemals über jeden Zweifel erhaben sein kann – so sicher und unangreifbar wie beispielsweise die Aussage, daß zwei und zwei vier ist.

Diese Zerbrechlichkeit eben ist es, die die Täuschung *bis zu einem gewissen Grade* so leicht und so verlockend macht. Mit der Vernunft kommt sie nie in Konflikt, weil die Dinge ja tatsächlich so sein könnten, wie der Lügner behauptet. Lügen erscheinen dem Verstand häufig viel einleuchtender und anziehender als die Wirklichkeit, weil der Lügner den großen Vorteil hat, im voraus zu wissen, was das Publikum zu hören wünscht. Er hat seine Schilderung für die Aufnahme durch die Öffentlichkeit präpariert und sorgfältig darauf geachtet, sie glaubwürdig zu machen, während die Wirklichkeit die unangenehme Angewohnheit hat, uns mit dem Unerwarteten zu konfrontieren, auf das wir nicht vorbereitet waren.

Unter normalen Umständen kommt der Lügner gegen die Wirklichkeit, für die es keinen Ersatz gibt, nicht auf; so groß das Gewebe aus Unwahrheiten eines Lügners auch sein mag, es wird doch, selbst wenn er Computer zu Hilfe nimmt, niemals groß genug sein, um die Unendlichkeit des Wirklichen zuzudecken. Der Lügner kann zwar mit beliebig vielen einzelnen Unwahrheiten Erfolg haben, aber er wird die Erfahrung machen, daß er damit nicht durchkommt, wenn er aus Prinzip lügt. Das ist eine der Lehren, die man aus den totalitären Experimenten und aus dem erschreckenden Vertrauen totalitärer Herrscher in die Macht des Lügens ziehen konnte – so z. B. in ihre Fähigkeit, die Geschichte immer wieder umzuschreiben, um die Vergangenheit der »politischen Linie« des Augenblicks anzupassen; oder in ihre Möglichkeit, Fakten auszumerzen, die wie etwa Arbeitslosigkeit in einer sozialistischen Wirtschaft nicht zu ihrer Ideologie passen, indem sie einfach deren Vorhandensein leugnen: der Arbeitslose wird zur Unperson.

Werden solche Experimente von Leuten vorgenommen, denen die Staatsgewalt zur Verfügung steht, so sind die Ergebnisse zwar schrecklich, aber nicht weil die Lüge sich definitiv an die Stelle der Wahrheit gesetzt hätte. Das prinzipielle Lügen der Terror-Regime kann nur erreichen, daß die Unterscheidung von Wahrheit und Unwahrheit überhaupt aus dem Bewußtsein der Menschen verschwindet. Auf Wahrheit und Unwahrheit kommt es nicht mehr an, wenn das Leben davon abhängt, daß man so handelt, als ob man der Lüge vertraute; dann verschwinden die Tatsachenwahrheit und ihre Verläßlichkeit völlig aus dem öffentlichen Leben, und damit auch der wichtigste stabilisierende Faktor im dauernden Wandel menschlichen Tuns.

Zu den Formen, welche die Kunst des Lügens in der Vergangenheit entwickelt hat, müssen wir jetzt zwei neue Spielarten aus jüngster Zeit hinzufügen. Da ist einmal die scheinbar harmlose Form der Public-Relations-Manager in der Regierung, die bei Reklame-Experten in die Lehre gegangen sind. Public Relations sind ein Zweig der Werbung; sie verdanken sich also der Konsumgesellschaft mit ihrem maßlosen Hunger auf Waren, die durch eine Marktwirtschaft an den Mann gebracht werden sollen. Das Mißliche an der Mentalität dieser Leute ist, daß sie es nur mit Meinungen und »gutem Willen« zu tun haben, mit der Bereitschaft zu kaufen – also mit ungreifbaren Dingen, deren konkrete Wirklichkeit minimal ist. Das bedeutet, daß es für ihre Einfälle und Erfindungen tatsächlich keine Grenze zu geben scheint – ihnen fehlt die Macht des Politikers, zu handeln und etwas zu »schaffen«, und damit auch die simple Erfahrung, daß die Wirklichkeit der Macht Grenzen setzt und dadurch die Phantasie wieder auf die Erde zurückholt.

Die einzige Grenze, an die ein Public-Relations-Mann stößt, liegt in der Entdeckung, daß dieselben Leute, die man vielleicht »manipulieren« kann, eine bestimmte Seife zu kaufen, sich nicht manipulieren lassen – man kann sie natürlich durch Terror dazu zwingen –, Meinungen und politische Ansichten zu »kaufen«. Die Lehren von den unbegrenzten Möglichkeiten menschlicher Manipulierbarkeit, die seit geraumer Zeit auf dem Markt der gewöhnlichen und gelehrten Meinungen feilgehalten werden, entsprechen der Mentalität und den Wunschträumen der Werbefachleute. Aber solche Doktrinen ändern nichts daran, wie Menschen sich ihre Meinung bilden, und sie können sie nicht davon abhalten, nach eigenem Wissen und Gewissen zu handeln; außer dem Terror ist die einzige Methode, ihr Verhalten wirksam zu beeinflussen, immer noch das alte Verfahren von Zuckerbrot und Peitsche. Wenn die jüngste Generation von Intellektuellen, die in der verrückten Atmosphäre wildgewordener Werbung aufgewachsen ist und an den Universitäten gelernt hat, daß die Politik zur einen Hälfte aus »Image-Pflege« und zur andern Hälfte aus der gezielten Werbung für dieses »Image« besteht, fast automatisch auf die alte Methode von Zuckerbrot und Peitsche zurückgreift, wann immer die Lage für »Theorie« zu ernst wird, so ist das nicht weiter überraschend. Für sie sollte bei dem Vietnam-Abenteuer die größte Enttäuschung in der Entdeckung liegen, daß es Leute gibt, bei denen auch Zuckerbrot und Peitsche nichts ausrichten.

(Seltsamerweise ist der einzige Mensch, der wahrscheinlich ein ideales Opfer vollständiger Manipulierung darstellt, der Präsident der Vereinigten Staaten. Wegen des ungeheuren Ausmaßes des Amtes muß er sich mit Beratern umgeben, den »Managern der nationalen Sicherheit«, wie Richard J. Barnet sie unlängst genannt hat, »die ihre Macht hauptsächlich dadurch ausüben, daß sie die Informationen sieben, die den Präsidenten erreichen, und die Welt für ihn interpretieren«[4]. Fast möchte man behaupten, daß der Präsident, angeblich der mächtigste Mann des mächtigsten Landes, in den USA der einzige Mensch ist, dessen Handlungsspielraum von vornherein alternativ determiniert werden kann. Das ist natürlich nur möglich, weil sich die Exekutive von den legislativen Befugnissen des Kongresses emanzipiert hat. Die Manipulierbarkeit des Präsidenten ist die logische Folge seiner Isolierung in einem Regierungssystem, das nicht mehr funktioniert, wenn dem Senat die Macht genommen wird – oder wenn er sie nur mehr widerstrebend ausübt –, an der Führung der Außenpolitik mit Rat und Tat teilzunehmen. Wie wir heute wissen, besteht eine der Aufgaben des Senates darin, den Entscheidungsprozeß gegen die vorübergehenden Launen und Neigungen der Gesellschaft abzuschirmen, in unserm Falle also gegen die Possenstreiche der Konsumgesellschaft und der Public-Relations-Manager, die ihr zu Diensten sind.)

Die zweite Spielart des Lügens kommt zwar im täglichen Leben seltener vor, spielt aber eine wichtige Rolle in den Pentagon-Papieren. Hier begegnen wir einem Typ, der in den oberen Rängen der Beamtenschaft nicht selten ist und der geistig wie moralisch auf einem erheblich höheren Niveau steht. Diese Leute, die Neil Sheehan so treffend berufsmäßige Problem-Löser (»problem-solvers«[5]) genannt hat, hat sich die Regierung von den Universitäten und den verschiedenen »Denkfabriken« geholt, damit sie mit Spieltheorien und Systemanalysen sich daran machten, die »Probleme« der Außenpolitik zu lösen. Eine erhebliche Zahl der Autoren der McNamara-Studie gehört dieser Gruppe an; nur ganz wenige von ihnen waren je kritisch, was den Krieg in Vietnam anlangt, und dennoch verdanken wir ihnen diese wahre, wenn auch natürlich nicht vollständige Darstellung dessen, was sich innerhalb der Regierungsmaschinerie abgespielt hat.

Die Problem-Löser hat man als Männer mit großem Selbstvertrauen charakterisiert, die »anscheinend nur selten an ihrem Durchsetzungsvermögen zweifeln«; sie arbeiten mit den Militärs zusammen, von denen es heißt, es seien »Männer, gewohnt zu siegen«[6]. Bei solchen Leuten findet man gemeinhin kein großes Bemühen um unparteiische Selbstprüfung; um so erstaunlicher, daß durch sie die Versuche der Regierung vereitelt wurden, die Rolle der Verantwortlichen hinter einem

Schirm von Geheimniskrämerei zu verbergen (jedenfalls so lange, bis sie ihre Memoiren geschrieben haben – in unserem Jahrhundert die verlogenste Literaturgattung). Die Integrität jener, die den Bericht geschrieben haben, steht außer Zweifel; McNamara konnte in der Tat sicher sein, daß sie einen »umfassenden und objektiven« Bericht liefern würden ohne Rücksicht auf Personen und Interessen.

Diese moralischen Qualitäten, die Bewunderung verdienen, haben sie aber offensichtlich nicht daran gehindert, das Spiel von Täuschung und Unwahrhaftigkeit viele Jahre lang mitzuspielen. Im Vertrauen »auf Rang, Bildung und Leistung«[7] logen sie vielleicht aus mißverstandenem Patriotismus. Entscheidend ist jedoch, daß sie nicht so sehr für ihr Vaterland und ganz gewiß nicht für sein – niemals gefährdetes – Überleben gelogen haben, sondern für dessen »Image«. Trotz ihrer unbezweifelbaren Intelligenz, die von vielen ihrer Memoranden bezeugt wird, glaubten sie auch, daß Politik nur eine Art von Public Relations sei, und wurden so zu Opfern all der absonderlichen psychologischen Voraussetzungen, die damit zusammenhängen.

Immerhin unterschieden sie sich von den gewöhnlichen Image-Fabrikanten. Der Unterschied liegt darin, daß sie trotz allem Problem-Löser waren; das heißt, sie waren nicht nur intelligent, sondern stolz auf ihre unsentimentale Rationalität; in der Tat in geradezu erschreckendem Maße erhaben über jede »Gefühlsduselei«, vor allem aber verliebt in »Theorien«. Sie waren eifrig auf der Suche nach Formeln, vorzugsweise Formeln in pseudo-mathematischer Sprache, um damit die gegensätzlichen Phänomene auf einen Nenner zu bringen. Sie waren also eifrig um die Entdeckung von *Gesetzen* bemüht, um mit deren Hilfe politische und geschichtliche Tatsachen zu erklären und vorauszusagen, als ob diese ebenso notwendig und auch so zuverlässig wären wie einst für die Physiker die Naturerscheinungen.

Nun hat aber der Naturwissenschaftler mit Dingen zu tun, die nicht von Menschen gemacht sind oder auf Grund menschlichen Handelns geschehen; man kann mit ihnen nur umgehen – sie beobachten, verstehen und eventuell sogar verändern –, indem man sich peinlich genau an die tatsächliche, einmal gegebene Wirklichkeit hält. Demgegenüber hat es der Historiker wie der Politiker mit menschlichen Angelegenheiten zu tun, mit Gegebenheiten also, die von Menschen gemacht sind und denen gegenüber sie relativ frei sind. Handelnde Menschen werden in dem Maße, wie sie sich als Herren ihrer Zukunft fühlen, immer in Versuchung geraten, sich auch zu Herren ihrer Vergangenheit zu machen. Leute, die Freude am Handeln haben und außerdem in Theorien verliebt sind, werden schwerlich die Geduld des Naturwissenschaftlers aufbringen, der abwartet, bis seine Theorien und Hypothesen von den Tatsachen bestätigt oder widerlegt werden. Sie werden vielmehr versucht sein, die Wirklichkeit – die schließlich ja von Menschen gemacht ist und also auch anders hätte ausfallen können – ihrer Theorie anzupassen, um auf diese Weise wenigstens theoretisch das beunruhigende Moment der Zufälligkeit auszuschließen.

Die Abneigung der Vernunft gegen das Zufällige ist sehr stark. Hegel, der Vater der modernen Geschichtstheorien, meinte: »Die philosophische Betrachtung hat keine andere Absicht, als das Zufällige zu entfernen.«[8] Vieles in dem modernen Arsenal politischer Theorien entspringt dieser tiefsitzenden Abneigung: die Spieltheorien und Systemanalysen, die für ein imaginäres »Publikum« geschriebenen Szenarien und die sorgfältige Aufzählung von gewöhnlich drei »Möglichkeiten«, nämlich A, B und C, wobei A und C extreme Gegensätze bedeuten, B aber die mittlere »logische Lösung« des Problems. Das Trügerische solchen Denkens beginnt damit, daß man die Wahl reduziert auf sich gegenseitig ausschließende Alternativen; die Wirklichkeit selber präsentiert uns niemals so sauber die Voraussetzungen für logische Schlüsse. Die Denkweise, die A und C als unerwünscht darstellt und sich daher auf B festlegt, dient kaum einem anderen Zweck, als den Verstand abzulenken und die Vielzahl wirklicher Möglichkeiten zu verdecken. Was diese Problem-Löser mit den direkten Lügnern gemein haben, ist das Bestreben, die Tatsachen beiseite zu schieben, und beide glauben, daß dies möglich sein müßte auf Grund der Kontingenz des Tatsächlichen.

In Wahrheit läßt sich das weder durch Theorien noch durch Meinungsmanipulation erreichen – als ließe sich eine Tatsache ein für alle Mal aus der Welt schaffen, wenn nur genug Leute an ihr Nichtvorhandensein glauben. Möglich ist das nur durch radikale Vernichtung: wie bei dem Mörder, der *sagt*, Frau Schmidt sei gestorben, und der dann hingeht und sie umbringt. Im politischen Bereich müßte solche Vernichtung total sein. Unnötig zu betonen, daß es trotz der schrecklichen Zahl von Kriegsverbrechen, die im Laufe des Vietnamkrieges begangen wurden, niemals auf irgendeiner Regierungsebene eine solche Absicht zu totaler Vernichtung gegeben hat. Aber selbst dort, wo eine solche Absicht vorhanden ist, wie seinerzeit bei Hitler und Stalin, müßte man allmächtig sein, um sie zu verwirklichen. Um Trotzkis Rolle in der Geschichte der russischen Revolution auszumerzen, genügt es nicht, ihn zu töten und seinen Namen in allen russischen Dokumenten zu tilgen, solange man nicht alle seine Zeitgenossen töten und selbstherrlich über Archive und Bibliotheken aller Länder verfügen kann.

II

Daß es in den Pentagon-Papieren hauptsächlich um Verheimlichung, Unwahrheit und bewußte Lüge geht und nicht um Illusion, Irrtum, Fehlkalkulationen und ähnliches, ist vor allem dem merkwürdigen Umstand zuzuschreiben, daß die falschen Entscheidungen und lügenhaften Aussagen ständig im Widerspruch standen zu den erstaunlich genauen Tatsachenberichten des Geheimdienstes, wie sie in der Bantam-Ausgabe zitiert sind (der ersten amerikanischen Buchausgabe der Papiere). Entscheidend ist hier nicht nur, daß die planmäßigen Lügen kaum je für den Feind bestimmt waren (das ist einer der Gründe, weshalb die Papiere keinerlei militärische Geheimnisse enthalten, die unter das Spionagegesetz fallen könnten), sondern in erster Linie, wenn nicht ausschließlich für den Hausgebrauch: für die Propaganda im Innern und zumal zur Täuschung des Kongresses. Der Tonking-Zwischenfall, bei dem der Feind alle, der Auswärtige Ausschuß des Senats aber keinerlei Tatsachen kannte, ist dafür ein schlagendes Beispiel.

Noch bedeutsamer ist, daß fast alle Entscheidungen bei diesem katastrophalen Unternehmen in voller Kenntnis der Tatsache getroffen wurden, daß sie wahrscheinlich undurchführbar waren; deshalb mußten die Ziele dauernd gewechselt werden. Da gab es zunächst die öffentlich verkündeten Ziele: »... dafür sorgen, daß das Volk von Südvietnam über seine Zukunft entscheiden darf«, oder: »dem Land helfen, damit es seinen Kampf gegen die ... kommunistische Verschwörung gewinnen kann«; oder es war die Rede von der Eindämmung Chinas und daß der Domino-Effekt vermieden oder Amerikas Ruf als »kontersubversiver Garant«[9] geschützt werden müsse. Unlängst hat Rusk diese Ziele noch um ein weiteres ergänzt: Es sollte ein dritter Weltkrieg verhindert werden, obwohl das anscheinend nicht in den Pentagon-Papieren vorkommt und in dem uns bekannten Verlauf keine Rolle gespielt hat.

Ebenso flexibel waren die taktischen Überlegungen: Nordvietnam wird bombardiert, um »den Zusammenbruch der Moral«[10] im Süden und insbesondere den Sturz der Saigoner Regierung zu verhindern. Als aber die ersten Angriffe beginnen sollten, war die Regierung gestürzt, »in Saigon herrschte Tohuwabohu«, die Angriffe mußten verschoben und ein neuer Zweck gefunden werden.[11] Jetzt sollte »Hanoi dem Vietkong und dem Pathet Lao Einhalt gebieten«, ein Ziel, das nicht einmal der Generalstab zu erreichen hoffte, denn: »Es wäre müßig anzunehmen, daß diese Anstrengungen entscheidende Wirkung haben werden.«[12]

Ab 1965 glaubte man immer weniger an einen eindeutigen Sieg; man strebte danach, »den Feind davon zu überzeugen, daß *er* nicht siegen könne« (Hervorhebung von mir). Da der Feind nicht zu überzeugen war, deklarierte man als nächstes Ziel, man wolle »eine demütigende Niederlage vermeiden« – als ob eine Niederlage im Kriege nichts als Demütigung bedeutete. Die Pentagon-Papiere enthüllen vor allem die nagende Furcht vor den Folgen, die eine Niederlage nicht etwa für das Wohl der Nation, sondern »für das *Ansehen* der Vereinigten Staaten und des Präsidenten« haben würde (Hervorhebung von mir). So war kurz zuvor während der vielen Debatten, ob der Einsatz von Bodentruppen gegen Nordvietnam ratsam sei, das wichtigste Argument nicht die Angst vor der Niederlage selber oder die Sorge um die Truppen im Falle eines Abzugs, sondern dies: »Sind US-Truppen erst einmal eingesetzt, so wird es schwierig sein, sie abzuziehen ..., ohne die Niederlage *zuzugeben.*«[13] Schließlich gab es noch das politische Ziel, »der Welt zu zeigen, wie weit die Vereinigten Staaten für einen Freund zu gehen bereit sind«, und »um Verpflichtungen nachzukommen«[14].

Alle diese Ziele existierten in einem wirren Neben- und Durcheinander, keines konnte die früheren verdrängen; denn jedes war für ein anderes »Publikum« bestimmt, und für jedes mußte ein neues »Szenarium« geschaffen werden. McNaughtons oft zitierte Aufzählung amerikanischer Kriegsziele im Jahre 1965 – »70 Prozent, um eine (für unser Ansehen als Garant) demütigende Niederlage zu vermeiden; 20 Prozent, um Südvietnam (und das angrenzende Gebiet) vor chinesischem Zugriff zu bewahren; 10 Prozent, um dem Volk von Südvietnam ein besseres, nämlich freieres Leben zu ermöglichen« – ist von erfrischender Aufrichtigkeit, aber diese Aufzählung wurde vermutlich gemacht, um etwas Klarheit in die Debatten über die immer bedrückendere

Frage zu bringen, warum wir ausgerechnet in Vietnam Krieg führten. In einem früheren Memorandum (1964) hatte McNaughton, vielleicht unabsichtlich, deutlich gemacht, wie wenig er selbst, sogar in jenem frühen Stadium des blutigen Spiels, an die Erreichbarkeit irgendwelcher greifbarer Ziele glaubte: »Im Falle eines Kollapses des Regimes in Südvietnam sollten wir versuchen, es so lange zusammenzuhalten, bis es uns möglich ist, unsere Truppen zu evakuieren und *die Welt davon zu überzeugen*, daß Vietnam ein einzigartiger (und seiner Natur nach unmöglicher) Fall ist.«[15] (Hervorhebung von mir.)

»Die Welt überzeugen«; beweisen, »daß die Vereinigten Staaten ein ›guter Arzt‹ und bereit sind, Versprechen zu halten, hart zu bleiben, Risiken einzugehen, Blut zu lassen und den Feind empfindlich zu treffen«[16]; »eine winzige, rückständige Nation« ohne jede strategische Bedeutung dazu benutzen, »um ein Beispiel zu statuieren, wie die Vereinigten Staaten imstande sind, einer Nation gegen einen kommunistischen ›Befreiungskrieg‹ zu helfen«; das Image »unserer weltweiten Führungsposition«[17] intakt erhalten; »den Willen und die Fähigkeit der Vereinigten Staaten, sich in der Weltpolitik durchzusetzen«[18], beweisen; »die Glaubwürdigkeit unserer Verpflichtungen gegenüber Freunden und Verbündeten« demonstrieren; kurzum, »sich benehmen, wie die größte Macht der Welt«, und zwar aus keinem anderen Grund, als die Welt von dieser »schlichten Tatsache« (um Walt Rostow zu zitieren[19]) zu überzeugen: Das war das einzige konstante Ziel, das von Beginn der Johnson-Regierung an alle anderen Ziele und Theorien verdrängte: die Dominotheorie und die antikommunistische Strategie der ersten Phasen des Kalten Krieges wie auch die Strategie des Gegen-Aufstands, die während der Kennedy-Administration so beliebt gewesen war.

Der Endzweck waren weder Macht noch Profit. Es ging sogar nicht einmal um Einfluß in der Welt im Gefolge ganz bestimmter handfester Interessen, zu deren Durchsetzung man Prestige und Image der »größten Weltmacht« benötigte und zielbewußt einsetzte. Das Ziel, das allen vorschwebte, war das Image selbst, wie man schon der dem Theater entlehnten Sprache der Problem-Löser mit ihren »Szenarien« und dem jeweils angesprochenen »Publikum« entnehmen kann. Im Hinblick auf dieses Endziel verwandelten sich alle politischen Zielsetzungen in kurzfristig austauschbare Hilfsmittel; zuletzt, als alles auf eine Niederlage hindeutete, bestand das Ziel nicht mehr darin, die demütigende

Niederlage zu vermeiden, sondern Mittel und Wege zu finden, um ein Eingeständnis zu vermeiden und »das Gesicht zu wahren«.

Image-Pflege als Weltpolitik – nicht Welt*eroberung*, sondern Sieg in der Reklameschlacht um die Weltmeinung – ist allerdings etwas Neues in dem wahrlich nicht kleinen Arsenal menschlicher Torheiten, von denen die Geschichte berichtet. Und dies war nicht Sache einer der drittrangigen Nationen, die mit Prahlerei sich gern für anderes entschädigen; auch nicht einer der alten Kolonialmächte, die durch den Zweiten Weltkrieg ihre frühere Stellung eingebüßt haben und sich, wie das Frankreich de Gaulles, versucht fühlen mochten, durch Bluff ihre frühere Führungsstellung zurückzugewinnen, sondern Sache der bei Kriegsende in der Tat »führenden« Nation. Gewählte Machthaber, die den Organisatoren ihrer Wahlkampagnen so viel verdanken oder zu verdanken *glauben*, mögen leicht der Ansicht sein, daß man mit Manipulationen die Volksmeinung lenken und die Welt beherrschen könne. (Wenn vor einiger Zeit der *New Yorker* unter »Notes and Comment« berichtete, »die Regierung Nixon-Agnew plane eine von Herb Klein, ihrem Public-Relations-Direktor, organisierte und geleitete Kampagne, um die ›Glaubwürdigkeit‹ der Presse vor der Präsidentenwahl von 1972 zu zerstören«, so entspricht das ganz dieser Public-Relations-Mentalität.[20])

Überraschend dagegen ist der Eifer, mit dem so viele »Intellektuelle« diesem phantastischen Unternehmen zu Hilfe eilten. Für Problem-Löser, die darauf spezialisiert sind, jeden Tatbestand in Zahlen und Prozente zu übersetzen und so berechenbar zu machen, ist es aber vielleicht nur natürlich, daß ihnen nie zu Bewußtsein kam, welch unsägliches Elend ihre »Lösungen« – Befriedungs- und Umsiedlungsprogramme, Entlaubung, Napalm und Bomben – für einen »Freund« bedeuteten, der »gerettet« werden mußte, und für einen »Feind«, der, bevor wir ihn angriffen, weder den Willen noch die Macht hatte, unser Feind zu sein. Da sie jedoch nicht an Sieg und Eroberung, sondern an die Weltmeinung dachten, ist es schon erstaunlich, daß anscheinend keiner von ihnen auf die Idee kam, die »Welt« könnte Angst vor Amerikas Freundschaft und Verpflichtungen bekommen, wenn deren ganzes Ausmaß offenkundig würde. Weder die Wirklichkeit noch der gesunde Menschenverstand scheint die Problem-Löser gestört zu haben, als sie unermüdlich ihre Szenarien für das jeweils in Frage kommende Publikum schrieben, um es psychologisch zu beeinflussen: »die Kommunisten (die unter starken Druck gesetzt werden müssen), die Südvietnamesen (deren Moral Auftrieb bekommen muß), unsere Verbündeten (die uns als ›Bürgen‹ trauen müssen) und die amerikanische Öffentlichkeit (die den riskanten Einsatz von Prestige und Menschenleben der US unterstützen muß)«[21].

Heute wissen wir, in welchem Umfang alle diese Gruppen falsch beurteilt wurden. So schreibt Richard J. Barnet in seinem vortrefflichen Beitrag zu dem Buch *Washington Plans an Aggressive War*: »Der Krieg wurde zur Katastrophe, weil die Manager der nationalen Sicherheit alle Gruppen falsch beurteilten.«[22] Das größte und in der Tat fundamentale Fehlurteil bestand jedoch darin, daß man Krieg führte, um auf ein Publikum Eindruck zu machen, und daß man über militärische Fragen unter »politischen und Public-Relations-Gesichtspunkten« entschied (wobei »politisch« die Aussicht auf die nächste Präsidentenwahl und »Public Relations« das Image der USA in der Welt bedeuteten); in Betracht gezogen wurden nicht die wirklichen Risiken, sondern nur »geeignete Reklametechniken, mit deren Hilfe man den Schock einer Niederlage auf ein Minimum zu reduzieren hoffte«; zu diesem Zweck empfahl man neben »Ablenkungs-›Offensiven‹ in anderen Ländern der Welt« auch ein »›Kampf-gegen-die-Armut‹-Programm für unterentwickelte Gebiete«[23]. McNaughton, dem Verfasser dieses Memorandums, zweifellos einem ungewöhnlich intelligenten Mann, kam nicht einen Augenblick der Gedanke, daß seine »Ablenkungen«, anders als eine Ablenkung im Theater, schwerwiegende und völlig unvorhersehbare Folgen haben würden; sie würden eben jene Welt verändern, in der die Vereinigten Staaten agierten und ihren Krieg führten.

Diese Realitätsferne ist es, die den Leser erschreckt, wenn er die Geduld hat, die Pentagon-Papiere bis zum Ende zu lesen. Richard J. Barnet bemerkt dazu in dem erwähnten Aufsatz: »Das bürokratische Modell hatte die Wirklichkeit vollständig ersetzt: Die nüchternen Fakten und Sachverhalte, welche so viele Geheimdienste unter so hohen Kosten zusammengetragen hatten, wurden nicht zur Kenntnis genommen.«[24] Ich bin nicht sicher, daß das Übel der Bürokratie als Erklärung ausreicht, obwohl sie zweifellos zu dieser »Entwirklichung« beigetragen hat. Jedenfalls ist das Verhältnis oder vielmehr Nicht-Verhältnis zwischen Wirklichkeit und Entscheidung, zwischen den Geheimdiensten und den zivilen und militärischen Behörden vielleicht das bedeutsamste, bestimmt jedoch das am besten gehütete Geheimnis, das die Pentagon-Papiere enthüllt haben.

Es wäre interessant zu wissen, wie es den Geheimdiensten gelungen ist, in dieser »Alice-im Wunderland-Atmosphäre« der Wirklichkeit so nahe zu bleiben – einer Atmosphäre, die die Papiere den seltsamen Machenschaften der Saigoner Regierung zuschreiben, die aber, rückblickend, eher jene »entwirklichte« Welt zu charakterisieren scheint, in der politische Ziele aufgestellt und militärische Entscheidungen getroffen wurden. Denn zu Anfang war die Rolle, welche die Geheimdienste in Südostasien spielten, alles andere als verheißungsvoll. Aus den ersten Jahren der Regierung Eisenhower, als die Exekutive noch glaubte, sie benötige die Zustimmung des Kongresses, um Krieg zu führen, findet sich in den Pentagon-Papieren die Entscheidung, sich auf eine »*heimliche* Kriegführung« einzulassen. Eisenhower war noch altmodisch genug, an die Verfassung zu glauben. Er konferierte mit führenden Kongreßmitgliedern und entschied sich gegen ein offenes Eingreifen, weil man ihm gesagt hatte, der Kongreß würde eine solche Entscheidung nicht unterstützen.[25] Als dann seit der Regierung Kennedy »offene Kriegführung«, d. h. die Entsendung von Kampftruppen, erörtert wurde, »wurde die Frage einer Zustimmung des Kongresses zu offenen Kriegshandlungen gegen eine souveräne Nation niemals ernstlich gestellt«[26]. Selbst als unter Johnson ausländische Regierungen über unsere Pläne für die Bombardierung Nordvietnams ausführlich unterrichtet wurden, scheint eine ähnliche Information von Führern des Kongresses oder eine Beratung mit ihnen niemals stattgefunden zu haben.[27]

Während Eisenhowers Amtszeit wurde die Saigoner Militärmission unter Oberst Lansdale gebildet; sie hatte den Auftrag, »paramilitärische Operationen zu unternehmen ... und den Krieg mit politisch-psychologischen Mitteln zu führen«. Das bedeutet in der Praxis, daß man Flugblätter druckte, um Lügen zu verbreiten, die man fälschlich der anderen Seite unterschob; daß man irgendwelche schädlichen Chemikalien in die Motoren der Autobusgesellschaft in Hanoi schüttete, bevor die Franzosen aus dem Norden abrückten; daß man »Englischkurse für die Mätressen wichtiger Persönlichkeiten« organisierte und ein Team von vietnamesischen Astrologen anheuerte.[28] Diese absurden Spielereien fanden ein Ende, als in den frühen sechziger Jahren das Militär die Verantwortung übernahm. Nach der Regierungszeit Kennedys rückte man von der Doktrin des »Gegen-Aufstandes« ab – vielleicht, weil sich während des Sturzes von Diêm herausstellte, daß die von der CIA finanzierten vietnamesischen Sondertruppen »praktisch die Privatarmee von Mr. Ngô geworden waren«[29].

Die mit Tatsachenfindung betrauten Abteilungen der Geheimdienste hatten nichts mit den geheimen Operationen zu tun, soweit solche noch im Gange waren; das bedeutete, daß wenigstens sie nur für das Sammeln und Interpretieren von Informationen verantwortlich waren, nicht aber selber neue Tatbestände schufen. Sie mußten keine positiven Ergebnisse vorweisen und wurden von Washington nicht gedrängt, erfreuliche Berichte zu liefern, mit denen man die Maschine der Public Relations füttern oder Märchen über »stetigen Fortschritt, geradezu wundersame Verbesserungen jahrein, jahraus« zusammenbrauen konnte.[30] Sie waren relativ unabhängig, was dazu führte, daß sie die Wahrheit berichteten – jahrein, jahraus. Anscheinend erzählten in diesen Geheimdiensten die Leute »ihren Vorgesetzten (nicht) das, von dem sie glaubten, daß es diese zu hören wünschten«; auch hat offenbar kein Kommandeur seinen Agenten gesagt, was »ein amerikanischer Divisionskommandeur einem seiner Bezirksberater sagte, der unbedingt über immer noch vorhandene unbefriedete Vietkongdörfer in seinem Gebiet berichten wollte: ›Mein Junge, hierzulande bewertet man unsere Leistungen nach unserem eigenen Zeugnis. Warum lassen Sie uns im Stich?‹«[31]. Anscheinend waren die für die Auswertung des Nachrichtenmaterials Verantwortlichen von den Problem-Lösern und deren Verachtung für Tatsachen und das Zufällige solcher Tatsachen meilenweit entfernt. Der Preis, den sie für diese objektiven Vorzüge zahlten, bestand darin, daß ihre Berichte ohne jeden Einfluß auf die Entscheidungen und Vorschläge des Nationalen Sicherheitsrates blieben.

Seit dem Ende der Regierung Kennedy ist die einzige erkennbare Spur der Periode heimlicher Kriegführung die berüchtigte »Provokations-Strategie«, das heißt ein ganzes Programm von »wohlüberlegten Versuchen, die Demokratische Republik von (Nord-)Vietnam zu Handlungen zu provozieren, auf die man dann mit einer systematischen Luftkampagne antworten könnte«[32]. Solche Taktik gehört nicht zu den Kriegslisten. Sie ist typisch für die Geheimpolizei und war in der Endphase des zaristischen Rußlands berüchtigt, als die Spitzel der Ochrana, indem sie spektakuläre Attentate inszenierten, »gegen ihren Willen den Ideen derer nützten, die sie denunzierten«[33].

III

Zwischen den Tatsachen, die von den Geheimdiensten ermittelt wurden – manchmal (so vor allem im Fall McNamaras) von den zur Entscheidung Berufenen selber und zumeist der informierten Öffentlichkeit bekannt –, und den Prämissen, Theorien und Hypothesen, aufgrund derer schließlich Entscheidungen getroffen wurden, klaffte ein Abgrund. Das Ausmaß unserer Fehlschläge und Katastrophen in all diesen Jahren kann man nur begreifen, wenn man diese Diskrepanz stets vor Augen hat. Ich werde deshalb den Leser an einige hervorstechende Beispiele erinnern.

Was die Dominotheorie betrifft, die zuerst 1950[34] formuliert wurde: Als Präsident Johnson 1964 fragte: »Würde der Rest Südostasiens notwendigerweise verlorengehen, wenn Laos und Südvietnam unter nordvietnamesische Kontrolle geriete?«, lautete die Antwort der CIA: »Mit der möglichen Ausnahme Kambodschas wird wahrscheinlich als Folge des Falles von Laos und Südvietnam keine Nation in jenem Gebiet rasch dem Kommunismus anheimfallen.«[35] Als fünf Jahre später die Regierung Nixon die gleiche Frage stellte, »antwortete die Central Intelligence Agency, ... daß (die Vereinigten Staaten) sich sofort aus Südvietnam zurückziehen könnten und sich mindestens eine weitere Generation hindurch in ganz Südostasien nichts ändern würde«[36]. Den Pentagon-Papieren zufolge »haben anscheinend nur der Generalstab, Mr. Rostow und General Taylor die Dominotheorie wortwörtlich genommen«[37]. Das aber hat nicht verhindert, daß auch diejenigen, die diese Theorie nicht akzeptierten, sich gleichwohl nicht nur in öffentlichen Erklärungen, sondern auch in ihren internen Vorschlägen auf sie stützten.

Was die Behauptung betrifft, die Aufständischen in Südvietnam würden »von außen durch eine kommunistische Verschwörung gelenkt und unterstützt«: Die Geheimdienste nahmen 1961 an, »daß 80 bis 90 Prozent des schätzungsweise 17000 Mann starken Vietkong an Ort und Stelle rekrutiert werden, und es gibt kaum Beweise, daß der Vietkong auf Hilfslieferungen von außen rechnet«[38]. Drei Jahre später war die Lage unverändert. Einer Geheimdienstanalyse von 1964 zufolge »liegen die wichtigsten Quellen kommunistischer Stärke in Südvietnam selbst«[39]. Mit anderen Worten: Die grundlegende Tatsache, daß in Südvietnam ein *Bürgerkrieg* herrschte, war in den Kreisen, die Entscheidungen trafen, nicht unbekannt. Hatte nicht Senator Mansfield schon im Jahre 1962 Kennedy gewarnt, die Entsendung weiterer militärischer Verstärkung nach Südvietnam würde bedeuten, »daß die Amerikaner in einem Bürgerkrieg eine entscheidende Rolle spielen würden ... (was) dem amerikanischen Prestige in Asien schaden und zudem den Südvietnamesen nicht dazu verhelfen würde, auf eigenen Füßen zu stehen«[40]?

Trotzdem wurden die Bombenangriffe auf Nordvietnam teilweise deshalb begonnen, weil die Theorie besagte, »eine Revolution könnte durch das Abschneiden auswärtiger Hilfs- und Nachschubquellen zum Erliegen gebracht werden«. Die Bombenangriffe sollten angeblich Nordvietnams »Willen brechen«, die Rebellen im Süden zu unterstützen, obwohl die zur Entscheidung Berufenen (in diesem Falle McNaughton) genug über den einheimischen Ursprung des Aufstandes wußten, um zu bezweifeln, daß der Vietkong »einem klein beigebenden« Nordvietnam[41] gehorchen würde, während der Generalstab überhaupt nicht daran glaubte, »daß diese Maßnahmen entscheidenden Einfluß« auf Hanois Kampfwillen haben würden.[42] Einem Bericht McNamaras zufolge waren Mitglieder des Nationalen Sicherheitsrates 1965 übereingekommen, daß Nordvietnam »wahrscheinlich nicht aussteigen würde ... und jedenfalls eher wegen eines Versagens des Vietkongs im Süden als infolge von Bombenschäden im Norden aufgeben würde«[43].

Schließlich gab es noch – zweitrangig nur gegenüber der Dominotheorie – die grandiosen strategischen Entwürfe, die auf der Annahme einer einheitlich geleiteten kommunistischen Weltverschwörung und – neben der Hypothese von einem chinesischen Expansionsdrang – der Existenz eines chinesisch-sowjetischen Blocks beruhen. Die Vorstellung, China müsse »eingedämmt« werden, ist 1971 von Präsident Nixon selbst verworfen worden; aber schon vor über vier Jahren schrieb McNamara: »Soweit unser ursprüngliches Eingreifen und unsere derzeitigen Aktionen in Vietnam von der Erkenntnis der Notwendigkeit motiviert sind, der chinesischen Expansion in Asien eine Grenze zu setzen, ist unser Ziel bereits erreicht.«[44] Dabei hatte er nur zwei Jahre vorher erklärt, daß das Ziel der Vereinigten Staaten in Südvietnam »nicht war, ›einem Freund zu helfen‹, sondern China einzudämmen«[45].

Die Kritiker des Krieges haben von Anfang an alle diese Theorien öffentlich gebrandmarkt, weil sie offensichtlich mit bekannten Tatsachen kollidierten: Das Nichtvorhandensein eines chinesisch-sowjetischen

Blockes war jedem bekannt, der mit der Geschichte der chinesischen Revolution und Stalins entschlossenem Widerstand dagegen vertraut ist; oder die seit dem Ende des Zweiten Weltkrieges eingetretene Zersplitterung der kommunistischen Bewegung. Einige Kritiker gingen noch weiter und stellten eine eigene Theorie auf: Amerika, als stärkste Macht aus dem Zweiten Weltkrieg hervorgegangen, habe sich auf eine konsequente imperialistische Politik eingelassen, deren letztes Ziel die Weltherrschaft sei. Der Vorteil dieser Theorie war, daß sie das Fehlen jeglichen nationalen Interesses bei dem ganzen Unternehmen erklären konnte – das Merkmal imperialistischer Ziele ist ja immer gewesen, daß sie von nationalen Interessen und territorialen Grenzen weder bestimmt noch begrenzt sind. Allerdings konnte diese Theorie schwerlich die Tatsache erklären, daß Amerika verrückterweise darauf bestand, »seine Mittel an der falschen Stelle in das Gully zu schütten« (wie George Ball es ausgedrückt hat; der stellvertretende Außenminister der Regierung Johnson war der einzige Ratgeber, der das Tabu zu durchbrechen und den sofortigen Abzug bereits 1965 zu empfehlen wagte).[46]

Offensichtlich handelte es sich hier nicht darum, »mit begrenzten Mitteln extreme Ziele zu erreichen«[47]. Kann man es extrem nennen, wenn eine »Supermacht« ein weiteres kleines Land der Kette der von ihr abhängigen Staaten hinzufügen oder eine »winzige rückständige Nation« besiegen will? Hier wurden im Gegenteil extreme Mittel aufgeboten, um in einem strategisch und politisch nebensächlichen Gebiet geringfügige Zwecke zu erreichen. Eben dieser Eindruck verbohrter Ziellosigkeit brachte schließlich, wie McNaughton 1967 schrieb, die Nation zu der »weitverbreiteten und festen Überzeugung, daß das ›Establishment‹ den Verstand verloren hat. Man meint nachgerade, wir versuchten fernen Völkern, die wir nicht begreifen können, irgendein US-Image aufzuprägen ..., und wir gingen in dieser Sache absurd weit.«[48]

Die Bantam-Ausgabe der Pentagon-Papiere enthält jedenfalls nichts, was die Theorie einer grandiosen imperialistischen Strategie stützen könnte. Nur zweimal wird die Bedeutung von Land-, See- und Luftstützpunkten erwähnt, die für eine imperialistische Strategie so entscheidend sind: Einmal vom Generalstab mit dem Hinweis, »unsere Kräfte für begrenzte Kriege« würden »fühlbar reduziert« werden, falls ein »Verlust des südostasiatischen Festlandes« den Verlust von »Land-,

See- und Luftstützpunkten« im Gefolge hätte.[49] Und das andere Mal in McNamaras Bericht von 1964, wo es ausdrücklich heißt: »Wir benötigen (Südvietnam) *nicht* als westlichen Standpunkt oder als Mitglied eines westlichen Bündnisses« (Hervorhebung von mir).[50] Die einzigen öffentlichen Erklärungen der amerikanischen Regierung zu jener Zeit, die wirklich die Wahrheit sagten, waren die wiederholten Behauptungen – sie klangen freilich viel weniger plausibel als andere, unwahre Public-Relations-Äußerungen –, daß wir keinen Gebietszuwachs oder sonstige greifbare Gewinne suchten.

Damit soll nicht gesagt sein, daß nach dem Zusammenbruch der alten Kolonialmächte eine wirkliche amerikanische Weltpolitik mit imperialem Einschlag unmöglich gewesen wäre. Die Pentagon-Papiere, im allgemeinen so bar aller spektakulären Neuigkeiten, enthüllten einen Vorgang (meines Wissens war von ihm immer nur gerüchteweise die Rede), der zu beweisen scheint, welche beträchtlichen Chancen es für eine globale Politik gab, die dann jedoch zugunsten von Image-Pflege und psychologischer Kriegführung verspielt wurden. Dem Telegramm eines amerikanischen Diplomaten in Hanoi zufolge schrieb Ho Tschi Minh 1945 und 1946 mehrere Briefe an Truman, in denen er die Vereinigten Staaten ersuchte, »den Plan einer Unabhängigkeit Annams nach dem *Beispiel der Philippinen* zu unterstützen und Schritte zu unternehmen, die für die Erhaltung des Weltfriedens nötig seien; dieser werde gefährdet durch die französischen Bemühungen, Indochina zurückzuerobern« (Hervorhebung von mir).[51] Zwar wurden ähnliche Briefe auch an andere Länder – China, Rußland und Großbritannien – gerichtet, doch hätte keines von diesen gerade damals den erbetenen Schutz gewähren können, der Indochina zu der gleichen halbautonomen Stellung wie andern Schutzstaaten Amerikas verholfen hätte. Ein zweiter, ebenso bemerkenswerter Vorfall, den die *Washington Post* seinerzeit erwähnt zu haben scheint, wurde in den vom Außenministerium im August 1969 veröffentlichten Dokumenten *Special China Series* festgehalten, einem größeren Publikum aber erst durch die Berichte von Terence Smith in der *New York Times* bekannt. Mao und Tschu En-lai, so stellt sich heraus, sind im Januar 1945 an Roosevelt herangetreten »mit dem Versuch, Beziehungen zu den Vereinigten Staaten herzustellen, um eine totale *Abhängigkeit von der Sowjetunion zu vermeiden*« (Hervorhebung von mir). Ho Tschi Minh scheint nie eine Antwort bekommen zu haben, und Mitteilungen über den chinesischen Schritt wurden unterdrückt, weil er, wie Professor Allen Whiting dazu bemerkt, »dem Bild eines monolithischen, von Moskau aus gelenkten Kommunismus« widersprach.[52]

Zwar kannten Leute in der Regierung sicherlich die Tatsachenberichte der Geheimdienste, die sie Tag für Tag gleichsam aus ihrem Bewußtsein ausmerzen mußten. Doch halte ich es durchaus für möglich, daß ihnen diese früheren Dokumente unbekannt waren, die alle Voraussetzungen als unwahr erwiesen hätten, ehe sie sich in Theorien verfestigen und das Land ruinieren konnten. Gewisse seltsame Begleitumstände bei der ungewöhnlichen und unerwarteten Veröffentlichung dieser Geheimdokumente weisen in diese Richtung. Es ist verblüffend, daß an dieser Studie jahrelang gearbeitet werden konnte, während man im Weißen Haus, im Außen- und im Verteidigungsministerium davon keinerlei Notiz nahm. Noch verblüffender ist jedoch, daß das Weiße Haus und das Außenministerium, nachdem die Studie fertiggestellt und überall in der Ministerialbürokratie verbreitet worden war, außerstande waren, auch nur den Verbleib der siebenundvierzig Bände festzustellen. Was beweist, daß diejenigen, welche der Inhalt der Studie am meisten anging, sie niemals auch nur angesehen hatten.

Das wirft einiges Licht auf die Gefahren übermäßiger Geheimhaltung: Nicht nur wird dem Volk und seinen gewählten Vertretern Zugang zu dem verwehrt, was sie wissen müssen, um sich eine Meinung zu bilden und Entscheidungen zu treffen; auch die Handelnden selber, die zu allem Zugang erhalten, damit sie sich über alle wesentlichen Tatsachen informieren können, bleiben in seliger Ahnungslosigkeit befangen. Das aber nicht etwa, weil eine unsichtbare Hand sie absichtlich irreführte, sondern weil sie ihre Arbeit unter Umständen und mit Denkgewohnheiten verrichten, bei denen sie weder Zeit noch Lust haben, sich auf die Suche nach den einschlägigen Tatsachen in Bergen von Dokumenten zu machen, von denen 99,5 Prozent überhaupt nicht für geheim erklärt werden sollten und die größtenteils praktisch wertlos sind. Selbst heute, da die Presse einen gewissen Teil dieser geheimen Dokumente der Öffentlichkeit zugänglich gemacht hat und die Mitglieder des Kongresses die ganze Studie erhalten haben, sieht es nicht so aus, als hätten diejenigen, die diese Information am dringendsten brauchen, sie überhaupt gelesen oder als würden sie das jemals tun. Auf jeden Fall steht fest, daß, abgesehen von den Autoren selber, »die Leute, die diese Dokumente in der *Times* gelesen haben, die ersten waren, die sie studiert haben« (Tom Wicker[53]); was einem die liebgewordene Vorstellung fragwürdig erscheinen läßt, daß die Regierung zumindest in der Außenpolitik der »arcana imperii« benötige, um funktionsfähig zu bleiben.

Wenn die Staatsgeheimnisse die Köpfe der Akteure selber so vernebelt haben, daß sie die Wahrheit hinter ihren Täuschungsmanövern und ihren Lügen nicht mehr erkennen oder sich an sie erinnern, dann wird das ganze Täuschungsvorhaben, wie gut auch immer seine »Marathon-Informationskampagnen« (Rusk) und wie raffiniert ihre Reklamemethoden sein mögen, scheitern oder das Gegenteil bewirken, d. h. es wird die Leute verwirren, ohne sie zu überzeugen. Das Mißliche am Lügen und Betrügen ist nämlich, daß die Wirkung ganz davon abhängt, daß der Lügner und Betrüger eine klare Vorstellung von der Wahrheit hat, die er verbergen möchte. In diesem Sinne ist die Wahrheit, auch wenn sie sich in der Öffentlichkeit nicht durchsetzt, allen Unwahrheiten unweigerlich überlegen.

Im Falle von Vietnam haben wir es neben Unwahrheiten und Verwirrung mit einer wahrhaft verblüffenden und durchaus ehrlichen Unkenntnis des wichtigen geschichtlichen Hintergrundes zu tun: Die eigentlichen Akteure scheinen nicht nur nichts über die wohlbekannten Tatsachen der chinesischen Revolution und über den ihr vorausgehenden jahrzehntelangen Konflikt zwischen Moskau und Peking zu wissen. »Niemand an der Spitze wußte oder hielt es für wichtig, daß die Vietnamesen seit beinahe 2000 Jahren gegen ausländische Eindringlinge gekämpft haben«[54] und daß die Vorstellung von der »winzigen rückständigen Nation«, die für »zivilisierte« Nationen uninteressant ist – leider sind auch die Kritiker des Krieges häufig dieser Ansicht –, in schreiendem Widerspruch zu der sehr alten und hochstehenden Kultur dieses Gebietes steht. Vietnam fehlt es nicht an Kultur, sondern an strategischer Bedeutung (in Indochina »gibt es keine entscheidenden militärischen Ziele«, wie eine Aufzeichnung des Generalstabs 1954 feststellte[55]), an einem für moderne mechanisierte Truppen geeignetes Gelände und lohnenden Zielen für die Luftwaffe. Die Ursache der katastrophalen Niederlage der Politik und der militärischen Intervention Amerikas war wirklich kein Morast (»quagmire« – »die Methode des ›nur noch einen Schritt‹ – wobei jeder neue Schritt stets den Erfolg verheißt, den der vorausgegangene *letzte Schritt* ebenfalls *verheißen*, aber unerklärlicherweise nicht gebracht hatte«, wie Arthur Schlesinger, Jr.

schreibt, den Daniel Ellsberg zitiert, wobei er diese Vorstellung mit Recht als »Mythos« abtut[56]); die Ursache war vielmehr die eigensinnig festgehaltene prinzipielle Mißachtung aller historischen, politischen und geographischen Tatsachen mehr als fünfundzwanzig Jahre lang.

IV

Wenn das Bild vom Morast ein Mythos ist; wenn sich weder grandiose strategische Entwürfe imperialer Art noch ein Wille zur Weltherrschaft entdecken lassen, ganz zu schweigen von einem Interesse an Gebietszuwachs, von Profitgier oder gar von Sorge um die nationale Sicherheit; wenn zudem der Leser keine Neigung verspürt, sich mit so allgemeinen Begriffen wie »griechische Tragödie« (Max Frankel und Leslie H. Gelb) oder mit Dolchstoßlegenden zufriedenzugeben: dann wird – eher als Lüge und Irreführung an sich – die unlängst von Ellsberg aufgeworfene Frage *»Wie konnten sie nur?«*[57] zum Kernproblem dieser trostlosen Geschichte. Schließlich ist es ja nur zu wahr, daß die Vereinigten Staaten am Ende des Zweiten Weltkrieges das reichste Land und die dominierende Macht waren, während heute, nur ein Vierteljahrhundert später, Mr. Nixons Bild von dem »jämmerlichen, hilflosen Riesen« eine unangenehm treffende Schilderung des »mächtigsten Landes auf Erden« ist.

Bei einer Waffenüberlegenheit von 1000:1[58] unfähig, in sechs Jahren offener Kriegführung eine kleine Nation zu besiegen; unfähig auch, mit den Problemen im eigenen Lande fertigzuwerden und den raschen Verfall der Großstädte aufzuhalten; an einem Punkt angelangt, wo die infolge sinnloser Verschwendung eingetretene Inflation und Währungsabwertung seine Position auf dem Weltmarkt ebenso wie den Lebensstandard im Innern bedrohen – läuft Amerika Gefahr, viel mehr zu verlieren als nur den Anspruch auf die Führung der Welt. Auch wenn man das Urteil künftiger Historiker vorwegnimmt, die diese Entwicklung vielleicht im Rahmen der Geschichte des 20. Jahrhunderts sehen werden, in dessen Verlauf die in zwei Weltkriegen geschlagenen Nationen es fertigbrachten, im Konkurrenzkampf mit den Siegern erfolgreich zu bleiben (hauptsächlich weil sie von den Siegern gezwungen waren, auf Aufrüstung zu verzichten) – auch dann fällt es schwer, sich mit dieser phantastisch kostspieligen Demonstration der dem Riesenhaften inhärenten Ohnmacht abzufinden, obschon diese unerwartete Wiederkehr von Davids Sieg über Goliath in einem so großen Maßstab auch etwas Erfreuliches hat.

Als erste Antwort auf die Frage »Wie konnten sie nur?« wird einem vermutlich der bekannte Zusammenhang zwischen Täuschung und Selbsttäuschung in den Sinn kommen. Im Widerstreit zwischen den stets überoptimistischen öffentlichen Erklärungen und den düsteren und unheilschwangeren, aber wirklichkeitsnahen Berichten der Geheimdienste mußten die öffentlichen Erklärungen wahrscheinlich einfach deshalb die Oberhand gewinnen, weil sie öffentlich waren. Der große Vorteil, den öffentlich verkündete und akzeptierte Aussagen gegenüber allem haben, was ein einzelner insgeheim als Wahrheit kennt oder zu kennen glaubt, wird durch eine Anekdote aus dem Mittelalter treffend illustriert: Eine Schildwache auf Posten, die die Bewohner der Stadt vor herannahenden Feinden warnen sollte, schlug aus Spaß blinden Alarm und eilte dann selbst als letzte zu den Mauern, um die Stadt gegen die von ihr erfundenen Feinde zu verteidigen. Was den Schluß nahelegt, daß, je erfolgreicher einer lügt und je mehr Menschen er überzeugt, desto mehr Aussicht besteht, daß er am Ende an seine eigenen Lügen glaubt.

Bei der Lektüre der Pentagon-Papiere stoßen wir auf Leute, die ihr Äußerstes taten, um die Menschen zu überzeugen, d. h. sie zu manipulieren; da sie dies aber in einem freien Land versuchten, wo Informationen aller Art zur Verfügung standen, hatten sie niemals wirklich Erfolg. Dank ihrem relativ hohen Rang und ihrer Stellung in der Regierung waren sie – trotz aller privilegierten Kenntnis von »Staatsgeheimnissen« – gegen die Tatsachenberichte der Presse, die mehr oder minder der Wahrheit entsprachen, besser »geschützt« als jene, die sie zu überzeugen versuchten und die sie sich vermutlich als bloßes »Publikum« vorstellten, als Nixons »schweigende Mehrheit«, die akzeptiert, was immer die Regisseure ihnen vorsetzen. Daß die Pentagon-Papiere kaum eine spektakuläre Neuigkeit enthüllt haben, macht deutlich, wie sehr es den Lügnern mißlungen ist, sich eine überzeugte Zuhörerschaft zu schaffen, der sie sich dann selber hätten anschließen können.

Dennoch ist der Vorgang, den Ellsberg die »innere Selbsttäuschung« genannt hat, nicht zu bezweifeln, aber es sieht so aus, als sei der normale Prozeß der Selbsttäuschung umgekehrt verlaufen; es war nicht so, daß es mit Täuschung begann und mit Selbsttäuschung endete. Die Betrüger fingen mit Selbstbetrug an. Wohl dank ihrer hohen Position und ihrer erstaunlichen Selbstsicherheit waren sie von ihrem überwältigenden Erfolg – nicht auf dem Schlachtfeld, sondern auf dem Feld der Public Relations – so überzeugt und der Richtigkeit ihrer psychologischen Theorien über die Manipulierbarkeit von Menschen so sicher, daß sie an ihrer eigenen Glaubwürdigkeit niemals zweifelten und ihren Sieg im Kampf um die Volksmeinung *im voraus* für gegeben hielten. Und da sie ohnehin in einer von Tatsachen unbehelligten Welt lebten, fiel es ihnen nicht schwer, der Tatsache, daß ihr Publikum sich nicht überzeugen lassen wollte, ebensowenig Aufmerksamkeit zu schenken wie anderen Tatsachen.

Die interne Welt der Regierung mit ihrer Bürokratie auf der einen, ihrem gesellschaftlichen Leben auf der anderen Seite machte die Selbsttäuschung relativ einfach. Kein Elfenbeinturm der Gelehrten eignete sich besser dazu, Tatsachen vollständig zu ignorieren, als die verschiedenen »Denkfabriken« für die Problem-Löser und das Ansehen des Weißen Hauses für die Berater des Präsidenten. In dieser Atmosphäre, wo man eine Niederlage weniger fürchtete als ihr Eingeständnis, wurden die irreführenden Erklärungen über die schweren Rückschläge der Tet-Offensive und die Invasion in Kambodscha zusammengebraut. Entscheidend war dabei, daß in diesen internen Kreisen, aber nirgendwo sonst, die Wirklichkeit in Vietnam nur zu leicht von reinen Prestigefragen wie der Sorge, »der erste amerikanische Präsident zu sein, der einen Krieg verliert«, und natürlich von der ständigen Furcht vor den nächsten Wahlen zugedeckt werden konnte.

Denkt man aber an die Problem-Löser im Unterschied zu den Public-Relations-Experten, so ist »innere Selbsttäuschung«[59] keine befriedigende Antwort auf die Frage: »Wie konnten sie nur?« Selbsttäuschung setzt immer noch die Unterscheidung zwischen Wahrheit und Unwahrheit, zwischen Tatsachen und Erfindungen und damit einen Konflikt zwischen der Wirklichkeit und dem betrogenen Betrüger voraus, zu dem es jedoch in einem vollständig entwirklichten Denken gar nicht mehr kommt. Washington mit seiner riesigen Beamtenbürokratie ebenso wie die verschiedenen »Denkfabriken« im Lande, welche im Auftrag dieser Bürokratie arbeiten, bieten den Problem-Lösern eine gleichsam natürliche Heimat, in der sie mit der Wirklichkeit nie in Konflikt zu geraten brauchen. Im Bereich der Politik, wo Geheimhaltung und bewußte Täuschung stets eine große Rolle gespielt haben, ist

Selbstbetrug die Gefahr par excellence; der Mann, der auf seine eigenen Lügen hereinfällt, verliert jeden Kontakt nicht nur zu seinem Publikum, sondern zu der wirklichen Welt, die sich an ihm rächen wird, da er sich aus ihr ja nur heraus*denken* kann. Die Problem-Löser aber lebten in einer *scheinbar* wirklichen Welt; für sie waren die ihnen von den Geheimdiensten gelieferten Tatsachen unwirklich, und sie brauchten sich nur an ihre Verfahren zu halten, also die verschiedenen Methoden, mit denen substantiell Wirkliches in Quantitäten und Zahlen verwandelt wird, mit denen man Ergebnisse errechnen kann, die dann auf unerklärliche Weise die Probleme doch nicht lösten; mit dem Rechnen waren sie natürlich vollauf beschäftigt, jedenfalls viel zu beschäftigt, um das, was ihnen an Tatsachen geliefert wurde, wirklich zur Kenntnis zu nehmen. Der Grund, weshalb dies so viele Jahre funktionieren konnte, war eben, daß »die von den Vereinigten Staaten verfolgten Ziele fast ausschließlich psychologischer Art waren«[60], also ebenfalls nichts eigentlich Tatsächliches, sondern Bewußtseinszustände, die sich schwer feststellen lassen.

Liest man die Memoranden, die Alternativvorschläge, die Szenarien und wie bei geplanten Aktionen potentielle Risiken mit potentiellen Ergebnissen prozentual verglichen werden[61], so hat man manchmal den Eindruck, daß Südostasien von einem Computer und nicht von Menschen, die Entscheidungen treffen, überfallen worden ist. Die Problem-Löser *urteilten* nicht, sie rechneten; ihr Selbstbewußtsein bedurfte nicht einmal der Selbsttäuschung, um so viele Fehlurteile zu überstehen, denn es stützte sich auf mathematische Beweise, die in sich rational stimmig waren. Nur hatte diese Stimmigkeit nicht das geringste mit den »Problemen« zu tun. Wenn z. B. berechnet wird, als Ergebnis einer bestimmten Unternehmung sei »ein allgemeiner Krieg eher weniger wahrscheinlich als wahrscheinlich«[62], so folgt daraus nicht, daß wir die Wahl haben, selbst wenn das Verhältnis 80 zu 20 wäre, das liegt an der Ungeheuerlichkeit und *Unberechenbarkeit* des Risikos. Dasselbe gilt, wenn die Aussicht auf eine Reform der Saigoner Regierung sich zu der »Chance, daß wir ebenso enden wie die Franzosen 1954«, wie 70 zu 30 verhält.[63] Das sind vielversprechende Aussichten für einen Spieler, nicht aber für einen Staatsmann, und selbst der Spieler sollte in Rechnung stellen, was Gewinn oder Verlust für ihn wirklich bedeuten würden. Verlust kann völligen Ruin bedeuten und Gewinn nicht mehr als eine willkommene, aber unwesentliche Verbesserung seiner finanziellen Lage. Nur wenn für den Spieler nichts Reales auf dem Spiel steht – wenn etwas mehr oder weniger Geld seinen Lebensstandard nicht beeinflußt –, kann er sich beruhigt auf die Prozentspielerei einlassen. Das Schlimme an der Kriegführung in Südvietnam war, daß weder die Staatsmänner noch die Problem-Löser jemals an eine solche – von der Wirklichkeit selber gelieferte – Kontrolle dachten.

Es ist nämlich nur zu wahr, daß die amerikanische Politik keine wirklichen – guten oder schlechten – Ziele verfolgte, welche diese pseudo-mathematischen Spielereien hätten einschränken und kontrollieren können: »Weder territoriale noch wirtschaftliche Gewinne werden in Vietnam angestrebt. Der Zweck des ungeheuren und kostspieligen Einsatzes bestand darin, eine bestimmte Geistesverfassung zu erzeugen.«[64] Den Grund aber, warum so unmäßig kostspielige Mittel, so viele Menschenleben und so viele Milliarden Dollar für politisch belanglose Zwecke eingesetzt wurden, darf man nicht nur in dem unheilvollen Überfluß jener Jahre suchen, sondern auch in Amerikas Unfähigkeit zu begreifen, daß auch großer Reichtum nicht unbegrenzt ist und es unbegrenzte Macht nicht gibt. Hinter der immer wiederholten Phrase von der »stärksten Macht auf Erden« lauerte der gefährliche Mythos der Allmacht. Wie Eisenhower der letzte Präsident war, der wußte, daß er um die »Vollmacht des Kongresses nachsuchen mußte, um amerikanische Truppen in Indochina einzusetzen«, so war seine Regierung auch die letzte, die sich bewußt war, daß »der Einsatz von mehr als symbolischen Streitkräften der US in jenem Gebiet eine bedenkliche Zersplitterung der *begrenzten* amerikanischen Möglichkeiten wäre«[65] (Hervorhebung von mir). Trotz aller späteren Berechnungen von »Kosten, Ergebnissen und Risiken« bestimmter Aktionen kam es den Rechnern nie in den Sinn, daß es eine absolute, nicht-psychologische Grenze der zur Verfügung stehenden Mittel geben könne. Die »Grenze«, mit der sie rechneten, war die Volksstimmung: Wie hoch dürfen Verluste an amerikanischen Menschenleben sein? Antwort: Möglichst nicht viel mehr als die Verluste bei Verkehrsunfällen. Niemals aber kam ihnen anscheinend der Gedanke, daß es für die Vergeudung von Mitteln selbst für Amerika Grenzen gibt, wenn das Land nicht Bankrott machen soll.

Dieses tödliche Amalgam von »Machtarroganz«, wie Senator Fulbright es genannt hat (das heißt nicht der Drang zur Weltherrschaft, sondern das Verlangen, so auftreten zu dürfen, als ob man sie bereits hätte, ohne doch über die Mittel zu verfügen, dies durchzusetzen), mit der rein intellektuellen Arroganz von professionellen Problem-Lösern und ihrem völlig irrationalen Vertrauen in die Berechenbarkeit der Wirklichkeit, bestimmte seit Beginn der Eskalation im Jahre 1964 die außenpolitischen Entscheidungen des Landes. Was aber nicht heißen soll, daß die Problem-Löser mit ihren streng »wissenschaftlichen« Methoden, der Wirklichkeit beizukommen und sie zu entwirklichen, die eigentlichen Urheber dieser selbstzerstörerischen Politik gewesen sind.

Die Vorläufer der Problem-Löser, die den Verstand verloren, weil sie der Rechenkraft ihrer Gehirne mehr trauten als der Urteilskraft und der Fähigkeit, Erfahrungen zu machen und daraus zu lernen, waren die Ideologen aus der Zeit des Kalten Krieges. Der Antikommunismus als Ideologie – nicht Amerikas alte, häufig von Vorurteilen bestimmte Feindseligkeit gegen Sozialismus und Kommunismus, die in den zwanziger Jahren so stark war und unter Roosevelt immer noch eine der Hauptstützen der Republikanischen Partei bildete – stammt ursprünglich von ehemaligen Kommunisten, die eine neue Ideologie benötigten, mit der sie den Verlauf der Geschichte erklären und sicher voraussagen konnten. Diese Ideologie wurde mit dem Ende des Zweiten Weltkrieges die führende außenpolitische »Theorie« in Washington. Ich erwähnte bereits, in welchem Ausmaß die schiere Unkenntnis aller einschlägigen Tatsachen und die völlige Mißachtung aller Nachkriegsentwicklungen für die Überlegungen in Washington bezeichnend wurden. Man brauchte hier weder Informationen noch Fakten; man hatte hier eine »Theorie«, und was in sie nicht paßte, leugnete oder ignorierte man.

Die Methoden der älteren Generation – also die Methoden von Rusk im Gegensatz zu denen von McNamara – waren weniger kompliziert, sozusagen weniger intellektuell als die der Problem-Löser, doch schirmten sie nicht weniger wirksam gegen die Wirklichkeit ab und ruinierten die Urteils- und Lernfähigkeit in gleicher Weise. Die Älteren waren stolz darauf, aus der Vergangenheit gelernt zu haben: Aus Stalins Herrschaft über alle kommunistischen Parteien – daher die Vorstellung vom »monolithischen Kommunismus« – und aus dem Umstand, daß Hitler nach München einen Krieg begonnen hatte, schlossen sie, daß jede versöhnliche Geste ein »zweites München« sei. Sie waren außerstande, sich der Wirklichkeit als solcher zu stellen, weil sie immer irgendeine Analogie vor Augen hatten, die ihnen »half«, die Wirklichkeit zu verstehen. Als Johnson – damals noch Kennedys Vizepräsident – von einer Inspektion durch Südvietnam heimkehrte und munter berichtete, Diêm sei »der asiatische Churchill«, hätte man annehmen können, daß das Spiel mit Analogien an reiner Absurdität zugrunde gehen würde; was keineswegs der Fall war. Man kann auch nicht sagen, daß die ausgesprochen linken Kritiker des Krieges in anderen Begriffen dachten. Diese extreme Gruppe hatte die fatale Neigung, alles, was ihnen – häufig zu Recht – mißfiel, als »faschistisch« oder »nazistisch« zu beschimpfen und jedes Gemetzel Völkermord zu nennen, was in Vietnam offensichtlich nicht zutraf, da trotz aller Opfer die Bevölkerung zunahm. Das konnte nur eine Mentalität erzeugen, die sich gewöhnte, Gemetzel und andere Kriegsverbrechen zu übersehen, solange es sich nicht um Völkermord handelte.

Die Problem-Löser waren von den Sünden der Ideologen bemerkenswert frei; sie glaubten an Methoden, nicht an Weltanschauungen. Deshalb konnte man ihnen auch zutrauen, »eine Zusammenstellung der Dokumente des Pentagons über Amerikas Engagement« zu liefern, die »umfassend und objektiv«[66] war. Obwohl sie aber an so allgemein akzeptierte politische Rechtfertigungen wie die Dominotheorie nicht glaubten, erzeugten doch diese Theorien mit ihren verschiedenen Methoden der »Entwirklichung« die Atmosphäre, in der sich auch die Problem-Löser mit ihrer Arbeit bewegten. Schließlich mußten sie ja die Kalten Krieger überzeugen, deren Köpfe, wie sich dann zeigte, auf die Denkspiele, die jene zu bieten hatten, hervorragend vorbereitet waren.

Wie die Kalten Krieger vorgingen, wenn man sie sich selber überließ, zeigt sich deutlich an einer der »Theorien« von Walt Rostow, dem »führenden Intellektuellen« der Regierung Johnson. Rostows »Theorie« wurde zu einem der wichtigsten Gründe für die Entscheidung, Nordvietnam zu bombardieren; das geschah gegen den Rat von »McNamaras damals hochangesehenen Systemanalytikern im Verteidigungsministerium«. Rostows Theorie stützte sich anscheinend auf eine Bemerkung von Bernard Fall, einem der schärfsten Beobachter und bestinformierten Kritiker des Krieges, der zu bedenken gab: »Ho Tschi Minh *könnte* dem Krieg im Süden abschwören, wenn seine neuen Industriewerke bombardiert würden.«[67] (Hervorhebung von mir.) Das war eine Hypothese, eine echte Möglichkeit, die entweder bestätigt oder widerlegt werden mußte. Unglücklicherweise paßte die Bemerkung aber gut zu Rostows Theorien über den Guerillakrieg, und so wurde nun daraus eine »Tatsache«: Präsident Ho Tschi Minh »hat Industrieanlagen zu schützen; er ist nicht mehr ein Guerillakrieger, der nichts zu verlieren hat«[68]. Rückblickend erscheint das dem Analytiker als ein »kolossales Fehlurteil«[69]. »Kolossal« werden konnte dieses »Fehlurteil« aber nur, weil niemand es rechtzeitig korrigieren wollte. Denn es zeigte sich sehr rasch, daß das Land nicht genügend industrialisiert war, um in einem *begrenzten* Krieg unter Luftangriffen zu leiden; in einem Krieg, dessen im Lauf der Jahre wechselnde Zielsetzung niemals die Vernichtung des Gegners war, sondern bezeichnenderweise die Absicht, »seinen Willen zu brechen«. Der Wille der Regierung in Hanoi aber ließ sich nicht einfach »brechen« – gleichgültig, ob oder ob nicht die Nordvietnamesen das besaßen, was nach Rostows Ansicht eine notwendige Eigenschaft von Guerillakriegern war.

Nun fehlt es zwar dieser vor allem in der Psychologie und Soziologie grassierenden Unfähigkeit, zwischen einleuchtenden Hypothesen und Tatsachen zu unterscheiden (so daß unbewiesene Theorien sich unter der Hand in »Tatsachen« verwandeln), durchaus an der so faszinierenden Methodenstrenge, der sich die Spieltheoretiker und Systemanalytiker befleißigen; aber die Wurzel ist doch dieselbe – beide entspringen einer Verachtung der Erfahrung, der Unfähigkeit oder mangelnden Bereitschaft, die Wirklichkeit zu befragen, aus ihr zu lernen und so zu relativ vernünftigen und relativ stimmigen Erfahrungsurteilen zu kommen.

Damit kommen wir zum Kern der Angelegenheit und können zumindest teilweise eine Antwort auf die Frage geben: Wie konnte man nur diese Politik nicht nur einleiten, sondern bis zum bitteren und absurden Ende verfolgen? »Entwirklichung« und Problemlöserei waren erwünscht, weil Mißachtung der Wirklichkeit dieser Politik und ihren Zielen inhärent war. Was brauchten sie denn über Indochina, wie es wirklich war, zu wissen, wenn es nicht mehr war als ein »Testfall« oder ein Dominostein, ein Mittel zur »Eindämmung Chinas« oder zur Demonstration der Existenz der mächtigsten unter den Supermächten diente? Oder nehmen wir die Bombardierung Nordvietnams mit dem Hintergedanken, die Moral in Südvietnam zu stärken,[70] ohne daß man wirklich die Absicht hatte, einen klaren Sieg zu erringen und den Krieg zu beenden. Wie konnte man an etwas so Realem wie einem Sieg interessiert sein, wenn man den Krieg weder um territorialer Gewinne noch um wirtschaftlicher Vorteile willen fortführte, schon gar nicht um einem Freund zu helfen oder eine Verpflichtung einzulösen, ja nicht einmal für die Realität der Macht (im Gegensatz zu deren bloßem Image)?

Als man dieses Stadium des Spiels erreicht hatte, wandelte sich die in der Dominotheorie beschlossene ursprüngliche Prämisse »Es kommt auf das Land gar nicht an« zu einem »Es kommt auf den Feind gar nicht an«. Und das mitten im Kriege! Die Folge war, daß der Feind – arm, mißhandelt und leidend – stärker wurde, während das »mächtigste Land« von Jahr zu Jahr schwächer wurde. Heute gibt es Historiker, die behaupten, Truman habe die Bombe auf Hiroshima werfen lassen, um die Russen aus Osteuropa zu verjagen (mit dem bekannten Ergebnis!). Wenn das stimmt, was sehr wohl möglich ist, dann können wir die ersten Anfänge dieser Mißachtung der wirklichen Folgen einer Handlung, weil man irgendein Fernziel hat, bis zu jenem verhängnisvollen Kriegsverbrechen zurückverfolgen, das den letzten Weltkrieg beendete.

V

Zu Beginn dieser Untersuchung habe ich angedeutet, daß die von mir ausgewählten Aspekte der Pentagon-Papiere – Täuschung, Selbsttäuschung, Image-Pflege, Ideologisierung und »Entwirklichung« – keineswegs die einzigen Perspektiven sind, unter denen man sie sehen und aus ihnen lernen kann. Da ist zum Beispiel das Faktum, daß dieses gewaltige und systematische Unternehmen einer kritischen Selbstprüfung von einem der Hauptakteure in der Regierung in Auftrag gegeben wurde; daß man, um die Dokumente zusammenzustellen und die Analysen zu schreiben, sechsunddreißig Leute auftreiben konnte, von denen eine ganze Reihe »mitgeholfen hatte, die Politik, die sie beurteilen sollten, zu initiieren oder auszuführen«[71]; daß einer von ihnen, als deutlich geworden war, daß niemand in der Regierung bereit war, die Ergebnisse zu verwenden oder auch nur zu lesen, sich an die Öffentlichkeit wandte und die Sache in die Presse sickern ließ; und daß schließlich die angesehensten Zeitungen im Lande es wagten, einem Material, das den Stempel »top secret« trug, die weitest mögliche Aufmerksamkeit zu verschaffen. Mit Recht hat Neil Sheehan gesagt, daß Robert McNamaras Entscheidung, herauszufinden, warum alles schief ging, »sich vielleicht als eine der wichtigsten Entscheidungen in seinen sieben Jahren im Pentagon erweisen mag«[72]. Sie stellte, zumindest für einen flüchtigen Augenblick, das Ansehen dieses Landes in der Welt wieder her. Was jetzt geschehen war, hätte wohl wirklich kaum anderswo in der Welt geschehen können. Es war, als ob alle diese Leute, die in einen ungerechten Krieg verwickelt und von ihm mit Recht kompromittiert waren, sich plötzlich daran erinnerten, was sie ihren Vorfahren schuldig waren und »der Achtung«, die im Sinne der Unabhängigkeitserklärung »dies Land den Ansichten der Menschheit« schuldet.

Da ist ferner die häufig erwähnte Tatsache, die einer genauen und eingehenden Untersuchung bedarf: daß die Pentagon-Papiere nur wenige wichtige Neuigkeiten enthüllten, die dem Leser von Tageszeitungen und Wochenzeitschriften nicht zur Verfügung standen; daß überdies keine Argumente für oder wider in der »Geschichte des amerikanischen Entscheidungsprozesses in der Vietnampolitik« – so der amtliche Titel des Berichts – sich finden, die nicht seit Jahren öffentlich in Zeitschriften, im Fernsehen und in Rundfunksendungen diskutiert worden sind. (Abgesehen von persönlichen Standpunkten und deren Wandlungen, waren nur die völlig abweichenden Ansichten der Geheimdienste durchweg unbekannt.) Daß die Öffentlichkeit seit Jahren Zugang zu einem Material hatte, das die Regierung ihr vergeblich vorzuenthalten versuchte, beweist die Unbestechlichkeit und die Macht der Presse noch ausdrücklicher als die Art, wie die *Times* die Geschichte dann herausgebracht hat. Was man lange angenommen hatte, steht jetzt fest: Solange die Presse frei und nicht korrupt ist, hat sie eine ungeheuer wichtige Aufgabe zu erfüllen und kann mit Recht die vierte öffentliche Gewalt genannt werden. Eine andere Frage ist es, ob der Erste Zusatzartikel zur Verfassung ausreichen wird, um diese wesentlichste politische Freiheit zu schützen: das Recht auf nicht manipulierte Tatsacheninformation, ohne welche die ganze Meinungsfreiheit zu einem entsetzlichen Schwindel wird.

Schließlich können daraus diejenigen etwas lernen, die, wie ich selber, glaubten, daß Amerika sich auf eine imperialistische Politik eingelassen, seine alte antikoloniale Einstellung vergessen habe und vielleicht mit Erfolg daran gehe, die von Kennedy verurteilte Pax Americana zu etablieren. Was immer dieser Verdacht wert sein mag, der sich durch unsere Politik in Lateinamerika wohl rechtfertigen ließe: Falls unerklärte Kriege – aggressive Kleinkriege in fernen Ländern – notwendige Mittel sind, um imperiale Ziele zu erreichen, dann werden die

Vereinigten Staaten weniger als fast jede andere Großmacht imstande sein, erfolgreich imperiale Politik zu treiben. Denn wenn auch die Demoralisierung der amerikanischen Truppen jetzt ein beispielloses Ausmaß erreicht hat – dem *Spiegel* zufolge gab es allein im Jahr 1970 89088 Deserteure, 100000 Wehrdienstverweigerer und Zehntausende von Rauschgiftsüchtigen[73] –, so hat der Auflösungsprozeß in der Armee doch schon viel früher begonnen; ihm vorausgegangen war eine ähnliche Entwicklung während des Krieges in Korea.[74]

Man braucht nur mit ein paar heimkehrenden Veteranen dieses Krieges zu sprechen – oder Daniel Langs nüchternen und aufschlußreichen Bericht im *New Yorker* über die Entwicklung eines ziemlich typischen Falles zu lesen –, um zu begreifen, daß ein entscheidender Wandel des amerikanischen »Nationalcharakters« erforderlich wäre, bevor dieses Land sich auf eine aggressive Abenteuer-Politik mit Erfolg einlassen könnte. Zu demselben Schluß käme man natürlich auch, wenn man an die ungewöhnlich starke, hochqualifizierte und gut organisierte Opposition denkt, die sich immer wieder geltend gemacht hat. Die Nordvietnamesen, die diese Entwicklung im Laufe der Jahre sorgfältig beobachtet haben, hatten stets ihre Hoffnung darauf gesetzt, und es scheint, daß ihre Beurteilung zutreffend war.

Zweifellos kann sich das alles ändern. Eines aber ist in den letzten Monaten deutlich geworden: Die halbherzigen Versuche der Regierung, verfassungsmäßige Garantien zu umgehen und diejenigen einzuschüchtern, die entschlossen sind, sich nicht einschüchtern zu lassen, und lieber ins Gefängnis gehen würden als zuzusehen, wie ihre Rechte und Freiheiten immer weiter beschnitten werden – diese Versuche reichen nicht aus und werden wahrscheinlich auch in absehbarer Zukunft nicht ausreichen, um die Republik zu zerstören. Es besteht Grund dafür, mit Daniel Langs Veteran[75] – einem von zweieinhalb Millionen – zu hoffen, »daß unser Land infolge des Krieges die bessere Seite seines Wesens wiedergewinnen wird.« »Ich weiß, daß man darauf nicht bauen kann«, sagte er, »aber etwas anderes will mir nicht in den Sinn kommen.«

(16) Zweihundert Jahre Amerikanische Revolution*

Daß die Republik, daß diese Form der Regierung und ihre Institutionen der Freiheit sich in einer Krise befinden, das konnte man schon seit Jahrzehnten wahrnehmen, und zwar seit jenen von Joe McCarthy ausgelösten Ereignissen,[1] die uns heute wie eine Minikrise vorkommen. Die späteren Vorfälle zeugten von der zunehmenden Unordnung, welche die Grundlagen unseres politischen Lebens erschütterte. Eine der Folgen der McCarthy-Episode war die Zerstörung der Zuverlässigkeit und der absoluten Loyalität der Beamtenschaft, einer hierzulande relativ neuen Form des Staatsdienstes, wahrscheinlich die wichtigste Errungenschaft der langjährigen Roosevelt-Administration. Im Gefolge all dieser Ereignisse tauchte auf der außenpolitischen Bühne der »häßliche Amerikaner« auf; im Inland trat er damals kaum in Erscheinung, es sei denn durch eine zunehmende Unfähigkeit, Irrtümer zu korrigieren und Schäden wiedergutzumachen.

Unmittelbar darauf begannen einige nachdenkliche Beobachter daran zu zweifeln, daß unsere Regierungsform dem Ansturm der diesem Jahrhundert feindlichen Kräfte standhalten und das Jahr 2000 überleben könnte – und der erste, der solche Zweifel öffentlich kundtat, war, wenn ich mich recht erinnere, John Kennedy. Doch das tat der allgemeinen guten Stimmung im Lande keinen Abbruch, und so war auch niemand, nicht einmal nach Watergate, auf den verheerenden Sturzbach von Ereignissen vorbereitet, dessen reißende Kraft in letzter Zeit jedermann betäubt und gelähmt hat – Zuschauer, die darüber nachzudenken versuchten, ebenso wie Akteure, die das Ganze aufzuhalten versuchten.

Zweifellos ist dieser Sturzbach von Ereignissen, der uns lähmt, in großem Maße auf ein eigenartiges, aber in der Geschichte keineswegs unbekanntes Zusammentreffen von Vorkommnissen zurückzuführen, wobei jedes einzelne Vorkommnis eine eigene Bedeutung und eine eigene Ursache hat. Bei unserem Rückzug aus Vietnam handelt es sich

* 1975 in englischer Sprache veröffentlicht, deutsche Übersetzung (1986) von Eike Geisel.

keinesfalls um einen »ehrenwerten Frieden«, sondern im Gegenteil um eine absolut demütigende Niederlage. Sie vollzog sich in der Hals-über-Kopf-Evakuierung per Hubschrauber und in den unvergeßlichen Szenen eines Kriegs aller gegen alle, was gewiß die schlechteste der vier Optionen war, die der Administration zur Auswahl standen und der wir noch unnötigerweise unseren letzten PR-Gag hinzufügten, nämlich die Baby-Luftbrücke, die »Rettung« des einzigen südvietnamesischen Bevölkerungsanteils, der vollkommen sicher war. Diese Niederlage hätte selbst kaum zu einem derartigen Schock, wie wir ihn verspüren, führen können: Sie war seit Jahren eine Gewißheit und wurde von vielen seit der Tet-Offensive erwartet.

Daß die »Vietnamisierung« nicht funktionieren würde, hätte niemanden überraschen dürfen; das war eine Propagandaformel für die Öffentlichkeit, mit der man die Evakuierung der amerikanischen Truppen zu rechtfertigen suchte, die man, weil sie von Drogen und Korruption beherrscht, von Desertion und offener Meuterei angesteckt waren, dort nicht mehr lassen konnte. Was hingegen eine Überraschung war, das war die Art und Weise, wie Thiêu es selbst, ohne seine Beschützer in Washington um Rat zu fragen, fertiggebracht hat, die Auflösung seiner Regierung dermaßen zu beschleunigen, daß die Sieger gar nicht zu kämpfen und niemanden zu besiegen brauchten; das, was sie vorfanden, als sie mit dem Feind in Berührung kamen, der schneller floh, als sie ihn verfolgen konnten, das war keine Armee auf dem Rückzug, sondern ein aus Soldaten und Zivilisten zusammengewürfelter Haufen von Marodeuren, der in gigantischem Ausmaß plünderte.

Das Entscheidende ist, daß diese Niederlage in Südostasien zeitlich fast mit dem Ruin der US-amerikanischen Außenpolitik zusammentraf – mit der Katastrophe auf Zypern und dem möglichen Verlust zweier ehemaliger Bündnispartner, der Türkei und Griechenlands, mit dem Putsch in Portugal und dessen ungewissen Konsequenzen, mit dem Debakel im Mittleren Osten und dem Aufstieg der arabischen Staaten zu einem bedeutenden Faktor. Hinzu kam, daß diese äußeren Probleme mit unseren vielfältigen inneren Problemen zusammenfielen: mit Inflation, Währungsabwertung, der Misere unserer Städte, der steigenden Arbeitslosenquote und der wachsenden Kriminalität. Wenn man zu all dem die Nachwirkungen der Watergate-Affäre, die keineswegs vorüber sind, hinzurechnet, die Schwierigkeiten mit der NATO, den drohenden Bankrott Italiens und Englands, den Konflikt mit Indien und die Ungewißheit der Entspannungspolitik, besonders in Hinblick auf die Weitergabe von Atomwaffen – und wenn wir dies für einen Augenblick mit unserer Position am Ende des Zweiten Weltkriegs vergleichen, dann werden Sie zustimmen müssen, daß dem raschen Machtverfall der Vereinigten Staaten die Aufmerksamkeit geschenkt werden muß, die ihm als einem der vielen beispiellosen Ereignisse dieses Jahrhunderts gebührt.

Es ist durchaus möglich, daß wir an einem jener entscheidenden Wendepunkte der Geschichte stehen, welche ganze Epochen voneinander trennen. Für uns Zeitgenossen, die wir in die unerbittlichen Anforderungen des täglichen Lebens verstrickt sind, ist die Trennungslinie zwischen einem Zeitalter und dem nächsten beim Überschreiten wahrscheinlich kaum sichtbar; erst nachdem die Menschen darüber hinweggestolpert sind, wachsen die Linien zu Mauern empor, hinter denen unwiederbringlich die Vergangenheit zurückbleibt.

In solchen Augenblicken der Geschichte, in denen die Schrift an der Wand zu furchterregend wird, fliehen die meisten Menschen in die beruhigende Sicherheit des täglichen Lebens mit seinen unveränderlichen, dringenden Anforderungen. Und diese Versuchung ist heute um so stärker, als auch jegliche langfristige historische Perspektive nicht gerade ermutigend ist. Die vor zweihundert Jahren gegründeten amerikanischen Institutionen der Freiheit haben länger Bestand gehabt als irgendeine vergleichbare ruhmreiche Periode der Geschichte. Diese Glanzlichter der Menschheitsgeschichte sind mit Recht Paradigmen unserer Tradition politischen Denkens geworden; doch wir sollten nicht vergessen, daß sie, chronologisch betrachtet, immer nur Ausnahmen waren. Als Ausnahmen leben sie im Denken fort, um das Handeln und Denken der Menschen in finsteren Zeiten zu erhellen. Niemand kennt die Zukunft, und alles, was wir in diesem recht feierlichen Augenblick mit Gewißheit sagen können, ist dies: Egal, wie das Ganze ausgeht, diese zweihundert Jahre der Freiheit mit all ihren Höhen und Tiefen verdienen es, »gebührend gerühmt zu werden« (Herodot).

Gerade weil die Menschen sich der beängstigenden Distanz bewußt sind, die uns von den außergewöhnlichen Anfängen und den außerordentlichen Qualitäten der eigentlichen Gründer trennt, machen sich so viele auf die Suche nach den Wurzeln, nach den »tieferen Gründen« dessen, was geschehen ist. Es liegt im Wesen von Wurzeln und »tieferen Gründen«, daß sie am hellichten Tag durch das Auftreten der Phänomene verborgen bleiben, deren Ursache sie gewesen sein sollen. Es gibt eine Fülle von *Theorien* über die »tieferen« Ursachen für den Ausbruch des Ersten oder Zweiten Weltkriegs, die nicht auf der traurigen Weisheit gründen, daß man hinterher immer schlauer ist, sondern auf den zu Überzeugungen geronnenen Spekulationen über Wesen und Schicksal des Kapitalismus oder Sozialismus, des Industriezeitalters oder der postindustriellen Ära, über die Rolle von Wissenschaft und Technik und so fort. Doch solche Theorien sind sogar noch stärker begrenzt durch die unausgesprochenen Erwartungen des Publikums, an welche sie sich richten. Sie müssen *plausibel* sein, das heißt, sie müssen Aussagen enthalten, die von den meisten vernünftigen Menschen der Zeit akzeptiert werden können; sie können nicht verlangen, daß man das Unglaubliche glaubt.

Ich glaube, die meisten Leute, die das furchtbare und von Panik geprägte Ende des Vietnamkrieges verfolgt haben, hielten das, was sie auf dem Bildschirm ihres Fernsehers sahen, für »unglaublich«, was es in der Tat ja auch war. Genau wegen dieses Aspekts der Realität, den weder die Hoffnung noch die Furcht voraussehen kann, feiern wir, wenn Fortuna lächelt, und fluchen wir, wenn das Unglück zuschlägt. Jede Spekulation über tiefere Ursachen wendet sich nach dem Realitätsschock wieder dem zu, was plausibel scheint und dadurch erklärt werden kann, daß vernünftige Menschen es für möglich halten. Diejenigen, die diese einleuchtenden Erklärungen in Frage stellen, die schlechte Nachrichten überbringen und darauf bestehen, »das zu sagen, was ist«, waren niemals gern gesehen und wurden oft nicht einmal geduldet. Wenn es zur Natur von Erscheinungen gehört, »tiefere« Ursachen zu verbergen, dann gehört es zum Wesen der Spekulationen über solche verborgenen Ursachen, daß sie die krassen, nackten Tatsachen verbergen und uns die Brutalität der Dinge, so wie sie sind, vergessen lassen.

Diese natürliche menschliche Neigung hat im Laufe des letzten Jahrzehnts gigantische Ausmaße angenommen, als unsere ganze politische Szenerie von den Gepflogenheiten und Vorschriften der – wie es euphemistisch heißt – Public Relations beherrscht wurde, das heißt von der »Weisheit« der Reklameexperten in der Madison Avenue. Bei dieser Weisheit handelt es sich um die Klugheit von Funktionären einer Konsumgesellschaft, für deren Waren sie Reklame machen – und zwar in einer Öffentlichkeit, deren größter Teil sehr viel mehr Zeit darauf verwendet, diese Waren zu konsumieren, als zu ihrer Herstellung notwendig ist. Die Funktion der Werbefachleute besteht darin, den Vertrieb der Waren zu befördern, und ihr Interesse konzentriert sich immer weniger auf die Bedürfnisse des Konsumenten und immer mehr auf die Bedürfnisse der Ware, in immer größeren Mengen konsumiert zu werden. Wenn Fülle und Überfluß die ursprünglichen Ziele der klassenlosen Gesellschaft waren, von der Marx träumte, dann leben wir in Verhältnissen, in denen der sozialistische und kommunistische Traum Realität geworden ist, nur daß die Verwirklichung dieses Traums unsere wildesten Phantasien weit hinter sich gelassen hat durch den Aufstieg der Technik, deren vorerst letztes Stadium mit der Automation erreicht ist: Der edle Traum hat sich verändert und gleicht eher einem Alptraum.

Diejenigen, die über die »tieferen« Ursachen spekulieren wollen, welche der faktischen Verwandlung einer anfänglichen Produzentengesellschaft in eine Konsumentengesellschaft zugrunde liegen, die nur noch als gigantische Wegwerfgesellschaft weitermachen kann, täten gut daran, sich die jüngsten Überlegungen von Lewis Mumford in *The New Yorker* zu Gemüte zu führen. Denn es ist nur allzu wahr, daß es sich bei der »Prämisse, die diesem ganzen Zeitalter zugrunde liegt«, also der kapitalistischen und der sozialistischen Entwicklung gleichermaßen, um die »Doktrin des Fortschritts« handelt. »Der Fortschritt«, sagt Lewis Mumford, »das war eine Straßenbaumaschine, die zwar sich selbst den Weg planierte, aber weder eine Spur auf dem Weg hinterlassen noch sich in Richtung auf ein vorstellbares und menschlich wünschenswertes Ziel bewegt hat.«[2] Denn »in Bewegung bleiben ist das Ziel«, aufs Weitermachen kam es an, aber nicht etwa, weil etwas Schönes oder Sinnvolles an diesem »Weitermachen« gewesen wäre, sondern weil innehalten, der Verschwendung ein Ende setzen, damit aufhören, immer mehr und immer schneller zu konsumieren, und in irgendeinem bestimmten Augenblick sagen: bis hierher und nicht weiter – weil dies den sofortigen Untergang bedeuten würde.

Dieser vom unaufhörlichen Lärm der Werbeagenturen begleitete »Fortschritt« vollzog sich auf Kosten der Welt, in der wir leben, und auf Kosten der Dinge selbst, in die nun der Verschleiß eingebaut war und die wir nicht mehr gebrauchen, sondern zweckentfremden, mißbrauchen und wegwerfen. Daß man sich neuerdings plötzlich für die der Umwelt drohenden Gefahren interessiert, ist der erste Hoffnungsstrahl in dieser Entwicklung, obwohl, soweit ich sehen kann, bislang niemand ein Mittel gegen diese aus den Fugen geratene Wirtschaft gefunden hat, das nicht einen wirklich größeren Zusammenbruch verursachen würde.

Sehr viel entscheidender als diese sozialen und ökonomischen Konsequenzen ist jedoch die Tatsache, daß man die Methoden der Reklameexperten unter der Bezeichnung Public Relations in unser politisches Leben eindringen ließ. Die Pentagon-Papiere präsentieren nicht nur detailliert »das Bild der größten Weltmacht, die wöchentlich tausend Zivilisten tötet oder schwer verletzt, während sie versucht, eine winzige rückständige Nation mit einem Dauerbombardement in die Knie zu zwingen wegen eines Ziels, dessen Wert heiß umstritten ist« – ein Bild, das der sorgfältig abgewogenen Formulierung McNamaras zufolge gewiß »kein schöner Anblick« war.[3] Sie legten auch eindeutige Beweise vor, die den Bericht in eintöniger Wiederholung durchziehen, daß dieses Unternehmen sich ausschließlich von den Bedürfnissen einer Supermacht leiten ließ, sich selbst ein »Image« zu schaffen, welches die Welt davon *überzeugen* würde, daß es sich bei ihr tatsächlich um »die größte Weltmacht« handelte.

Der Endzweck dieses schrecklich zerstörerischen Krieges, den Johnson 1965 auslöste, war weder Macht noch Profit. Es ging sogar nicht einmal um so reale Dinge wie den Einfluß in Asien, der ganz bestimmten handfesten Interessen dienen sollte, zu deren Durchsetzung man Prestige, also ein entsprechendes Image benötigte und zielbewußt einsetzte. Im Hinblick auf das Endziel verwandelten sich alle »Optionen« in kurzfristig austauschbare Hilfsmittel; zuletzt, als alles auf eine Niederlage hindeutete, mobilisierte diese ganze Bande alle ihre bemerkenswerten intellektuellen Reserven für die Suche nach Mitteln und Wegen, um das *Eingeständnis* der Niederlage zu vermeiden und das Gesicht zu wahren, d. h. das Image der »größten Weltmacht« intakt zu halten.

Image-Aufbau und Image-Pflege als Weltpolitik sind in der Tat etwas Neues in dem wahrlich nicht kleinen Arsenal menschlicher Torheiten, von denen die Geschichte berichtet, wohingegen die eigentliche Lüge in der Politik weder neu noch notwendigerweise töricht ist. Lügen galten in Notfällen immer als gerechtfertigt, und zwar wenn sie sich auf besondere Geheimnisse, vor allem in militärischen Angelegenheiten, bezogen, die dem Feind nicht preisgegeben werden durften. Doch das war kein Lügen aus Prinzip, es handelte sich um das eifersüchtig gehütete Vorrecht einer geringen Anzahl von Menschen, um mit außergewöhnlichen Umständen fertig zu werden, wohingegen man nun zuließ, daß das Image-Bild, also die scheinbar harmlose Art der Madison-Werbeexperten zu lügen, sich überall im militärischen und zivilen staatlichen Apparat breitmachte. Als Beispiele seien hier genannt die frisierten Zahlen der mit »Suchen und Vernichten« beauftragten Einheiten, die zurechtgemachten Erfolgs- und Verlustmeldungen der Luftwaffe, die »Fortschritte«, die dauernd nach Washington gemeldet wurden, und zwar im Fall von Botschafter Martin bis zum allerletzten Augenblick, als er den Hubschrauber bestieg, um evakuiert zu werden. Diese Lügen verbargen keine Geheimnisse vor Freund oder Feind, das war auch gar nicht ihr Ziel. Sie waren dazu gedacht, den Kongreß zu manipulieren und dem amerikanischen Volk etwas einzureden.

Daß Lügen eine Art zu leben ist, dies ist ebenfalls kein Novum in der Politik, zumindest nicht mehr in unserem Jahrhundert. Diese Art zu lügen war in Ländern mit totalitärer Herrschaft ziemlich erfolgreich; dort gehorchte die Lüge keinem Image, sondern einer Ideologie. Ihr Erfolg war, wie wir alle wissen, überwältigend, aber doch vom Terror abhängig und nicht von unterschwelliger Überredung, und ihr Ergebnis ist alles andere als ermutigend: Daß Sowjetrußland immer noch eine Art unterentwickeltes und unterbevölkertes Land ist, liegt, ganz abgesehen von allen anderen Umständen, in hohem Maße an diesen prinzipiellen Lügen.

Der entscheidende Aspekt dieses prinzipiellen Lügens ist, daß es nur mittels Terror funktionieren kann, das heißt dadurch, daß das schiere Verbrechertum in die politischen Vorgänge eindringt. Dies geschah in riesigem Ausmaß während der dreißiger und vierziger Jahre in Deutschland und Rußland, als die Regierungen dieser beiden Länder sich in den Händen von Massenmördern befanden. Nach der Niederlage und dem Selbstmord Hitlers und nach dem plötzlichen Tod von Stalin wurde in beiden Ländern, wenn auch auf unterschiedliche Weise, eine politische Form der Image-Fabrikation eingeführt, um die unglaublichen Taten der Vergangenheit zu vertuschen. Das Adenauer-Regime in Deutschland glaubte die Tatsache vertuschen zu müssen, daß nicht nur einige »Kriegsverbrecher« Hitler geholfen hatten, sondern daß eine Mehrheit des deutschen Volkes ihn unterstützt hatte,[4] und Chruschtschow tat auf dem XX. Parteitag so, als sei alles eine Folge des unglückseligen »Personenkults« gewesen.[5] In beiden Fällen handelte es sich bei den Lügen um eine Verschleierung, wie wir das heute nennen würden; man hielt dies für notwendig, um dem Volk die Abkehr von einer monströsen Vergangenheit zu ermöglichen, die zahllose Verbrecher im Lande hinterlassen hatte, und um irgendeine Normalität wiederzuerlangen.

Was Deutschland betrifft, so war diese Strategie äußerst erfolgreich, und das Land fing sich rasch wieder. Der Wandel in Rußland dagegen war keine Rückkehr zu dem, was wir als Normalität bezeichnen würden, sondern das Land kehrte zum Despotismus zurück. Dieser Wechsel von totaler Herrschaft mit ihren Millionen vollkommen unschuldiger Opfer zu einem tyrannischen Regime, das hauptsächlich die Opposition verfolgt, stellte allerdings in der russischen Geschichte keine Anomalie dar. Die bedenklichste Folge der schrecklichen Verbrechen in den dreißiger und vierziger Jahre in Europa besteht darin, daß diese Art von Verbrechertum und dessen Blutbäder der bewußte oder unbewußte Maßstab geblieben sind, mit dem wir beurteilen, was in der Politik erlaubt und was verboten ist. Die öffentliche Meinung neigt auf bedenkliche Weise dazu, stillschweigend nicht über Straßenkriminalität, sondern über alle politischen Vergehen unterhalb von Mord hinwegzusehen.

Watergate bedeutete das Eindringen der Kriminalität in die politischen Vorgänge dieses Landes. Doch verglichen mit dem, was in diesem schrecklichen Jahrhundert bereits passiert ist, waren dessen Manifestationen – unverfrorenes Lügen, eine Reihe drittklassiger Einbrüche und das uferlose Lügen, um diese zu vertuschen, die Belästigung von Bürgern durch das Finanzamt, der Versuch, einen Geheimdienst zu organisieren, der ausschließlich der Exekutive unterstellt ist – derart gelinde, daß es immer schwerfiel, sie ganz und gar ernst zu nehmen. Dies traf insbesondere auf ausländische Beobachter und Kommentatoren zu, da keiner von ihnen aus einem Land kam, wo eine geschriebene Verfassung tatsächlich das Grundgesetz darstellt, wie es hier seit zweihundert Jahren der Fall ist. Also werden bestimmte Verstöße, die hierzulande wirklich kriminell sind, in anderen Ländern nicht als Verbrechen angesehen.

Doch selbst wir, die wir hier Bürger sind und uns als Bürger spätestens seit 1965 in Opposition gegen die Administration befunden haben, haben nach der auszugsweisen Veröffentlichung der Nixon-Tonbänder in dieser Hinsicht unsere Schwierigkeiten. Wenn wir die Abschriften lesen, dann spüren wir, daß wir Nixon ebenso überschätzten wie die Nixon-Administration – doch wir überschätzten gewiß nicht die katastrophalen Ergebnisse unseres Abenteuers in Asien. Wir ließen uns von Nixons Handlungen irreführen, denn wir hatten den Verdacht, daß wir es mit einem geplanten Anschlag auf das Grundgesetz dieses Landes zu tun hätten, mit einem Versuch, die Verfassung und die Institutionen der Freiheit abzuschaffen. Rückblickend sieht es so aus, als habe es ein derart großes Komplott nicht gegeben, sondern »nur« den festen Entschluß, jegliches Recht, also nicht nur die Verfassung, zu beseitigen, das den wechselnden Plänen im Weg stand, die eher von Habgier und Rachsucht inspiriert waren als von Gelüsten nach totaler Macht oder von einem schlüssigen politischen Programm. Mit anderen Worten, es ist, als hätte es ein Haufen von Schwindlern und ziemlich untalentierten Mafiosi geschafft, sich die Regierung der »größten Weltmacht« anzueignen. Egal wie wir die Erosion der Macht Amerikas erklären, die Eskapaden der Nixon-Administration und ihre Überzeugung, daß sich mit schmutzigen Tricks alles erreichen ließe, gehören nicht zu deren Hauptursachen. All dies ist sicherlich nicht sehr tröstlich, doch es ändert nichts daran, daß die Verbrechen von Nixon bloß ein matter Abglanz jener Art von Kriminalität sind, mit welcher wir sie zu vergleichen neigten. Allerdings gibt es einige Parallelen, die meiner Meinung nach zu Recht unsere Aufmerksamkeit beanspruchen können.

Da ist einmal die unbequeme Tatsache, daß es um Nixon herum eine große Zahl von Personen gab, die nicht zum inneren Kreis seiner engen Mitarbeiter gehörten und nicht von ihm handverlesen waren, die aber dennoch, einige bis zum bitteren Ende, an ihm festhielten, obwohl sie genug über die »Horrorgeschichten« im Weißen Haus wußten, um auszuschließen, daß man sie lediglich manipulierte. Es stimmt, daß Nixon ihnen nie traute. Doch wie konnten *sie* diesem Mann trauen, der im ganzen Verlauf seiner langen und nicht sehr ehrenhaften öffentlichen Karriere bewiesen hatte, daß man ihm nicht trauen konnte? Dieselbe unbequeme Frage konnte man selbstverständlich und mit größerer Berechtigung angesichts der Personen stellen, die Hitler und Stalin umgaben und ihnen halfen.

Menschen mit genunin kriminellen Instinkten findet man nicht häufig unter Politikern und Staatsmännern, und zwar aus dem einfachen Grund, weil ihre besondere Tätigkeit, nämlich das Geschäft im öffentlichen Raum, Öffentlichkeit erfordert, wonach es Kriminelle in der Regel nicht gelüstet. Das Problem besteht meiner Ansicht nach weniger darin, daß Macht korrumpiert, sondern daß die *Aura* der Macht, deren glanzvolles Drum und Dran also und nicht so sehr die Macht selbst, Anziehungskraft ausübt; denn all diejenigen Politiker dieses Jahrhunderts, von denen wir wissen, daß sie ihre Macht auf offenkundig kriminelle Weise mißbraucht haben, waren längst korrupt, als sie an die Macht kamen. Was die Gehilfen brauchten, um zu Komplizen zu werden, das war eine gewisse Sicherheit, daß sie über dem Gesetz stünden. Wir besitzen in diesem Punkt kein sicheres Wissen; doch alle Spekulationen über eine dem Verhältnis von Macht und Charakter innewohnende Spannung neigen leicht dazu, waschechte Kriminelle unterschiedslos mit denjenigen gleichzusetzen, die erst dann mitmachen, wenn sie Klarheit darüber gewonnen haben, daß die öffentliche Meinung oder das »exekutive Privileg« sie davor bewahren werden, bestraft zu werden.

Was die Kriminellen selbst betrifft, so scheint die charakterliche Hauptschwäche, die sie miteinander gemein haben, in der naiven Annahme zu bestehen, daß alle Menschen eigentlich so seien wie sie, daß ihr nicht makelloser Charakter der menschlichen Bedingtheit zugehöre, wenn diese ihre Hülle aus Heuchelei und konventionellen Klischees fallenläßt. Nixons größter Fehler, abgesehen davon, daß er die Tonbänder nicht rechtzeitig vernichtet hat, war, daß er nicht mit der Unbestechlichkeit der Gerichte und der Presse gerechnet hat.

Die Ereignisflut der letzten Monate hat es einen Augenblick beinahe geschafft, das Lügengewebe der Nixon-Administration und das zuvor fabrizierte Lügengespinst der Image-Fabrikanten zu zerreißen. Die Ereignisse brachten die Fakten in ihrer nackten Gewalt ans Licht und hinterließen einen einzigen Trümmerhaufen, und einen Augenblick lang sah es so aus, als würde man für alles auf einmal die Quittung erhalten.[6] Doch die Leute, die solange in der euphorischen Stimmung des »Nichts ist so erfolgreich wie der Erfolg« gelebt hatten, konnten schwerlich die logische Entsprechung dieses Satzes, nämlich »Nichts ist erfolgloser als der Mißerfolg«, akzeptieren. Und von daher war es vielleicht ganz natürlich, daß die erste Reaktion der Ford-Administration darin bestand, es mit einem neuen Image zu versuchen, welches den Mißerfolg zumindest abmildern und das Eingeständnis der Niederlage abschwächen konnte.

Unter der Annahme, daß der »größten Weltmacht« die innere Kraft fehle, um mit der Niederlage zu leben, und unter dem Vorwand, daß das Land von einem neuen Isolationismus, für den es keine Anzeichen gab, bedroht werde, schlug die Administration die Taktik ein, den Kongreß zu beschuldigen, und man präsentierte uns, wie das schon zuvor in vielen anderen Ländern der Fall gewesen war, die Dolchstoßlegende, die im allgemeinen von Generälen nach einem von ihnen verlorenen Krieg erfunden wird und die in unserem Fall am heftigsten von den Generälen William Westmoreland und Maxwell Taylor vertreten wurde.

Präsident Ford seinerseits sah die Dinge etwas nachsichtiger als diese Generäle; er wies darauf hin, daß aus dem Blick zurück nur wechselseitige Beschuldigungen erwachsen könnten – und vergaß für einen Augenblick, daß er selbst abgelehnt hatte, eine bedingungslose Amnestie zu erlassen, also von jenem althergebrachten Mittel Gebrauch zu machen, das die Wunden einer gespaltenen Nation heilen soll. Er empfahl uns, das zu tun, was er unterlassen hatte, nämlich die Vergangenheit zu vergessen und frohgemut ein neues Kapitel der Geschichte aufzuschlagen. Verglichen mit den ausgeklügelten Methoden, mit denen unangenehme Tatsachen viele Jahre lang unter den sprichwörtlichen Teppich gekehrt wurden, handelte es sich hierbei um eine alarmierende Rückkehr zu der ältesten Methode, mit der die Menschheit unangenehme Tatsachen loszuwerden pflegt: das Vergessen. Zweifelsohne würde das, wenn es gelänge, besser funktionieren als all die »Bilder«, die als Wirklichkeitsersatz dienen sollten. Vergessen wir Vietnam, vergessen wir Watergate, vergessen wir die Vertuschung und die Vertuschung der Vertuschung, die mit dem vorzeitigen präsidialen Gnadenerlaß für den Hauptakteur dieser Affäre, der noch heute kein Fehlverhalten zugeben will, vollzogen wurde. *Nicht Amnestie, sondern Amnesie wird alle unsere Wunden heilen.*

Eine der Entdeckungen totalitärer Regierungssysteme war die Methode, riesige Erdlöcher auszuheben, um darin unliebsame Tatsachen und Ereignisse zu vergraben – ein gigantisches Unterfangen, das erfolgreich nur durchgeführt werden konnte, indem Millionen von Menschen, die Akteure oder Zeugen der Vergangenheit gewesen waren, umgebracht wurden. Denn die Vergangenheit war dazu verurteilt, dem Vergessen anheimzufallen, als hätte es sie nie gegeben. Gewiß, niemand möchte auch nur einen Augenblick der erbarmungslosen Logik jener früheren Machthaber nacheifern, insbesondere da wir wissen, daß sie damit keinen Erfolg hatten.

Bei uns sollen nicht Terror, sondern Überredung, der mit Druck nachgeholfen wird, und Manipulation der öffentlichen Meinung das zuwege bringen, was der Terror nicht geschafft hat. Anfänglich zeigte sich die öffentliche Meinung solchen Versuchen der Exekutive nicht sehr zugänglich: Die erste Reaktion auf die Geschehnisse war eine wachsende Flut von Artikeln und Büchern über »Vietnam« und über »Watergate«, von denen viele weniger darauf bedacht waren, uns die Tatsachen mitzuteilen, als herauszufinden und dann zu verkünden, welche Lehren wir aus unserer jüngsten Geschichte zu ziehen hätten, wobei sie immer wieder den alten Spruch zitierten: »Wer aus der Geschichte nichts lernt, ist dazu verurteilt, sie zu wiederholen.«

Wenn die Historie – im Unterschied zu den Historikern, die mit ihren Interpretationen die heterogensten Lehren aus der Geschichte ableiten – uns irgendwelche Lehren erteilen kann, dann scheint mir dieses pythische Orakel noch rätselhafter und dunkler zu sein als die notorisch unverläßlichen Prophezeiungen des Orakels von Delphi. Ich halte es eher mit Faulkner, der sagt: »The past is never dead, it is not even past«[7] – und zwar aus dem einfachen Grund, weil die Welt, in der wir leben, in jedem Augenblick auch die Welt der Vergangenheit *ist*; sie besteht aus den Zeugnissen und Überresten dessen, was Menschen im Guten wie im Schlechten getan haben; ihre Fakten sind immer das, was geworden ist (wie es das lateinische Ursprungswort in seinen Formen »fieri« [werden] – »factum est« [es ist geschehen] andeutet). Mit anderen Worten, es ist wahrhaftig so, daß uns die Vergangenheit *heimsucht*; es ist die Funktion der Vergangenheit, uns Lebende nicht loszulassen, die wir in der Welt, so wie sie wirklich ist, leben wollen, das heißt in einer Welt, die zu dem, was sie jetzt ist, *geworden* ist.

Ich sagte vorhin, daß es angesichts des Sturzbachs der jüngsten Ereignisse so gewesen sei, als habe man nun für alles die Quittung erhalten, und ich gebrauchte diese gängige Redewendung, weil sie auf den Bumerangeffekt hinweist, auf den Fluch der bösen Tat, also darauf, daß die Taten auf ihre Urheber zurückschlagen; diesen Effekt fürchteten ganz besonders die imperialistischen Politiker früherer Generationen. Die Tatsache, daß sie ihn voraussahen, hatte tatsächlich zur Folge, daß sie sich bei allem, was sie fremden und andersartigen Völkern antaten, entscheidend zügelten. Wir sollten jetzt nicht von unseren Segnungen reden, sondern in gewiß nicht erschöpfender Form kurz einige der verhängnisvollen Auswirkungen, die ganz offenkundig sind, ansprechen, und es wäre klug, wenn wir weder inländische noch ausländische Sündenböcke, sondern uns selbst dafür verantwortlich machten. Beginnen wir mit der Wirtschaftslage, deren jähen Umschlag von Boom in Flaute niemand voraussagte und die sich aufgrund der letzten Ereignisse in New York auf so traurige und bedrohliche Weise zugespitzt hat.

Ich will zuerst vom Offenkundigen sprechen: Inflation und Währungsabwertung sind nach verlorenen Kriegen unvermeidlich, und allein unsere Widerwilligkeit, eine katastrophale Niederlage einzugestehen, führt und verführt uns zu der vergeblichen Suche nach »tieferen Ursachen«. Nur ein Sieg mit einer Friedensregelung, die den Erwerb neuer Territorien und die Zahlung von Reparationen einschließt, kann die völlig unproduktiven Kriegskosten ausgleichen. Bei dem Krieg, den wir verloren haben, wäre dies sowieso unmöglich, da wir nicht vorhatten zu expandieren und Nordvietnam sogar anboten (aber anscheinend niemals wirklich die Absicht hatten), 2,5 Milliarden Dollar für den Wiederaufbau des Landes zu zahlen. Diejenigen, die darauf erpicht sind, aus der Geschichte zu »lernen«, können daraus die banale Lehre ziehen, daß selbst ausgefallen reiche Leute pleite gehen können. Doch das ist selbstverständlich noch nicht alles, was zu der Krise, in die wir plötzlich geraten sind, beigetragen hat.

Die Weltwirtschaftskrise der dreißiger Jahre, die von den USA ausgehend ganz Europa überzog, wurde in keinem Land unter Kontrolle gebracht, und nirgendwo folgte darauf eine normale Erholungsphase – der New Deal in Amerika war in dieser Hinsicht nicht weniger machtlos als die bekanntermaßen wirkungslosen Notverordnungen in der Weimarer Republik. Die damalige Wirtschaftskrise wurde erst durch den plötzlich und politisch erzwungenen Übergang zur Kriegswirtschaft beendet, zuerst in Deutschland, wo Hitler die Krise und die Arbeitslosigkeit bis 1936 beseitigt hatte, und danach, als der Krieg ausbrach, in den Vereinigten Staaten. Dieses ungeheuer wichtige Faktum war für jedermann erkennbar, es wurde aber sofort von komplizierten Wirtschaftstheorien vernebelt, und so blieb die öffentliche Meinung unbesorgt. Soweit ich weiß, ist Seymour Melman der einzige bedeutende Autor, der wiederholt auf diesen Punkt hingewiesen hat (vgl. sein Buch *American Capitalism in Decline*[8]), doch seine Arbeit fand keinen Eingang in die Hauptströmung der Wirtschaftstheorie. Obwohl also dieser wesentliche Umstand, der als Tatsache für sich allein schon zum Fürchten war, in nahezu allen öffentlichen Erörterungen übersehen wurde, folgte daraus fast im Handumdrehen die mehr oder weniger allgemeingültige Überzeugung, daß »Industrieunternehmen nicht dazu da sind, Waren zu produzieren, sondern Arbeitsplätze zu schaffen«.

Diese Maxime mag zwar ursprünglich aus dem Pentagon stammen, doch sie ist sicherlich mittlerweile landesweit verbreitet. Es stimmt, daß auf die Kriegswirtschaft, daß auf die Retterin aus Arbeitslosigkeit und Wirtschaftsflaute die Anwendung verschiedener Erfindungen in der Massenproduktion folgte, also was wir unter dem Begriff Automation zusammenfassen und was den brutalen Verlust von Arbeitsplätzen hätte bedeuten müssen. Doch die Debatte über Automation und Beschäftigungslage löste sich in nichts auf, und zwar aus dem einfachen Grunde, weil »featherbedding« (d. h. die Forderung nach Einstellung und Beschäftigung unnötiger Arbeitskräfte – Anm. d. Ü.) und ähnliche Praktiken, die sich, allerdings nur teilweise, mit Hilfe der großen Macht der Gewerkschaften durchgesetzt hatten, das Problem verdeckt und zumindest teilweise erledigt haben. Es ist heutzutage fast allgemein anerkannt, daß wir Autos vor allem herstellen, um Arbeitsplätze zu erhalten, und nicht, damit die Leute mit ihnen herumkutschieren können.

Es ist kein Geheimnis, daß ein Großteil der Milliarden, die vom Pentagon für die Rüstungsindustrie verlangt werden, nicht für die »nationale Sicherheit« gebraucht wird, sondern dafür, daß die Wirtschaft vor dem Zusammenbruch bewahrt werde. Zu einer Zeit, da aus dem Krieg als einem rationalen Mittel der Politik eine Art Luxus geworden ist, den sich nur noch kleinere Länder leisten können, sind der Waffenhandel und die Waffenproduktion der am schnellsten wachsende Geschäftszweig geworden, und die Vereinigten Staaten sind »mit Abstand der größte Waffenhändler der Welt«. So stellte Kanadas Premierminister Pierre Trudeau, als er kürzlich kritisiert wurde, er habe Waffen an die USA verkauft, die dann in Vietnam eingesetzt wurden, mit Bedauern fest, es handele sich nur noch um eine Wahl »zwischen schmutzigen Händen und einem leeren Magen«.

Es ist nur zu wahr, daß unter diesen Umständen, wie Melman sagte, »die Unproduktivität zu einem nationalen Ziel erhoben worden ist«, und was sich in diesem besonderen Fall rächt, das ist die hektische und leider auch sehr erfolgreiche Politik, ganz reale Probleme der Wirtschaftsentwicklung mit raffinierten Tricks zu »lösen« – mit Tricks, deren einziger Erfolg darin besteht, daß die Probleme vorübergehend verschwinden.

Vielleicht ist es ein Zeichen des wiedererwachenden Realitätssinns, daß der Wirtschaftskrise, auf welche der mögliche Bankrott der größten Stadt des Landes ein Schlaglicht wirft, allmählich die Art von Aufmerksamkeit gilt, die vorher Watergate zuteil wurde. Was immer noch anhält und uns immer noch nicht losläßt, das sind die Nachwirkungen von Nixons erzwungenem Rücktritt. Präsident Ford, der nicht gewählt, sondern von Nixon (als eine seiner stärksten Stützen im Kongreß) selber berufen worden war, wurde mit unbändiger Begeisterung begrüßt. »Innerhalb weniger Tage, ja fast innerhalb einiger Stunden vertrieb Gerald Ford die Giftwolken, die so lange über dem Weißen Haus gehangen hatten, und gewissermaßen fing in Washington die Sonne wieder an zu scheinen«, sagte Arthur Schlesinger, gewiß einer der letzten unter den Intellektuellen, von dem man erwartet hätte, daß er geheime Sehnsüchte nach dem starken Mann hegt.

Instinktiv reagierte auf diese Art eigentlich eine ganze Anzahl von Amerikanern. Es kann sein, daß Schlesinger seine Ansicht nach Fords verfrühtem Gnadenerlaß geändert hat, doch was seinerzeit passierte, zeigt, wie sehr er sich mit seiner vorschnellen Einschätzung im Einklang mit der Stimmung des Landes befand. Nixon mußte zurücktreten, weil feststand, daß er wegen der Vertuschung von Watergate unter Anklage gestellt werden würde; die normale Reaktion derjenigen, die sich mit den »Horrorgeschichten« im Weißen Haus beschäftigten, wäre gewesen, danach zu fragen, wer diese Sache, die dann vertuscht werden mußte, denn nun angestiftet habe. Anstatt solche Fragen zu stellen – soweit ich weiß, hat das ernsthaft nur ein einsamer Artikel von Mary McCarthy in der *New York Review of Books*[9] getan –, wurden diejenigen, die bereits wegen ihrer Rolle bei der Vertuschung angeklagt oder verurteilt waren, mit sehr hohen Angeboten von Verlegern, Presse, Fernsehen und Universitäten überschwemmt, ihre Geschichte zu erzählen. Niemand zweifelt daran, daß alle diese Geschichten der Selbstrechtfertigung dienen, allen voran die Story, die Nixon selbst zu veröffentlichen plant. Es tut mir leid, das zu sagen, aber diese Angebote sind keineswegs politisch motiviert; sie spiegeln den Markt und dessen Nachfrage nach »positiven Images« wieder – das heißt, die Suche nach weiteren Märchen und Lügengeschichten, was diesmal mit dem Ziel geschieht, die Vertuschung zu rechtfertigen oder herunterzuspielen und die Verbrecher zu rehabilitieren.

Was sich nun rächt, ist die jahrelange Einübung auf Images, welche anscheinend nicht weniger verhaltensformend ist als der Drogenkonsum. Nichts war aufschlußreicher für das Vorhandensein dieser Abhängigkeit von Images als die öffentliche Reaktion – auf der Straße wie im Kongreß – auf unseren »Sieg« in Kambodscha, der der Meinung vieler zufolge »genau das war, was der Arzt verschrieben hatte« (Sulzberger). »'T was a famous victory!«[10], wie James Reston in der *New York Times* treffend zitierte. Wir wollen hoffen, daß der absolute Tiefpunkt des Machtzerfalls dieses Landes, der Tiefpunkt des Selbstvertrauens nun endlich erreicht war, als der Sieg über eines der winzigsten und hilflosesten Länder der Erde die Einwohner eines Landes aufmuntern konnte, das noch vor einigen Jahrzehnten tatsächlich die »größte Weltmacht« war.

Während wir nun langsam unter den Trümmern hervorkommen, die von den Ereignissen der letzten paar Jahre herrühren, wollen wir doch die Jahre der Verirrung nicht vergessen, damit wir uns der glorreichen Anfänge vor zweihundert Jahren nicht völlig unwürdig erweisen. Wenn uns die Tatsachen die Rechnung präsentieren, dann sollten wir wenigstens den Versuch machen, sie zu akzeptieren. Wir sollten nicht versuchen, in Utopien, Images, Theorien oder in schiere Torheiten zu flüchten. Denn die Erhabenheit dieser Republik bestand darin, um der Freiheit willen dem Größten wie dem Niederträchtigsten im Menschen angemessen Rechnung zu tragen.

IV. Standort und Statur des Menschen nach der Eroberung des Weltraums

(17) Die Eroberung des Weltraums und die Statur des Menschen*

»Hat die Eroberung des Weltraums des Menschen Statur vergrößert oder verkleinert?«[1] Diese Frage wird dem Laien, nicht dem Wissenschaftler gestellt, und sie verdankt sich dem Interesse des Humanisten am Menschen, im Unterschied zum Interesse des Physikers an der Wirklichkeit der physikalischen Welt. Die physikalische Wirklichkeit zu verstehen scheint nicht nur den Verzicht auf eine anthropo- oder geozentrische Weltsicht zu verlangen, sondern auch eine radikale Ausschaltung aller anthropomorphen Elemente und Prinzipien, wie sie sich entweder aus der Welt, die die menschlichen fünf Sinne wahrnehmen, oder aus den dem menschlichen Geist innewohnenden Kategorien ergeben. Mit der Frage wird angenommen, daß der Mensch das höchste uns bekannte Wesen ist – eine Annahme, die wir von den Römern geerbt haben, deren »humanitas« dem Denkprofil der Griechen so fremd war, daß sie nicht einmal ein Wort dafür besaßen. (Der Grund für das Fehlen des Wortes »humanitas« in der griechischen Sprache und im griechischen Denken war, daß die Griechen, im Gegensatz zu den Römern, niemals gedacht haben, der Mensch sei das höchste existierende Wesen. Aristoteles nannte diesen Glauben ἄτοπος (atopos), »widersinnig«.[2] Dem Naturwissenschaftler, für den der Mensch nichts weiter ist als ein spezieller Fall organischen Lebens und seine Wohnstatt – die Erde zusammen mit den erdgebundenen Gesetzen – nichts weiter als ein spezieller Grenzfall absoluter, universaler Gesetze, das heißt von Gesetzen, die die Grenzenlosigkeit des Universums regieren, ist diese Sicht sogar noch fremder. Sicherlich kann er sich nicht erlauben zu fragen: Welche Folgen wird das Ergebnis meiner Untersuchungen für die Statur (und übrigens auch für die Zukunft) des Menschen haben? Es gehört zur ruhmreichen Entwicklung der modernen Naturwissenschaft, daß sie in der Lage gewesen ist, sich völlig von solch anthropozentrischen, also wahrhaft humanistischen Anliegen zu emanzipieren.

* 1968 in englischer Sprache veröffentlicht, deutsche Übersetzung für diese Ausgabe von Ursula Ludz.

Die hier aufgeworfene Frage muß, insofern sie sich an den Laien richtet, in den Begriffen des »common sense« und der Alltagssprache beantwortet werden (wenn sie überhaupt beantwortet werden kann). Die Antwort wird wahrscheinlich den Naturwissenschaftler nicht überzeugen, weil er unter dem Zwang von Tatsachen und Experimenten dazu gezwungen worden ist, die Sinneswahrnehmung aufzugeben und damit auch den »common sense«, mit dessen Hilfe wir die Wahrnehmungen unserer fünf Sinne zu einer umfassenden Wirklichkeitsbewußtheit koordinieren. Er ist auch gezwungen worden, die normale Sprache aufzugeben, die selbst in ihren hochgezüchtetsten begrifflichen Verfeinerungen unentwirrbar mit der Welt der Sinne und unserem »common sense« verbunden bleibt. Für den Naturwissenschaftler ist der Mensch nichts weiter als ein Beobachter des Universums in seinen mannigfachen Manifestationen. Der Fortschritt der modernen Wissenschaft hat nachdrücklich vorgeführt, in welchem Ausmaß dieses beobachtete Universum, das unendlich kleine ebenso wie das unendlich große, sich nicht nur der Ungeschliffenheit der menschlichen Sinneswahrnehmung entzieht, sondern sogar den so überaus klug erdachten Instrumenten, die zu deren Verfeinerung gebaut worden sind. Die Daten, mit denen sich die moderne physikalische Forschung befaßt, treten wie »geheimnisvolle Boten aus der realen Welt«[3] hervor. Sie sind nicht Phänomene, Erscheinungen im strengen Sinne, denn wir treffen sie nirgends an, weder in unserer alltäglichen noch in der Laboratoriumswelt; wir wissen von ihrer Präsenz nur, weil sie in bestimmter Weise unsere Meßinstrumente beeinträchtigen. Und diese Wirkung mag, nach einem ausdrucksstarken Bild von Eddington, dem, was sie sind, genauso ähneln, wie eine Telefonnummer einem Kunden.[4] Worauf es dabei ankommt, ist, daß Eddington ohne das leiseste Zögern annimmt, daß diese physikalischen Daten aus einer »wirklichen Welt« kommen – einer Welt, die durch Implikation wirklicher ist als die, in der wir leben; das Problem ist, daß etwas *Physikalisches* da ist, aber niemals erscheint.

Das Ziel der modernen Wissenschaft, das uns schließlich und ganz wörtlich auf den Mond geführt hat, ist nicht mehr, die menschlichen Erfahrungen »zu vermehren und zu ordnen« (wie es Niels Bohr beschreibt, hierin noch einem Vokabular verhaftet, das inzwischen dank seiner eigenen Mithilfe veraltet ist[5]); Ziel ist vielmehr, das zu entdekken, was *hinter* den Naturphänomenen liegt, wenn sie sich den Sinnen und dem Verstand des Menschen enthüllen. Hätte der Naturwissenschaftler über das Wesen des menschlichen Sinnen- und geistigen Apparates nachgedacht, hätte er Fragen aufgeworfen wie: *Was ist das Wesen des Menschen, und was sollte seine Statur sein? Was ist das Ziel der Wissenschaft, und warum sucht der Mensch nach Erkenntnis?* Oder gar: *Was ist das Leben, und was unterscheidet menschliches vom tierischen Leben?* Dann wäre er niemals dort angelangt, wo die moderne Naturwissenschaft heute steht. Die Antworten auf diese Fragen hätten als Definitionen gewirkt und damit als Begrenzungen seiner Bemühungen. In den Worten von Niels Bohr: »Nur der Verzicht auf eine Erklärung des Lebens im üblichen Sinne [schafft] uns die Möglichkeit, den charakteristischen Merkmalen des Lebens Rechnung zu tragen.«[6]

Daß die hier vorgeschlagene Frage für den Naturwissenschaftler als Naturwissenschaftler keinen Sinn besitzt, ist kein Argument gegen sie. Sie fordert den Laien und den Humanisten heraus, über das zu urteilen, was der Naturwissenschaftler tut, weil es alle Menschen betrifft, und an dieser Debatte müssen sich die Naturwissenschaftler natürlich beteiligen, insofern sie Mitbürger sind. Aber alle Antworten, die in dieser Debatte gegeben werden, ob sie nun von Laien, Philosophen oder Naturwissenschaftlern kommen, sind unwissenschaftlich (allerdings nicht anti-wissenschaftlich); sie können niemals beweisbar richtig oder falsch sein. Ihre Wahrheit ähnelt eher der Gültigkeit von Vereinbarungen als der zwingenden Gültigkeit von wissenschaftlichen Feststellungen. Selbst wenn die Antworten von Philosophen, deren Lebensweise die Einsamkeit ist, gegeben werden, werden sie im Meinungsaustausch vieler Menschen erreicht, von denen die meisten nicht mehr unter den Lebenden weilen mögen. Solche Wahrheit kann niemals allgemeine Übereinstimmung befehlen, aber sie hält sich häufig länger als die zwingend und beweisbar wahren Behauptungen der Naturwissenschaften, die besonders in jüngster Zeit die unbequeme Neigung haben, niemals Bestand zu haben, obwohl sie zu jedem bestimmten Zeitpunkt für jedermann gültig sind und sein müssen. Mit anderen Worten, Vorstellungen wie Leben, Mensch, Wissenschaft oder Erkenntnis sind definitionsgemäß vor-wissenschaftlich, und die Frage ist, ob die gegenwärtige Entwicklung der Naturwissenschaft, die zur Unterwerfung des Erdraumes und Invasion in den Weltraum geführt hat, diese Vorstellungen in solchem Ausmaß geändert hat, daß sie keinen Sinn mehr haben.

Denn das Entscheidende bei dieser Angelegenheit ist natürlich, daß die moderne Naturwissenschaft – was immer ihre Ursprünge und ursprünglichen Ziele sein mögen – die Welt, in der wir leben, so radikal verändert und umgebaut hat, daß man behaupten könnte, der Laie und der Humanist, die noch immer auf ihren »common sense« und die Kommunikation mit Hilfe der Alltagssprache setzen, hätten den Kontakt mit der Wirklichkeit verloren; sie verstünden nur das, was erscheint, aber nicht das, was hinter den Erscheinungen ist (so als ob sie einen Baum verstünden, ohne die Wurzeln zu berücksichtigen); und ihre Fragen und Ängste seien schlicht von Unwissenheit diktiert und deshalb irrelevant. Wie kann jemand nur daran zweifeln, daß eine Wissenschaft, die den Menschen befähigt, den Weltraum zu bezwingen und zum Mond zu gelangen, des Menschen Statur vergrößert hat?

Diese Art, eine Frage zu umgehen, wäre in der Tat verführerisch, wenn es wahr wäre, daß wir inzwischen in einer Welt leben, die nur Naturwissenschaftler »verstehen« können. Sie wären dann in der Lage der »Wenigen«, deren höheres Wissen sie dazu befugt, über die »Vielen«, nämlich alle Nicht-Naturwissenschaftler, zu herrschen – über die Laien, von ihrem Standpunkt aus gesehen, seien sie nun Humanisten, Gelehrte oder Philosophen, kurz all jene, die aus Unwissenheit vorwissenschaftliche Fragen stellen.

Die Trennung zwischen dem Naturwissenschaftler und dem Laien jedoch ist von der Wahrheit weit entfernt. Es ist nicht nur eine Tatsache, daß der Naturwissenschaftler mehr als die Hälfte seines Lebens in derselben Welt der Sinneswahrnehmung, des »common sense« und der Alltagssprache verbringt wie seine Mitbürger, sondern fest steht auch, daß er in seinem eigenen privilegierten Betätigungsfeld an einen Punkt gelangt ist, an dem sich die naiven Fragen und Ängste des Laien nachdrücklich bemerkbar gemacht haben, wenn auch in anderer Weise. Der Naturwissenschaftler hat nicht nur den Laien mit seinem begrenzten Verständnis zurückgelassen, wenn er im Laboratorium an die Arbeit geht und in mathematischer Sprache zu kommunizieren beginnt; er hat auch einen Teil von sich selbst und seiner eigenen Fähigkeit des Verstehens, das noch immer menschliches Verstehen ist, zurückgelassen. Max Planck hatte recht, und das Wunder der modernen Naturwissenschaft ist in der Tat, daß diese »von allen anthropomorphen Elementen« gereinigt werden kann, weil die Reinigung vom Menschen vorgenommen worden war.[7] Die theoretischen Rätsel, die der neuen nicht-anthropozentrischen, nicht-geozentrischen (oder heliozentrischen) Naturwissenschaft aufgegeben sind, weil ihre Daten sich der Ordnung durch jede der natürlichen geistigen Kategorien des menschlichen Intellekts entziehen, sind wohlbekannt. In den Worten von Erwin Schrödinger: Das neue Universum, das wir zu »erobern« suchen, ist nicht »bloß praktisch unerreichbar, sondern denkunmöglich«; denn »wie immer wir versuchen, es im Gedanken nachzuvollziehen, kommt ein Unsinn heraus, der vielleicht nicht ganz so unsinnig ist wie ein ›dreieckiger Kreis‹, aber erheblich unsinniger als ein ›geflügelter Löwe‹«[8].

Es gibt andere Schwierigkeiten weniger theoretischer Natur. Elektronengehirne haben wie alle anderen Maschinen die Fähigkeit, die Arbeit des Menschen besser und schneller als dieser zu verrichten. Die Tatsache, daß sie die geistige Kraft des Menschen eher ersetzen und vergrößern als seine Arbeitskraft, wird denjenigen, die zwischen der »Intelligenz«, die notwendig ist, um gut Dame oder Schach zu spielen, und dem menschlichen Geist zu unterscheiden wissen, keine Schwierigkeit bereiten.[9] Das beweist nicht mehr, als daß Arbeitskraft und Gehirnkraft in dieselbe Kategorie gehören und daß das, was wir Intelligenz nennen und mit dem Maß des Intelligenzquotienten messen können, mit der Qualität des menschlichen Geistes kaum mehr zu tun hat, als daß es seine unerläßliche »conditio sine qua non« ist. Es gibt allerdings Wissenschaftler, die behaupten, daß Computer tun können, »was ein menschliches Gehirn nicht *begreifen* kann«[10]; und das ist eine völlig andere und alarmierende These, denn das Begreifen ist ja eine Funktion des Geistes und niemals das automatische Ergebnis der Gehirnkraft. Wenn es wahr sein sollte – und nicht einfach ein Fall eines Selbstmißverständnisses eines Naturwissenschaftlers –, daß wir von Maschinen umgeben sind, deren Tätigkeiten wir nicht begreifen können, obwohl wir sie entworfen und gebaut haben, so würde das heißen, daß die der höchsten Ebene der Naturwissenschaften zugehörenden theoretischen Schwierigkeiten in unsere Alltagswelt eingedrungen sind. Aber selbst wenn wir in dem strikt theoretischen Rahmen bleiben, so sind die Paradoxa, die den großen Naturwissenschaftlern selbst Sorgen bereiten, ernst genug, um den Laien zu alarmieren. Wohingegen das oft erwähnte »Hinterherhinken« der Sozialwissenschaften hinter den Naturwissenschaften oder der politischen Entwicklung des Menschen hinter seinem technischen und wissenschaftlichen Know-how nichts weiter ist als ein in die Debatte eingeschleuster roter Hering; damit kann die Aufmerksamkeit nur von dem Hauptproblem abgelenkt werden – das darin besteht, daß der Mensch *tun* kann (und mit Erfolg tun kann), was er nicht begreifen und nicht in der täglichen menschlichen Sprache ausdrücken kann.

Es mag erwähnenswert sein, daß unter den Naturwissenschaftlern vor allem die ältere Generation, Männer wie Einstein und Planck, Niels Bohr und Schrödinger, sich über diesen Zustand besonders sorgten, der vor allem dem eigenen Werk geschuldet war. Sie waren noch fest in einer Tradition verwurzelt, welche verlangte, daß wissenschaftliche Theorien bestimmte, genau umrissene humanistische Ansprüche wie Einfachheit, Schönheit und Harmonie erfüllen. Eine Theorie mußte noch »befriedigend« sein, nämlich den menschlichen Verstand insofern befriedigen, als sie dazu diente, »die Phänomene zu retten«, alle beobachteten Tatsachen zu erklären. Selbst heute hören wir noch, daß »die modernen Physiker dazu neigen, aus ästhetischen Gründen an die Gültigkeit allgemeiner Relativität zu glauben, weil sie mathematisch so elegant und philosophisch so befriedigend ist«[11]. Einsteins außerordentlicher Widerwille, das Kausalitätsprinzip, wie von Plancks Quantentheorie gefordert, zu opfern, ist wohlbekannt; sein Haupteinwand war natürlich, daß damit tendenziell alle Gesetzmäßigkeit aus dem Universum verschwände, daß dies so wäre, als ob Gott die Welt mit »Würfelspielen« regiere. Und da seine eigenen Entdeckungen, Niels Bohr zufolge, durch eine Erneuerung und Verallgemeinerung des ganzen Gebäudes der klassischen Physik, die unserem Weltbild eine alle früheren Erwartungen übersteigende Einheit verliehen, zustande kamen, scheint es nur selbstverständlich, daß Einstein versuchte, die neuen Theorien seiner Kollegen und Nachfolger durch »die Suche nach einem vollständigeren Begriffssystem«, durch eine neue und übergreifende Verallgemeinerung in den Griff zu bekommen.[12] So konnte Max Planck behaupten, daß »durch das Relativitätsprinzip die klassische Theorie auf die höchste Stufe ihrer Vollendung gebracht worden ist«, und sie ihre Krönung nennen. Aber obwohl ihm vollkommen bewußt war, daß die Quantentheorie, im Gegensatz zur Relativitätstheorie, einen völligen Bruch mit der klassischen physikalischen Theorie bedeutete, hielt er selbst daran fest, daß es für »eine gesunde Fortentwicklung« der Physik wesentlich sei, »nicht nur das Bestehen einer Gesetzlichkeit überhaupt, sondern auch den streng kausalen Charakter dieser Gesetzlichkeit mit zu den Postulaten der physikalischen Wissenschaften zu rechnen«[13].

Niels Bohr allerdings ging einen Schritt weiter. Für ihn gehörten Kausalität, Determinismus und Notwendigkeit der Gesetze zu den Kategorien unseres notwendigerweise vorurteilsbeladenen Begriffsrahmens, und es machte ihm nichts mehr aus, »bei Atomphänomenen Gesetzmäßigkeiten ganz neuer Art« anzutreffen, »die eine anschauliche deterministische Beschreibung verhindern«[14]. Das Problem ist, daß das, was sich der Beschreibung im Sinne der »Vorurteile« des menschlichen Geistes entzieht, sich der Beschreibung in jedweder nur denkbaren Art von menschlicher Sprache entzieht; es kann überhaupt nicht mehr beschrieben werden und wird mathematisch ausgedrückt, aber nicht beschrieben. Bohr hoffte noch, daß diese neuen Erfahrungen durch »eine Erweiterung des begrifflichen Rahmens«, der alle gegenwärtigen Paradoxa und »scheinbare Disharmonie« beseitigen werde, zur rechten Zeit ihren Platz erhielten, weil »keine Erfahrung ohne logischen Rahmen definierbar ist«.[15] Doch diese Hoffnung, so fürchte ich, wird enttäuscht werden. Die Kategorien und Ideen des menschlichen Verstandes haben ihre letzte Quelle in der menschlichen Sinneserfahrung, und alle Begriffe, die unsere geistigen Fähigkeiten beschreiben, ebenso wie ein großer Teil unserer Begriffssprache leiten sich aus der Welt der Sinne her und werden metaphorisch gebraucht. Mehr noch: Das menschliche Gehirn, von dem angenommen wird, daß es unser Denken besorgt, ist ebenso terrestrisch, erdgebunden wie jeder andere Teil des menschlichen Körpers. Erst indem die moderne Naturwissenschaft von diesen terrestrischen Bedingungen abstrahierte, indem sie an eine Kraft der Imagination und Abstraktion appellierte, die sozusagen den menschlichen Geist aus dem Gravitationsfeld der Erde herausheben und fähig machen würde, von einem gewissen Punkt im Universum auf sie herabzusehen, genau auf diese Weise kam sie zu ihren ruhmreichsten und gleichzeitig verwirrendsten Leistungen.

Planck forderte im Jahre 1926 – kurz vor der atomaren Revolution, die durch die Spaltung des Atoms und die Hoffnung auf Eroberung des Weltraums gekennzeichnet ist –, daß die Ergebnisse, die durch mathematische Verfahren erzielt werden, »in die Sprache unserer Sinnenwelt« zurückübersetzt werden müssen, um sie für uns wertvoll zu machen«. In den drei Dekaden, die vergangen sind, seitdem diese Worte geschrieben wurden, ist eine solche Rückübersetzung sogar weniger möglich geworden, während der Verlust des Kontaktes zwischen der physikalischen Weltsicht und der Sinnenwelt noch deutlicher sichtbar geworden ist. Aber, und das ist in unserem Zusammenhang sogar alarmierender: Dies hat nicht bedeutet, daß Ergebnisse dieser neuen Wissenschaft nicht von praktischem Nutzen wären oder daß die neue Weltsicht, wie Planck für den Fall des Fehlschlagens der Rückübersetzung in die gewöhnliche Sprache vorausgesagt hatte, »nicht besser« wäre »als eine Seifenblase, die beim ersten Windstoß zerplatzen kann«[16]. Man ist, im Gegenteil, versucht zu behaupten, daß der von uns bewohnte Planet als Folge von Theorien, die völlig ohne Bezug zur Sinnenwelt sind und sich aller Beschreibung in menschlicher Sprache verweigern, sehr viel wahrscheinlicher in Rauch aufgehen wird, als daß selbst ein *Hurrikan* die Theorien wie eine Seifenblase zum Zerplatzen bringen könnte.

Es ist, denke ich, berechtigt zu sagen, daß den Naturwissenschaftlern, die den radikalsten und schnellsten revolutionären Prozeß, den die Welt je gesehen hat, hervorbrachten, nichts fremder war als irgendein Wille zur Macht. Nichts lag ihnen ferner als der Wunsch, »den Weltraum zu erobern« und zum Mond zu fliegen. Auch waren sie nicht von einer unziemlichen Neugierde im Sinne einer »temptatio oculorum« getrieben. Es war vielmehr ihre Suche nach »wahrer Wirklichkeit«, die sie das Vertrauen in die Erscheinungen, in die Phänomene, wie sie sich von sich aus dem menschlichen Sinn und Verstand enthüllen, verlieren ließ. Sie waren von einem außergewöhnlichen Bedürfnis nach Harmonie und Gesetzmäßigkeit erfüllt, das sie anwies, sich an einen Ort außerhalb jeder lediglich gegebenen Ereignisfolge oder -serie zu begeben, wenn sie die gesamte Schönheit und Ordnung des Ganzen, das heißt des Universums, entdecken wollten. Das mag erklären, warum es so aussieht, als wären sie dadurch, daß ihre Entdeckungen der Erfindung der mörderischsten Geräte dienten, weniger berührt gewesen, als von der Erschütterung ihrer so sehr gehegten Ideale der Notwendigkeit und Gesetzmäßigkeit verwirrt. Diese Ideale waren verloren, als die Naturwissenschaftler entdeckten, daß es in der Materie nichts Unteilbares, kein ἄ-τομος (a-tomos) gibt, daß wir in einem sich ausdehnenden, nicht begrenzten Universum leben und daß der Zufall als höchste Instanz dort regiert, wo immer sich diese »wahre Wirklichkeit«, die physikalische Welt, aus dem Bereich der menschlichen Sinne und aller sie verfeinernden Instrumente ganz zurückgezogen hat. Hieraus scheint zu folgen, daß Kausalität, Notwendigkeit und Gesetzmäßigkeit dem menschlichen Gehirn innewohnende Kategorien sind und nur bei den »common sense«-Erfahrungen der erdgebundenen Kreaturen angewandt werden können. Alles, was solche Kreaturen »vernünftigerweise« fordern, scheint sie im Stich zu lassen, sobald sie aus dem Bereich ihrer irdischen Wohnstatt heraustreten.

Das Unternehmen der modernen Naturwissenschaft begann mit Gedanken, die niemals zuvor gedacht worden waren (Kopernikus stellte sich vor, »in der Sonne zu stehen ... und auf die Planeten zu schauen«[17]), und mit Dingen, die niemals zuvor gesehen worden waren (Galileis Teleskop durchbohrte die Entfernung zwischen Erde und Himmel und lieferte der menschlichen Erkenntnis die Geheimnisse der Sterne »mit aller Gewißheit der Sinnenwahrnehmung«[18]). Es erreichte seinen klassischen Ausdruck in Newtons Gravitationsgesetz, in welchem die Bewegungen der Himmelskörper und der Fall terrestrischer Dinge auf der Erde von derselben Gleichung beschrieben werden. Einstein hat diese Wissenschaft des modernen Zeitalters in der Tat nur verallgemeinert, als er einen »in einem Gravitationsfelde frei fallenden Beobachter«[19] einführte, der nicht nur wie die Sonne einen *bestimmten* Punkt einnimmt, und er bewies, daß nicht nur Kopernikus, sondern auch Newton noch verlangt hätten, daß das Universum eine Art Zentrum habe, obwohl dieses Zentrum natürlich nicht länger die Erde sei. Es ist in der Tat recht offensichtlich, daß die stärkste intellektuelle Motivation der Naturwissenschaftler in Einsteins »Streben nach Generalisierung« bestand und daß, wenn sie überhaupt an eine Macht appellierten, es sich um die fürchterliche Macht handelte, zu der sich Abstraktion und Imagination vereinigten. Selbst heute, wo jahraus jahrein Milliarden Dollar für höchst »nützliche« Projekte, die das unmittelbare Ergebnis der Entwicklung der reinen, theoretischen Wissenschaft sind, ausgegeben werden und wo die aktuelle Macht der Staaten und Regierungen von der Leistung von Tausenden von Forschern abhängig ist, sieht der Physiker wahrscheinlich noch immer auf alle jene Raumfahrtwissenschaftler als bloße »Klempner« herab.[20]

Die traurige Wahrheit dabei ist jedoch, daß der verlorene Kontakt zwischen der Welt der Sinne und Erscheinungen und der physikalischen Weltsicht nicht vom reinen Wissenschaftler, sondern vom »Klempner« wiederhergestellt worden ist. Die Techniker, die heute die überwältigende Mehrheit aller »Forscher« ausmachen, haben die Ergebnisse der Wissenschaftler auf die Erde herabgebracht. Und auch wenn sich der Wissenschaftler noch immer mit Paradoxa und den verworrensten Problemen herumschlägt, so beweist die bloße Tatsache, daß sich aus seinen Ergebnissen eine ganze Technologie entwickeln konnte, die »Solidität« seiner Theorien und Hypothesen in überzeugenderer Weise, als rein wissenschaftliche Beobachtungen oder Experimente es je könnten. Es ist völlig zutreffend, daß der Wissenschaftler selbst nicht zum Mond fliegen will; er weiß, daß für seine Zwecke unbemannte Raumfähren, die die besten Instrumente menschlicher Erfindungsgabe mit sich führen, die gewünschte Arbeit, nämlich die Oberfläche des Mondes zu erforschen, viel besser besorgen werden als Dutzende von Astronauten. Und doch wird ein aktueller Wandel der menschlichen Welt, die Eroberung des Weltraumes oder wie immer wir dies nennen wollen, nur erreicht, wenn bemannte Raumfähren in das Universum geschossen werden, so daß der Mensch selbst sich dort bewegen kann, wohin bisher nur menschliche Einbildungs- und Abstraktionskraft oder Erfindungsgabe und Herstellungsfähigkeit reichen konnten. Sicherlich, alles, was wir nun planen, ist, unsere eigene unmittelbare Umgebung im Universum zu erforschen, diesen unendlich kleinen Platz, der in der Reichweite der menschlichen Gattung liegt – und dies selbst dann, wenn man mit Lichtgeschwindigkeit reisen würde. Angesichts der Lebenszeit des Menschen – also der einzigen absoluten Begrenzung, die gegenwärtig geblieben ist – ist es recht unwahrscheinlich, daß er je sehr viel weiter gehen wird. Doch selbst für diese begrenzte Aufgabe müssen wir die Welt unserer Sinne und unseres Körpers nicht nur in der Einbildung, sondern in Wirklichkeit verlassen.

Es sieht so aus, als ob Einsteins vorgestellter »frei fallender« Beobachter, bei dem es sich mit Sicherheit um eine Schöpfung des menschlichen Geistes und seiner Abstraktionskraft handelt, von einem körperlichen Beobachter abgelöst wird, der sich so verhalten muß, als sei er ein reines Kind der Abstraktion und Einbildung. Hier ist es, wo alle die theoretischen Probleme der neuen physikalischen Weltsicht in die Alltagswelt des Menschen als Wirklichkeiten eindringen und seinen »natürlichen«, das heißt erdgebundenen »common sense« stören. Er wird zum Beispiel wirklich mit Einsteins berühmtem »Zwillingsparadoxon« konfrontiert, das hypothetisch annimmt, daß »ein Zwilling, der auf eine Reise ins All geht und sich mit einem beträchtlichen Bruchteil der Lichtgeschwindigkeit fortbewegt, nach der Rückkehr seinen auf der Erde gebliebenen Bruder entweder sehr viel älter, als er selbst ist, vorfinden wird oder, im Gedächtnis seiner Nachkommen, nur noch wenig mehr als eine vage Erinnerung an ihn«[21]. Denn obwohl viele Physiker sich mit diesem Paradoxon schwergetan haben, scheint das »Uhrenparadoxon«, das ihm zugrunde liegt, experimentell verifiziert worden zu sein, so daß die einzige Alternative dazu die Annahme wäre, daß das erdgebundene Leben unter allen Umständen an eine Zeitvorstellung gebunden bleibt, die beweisbar nicht zu den »wahren Wirklichkeiten«, sondern zu den bloßen Erscheinungen gehört. Wir haben ein Stadium erreicht, wo der cartesische radikale Zweifel an der Wirklichkeit als solcher, die erste philosophische Antwort auf die Entdeckungen der Naturwissenschaft im modernen Zeitalter, physikalischen Experimenten unterworfen werden mag, die mit Descartes' berühmtem Trostbringer: *Ich zweifle, also bin ich* ebenso kurzen Prozeß machen würden wie mit seiner Überzeugung, daß man nicht »an seinem eigenen Zweifel zweifeln und im Ungewissen darüber bleiben kann, ob man zweifelt oder nicht«[22], was immer auch der den Sinnen und dem Verstand gegebene Zustand der Wirklichkeit und Wahrheit sein mag.

Die Größe des Unternehmens Weltraum scheint mir ohne Frage gegeben, und alle auf der rein utilitaristischen Ebene erhobenen Einwände – daß es zu teuer sei, daß das Geld besser in die Erziehung und Verbesserung der Lebensbedingungen der Bürger gesteckt werde, in den Kampf gegen Armut und Krankheit oder was immer für wertvolle Zwecke einem einfallen – scheinen mir widersinnig und stehen nicht in Einklang mit den Dingen, auf die es ankommt und deren Konsequenzen heute offenbar noch immer ziemlich unvorhersehbar sind. Es gibt einen weiteren Grund, warum ich glaube, daß diese Argumente ihr Ziel verfehlen. Sie sind in einzigartiger Weise nicht sachgerecht, weil das Unternehmen selbst nur durch eine erstaunliche Entwicklung der wissenschaftlichen Fähigkeiten des Menschen entstehen konnte. Gerade die Integrität der Wissenschaft verlangt, daß nicht nur utilitaristische Betrachtungen, sondern auch die Reflexion über die Statur des Menschen in der Schwebe gelassen werden müssen. Hat nicht jeder Schritt vorwärts, den die Wissenschaft seit der Zeit des Kopernikus getan hat, nahezu automatisch zu einer Verkleinerung seiner Statur geführt? Und ist das oft wiederholte Argument, der Mensch selbst sei es gewesen, der bei der Suche nach der Wahrheit die eigene Entwertung erreicht und damit seine Überlegenheit neu bewiesen, ja sogar seine Statur vergrößert habe, mehr als ein Sophismus? Vielleicht wird sich das einmal so herausstellen. Jedenfalls interessiert sich der Mensch, sofern er ein Naturwissenschaftler ist, nicht für seine eigene Statur im Universum oder für seine Position auf der evolutionären Leiter des Tierlebens; in dieser »Sorglosigkeit« liegen sein Stolz und sein Ruhm begründet. Die einfache Tatsache, daß Physiker das Atom ohne Zögern sofort in dem Augenblick spalteten, als sie wußten, wie es ging, obgleich sie sich sehr wohl über die enormen zerstörerischen Möglichkeiten ihrer Operation im klaren waren, zeigt, daß der Wissenschaftler als Wissenschaftler sich nicht einmal um das Überleben der menschlichen Gattung auf der Erde oder auch das Überleben des Planeten sorgt. Alle Vereinigungen für die friedliche Anwendung der Atomkraft, alle Warnungen, die neue Kraft nicht unvernünftig zu nutzen, ja selbst die Gewissensbisse, die viele Wissenschaftler hatten, als die ersten Bomben auf Hiroshima und Nagasaki fielen, können diese einfache, elementare Tatsache nicht verdecken. Denn in all dem handelten die Wissenschaftler nicht als Wissenschaftler, sondern als Bürger, und wenn ihre Stimmen mehr Autorität haben als die von Laien, dann nur deshalb, weil sie präzisere Informationen besitzen. Triftig und plausibel wären Argumente gegen die »Eroberung des Weltraums« nur dann, wenn sie aufzeigen würden, daß das ganze Unternehmen in seinen eigenen Begriffen selbstzerstörerisch sein könnte.

Es gibt einige Hinweise, daß dies in der Tat der Fall sein mag. Wenn wir außer Betracht lassen, daß seine Lebenszeit es dem Menschen unter keinen Umständen (selbst wenn es der Biologie gelingen sollte, sie signifikant zu verlängern, und er fähig wäre, mit Lichtgeschwindigkeit zu reisen) erlauben wird, mehr als seine unmittelbare Umgebung in der Weite des Universums zu erkunden, finden wir den bedeutendsten Hinweis darauf, daß das Unternehmen selbstzerstörerisch sein könnte, in Heisenbergs Entdeckung der Unschärferelation. Heisenberg zeigte schlüssig, daß es für die Akkuratheit all der Meßergebnisse, die von Menschen entworfene Instrumente für jene »geheimnisvollen Boten aus der realen Welt« erhalten können, eine definitive und endgültige Grenze gibt. Die Unschärferelation »besagt, daß es bestimmte Paare von Größen wie die Position und die Geschwindigkeit eines Teilchens gibt, die miteinander so verbunden sind, daß eine Bestimmung des einen mit erhöhter Schärfe notwendigerweise die des anderen mit verminderter Schärfe nach sich zieht«[23]. Heisenberg schließt aus dieser Tatsache, daß »durch die Art der Beobachtung erst … entschieden [wird], welche Züge der Natur bestimmt werden und welche wir durch unsere Beobachtungen verwischen«[24]. Er behauptet: »Das wichtigste neue Ergebnis der Atomphysik war die Erkenntnis der Möglichkeit, daß ganz verschiedenartige Schemata von Naturgesetzen auf das gleiche physikalische Geschehen angewendet werden können, ohne sich zu widersprechen. Es liegt dies daran, daß in einem bestimmten System von Gesetzen wegen der Grundbegriffe, auf die es aufgebaut ist, nur ganz bestimmte Fragestellungen einen Sinn haben und daß es sich dadurch gegen andere Systeme, in denen andere Fragen gestellt werden, abschließt.«[25] Hieraus schlußfolgert er, daß die moderne Suche nach der »wahren Wirklichkeit« hinter den bloßen Erscheinungen, die die Welt, in der wir leben, hervorgebracht hat und deren Ergebnis die atomare Revolution gewesen ist, in den Naturwissenschaften selbst in eine Situation geführt hat, in der der Mensch gerade die Objektivität der natürlichen Welt verloren hat, so daß er in seiner Jagd nach der »objektiven Wirklichkeit« plötzlich entdeckte, daß er immer »nur noch sich selbst gegenübersteht«[26].

Heisenbergs Bemerkungen scheinen mir das Feld des eigentlich wissenschaftlichen Unterfangens bei weitem zu übersteigen und an Schärfe zu gewinnen, wenn sie auf die Technologie, die aus der modernen Naturwissenschaft erwachsen ist, angewandt werden. Jeder Fortschritt der Naturwissenschaften in den letzten Jahrzehnten hat in dem Augenblick, in dem er von der Technik absorbiert und so in die faktische Welt, in der wir unser Alltagsleben leben, eingeführt wurde, eine wahre Lawine von fantastischen Instrumenten und immer erfindungsreicheren Maschinen mit sich gebracht. All dies macht es täglich unwahrscheinlicher, daß der Mensch in der ihn umgebenden Welt etwas antreffen wird, das nicht menschengemacht und also nicht, letztlich, er selbst in einer anderen Verkleidung ist. Der Astronaut, der in den Weltraum geschossen und in seiner Instrumenten-Kapsel eingekerkert ist, wo jede tatsächliche physische Begegnung mit seiner Umgebung sofort zum Tode führen würde, mag durchaus als die symbolische Inkarnation von Heisenbergs Mensch dienen – jenes Menschen, für den es um so unwahrscheinlicher sein wird, jemals etwas anderes als sich selbst und menschengemachte Dinge zu treffen, je brennender er alle anthropozentrischen Betrachtungen aus seiner Begegnung mit der nichtmenschlichen Welt um ihn herum auszuschalten wünscht.

An diesem Punkt, scheint mir, hat der Humanist in seiner Sorge um den Menschen und um die Statur des Menschen den Naturwissenschaftler eingeholt. Es sieht so aus, als ob die Naturwissenschaften das getan hätten, was die Humanwissenschaften niemals hätten erreichen können, nämlich nachweisbar zu belegen, daß es diese Sorge gibt. Die Situation, wie sie sich heute darbietet, ähnelt auf seltsame Weise einer sorgfältig ausgearbeiteten Bestätigung für eine Bemerkung von Franz Kafka, die dieser ganz am Anfang seiner Entwicklung niederschrieb. Der Mensch, sagte er, »fand den archimedischen Punkt, hat ihn aber gegen sich ausgenutzt; offenbar hat er ihn nur unter dieser Bedingung finden dürfen«. Denn die Eroberung des Weltraums, die Suche nach einem Punkt außerhalb der Erde, von dem aus es möglich sein würde, den Planeten selbst zu bewegen, ihn sozusagen aus den Angeln zu heben, ist nicht das zufällige Ergebnis der neuzeitlichen Naturwissenschaft. Diese war von ihren Anfängen an nicht eine »Natur«-, sondern eine Universums-Wissenschaft; es war nicht eine Physik, sondern eine Astrophysik, die von einem Punkt im Universum auf die Erde schaute. Im Sinne dieser Entwicklung bedeutet der Versuch, den Weltraum zu erobern, daß der Mensch fähig zu sein hofft, zu dem archimedischen Punkt, den er mit bloßer Abstraktions- und Einbildungskraft antizipierte, zu reisen. Jedoch wenn er das tut, wird er notwendigerweise seinen Vorteil verlieren. Alles, was er finden kann, ist der archimedische Punkt im Hinblick auf die Erde, aber wenn er erst einmal dort angelangt ist und diese absolute Macht über seine irdische Wohnstatt erhalten hat, bräuchte er einen neuen archimedischen Punkt, und so ad infinitum. Mit anderen Worten: Der Mensch kann in der Weite des Universums nur verlorengehen, denn der einzig wahre archimedische Punkt wäre die absolute Leere hinter dem Universum.

Doch selbst wenn der Mensch erkennt, daß es absolute Grenzen für seinen Wissensdrang gibt und daß es weise sein mag, solche Grenzziehungen für wahrscheinlich zu halten, wenn immer es sich ergibt, daß der Wissenschaftler mehr tun kann, als er zu begreifen fähig ist, ja selbst wenn er sich vergegenwärtigt, daß er den Weltraum nicht »erobern«, sondern bestenfalls ein paar Entdeckungen in unserem Sonnensystem machen kann, selbst dann ist die Reise in den Weltraum und zu dem archimedischen Punkt hinsichtlich der Erde weit davon entfernt, ein harmloses und uneingeschränkt triumphales Unternehmen zu sein. Es könnte der Statur des Menschen insofern etwas hinzufügen, als der Mensch im Unterschied zu anderen Lebewesen in einem möglichst großen »Territorium« zu Hause zu sein begehrt. In diesem Fall würde er nur von dem, was sein eigen ist, Besitz ergreifen, auch wenn er eine lange Zeit brauchte, um es zu entdecken. Diese neuen Besitztümer müßten, wie alles Eigentum, begrenzt sein, und wenn erst einmal die Grenze erreicht und die Grenzlinien gezogen sind, wird die neue Weltsicht, die daraus denkbarerweise erwachsen könnte, wahrscheinlich wieder geozentrisch und anthropomorph sein, wenn auch nicht in dem alten Sinne mit der Erde als Mittelpunkt des Universums und dem Menschen als dem höchsten Wesen. Sie wäre geozentrisch in dem Sinne, daß die Erde und nicht das Universum der Mittelpunkt und die Heimat der sterblichen Menschen wäre, und sie wäre anthropomorph in dem Sinne, daß der Mensch seine eigene faktische Sterblichkeit zu den elementaren Bedingungen zählen würde, unter denen seine wissenschaftlichen Anstrengungen überhaupt erst möglich sind.

Derzeit sind die Aussichten für eine solche im ganzen vorteilhafte Entwicklung und Klärung der gegenwärtigen Lage der modernen Wissenschaft und Technologie nicht sonderlich gut. Wir sind zu unserer gegenwärtigen Fähigkeit, den Weltraum zu »erobern«, dadurch gekommen, daß wir es nun vermögen, die Natur von einem außerhalb der Erde im Universum liegenden Punkt zu meistern. Denn das ist es, was wir tatsächlich tun, wenn wir Energieprozesse, die sich gewöhnlich nur in der Sonne abspielen, freisetzen oder wenn wir in einer Retorte die Prozesse der kosmischen Evolution zu erzeugen suchen oder wenn wir Maschinen zur Produktion und Kontrolle von Energien bauen, die im Haushalt der irdischen Natur unbekannt sind. Ohne daß wir tatsächlich schon den Punkt, wo Archimedes gerne gestanden hätte, einnähmen, haben wir doch einen Weg gefunden, auf der Erde so zu handeln, als ob wir über die terrestrische Natur von außen verfügten, vom Punkt des Einsteinschen »frei fallenden« Beobachters. Wenn wir von diesem Punkt aus auf das, was auf der Erde vor sich geht, und auf die mannigfachen Tätigkeiten der Menschen herabschauen, das heißt wenn wir den archimedischen Punkt auf uns selbst beziehen, dann werden diese Tätigkeiten uns in der Tat als nicht mehr denn »offenes Verhalten« erscheinen, das wir mit denselben Methoden studieren können, die wir verwenden, um das Verhalten von Ratten zu studieren. Aus genügender Distanz betrachtet, werden die Autos, in denen wir reisen und von denen wir wissen, daß wir sie selbst gebaut haben, aussehen, als wären sie ein Teil unserer selbst und zwar, wie Heisenberg einmal gesagt hat, ebenso unvermeidlich zum Menschen gehörend, »wie das Schneckenhaus zur Schnecke«. All unser Stolz auf das, was wir tun können, wird in einer Art von Mutation der menschlichen Gattung verschwinden; das Ganze der Technik erscheint, von diesem Punkt her gesehen, in der Tat »fast nicht mehr als das Produkt bewußter menschlicher Bemühung um die Ausbreitung der materiellen Macht, sondern eher als ein biologischer Vorgang im Großen«[27]. Unter diesen Umständen wären das Reden und die Alltagssprache in der Tat nicht mehr sinnvoll als Äußerungen, die Verhalten transzendieren, selbst wenn sie ihm nur Ausdruck verliehen, und sie würden besser durch den extremen und sinnlosen Formalismus der mathematischen Zeichen ersetzt.

Die Eroberung des Weltraums und die Wissenschaft, die sie möglich machte, sind gefährlich nahe an diesen Punkt herangekommen. Wenn sie ihn jemals im Ernst erreichen, würde die Statur des Menschen nicht nur – gemäß allen uns bekannten Maßstäben – verkleinert, sondern sie würde zerstört werden.

(18) Der archimedische Punkt*

Ich habe einen Titel gewählt, der vielleicht ein wenig überrascht, wenn die Aufmerksamkeit auf kontrovers diskutierte Punkte gerichtet werden soll, welche in unseren gegenwärtigen Debatten über die Rolle der Geisteswissenschaften (»humanities«) an den Universitäten und Colleges im allgemeinen und den Ingenieurschulen und technischen Instituten im besonderen von einiger Bedeutung sein mögen. Allerdings werde ich hier nicht als eine Geisteswissenschaftlerin sprechen, die sich für mehr geistes- und sozialwissenschaftliche Veranstaltungen (»liberal arts courses«) in den Ingenieurschulen einsetzt.

Zunächst einmal: Daß es eine Krise in den Geisteswissenschaften als Feldern wissenschaftlichen Forschens gibt, ist mir voll bewußt. Wie immer Sie sie auch zu definieren wünschen, die Geisteswissenschaften befassen sich mit der Vergangenheit, und ich denke, es ist kein Geheimnis, daß unsere Haltung zur Vergangenheit und unserer Tradition in diesem Jahrhundert stark kompromittiert worden ist. Ja, mehr noch, wenn das stimmt, was Davenport und Frankel[1] behaupten, daß nämlich »viele Laien denken, es sei Aufgabe der Geisteswissenschaftler die technischen Kräfte daran zu hindern, außer Kontrolle zu geraten, und daß die Geisteswissenschaftler besser daran täten, diese Herausforderung anzunehmen, weil andernfalls die Ingenieure das selbst besorgen würden« – dann, glaube ich, haben die »vielen Laien«, auf die man sich hier beruft, unrecht, und falls die Ingenieure das tun, was die Laien angeblich von ihnen verlangen, werden sie bald herausfinden, wie unmöglich dieses ganze Unterfangen tatsächlich ist.

Wenn wir nicht zu Sklaven unserer eigenen Erfindungen werden wollen, fungieren die Naturwissenschaftler und Ingenieure selbst als logische Bremse, nicht sofern sie Naturwissenschaftler und Ingenieure sind, sondern sofern auch sie menschliche Wesen, Bürger sind, die sich mit ihren Mitbürgern (den sogenannten Laien) eine gemeinsame Welt teilen und zusätzlich – das wenigstens hoffen wir – die notwendigen Informationen besitzen. Ich spreche hier also als Laie, und dies nicht nur, weil ich in allen Angelegenheiten von Naturwissenschaft und Technik

* 1969 in englischer Sprache veröffentlicht, deutsche Übersetzung für diese Ausgabe von Ursula Ludz.

völlig unwissend bin. Es gibt vielmehr noch immer etwas (und wird es auch weiterhin geben), was die Mitglieder der sogenannten zwei Kulturen miteinander teilen, und das ist die Alltagswelt, in der wir alle den größten Teil unseres Lebens verbringen, die gemeinsame Welt des »common sense«. Verglichen mit dieser gemeinsamen Welt, in der wir uns wirklich bewegen und miteinander sprechen, trägt die Welt, in der die Menschen in den Laboratorien oder auf dem Gebiet der reinen und angewandten Mathematik leben, nicht weniger, ja vielleicht sogar mehr Züge einer »klösterlichen Wohnstätte« als der vermeintliche »Elfenbeinturm« der lebensfremden Geisteswissenschaftler.

Die gegenwärtige Studentenrevolte, in der die Naturwissenschaften und die Ingenieurschulen eher durch Abwesenheit glänzen, scheint anzuzeigen, daß es immer noch einfacher ist, aus weltfremden Geisteswissenschaftlern Aktivisten zu machen als aus weltfremden Atomphysikern. Hierfür gibt es wahrscheinlich mehr als einen Grund. Entscheidend aber ist, daß der Aktivist, ob er nun aus den Laboratorien oder den Archiven und Bibliotheken kommt, vor allem Bürger ist, der andere Bürger dazu zu überreden sucht, mit ihm gemeinsame Sache zu machen; und aus der Sicht jeglicher Art von Spezialistentum ist ein Bürger natürlich der Laie per definitionem. Entgegen allen Beteuerungen der Psychologen und gläubigen Anhänger des »social engineering« ist die Frage, ob es möglich ist, gute Bürger (wie man sagt) »zu schaffen«, noch immer offen, und angenommen, es sei möglich, welche Gebiete wissenschaftlicher Bemühung sind es dann, die bei einem solchen Unternehmen am ehesten Ergebnisse erzielen? So spreche ich also als Bürger, als Laie oder einfach als menschliches Wesen.

Bevor ich den archimedischen Punkt in einer mehr allgemeinen Weise in Anspruch nehme, wollen wir uns erst einmal an seinen Ursprung erinnern. Archimedes war ein griechischer Naturwissenschaftler und Mathematiker, der im 3. Jahrhundert vor Christus in Sizilien lebte und vom römischen Konsul Marcellus im ersten Punischen Krieg ermordet wurde. Er begründete die Theorie der (mechanischen) Hebel und ist wegen seines Ausspruchs: »Man gebe mir einen Standort, und ich werde die Erde bewegen«, berühmt geworden. Erlauben Sie mir, das Offensichtliche zu betonen: Damit ist ausgesagt, daß unsere Macht über die Dinge im Verhältnis zu unserem Abstand von ihnen wächst. In gewissem Sinn gilt das für alle geistigen Tätigkeiten. Wir müssen uns immer von den Gegenständen, die wir studieren wollen, entfernen, wir müssen uns sozusagen zurückziehen. Als Thukydides die Geschichte des Peloponnesischen Krieges schrieb, stellte er sich ganz bewußt außerhalb der Geschehnisse selbst. Er schrieb seine Geschichte in den zwanzig Jahren, in denen er nicht in Athen, sondern im Exil lebte, und sagte selbst, daß ihm dies einen vorteilhaften Standort für sein Unternehmen geboten hätte. Offensichtlich wäre ohne diese Zurückgezogenheit ein Urteil wie das des Thukydides – »dies war die größte Bewegung in der bisherigen Geschichte« – nicht möglich gewesen. Doch der für geistige Tätigkeiten erforderliche Rückzug ist sehr viel begrenzter als das, was Archimedes vorschwebte, der offenbar bereits an Macht über die Dinge dachte (er wird die Erde bewegen!). Und solange die Zeit dauerte, in der man Erkenntnis kontemplativ oder experimentell begriff und die Wissenschaft verstand als das Ordnen, Interpretieren und Erklären von beobachteten Erscheinungen, war Archimedes – nicht nur sein erträumter Punkt außerhalb der Erde, sondern auch seine irdische Verbindung von Mechanik und Mathematik – vergessen.

Die moderne Wissenschaft (beziehungsweise das Neuaufkommen der Naturwissenschaft vom 17. und 18. bis zum Beginn des 20. Jahrhunderts, also grob gesprochen von Galilei bis Einstein) nannte sich selbst nicht nur »neue Wissenschaft«, »scienza nuova«, welchen Ausdruck wir bereits im 16. Jahrhundert finden, sondern »scienza activa et operativa«, d. h. aktive und operative Wissenschaft. Und diese Wissenschaft war durch das gekennzeichnet, was die Wissenschaftshistoriker eine »véritable retour à Archimède«, eine wahrhafte Rückkehr zu Archimedes, genannt haben. Die »moderne Wissenschaft«, so sagte Alexandre Koyré (den Sie, ich meine die Naturwissenschaftler unter ihnen, vielleicht kennen), »ersetzt die gemischte Welt des Common sense durch eine wirklich gemachte archimedische Welt der Geometrie, durch ein Universum des Messens und der Präzision«[2]. Und zu dieser Behauptung von Koyré sei hinzugefügt, daß diese Wissenschaft ihre größten Triumphe feierte, nachdem sie sich von den »Fesseln der Räumlichkeit« befreite, d. h. von der Geometrie trennte, die immer noch, wie der Name sagt, von terrestrischen Messungen und Maßstäben und deshalb von erdgebundener Erfahrung abhängig ist. Der archimedische Punkt (d. h. der Punkt, der weit genug von den Erdendingen entfernt ist, um Macht über sie zu ermöglichen und vielleicht die Erde aus den Angeln zu heben) wurde, zumindest in der Theorie, dann erreicht, als die Geometrie algebraischer Behandlung unterzogen und eine neue nichträumliche symbolische Sprache entworfen wurde. Heute wissen wir alle, daß dies keine Angelegenheit der Theorie geblieben ist, zumindest nicht im 20. Jahrhundert; und ich möchte darauf hinweisen, daß es anfänglich auch keine Angelegenheit des Willens zur Macht gewesen ist.

Die Auffassung des Kopernikus, daß die Erde nicht Mittelpunkt des Universums sei, ist Produkt reiner Vorstellungskraft, mit der er sich von der Erde in die Sonne versetzte und den Planeten überschaute, und Galileis Gebrauch des Teleskops bestätigte lediglich, was einige Philosophen vage und spekulativ vermutet hatten. In der Antike war dies Aristarch von Samos, ein Zeitgenosse des Archimedes, und in der Renaissance Giordano Bruno. Einstein hat in der Tat diese frühen Entdeckungen der Neuzeit nur verallgemeinert, als er seinen »in einem Gravitationsfelde frei fallenden Beobachter« einführt, der keinen bestimmten Punkt wie die Sonne hat. Mir scheint sehr evident zu sein, daß die stärkste geistige Motivation des Naturwissenschaftlers in Einsteins Streben nach Verallgemeinerungen zum Ausdruck kam, etwa nach denen des Newtonschen Gravitationsgesetzes, in dem dieselbe Gleichung für die Bewegung der Sterne und die der terrestrischen Dinge gilt; und daß, wenn der Naturwissenschaftler überhaupt eine Macht in Anspruch nahm, dies die schreckliche Macht der Abstraktion und Einbildungskraft gewesen ist, nicht die Macht über Sachen und Menschen.

Die Bedeutung der Entdeckung, daß weder die Erde noch die Sonne beanspruchen konnten, der Mittelpunkt des Universums zu sein, ist von Anfang an kommentiert worden, aber es gibt kaum eine Stimme, die den ungeheuren Machtzuwachs als Folge der neuen Wissenschaft hervorhebt, und der Grund hierfür ist wahrscheinlich, daß Machtzuwachs niemals beabsichtigt war. Jedenfalls dauerte es Jahrhunderte, bis die neue Welt des Astrophysikers im wörtlichen Sinne auf die Erde herabgebracht wurde – mit dem Ergebnis, daß die Welt, in der wir leben, in ein paar Jahrzehnten sich schneller gewandelt hat als in Tausenden von Jahren. Hinzu kommt, daß die enormen technischen Folgen, die schließlich von dem ungeheuren Machtzuwachs in der Neuzeit zeugen, von niemandem vorausgesagt worden waren, nicht von den Naturwissenschaftlern selbst [die heute noch, wie man mir sagt, dazu neigen, auf die Ingenieure als einfache Klempner herabzusehen], noch von den Historikern. [Die einzigen, die eine Voraussage machten, waren vielleicht Leute wie Jules Verne, d. h. die Vorläufer der Science Fiction.] Doch falls jemand die Folgen vorausgesagt und vorausgesehen hätte, hätte er dann nicht wahrscheinlich den Schluß gezogen, der Zuwachs an menschlicher Macht sei begleitet von einer Vergrößerung der Statur des Menschen? Dies war aber gerade nicht der Fall.

Auf die Stimmung der Wissenschaftler und Gelehrten im Frühstadium der Neuzeit, auf ihren Jubel über niemals zuvor gesehene Dinge, niemals zuvor gedachte Gedanken und auf das merkwürdige Pathos der Neuheit, das für das 17. Jahrhundert in allen Gebieten der Gelehrsamkeit so kennzeichnend gewesen ist, folgten ganz andere Kommentare über die Wirkungen der Kopernikanischen Revolution – Kommentare, welche dann zum Arsenal des Geisteswissenschaftlers werden sollten. [Ich werde Ihnen ein Zitat vom Anfang dieser Periode und eines vom Ende bringen, und dann können wir das, was dazwischen war, vergessen, weil alles ohnehin auf dasselbe hinausläuft.] Anfang des 18. Jahrhunderts schreibt Montesquieu: »Quand je vois des hommes qui rampent sur un atome, c'est-à-dire la Terre, qui n'est qu'un point de l'Univers, se proposer directement pour modèles de la Providence, je ne sais comment accorder tant d'extravagance avec tant de petitesse.«[3] Dies wurde geschrieben Jahrhunderte, bevor sich die neue Weltsicht im tatsächlichen Wandel der Alltagswelt, in der wir leben, manifestierte. Und nur einige Jahrzehnte vor dem Wandel, in den achtziger Jahren des vorigen Jahrhunderts und ungefähr einhundertsechzig Jahre nach Montesquieu, schreibt Nietzsche im Grunde noch im gleichen Sinn: »Seit Kopernikus scheint der Mensch auf eine schiefe Ebene gerathen, – er rollt immer schneller nunmehr aus dem Mittelpunkte weg –« [Er hatte noch nicht Yeats gelesen.] »Wohin? in's Nichts? in's ›durchbohrende Gefühl seines Nichts‹? ... Wohlan! dies eben wäre der gerade Weg – in's alte Ideal? ... Alle Wissenschaft (und keineswegs nur die Astronomie, über deren demüthigende und herunterbringende Wirkung Kant ein bemerkenswerthes Geständnis gemacht hat, ›sie vernichtet meine Wichtigkeit‹ ...), alle Wissenschaft, die natürliche sowohl, wie die unnatürliche – so heisse ich die Erkenntniss-Selbstkritik – ist heute darauf aus, dem Menschen seine bisherige Achtung vor sich auszureden, wie als ob dieselbe Nichts als ein bizarrer Eigendünkel gewesen sei.«[4]

Ich möchte Sie als erstes daran erinnern, daß Nietzsche dachte, dies sei »der geradeste Weg zurück zum *alten* Ideal der Wissenschaft«, und ich möchte erklären, was er damit meinte. Schon immer seit den Griechen bestand der Ruhm der Wissenschaft, wie Nietzsche so gut wußte, in deren Objektivität, deren Uninteressiertheit, deren Unparteiischkeit, was die Folgen anging, die die Suche nach Wahrheit und Erkenntnis haben könnten. Die moderne Wissenschaft ist in mehr als einem Sinne zum alten Ideal zurückgekehrt. Gerade ihre Integrität verlangt es, daß nicht nur utilitaristische Überlegungen, sondern auch das Nachdenken über die Natur des Menschen in der Schwebe gehalten werden. Es entbehrt nicht der Ironie, daß die weltfremden Geisteswissenschaftler heute der Indifferenz gegenüber praktischen Fragen beschuldigt werden, daß man ihnen vorwirft, sie wüßten nicht, wie sie ihre Wissenschaften angesichts der Bedürfnisse der modernen, von Problemen der Technik befallenen Welt anwenden sollen. Denn das pragmatische Ideal der Wissenschaft – das Ideal der Anwendbarkeit, ursprünglich das Ideal der Geisteswissenschaftler oder besser von deren Vorfahren, nämlich der Römer, denen wir das Wort »humanitas« verdanken – war etwas, das den Griechen so wenig bewußt war, daß sie nicht einmal ein Wort dafür hatten. Die an der »humanitas« interessierten Römer gingen hinsichtlich der technischen Anwendung von wissenschaftlichen Entdeckungen über die Griechen hinaus. Doch weil sie das, was wir jetzt »reine Forschung« nennen, mit dem Maßstab der Nützlichkeit (also dessen, was für den Menschen in jeder Hinsicht gut ist) maßen, richteten sie die Entwicklung der Wissenschaft zugrunde. [Eine irgendwie aparte Symbolik liegt darin, daß es ein Römer war, der Archimedes tötete.]

Die Argumente, die die Kirche, die Römische Kirche, gegen Galileo erhob, gehörten noch der römischen Tradition an. Sie sind rein pragmatischer Natur. »Was werden die Folgen dessen sein, was Sie tun?« fragte die Kirche, »wie werden die Menschen in der Lage sein, mit der von Ihnen errichteten Welt zu leben?« Nun, wenn die Größe der modernen Wissenschaft (d. h. der Astrophysik) darin besteht, daß sie, wie Planck einst bemerkte, »von allen anthropomorphen Elementen gereinigt wurde«[5], erhebt sich die Frage: Wie können die Menschen mit einer Weltsicht leben, die ihnen so wenig Beachtung schenkt, daß sie sich gegen die Sinneserfahrung und damit gegen ihren »common sense« stellt? Und wie können sie in einer Welt leben, die von technischen Kräften errichtet wurde und erhalten wird, welche sich jenseits des gewöhnlichen Verstehens selbst der bestinformierten Laien befinden; welche in einem gewissen Ausmaß auf Ergebnisse gestützt sind, die man aufgrund mathematischer Verfahren erhalten hat, d. h. von

Verfahren, die sich hartnäckig weigern, »in die Sprache unserer Sinnenwelt zurückübersetzt zu werden«? Solche Rückübersetzung, meinte noch Planck, den ich zitiert habe, wäre absolut nötig, wenn die wissenschaftlichen Ergebnisse für uns irgend von Nutzen sein sollten. Andernfalls, so sagte er voraus, wären »die neuen Theorien nicht besser als eine Seifenblase, die beim ersten Windstoß zerplatzen kann«[6].

Heute, sechzig Jahre nachdem Planck diese Sätze geschrieben hat, wissen wir es besser. Die neue Wissenschaft kehrte zum alten Ideal der griechischen vollkommenen Indifferenz gegenüber pragmatischen Anliegen zurück, doch geschah dies in einem neuen Geist. Nicht mehr kontemplativ und damit nur für Philosophen und Wissenschaftler von Interesse, sondern von Anfang an agierend und operierend wurde die neue Wissenschaft als solche schließlich von überaus großem Nutzen für uns, und genau diese Nützlichkeit, diese Anwendbarkeit war es dann, die die neue Weltsicht in ihrer Richtigkeit bestätigte und neue Entdeckungen anregte.

Wenn die Herren aus den naturwissenschaftlichen Fakultäten und den technischen Instituten sich heute mit der Anwendbarkeit ihrer Forschungen brüsten und einen ähnlich pragmatischen Blick von den geistes- und sozialwissenschaftlichen Fakultäten fordern, mag es vielleicht nicht ganz abwegig sein, sie daran zu erinnern, daß es ursprünglich nicht die Naturwissenschaft war, sondern im Gegenteil die Geisteswissenschaft, die [um Cicero zu zitieren] »ad hominum utilitatem« existieren sollte, um den Menschen, sofern sie menschlich (d. h. von rein organischem Leben unterschieden) sind, nützlich zu sein, und daß Nützlichkeit im Sinne eines Wertkriteriums für die wissenschaftliche Forschung eine ziemlich späte Entwicklung darstellt. Lassen Sie uns nicht vergessen, daß Präzisionsinstrumente wie unsere Armband- und anderen Uhren, die sicher zu den unentbehrlichsten Geräten im Alltagsleben unserer Zivilisation gehören, für das erfunden wurden, was seinerzeit (nämlich im 17. Jahrhundert) praktisch nutzlose Zwecke waren – nämlich, um ein exaktes Maß für die Fallgeschwindigkeit von festen Körpern zu erhalten.

So scheint das Paradox der Entwicklung der modernen Wissenschaft darin zu bestehen, daß mit der enormen Vergrößerung der Macht des Menschen zugleich eine nicht viel weniger entscheidende Verkleinerung seiner Selbstachtung eintrat. In seiner Suche nach Wissen und Wahrheit schaute der moderne Mensch zunächst mit der einfachen

Kraft der Abstraktion von einem Punkt im Universum auf die Erde und auf die natürlichen Prozesse, indem er seinen geistigen Fähigkeiten mehr traute als seiner Sinneserfahrung. Er errang auf diese Weise die Fähigkeit, die Natur so zu behandeln, als wäre er selbst keine erdgebundene Kreatur mehr, und er fing an, jene Energieprozesse, die gewöhnlich nur in der Sonne vor sich gehen, loszulassen; in einer Retorte kosmische Evolutionsprozesse zu erzeugen; Maschinen zur Produktion und Kontrolle von Energien zu bauen, die im Haushalt der Natur nicht bekannt sind. Doch wenn er jetzt von diesem Punkt auf das herabschaute, was auf der Erde vor sich ging, und auf die verschiedenen Aktivitäten der Menschen, einschließlich seiner eigenen, konnten ihm diese Tätigkeiten nur so und nicht anders erscheinen, als wären sie das, was die Behavioristen »offenes Verhalten« nennen, welches mit denselben Methoden studiert werden kann wie das Verhalten von Ratten und Affen. Aus ausreichender Entfernung betrachtet, müssen die Autos, in denen wir reisen und von denen wir glauben, wir hätten sie für uns gebaut, erscheinen, als seien sie, wie Heisenberg einmal sagte, ein genauso unabdingbarer Teil von uns wie das Schneckenhaus für dessen Bewohner. Unser Stolz auf das, was wir tun *können*, wird notwendigerweise vergehen, wenn wir entdecken, daß wir tatsächlich mit einer Art Mutation der menschlichen Gattung befaßt sind und daß das Ganze der Technik »fast nicht mehr als das Produkt bewußter menschlicher Bemühung um die Ausbreitung der materiellen Macht des Menschen (erscheint), sondern eher als ein biologischer Vorgang im Großen«[7]. In der gleichen Weise, könnte man hinzufügen, mag von diesem entfernten Punkt aus das Zusammenfallen der Bevölkerungsexplosion mit der Erfindung der Atomwaffen als ein Phänomen im Haushalt der Natur erscheinen, als ein »biologischer Vorgang im Großen«, um das Leben auf der Erde davor zu bewahren, aus dem Gleichgewicht zu geraten.

Daß die »neue Wissenschaft«, wenn es um die Statur des Menschen geht, von einem Paradox heimgesucht ist, daß der Mensch, je mehr Wissen und Macht er als Wissenschaftler erringt, um so weniger Respekt für sich, der all dies erreichte, verbuchen kann – dies wurde ursprünglich von Laien entdeckt. Doch heute ist der von den sehr realen Erfolgen der Wissenschaft und Technik überwältigte Laie weniger geneigt, solche Fragen zu stellen, als dies vor der technischen Revolution der Fall war. Heute sind die Laien aus anderen, mehr praktischen Gründen in Sorge und manchmal in einer Stimmung der Rebellion:

wegen des hohen Zerstörungspotentials der modernen Waffen oder wegen der enormen Gelder, die für die Eroberung des Weltraums erforderlich sind und besser für den Kampf gegen die Armut und ähnliches eingesetzt würden. Das Unglück hat sich verlagert.

Nun sind die Wissenschaftler selbst in Sorge wegen bestimmter Irritationen in ihrer eigenen Arbeit. Zunächst war da der Schock der älteren Generation, als sie merkte, daß ihre ehrwürdigen Ideale der Harmonie und Notwendigkeit in Gefahr waren. Einsteins so überaus heftige Weigerung, das Prinzip der Kausalität zu opfern, wie dies die Plancksche Quantentheorie forderte, ist wohlbekannt. Sein Haupteinwand war, daß sich damit alle Gesetzmäßigkeit aus dem Universum verabschieden würde – daß das so wäre, als ob Gott mit Würfelspielen über das Universum herrsche. Sodann gab es die höchst beunruhigende Tatsache, daß es sich als unmöglich herausstellte, die durch mathematische Verfahren erhaltenen Ergebnisse, so wie das Planck gefordert hatte, in Sprache rückzuübersetzen – nicht nur in die Sprache unserer eigenen Alltagswelt, sondern in jede Art von begrifflicher Terminologie. Die theoretischen Irritationen, denen sich die neue, nicht-anthropozentrische und nicht-geo- oder heliozentrische Wissenschaft gegenübersah, weil ihre Daten sich der Ordnung durch jedwede natürlichen geistigen Kategorien des menschlichen Gehirns verweigerten, sind nur zu gut bekannt. Mit den Worten Schrödingers: Das neue Universum, das wir zu »erobern« suchen, ist nicht »bloß praktisch unerreichbar, sondern denkunmöglich«; denn »wie immer wir versuchen, es im Gedanken nachzuvollziehen, kommt ein Unsinn heraus, der vielleicht nicht ganz so unsinnig ist wie ein ›dreieckiger Kreis‹, aber erheblich unsinniger als ein ›geflügelter Löwe‹«[8].

Sicher kann man sagen, daß Gesetzlichkeit, Notwendigkeit und Harmonie zu den altmodischen Idealen gehören und daß alle diese Irritationen, wie Niels Bohr einmal meinte, von unserem notwendig vorurteilsbeladenen Begriffsrahmen verursacht sind, der auf Regelmäßigkeiten in den Atomphänomenen – Phänomenen einer neuen Art, die sich der anschaulichen deterministischen Beschreibung entziehen – nicht vorbereitet ist. Das Problem jedoch ist, daß das, was sich der Beschreibung im Sinne der Vorurteile des menschlichen Geistes entzieht, jeder denkbaren Art von menschlicher Sprache unzugänglich ist. Es kann überhaupt nicht mehr beschrieben werden und wird durch mathematische Symbole ausgedrückt, aber nicht beschrieben. Bohr hoffte noch, daß sich vielleicht einmal ein erweiterter »begrifflicher Rahmen« herausbilden würde, in dem alle »scheinbare Disharmonie« verschwände. Doch diese Hoffnung hat sich bisher noch nicht erfüllt, und es ist nicht sehr wahrscheinlich, daß das je so sein wird. Die Kategorien und Ideen des menschlichen Verstandes haben letztlich ihre Quelle in der menschlichen Sinneserfahrung, und alle unsere geistige Fähigkeit sowie ein Gutteil der beschreibenden Begriffe unserer Begriffssprache leiten sich aus der Sinnenwelt her und werden dann metaphorisch gebraucht. Mehr noch: Das menschliche Gehirn, das, wie vermutet wird, unser Denken besorgt, ist ein Teil unseres Körpers, der ebenso erdgebunden ist wie die anderen Teile, und gerade indem sie von diesen terrestrischen Bedingungen abstrahierte, ist die moderne Wissenschaft zu ihren ruhmreichsten und gleichzeitig verwirrendsten Errungenschaften gekommen.

Um es auf eine andere Weise zu sagen: Bei ihrer Suche nach der »wahren Wirklichkeit« verloren die Wissenschaftler das Vertrauen in die Welt der »bloßen« Erscheinungen, in die sich selbst durch sich selbst offenbarenden Phänomene. Sie begannen, Instrumente zu erfinden, deren alleinige Aufgabe es sein sollte, unsere groben Sinne zu verfeinern, und gelangten schließlich zu Instrumenten, die sich mit Daten zu befassen hatten, welche genau gesprochen überhaupt nicht »erscheinen«, nicht in unserer Alltagswelt und noch nicht einmal im Laboratorium. Diese Daten geben sich nur deshalb zu erkennen, weil sie unsere Meßinstrumente auf bestimmte Weise affizieren – und doch scheint unzweifelhaft, daß dies »wahre Wirklichkeit« *ist*. Das Ansehen der »neuen Wissenschaft« festigte sich jenseits aller Zweifel durch die Entwicklung der modernen Technik. Das Problem ist nur, daß der Entdekker der »wahren Wissenschaft« hinter den bloßen Erscheinungen an eine Welt von Erscheinungen gebunden bleibt; er kann in den Begriffen dessen, was er jetzt als wahre Wirklichkeit begreift, nicht *denken*; er kann sich sprachlich nicht darüber mitteilen, doch sein eigenes Leben bleibt an eine Zeitvorstellung gebunden, die beweisbar nicht zur »wahren Wirklichkeit« gehört, sondern festgesetzte, bloße Erscheinung ist (wie Einsteins berühmtes, auf dem »Uhrenparadox« beruhendes »Zwillingsparadox«[9]).

Dieser demütigende Aspekt der modernen Wissenschaft wird vielleicht am besten durch Heisenbergs Entdeckung der Unschärferelation und die Schlüsse, die er selbst daraus zog, veranschaulicht. Die Unschärferelation besagt, wie Sie alle wissen, »daß es bestimmte Paare von Größen wie die Position und Geschwindigkeit eines Teilchens gibt, die miteinander so verbunden sind, daß eine Bestimmung des einen mit erhöhter Schärfe notwendigerweise die des anderen mit verminderter Schärfe nach sich zieht« (John Gilmore). Heisenberg schließt daraus, daß »wir durch unsere Wahl des Beobachtungstyps entscheiden, welche Aspekte der Natur bestimmt und welche unscharf sein sollen«. Er schrieb: »Das wichtigste neue Ergebnis der Atomphysik war die Erkenntnis der Möglichkeit, daß ganz verschiedenartige Schemata von Naturgesetzen auf das gleiche physikalische Geschehen angewendet werden können, ohne sich zu widersprechen. Es liegt dies daran, daß in einem bestimmten System von Gesetzen wegen der Grundbegriffe, auf die es aufgebaut ist, nur ganz bestimmte Fragestellungen einen Sinn haben und daß es sich dadurch gegen andere Systeme, in denen andere Fragen gestellt werden, abschließt.«[10]

[Ich möchte Sie nebenbei darauf aufmerksam machen, daß Sie unmittelbar die Schwierigkeiten der historischen Wissenschaften erkennen können, wenn Sie diese Sätze und die in ihnen zum Ausdruck kommenden Irritationen aus dem Zusammenhang des Physikers herausnehmen. Was Heisenberg sagt, könnte beinahe Wort für Wort in einem Einführungskurs über die Historiographie und die Geschichtswissenschaften gesagt werden. Wir konzentrieren uns auf eine Sache, und deshalb wird alles andere unscharf. Wir stellen gewisse Fragen und können deshalb nur gewisse Antworten erhalten. Alles genau dasselbe! Was uns aber doch ein wenig mißtrauisch machen sollte!]

Heisenberg folgerte, daß die moderne Suche nach wahrer Wirklichkeit uns in eine Lage gebracht hat, in der wir eigentlich die Objektivität der natürlichen Welt verloren haben. Wohin auch immer der Mensch in seiner Einbildung oder wirklich geht, er wird entdecken, daß er »nur noch sich selbst gegenübersteht«. Bedeutet dies nicht, daß es für die Reinigung der Wissenschaft von allen »anthropomorphen Elementen« eine Grenze gibt? Und kommen Heisenbergs Schlußfolgerungen dem in der Neuzeit gehegten, ganz frühen Mißtrauen gegen die menschliche Fähigkeit zur Wahrheit nicht auffällig nahe (wenn natürlich auch auf einem viel anspruchsvolleren Niveau)? Ich werde noch einmal Montesquieu zitieren, weil ich bewußt die Philosophie draußen lassen will. [Montesquieu seinerseits zitiert Spinoza, aber sagt das nicht. Er sagt, »on a dit«, die Leute haben gesagt. Es gab aber nicht viele Leute, die das sagten, eben nur Spinoza. Doch Sie kennen das ja, wie Schriftsteller arbeiten.] Also Montesquieu sagte: »Il me semble ... que nous ne jugeons jamais des choses que par un retour secret que nous faisons sur nous-mêmes.« [Dies ist übrigens ein höchst interessanter Satz. Er kommt so ausgesprochen harmlos und unauffällig daher. Derjenige, der tatsächlich entdeckte, was es heißt, daß man nur durch diese Art der Rückbezogenheit auf sich selbst urteilen kann, war Kant in seiner *Kritik der Urteilskraft*. Deshalb ist das Urteil, nach Kant, »reflektierend«.] Montesquieu fährt fort [und all dies steht in den *Lettres persanes*, d. h. nicht im *Esprit des lois*, sondern in dem von ihm verfaßten Roman, wenn Sie die *Lettres* einen Roman nennen wollen]: »Je ne suis pas surpris que les Nègres peignent le Diable d'une blancheur éblouissante et leurs Dieux noirs comme du charbon ... On a dit bien que si les triangles faisaient un Dieu, ils lui donneraient trois côtés.«[11] [Hier also betritt Spinoza die Bühne.]

Stets ist es die Größe der Wissenschaft gewesen, daß sie den menschlichen Interessen keine Aufmerksamkeit schenkte. Ihre Leitlinie war: Was immer wir entdecken *können*, das *sollen* wir entdecken; was immer wir machen *können*, das *sollen* wir machen. Doch ihre Ergebnisse, wie wir sie heute sehen, scheinen unwiderruflich auf einen Punkt zuzusteuern, an dem der Mensch an seine Grenzen erinnert und sozusagen auf seinen Platz zurückverwiesen wird. Wie groß auch immer die Triumphe der Wissenschaft und ihrer Technik bei der Überwindung der Grenzen des menschlichen Sinnesapparates und seiner kompaktesten Vorurteile, daß nämlich Sein und Erscheinung für menschliche Wesen dasselbe sind (ich zitiere Aristoteles), daß nichts *ist*, was nicht erscheint, und umgekehrt – der Wissenschaftler selbst bleibt ein Mensch und genau diesen »Vorurteilen« unterworfen. Es wäre anmaßend, wenn der sogenannte Geisteswissenschaftler oder irgendein Laie hier »Hybris« riefe. Und es wäre vergeblich, Bescheidenheit zu predigen. Nur der Naturwissenschaftler selbst und der von ihm abhängige Ingenieur können, indem sie die Schwierigkeiten in ihren eigenen Arbeiten sehen, die technischen Kräfte, die außer Kontrolle zu geraten drohen, bremsen. Und das können sie nur deshalb, weil auch sie Laien und Bürger sind, d. h. weil wir letztendlich alle in demselben Boot sitzen.

Aber wir sollten uns nicht täuschen! Was auf dem Spiel steht, ist genaugenommen das Ethos, die Moral der Wissenschaft – die Überzeugung, daß, was immer wir entdecken *können*, wir auch entdecken *sol-*

len, was immer wir *können*, wir auch machen *müssen*. Und was weiterhin auf dem Spiel steht, ist unser weitverbreiteter Fortschrittsglaube. Vielleicht ist Fortschritt kein immerwährendes Phänomen. Eines Tages wird ihm auf diese oder jene Weise ein Ende gesetzt werden. Ganz abgesehen von der Frage, was wir entdecken und machen *sollten* und was wir besser ungetan ließen, wird sicher eines Tages die Grenze dessen, was wir entdecken und machen *können*, zum Vorschein kommen. Mit anderen Worten: Wofür ich hier plädiere ist, daß wir uns die faktisch existierenden Grenzen der menschlichen Wesen neu vergegenwärtigen. Sicher können diese bis zu einem gewissen Punkt überschritten werden. Die Menschen haben sie immer überschritten: im Vorstellungsvermögen, in der philosophischen Spekulation, im religiösen Glauben und schließlich in wissenschaftlichen Entdeckungen. Ja, nur im Überschreiten von Grenzen können wir ihrer gewahr werden.

Was ich hier behaupte – ohne zu sicher zu sein, daß ich recht habe – ist, daß wir solche Grenzen in unseren wissenschaftlichen Unternehmungen ebenso wie in unserer Technisierung der Welt zu spüren bekommen haben. Die Tatsache, daß wir heute fähig sind, eine »doomsday machine« zu entwerfen, mit der der Planet zerstört oder zumindest alles organische Leben auf ihm getötet werden kann, scheint der menschlichen Macht eine solche absolute Grenze zu setzen. Und das gleiche ergibt sich aus der Gefahr, daß genau das Know-how, das es uns ermöglicht, Prozesse zu meistern, die ohne uns niemals in der terrestrischen Natur vor sich gingen, uns dazu bringen mag, nicht wieder rückgängig zu machende Prozesse loszulassen. Wir könnten das loslassen, was wir niemals wieder werden anhalten können.

Nehmen wir unser gegenwärtiges Weltraumprogramm, mit den eingebauten Grenzen! Alles, was wir je werden tun können, ist, unsere unmittelbaren Umgebungen im Universum zu erforschen, und diese Umgebungen sind unendlich klein. Die menschliche Gattung könnte nicht mehr vom Universum erreichen, selbst wenn sie mit Lichtgeschwindigkeit reiste. Die Grenze wird die Lebenszeit des Menschen sein, und diese Begrenzung wird sich kaum beträchtlich ändern, selbst wenn es uns gelänge, das Durchschnittsalter der Sterblichen zu verdoppeln. Mehr noch, jener archimedische Punkt, der es dem Menschen tatsächlich erlaubte, alles zu wissen und alles zu tun, kann niemals erreicht werden. Alles, was wir finden können, ist der archimedische Punkt im Hinblick auf die Erde, und wenn wir erst einmal dort angekommen sind, würden wir offensichtlich einen neuen benötigen, und so ad infinitum. Mit anderen Worten: Der Mensch kann in der Weite des Universums nur verlorengehen. Denn der einzig wirklich archimedische Punkt wäre die dahinterliegende absolute Leere.

Was heute die »Eroberung des Weltraums« genannt wird, wird bestenfalls zu ein paar Entdeckungen in unserem Sonnensystem und der Ausweitung sozusagen des Territoriums, in welchem der Mensch im Gegensatz zu allen anderen Lebewesen auf der Erde zu Hause sein kann, führen – und selbst das ist zu bezweifeln. Doch wenn diese Grenze erreicht ist, wird, soweit wir denken können, die neue aus ihr erwachsende Weltsicht wahrscheinlich wieder geozentrisch und anthropomorph sein, wenn auch nicht in dem alten Sinne, daß die Erde den Mittelpunkt des Universums bildet und der Mensch das höchste Wesen in ihr ist. Sie wäre vielmehr geozentrisch in dem Sinne, daß die Erde und nicht das Universum Mittelpunkt und Heimat des sterblichen Menschen ist; und sie wäre anthropomorph in dem Sinne, daß der Mensch seine eigene Sterblichkeit zu den elementaren Bedingtheiten zählte, unter denen seine wissenschaftliche Bemühung, seine Suche nach Wahrheit und seine technischen Unternehmungen, damit die Schaffung seiner eigenen Welt überhaupt möglich sind.

Nachwort der Herausgeberin

Der zweite Band von Hannah Arendts »Übungen im politischen Denken« ist eine Sammlung von Essays und Artikeln, die durch den Haupttitel »In der Gegenwart« zusammengehalten werden. Im Unterschied zu den mehr theoretischen Übungen, die im ersten Band unter der von der Autorin vorgegebenen Überschrift »Zwischen Vergangenheit und Zukunft« veröffentlicht wurden, sind die hier erstmals gesammelten ereignisbehafteter.[1] Das soll heißen, daß in den meisten Fällen ein Ereignis (z. B. die Ungarische Revolution von 1956[2]) oder aktuell-politische Diskussionen (z. B. die in Amerika ausgetragenen Debatten über die Nachkriegsordnung in Europa[3]) den Anlaß für die Niederschrift gegeben haben. Es soll nicht heißen, daß die Autorin Ereignisse oder Diskussionslagen im einzelnen beschreibt, sich gar in die Rolle der Reporterin begibt, so sehr sie auch darauf bestehen mag, das eine oder andere Detail genau zu schildern.

Die hier zusammengestellten Arbeiten sind zwar nicht unbedingt »Übungen im politischen Denken« in der Weise, wie Hannah Arendt das in ihrem Vorwort zu *Between Past and Future* mitgeteilt hat (»ihr einziges Ziel ist, Erfahrung darin zu erwerben, *wie* man denkt«, und »sie enthalten keine Vorschriften darüber, was gedacht werden soll oder welche Wahrheiten hochzuhalten wären«[4]), doch lassen sie eindeutig einen denkerischen Hintergrund erkennen. Zugriff und Verarbeitung sind ähnlich denen, die dem Leser aus den Essays über Geschichte, Autorität, Freiheit etc. im ersten Band der »Übungen« bekannt sind. Nur kommt etwas hinzu, was dort eher zugedeckt ist. In diesen mit mehr Berechtigung als »Gelegenheitsarbeiten« zu bezeichnenden Tex-

1 Zur Gesamtkonzeption der Edition siehe mein Nachwort in dem gleichzeitig in zweiter, durchgesehener Auflage erscheinenden ersten Band, dort S. 371 ff.

2 Siehe in dieser Ausgabe S. 73–126.

3 In dem Artikel »Unsere fremdsprachlichen Volksgruppen«, in dieser Ausgabe S. 211–227.

4 Hannah Arendt, »Preface: Between Past and Future«, in: dies., *Between Past and Future: Eight Exercises in Political Thought*, Harmondsworth: Penguin, 1983, S. 3–15, S. 14; dt. (übers. von Ursula Ludz): »Vorwort: Die Lücke zwischen Vergangenheit und Zukunft«, in: *Zwischen Vergangenheit und Zukunft*, S. 7–19, S. 18.

ten wird geurteilt – »kräftig« geurteilt, darf hinzugefügt werden, nachdem Arendt das selbst einmal in einem brisanten Zusammenhang gefordert hat.[5] Oft sind die Urteile ärgerlich, weil altklug, besserwisserisch, zu allgemein, auch ungerecht, insgesamt aber von philosophischer Reflexion und Gemeinsinn (»common sense«) getragen, in den getroffenen Unterscheidungen plausibel, erhellend und nicht selten äußerst erfrischend, entwaffnend. Hannah Arendts Temperament, die berühmt-berüchtigte Arendtsche Ironie treten stärker hervor als in den durchweg mehr theoretisch orientierten und der Essayform stärker verpflichteten Stücken des ersten Bandes. Neben der Hannah Arendt des »Ich will mich im Denken üben« und dem naheliegenden »Ich will verstehen« gibt es eine andere, die des »Ich muß urteilen« – eine Hannah Arendt, die sich einmischt.

Die Art und Weise ihrer Einmischung ist eine spezifische. Hannah Arendt hat, so drückt es Ernst Vollrath aus, »die Politik stets auch mit Augen gesehen, die von der Philosophie sehend gemacht worden waren«[6]. Das kann man so interpretieren, daß ihr ein Ereignis, eine Zeiterscheinung, also der jeweilige Anlaß zum »Exemplum« für grundsätzliche Reflexionen wurde – so etwa der »zivile Ungehorsam«[7] für Überlegungen zum Gesellschaftsvertrag, die Geschehnisse in »Little Rock«[8] für Ausführungen zur Unterscheidung der politischen, gesellschaftlichen und privaten Sphäre oder die »weltweite Rebellion an den Universitäten und die Debatten über gewalttätigen oder gewaltlosen Widerstand« (S. 145) für eine gründliche Erörterung des Verhält-

5 Hannah Arendt an Gerhard Scholem, 20. Juli 1963, in: *Ich will verstehen* (genaue Angabe siehe S. 415 f.), S. 29–36, S. 33: »Und wenn Sie vielleicht recht haben, daß es ein ›abgewogenes Urteil‹ [in der Frage der Kooperation jüdischer Funktionäre zu Zeiten der Endlösung, Hrsg.] noch nicht geben kann …, so glaube ich, daß wir mit dieser Vergangenheit nur fertig werden können, wenn wir anfangen zu urteilen, und zwar kräftig.«

6 Ernst Vollrath, »Hannah Arendt und Martin Heidegger – erneut betrachtet«, in: *Metaphysik der praktischen Welt: Perspektiven im Anschluß an Hegel und Heidegger* (Festgabe für Otto Pöggeler), hrsg. von Andreas Großmann und Christoph Jamme, Amsterdam: Rodopi (Philosophie & Repräsentation, 7), 2000, S. 194–210, S. 208.

7 In dieser Ausgabe S. 283–321.

8 In dieser Ausgabe S. 258–279.

nisses von Macht und Gewalt.[9] Gleichermaßen ist methodisch das Umgekehrte zu beobachten. Theoretisch Erkanntes wird auf eine aktuelle Fragestellung angewandt. Die Totalitarismusanalyse etwa liefert leitende Gedanken für die Stellungnahme zum Thema »Der Kalte Krieg und der Westen«[10]. Die Standpunkte, die Hannah Arendt in dieser Weise in der jeweils aktuellen Diskussion formuliert hat, bleiben, obwohl in die politische Arena hineingesprochen und -geschrieben, irgendwie abgehoben. Der Leser spürt eine Distanz, die (philosophische) Zurückgezogenheit des Betrachters. Im eigentlichen politischen Meinungsstreit ist die jeweils eingenommene Position schwer zuzuordnen, es fehlt die unmittelbare Interessenkomponente, es fehlt die Festlegung auf eine bestimmte Meinungspartei. Hannah Arendt steht darüber, darunter oder daneben – in ihren eigenen Worten: »I somehow don't fit«[11], ich passe nirgendwo so richtig hinein.

Auch wenn sie in die jeweiligen Interessengruppierungen nicht einzuordnen ist – oder gerade weil das so ist –, ist Hannah Arendt nicht interesselos. Ihr Interesse, ihre Leidenschaft gelten der Vernunft und der Menschlichkeit, beides hängt miteinander zusammen. Wogegen sie kämpft, sind Dummheit (im Sinne eines In-die-Falle-Gehens, des Nicht-Erkennens von Trugschlüssen und Festhaltens an Ideologien), »Unverstand für politische Realitäten«, »irreführende Banalitäten«; sie will »Denkschablonen durchbrechen« und plädiert für die »unerschütterliche Treue zum Wirklichen«. Konkrete Zielscheibe etwa ist immer wieder die in der Politik benutzte und zur Handlungsmaxime erhobene Forderung »Der Zweck heiligt die Mittel« (S. 146, 231 f.); außerdem die wachsende Tendenz in Wissenschaft, Politik und Politikberatung, das »Denken« und »Urteilen« durch »Rechnen« zu ersetzen (S. 148, 346). Oder es wird mit J. Glenn Gray in dem einfühlsamen Vorwort zu seinem Buch *The Warriors*[12] die Unmenschlichkeit abstrakten Denkens und abstrakter Gefühle thematisiert oder – immer wieder in der Darstellung und Bewertung von Revolutionen – »die Befreiung von der Notwendigkeit« als unabdingbar hervorgehoben, »damit Men-

9 In dieser Ausgabe S. 145–206.
10 In dieser Ausgabe S. 127–137.
11 1972 in Toronto bei der Diskussion mit Freunden und Kollegen, siehe H.A., *Ich will verstehen*, S. 109.
12 In dieser Ausgabe S. 138–144.

schen sich in Würde bewegen können« (S. 137). Kurz: Das Hauptanliegen der Arendtschen politischen Philosophie, das sich in den Begriffen »Freiheit« und »Menschlichkeit« kristallisiert[13], ist stets präsent. Das »grundsätzliche politische Streben« umschreibt Hannah Arendt an einer Stelle in diesem Band (S. 236) mit den Worten »wo immer wir können, ein wenig menschlicher zu werden«.

Zu dieser Einstellung gehören ein Blick auf die Wirklichkeit, der nicht durch Wunschvorstellungen und Ideologien getrübt ist, und – besonders eindrucksvoll in dem Artikel über die Pentagon-Papiere[14] – der Kampf gegen die »Entwirklichung« der Politik. Grundlegend ist auch die Auffassung, daß die eigene Stimme nur »in concert« mit denen anderer zählt. Und hierin unterscheidet sich Hannah Arendt von vielen Intellektuellen, die sich eingemischt haben: Das selbstgesteckte Ziel, nicht vorzuschreiben, *was* gedacht werden soll, wird beharrlich verfolgt. Selbstüberschätzung ist ein Fremdwort beziehungweise nur insofern anzutreffen, als sie dem Auftreten in der Öffentlichkeit und öffentlichen Urteilen sozusagen per definitionem innewohnt. Hannah Arendt zieht sich, durchaus nicht ungern, die Robe der Richterin an, doch immer unter den Gesichtspunkten der »affaires de tous« und in den Grenzen, die sich daraus ergeben, daß »Wahrheit ... eher der Gültigkeit von Vereinbarungen« ähnelt (S. 375).

Die angedeutete grundsätzliche Haltung durchzieht beide Bände der »Übungen«. Der Unterschied liegt im Standort, der Entfernung zum »Ereignis«. Hannah Arendt spricht und schreibt in den »Übungen« des zweiten Bandes, wie es in einem der abgedruckten Texte heißt (S. 356), als »contemporary«, als im Hier und Jetzt Lebende, die wie alle anderen »con-temporaries« in die unerbittlichen Anforderungen des täglichen Lebens verstrickt ist. Nähe zum Ereignis bedeutet auch Vorläufigkeit des Urteils. Das Denken wird in Gang gesetzt, bevor die Geschichte so vergangen ist, daß sie erzählt werden kann. Die Urteile werden – im Sinne eines von Hannah Arendt gerne herangezogenen Kant-Zitats – öffentlich aufgestellt, »um zu sehen, ob sie auch mit an-

13 Vgl. Ingeborg Nordmann in ihrem Kommentar »Auf Freiheit kommt es an« zur Neuausgabe von Arendts Lessingrede aus dem Jahre 1959 (Hamburg: Europäische Verlagsanstalt [EVA Reden, 27], 1999), S. 55–89.

14 Siehe in dieser Ausgabe S. 322–353.

derer ihrem Verstande zusammenpassen«[15]. Und die Vorläufigkeit so mancher Position ist für den heutigen Leser, der sie Jahrzehnte später zur Kenntnis nimmt, durchaus evident. Andererseits gibt es Einsichten, die wegen ihrer Aktualität staunen machen, so – um nur ein Beispiel zu nennen – die Beobachtung, daß »wir Autos vor allem herstellen, um Arbeitsplätze zu erhalten, und nicht, damit die Leute mit ihnen herumkutschieren können« (S. 367).

Mit anderen Worten: Der Leser wird aufgefordert, nicht nur zu denken, sondern auch selbst zu urteilen. Denken und Urteilen in politicis gehören zusammen, schon deshalb, weil beide denselben Gefahren ausgesetzt sind. In diesem Sinne schreibt Hannah Arendt in dem Essay »Wahrheit und Politik«, dem letzten im ersten Band der »Übungen« abgedruckten, der als eine Art Klammer zwischen den beiden Bänden angesehen werden kann: »Politisches Denken und Urteilen bewegt sich zwischen der Gefahr, Tatsächliches für notwendig und daher für unabänderbar zu halten, und der anderen, es zu leugnen und zu versuchen, es aus der Welt zu lügen.«[16]

Die vorliegenden Arbeiten aus dem veröffentlichten Werk von Hannah Arendt dokumentieren den Weg der Autorin als politische Publizistin oder »philosophische Journalistin«[17]. Zeitlich reichen sie von 1944 bis 1975, d. h. sie umfassen fast die gesamte Periode von Arendts Biographie, in der sie in den Vereinigten Staaten von Amerika lebte.

Anfänglich in den engeren Kreis der deutschen Juden in den USA eingebunden, was sich auch hinsichtlich der Organe, in denen die ersten Veröffentlichungen erschienen, widerspiegelt, »emanzipiert« Hannah Arendt sich mehr und mehr. Seit den sechziger Jahren gehört sie zu den New Yorker Intellektuellen, die gefragt werden – so bei dem

15 Vgl. H.A., »Freiheit und Politik«, in: *Zwischen Vergangenheit und Zukunft*, S. 217, dort auf S. 411 (Anm. 12) der Nachweis für das Kant-Zitat.

16 Hannah Arendt, »Wahrheit und Politik«, in: *Zwischen Vergangenheit und Zukunft*, S. 363.

17 Den Ausdruck übernehme ich von Otto Kallscheuer, ohne allerdings seinen Thesen in allen Einzelheiten zuzustimmen, vgl. Kallscheuer, »Der verweigerte Dialog: Hannah Arendt und die europäischen Intellektuellen«, in: *Die Zukunft des Politischen: Ausblicke auf Hannah Arendt*, hrsg. von Peter Kemper, Frankfurt am Main: Fischer (Taschenbuch, 11706), 1993, S. 142–180.

von der Encyclopaedia Britannica 1962 veranstalteten sogenannten Space Symposium[18]; so im Falle der Umfrage zum Thema »Kennedy and After«[19], die die *New York Review of Books* nach der Ermordung John F. Kennedys anregte; so im Rahmen der Veranstaltungen des »Theatre for Ideas«, von denen hier allerdings keine dokumentiert ist, weil nur jeweils kürzere Diskussionsbeiträge veröffentlicht wurden;[20] so schließlich bei der Hundertjahrfeier der New Yorker Anwaltskammer, als es um die Frage ging: »Is Law Dead?«, und zu der sie den bereits erwähnten Beitrag über den zivilen Ungehorsam beisteuerte. Daß der *New Yorker* im Jahre 1970 diese Abhandlung zur »civil disobedience« druckte, war – nach der Veröffentlichung von »A Reporter at Large: Eichmann in Jerusalem« im Frühjahr 1963 – ein nicht zu übersehender Meilenstein in Hannah Arendts Karriere als Publizistin.[21] Sie hat sich eingemischt – und öffentlich Prügel bezogen, was unter den hier veröffentlichten Texten in besonderem Maße für die schon genannten »Reflections on Little Rock« gilt. Ob gefragt oder ungefragt, ob anerkannt oder angefeindet – zu den Kreisen, in denen sie sich jeweils bewegte, zählen eine Reihe von großen Namen der New Yorker Intellektuellenszene.[22]

Den Höhepunkt ihres öffentlichen Wirkens dürfte die Rede darstellen, die sie am 20. Mai 1975 im Rahmen der Veranstaltungen zur Zweihundertjahrfeier der Unabhängigkeit der USA in Boston hielt.[23] Dieser Vortrag, in den sie in vielfacher Weise die Erfahrung mit dem »terrible century« ihrer Lebenszeit einbringt und wo sie sich zur Sprecherin eines

18 In dieser Ausgabe S. 373–388.

19 In dieser Ausgabe S. 280–282.

20 Siehe den Sammelband *Dissent, Power, and Confrontation* (hrsg. von Alexander Klein, New York: McGraw-Hill [Theatre for Ideas Discussions, 1], 1971), in dem Hannah Arendt mit Beiträgen zu den Veranstaltungen »The Legitimacy of Violence as a Political Act?«, »The Impotence of Power« und »The First Amendment and the Politics of Confrontation« vertreten ist; vgl. auch Young-Bruehl, *Hannah Arendt* (genaue Angabe S. 416), S. 573, 583.

21 Das aufschlußreichste Dokument für diese Seite von Arendts Biographie ist ihr Briefwechsel mit Mary McCarthy, hier und im folgenden als *Arendt-McCarthy-Briefwechsel*, genaue Angabe siehe S. 415.

22 Im Anmerkungsteil werden Symposiumsteilnehmer und Hauptkritiker genannt, siehe S. 429, 460, 461 (vgl. auch 258 f.), 462, 463, 475, 477.

23 Siehe in dieser Ausgabe S. 354–369.

»Wir« macht, »die wir hier Bürger sind und uns als Bürger spätestens seit 1965 in Opposition gegen die Administration befunden haben« (S. 361), wird ein großer Erfolg. »Ich glaube«, teilt sie der Freundin Mary McCarthy mit, »ich bekam noch nie so viele ›Fan‹-Briefe für irgend etwas, was ich geschrieben habe.«[24]

Die ausgewählten Texte sind in Themenkreisen zusammengefaßt, innerhalb derer sie chronologisch angeordnet wurden: Deutschland am Ende des Krieges und Entwicklungen in der (westdeutschen) Bundesrepublik (S. 7–70); »Krieg und Revolution« nach den Erfahrungen zweier Weltkriege (S. 71–208); innere und äußere Angelegenheiten der amerikanischen Republik (S. 209–370); Standort und Statur des Menschen nach der Eroberung des Weltraums (S. 371–402). Der dritte Themenkreis ist mit acht Texten am umfangreichsten dokumentiert und erhält weiteres Gewicht dadurch, daß er auch in vielen anderen Stücken präsent ist. Was Hannah Arendt im Laufe von etwa dreißig Jahren zu aktuellen Themen der amerikanischen Republik – sie bestand stets darauf, daß es sich bei der amerikanischen Staatsform um eine Republik und nicht eine Demokratie handele – zu sagen hatte, läßt sich nicht in wenigen Worten zusammenfassen. Kurz angeleuchtet sei jedoch an dieser Stelle das, was man ihre »amerikanische Erfahrung« nennen könnte, die zur tragenden Säule ihrer politischen Theorie wurde, sowie, damit zusammenhängend, ihre durchgängige Perspektive vom (verpflichtenden) Geist der Verfassung der Vereinigten Staaten von Amerika. Schon in dem frühen Artikel »Unsere fremdsprachlichen Volksgruppen« werden die »humanitäre Tradition«, in diesem Fall der amerikanischen Außenpolitik, und der Anteil Amerikas an der europäischen Freiheitsgeschichte hervorgehoben (S. 213 f.). Später, etwa in »Macht und Gewalt«, wird amerikanisches Regierungshandeln und -argumentieren kritisiert, weil es »nicht im Sinne der Amerikanischen Revolution und der ›Founding Fathers‹« erfolgt, »sondern ganz im Sinne des europäischen nationalstaatlichen Denkens, als sei dies schließlich und endlich doch das … angestammte Erbe« (S. 147). Hinsichtlich des »zivilen Ungehorsams« wird behauptet, die amerikanische Republik sei der einzige Staat, »der zumindest eine Chance besitzt, mit diesem Phänomen

24 Undatierter Brief (wahrscheinlich Juli 1975) aus Tegna, siehe *Arendt-McCarthy-Briefwechsel*, S. 541; vgl. auch unten im Anmerkungsteil S. 475.

zurechtzukommen« (S. 306). Dann, in »Die Lüge in der Politik«, lesen wir von »›der Achtung‹, die im Sinne der Unabhängigkeitserklärung ›dies Land der Menschheit‹ schuldet« (S. 352). Und schließlich erinnert die »Fest«-Rede, in der der aktuelle Zustand der Republik in düsteren Farben geschildert wird, ausdrücklich an die »glorreichen Anfänge« (S. 369) und erkennt in ihnen eine Tradition, die verpflichtet und lebendig gehalten werden muß.

Hannah Arendt – eine Verfassungspatriotin? Es scheint angebracht, ihr Verhältnis zur amerikanischen Republik an den vielen in diesem Band enthaltenen Äußerungen zum selbst erlebten aktuell-politischen Geschehen genauer zu studieren, ebenso übrigens wie das, was sie (teilweise mit Jaspers[25]) zum Deutschland vor allem der unmittelbaren Nachkriegszeit und der fünfziger und sechziger Jahre zu sagen hat. In der reichhaltigen, weit verzweigten Sekundärliteratur zu Arendt sind diese Themenstellungen bisher vernachlässigt worden. Sie selbst, so will es scheinen, ist ein Opfer der von ihr beklagten Theorielastigkeit des modernen Zeitalters geworden. Hannah Arendt, der »Zeitgenossin«, wird weit weniger Aufmerksamkeit geschenkt als Hannah Arendt, der »Theoretikerin«.

Der Band endet mit einem Essay und einem Vortragstext, die über die Eroberung des Weltraums durch den Menschen reflektieren. So aktuell der Bezug (die erfolgreichen Starts der ersten künstlichen Satelliten [1957/58] und der Beginn der bemannten Raumfahrt [1961]), so grundsätzlich ist die Position, die in diesen beiden Arbeiten zum Ausdruck kommt und die den Arendt-Kennern aus dem Buch *Vita activa* nicht unbekannt sein dürfte. Was ist – aus der Sicht der Philosophie – da eigentlich geschehen, fragt sich Hannah Arendt und studiert philosophische Äußerungen der bekannten Naturwissenschaftler. Das, was sie in den fünfziger Jahren unter dem Thema »Natur und Geschichte« im Zusammenhang mit ihren Marxstudien herausgearbeitet und als einen der ersten Essays in die »Übungen im politischen Denken« aufgenommen hat[26], findet in diesen späteren Reflexionen eine gewisse Fortsetzung in der Betonung der »common world of common sense« (S. 390). Hannah Arendt – »von der Philosophie sehend gemacht«, wie man auch hier sagen könnte – zeigt sich überzeugt, daß die neue, aus den

25 Siehe in dieser Ausgabe S. 64–69.

26 *Zwischen Vergangenheit und Zukunft*, S. 54–79.

Erfahrungen der Eroberung des Weltraums erwachsende Weltsicht »wahrscheinlich wieder geozentrisch und anthropomorph sein« wird (S. 387, 402): Die Erde, und nicht wie in der Neuzeit bis ans Ende des 20. Jahrhundert das Universum, ist dann »Mittelpunkt und Heimat des sterblichen Menschen«, und dieser Mensch zählt »seine eigene Sterblichkeit zu den elementaren Bedingtheiten«, an denen er sein Denken und Handeln ausrichtet. Das ist eine auffällige Äußerung – nicht nur weil die Voraussage überhaupt gewagt wird, sondern auch weil sie von einer politischen Theoretikerin stammt, die wie kein anderer in der Profession der »Gebürtlichkeit« und dem Menschen als Anfangendem ihre Aufmerksamkeit geschenkt hat. Oder hat hier nichts anderes seinen Ausdruck gefunden als der für diese Philosophin eigentlich unumgängliche Komplementärgedanke? –

Im ganzen bieten Hannah Arendts »Übungen im politischen Denken«, wie sie nun in zwei Bänden vorliegen, dem Leser eine gute Möglichkeit, sich mit den zentralen Begriffen und Themen der politischen Theorie der Autorin vertraut zu machen und auseinanderzusetzen, die bisherige Rezeption zu überprüfen und ein umfassendes Bild zu erarbeiten – in Ergänzung zu den einschlägigen Buchwerken oder auch unabhängig von ihnen.

Dieser zweite Band beansprucht, wie der erste in seinem Feld, Vollständigkeit. Aufgenommen wurden alle einschlägigen Arbeiten aus dem veröffentlichten Werk, soweit sie sich nicht hauptsächlich auf jüdische Fragen bezogen[27], oder kleinere, kürzere Texte sind. Die meisten sind in englischer Sprache verfaßt und werden als Übersetzungen veröffentlicht. Unter den Übersetzungen sind drei (»Die Ungarische Revolution und der totalitäre Imperialismus«, »Macht und Gewalt« und »Die Lüge in der Politik«), die Hannah Arendt autorisiert hat. Andere (Texte 3, 11, 12, 14, 16) sind postum im Jahre 1986 erstmals in dem Band *Zur Zeit*[28]

27 Eine Sammlung von entsprechenden Essays ist geplant. Außerdem sei darauf hingewiesen, daß alle Artikel, die H.A. in den Jahren 1941–1945 für die deutschsprachige New Yorker Zeitung *Aufbau* geschrieben hat, kürzlich gesammelt erschienen sind: H.A., *Vor Antisemitismus ist man nur noch auf dem Monde sicher*, hrsg. von Marie Luise Knott, München-Zürich: Piper, 2000.

28 Genaue bibliographische Angabe siehe unten S. 416.

erschienen. Sie alle stammen von dem engagierten Arendt-Kenner Eike Geisel. Für die hier vorgelegte Neuveröffentlichung wurden sie mit den englisch-amerikanischen Originalen verglichen. Leider war die Durchsicht nicht mehr in Absprache mit Eike Geisel, der im August 1997 gestorben ist, möglich. So habe ich allein entscheiden müssen, an welchen Stellen Verbesserungen in den insgesamt gelungenen Übersetzungen notwendig erschienen, und habe diese stillschweigend vorgenommen. Die Texte 4, 6, 7, 9, 13, 17 und 18 habe ich selbst für diese Ausgabe übersetzt. Alle abgedruckten Essays und Artikel werden ungekürzt veröffentlicht, eventuelle Wiederholungen also in Kauf genommen.

Tutzing, im Mai 2000 Ursula Ludz

V. Anhang

(1) Anmerkungen

Vorbemerkungen

Die Anmerkungen sind als Endnoten gestaltet. Jeder nachgedruckte oder übersetzte Text hat einen eigenen Anmerkungsapparat erhalten, der durch einen Vorspann mit dem Quellennachweis sowie weiteren Informationen eingeleitet wird. Die vorhandenen Anmerkungen wurden übernommen, durchgesehen und, soweit erforderlich, in der Zitierweise stillschweigend verbessert. Zusätze und Anmerkungen der Herausgeberin sind als solche gekennzeichnet. Falls die Anmerkungen nur von der Herausgeberin stammen, wird das im Vorspann angekündigt. – Im gesamten Anmerkungsteil stehen die Initialen H.A. für Hannah Arendt.

Auf eine Kommentierung der Texte aus heutiger Sicht – so reizvoll sie gewesen wäre – mußte aus Platzgründen verzichtet werden. Nur die nach Auffassung der Herausgeberin zum Verständnis unbedingt notwendigen Informationen sind in den Anmerkungsteil aufgenommen worden.

Folgende Werke werden durchgängig vereinfacht zitiert:

Arendt-Blücher-Briefe
Hannah Arendt und Heinrich Blücher, *Briefe 1936–1968*, hrsg. und mit einer Einführung von Lotte Köhler, München-Zürich: Piper, 1996.

Arendt-Jaspers-Briefwechsel
Hannah Arendt und Karl Jaspers, *Briefwechsel 1926–1969*, hrsg. von Lotte Köhler und Hans Saner, München-Zürich: Piper, 1985.

Arendt-McCarthy-Briefwechsel
Hannah Arendt und Mary McCarthy, *Between Friends: The Correspondence of Hannah Arendt and Mary McCarthy, 1949–1975*, hrsg. und mit einer Einleitung von Carol Brightman (New York etc.: Harcourt Brace. 1995); dt. Ausgabe (übers. von Ursula Ludz und Hans Moll) unter dem Titel *Im Vertrauen: Briefwechsel 1949–1975*, München-Zürich: Piper, 1995.

Elemente und Ursprünge totaler Herrschaft
Hannah Arendt, *Elemente und Ursprünge totaler Herrschaft* [1955], ungekürzte Ausgabe, München-Zürich: Piper, 1986.

Essays in Understanding
Hannah Arendt, *Essays in Understanding, 1930–1954*, hrsg. von Jerome Kohn, New York etc.: Harcourt Brace, 1994.

Ich will verstehen
Hannah Arendt, *Ich will verstehen: Selbstauskünfte zu Leben und Werk*,

mit einer vollständigen Bibliographie hrsg. von Ursula Ludz, München-Zürich: Piper (Serie Piper 2238), 1996.

Menschen in finsteren Zeiten

Hannah Arendt, *Menschen in finsteren Zeiten*, hrsg. von Ursula Ludz, München-Zürich: Piper, 1989.

Über die Revolution

Hannah Arendt, *Über die Revolution*, München: Piper, o. J. (1965).

Zur Zeit

Hannah Arendt, *Zur Zeit: Politische Essays*, hrsg. von Marie Luise Knott, aus dem Amerikanischen von Eike Geisel, Berlin: Rotbuch, 1986; dass. als »aktualisierte, erweiterte Neuausgabe«, Hamburg: Rotbuch, 1999. Zitiert wird, wenn nicht anders angegeben, die erste Auflage.

Zwischen Vergangenheit und Zukunft

Hannah Arendt, *Zwischen Vergangenheit und Zukunft: Übungen im politischen Denken I*, hrsg. von Ursula Ludz, 2., durchges. Auflage, München-Zürich: Piper (Serie Piper 1421), 2000.

Young-Bruehl, *Hannah Arendt*

Elisabeth Young-Bruehl, *Hannah Arendt: Leben, Werk und Zeit*, aus dem Amerikanischen von Hans Günter Holl, Frankfurt am Main: Fischer, 1986.

(1) Das »deutsche Problem« ist kein deutsches Problem

Nachdruck aus: *La Otra Alemania. Das andere Deutschland* (Organo de los Alemanos democráticos de América del Sur), 7. Jg., 1945, Heft 97, S. 7–10, und Heft 98, S. 8–9, mit Ergänzungen aus »Das ›deutsche Problem‹: Die Restauration des alten Europa«, übers. von Eike Geisel, in: *Zur Zeit*, S. 23–41. Eike Geisel übersetzte für die erste Auflage von *Zur Zeit* (1986) den Artikel »Approaches to the ›German Problem‹«, der in der amerikanischen Zeitschrift *Partisan Review* (12. Jg., 1945, Heft 1 [Winter], S. 93–106) erschienen war.

Erst vor kurzem entdeckte M. L. Knott die deutsche Fassung (siehe ihr »Nachwort zur Neuausgabe« [in: *Zur Zeit*, S. 186f.]). Knott nimmt mit Recht an, daß es sich bei dem Fund – obwohl der Artikel später erschienen und kürzer ist als die Fassung in *Partisan Review* – um den (wahrscheinlich redaktionell gekürzten) Originaltext handelt. Mit anderen Worten, es scheint ziemlich ausgeschlossen, daß die deutsche Fassung eine Rückübersetzung aus dem Englischen ist. Vielmehr liegt die Vermutung nahe, daß H.A. den Artikel zunächst auf Deutsch geschrieben, dann selbst übersetzt hat und daß Mitarbeiter der *Partisan Review* ihr seinerzeit noch »sehr unsicheres« Englisch bearbeiteten (vgl. zu letzterem H.A. in der Diskussion mit Freunden und Kollegen in Toronto [in: H.A., *Ich will verstehen*, S. 71–113, S. 107 f.], in der sie eine entsprechende Bemerkung hinsichtlich ihres ersten, 1944 erschienenen Artikels in der *Partisan Review* [»Franz Kafka: A Revaluation«] machte).

Deshalb wird der vorliegenden Veröffentlichung die deutsche Fassung zugrunde gelegt. Die in ihr fehlenden Passagen sind in Geisels Übersetzung der *Partisan-Review*-Fassung im Kursivdruck hinzugefügt worden. Der Essay ist in der englischen wie der deutschen Fassung von 1945 ohne Anmerkungen erschienen, die folgenden stammen von der Herausgeberin.

1 Als H.A. diesen Artikel schrieb, war der Zweite Weltkrieg noch nicht beendet.

2 In der *Partisan-Review*-Fassung ist an dieser Stelle zusätzlich der folgende Satz enthalten (nach der Übers. von Eike Geisel, S. 27): »Noch vor Kriegsende wird die deutsche Militärkaste, sicherlich eine der widerwärtigsten, von dümmlicher Arroganz und traditioneller Aufsteigermentalität geprägten Institutionen, von den Nazis zerschlagen worden sein, und zwar zusammen mit allen anderen althergebrachten deutschen Institutionen.«

3 Paris, das am 14. Juni 1940 von den Deutschen okkupiert worden war, wurde am 25. August 1944 befreit.

4 »Vansittartismus« für Deutschenhaß ist ein politisches Schlagwort aus der Zeit. Der Brite Robert Gilbert Vansittart, Verfasser der Schrift *Black Record* (1941), war Verfechter einer rigorosen, gegen Nazi-Deutschland gerichteten Politik. »Vansittartist« ist zugleich ein auch von H.A. genutztes Schimpfwort im politischen Kampf gegen jene emigrierten Deutschen, die für sich beanspruchten, »das andere Deutschland« zu repräsentieren und sich (aus verachtungswürdigen Motiven) den Alliierten andienten (siehe hierzu Young-Bruehl, *Hannah Arendt*, S. 244). Siehe auch S. 29

5 In der *Partisan-Review*-Fassung ist an dieser Stelle zusätzlich der folgende Satz enthalten (nach der Übers. von Eike Geisel, S. 34): »So forderte de Gaulle noch im Exil die Annexion des Rheinlandes. Was er wenige Wochen später, als er das befreite Paris betrat, zurücknahm, indem er erklärte, alles, was Frankreich wolle, sei ein aktiver Anteil an der Besetzung des Rheinlandes.«

6 Deutsch: Hoffnung in den Menschen, welche – über ganz Europa verstreut, durch Grenzen und Sprache getrennt – kaum etwas Gemeinsames haben außer der Erfahrung des Wagnisses und der Gewohnheit, der Bedrohung nicht zu weichen. – Das Zitat konnte in Bernanos' *Essais et écrits des combat* (Edition de Pléiade, Bd. 2, 1995) nicht gefunden werden.

7 Action Française ist der Name einer rechtsradikalen französischen Bewegung (und zugleich ihrer Tageszeitung), die 1898 im Zusammenhang mit der Dreyfus-Affäre gegründet wurde. Die Action Française unterstützte seit 1940 das Regime Pétain. Vgl. auch H.A., »From the Dreyfus Affair to France Today«, in: *Jewish Social Studies*, 4. Jg., 1942, Heft 3, S. 195–240.

8 Siehe hierzu H.A. im Kapitel »Die Nation der Minderheiten und das Volk der Staatenlosen« in ihrem Buch *Elemente und Ursprünge totaler Herrschaft*, S. 426–452.

(2) Organisierte Schuld

Nachdruck aus: Hannah Arendt, *Die verborgene Tradition: Acht Essays*, Frankfurt am Main: Suhrkamp (taschenbuch, 303), 1976, S. 32–45. Die aus der ersten deutschen Veröffentlichung dieses Essays im April 1946 (in der Zeitschrift *Die Wandlung*) übernommene redaktionelle Mitteilung lautet: Der Aufsatz ist »im November 1944 in Amerika verfaßt und in englischer Übertragung im Januar 1945 in der Zeitschrift *Jewish Frontier* veröffentlicht worden. Dies hier ist die Originalfassung.« In *Jewish Frontier* (12. Jg., 1945, Heft 1, S. 19–23) lautet der Titel: »Organized Guilt and Universal Responsibility«. – Die Anmerkungen stammen von der Herausgeberin, ausgenommen die unter Ziffer 4 abgedruckte.

»Organisierte Schuld« ist Karl Jaspers gewidmet. H.A. schrieb an ihn, als sie ihm das Manuskript schickte (29. Januar 1946), sie habe beim Schreiben »viel« an ihn gedacht. Seinerzeit ist dieser Essay häufig gelesen und diskutiert worden, doch offenbar nicht immer zu H.A.s reinster Freude (siehe *Arendt-Jaspers-Briefwechsel*, S. 75f., 92f.).

1 Zu »Vansittartismus« siehe oben S. 417 (Anm. 4).

2 »Perfides Albion«(»la perfide Albion«, »perfidious Albion«) ist ein wahrscheinlich aus dem 18. Jahrhundert stammendes Schlagwort, mit dem die Politik Englands gegenüber fremden Mächten als »perfide« (hinterhältig, unzuverlässig u.ä.) gebrandmarkt wird.

3 Zu Churchills Politik unter der Devise »victory rather than ideology« siehe John Charmley, *Churchill: The End of Glory – A Political Biography*, London etc.: Hodder & Stoughton, 1993, S. 538.

4 An dieser Stelle enthält das Original einen Sternchenverweis auf die folgende Fußnote: »Daß die aus Deutschland Geflüchteten, welche entweder das Glück hatten, Juden zu sein oder rechtzeitig von der Gestapo verfolgt zu werden, von dieser Schuld bewahrt worden sind, ist natürlich nicht ihr Verdienst. Weil sie dies wissen und weil sie noch nachträglich ein

Grauen vor dem Möglichen packt, bringen gerade sie in alle derartigen Diskussionen jenes unerträgliche Element der Selbstgerechtigkeit, das schließlich, bei Juden vor allem, nur in der vulgären Umkehr der Nazidoktrinen über sie selbst enden kann und ja auch längst geendet hat.«

(3) Die Nachwirkungen des Naziregimes

Nachdruck aus: *Zur Zeit*, S. 43–70. Dies ist die deutsche Übersetzung (von Eike Geisel) des von H.A. in der Zeitschrift *Commentary* (10. Jg., 1950, Heft 4 [Oktober], S. 342–353) veröffentlichten Artikels »The Aftermath of Nazi Rule: Report from Germany«. Marie Luise Knott, die Herausgeberin der Sammlung *Zur Zeit*, hatte Geisels Übersetzung den Titel »Besuch in Deutschland 1950: Die Nachwirkungen des Naziregimes« gegeben, und unter ihm ist die kleine Schrift im Deutschland der neunziger Jahre des vergangenen Jahrhunderts berühmt geworden. Dazu beigetragen hat vor allem die separate Veröffentlichung: Hannah Arendt, *Besuch in Deutschland*, aus dem Amerikanischen von Eike Geisel, mit einem Vorwort von Henryk M. Broder und einem Porträt von Ingeborg Nordmann, o. O. [Hamburg]: Rotbuch, 1993. – Für den vorliegenden Abdruck wurde Eike Geisels Übersetzung, wie im Nachwort (S. 412) beschrieben, durchgesehen, die Anmerkungen stammen von der Herausgeberin.

H.A. gehörte zu den privilegierten in den USA lebenden Emigranten, die als Zivilpersonen bald nach Kriegsende Europa besuchen konnten. Ihre etwa dreimonatige Reise von Ende November 1949 bis Anfang März 1950 unternahm sie im Zusammenhang mit ihrer Tätigkeit als »executive director« (1949–1952) der Jewish Cultural Reconstruction. Ihre Aufgabe, die sie in eine große Zahl von Städten in Deutschland und anderen westeuropäischen Ländern führte, bestand darin, von den Nationalsozialisten gestohlenes und verschlepptes jüdisches Kulturgut (vor allem Bibliotheksbestände) wieder aufzufinden und zu inventarisieren. Darüber hinaus hat sie alte Freunde und Bekannte – ihre Jugendfreundin Anne Weil-Mendelssohn in Paris, Karl Jaspers in Basel, Martin Heidegger in Freiburg, Dolf Sternberger in Frankfurt/Main, um nur einige zu nennen – wiedergesehen (zu Einzelheiten siehe vor allem ihre Briefe an ihren Mann, *Arendt-Blücher-Briefe*, S. 169 ff.). Im »Bericht aus Deutschland« faßt sie ihre wohl vor allem aus der Zeitungslektüre und in zahllosen offiziell wie privat geführten Gesprächen gewonnenen Eindrücke zusammen. Sie sei »mehr traurig als erbittert« und habe sich bemüht, so schreibt sie an Karl Jaspers (4. Oktober 1950), »gerecht zu bleiben«.

Der »Bericht aus Deutschland« hat seinerzeit in Emigrantenkreisen offenbar großes Interesse gefunden. Ein Lob erreichte die Redaktion des *Commentary* von keinem Geringeren als Thomas Mann. Marie Luise Knott zitiert es in ihrem Anmerkungsteil in der Ausgabe *Zur Zeit* (S. 196): »It seems to me that the article – an excellent literary piece – presents a clear and accurate picture of the present-day Germany, without failing to hint that this state of affairs is not exclusively the fault of the Germans.«

Der heutige Leser sollte gewahr sein, daß H.A. hier (persönliche) Mitteilungen und Urteile über das damals gegenwärtige Deutschland (also bis zum Frühjahr 1950) veröffentlicht. Eine Kommentierung des Berichteten auf dem heutigen Stand der historischen Forschung und eine darauf aufbauende kritische Würdigung wäre sinnvoll, konnte jedoch im Rahmen dieser Ausgabe nicht geleistet werden.

Der Versuch, diesen »Bericht« von H.A. für die deutsche Situation nach 1989 zu instrumentalisieren, wie ihn die Veröffentlichung *Besuch in Deutschland* unternimmt, ist erfolgreich gewesen. Dennoch muß, nach Auffassung der Hrsg., die Frage erlaubt sein, ob man H.A. in ihrem Streben nach »Gegenwärtigkeit« gerecht wird, wenn man ihren Artikel dem Rubrum »Stunde Null« zuordnet und dazu benutzt, um den Deutschen »in der zweiten Stunde Null ... einen Spiegel vorzuhalten« (Klappentext). Um diesen Zweifeln Nachdruck zu verleihen, wird der Artikel hier unter dem wörtlich übersetzten ursprünglichen Titel veröffentlicht.

1 Im Original in deutscher Sprache.

2 Ernst Jünger, *Strahlungen*, Tübingen: Heliopolis, 1949, S. 117.

3 Gemeint ist die in Deutschland unter dem Titel *Auf überwachsenen Pfaden* erschienene autobiographische Schrift von Knut Hamsun. In diesem Werk schildert der bereits neunzigjährige Dichter und Nobelpreisträger seine Erlebnisse von der Befreiung Norwegens bis zur Urteilsverkündung des Obersten Gerichts im Prozeß gegen ihn. Gleichzeitig rechtfertigt er seine Haltung während der deutschen Okkupationszeit.

4 Ein Plakat, das exakt dieser Beschreibung entspricht, kann nicht nachgewiesen werden. Siehe aber Cornelia Brink, *Ikonen der Vernichtung: Öffentlicher Gebrauch von Fotografien aus nationalsozialistischen Konzentrationslagern nach 1945*, Berlin: Akademie Verlag, 1998, besonders die Abbildungen auf S. 73 und 75; vgl. ferner Karl Jaspers in *Die Schuldfrage* (München: Piper 1979 (SP 191), S. 33), wo er schreibt: »Als im Sommer 1945 die Plakate in den Städten und Dörfern hingen mit den Bildern und Berichten aus Belsen und dem entscheidenden Satz: Das ist eure Schuld!, da bemächtigte sich eine Unruhe der Gewissen ...«. – Die Frage, ob dieses Plakat existiert, ist von dem Historiker Norbert Frei aufgeworfen und eindeutig verneint worden (»Von deutscher Erfindungskraft: Die Kollektivschuldthese in der Nachkriegszeit«, in: *Neue*

Zürcher Zeitung, S. 12./13. Juli 1997, S. 49). Das muß man hinnehmen und kann es tatsächlich nur entkräften, wenn sich ein Exemplar doch noch finden sollte. Schwer dagegen wiegt, daß Frei dieses s.E. imaginierte Plakat als eine Art Symptom dient, um seine Fehlinterpretation, Hannah Arendt habe die »theoretische Begründung des Kollektivschuldvorwurfs« geliefert, zu stützen.

5 Robert Schuman, Mitglied der Résistance und Mitbegründer des Mouvement Républicain Populaire (MRP), setzte sich als Außenminister (1948–1952) für die europäische Einigung und eine französisch-deutsche Annäherung ein. Der nach ihm benannte Schuman-Plan zur Bildung einer Europäischen Gemeinschaft für Kohle und Stahl (EGKS) wurde am 9. Mai 1950 verkündet, die EGKS (Montanunion) von Belgien, Deutschland (West), Frankreich, Italien, Luxemburg und den Niederlanden im Jahre 1952 ins Leben gerufen.

6 Zu H.A.s Behauptung, die bayerische Regierung habe eine vierte Universität eröffnet, druckt die Redaktion des *Commentary* (Heft 5/1950, S. 496) eine »Berichtigung«. »Tatsache ist«, so schreibt H.A., »daß dieses Projekt nach langen, hitzigen Diskussionen fallengelassen wurde.«

7 Winston Churchill war seinerzeit britischer Delegierter im Europarat.

(4) »Wohin treibt die Bundesrepublik?«

Übersetzung (der Hrsg.) von »Foreword«, in: Karl Jaspers, *The Future of Germany*, translated and edited by E. B. Ashton, with a foreword by Hannah Arendt, Chicago-London: University of Chicago Press, 1967, S. V-XI. *The Future of Germany* ist die englische Übersetzung des dritten Teils (»Aspekte der Bundesrepublik«) von Jaspers' Schrift *Wohin treibt die Bundesrepublik?* (1966) und einzelner Passagen aus seiner *Antwort zur Kritik meiner Schrift »Wohin treibt die Bundespublik?«* (1967). Das Vorwort ist mit »Hannah Arendt« unterzeichnet, aber nicht datiert. – Die Anmerkungen stammen von der Übersetzerin/Herausgeberin.

1 Aus einem Rundfunkinterview nach der bayerischen Landtagswahl am 20. 11. 1966, zitiert in: *Der Spiegel*, Nr. 49/1966, S. 34. – Die 1964 in Hannover gegründete NPD zog zwischen 1966 und 1968 in sieben Landtage in der Bundesrepublik (West) ein, in Hessen, Bayern, Niedersachsen, Bremen, Rheinland-Pfalz, Schleswig-Holstein und mit spektakulären 9,8 % (1968) in Baden-Württemberg. Bereits 1972 aber waren alle diese Landtagsmandate wieder verloren.

2 Karl Jaspers, *Antwort: Zur Kritik meiner Schrift ›Wohin treibt die Bundespublik?‹*, München: Piper, 1967, S. 120, S. 119.

3 Karl Jaspers, *Wohin treibt die Bundesrepublik? Tatsachen, Gefahren, Chancen*, München: Piper, 1966, S. 155.

4 Karl Dietrich Bracher, »Wird Bonn doch Weimar?«, in: *Der Spiegel*, Nr. 12/1967. S. 60–68.

5 Karl Jaspers, *Wohin treibt die Bundesrepublik?*, a.a.O., S. 176f.

6 Konrad Adenauer, *Erinnerungen 1945–1953* (Stuttgart: DVA, 1965), Frankfurt/M.-Hamburg: Fischer Bücherei (798), S. 217. Vgl. auch H.A.s Rezension dieses Bandes von Adenauers *Erinnerungen* unter dem Titel »The Negatives of Positive Thinking: A Measured Look at the Personality, Politics, and Influence of Konrad Adenauer«, in: *The Washington Post*, 5. Juni 1966, Book Week S. 1 und 11.

7 Der Offene Brief an Kurt Georg Kiesinger erschien am 1. Dezember 1966, einen Tag vor dessen Wahl zum Bundeskanzler, in der *Frankfurter Allgemeinen Zeitung*; wieder abgedruckt in: Günter Grass, *Über das Selbstverständliche: Politische Schriften*, München: dtv, 1969, S. 99f.

8 Offener Brief an Willy Brandt, in: *Die Zeit*, 2. 12. 1966; wieder abgedruckt in: a.a.O., S. 95. Vgl. auch Karl Jaspers, *Antwort zur Kritik meiner Schrift »Wohin treibt die Bundesrepublik?«*, München: Piper, 1967, S. 231.

(5) Die Ungarische Revolution und der totalitäre Imperialismus

Nachdruck der bei R. Piper & Co. München im Jahre 1958 erschienenen Schrift. Ihr ist die folgende »Vorbemerkung« vorangestellt: »Dies ist die vielfach korrigierte und erweiterte Fassung eines erst in Amerika im *Journal of Politics* erschienenen Essays, dessen deutsche Fassung der Bayerische Rundfunk zu Beginn dieses Jahres in drei Sendungen brachte. Die Übertragung aus dem Englischen besorgte Charlotte Beradt.« H.A.s Anmerkungen wurden übernommen, an einigen Stellen durch einen »Zusatz d. Hrsg.« ergänzt sowie um ein paar »Anm. d. Hrsg.« erweitert.

Die amerikanische Fassung erschien im Rahmen eines von der Zeitschrift *The Journal of Politics* im Heft 1 des 20. Jahrgangs (Februar 1958) veranstalteten Symposiums, von dem es einleitend heißt: »Dieses Symposium verfolgt das weitgesteckte Ziel, Techniken und Strategie des sowjetischen Imperialismus zu untersuchen mit besonderer Berücksichtigung jener Entwicklungen, die seit dem Tod Stalins zu beobachten sind. Im engeren Sinne richtet sich die Aufmerksamkeit auf den Einfluß der russischen Politik auf die inneren Angelegenheiten ausgewählter Länder und Regionen. Jeder Beiträger hat sich zusätzlich ... die Frage gestellt: Wie wichtig ist die kommunistische Ideologie? Was ist die Bedeutung des ›nationalen Kommunismus‹?« Außer H.A.s Abhandlung über die Ungarische Revolution enthält das Heft Beiträge von Melvin Croan und Carl J. Friedrich (über »East Germany«), Richard F. Staar (über Polen), Edward Taborsky (über die Tschechoslowakei), Alex N. Dragnich (über Jugoslawien), Allen S. Whiting (über die »Moscow-Peking Axis«), George Lenczowski (über den Mittleren Osten), Gene D. Overstreet (über Indien).

»Ungarische Revolution« steht für die Ereignisse in Ungarn vom 24. Oktober bis 4. November 1956, die Volkserhebung in der Periode des »Tauwetters« nach Stalins Tod (5. 3. 1953) und dem XX. Parteitag der KPdSU (14.–25. 2. 1956). Nach ihrer Niederschlagung durch sowjetische Truppen wurde unter János Kádár eine pro-sowjetische Regierung gebildet. Imre Nagy, in den Revolutionstagen zum ungarischen Ministerpräsidenten ernannt, wurde verschleppt und am 16. Juni 1958 nach einem Geheimverfahren hingerichtet.

H.A. war im Oktober 1956 in Europa. Die Ereignisse in Ungarn hat sie aufmerksam und mit Enthusiasmus verfolgt. Beweis hierfür ist nicht zuletzt der zweite Teil der hier wieder veröffentlichten Schrift. Zunächst allerdings war ihre »Freude über Ungarn«, wie sie an Heinrich Blücher schrieb (31. 10. 1956), »überschattet« von einem anderen zeithistorischen Geschehen, der Sueskrise, und der Furcht vor dem Ausbruch eines dritten Weltkrieges (Brief an Blücher, 5. 11. 1956; siehe *Arendt-Blücher-Briefe*, S. 451, 453 f.).

Die Ungarische Revolution wurde für H.A. zum Anlaß, Thesen ihres Buches *Elemente und Ursprünge totaler Herrschaft* zu überdenken; denn dieses Ereignis sprengte in gewisser Hinsicht ihre in dem Buch dargelegten Vorstellungen vom »totalen Staat«. Deshalb hielt sie es für nötig, »Reflections on the Hungarian Revolution« (die erstmals in *The Journal of Politics* [s. o.] erschienen waren) in die zweite englische Auflage des Buches (1958) als »Epilogue« aufzunehmen. Schon bei der nächsten Ausgabe (1966) jedoch hat sie den Epilog nicht wieder drucken lassen – u. a. mit dem Argument, er sei »in vielen Einzelheiten überholt«. Das, was sie an der Ungarischen Revolution so überrascht, fasziniert und zu neuem Nachdenken angeregt hatte, ging aber in ihr Buch *Über die Revolution* ein. Die Ungarische Revolution ist hier historisches Beispiel für das Rätesystem, »der einzigen Staatsform, die unmittelbar aus dem Geist der Revolution entstanden ist« (siehe H.A., *Über die Revolution*, S. 327 ff.).

»Der Erinnerung an Rosa Luxemburg« – diese Widmung wollte H.A. ihrer Schrift *Die Ungarische Revolution und der totalitäre Imperialismus* voranstellen, doch vom Verlag kamen Einwände. Darauf erwiderte sie (im Brief an Klaus Piper und den zuständigen Lektor, Hans Rössner, 9. 9. 1958): *Wenn wir groß erklären müssen, was wir meinen, müssen wir die Widmung streichen. Dann geht es eben nicht; erklären kann man in einer*

Widmung nichts. Die arme Rosa! Nun ist sie bald vierzig Jahre tot und fällt immer noch zwischen alle Stühle. Natürlich verstehe ich Ihre Gründe. Ich habe es überhaupt nur gewagt, weil mir die Ihnen ja auch ganz überraschende Reaktion des Publikums bei meinem Vortrag auffiel. Die jungen Leute – und nur sie haben geklatscht! – wissen vielleicht wieder etwas besser Bescheid; denn daß das nicht gut alles Kommunisten gewesen sein können – die nb. ja gerade nicht geklatscht hätten! –, darüber sind wir uns doch einig. Die Widmung ist unformulierbar, weil man erklären müßte, daß die Luxemburg weder Sozialistin noch Kommunistin wirklich war, sondern »nur« für Gerechtigkeit und Freiheit und die Revolution als die einzige Möglichkeit einer neuen Gesellschafts- und Staatsform. Der Brief ist nicht veröffentlicht, er wird hier zitiert nach der in der Library of Congress bei den »Hannah Arendt Papers« aufbewahrten Kopie (Container 31).

1 Boris I. Nicolaevsky, dessen sechsteilige Artikelserie im Sommer 1957 (29. Juli bis 2. September) in der New Yorker Wochenschrift *The New Leader* die beste und kenntnisreichste Analyse der Entwicklung Rußlands nach Stalins Tod enthält, kommt zu dem Ergebnis, daß »der Bericht der Vereinten Nationen über Ungarn einwandfrei festgestellt habe, daß der Beginn der Gewalttätigkeiten in Budapest das Resultat einer vorsätzlichen Provokation gewesen sei«. Ich bin hiervon nicht überzeugt. Aber selbst wenn Nicolaevsky recht hätte, dürfte auch er zugeben, daß der Erfolg der »Provokation« alle Erwartungen der Russen übertraf. – Zusatz d. Hrsg.: Mit »Bericht der Vereinten Nationen über Ungarn« ist die folgende Veröffentlichung gemeint: United Nations, *Report of the Special Committee on the Problem of Hungary*, General Assembly, Official Records, Eleventh Session, Supplement No. 18 (A/3592), New York 1957; dt.: *Der Volksaufstand in Ungarn: Bericht des Sonderausschusses der Vereinten Nationen*, aus dem Englischen von Elfriede Müller, hrsg. von der Deutschen Gesellschaft für die Vereinten Nationen, Verbindungs- und Informationsstelle Bonn, Frankfurt/M. 1957.

2 Siehe Hugh Seton-Watsons Einführung zu dem von Melvin J. Lasky veröffentlichten »Weißbuch der Ungarischen Revolution«, das 1958 im Colloquium Verlag, Berlin, erschien. – Zusatz d. Hrsg.: Der genaue Titel lautet: Melvin J. Lasky, *Ein Weißbuch: Die Ungarische Revolution. Die Geschichte des Oktober-Aufstandes nach Dokumenten, Meldungen, Augenzeugenberichten und dem Echo der Weltöffentlichkeit*, veröffentlicht für den Kongreß für die Freiheit der Kultur, Berlin: Colloquium, 1958. Das Buch wurde mit einem »Vorwort« von Karl Jaspers veröffentlicht, Seton-Watson zeichnet als Autor für das erste Kapitel »Der historische Hintergrund: Ungarn 1945–1956«.

3 Sehr charakteristisch in dieser Hinsicht ist der Briefwechsel zwischen

Ignazio Silone und Iwan Anissimow, dem Herausgeber der Sowjet-Zeitschrift *Ausländische Literatur*. Er stammt aus dem Winter 1956, als Schriftsteller im Westen auf Grund des »Tauwetters« sich Hoffnungen machten und glaubten, es würde wieder eine Möglichkeit geben, mit der russischen Intelligenz ins Gespräch zu kommen. Wie schrecklich unbegründet diese Hoffnungen waren, kann man in diesem Briefwechsel nachlesen, der in Italien im *Tempo Presente* und in Amerika im *New Leader* (15. Juli 1957) veröffentlicht worden ist.

4 Nicolaevsky, op. cit., zeigt, daß »Chruschtschows Kampf gegen die Manager-Klasse weit in die Vergangenheit zurückreicht«. Siehe auch Richard Löwenthal, »New Purge in the Kremlin«, in der Zeitschrift *Problems of Communism* (September/Oktober 1957, S. 2): »Was als eine Kampagne für eine größere Rationalisierung in der Wirtschaft begonnen hatte, verwandelte sich in eine Kampagne für größere Parteikontrolle auf ökonomischem Gebiet.«

5 Den weitverbreiteten Irrtum, daß die revolutionäre Entwicklung der kommunistischen Bewegung an der Entstehung einer »neuen Klasse« gescheitert ist, teilt auch Milovan Djilas in seinem Buch *Die neue Klasse* (1957). Der Irrtum ist alt und wurde bereits zu Beginn der Stalin-Herrschaft von russischen Revolutionären erhoben; er entstammt einer Denkweise, die für den Verlust der Freiheit in der Diktatur wenig Sinn hat, dafür aber jede noch bestehende oder neu sich bildende Ungleichheit mit großer Sensibilität und Empörung registriert. Und da auch der echte revolutionäre Elan der kommunistischen und sozialistischen Bewegungen sich nicht etwa an politischer Unterdrückung, sondern an gesellschaftlicher Ungerechtigkeit ursprünglich entzündete, ist es nur zu verständlich, daß die in der Tat empörende Lebensführung der herrschenden Bürokratie, ihre überhöhten Gehälter, die Nerzmäntel und Villen und Automobile, in ihrer objektiven Bedeutung überschätzt wurden. Aber diese Besitztümer bilden natürlich kein Kennzeichen für das Entstehen einer »neuen Klasse«. Sollte es andererseits richtig sein, daß eine solche Klasse in Jugoslawien wirklich im Entstehen begriffen ist, so würde dies allein beweisen, daß Titos Diktatur nicht totalitärer Natur ist – was sie auch wirklich nicht ist.

6 Bela Fabian, der Präsident der Vereinigung ungarischer ehemaliger Gefangener, schätzt die Zahl der Opfer des Terrors nach der Niederschlagung der Revolution durch die Armee wie folgt: 2140 Personen sind hingerichtet, 55 000 befinden sich in ungarischen Gefängnissen und Konzentrationslagern, und 75 000 wurden in russische Konzentrationslager deportiert. Siehe die Nachricht im *Bund* (Bern) vom 24. Juli 1958.

7 Den Unterschied zwischen Stalins Herrschaft in Rußland und Maos Herrschaft in China kann man am besten an einem Vergleich der Ergeb-

nisse der Volkszählung in den beiden Ländern illustrieren. Die letzte chinesische Volkszählung zählte 600 Millionen Menschen und übertraf damit alle statistischen Erwartungen; in Rußland hingegen haben jahrzehntelang die Volkszählungen um viele Millionen hinter dem zurückgestanden, was statistisch als wahrscheinlich errechnet worden war. Da es zuverlässige Angaben über das zahlenmäßige Ausmaß der russischen Bevölkerungsverluste durch den Terror der Stalin-Periode nicht gibt, war es üblich geworden, die Zahl der Ermordeten mit diesen Millionen »statistisch Abhandengekommener« gleichzusetzen.

8 Der *New Leader* hat den vollständigen Text der wichtigen Rede mit einem Kommentar von G. F. Hudson in Broschürenform veröffentlicht. Der übliche Titel der Rede »Laßt hundert Blumen blühen« ist ganz irreführend. Maos Hauptanliegen ist, die Existenz von »Widersprüchen« in kommunistischen Ländern, und zwar sowohl von Klassengegensätzen als auch von einem Gegensatz zwischen Regierung und Volk, nachzuweisen und theoretisch zu begründen. Von größerer Bedeutung noch ist der eigentümlich volksnahe Ton der Rede, als sei sie nicht von einem Bolschewisten, sondern von einem Narodnik geschrieben. Hingegen ist Mao gerade, was Freiheit anlangt, ganz orthodox; er versteht unter Freiheit wie unter Demokratie ein Mittel zum Zweck; beide seien »relativ, nicht absolut und entstehen und entwickeln sich unter bestimmten historischen Umständen«. – Zusatz d. Hrsg.: Es handelt sich um die Rede Maos am 27. Februar 1957 auf der erweiterten 11. Tagung der Obersten Staatskonferenz unter dem Titel »Zur Frage der richtigen Behandlung von Widersprüchen im Volke«, in deutscher Sprache abgedruckt in: Mao Zedong, *Texte*, hrsg. von Helmut Martin et al., München: Hanser, Bd. 2 (1979), S. 128–174.

9 Der sowjetische Marschall G. K. Schukow, der 1945 in Berlin-Karlshorst die deutsche Kapitulation entgegennahm und später zeitweise Verteidigungsminister der UdSSR und Mitglied des Politbüros der KPdSU war, wurde 1957 aller Ämter enthoben; siehe auch weiter unten im Text. (Anm. d. Hrsg.)

10 NKWD ist die Abkürzung für russisch Narodny Komissariat Wnutrennich Del (= Volkskomissariat für innere Angelegenheiten), das 1934 gegründete sowjetische Unionsministerium, in das die politische Staatspolizei (GPU) eingegliedert war. (Anm. d. Hrsg.)

11 S. Paul Landy, »Hungary since the Revolution« in der Zeitschrift *Problems of Communism*, September/Oktober 1957, S. 12.

12 So in dem Interview mit James Reston für die *New York Times* vom 10. Oktober 1957.

13 Karl Jaspers, *Die Atombombe und die Zukunft des Menschen: Politisches Bewußtsein in unserer Zeit*, München 1960, S. 54. (Anm. d. Hrsg.)

14 Dieser grundlegende Unterschied stellt sich natürlich immer gleich heraus, wenn es zu Unterhaltungen zwischen Angehörigen der westlichen und der totalitär beherrschten Welt kommt. Sowohl James Restons Interview wie der oben erwähnte Briefwechsel zwischen Silone und Anissimow können Aufschluß darüber geben, wie das totalitäre Denken und Argumentieren sich darauf versteht, Antwort zu verweigern und Tatsachen in ideologische Meinungen aufzulösen.

15 Nicolaevsky, op. cit. (Anm. 1), belegt diese Deutung durch sorgfältige Zusammenstellung und Analyse aller verfügbaren Informationen.

16 Der ausgezeichnete Bericht der Vereinten Nationen über Ungarn zitiert ein junges Mädchen wie folgt: »Zwar fehlte es uns an Brot und anderen Lebensnotwendigkeiten, aber was wir wollten, war Freiheit. Wir jungen Menschen waren in einer besonders schlimmen Lage, weil wir bereits inmitten von Lügen aufgewachsen waren. Wir mußten dauernd lügen. Kein gesunder Gedanke konnte sich in uns regen, weil alles in uns erstickt war. Wir wollten Freiheit zu denken.« – Zusatz d. Hrsg.: *Report ... on the Problem of Hungary*, op. cit. (Anm. 1), S. 68 (Abs. 392).

17 So mitgeteilt von Leon Leneman in der französischen Wochenschrift *L'Express* vom 26. Juni 1958.

18 Durch den Zusammenbruch des Regimes in Ungarn ist uns ein neues phantastisches Beispiel der Technik und Motivierung dieser Selbstbezichtigungen zugänglich geworden. Es handelt sich um die Veröffentlichung einer Unterredung, durch die Rajk für seinen Schauprozeß präpariert wurde, und zwar um die kleine Rede, die Kádár ihm im Auftrag Rákosis im Gefängnis hielt und die Rákosi heimlich auf Band aufnehmen ließ, vermutlich um sie später in einem Schauprozeß gegen Kádár benutzen zu können. Als Rákosi aus der Partei ausgeschlossen wurde, wurde dieses Band vor den Mitgliedern des Zentralkomitees abgespielt, und die Genossen hörten folgendes: »Lieber Lazi, ich komme zu dir im Auftrag des Genossen Rákosi. Er hat mich gebeten, herzukommen und dir Aufschlüsse über die Situation zu geben. Natürlich wissen wir alle, daß du unschuldig bist. Aber Genosse Rákosi hofft, du wirst verstehen. Nur wahrhaft großen Genossen kann man solche Rollen anvertrauen. Er hat mich ersucht, dir zu sagen, daß du der kommunistischen Bewegung einen historischen Dienst erweisen wirst, wenn du tust, was sie von dir verlangt.« (Zitiert und übersetzt nach E. M., »Janos Kádár: A Profile« in der Zeitschrift *Problems of Communism*, September / Oktober 1957, S. 16 [Anm.]). Dies Gemisch von gröbster Schmeichelei mit Appellen an ideologische Linientreue dürfte unübertreffbar sein.

19 Nach einer Schätzung des Korrespondenten des polnischen Abendblattes *Nowa Kultura* hat die Zahl der Opfer der Revolution in Budapest etwa 80 Personen betragen. Siehe Seton-Watson, op. cit. (Anm. 2), S. 24.

20 Dieser Aspekt ist besonders überzeugend, wenn wir Einzelheiten hören wie, daß »800 Kadetten der Petöfi-Militärakademie sich sofort den Aufständischen anschlossen. Es handelt sich bei ihnen vor allem um die Söhne hoher Regierungs- und Parteibeamten und des oberen Offizierskorps der AVO [d.i. die ungarische Staatssicherheitspolizei]; in der Militärakademie hatten sie alle Privilegien genossen und waren außerdem jahrelang indoktriniert worden.« (Siehe den Bericht der Vereinten Nationen über Ungarn, op. cit. [Anm. 1].)

21 Vgl. Hannah Arendt, »Die Nachwirkungen des Naziregimes«, in dieser Ausgabe S. 38–63. (Anm. d. Hrsg.)

22 Silone, der m. W. der einzige ist, der diesen Gesichtspunkt in den Mittelpunkt seiner Deutung der Ungarischen Revolution gestellt hat, ist hier nach der deutschen Übersetzung seines Artikels im *L'Express* vom 7. Dezember 1956 zitiert. Siehe Laskys Weißbuch der Ungarischen Revolution, op. cit. (Anm. 2), S. 149.

23 So im Bericht der Vereinten Nationen, op. cit. (Anm. 1).

24 Zitiert nach »The Revolt in Hungary. A Documentary Chronology of Events«, einer Zusammenstellung der offiziellen und inoffiziellen Radiosendungen aus den Tagen der Revolution, veröffentlicht vom Free Europe Committee (o.D.).

25 Ebenda.

26 Um Mißverständnissen vorzubeugen: Ich bin nicht der Ansicht, daß man Berichten und Theorien von Augenzeugen die gleiche Bedeutung zumessen soll. Terror paralysiert und sterilisiert die menschliche Fähigkeit des Denkens eher noch gründlicher als die des Handelns, und wem es nicht darauf ankommt, sein Leben zu riskieren, der wird finden, daß es leichter ist, unter Bedingungen des Terrors zu handeln als zu denken. Denn den tödlichen Bann, in den der Terror das menschliche Denken schlägt, durchbricht kein bloßes Denken, sondern nur die Freiheit selbst.

27 Mit den folgenden Gedanken knüpft H.A. an den zweiten Teil »Imperialismus« ihres Buches *Elemente und Ursprünge totaler Herrschaft* an. (Anm. d. Hrsg.)

28 Für eine gute historische Übersicht über die Entstehung des Begriffs »imperialism« siehe R. Koebner, »The Emergence of the Concept of Imperialism« im *Cambridge Journal* (5. Jg., Heft 12, September 1952, S. 726–741).

29 Hugh Seton-Watson, op. cit. (Anm. 2), S. 22f.

30 Am 4. Oktober 1957 hatte die Sowjetunion den ersten künstlichen Erdsatelliten, »Sputnik 1«, erfolgreich ins Weltall geschossen, am 3. November folgte »Sputnik 2« mit der Hündin Laika. Die USA starteten erst kurze Zeit später, am 1. Februar 1958, ihren ersten Satelliten, »Explorer 1«. (Anm. d. Hrsg.)

(6) Der Kalte Krieg und der Westen

Übersetzung (der Hrsg.) des Beitrages von H.A. zu dem von der Redaktion der Zeitschrift *Partisan Review* angeregten Symposium »The Cold War and the West«, in: *Partisan Review*, 29. Jg., 1962, Heft 1, S. 10–20. Außer H.A. antworteten: Sidney Hook, Irving Howe, H. Stuart Hughes, Stanley Kunitz, George Lichtheim, Robert Lowell, Mary McCarthy, Hans J. Morgenthau, Norman Podhoretz, David Riesman, Harold Rosenberg, Arthur Schlesinger, Jr., C. P. Snow, Dennis H. Wrong.

Von seiten der Redaktion wurde folgende Vorgabe verschickt:

In der zunehmend kritischer werdenden Lage halten wir es für wichtig, einige Grundfragen des Kalten Krieges erneut zu untersuchen, weil sie tendenziell von der Tagespolitik überlagert werden, auch wenn sie durch diese ihren Ausdruck erhalten.

Wir haben den Eindruck, daß wir, wenn wir diese Fragen und ihre Implikationen nicht angehen, in eine Lage geraten, in der wir von einer Position zur anderen treiben – immer am Rande der atomaren Zerstörung und eingeschränkt auf eine Sprache des guten Willens und der Entrüstung oder auf blindes Handeln ohne angemessenes Verständnis der geschichtlichen Zusammenhänge.

Wir möchten Sie dazu auffordern, an einem Symposium hierzu teilzunehmen. Die folgenden Fragen sind nur als Wegweiser gedacht, um für die Diskussion einen Rahmen bereitzustellen. Es steht Ihnen natürlich frei zu wählen, welche Frage Sie beantworten, welche Sie übergehen wollen, oder wie sonst Sie das Problem diskutieren mögen.

1. Was ist Ihre Meinung über die Lage des Westens im Kalten Krieg? Hat der Westen gewonnen, verloren oder sich behauptet? Wenn Sie der Auffassung sind, daß er verloren hat oder voraussichtlich verlieren wird, worauf führen Sie dies zurück? Welche Erscheinungen in dem im allgemeinen im Westen und vor allem in den USA vorherrschenden gesellschaftlichen und wirtschaftlichen System sind für Versäumnisse in der Auseinandersetzung mit dem Sowjetkommunismus verantwortlich?

2. In welchem Ausmaß ist es für die USA wünschenswert und möglich, ihre Politik so auszurichten, daß sie sich mit den Bewegungen und Führern des Wandels in der Welt identifiziert, anstatt, wie tendenziell in der Vergangenheit, die Gegner radikaler Gesellschaftsreform zu unterstützen. Meinen Sie, daß die gegenwärtige Regierung [unter Präsident John F. Kennedy] in der amerikanischen Politik in dieser Hinsicht einen wie auch immer gearteten entscheidenden Wandel herbeiführt?

3. Hat der demokratische Sozialismus lang- oder kurzfristig irgendeine Bedeutung für den Kalten Krieg (nicht nur in Europa und den unterentwickelten Gebieten, sondern auch in Amerika)?

4. Was verteidigen wir im Westen? Sind die geistigen Werte und Freiheiten und die von uns allen anerkannten politischen und bürgerlichen Freiheitsrechte untrennbar an die bestehenden politischen und gesellschaftlichen Institutionen des Westens gebunden?

5. Welche Wirkung hatte der Kalte Krieg auf das politische Denken und die politische Ideenwelt der westlichen Welt?

6. Was sind die Ziele des Ostens und des Westens? Kann man über sie überhaupt verhandeln? Wenn ja, wie stehen die Chancen für eine atomare Abrüstung? Und wenn eine solche Abrüstung in einer bestimmten Form erreicht würde, was wären dann die Aussichten des Westens in dem bevorstehenden politischen, wirtschaftlichen und ideologischen Wettstreit? Wenn die Antwort Nein lautet: Sind Sie der Auffassung, daß der Vormarsch des Kommunismus ohne einen nuklearen Konflikt aufgehalten werden kann?

7. Sind die Probleme, um die es im Kalten Krieg geht, Ihrer Meinung nach so bedeutend, daß sie einen nuklearen Krieg lohnen?

Offensichtlich hat H.A. bei der Abfassung ihres Beitrages ihr Vortragsmanuskript »Revolution and Freedom« herangezogen, beide stimmen an einigen Stellen wörtlich überein. Die deutsche Übersetzung »Revolution und Freiheit« ist veröffentlicht in: *Zwischen Vergangenheit und Zukunft*, S. 227–251. Bei beiden Texten wurden die Anmerkungen von der Übers./Hrsg. hinzugefügt.

1 In Carl von Clausewitz' postum veröffentlichen Aufzeichnungen *Vom Kriege* heißt es: »So sehen wir also, daß der Krieg nicht bloß ein politischer Akt, sondern ein wahres politisches Instrument ist, *eine Fortsetzung des politischen Verkehrs, ein Durchführen desselben mit anderen Mitteln.*« Siehe H.A., »Revolution und Freiheit«, a.a.O., S. 412 (Anm. 1).

2 Das Originalzitat lautet: »Iustum enim est bellum quibus necessarium, et pia arma ubi nulla nisi in armis spes est.« Siehe H.A., »Revolution und Freiheit«, a.a.O., S. 232 und 412 (Anm. 3); ferner: *Über die Revolution*, S. 12.

3 Robespierre in seiner Rede vor der Convention Nationale am 5. Februar 1794: »Le gouvernement de la révolution est le despotisme de la liberté contre la tyrannie.« Robespierre, *Œuvres*, hrsg. von Laponneraye, Bd. 3 (Reprint New York: Franklin, 1970), S. 539–567, S. 550; vgl. H.A., *Über die Revolution*, S. 75, S. 266.

4 Siehe H.A., »Revolution und Freiheit«, a.a.O., S. 414 (Anm. 17).

5 Vgl. hierzu H.A., »Die Ungarische Revolution und der totalitäre Imperialismus«, in dieser Ausgabe S. 73–126.

6 Gemeint sind die Ereignisse in Kuba nach der Machtübernahme durch Fidel Castro (1. 1. 1959), der sich am 1. 12. 1961 öffentlich zum Marxismus bekannte. Vgl. H.A., »Revolution und Freiheit«, a.a.O., S, 415 (Anm. 25).

(7) Einführung zu J. Glenn Gray, *The Warriors*

Übersetzung (der Hrsg.) von »Introduction to the Torchbook Edition«, in: J. Glenn Gray, *The Warriors: Reflections on Men in Battle*, Foreword by author, Introduction by Hannah Arendt, New York: Harper & Row, 1967 (Torchbook Edition), S. VII-XIV. – Die Einführung ist datiert: »New York, February, 1966«, aber nicht unterzeichnet.

Glenn Grays Buch erschien ohne H.A.s Einleitung erstmals im Jahre 1959. Eine deutsche Ausgabe wurde auf der Grundlage der Torchbook-Ausgabe mit Hannah Arendts Einleitung (hier »Vorwort«) veröffentlicht: J. Glenn Gray, *Homo furens oder Braucht der Mensch den Krieg?*, aus dem Amerikanischen übertragen von Monika Kruttke, Hamburg: Christian Wegner, 1970.

Der amerikanische Philosoph J. Glenn Gray (1913–1977), der viele Jahre am Colorado College in Colorado Springs lehrte, ist u.a. dadurch bekannt geworden, daß er zusammen mit seiner Frau Ursula Gray verschiedene Werke von Martin Heidegger ins Englische übertragen hat. H.A. und er lernten sich Anfang der sechziger Jahre kennen. Es entstand eine Freundschaft. Glenn Gray war für Arendt in ihren letzten Lebensjahren, als sie an der Trilogie *Vom Leben des Geistes* arbeitete, ein wichtiger Gesprächspartner. Nach ihrem (und kurz vor seinem eigenen) Tod ehrte Gray sie mit der Abhandlung »The Winds of Thought« (in: *Social Research*, 44. Jg., Heft 1, Spring 1977, S. 44–62). Die Freundschaft ist dokumentiert in einer umfangreichen, bei den »Hannah Arendt Papers« in der Library of Congress, Washington, lagernden Korrespondenz; zu Einzelheiten siehe auch Young-Bruehl, *Hannah Arendt,* vor allem S. 599ff.

(8) Macht und Gewalt

Nachdruck von H.A., *Macht und Gewalt* [1. Aufl. 1970], aus dem Englischen von Gisela Uellenberg [und von der Verfasserin durchgesehen], mit einem Interview von Adelbert Reif, München: Piper (Serie Piper 1), 8. Aufl., Oktober 1995, S. 7–103. Das Interview von A. Reif mit H. A. wurde nicht abgedruckt. Die Veröffentlichung trägt die Widmung »Für Mary [McCarthy] ein Unterpfand unserer Freundschaft«. – Die Anmerkungen im Original wurden an einzelnen Stellen von der Hrsg. technisch verbessert. H.A.s »Exkurse« sind in den Anmerkungsapparat integriert.

1 Friedrich Engels, *Herrn Eugen Dührings Umwälzung der Wissenschaft* (1878), II. Abschnitt, Kap. 2.

2 Harvey Wheeler, »The Strategic Calculator«, in: Nigel Calder (Hrsg.), *Unless Peace Comes*, New York 1968, S. 109 (deutsch [übers. von Georg Breuer und Hilde Nürenberger]: *Eskalation der neuen Waffen*, München 1969; Zitate nach dem amerikanischen Original).

3 Engels, *Herrn Eugen Dührings Umwälzung der Wissenschaft*, II. Abschnitt, Kap. 3.

4 Vgl. die Ausführungen von General André Beaufre, »Battlefields of the 1980s« (in: Calder, a. a. O., S. 3). Danach sind nur »in den nicht von der atomaren Abschreckung erfaßten Teilen der Welt« noch Kriege möglich, und auch diese »konventionelle Kriegführung« wird, ungeachtet ihrer Schrecken, de facto limitiert durch die stets drohende Gefahr der Eskalation zum Atomkrieg.

5 Der anonym erschienene *Report from Iron Mountain* (New York 1967; deutsch unter dem Titel *Verdammter Friede*, München 1968), eine Satire auf die Rand Corporation und andere »think tanks«, kommt der Wirklichkeit wahrscheinlich näher als die meisten »ernsthaften« Untersuchungen. Sein Hauptargument: Der Krieg sei für das Funktionieren unserer Gesellschaft so wichtig, daß wir nicht wagen könnten, ihn abzuschaffen, ehe wir nicht noch mörderischere Methoden, mit unseren Problemen fertigzuwerden, erfunden haben.

6 So Noam Chomsky in *American Power and the New Mandarins*, New York 1967 (deutsch unter dem Titel *Amerika und die neuen Mandarine*, Frankfurt am Main 1969); Zitate nach dem amerikanischen Original.

7 In: *The New Yorker*, 17. Februar 1968.

8 Es gibt natürlich eine reiche Literatur über Krieg und Kriegführung; sie befaßt sich jedoch nur mit den Gewalt*mitteln*, nicht mit der Gewalt als solcher.

9 Engels, *Herrn Eugen Dührings Umwälzung der Wissenschaft*, Abschnitt II, Kap. 4. – Zusatz d. Hrsg.: Zu Clausewitz siehe in dieser Ausgabe S. 430 (Anm. 1).

10 Wheeler, a. a. O. [Anm. 2], S. 107, und Engels, ebenda.

11 Andrej D. Sacharow, *Wie ich mir die Zukunft vorstelle*, Zürich 1968, S. 20. Vgl. auch den *Report from Iron Mountain* (a. a. O. [Anm. 5]), der den Frieden kurzerhand als die Fortsetzung des Krieges mit anderen Mitteln bezeichnet.

12 Wheeler, a. a. O., S. 107.

13 Nigel Calder, »The New Weapons«, in: ders. (Hrsg.), *Unless Peace Comes*, a. a. O. (Anm. 2), S. 169.

14 M. W. Thring, »Robots on the March«, in: Calder (Hrsg.), S, 169.

15 Vladimir Dedijer, »The Poor Man's Power«, in: Calder (Hrsg.), S 29.

16 Engels, *Herrn Eugen Dührings Umwälzung der Wissenschaft*, II. Abschnitt, Kap. 4.

17 Jacob Barion zitiert diese aus einem Manuskript von 1847 stammende Bemerkung des jungen Engels in seiner Schrift *Hegel und die marxistische Staatslehre*, Bonn 1963.

18 Es ist aufschlußreich, daß Hegel in diesem Zusammenhang von »Sichselbstproduzieren« spricht; vgl. *Vorlesungen über die Geschichte der Philosophie*, hrsg. von J. Hoffmeister, Leipzig 1940, Bd. I, S. 114.

Exkurs 1:

Es gibt in der *Deutschen Ideologie* von Marx und Engels aus dem Jahre 1845/6 einen merkwürdigen Passus, auf den mich Professor B. C. Parekh von der englischen Hull-Universität aufmerksam gemacht hat. Hier sagt Marx, daß »zur massenhaften Erzeugung eines kommunistischen Bewußtseins ... eine massenhafte Veränderung des Menschen nötig ist, die nur in einer praktischen Bewegung, in einer Revolution vor sich gehen kann; daß also die Revolution nicht nur nötig ist, weil die *herrschende* Klasse auf keine andere Weise gestürzt werden kann, sondern auch, weil die *stürzende* Klasse nur in einer Revolution dahin kommen kann, sich den ganzen alten Dreck vom Halse zu schaffen und zu einer neuen Begründung der Gesellschaft befähigt zu werden« (Marx/Engels, *Gesamt-Ausgabe*, 1932, I. Abt., Bd. 5, S. 59f.). Hier scheint Sartre der noch vormarxistischen Position des jungen Marx nahezukommen. Der Unterschied jedoch ist auch hier erheblich. Marx spricht von einer »massenhaften Veränderung *des* Menschen«, also des menschlichen Bewußtseins überhaupt; bei Sartre handelt es sich um die Befreiung Einzelner durch vereinzelte Gewaltakte. Der nur ein Jahr später geschriebene Satz von Engels (siehe S. 152 und Anm. 17) zeigt, wie wenig nachhaltigen Einfluß selbst der hier ausgesprochene Gedanke auf das eigentliche Werk von Marx und Engels gehabt hat. Er steht, wie vieles aus dieser frühen Zeit – z. B. auch die ganz »unmarxistischen« Reflexionen in dem Aufsatz »Zur Judenfrage« – ganz unter dem Einfluß des zeitgenössischen französischen Sozialismus und Kommunismus.

Exkurs 2:

Das unbewußte Abrücken der Neuen Linken vom Marxismus ist mehrfach vermerkt worden, so von Leonard Schapiro (in der *New York Review of Books*, 5. Dezember 1968) und von Raymond Aron (*La Révolution introuvable*, Paris 1968). Beide sehen in der nachdrücklichen Hinwendung zur Gewalt eine Art Rückfall, und zwar entweder zum vormarxschen utopischen Sozialismus (Aron) oder zum russischen Anarchismus von Netschajew und Bakunin, »die hundert Jahre vor Jean-Paul Sartre und Frantz Fanon, in deren Werken die gleichen Ideen auftauchen, einiges zu sagen hatten über die Bedeutung der Gewalt als eines einigenden Faktors, als bindende Kraft in einer Gruppe oder einem Verein« (Schapiro). Aron äußert sich im gleichen Sinn: »Die Verkünder der Mai-Revolution glauben den Marxismus überholt zu haben; ... sie vergessen ein Jahrhundert Geschichte« (S. 14).

Für einen Nichtmarxisten dürfte solch eine Rückkehr zu Früherem kaum ein Einwand sein, wohl aber für Sartre, der allen Ernstes behaupten kann: »un prétendu ›dépassement‹ du marxisme ne sera au pis qu'un retour au prémarxisme, au mieux que la redécouverte d'une pensée déjà contenue dans la philosophie qu'on a cru dépasser«; oder: »[Le marxisme] reste donc la philosophie de notre temps ... Nos pensées, quelles qu'elles soient, ne peuvent se former que sur cet humus; elles doivent se contenir dans le cadre qu'il leur fournit ou se perdre dans le vide ou rétrograder.« (Siehe »Question de méthode« in: Jean-Paul Sartre, *Critique de la raison dialectique*, Paris 1960, S. 17 und 29.)

In der *Critique de la raison dialectique* sucht Sartre ausführlich sein Eintreten für die Gewalt zu begründen. Er geht davon aus, daß Mangel (»rareté«, das Für-alle-reicht-es-Nicht) die Bedingung der Möglichkeit menschlicher Geschichte ist, die dann allerdings, um sich zu realisieren, noch anderer Faktoren bedarf (S. 201 und 204). Da dem »Mangel« das »Bedürfnis« entspricht, muß »Unmenschlichkeit« so lange die Beziehungen der Menschen untereinander bestimmen, als »der Mensch das geschichtliche Produkt des Mangels« bleibt (S. 207). Der Aggressionstrieb entspringt dem Bedürfnis, und »Gewalt ist definierbar als die Struktur menschlichen Handelns unter der Herrschaft des Manichäismus und im Rahmen des Mangels« (S. 209). Unter solchen Umständen ist die Gewalt kein Randphänomen mehr; da es für alle nicht reicht, ist jeder für jeden »de trop«, überzählig und eigentlich überflüssig. Gewalt und Gegengewalt, das ist, was die Geschichte beherrscht; und wenn die von Gewalt provozierte Gegengewalt »im Gegner die Unmenschlichkeit des Gegen-Menschen [zu vernichten glaubt], vernichtet sie in Wahrheit nur die Menschlichkeit des Menschen in eben diesem Gegner und realisiert in sich selbst die eigene Unmenschlichkeit« (ebenda).

Sartres Modell für eine Lage der Dinge, in welcher jeder im anderen den »Überzähligen« sieht, ist die Schlange von Wartenden an einer Bushaltestelle. Diese Gruppe zeichnet sich dadurch aus, daß zwischen den Wartenden keine Beziehung besteht; sie sind daher für Sartre »une pluralité de solitudes«: Sie sprechen nicht miteinander und nehmen voneinander keine Notiz. Hieraus schließt er, daß sie einander »negieren« – aus dem Keine-Notiz-Nehmen wird ein »dem Andern den

Rücken kehren« (S. 309); der »Mangel« an verfügbaren Plätzen im Autobus macht jeden in den Augen des anderen zu einem Überzähligen, jeder ist der Rivale des anderen, gerade weil sie in diesem Augenblick alle miteinander identisch sind – Wartende in der Schlange. Also wird aus der einfachen Beziehungslosigkeit eine »contradiction«, deren Folgen, ein Kampf aller gegen alle, nur durch die in Frankreich übliche Regelung der Platzkarten vermieden wird, in der Sartre aber gerade die »Unmöglichkeit« sieht, »die Überflüssigen auf Grund der ihnen als Individuen innewohnenden Eigenschaften zu bestimmen« (S. 312). Aus all dem folgt dann, daß die Praxis die Negation der Alterität (des Andersseins-als, das jedem Seienden, sofern es ist, zukommt) ist, die qua Alterität selbst eine Negation ist – ein willkommener Schluß natürlich, da die Negation einer Negation eine Affirmation ist.

Die Unschlüssigkeit dieser Argumentation scheint mir offensichtlich. Wenn ich von jemandem keine Notiz nehme, besagt das weder, daß ich seine Existenz »negiere«, noch, daß ich ihm den Rücken kehre, noch schließlich, daß ich in ihm einen Überzähligen sehe oder einen Rivalen. Und selbst wenn man Sartre diese Beschreibung der Gruppe als zahlenmäßiger Serie zugestehen wollte, dürfte von diesem »Negieren« für normale Menschen schlechterdings kein Weg zum wirklichen »Töten, Foltern, Versklaven« (S. 209) führen.

19 Chomsky, *American Power and the Mandarins*, a. a. O. (Anm. 6), S. 368, erwähnt unter den Motiven für eine offene Rebellion die in der Tat gerade in dieser Generation weitverbreitete »Furcht, sich wie die sogenannten ›guten Deutschen‹ [unter Hitler], die wir alle verachten gelernt haben, zu verhalten«.

20 Frantz Fanon, *Les Damnés de la terre*, Paris 1961, S. 25 (deutsch: *Die Verdammten dieser Erde*, Frankfurt am Main 1966). Ich zitiere nach der Originalfassung und benutze das Buch wegen seines großen Einflusses auf die heutige Studentengeneration. Allerdings hat Fanon selbst der Gewalt gegenüber sehr viel mehr Vorbehalte als seine Bewunderer, die nur das erste Kapitel des Buches, »Von der Gewalt«, gelesen zu haben scheinen. Fanon kennt »diese reine, totale Brutalität, die unweigerlich binnen weniger Wochen zur Niederlage der Bewegung führt, wenn sie nicht sofort niedergeschlagen wird« (siehe S. 93 f.).

Exkurs 3:

Sie sind in der Tat eine gemischte Gesellschaft. Radikale Studenten tun sich gern mit Außenseitern, Hippies, Rauschgiftsüchtigen und Psychopathen zusammen. Die Situation wird noch komplizierter dadurch, daß den etablierten Mächten oft jedes Gefühl für die subtilen, aber wichtigen Unterschiede zwischen verbrecherischem und regelwidrigem Verhalten fehlt. Sit-ins und die Besetzung von Gebäuden sind nicht dasselbe wie Brandstiftung und bewaffneter Aufstand, und es handelt sich hier auch nicht nur um Gradunterschiede. (Nach Meinung eines Mitglieds des Kuratoriums von Harvard ist die Besetzung eines Universitätsgebäudes durch Studenten das gleiche wie der Einbruch des Straßenmobs in eine Zweigstelle der First National City Bank; das stimmt schon deshalb nicht, weil der Übergriff der Studenten sich auf ein Anwesen richtet, dessen Benutzung zwar gewissen Regeln unterliegt, zu dem sie jedoch gehören und auf das sie ebensoviel Anspruch haben wie Fakultät und Verwaltungsbehörde.) Alarmierender noch ist, daß Fakultäten wie Verwaltungsinstanzen Rauschgiftsüchtigen und offen kriminellen Elementen gegenüber zu größerer Nachsicht neigen als gegenüber den Rebellen und politisch motivierten Delikten.

Helmut Schelsky hat schon 1961 (in *Der Mensch in der wissenschaftlichen Zivilisation* [Köln und Opladen]) die Möglichkeit eines »metaphysischen Nihilismus« beschrieben – das radikale Nein zu der wissenschaftlichen Zivilisation überhaupt. Diese Haltung »nihilistisch« zu nennen heißt, die moderne Welt als die einzig mögliche Welt zu unterstellen, und dies gerade bestreiten die jungen Rebellen. Man kann in der Tat ohne weiteres den Spieß umdrehen und mit Sheldon Wolin und John Schaar (vgl. ihre ausgezeichnete Reportage über Berkeley: »The Battle of People's Park«, in: *The New York Review of Books*, 19. Juni 1969) sagen: »Die große Gefahr heute ist, daß die Etablierten und Arrivierten sich zu der tiefsten nihilistischen Verleugnung hinreißen lassen, die überhaupt möglich ist: zur Verleugnung der Zukunft, indem sie ihre eigenen Kinder, die Träger der Zukunft, verleugnen.«

Nathan Glazer schreibt in einem Artikel über die »Studentenmacht in Berkeley« (in der interessanten Sondernummer »The Universities« von *The Public Interest*, Herbst 1968): »Die radikalen Studenten erinnern mich mehr an die Maschinenstürmer als an die sozialistischen Gewerkschaftler, die den Arbeitern Bürgerrechte und Macht verschafften«, und er kommt unter diesem Eindruck zu dem Schluß, daß Zbigniew Brzezinski (in einem Artikel über die Columbia-Universität in *The New Republic*, 1. Juni 1968) mit folgender Diagnose recht haben könnte: »Revolutionen sind oft die letzten Zuckungen der Vergangenheit und in Wirklichkeit daher gar keine Revolutionen, sondern Konterrevolutionen, die im Namen von Revolutionen operieren.«

21 Das letzte dieser Epitheta wäre sinnvoll, wenn es beschreibend gemeint wäre. Aber dahinter steckt Marx' Ideal einer Gesellschaft von freien

Produzenten und von der Befreiung der gesellschaftlichen Produktivkräfte, die jedoch, wie sich herausgestellt hat, nicht von der Revolution, sondern von Wissenschaft und Technik befreit wurden. Und diese »Befreiung« hat keine Revolution je beschleunigt, sondern sie ist in allen Ländern, die durch eine Revolution gegangen sind, erheblich verlangsamt worden. Hinter der Verketzerung des Konsums steht also die Idealisierung der Produktion und damit die Idolisierung der Produktivität und Kreativität. »Die Freude an der Zerstörung ist eine schöpferische Freude« – wenn man nämlich glaubt, daß die sogenannte Arbeitsfreude produktiv ist; denn Zerstörung ist ungefähr die einzige »Arbeit«, die man noch mit einfachen Werkzeugen, ohne die Zuhilfenahme von Maschinen, tun kann, obwohl Maschinen dieses Geschäft natürlich viel gründlicher besorgen.

22 Die Lust am Handeln läßt sich besonders bei kleineren und relativ harmlosen Unternehmungen feststellen. Es gab erfolgreiche Studentenstreiks gegen schlechte Bezahlung von Arbeitern und Angestellten in den unteren Lohngruppen der Universitäten – sie erhielten weniger als das gesetzliche Minimum. Der Beschluß der Studenten von Berkeley mitzuhelfen, um ein unbenutztes Universitätsgelände in einen »Volkspark« zu verwandeln, gehört zu diesen Unternehmungen, obwohl dies gerade die bisher brutalste Reaktion der Obrigkeiten hervorgerufen hat. Nach den Vorfällen in Berkeley zu urteilen, scheinen derartige »unpolitische« Aktionen besonders geeignet, die Studentenschaft zu veranlassen, sich einmütig hinter eine radikale Vorhut zu stellen. »Ein Studentenreferendum, das die größte Beteiligung in der Geschichte der Studentenabstimmungen für sich buchen konnte, ergab, daß 85 % der fast 15 000, die an der Abstimmung teilnahmen, für die Nutzung des Geländes als Volkspark stimmten.« (Siehe Wolin und Schaar, »The Battle of People's Park«, in: a. a. O. [Exkurs 3].)

Exkurs 4:

Nach Präzedenzfällen und Analogien Ausschau zu halten, wo es keine gibt, sich – unter dem Vorwand, daß wir aus der Vergangenheit, besonders aus den Jahren zwischen den beiden Weltkriegen, lernen sollten – gar nicht erst darauf einzulassen, das, was getan und gesagt wird, aufgrund der Ereignisse selbst zu berichten und darüber nachzudenken, ist für einen Großteil der gegenwärtigen Diskussionen charakteristisch. Gänzlich frei von einem Eskapismus dieser Art ist Stephen Spenders glänzender und weiser Bericht über die Studentenbewegung in *Das Jahr der jungen Rebellen* (München 1969). Spender gehört zu den wenigen seiner Generation, die an der Gegenwart lebendigen Anteil nehmen *und* sich gleichzeitig ihrer eigenen Jugend so gut erinnern, daß ihnen die Unterschiede in Stimmung, Stil, Denken und Handeln auffallen. »Studenten von heute unterscheiden sich grundsätzlich von ihren Kommilitonen, wie sie vor vierzig Jahren in Oxbridge, Harvard, Princeton oder Heidelberg anzutreffen waren« (S. 218). So wie Spender denken heute all diejenigen, gleich welcher Generation, die, anstatt über sich selbst zu reflektieren oder im Sinne der Futurologen Denkspiele mit der Zukunft zu arrangieren, um die Zukunft der Welt und des Menschen im Ernst besorgt sind. (Vgl. z. B. Wolin und Schaar a. a. O. [Exkurs 3], die mit Recht in der uns gemeinsamen Sorge das eigentliche Band sehen, das die Generationen vereinigt.) Dies trifft besonders für die Naturwissenschaftler zu, obwohl die Studenten in diesen Fakultäten, wohl weil sie an ihrem Studium leidenschaftlicher interessiert sind als ihre Kollegen in den Sozial- und Geisteswissenschaften, sich erst verhältnismäßig spät der Studentenrebellion angeschlossen haben. Adolf Portmann hat natürlich ganz recht, wenn er meint, daß die Generationskluft wenig oder nichts mit einem Konflikt zwischen jung und alt zu tun hat, daß sie vielmehr zusammenfällt mit der Entwicklung der Atomwissenschaft: »Die dadurch entstandene Weltlage ist völlig neu; ... das alles ... läßt sich mit keinem noch so mächtigen Umbruch der Vergangenheit vergleichen« (*Manipulation des Menschen als Schicksal und Bedrohung*, Zürich 1969, S. 29f.). Und der Physiker und Nobelpreisträger George Wald von Harvard hat in einer berühmt gewordenen Ansprache (vor den Studenten des M. I. T. am 4. März 1969) klargestellt, daß die Lehrer »die Gründe des Unbehagens [ihrer Studenten] besser verstehen als diese selbst« und daß sie vor allem dies Unbehagen mit ihnen teilen (*The New Yorker*, 22. März 1969).

23 So der Physiker Jerome Lettwin vom M.I.T. in *The New York Times Magazine*, 18. Mai 1969.

Exkurs 5:

Für die gegenwärtige Politisierung der Universitäten werden gemeinhin die Studenten verantwortlich gemacht; die Studenten griffen die Universitätsbehörden nur an, weil die Universität das schwächste Glied in der Machtstruktur des Landes darstelle. Nun ist es natürlich ganz richtig, daß das Ende »der unvoreingenommenen Suche nach der Wahrheit und der geistigen Unparteiischkeit« auch das Ende der Universitäten wäre; zudem ist es höchst unwahrscheinlich, daß eine Industriegesellschaft gleich welcher Art imstande wäre, ohne diese merkwürdigen Institutionen weiter zu funktionieren, die außerhalb der gesellschaftlichen und politischen Machtapparaturen etabliert und darum unabhängig sind von gesellschaftlichem Druck und politischen Machtkonstellationen. Macht und Wahrheit sind wesensmäßig verschiedene Phänomene, die je ihren eigenen legitimen Zuständigkeitsbereich haben und existentiell verschiedene Lebensführungen verlangen. Zbigniew Brzezinski, der Politologe und Sowjetologe an der Columbia-Universität, ist sich der Gefahr einer Politisierung beziehungsweise Funktionalisierung der Universität bewußt, glaubt aber (wie er in einem Artikel über »America in the Technotronic Age« im *Encounter*, Juni 1968, ausführte), daß sie kaum eine Rolle spiele, da die modernen »organisationsorientierten und nur auf Anwendbarkeit bedachten Intellektuellen« eine neue »Superkultur« vorbereiteten, in der die Maßstäbe der technischen Nutznießung alle früheren objektiven Maßstäbe ersetzen könnten (zur Kritik dieser Position siehe Noam Chomskys Kapitel »Objectivity and Liberal Scholarship« in seinem Buch *American Power and the New Mandarins*, a.a.O. [Anm. 6]). Diese »Superkultur« unter der Herrschaft von Intellektuellen, die man Technokraten nennt, dürfte sich dann wohl eher als ein Zeitalter der Gewaltherrschaft und äußerster Sterilität entpuppen.

Wie immer es sich damit verhalten mag, was uns in diesem Zusammenhang interessiert, ist die einfache Tatsache, daß der Politisierung der Universitäten durch die Studenten ihre Politisierung durch den Staat vorausgegangen ist. Die Tatsachen sind zu bekannt, um noch eigens aufgezählt zu werden; nur sollte man nicht übersehen, daß es sich hier wenigstens in Amerika keineswegs nur um Waffenforschung handelt. Der amerikanische Historiker Henry Steele Commager hat erst kürzlich auf die kuriose Rolle der Universitäten als »Stellenvermittlungsbüros« hingewiesen – z. B. für die Dow Chemical Company, die das Napalmgas erzeugt, die CIA, die Armee und die Flotte, Institutionen also, von denen man in der Tat nicht sagen kann, daß sie zum »Erziehungswesen« gehören oder etwas mit Wahrheitsfindung zu tun haben (vgl. *The New Republic* vom 24. Februar 1968). John Lindsay, der Bürgermeister von New York, fragt mit Recht: Wie kann sich die Universität noch ihrer Besonderheit als einer grundsätzlich unweltlichen Institution rühmen, »wenn sie sich auf Dinge wie Grundstückspekulationen einläßt und der Regierung dabei hilft, Kriegspläne für Vietnam zu entwerfen oder zu bewerten?« (vgl. *New York Times*, Beilage »The Week in Review«, 4. Mai 1969). Zu behaupten, die Universität sei das »Gehirn der Gesellschaft« oder der Machtstruktur eines Landes, ist gefährlicher, arroganter Unsinn – und sei es nur, weil die Gesellschaft kein Körper ist und bestimmt kein hirnloser.

Um Mißverständnissen vorzubeugen: Ich stimme mit Stephen Spender darin überein, daß die Studenten töricht wären, wenn sie die Universitäten zerschlügen (obgleich kein Zweifel besteht, daß nur sie das könnten, und zwar aus dem einfachen Grund, weil sie die große Zahl und damit die wirkliche Macht auf ihrer Seite haben), da die Universität ihre einzig mögliche Operationsbasis ist und bleibt. »Ohne Universität gibt es auch keine Studenten« (Spender, *Das Jahr der jungen Rebellen*, a. a. O. [Exkurs 4], S. 32). Aber die Universität wird nur so lange diese Basis für die Studenten bleiben, als sie den einzigen Ort in der Gesellschaft darstellt, an dem Macht, ungeachtet aller faktisch bestehenden Perversionen und Täuschungsmanöver, nicht das letzte Wort hat. In der gegenwärtigen Situation besteht die Gefahr, daß entweder die Studenten oder die Exponenten der Macht Amok laufen, wie es in Berkeley der Fall war; wenn dies geschähe, hätten die Studenten lediglich einen neuen Faden in das »Muster des Unheils« geschlagen, von dem Professor Richard A. Falk von Princeton so treffend gesprochen hat.

24 Der ständige Sog, der die Grundlagenforschung von den Universitäten weg und hin zu den Industrie-Laboratorien treibt, ist bekannt und durchaus beunruhigend.
25 Stephen Spender, *Das Jahr der jungen Rebellen*, a. a. O. [Exkurs 4], S. 235.
26 Ebenda.
27 Fanon, *Les Damnés de la terre*, a. a. O. (Anm. 20), S. 80 und 32.
28 A. a. O., S. 6 ff.

Exkurs 6:

Wie das klassische Beispiel solcher Träume liest sich das von der National Black Economic Development Conference angenommene »Manifesto to the White Christian Churches and the Jewish Synagogues in the United States and all other Racist Institutions« (mimeographiert und leider nur teilweise veröffentlicht in der *The New York Review of Books* vom 10. Juli 1969), in dem James Forman den Kirchen und Synagogen »seine Millionenforderungen als den Anfang von Reparationen« präsentiert, die »sie uns als einem ausgebeuteten, entwürdigten, brutal behandelten, gemordeten und verfolgten Volk schulden«. Er meint, »es folge aus den Gesetzen der Revolution, daß die am meisten Unterdrückten Revolution machen«, deren Endziel »die Führung und totale Kontrolle über schlechthin alles ist, was innerhalb der Vereinigten Staaten existiert. Die Zeit ist vorbei, in der wir Befehlsempfänger waren, mit dem Weißen Mann an der Spitze.« Um diese Umkehrung zu erreichen und »den Kolonisator zu stürzen, werden wir uns aller erforderlichen Mittel, einschließlich der Waffengewalt, bedienen müssen«. Und im gleichen Atemzug, in dem er im Namen seines Volkes (das natürlich in keiner Weise geschlossen hinter ihm steht) »den Krieg erklärt«, es ablehnt, »die Macht mit den Weißen zu teilen«, und fordert, daß das »weiße Volk in diesem Lande ... die Führungsrolle der Schwarzen bereitwillig akzeptiere«, appelliert er an »alle Christen und Juden«, während der Zeit bis zur Machtübernahme – »und seien es tausend Jahre, das spielt keine Rolle« – »Geduld, Toleranz, Verständnis und Gewaltlosigkeit zu üben«.

29 Eingekeilt zwischen die beiden Supermächte und von Ost und West gleichermaßen enttäuscht, ist es »kein Wunder, daß [die Studenten] sich einer dritten Ideologie verschrieben, wie sie Mao oder Fidel Castro anzubieten haben« (Spender, *Das Jahr der jungen Rebellen*, a.a.O. [Exkurs 4], S. 113). Ihre Rufe nach Mao, Castro, Che Guevara und Ho Tschi Minh klingen wie pseudoreligiöse Beschwörungen, mit denen man nach dem Retter ruft, der aus einer anderen Welt erscheinen möge; sie würden auch nach Tito rufen, wenn Jugoslawien weiter weg und weniger leicht erreichbar wäre. Bei der Black-Power-Bewegung liegt der Fall anders; ihre ideologische Bindung an die nicht-existierende »Einheit der Dritten Welt« ist nicht einfach romantische Gefühlsduselei. Die Neger haben ein offensichtliches Interesse an der Zweiteilung der Welt in Weiß und Schwarz; auch das ist natürlich reiner Eskapismus – die Flucht in eine Traumwelt, in der die Neger eine überwältigende Mehrheit innerhalb der Weltbevölkerung darstellen.

30 Aber haben nicht auch Marx und Lenin, als sie mit dem Rätesystem konfrontiert waren, ihm zugestimmt? Hat Marx nicht die Kommune von 1871 verherrlicht, und proklamierte Lenin nicht »Alle Macht den Sowjets«? Zweifellos, aber für Marx bedeutete die Kommune nicht mehr als ein vorübergehendes Werkzeug der revolutionären Aktion; sie sollte »als Hebel dienen, um die ökonomischen Grundlagen umzustürzen, auf denen der Bestand der Klassen und damit der Klassenherrschaft ruht«; Engels stellte sie zu Recht mit der gleichfalls vorübergehenden »Diktatur des Proletariats« auf eine Stufe (siehe Karl Marx, *Der Bürgerkrieg in Frankreich* (1871) und Friedrich Engels' Einleitung zu der Ausgabe von 1891; zitiert nach der Ausgabe von 1952, Dietz-Verlag Berlin, S. 76 und 23). Der Fall Lenin ist komplizierter. Dennoch war es schließlich Lenin, der die Sowjets entmachtete und alle Macht der Partei gab.

Exkurs 7:

Für die Rebellen, schreibt Spender (*Das Jahr der Rebellen*, a. a. O. [Exkurs 4], S. 144), handelt es sich um »einen Konflikt zwischen ihrem moralischen Anliegen und dem unmoralischen Verhalten der offiziellen Führung. ... Sogar wenn sie sich, wie es z. B. bei doktrinären Marxisten vorkommt, ... als indifferent gegenüber der Moral betrachten, verfallen sie schon in ihrer Rhetorik immer wieder darauf, ihren Kampf als den zwischen Gut und Böse hinzustellen.« Noam Chomsky (*American Power and the New Mandarins*, a. a. O. [Anm. 6], S. 368) führt Tatsachen an: »Tatsache ist, daß die meisten der tausend Einberufungsbefehle und anderen Dokumente, welche die [Wehrdienstverweigerer] am 20. Oktober [1967] im Justizministerium abgaben, von Männern kamen, die sich dem Wehrdienst hätten entziehen können, aber darauf bestanden, das Schicksal der weniger Privilegierten zu teilen.« Das gleiche gilt für alle möglichen Demonstrationen und Sit-ins der Wehrdienstverweigerer an den Universitäten und Colleges. In anderen Ländern ist die Situation ähnlich. *Der Spiegel* schildert zum Beispiel die lähmenden und oft demütigenden Bedingungen, unter denen Assistenten an den Forschungsinstituten der deutschen Universitäten arbeiten müssen: »Angesichts dieser Verhältnisse nimmt es geradezu wunder, daß die Assistenten nicht in der vordersten Front der Radikalen stehen« (23. Juni 1969, S. 58). Es ist immer das Gleiche: Interessengruppen verbinden sich nicht mit den Rebellen.

31 So Peter Steinfels in einem Artikel »French Revolution 1968« in der katholischen Wochenschrift *Commonweal* vom 26. Juli 1968.

32 Die Tschechoslowakei scheint eine Ausnahme zu sein. Aber hinter der Reformbewegung, für die die Studenten in der vordersten Linie kämpften, stand das ganze Volk ohne Unterschied der Klassen. Eine solche Einmütigkeit paßt natürlich auch nicht in das Marxsche Revolutionsmodell.

33 Vgl. das *Spiegel*-Interview mit Christoph Ehmann, in: *Der Spiegel* vom 10. Februar 1969.

34 So Bernd Rabehl, in: Bergmann, Dutschke, Lefèvre, Rabehl, *Rebellion der Studenten oder Die neue Opposition*, Reinbek 1968, S. 175 und 178.

35 Jürgen Habermas, wohl der intelligenteste und einfallsreichste der jüngeren deutschen Soziologen, ist ein gutes Beispiel dafür, wie schwer es diesen Marxisten fällt, sich von irgendeinem Stück der Lehre des Meisters zu trennen. In *Technik und Wissenschaft als »Ideologie«* (Frankfurt/M. 1968) spricht er mehrfach davon, daß gewisse »Schlüsselkategorien der Marxschen Theorien, nämlich Klassenkampf und Ideologie, nicht mehr *umstandslos* angewandt werden können« (S. 84, vom Vf. hervorgehoben). Ein Vergleich mit dem oben zitierten Essay von Sacharow (Anm. 11), zeigt, wieviel leichter es offenbar aus der Perspektive der sozialistischen Experimente im Osten ist, sich dieser veralteten Bestandstücke aus der revolutionären Tradition zu entledigen.

36 Ich zitiere aus Pascals »Préface pour le traité du vide« (*Œuvres complè-*

tes, Edition Pléiade, S. 533 f.). So schreibt noch Turgot ganz im gleichen Sinne: »Le genre humain considéré depuis son origine, paraît aux yeux d'un philosophe un tout immense qui a, comme chaque individu, son enfance et ses progrès« (zitiert nach Georges Sorel, *Les Illusions du progrès* [1908 / 10], Paris 1947, S. 51).

37 Sorel in dem oben erwähnten Buch spricht aus, was dann für das zwanzigste Jahrhundert entscheidend wurde: »La rapidité vertigineuse avec laquelle s'accélerait le progrès était bien de nature à leur faire croire que désormais *tout était possible*, pourvu qu'on suivit les instincts de la nature humaine« (S. 214; Hervorhebung vom Vf.).

38 Für Proudhon vgl. *Philosophie du progrès* (1853), Paris 1946, S. 27–30, und *De la Justice* (1858), Paris 1930, Bd. I, S. 328. Vgl. auch William H. Harbold, »Progressive Humanity in the Philosophy of P.-J. Proudhon«, in: *Review of Politics*, Januar 1969.

39 Hier zitiert nach Isaiah Berlins Einführung zu Franco Venturi, *Roots of Revolutions*, New York 1966.

40 Kant, »Idee zu einer allgemeinen Geschichte in weltbürgerlicher Absicht« (1784), Dritter Satz.

41 Vgl. die ausgezeichnete Analyse der offensichtlichen Fehlschlüsse dieser Position bei Robert A. Nisbet, »The Year 2000 and All That«, in: *Commentary*, Juni 1968, sowie die gereizten kritischen Bemerkungen in der Septembernummer.

42 Hegel, *Vorlesungen über die Geschichte der Philosophie*, a. a. O. (Anm. 18), S. 100 ff.

43 Spender, *Das Jahr der jungen Rebellen*, a. a. O. (Exkurs 4), S. 59, berichtet, daß die französischen Studenten während der Mai-Unruhen in Paris die »Ideologie des Erfolgs und des Fortschritts kategorisch ablehnten«. In Amerika gibt es das, sofern es um den Fortschritt geht, noch nicht. Bei uns redet man immer noch von »progressiven« und »regressiven« Kräften, »progressiver« und »regressiver Toleranz« usw.

44 Die oft grotesken Resultate sind glänzend exemplifiziert in Edmund Wilsons Schrift *The Fruits of the MLA*, New York: A New York Review Book, 1968. Das Groteskeste, das mir in den letzten Jahren unter die Augen gekommen ist, ist ein neu erschienenes Kant-Lexikon, in dem jedes Wort, das Kant je zu Papier gebracht hat, als Stichwort verzeichnet ist. Das Resultat ist natürlich völlig unbrauchbar.

44a Ein Ansatz hierzu findet sich in dem soeben erschienenen Essay von Giorgio Agamben, *Sui limiti della violenza*. Er behauptet, nahezu alle primitiven Völker kennten eine »violenza sacra«, deren Ritual dazu diene, »den homogenen Fluß der profanen Zeit zu unterbrechen, das Urchaos zu reaktualisieren, um so dem Menschen zu gestatten, die ursprüngliche Dimension der Schöpfung wieder zu erreichen« (S. 11).

45 Georges Sorel, *Über die Gewalt* (Übers. von *Réflexions sur la violence*, 1906), Innsbruck 1928, »Vorwort zur ersten Veröffentlichung«, S. 50.
46 C. Wright Mills, *The Power Elite*, New York 1956, S. 171; Max Weber in den ersten Abschnitten von »Politik als Beruf« (1921).
47 Bertrand de Jouvenel, *Du Pouvoir*, Genève 1947, S. 169.
48 Max Weber, »Politik als Beruf«.
49 Jouvenel, *Du Pouvoir*, S. 126 und 153.
50 Robert Strausz-Hupé, *Power and Community*, New York 1954, S. 4; das Max-Weber-Zitat ist diesem Werk entnommen.
51 Carl von Clausewitz, *Vom Kriege*, Kap. 1.
52 Meine Beispiele sind willkürlich gewählt, weil es kaum einen Unterschied macht, welchen Autor man heranzieht. Wie groß die Macht dieser Tradition ist, wird an Rousseaus Versuch, ihr zu entgehen, deutlich. Er hält Ausschau nach einer Staatsform, die nicht durch Herrschaft gekennzeichnet ist, und findet nichts Besseres als »eine Form der Gemeinschaft ..., durch die jeder sich mit allen vereint und dennoch nur sich selbst gehorcht«. Der Nachdruck auf Gehorsam und also auch auf Befehl ist unverändert. Hegel kannte diesen Versuch aus der kantischen Moralphilosophie, in der der Mensch sich selbst das Gesetz des Handelns vorschreibt und also auch nur sich selbst gehorcht. Was er in einer Jugendschrift dagegen zu sagen hatte, scheint mir schlüssig: »Sein eigner Herr und Knecht zu sein, scheint zwar einen Vorzug vor dem Zustande zu haben, worin der Mensch der Knecht eines Fremden ist. Allein das Verhältnis der Freiheit und der Natur, wenn es in der Sittlichkeit ... eine *eigne* Unterdrückung werden soll, wird viel unnatürlicher als das Verhältnis. .., in welchem das Gebietende und Machthabende als ein anderes, außer dem lebendigen Individuum Befindliches erscheint. ... Wenn ... das Gebietende in den Menschen selbst verlegt und in ihm ein Gebietendes und ein Botmäßiges absolut entgegengesetzt ist, so ist die innere Harmonie zerstört. Uneinigkeit und Entzweiung machen das Wesen des Menschen aus.« Siehe G. W. F. Hegel, *Differenz des Fichte'schen und Schelling'schen Systems der Philosophie* (1801), Edition Meiner, S. 70.

Nur selten hört man eine Stimme des Widerspruchs. Die gewichtigste unter ihnen ist Alexander Passerin d'Entrèves' bedeutendes Buch *The Notion of the State: An Introduction to Political Theory*, dessen italienische Erstausgabe 1962 erschien. Bei der englischen Version handelt es sich nicht um eine Übersetzung, sondern die definitive Fassung des Autors selbst; sie erschien in Oxford 1967. Vgl. die soeben erschienene Essay-Sammlung des gleichen Autors: *Obbedienza e resistenza in una società democratica*, Edizioni di Comunità, Milano 1970.

Erwähnenswert ist auch R. M. McIver, *The Modern State* (London

1916), der immerhin betont (S. 222 ff.): »Daß er über Gewaltmittel verfügt, ist ein Kriterium des Staates, aber darin besteht nicht sein Wesen. ... Zwar gibt es keinen Staat ohne überlegene Gewalt ... Aber die Ausübung der Gewalt ergibt noch keinen Staat.«

53 Passerin d'Entrèves, *The Notion of the State,* a. a. O., S. 64, 70, 105.

54 A. a. O., S. 129.

55 John Stuart Mill, *Considerations on Representative Government* (1861); dt.: *Betrachtungen über Repräsentativverfassung*, Zürich 1862, S. 49, 54.

56 Vgl. für solche Varianten John M. Wallace, *Destiny His Choice: The Loyalism of Andrew Marvell*, Cambridge 1968, S. 88–89. Ich verdanke diesen Hinweis der Freundlichkeit von G. DesJardins.

Exkurs 8:

Die Sanktionen der Gesetze, die jedoch nicht deren Wesen sind, richten sich gegen jene Bürger, die – ohne ihnen ihre Zustimmung zu versagen – selber vom Gesetz ausgenommen zu werden wünschen; selbst ein Dieb erwartet von der Regierung, daß sie sein neuerworbenes Eigentum schütze. Man hat festgestellt, daß es in den frühesten Rechtsordnungen überhaupt keine Sanktionen gab (vgl. Jouvenel, *Du Pouvoir*, a. a. O. [Anm. 47], S. 369 ff.); Gesetzesbrecher kamen in Acht und Bann. Indem er das Gesetz brach, hatte der Verbrecher sich außerhalb der Gemeinschaft gestellt, die durch diese Gesetze konstituiert war.

D'Entrèves (*The Notion of the State*, a. a. O. [Anm. 52], S. 128 ff.) weist bei der Betrachtung der »Komplexität des Gesetzes, selbst des Staatsgesetzes« darauf hin, daß »es tatsächlich Gesetze gibt, die mehr ›Direktiven‹ als ›Imperative‹ sind, die mehr ›angenommen‹ als ›auferlegt‹ werden und deren ›Sanktionen‹ nicht unbedingt in der möglichen Gewaltanwendung seitens einer ›souveränen‹ Staatsmacht bestehen«. Er vergleicht solche Gesetze mit »Spielregeln oder den Statuten eines Vereins oder den Vorschriften der Kirchen«. Ich füge mich, »weil für mich, im Unterschied zu anderen meiner Mitbürger, diese Regeln verbindlich sind«.

Ich meine, dieser Vergleich des Gesetzes mit »geltenden Spielregeln« läßt sich noch weitertreiben. Denn der springende Punkt dieser Regeln ist nicht, daß ich mich ihnen freiwillig unterwerfe oder daß ich ihre Gültigkeit theoretisch anerkenne, sondern daß ich praktisch nicht mitspielen kann, wenn ich mich ihnen nicht füge; ich nehme sie an, weil ich mitspielen möchte, und da Menschen nur im Plural existieren, ist der Wunsch, im großen Weltspiel mitzuspielen, letztlich identisch mit dem Wunsch zu leben. Jeder Mensch wird in eine Gemeinschaft mit bereits bestehenden Gesetzen hineingeboren, und er gehorcht ihnen vorerst deshalb, weil er, um leben zu können, mitspielen muß. Ich kann wie der Revolutionär die Spielregeln ändern wollen, oder ich kann für mich eine Ausnahme machen wie der Verbrecher; aber sie prinzipiell zu leugnen bedeutet nicht Ungehorsam, sondern die Weigerung, innerhalb der menschlichen Gemeinschaft zu existieren. Das übliche Dilemma: entweder ist das Gesetz absolut gültig und bedarf deshalb zu seiner Legitimierung eines unsterblichen, göttlichen Gesetzgebers, oder das Gesetz ist einfach ein Befehl, hinter dem nichts steht als das Gewaltmonopol des Staates, dieses Dilemma beruht auf einer Täuschung. Alle Gesetze, außer den Geboten eines Gottes, sind ›Direktiven‹ und nicht ›Imperative‹. Sie lenken das menschliche Miteinander wie Regeln das Spiel. Und ihre Gültigkeit gründet sich letztlich auf die römische Maxime: »Pacta sunt servanda.«

57 Jouvenel, *Du Pouvoir*, a.a.O., S. 135.

58 *The Federalist* (1788), Nr. 49.

59 Passerin d'Entrèves, *The Notion of the State*, a.a.O. (Anm. 52), S. 7. Vgl. auch S. 171, wo d'Entrèves die exakte Bedeutung von »Nation« und »Nationalität« diskutiert und mit Recht darauf besteht, daß »die einzigen kompetenten Führer im Dschungel so vieler verschiedener Meinungen die Linguisten und Historiker sind. An sie müssen wir uns um Hilfe wenden.« Und für die Unterscheidung zwischen Autorität und Macht beruft er sich auf Ciceros »potestas in populo, auctoritas in senatu«.

60 Es gibt so etwas wie eine autoritäre Regierung, aber sie hat bestimmt nichts gemein mit Tyrannei, Diktatur oder totalitärer Herrschaft. Zur Untersuchung des historischen Hintergrunds und der politischen Bedeutung des Begriffs vgl. meinen Aufsatz »What Is Authority?«, in: *Between Past and Future: Exercises in Political Thought*, New York 1968. Für den historischen Hintergrund des Begriffes siehe vor allem den I. Teil der sehr instruktiven Arbeit von Karl-Heinz Lübke, *Auctoritas bei Augustin*, Stuttgart 1968, wo auch die einschlägige Literatur vermerkt ist. – Zusatz d. Hrsg.: Vgl. auch H.A., »Was ist Autorität?« (1957), wieder abgedruckt in: *Zwischen Vergangenheit und Zukunft*, S. 159–200.

61 Wolin und Schaar – in dem in Anm. 22 zitierten Artikel »The Battle of People's Park« – beschreiben die Situation wie folgt: »Die Regeln werden gebrochen. weil die Autoritäten der Universität, und zwar die Verwaltungsbehörden wie die Fakultäten, die Achtung vieler Studenten verloren haben.« Sie schließen daraus: »Wo Autorität verloren ist, tritt Macht an ihre Stelle.« Auch das ist wahr, wenn auch nicht ganz in dem von ihnen gemeinten Sinn; sie meinen nicht Macht, sondern Gewalt.

Was zuerst kam in Berkeley, war die Macht der Studenten, die auf einem Campus schon wegen ihrer überlegenen Zahl offensichtlich die stärkste Potenz darstellen. Um diese Macht zu brechen, griff die Administration zur Gewalt, und gerade weil die Universität eine Institution ist, die ihrem Wesen nach auf Autorität basiert, aber machtmäßig immer unterlegen und auf Achtung angewiesen ist, kann sie sich der Macht der Studenten schwer anders als durch Gewalt erwehren. Der Ruf nach der Polizei unterscheidet sich in nichts von dem, was in der katholischen Kirche gang und gäbe war, bevor die Trennung von Kirche und Staat sie zwang, sich allein auf ihre Autorität zu verlassen. Es ist vielleicht mehr als nur ein seltsamer Zufall. daß die ernsteste Krise der Kirche als Institution mit der ernstesten Krise der Universität als der einzigen weltlichen Institution, die noch auf Autorität basiert, zusammenfällt. Beide Krisen sind vielleicht wirklich der »fortschreitenden Explosion des für ewigkeitsbeständig gehaltenen Atoms ›Gehorsam‹« zuzuschreiben, wie Heinrich Böll es kürzlich im Hinblick auf die Krise in den Kirchen formulierte (siehe »Es wird immer später«, in: *Antwort an Sacharow*, Zürich 1969, S. 89f.).

62 Vgl. *The New York Times* vom 4. Januar 1969, S. 1 und 29.

63 So behauptet Franz Borkenau in einer Betrachtung über die Niederlage im Spanischen Bürgerkrieg: »An diesem ungeheuerlichen Kontrast zu früheren Revolutionen ist eines bemerkenswert: Noch vor kurzem hing die Konterrevolution gewöhnlich von der Unterstützung durch reaktionäre Kräfte ab, die den Revolutionären technisch und intellektuell unterlegen waren. Das ist seit dem Auftreten des Faschismus anders geworden. Seither hat es jede Revolution mit der modernsten, wirkungsvollsten, unbarmherzigsten Maschinerie zu tun, die es je gegeben hat; was bedeutet, daß die Zeit vorüber ist, in der sich Revolutionen ihren eigenen Gesetzen gemäß frei entfalten konnten.« Das wurde vor mehr als dreißig Jahren geschrieben (*The Spanish Cockpit* [1938], Ann Arbor 1963, S. 288f.) und wird jetzt zustimmend von Chomsky (*American Power and the New Mandarins*, a.a.O. [Anm. 6], S. 310) zitiert; er glaubt, daß das amerikanische und französische Eingreifen in den Bürgerkrieg in Vietnam die Richtigkeit dieser Vorhersage beweist – »man braucht nur ›Faschismus‹ durch ›liberalen Imperialismus‹ zu ersetzen«. Meiner Meinung nach beweist das Beispiel der Kriege in Vietnam eindeutig das Gegenteil.

64 Raymond Aron, *La Révolution introuvable*, a.a.O. (Exkurs 2), S. 41.

65 Spender (*Das Jahr der jungen Rebellen*, a.a.O. [Exkurs 4], S. 72) ist anderer Meinung: »Der Frühling enthüllte, was in überwiegendem Maße vorhanden war: nicht die Revolution, sondern an ihrer Stelle die nichtrevolutionäre Situation.« Man mag sich, »wenn alle Leute mit freund-

lichen Mienen herumlaufen«, schwer vorstellen können, daß gerade eine Revolution stattfindet oder stattfinden könnte, aber so sieht der Beginn einer Revolution – während der ersten großen Verbrüderungsekstase – häufig aus.

Exkurs 9:

Offiziell ist über diese Verhandlungen so gut wie nichts bekannt geworden, so daß wir für de Gaulles plötzlichen Entschluß wie für den Inhalt der Gespräche auf Vermutungen angewiesen sind. Hält man sich an die Ereignisse selbst, so scheint der Preis, den er für die Unterstützung der Armee zu zahlen hatte, die öffentliche Rehabilitierung seiner Feinde gewesen zu sein – Amnestie für General Salan, die Rückkehr Bidaults und des Obersten Lacheroy, der einst als der »Folterer in Algerien« bekannt war, posthume Rehabilitierung Pétains, der wieder zum »Sieger von Verdun« wurde. Auch de Gaulles unglaubliche, offensichtlich lügenhafte Behauptung unmittelbar nach seiner Rückkehr nach Paris, daß die Kommunistische Partei für das, was man in Frankreich »les évènements« nannte, verantwortlich zeichne, dürfte zu den ausgehandelten Konzessionen gehört haben. Das einzige, was die Regierung damals den Kommunisten und den Gewerkschaften hätte vorwerfen können, war ihre Ohnmacht, daß sie nämlich trotz besten Willens völlig außerstande waren, die »évènements« zu verhindern.

66 Eine solche überlegene Machtorganisation war im alten Griechenland die Polis, deren Hauptvorzug nach Xenophon war, daß sie den Bürgern ermöglichte, »einer des anderen Leibwächter gegen Sklaven und Verbrecher zu sein, so daß keiner der Bürger eines gewaltsamen Todes zu sterben brauchte« (*Hieron*, IV, 3).

67 Henry Steele Commager, »Can We Limit Presidential Power?«, in: *The New Republic*, 6. April 1968.

Exkurs 10:

Es wäre interessant zu wissen, ob und inwieweit der alarmierende Prozentsatz nicht aufgeklärter Verbrechen in einem Verhältnis nicht nur zu der auffallenden Zunahme der Kriminalität steht, sondern auch zu einer entschiedenen Brutalisierung der Polizei. J. Edgar Hoovers *Uniform Crime Report for the United States* (1968) macht keine Angaben über die Zahl der aufgeklärten Verbrechen – die von denen, die »durch Festnahme erledigt wurden«, zu unterscheiden sind –, erwähnt jedoch in der Zusammenfassung, daß Festnahmen in schweren Verbrechen im Jahr 1967 um acht Prozent abnahmen. Nur in 21,7 (oder 21,9) Prozent aller gemeldeten Delikte wurde überhaupt verhaftet, und von den Inhaftierten konnten 75 Prozent den Gerichten überstellt werden, von denen wiederum 60 Prozent verurteilt wurden. Hinzu kommt, daß die Zahl der nicht gemeldeten und polizeilich überhaupt nicht erfaßten Delikte sehr hoch ist und ständig ansteigt. Die Verbrecher sind also so sehr im Vorteil, daß die Zunahme der Kriminalität nur natürlich scheint. Was immer der Grund für den auffallenden Niedergang polizeilicher Leistungsfähigkeit sein mag – daß die Macht der Polizei abnimmt, ist evident, und damit wird eine zunehmende Brutalisierung immer wahrscheinlicher. Studenten und Demonstranten sind natürlich willkommene Objekte einer Polizei, der es kaum mehr gelingt, einen Verbrecher zu fassen.

Ein Vergleich mit der Situation in anderen Ländern wird durch die Verschiedenartigkeit der statistischen Methoden erschwert. Jedoch scheint die Zunahme der unaufgeklärt bleibenden Verbrechen, wiewohl ein ziemlich allgemeines Problem, nirgendwo so beunruhigende Ausmaße angenommen zu haben wie in den Vereinigten Staaten. In Paris zum Beispiel sank der Anteil der aufgeklärten Verbrechen von 62 Prozent (1961) auf 56 Prozent (1968), in Deutschland von 73,4 (1954) auf 52,2 Prozent (1967), und selbst in Schweden, wo die Zahl im Jahre 1967 nur noch 41 Prozent betrug, war das Risiko des Verbrechers, gefaßt zu werden, dreimal so hoch wie in Amerika (vgl. »Deutsche Polizei«, in: *Der Spiegel*, 7. April 1967).

Exkurs 11:
Solschenizyn zeigt an konkreten Einzelheiten, wie alle Versuche, die wirtschaftliche Entwicklung Rußlands zu rationalisieren, durch den Terror vernichtet wurden, und man kann nur hoffen, daß dieses Buch den Mythos begraben wird, Terror und ungeheure Verluste an Menschenleben seien der Preis gewesen, der für eine schnelle Industrialisierung nun einmal gezahlt werden mußte. Wirklichen Fortschritt gab es erst nach Stalins Tod, und es ist auffallend, daß das Rußland von heute nicht nur im Vergleich zum Westen, sondern auch im Vergleich zu seinen Satellitenländern immer noch im Rückstand ist. In Rußland selbst scheint man sich über diesen Punkt keinen Illusionen mehr hinzugeben, sofern man das je getan hat. Die jüngere Generation, vor allem die Veteranen aus dem Zweiten Weltkrieg, weiß sehr wohl, daß nur ein Wunder das Land 1941 vor einer Niederlage bewahrt hat und daß dieses Wunder möglich wurde, weil der Feind sich als noch größeres Übel erwies als die einheimischen Herrscher. Den Ausschlag gab dann, daß unter dem Druck des nationalen Notstands der Terror nachließ: Das sich selbst überlassene Volk konnte sich wieder zusammentun und genügend Macht entwickeln, um den Eindringling zu

vernichten. Als die Männer aus den Gefangenenlagern oder von der Zwangsarbeit zurückkehrten, wurden sie prompt in Arbeits- und Konzentrationslager gesteckt, wo ihnen freiheitliche Anwandlungen ausgetrieben werden sollten. Und gerade die Generation, die während des Kriegs die Freiheit und hinterher den Terror zu spüren bekommen hatte, ist es, die sich heute gegen die Gewaltherrschaft, die nicht mehr totalitär ist, zur Wehr setzt.

68 Für Konrad Lorenz siehe »Vorwort« zu ders., *Über tierisches und menschliches Verhalten: Aus dem Werdegang der Verhaltenslehre – Gesammelte Abhandlungen I*, München 1965, S. 9; für Joseph Alsop siehe die heute noch sehr lesenswerte Besprechung der amerikanischen Ausgabe von Konrad Lorenz' *Das sogenannte Böse: Zur Naturgeschichte der Aggression* (Wien 1963; englisch *On Aggression*, 1966) in *The New Yorker*, 10. September 1966.

69 Lorenz, *Das sogenannte Böse*, S. 357 und 402.

70 Nikolaus Tinbergen, »On War and Peace in Animals and Man«, in: *Science*, 28. Juni 1968, S. 160, Sp. 1411.

71 Adolf Portmann, *Das Tier als soziales Wesen*, Zürich 1953, S. 237 f.

72 Erich von Holst, *Zur Verhaltensphysiologie bei Tieren und Menschen: Gesammelte Abhandlungen I*, München 1969, S. 239.

73 Lorenz, *Das sogenannte Böse*, a. a. O. [Anm. 68], S. 134.

74 Der Absurdität dieses Schlusses sucht man durch die Unterscheidung zwischen endogenen, spontanen Instinkten, z. B. dem Aggressionstrieb, und reaktiven Trieben, z. B. Hunger, zu entgehen. Aber es hat keinen Sinn, in einer Diskussion über angeborene Impulse zwischen Spontaneität und Reaktivität zu unterscheiden. In der Natur gibt es streng genommen gar keine Spontaneität, und in Instinkten und Trieben manifestiert sich lediglich die Art und Weise, in der alle lebendigen Organismen einschließlich des Menschen in den Haushalt der Natur eingeordnet und ihm adaptiert werden.

75 Den hypothetischen Charakter von Konrad Lorenz' *Das sogenannte Böse* erhellt eine interessante Sammlung von Aufsätzen über Aggression und Adaption, die Alexander Mitscherlich unter dem Titel *Bis hierher und nicht weiter: Ist die menschliche Aggression unbefriedbar?* (München 1968) herausgegeben hat.

76 von Holst, *Zur Verhaltensphysiologie bei Tieren und Menschen*, a. a. O. [Anm. 72], S. 283. – Ganz ähnlich spricht Lorenz (a. a. O., S. 358) von der dem begrifflichen Denken verdankten Kulturentwicklung des Menschen: Diese »bewirkte in seinen Lebensbedingungen so schnelle und umwälzende Änderungen, daß die Anpassungsfähigkeit seiner Instinkte an ihnen scheiterte«.

77 Weittragende Waffen, die den Polemologen zufolge (vgl. Tinbergen, »On War and Peace ...«, a.a.O.[Anm. 70]) die Aggressionstriebe des Menschen bis zu einem Punkte freigesetzt haben, wo die schützenden Kontrollvorrichtungen der Gattung nicht mehr funktionieren, betrachtet Otto Klineberg (»Fears of a Psychologist«, in: Calder, Hrsg., *Unless Peace Comes*, a.a.O. [Anm. 2], S. 208) eher als Anzeichen dafür, »daß personale Aggressivität als Kriegsmotiv keine Rolle spielt«. Soldaten, möchte man den Verhaltenspsychologen zu bedenken geben, sind keine Killer, und Mörder – aggressive Persönlichkeiten in ihrer Sprache – sind vermutlich nicht einmal gute Soldaten.

78 Siehe Chomsky, *American Power and the New Mandarins*, a.a.O. [Anm. 6], S. 371, der die »Fassade der Härte und pseudowissenschaftlicher Objektivität«, hinter der sich nichts als geistige Leere verbirgt, entlarvt.

79 Spender schildert diese Stimmung ausführlich (*Das Jahr der jungen Rebellen*, a.a.O. [Exkurs 4], S. 112f.) und weist auch auf ihre Gefahren hin, daß nämlich der Provokateur Angreifer und Opfer in einem ist. Auf andere Gefahren des Krieges gegen die Heuchelei bin ich in dem Buch *Über die Revolution* (München 1965, S. 125–139) etwas ausführlicher eingegangen.

Exkurs 12:

Um zu glauben: »Erst dann, wenn der Staat die Gewalt offen praktiziert, können wir diese Scheiß-Gesellschaft mit angemessenen Mitteln bekämpfen und vernichten«, muß man offenbar den Verstand verloren haben (zitiert aus *Der Spiegel*, 10. Februar 1969, S. 30). Dieser Verlust ist kein Novum in der linken Politik der letzten Jahrzehnte. Was die Rebellen hier erklären, liest sich wie eine sprachlich, so kaum intellektuell, vulgarisierte Variante der kommunistischen Politik in den dreißiger Jahren: Der Sieg Hitlers, so lautete die offizielle Linie der Partei, konnte denen, die Hitler verfolgte, nur zum Sieg verhelfen; die Niederlage war ein Sieg, weil nun der Kapitalismus sein wahres Gesicht offenbarte. Dies Gerede war damals wie heute entweder reine Schauspielerei, die revolutionäre Version der Heuchelei, oder ein schlagendes Zeugnis für den politischen Schwachsinn von »Gläubigen«. Immerhin stand vor fünfunddreißig Jahren hinter dem Unsinn mehr als dummes Gerede, nämlich die von Stalin diktierte pro-Hitlersche Parteilinie.

Sicher braucht man sich nicht zu wundern, daß deutsche Studenten mehr zum Theoretisieren neigen und weniger von politischem Handeln und Urteilen verstehen als ihre Kommilitonen in Ländern mit einer anderen politischen Tradition; oder daß die gewiß beklagenswerte Isolierung der Bewegung in Deutschland besonders ausgeprägt ist, ihr Einfluß auf das Meinungsklima des Landes, sieht man von feindlichen Reaktionen ab, sich kaum fühlbar macht. Dennoch mag Spender, was dies anlangt, recht haben: Es ist nicht nur die Gewalttätigkeit der Studenten, die so aufreizend wirkt; in Deutschland wirken sie zudem als »Mahner und Erinnerer. Die Alten bemerken an dieser jungen Generation nicht nur das völlig Neue, sondern sie sehen auch, daß dieser Jugend etwas von auferstandenen Geistern aus hastig zugescharrten Gräbern anhaftet« (Spender, *Das Jahr der jungen Rebellen*, a. a. O. [Exkurs 4], S. 117).

Und doch, wenn all dies gesagt und in Rechnung gestellt ist, bleibt die bestürzende Tatsache, daß bisher noch keine der linken Gruppen in Deutschland, deren lautstarker Protest gegen anderer Länder nationalistische oder imperialistische Politik notorisch ist, sich je ernsthaft für die Anerkennung der Oder-Neiße-Linie eingesetzt hat, die doch nicht nur der Angelpunkt der deutschen Außenpolitik ist, sondern auch der Prüfstein für den Nationalismus.

80 Fanon, *Les Damnés de la terre*, a.a.O. [Anm. 20], S. 14.

81 J. Glenn Gray, *The Warriors* (1959), das demnächst in Deutschland erscheint, ist in diesem Punkte sehr aufschluß- und lehrreich. Jeder, der sich für die Praxis der Gewalt interessiert, sollte es lesen. – Zusatz d.Hrsg.: H.A. schrieb zur zweiten (Torchbook-) Auflage des Buches von Gray ein Vorwort, das in dieser Ausgabe S. 138–144 in deutscher Übersetzung abgedruckt wird, hier auch (S. 431) die genauen bibliographischen Angaben.

82 Fanon, a.a.O., S. 44 und 51.

83 Der Spuk vom »neuen Menschen« geht vielfach durch die Rhetorik der Studentenbewegung. Siehe vor allem auch Rudi Dutschke in *Rebellion der Studenten*, a.a.O. [Anm. 34], S. 76 und 77: Aktionen sind politisch, weil sie uns »innerlich verändern«, sie sind ein »Erziehungsprozeß«, in welchem »die Herausbildung des neuen Menschen« stattfindet. Das ist der alte utopische Unsinn. Aktionen sind politisch, wenn sie die Welt verändern; alle Vorstellungen von der »Herausbildung des neuen Menschen« enden notwendigerweise in der Gewaltherrschaft beziehungsweise in einer Entmenschlichung des Menschen.

84 Sorel, *Über die Gewalt*, a.a.O. [Anm. 45], S. 346, 223, 226 und 103.

85 Siehe auch Gottfried Salomons Vorwort zu Sorel, a.a.O.

86 Sorel, a.a.O., S. 35.

87 »Die Produzentenmoral« lautet der Titel des letzten Kapitels von Sorels Buch; im übrigen siehe S. 275 und 272.

88 Sorel, a.a.O., S. 154 und 160.

89 Siehe vor allem, a.a.O., S. 310, 291 und 93.
90 A.a.O., S. 348 (Anhang 2: »Apologie der Gewalt«).

Exkurs 13:
Dies betont auch Barbara Deming in »Revolution: Violent and Nonviolent« (in: *Liberation*, Februar 1968). Fanons Buch, schreibt sie, könnte man genau so gut als ein Plädoyer für gewaltloses Handeln lesen. »Man setze nur jedesmal, wenn man in seinem Buch auf das Wort ›Gewalt‹ stößt, die Formel ›radikale und kompromißlose Aktion‹ dafür ein. Ich behaupte, daß mit Ausnahme von ein paar Stellen dieser Austausch vorgenommen werden kann und daß die Aktion, zu der er aufruft, genau so gut gewaltlos sein könnte.« Etwas anderes ist im vorliegenden Zusammenhang noch wichtiger: Barbara Deming versucht ebenfalls, zwischen Gewalt und Macht zu unterscheiden, und sie gibt zu, daß auch »gewaltlosen Störungen« immer etwas Gewaltsames anhaftet, daß Aktionen, die darauf abzielen, bestimmte Prozesse lahmzulegen – den Verkehr auf der Straße oder den Unterricht an den Universitäten –, sich physischer Gewalt bedienen. Dabei unterschätzt sie merkwürdigerweise die Konsequenzen solcher Störaktionen, wenn sie meint, sie seien eben doch gewaltlos, weil »die Menschenrechte des Gegners respektiert werden«. Nur sein Recht auf Leben, aber keines seiner anderen »Menschenrechte« ist respektiert. Ähnliches gilt natürlich für die beliebte Unterscheidung zwischen »Gewaltanwendung gegenüber Sachen« und »Gewaltanwendung gegenüber Personen«.

91 Zitiert nach S. E. Finers instruktivem Essay »Pareto and Pluto-Democracy: The Retreat to Galapagos«, in: *The American Political Science Review*, Juni 1968.
92 Siehe Bells »Notes on the Post-Industrial Society«, in: *The Public Interest*, Nr. 6, 1967.

Exkurs 14:
Daniel Bell (a.a.O.) gründet seinen immerhin vorsichtigen Optimismus auf die Tatsache, »daß wissenschaftliche und technische Arbeit auf theoretischem Wissen beruht, das desinteressiert erworben, kontrolliert und zu Papier gebracht wird«; und dieser Optimismus ist vielleicht so lange gerechtfertigt, als Wissenschaftler und Technologen nicht an Macht, sondern höchstens an gesellschaftlichem Ansehen interessiert sind. Noam Chomskys Pessimismus: »Weder Geschichte noch Psychologie, noch Soziologie geben uns Anlaß, der Herrschaft der neuen Mandarine hoffnungsvoll entgegenzusehen«, mag übertrieben sein; es gibt dafür bis jetzt noch keine Präzedenzfälle in der Ge-

schichte, und Wissenschaftler und Intellektuelle, die mit so beklagenswert regelmäßiger Bereitwilligkeit jeder Regierung gedient haben, die zufällig an die Macht kam, waren noch keine »Meritokraten«; sie wollten Prestige, aber nicht Macht. Doch Chomsky stellt mit Recht die Frage: »Welche Gründe sprechen denn überhaupt für die Annahme, daß diejenigen, die auf Grund ihrer Kenntnisse und technischen Fähigkeiten Macht für sich beanspruchen, segensreicheren Gebrauch von ihr machen werden als diejenigen, deren Anspruch sich auf Reichtum oder aristokratische Herkunft gründet?« (*American Power and the New Mandarins*, a. a. O. [Anm. 6], S. 27). Und es besteht Grund genug, weiter zu fragen: Was spricht denn für die Annahme, daß der Widerstand gegen eine Meritokratie, deren Herrschaft ausschließlich auf »natürlichen« Gaben, d. h. auf der Arbeitskraft ihrer Gehirne, beruht, nicht gefährlicher und nicht gewalttätiger sein wird als der Widerstand sozial unterdrückter Gruppen, die zumindest den Trost haben, daß sie nicht selber »schuld« an ihren Lebensbedingungen sind? Wäre es nicht möglich, daß dieser Widerstand die mörderischen Züge eines Rassenkampfes im Unterschied zu den Klassenkämpfen der Vergangenheit annehmen wird, da es sich ja in diesem Konflikt auch um natürliche, unabänderliche Gegebenheiten handeln wird, von denen man sich nur dadurch befreien kann, daß man die »Rasse« mit höheren Intelligenzquotienten liquidiert? Und da doch in solch einer Konstellation die zahlenmäßige Überlegenheit der Benachteiligten überwältigend und gesellschaftliche Mobilität gleich Null sein wird, ist es da nicht sehr wahrscheinlich, daß die Bedrohung durch Demagogen oder Volksführer so groß werden wird, daß die Meritokratie zwangsläufig in Tyrannei und Despotismus endet?

93 Jouvenel, *Du Pouvoir*, a. a. O. [Anm. 47], S. 159 und 171.
94 Jouvenel, a. a. O., S. 187 f.
95 Fanon, *Les Damnés de la terre*, a. a. O. [Anm. 20], S. 53.
96 Robert M. Fogelson, »Violence as Protest«, in: *Proceedings of The Academy of Political Science*, vol. XXIX, no. 1, New York: Columbia University, 1968 (unter dem Titel: *Urban Riots: Violence and Social Change*), S. 25–41, S. 26.
97 A. a. O., S. 36.
98 A. a. O., S. 37. Vgl. auch den ausgezeichneten Artikel »Official Interpretation of Racial Riots« von Allan A. Silver in der gleichen Sammlung.

Exkurs 15:
Stewart Alsop schreibt mit Recht (in einem Leitartikel »The Wallace Man«, in: *Newsweek*, 21. Oktober 1968): »Es mag unliberal sein, wenn

ein Wallace-Mann nicht geneigt ist, seine Kinder im Zeichen der Integration in schlechte Schulen zu schicken, aber es ist keineswegs unnatürlich. Und es ist auch nicht unnatürlich, wenn er sich über die ›Belästigung‹ seiner Frau ärgert oder sich sorgt um den Grundstückswert seines Hauses, das alles ist, was er besitzt!« Er zitiert auch George Wallaces demagogisch wirkungsvollstes Argument: »Es gibt 535 Kongreßmitglieder, und viele dieser Liberalen haben auch Kinder. Wissen Sie, wie viele ihre Sprößlinge in die [integrierten] öffentlichen Schulen in Washington schicken? Sechs.«

Ein weiteres besonders gutes Beispiel für die Kurzsichtigkeit bestimmter Integrationsmaßnahmen hat Neil Maxwell jüngst in *The Wall Street Journal* veröffentlicht (8. August 1968). Die amerikanische Bundesregierung fördert die Schulintegration im Süden dadurch, daß sie in Fällen von flagranter Zuwiderhandlung die Bundeszuschüsse sperrt. In einem solchen Fall wurde die jährliche Unterstützung von 200000 Dollar eingestellt. »Von der Gesamtsumme waren 175000 Dollar direkt an die Negerschulen gegangen. ... Die Weißen erhoben prompt Steuern, um die restlichen 25000 zu ersetzen.« Kurz, was als Hilfe für die Ausbildung der Neger gedacht war, hatte in Wirklichkeit eine vernichtende Wirkung auf ihr bestehendes Schulsystem und nicht die geringste Wirkung auf die Schulen der Weißen.

99 Siehe *Der Spiegel* vom 23. Juni 1968. – Es ist eine wichtige Frage, und sie stellt sich so oder anders in allen betroffenen Ländern. Eine allgemeingültige Antwort auf sie gibt es nicht. Denn die Rebellion der Studenten ist zwar ein weltweites Phänomen, aber die Universitätssysteme sind keineswegs einheitlich; sie variieren nicht nur von Land zu Land, sondern oft auch von Institution zu Institution. Mögliche Lösungen der Konflikte und Reformen werden von den örtlichen Gegebenheiten auszugehen haben.

100 Über den Zusammenhang zwischen Gewalttätigkeit und Reform einerseits, die Gefahren gewalttätigen Handelns, das nicht sehr schnell zum Ziel führt, andererseits hat Günter Grass sich anläßlich des 1. Mai 1968 unter dem Titel »Gewalttätigkeit ist wieder gesellschaftsfähig« wie folgt geäußert: »Entweder veranlaßt [der Protest der Jugend] längst überfällige Reformen ... oder es passiert wie bisher nichts; dann wird die nun offenbare Unsicherheit falschen Propheten einträgliche Märkte und Gratiswerbung frei Haus bieten.« (Siehe *Der Spiegel* vom 6. Mai 1968.)

Exkurs 16:

In den ideologischen, von Klischees durchsetzten und durch Jargon verzerrten Spiegelfechtereien, in denen die Neue Linke des Westens ihre Debatten zu führen pflegt, besteht wenig Aussicht, solche Sachverhalte zu klären. Hinzu kommt die gerade für die deutschen Studenten charakteristische »teutonische Überheblichkeit« in Sachen des »Seminar-Marxismus«, auf den Günter Grass seinerzeit nachdrücklich hingewiesen hat – in *Die Zeit* vom 8. Oktober 1968. »Sie wissen überhaupt nichts, aber sie wissen alles besser«, meinte laut Grass ein junger Prager Historiker. Hans Magnus Enzensberger scheint sich gern zum Wortführer dieser ahnungslosen Besserwisser zu machen; er urteilt über die Prager Studenten: »Die Dokumente zeugen von einem äußerst beschränkten Horizont. Ihre politische Substanz ist dürftig« (*Kursbuch*, Nr. 13). An dieser Mischung von Dummheit und Unverschämtheit gemessen, wirken die Äußerungen der östlichen Rebellen ungemein erfrischend und vernünftig, wenn man auch nur mit Schaudern an den exorbitanten Preis denken kann, den sie dafür haben zahlen müssen, zur Vernunft zu kommen. Ein tschechischer Studentenführer namens Jan Kavan schreibt: »Meine Freunde in West-Europa pflegen zu sagen, wir kämpften nur für bürgerlich-demokratische Freiheiten. Aber ich scheine irgendwie zwischen kapitalistischen und sozialistischen Freiheiten nicht unterscheiden zu können. Alles, was ich sehe und anerkenne, sind grundsätzliche Menschenfreiheiten« (*Ramparts*, September 1968). Er dürfte ähnliche Schwierigkeiten mit der beliebten Unterscheidung zwischen »progressiver und repressiver Gewalt« haben.

Und doch, obwohl all dies so offensichtlich wahr ist, darf man nicht leichthin folgern, wie es so häufig geschieht, daß es in den westlichen Ländern gar keinen Grund für legitime Klagen, gerade was die Freiheit anlangt, gäbe. Sicher ist es nur natürlich, wenn »die tschechischen Studenten gegenüber ihren westlichen Kollegen vor allem Neid empfinden« (wie Spender aus einer tschechischen Studentenzeitung zitiert, *Das Jahr der jungen Rebellen*, a. a. O. [Exkurs 4], S. 90); was sie nicht empfinden und wovon sie nichts wissen, sind weniger brutale und trotzdem sehr entscheidende Erfahrungen in politischer Ohnmacht bei voller Freiheit.

101 Pareto, zitiert nach Finer, »Pareto and Pluto-Democracy ...«, a.a.O. [Anm. 91].

102 Vgl. Günter Grass und Pavel Kohout, *Briefe über die Grenze*, Hamburg 1968, S. 88 und 90; und Sacharow, *Wie ich mir die Zukunft vorstelle*, a.a.O. [Anm. 11], S. 54.

103 Herbert J. Gans, »The Ghetto Rebellions and Urban Class Conflict«, in: *Urban Riots*, a. a. O. [Anm. 96].

104 Vgl. den in Anm. 67 erwähnten Artikel von Henry Steele Commager »Can We Limit Presidential Power?«. Ob es dem Senat gelingen wird, die von der Verfassung gesetzten Grenzen der Exekutive wiederherzustellen, ist noch nicht abzusehen.

(9) Unsere fremdsprachlichen Volksgruppen

Übers. (der Hrsg.) von »Our Foreign Language Groups«, in: *The Chicago Jewish Forum: A Quarterly Magazine* 3, Heft 1, Fall 1944, S. 25–34. Unter H.A.s Nachlaßpapieren in der Library of Congress in Washington befindet sich ein umfangreiches Manuskript mit dem Titel »Foreign Affairs in the Foreign-Language Press«, das Jerome Kohn in dem Band *Essays in Understanding* (S. 81–105) veröffentlicht hat. Der 1944 erschienene Artikel ist eine gekürzte Fassung dieses Manuskriptes, in der Aussage gibt es zwischen beiden keine grundsätzlichen Unterschiede. – Der veröffentlichte Artikel hat (wie das Manuskript) drei Sternchen-Anmerkungen, die hier übernommen und um einige für das Verständnis des heutigen Lesers notwendige Informationen ergänzt wurden.

1 Marcus Lee Hansen, *The Immigrant in American History*, ed. with a foreword by Arthur M. Schlesinger, Cambridge, Mass.: Harvard University Press, 1940, Preface.

2 Nach den anfänglichen deutschen Erfolgen im Zweiten Weltkrieg wurde in Amerika, insbesondere zur Unterstützung des Bündnispartners Großbritannien, das »Committee to Defend America by Aiding the Allies« gegründet. Die Gegner organisierten sich im »Committee America First«, dessen prominentester Vertreter der Flieger Charles Lindbergh war; sie propagierten eine isolationistische (anti-interventionistische) und pazifistische Politik, die deutschlandfreundlich und nicht frei von Antisemitismus war. (Anm. d. Übers./Hrsg.)

3 Hannibal Gerald Duncan, *Immigration and Assimilation*, Boston: Heath, 1933.

4 Der Soziologe, Philosoph und Politiker Tomáš Garrigue Masaryk (1850–1937) kämpfte für die Errichtung eines selbständigen tschechoslowakischen Staates; mit dem Pittsburgher Abkommen (Mai 1928) gelang ihm die Einigung der tschechischen und slowakischen Emigranten in Amerika. (Anm. d. Übers./Hrsg.)

5 Die Atlantikcharta (Atlantic Charter) ist die von Churchill und Roose-

velt bei ihrem Treffen auf dem britischen Schlachtschiff »Prince of Wales« am 14. August 1941 beschlossene Erklärung über die Grundsätze der künftigen Kriegs- und Nachkriegspolitik Großbritanniens und der USA. – In der Einschätzung der Bedeutung dieser Erklärung irrte H.A. Die Atlantikcharta wurde eines der Grunddokumente der 1945 als Nachfolgeorganisation des Völkerbundes gegründeten Vereinten Nationen. (Anm. d. Übers./Hrsg.)

6 So von dem slowakischen Schriftsteller Peter Privadok vorgeschlagen, in *A Good Word to Slovaks*, pamphlet no. 2, veröffentlicht von der Slovak Catholic Union of Pennsylvania.

7 Der Politiker Eduard Beneš (1884–1948), ein Mitstreiter T. G. Masaryks, war Außenminister und (1933–1938) Staatspräsident der ČR, seit 1940 Präsident der tschechoslowakischen Exilregierung in London. (Anm. d. Übers./Hrsg.)

8 »Bundistisch« bezieht sich auf die Ideenwelt des 1897 in Wilna gegründeten Algemeinen Jiddischen Arbeter-Bund (kurz »Bund«), der ersten sozialdemokratischen Massenorganisation im russischen Reich. (Anm. d. Übers./Hrsg.)

9 Chaim Weizmann (1874–1952), der spätere erste Staatspräsident Israels, war seinerzeit Präsident der Zionistischen Weltorganisation. (Anm. d. Übers./Hrsg.)

(10) Gestern waren sie noch Kommunisten

Nachdruck aus: *Aufbau* (New York), 31. Juli 1953 (Nr. 31), S. 19; 7. August 1953 (Nr. 32), S. 13, 16. – Einige Monate zuvor, am 20. März 1953, war in der amerikanischen Zeitschrift *Commonweal* von H.A. ein Artikel unter dem Titel »The Ex-Communists« erschienen (wieder abgedruckt in: *Essays in Understanding*, S. 391–400). Der hier abgedruckte Artikel »Gestern waren sie noch Kommunisten« ist wahrscheinlich eine gekürzte und für die Leser des *Aufbau* überarbeitete Version dieser englischen Publikation. Soweit bekannt, ist weder in dem einen noch im anderen Fall ein Übersetzer tätig gewesen. – Die Anmerkungen stammen von der Herausgeberin.

Der Artikel muß vor dem Hintergrund der sogenannten McCarthy-Ära in den USA gelesen werden, benannt nach dem Senator Joseph Raymond McCarthy (1909–1957) von Wisconsin. McCarthy leitete in den Jahren 1950–1954 das Internal Security Subcommittee of the Senate Judiciary Committee, das – ähnlich wie das in der Öffentlichkeit bekanntere House Committee on Un-American Activities (HCUA, später HUAC) – »unamerikanische Aktivitäten« in der amerikanischen Gesellschaft aufspürte und an den Pranger stellte. McCarthy, der »Kommunistenjäger Numero Eins« (Hartmut Keil), benutzte diese Foren, um die politische Linke in den Vereinigten Staaten (vor allem Schriftsteller und Mitarbeiter in der Film- und Unterhaltungsindustrie) aus dem öffentlichen Leben zu verdrängen. Diesen Hintergrund und H.A.s persönliche Ängste während der damaligen Zeit hat Klaus Naumann in seinem Kommentar zum Wiederabdruck von H.A.s deutschem Artikel umfassend geschildert, siehe Klaus Naumann, »Hannah Arendt und die Ex-Kommunisten«, in: *Mittelweg 36*, 2. Jg., April/Mai 1993, S. 30–40. H.A. hat sich auch an anderen Stellen in den in diesem Band abgedruckten Essays zum Thema »McCarthyism« geäußert, siehe S. 252ff.; zur Rolle der »Ex-Kommunisten« in der amerikanischen Außenpolitik, S. 348; vgl. auch H.A. im Brief an Karl Jaspers, 13. Mai 1953 (*Arendt-Jaspers-Briefwechsel*, S. 246ff.).

1 Whittaker Chambers (1901–1961), Mitglied der KP/USA (siehe weiter unten im Text), aus der er 1938 austrat, ist bekannt geworden, als er 1948 einen hohen Beamten des amerikanischen Außenministeriums, Alger Hiss, als Kommunisten enttarnte. Hiss wurde zu fünf Jahren Gefängnis verurteilt – aufgrund von Indizien, die, wie sich später herausstellen sollte, Fälschungen gewesen sind (vgl. hierzu auch H.A. an Mary McCarthy, 7. Juni 1957, *Arendt-McCarthy-Briefwechsel*, S. 108f.). Das Buch von Chambers, auf das sich H.A. bezieht, ist dessen 1952 erschienene Autobiographie unter dem Titel *Witness*.

2 Vgl. hierzu H.A., *Elemente und Ursprünge totaler Herrschaft*, S. 710ff. Es sei in diesem Zusammenhang daran erinnert, daß »Ideologie und Terror«, das letzte Kapitel des Buches über die totale Herrschaft, ungefähr zur selben Zeit wie der Aufsatz über die »Ex-Kommunisten« entstanden ist.

3 In der englischen Fassung »The Ex-Communists« ist an dieser Stelle der weiter verdeutlichende Satz hinzugefügt: »The fact that one was formerly wrong should carry with it no permanent stigma« (a.a.O., S. 399f.); deutsch: Daß man früher unrecht hatte, sollte auf Dauer nicht zum Stigma werden.

(11) Europa und Amerika

Nachdruck der Übersetzung (von Eike Geisel) aus: *Zur Zeit*, S. 71–93. Das amerikanische Original erschien unter dem Titel »Europe and America« in drei Folgen in der Zeitschrift *Commonweal* im September 1954 (wieder abgedruckt in: *Essays in Understanding*, S. 409–427). Der Artikel ist hervorgegangen aus der »introductory speech«, die H.A. auf einem vom American Civilization Program der Princeton University veranstalteten Symposion »The Image of America Abroad« am 28. Januar 1954 gehalten hat. H.A., seinerzeit als »visiting professor« (Christian Gauss Seminars) an der Princeton University, war als Diskussionsrednerin zuständig für Westeuropa, Frank Rounds Jr. für Rußland und V. E. Devadutt für Asien. Das *Princeton Alumni Weekly* vom 19. März 1954 (S. 10–12) veröffentlichte einen Bericht über die Reden und Diskussionen unter dem Titel »As Others See Us«. – Für den vorliegenden Abdruck wurde Eike Geisels Übersetzung, wie im Nachwort (S. 412) beschrieben, durchgesehen, die Anmerkungen stammen von der Herausgeberin.

1 Alexis de Tocqueville, *De la Démocratie en Amérique* (1835, 1840), deutsch (übers. von Hans Zbinden): *Über die Demokratie in Amerika: Beide Teile in einem Band*, München: dtv, 1976, Bd. 2, Teil 1, Kap. 9.
2 Tocqueville, a.a.O., Bd. 1, Einleitung.
3 Tocqueville, a.a.O., Bd. 1, Teil 2, Kap. 9.
4 Zu den »America First«-Bewegungen siehe in dieser Ausgabe, S. 211 f. und S. 457 (Anm. 2).
5 Vgl. hierzu in dieser Ausgabe S. 129 f.
6 Zum »McCarthyism« siehe in dieser Ausgabe den Artikel »Gestern waren sie noch Kommunisten«, S. 228–237 und S. 458.
7 Tocqueville, a.a.O. [Anm. 1], Bd. 2, Teil 3, Kap. 21.

(12) Little Rock

Nachdruck der Übersetzung (von Eike Geisel) aus: *Zur Zeit*, S. 95–112. Das amerikanische Original erschien unter dem Titel »Reflections on Little Rock« in: *Dissent*, 6. Jg., Heft 1, Winter 1959, S. 45–56. Die von Marie Luise Knott, der Herausgeberin der Sammlung *Zur Zeit*, unter Verwendung eines Zitats aus einem Brief von H.A. an Gertrud Jaspers (3. 1. 1960) veränderte Überschrift wurde übernommen und die Übersetzung, wie im Nachwort (S. 412) beschrieben, durchgesehen. Die Anmerkungen stammen von der Herausgeberin.

Die Redaktion von *Dissent* eröffnete H.A.s Beitrag mit folgendem Vorspann: »Die Umstände, unter denen Frau Arendt ihren Artikel ursprünglich schrieb, aber nicht veröffentlichte, werden in ihrer eigenen Einleitung [siehe S. 258 f., Hrsg.] mitgeteilt. Wir veröffentlichen den Artikel nicht deshalb, weil wir mit ihm übereinstimmen – das Gegenteil ist eher der Fall! –, sondern weil wir die Meinungsfreiheit hochhalten, selbst im Hinblick auf Auffassungen, die uns vollkommen falsch zu sein scheinen; weil wir es – angesichts des geistigen Ranges von Frau Arendt, der Bedeutung ihres Themas und der Tatsache, daß ihre Ansichten bei früherer Gelegenheit nicht gedruckt wurden – als eine von uns zu erbringende Leistung ansehen, ihre Meinung mitsamt den Kritiken nun frei in die Öffentlichkeit zu stellen. Die Aufmerksamkeit unserer Leser lenken wir auch auf die kritischen Kommentare im Anschluß an Frau Arendts Artikel. In der nächsten Nummer wird sie selbstverständlich Gelegenheit erhalten, ihren Kritikern zu antworten, und wir wollen darüber hinaus, in den Grenzen des zur Verfügung stehenden Platzes, der Sache dienliche Kommentare unserer Leser abdrucken.« – Zu weiteren Einzelheiten siehe Marie-Luise Knott in ihrem Anmerkungskommentar (*Zur Zeit*, S. 198–201), ferner Elisabeth Young-Bruehl (*Hannah Arendt*, S. 432–438) sowie neuerlich Norman Podhoretz, seinerzeit Mitglied der Redaktion der Zeitschrift *Commentary*, in seinen Memoiren *Ex-Friends* (New York: Free Press, 1999, S. 144–152).

Der zitierte Vorspann läßt nichts an Deutlichkeit zu wünschen übrig: H.A.s »Reflections on Little Rock« haben von Anfang an ein überaus kritisches Leserecho gefunden. Auf die Kritiken, die in demselben Heft von *Dissent* abgedruckt wurden – vor allem die des anerkannten (liberalen) Politikwissenschaftlers David Spitz – antwortete Arendt, wie angekündigt, im nächsten Heft (S. 179–181). Diese Antwort wird oben, ebenfalls in der Übersetzung von Eike Geisel, mit abgedruckt (S. 274–279). Daß sie nicht befriedigend ausfiel, daß die Diskussion weiterlief und bis heute nicht zur Ruhe gekommen ist, ist aus einer der neueren Veröffentlichungen über Arendt ersichtlich, siehe das Unterkapitel »›Little Rock‹« in Seyla Benhabibs Buch *Hannah Arendt: Die melancholische Denkerin der Moderne* (aus dem Amerikanischen von Karin Wördemann, mit einem Nachwort von Otto Kallscheuer, Hamburg: Rotbuch, 1998, S. 233–246).

1 Bei diesem Hinweis handelt es sich um einen Irrtum, für den die Redaktion von *Dissent* sich entschuldigt (Heft 2, Spring 1959, S. 203). Nach Mitteilung von Sidney Hook in einem Leserbrief (ebda.) bezieht sich H.A. nicht auf seinen (veröffentlichten) Artikel »Democracy and Desegregation« (in: *The New Leader* vom 21. [sic!] April 1958, S. 3–16), sondern auf seine (nicht veröffentlichten) kritischen Bemerkungen zu H.A.s bei der Zeitschrift *Commentary* eingereichtem Manuskript. In ihrer Erwiderung auf Hooks Leserbrief (a.a.O., S. 203 f.) informiert H.A. die Leser noch einmal über die Geschichte des Artikels. – Sidney Hook (1902–1989), der amerikanische (marxistische) Philosoph und Publizist, war so etwas wie ein Intimfeind von H.A. (siehe ihre Äußerungen in Briefen an Kurt Blumenfeld, Karl Jaspers und Mary McCar-

thy). Wenn sie von den »Exkommunisten« schreibt (siehe oben S. 228 ff.), dürfte u.a. er gemeint gewesen sein.

2 NAACP ist die Abkürzung für die amerikanische Bürgerrechtsorganisation National Association for the Advancement of Colored People (gegründet 1909).

3 Siehe H.A., »Die Krise in der Erziehung«, in: *Zwischen Vergangenheit und Zukunft*, S. 255–276.

4 Im englischen Original »color question«, später auch »race question«, wobei ein Bedeutungsunterschied nicht zu erkennen ist. Das Wort »negroes« für diejenigen, die später und heute als »blacks« und / oder »colored people« bezeichnet werden, war zu der Zeit, als H.A. ihren Artikel schrieb, noch gängiger Sprachgebrauch.

5 In einer einstimmigen Entscheidung (unter Chief Justice Earl Warren) im Jahre 1954 in dem Fall »Brown vs. Board of Education of Topeka« verwarf der Oberste Gerichtshof der Vereinigten Staaten das Prinzip der zwischen Weiß und Schwarz »getrennten Gleichheit« und stellte eindeutig fest: »We conclude that in the field of public education the doctrine of ›separate but equal‹ has no place. Separate educational facilities are inherently unequal.«

6 Seinerzeit unter Präsident Dwight D. Eisenhower, in dessen Amtszeit (1953–1961) die »Civil Right Acts« von 1957 und 1960 beschlossen wurden. Als »civil rights bills« (Bürgerrechtsvorlagen) sind sie im Kongreß und der Öffentlichkeit diskutiert worden.

(13) Kennedy und danach

Übersetzung (der Hrsg.) des Beitrags, den H.A. zu der Nummer von *The New York Review of Books* beitrug, die aus aktuellem Anlaß – John F. Kennedy war am 22. November 1963 ermordet worden – dem Thema »Reflections on the Fate of the Union: Kennedy and After« gewidmet war (Bd. 1, Nr. 9, 26. Dezember 1963, S. 10). Außer H.A. beteiligten sich an dem Symposium: Neal Ascherson, David T. Bazelon, Kenneth Burke, Benjamin DeMott, G. S. Fraser, Paul Goodman, Richard Hofstadter, Irving Howe, George Lichtheim, Norman Mailer Dwight Macdonald, Hans J. Morgenthau, David Riesman, Richard H. Rovere, Arthur Waskow, C. Vann Woodward. – Die Anmerkungen stammen von der Übersetzerin / Herausgeberin.

1 Im Kriegsjahr 1944 wurde Harry S. Truman, seinerzeit Senator des Staates Missouri und auf der Washingtoner politischen Bühne nahezu unbekannt, von Franklin D. Roosevelt als sein Mitkämpfer (»running

mate«) bei den Präsidentschaftswahlen ausgewählt. Die Demokraten gewannen die Wahl, Roosevelt konnte seine vierte Amtszeit antreten, Truman wurde Vize-Präsident und, nach Roosevelts Tod (2. April 1945), Präsident der Vereinigten Staaten.

2 Lyndon B. Johnson war, bevor er mit Kennedy in den Wahlkampf zog, als Senator von Texas lange Jahre der Führer der Demokraten im Senat gewesen. Unter Kennedy Vize-Präsident, erhielt er nach dessen Ermordung das Präsidentenamt.

3 Kennedy gewann die Präsidentschaftswahlen im Jahre 1960 gegen Richard M. Nixon, den Kandidaten der Republikaner, der erst später (1969) Präsident werden sollte.

4 Gemeint ist Adlai E. Stevenson, der als Kandidat der Demokraten zweimal die Präsidentschaftswahlen (gegen Eisenhower) verloren hatte.

5 Papst Johannes XXIII. war am 3. Juni 1963 gestorben. H.A. hat ihn in ihrem Essay »Der christliche Papst: Bemerkungen zum ›Geistlichen Tagebuch‹ Johannes XXIII.« (in *Menschen in finsteren Zeiten*, S. 75–88) gewürdigt.

(14) Ziviler Ungehorsam

Nachdruck der Übersetzung (von Eike Geisel) aus: *Zur Zeit*, S. 119–159. Der Essay ist hervorgegangen aus einem Vortrag, den H.A. auf dem Symposium gehalten hat, mit dem die Association of the Bar of the City of New York am 30. April und 1. Mai 1970 ihr hundertjähriges Bestehen feierte. Die von dem Rechtswissenschaftler Eugene V. Rostow organisierte Veranstaltung stand unter dem Thema *Is Law Dead?* Außer H.A. und Rostow waren als Redner geladen: Peter Gay, Robert Paul Wolff, Charles Dyke, Ronald Dworkin, David M. Potter, Robert L. Heilbroner, Harold Cruse, Michael Harrington, William H. Riker. – H.A.s Vortrag erschien erstmals in *The New Yorker* (12. September 1970), dann in überarbeiteter Form in dem von Rostow herausgegebenen Konferenzband *Is Law Dead?* (Simon and Schuster, 1971) und schließlich, nochmals überarbeitet, in ihrem eigenen Essayband *Crises of the Republic* (Harcourt Brace Jovanovich, 1972). Eike Geisel übersetzte die letztgenannte Fassung. – Für den vorliegenden Abdruck wurden der Text, wie im Nachwort (S. 412) beschrieben, und die vorhandenen Anmerkungen entsprechend den in den Vorbemerkungen formulierten Prinzipien (S. 415) durchgesehen.

1 Graham Hughes, »Civil Disobedience and the Political Question Doctrine«, in: *New York University Law Review*, 43. Jg., März 1968, S. 2.

2 In: *To Establish Justice, to Insure Domestic Tranquility*, Final Report of the National Commission on the Causes and the Prevention of Violence, December 1969, S. 108. Zur Heranziehung von Sokrates und Thoreau in diesen Diskussionen siehe auch Eugene V. Rostow, »The Consent of the Governed«, in: *The Virginia Quarterly*, Herbst 1968.

3 So Edward H. Levi in »The Crisis in the Nature of Law«, in: *The Record of the Association of the Bar of the City of New York*, März 1970. Im Gegensatz dazu ist Mr. Rostow (a.a.O.) der Auffassung, daß es sich »um einen weitverbreiteten Irrtum handelt, solche Rechtsbrüche als Rechtsungehorsam einzustufen«, und Wilson Carey McWilliams scheint dieser Auffassung in »Civil Disobedience and Contemporary Constitutionalism« (*Comparative Politics*, 1. Jg., 1969), einem der interessantesten Essays zum Thema, implizit zuzustimmen. Er betont, daß »die Aufgaben, die das Gericht zu lösen hat, zum Teil vom Handeln der Öffentlichkeit abhängen«, und zieht die Schlußfolgerung: »Das Gericht entscheidet eigentlich für den Ungehorsam gegen die ansonsten legitime Autorität, und es hängt von den Bürgern ab, ob sie sich diese Ermächtigung zunutze machen.« (S. 216) – Ich vermag nicht zu sehen, wie dadurch Mr. Levis »Ungereimtheiten« ausgeräumt werden können; denn der Bürger, der das Gesetz bricht und die Gerichte davon überzeugen möchte, daß sie über dessen Verfassungsmäßigkeit entscheiden, muß bereit sein, dafür den Preis zu bezahlen wie jeder andere Rechtsbrecher auch – und zwar so lange, bis das Gericht den Fall entschieden hat, und wenn es gegen ihn entscheidet, sowieso.

4 Nicholas W. Puner, »Civil Disobedience: An Analysis and Rationale«, in: *New York University Law Review*, 43. Jg., Oktober 1968, S. 714.

5 Charles L. Black, »The Problem of the Compatibility of Civil Disobedience with American Institutions of Government«, in: *Texas Law Review*, 43. Jg., März 1965, S. 496.

6 Carl Cohen in dem Heft der *Rutgers Law Review* (21. Jg., Herbst 1966) mit dem Leitthema »Civil Disobedience and the Law«, S. 8.

7 Harrop A. Freeman, in: »Civil Disobedience and the Law«, a. a. O., S. 25.

8 Hughes, »Civil Disobedience and the Political Question Doctrine«, a.a.O. (Anm. 1), S. 4.

9 Freeman, in: »Civil Disobedience and the Law«, a.a.O. (Anm. 6), S. 26. Damit argumentiert er gegen Carl Cohen, der (a.a.O. [Anm. 6], S. 6) behauptet: »Weil der Akteur des zivilen Ungehorsams im Rahmen von Gesetzen handelt, deren Rechtmäßigkeit er anerkennt, ist diese rechtlich zulässige Bestrafung mehr als nur eine mögliche Konsequenz seiner Handlung – sie ist der natürliche und eigentliche Kulminationspunkt seines Tuns. ... Er stellt damit seine Bereitschaft unter Beweis, sich für diese Sache sogar selbst aufzuopfern.«

10 Siehe Levi, »The Crisis in the Nature of Law«, a.a.O. (Anm. 3), und Puner, »Civil Disobedience«, a.a.O. (Anm. 4), S. 702.

11 Puner, a.a.O., S. 714.

12 Vgl. Marshall Cohen, »Civil Disobedience in a Constitutional Democracy«, in: *The Massachusetts Review*, 10. Jg., Frühjahr 1969, S. 211–226. – Zusatz d. Hrsg.: »Freedom ride« ist, wie »freedom march« oder »freedom walk«, ein Ausdruck für eine organisierte Protestaktion in der amerikanischen Bürgerrechtsbewegung. »Freedom riders« protestierten gegen die Rassentrennung in öffentlichen Verkehrsmitteln, indem sie in Überlandbussen die Sitzordnung umkehrten (Schwarze auf den vorderen, Weiße auf den hinteren Plätzen). Es kam zu einigen spektakulären gewälttätigen Auseinandersetzungen mit Befürwortern der Rassentrennung.

13 Norman Cousins hat in *A Matter of Life* (hrsg. von Clara Urquhart, London: Cape, 1963, S. 83 f.) eine Reihe von Leitsätzen formuliert, nach denen ein rein säkulares höheres Gesetz funktionieren würde:
»Im Konflikt zwischen den Sicherheitsinteressen des souveränen Staates und dem Sicherheitsbedürfnis der menschlichen Gemeinschaft [›human commonwealth‹] hat das Sicherheitsbedürfnis der menschlichen Gemeinschaft Vorrang. – Im Konflikt zwischen dem Wohl der Nation und dem Wohl der Menschheit hat das Wohl der Menschheit Vorrang. – Wenn es zu einem Konflikt zwischen den Bedürfnissen der jetzigen Generation und den Bedürfnissen der künftigen Generation kommt, dann haben die Bedürfnisse der künftigen Generation Vorrang. – Im Konflikt zwischen den Rechten des Staates und den Menschenrechten haben die Menschenrechte Vorrang. Der Staat rechtfertigt sein Dasein nur insofern, als er den Menschenrechten dient und diese schützt.
Wenn es zu einem Konflikt zwischen einem öffentlichen Erlaß und dem Gewissen des einzelnen kommt, dann hat das Gewissen des einzelnen Vorrang. – Im Konflikt zwischen dem bequemen Gang des Wohlstands und dem mühseligen Weg des Friedens hat der mühselige Weg des Friedens Vorrang.«
Zitiert nach dem Sonderheft von *Rutgers Law Review*, a.a.O. (Anm. 6), S. 26. – Es fällt mir reichlich schwer, mich von dieser Auffassung eines höheren Gesetzes »im Sinne erster Prinzipien«, wie Cousins seine Aufzählung begreift, überzeugen zu lassen.

14 Puner, »Civil Disobedience«, a.a.O. (Anm. 4), S. 708.

15 N. A. Greenberg, »Socrates' Choice in the *Crito*«, in: *Harvard Studies in Classical Philology*, 70. Jg., 1965, Heft 1, S. 76, Hervorhebung von mir. Diese ausgezeichnete Analyse weist nach, daß der *Kriton* nur verstanden werden kann, wenn man ihn zusammen mit der *Apologie* liest.

16 Alle Zitate stammen aus Thoreaus »On the Duty of Civil Disobedi-

ence« (1849); dt: Thoreau, *Über die Pflicht zum Ungehorsam gegen den Staat*, Übersetzung aus dem Amerikanischen und Nachwort von W. E. Richartz, Zürich: Diogenes, 1967, S. 34, 43, 42.

17 Thomas Jefferson, *Notes on the State of Virginia*, Query XVIII (1781–1785).

18 Abraham Lincoln in seinem berühmten Brief an Horace Greely, der hier nach Hans Morgenthau, *The Dilemma of Politics* (Chicago 1958, S. 80), zitiert wird.

19 Zitiert nach Richard Hofstadter, *The American Political Tradition*, New York 1948, S. 110.

20 *The Letters of Machiavelli*, hrsg. von Allan Gilbert, New York 1961, Brief 225.

21 *To Establish Justice* ..., a. a. O. (Anm. 2), S. 98.

22 Platon, *Gorgias*, 489 und 482. – Zusatz d. Hrsg.: Hier zitiert nach der Übersetzung von Friedrich Schleiermacher, in: Platon, *Werke in acht Bänden: Griechisch und Deutsch*, hrsg. von Günther Eigler, Darmstadt: Wissenschaftliche Buchgesellschaft, 1973, Bd. 2, S. 393 und 377.

23 Dies wird im zweiten Buch von Platons *Der Staat* (357–367) unmißverständlich zum Ausdruck gebracht, wo Sokrates' eigene Schüler »die Sache der Ungerechtigkeit äußerst beredt vertreten können, ohne jedoch selbst davon überzeugt zu sein«. Sie sind nämlich immer noch der Überzeugung, daß es sich bei der Gerechtigkeit um eine zwingend evidente Wahrheit handelt, die Argumente von Sokrates dagegen überzeugen nicht und zeigen bloß, daß mit dieser Art der Begründung die Ungerechtigkeit genausogut »bewiesen« werden kann.

24 Christian Bay, Artikel »Civil Disobedience«, in: *International Encyclopedia of the Social Sciences*, hrsg. von David L. Sills, New York etc. 1968, Bd. 2, S. 486; Hervorhebung von mir.

25 *To Establish Justice* ..., a. a. O. (Anm. 2), S. 99.

26 Siehe McWilliams, »Civil Disobedience and Contemporary Constitutionalism«, a. a. O. (Anm. 3), S. 223.

27 So Leslie Dunbar, den Paul F. Power in »On Civil Disobedience in Recent American Democratic Thought« (in: *The American Political Science Review*, März 1970) zitiert.

28 Marshall Cohen, »Civil Disobedience in a Constitutional Democracy«, a. a. O. (Anm. 12), S. 214.

29 Carl Cohen, a. a. O. (Anm. 6), S. 6.

30 So Marshall Cohen, siehe Anm. 28.

31 Puner, »Civil Disobedience«, a. a. O. (Anm. 4), S. 714. – Zusatz d. Hrsg.: Vgl. zu diesem Unterabschnitt I den von H.A. nur wenig später verfaßten Essay »Über den Zusammenhang von Denken und Moral«, in: dies., *Zwischen Vergangenheit und Zukunft*, besonders S. 137–153.

32 McWilliams, »Civil Disobedience and Contemporary Constitutionalism«, a.a.O. (Anm. 3), S. 211.

33 *To Establish Justice* ..., a.a.O. (Anm. 2), S. 89.

34 *Law and Order Reconsidered*, Report of the Task Force on Law and Law Enforcement to the National Commission on the Causes and Prevention of Violence, o. J. [1967], S. 266.

35 Furchtbare Beispiele dieser Wahrheit wurden während des sogenannten »Auschwitzprozesses« in Deutschland ans Licht gebracht (vgl. zu diesem Verfahren Bernd Naumann, *Auschwitz*, New York 1966). Die Angeklagten waren bloß »eine Handvoll der unerträglichsten Fälle«, eine Auswahl aus den ca. 2000 SS-Männern, die zwischen 1940 und 1945 im Lager eingesetzt waren. Alle waren des Mordes angeklagt, des einzigen Verbrechens, das bei Prozeßbeginn im Jahr 1963 nicht verjährt war. Auschwitz war das Lager der systematischen Ausrottung, doch die von fast allen Angeklagten begangenen Greueltaten hatten mit dem Befehl der »Endlösung« nichts zu tun. Ihre Verbrechen waren nach Nazi-Recht strafbar, und in einigen seltenen Fällen wurden solche Täter auch tatsächlich von der Nazi-Regierung bestraft. Diese Angeklagten waren nicht speziell für den Dienst in einem Konzentrationslager ausgesucht worden, sie kamen nach Auschwitz lediglich aufgrund ihrer Untauglichkeit für den Militärdienst. Kaum einer von ihnen hatte eine irgendwie kriminelle Vergangenheit vorzuweisen, und keiner von ihnen war je zuvor wegen sadistischer Taten oder wegen Mordes straffällig geworden. Bevor sie nach Auschwitz gekommen waren und ebenso während der achtzehn Jahre, die sie im Nachkriegsdeutschland gelebt hatten, waren sie ehrbare und angesehene Staatsbürger gewesen, die sich von ihren Nachbarn in nichts unterschieden hatten. – Zusatz d. Hrsg.: Die englische Übersetzung des 1965 in Deutschland veröffentlichten Berichts von Bernd Naumann erschien mit einem Vorwort von H.A. (S. XIff.), das erst seit 1989 auf Deutsch (übers. von Eike Geisel) verfügbar ist, in: H.A., *Nach Auschwitz: Essays und Kommentare I*, hrsg. von Eike Geisel, Berlin: Tiamat (Critica Diabolis, 21), 1989, S. 99–136.

36 Diese Anspielung bezieht sich auf die Millionenspende der Ford Foundation für »studies of the public's confidence in the American judicial process«. Man vergleiche als Gegenstück dazu den in der *New York Times* erschienenen »survey of law-enforcement officials« von Fred P. Graham, der ohne Forschungsteam zu der naheliegenden Schlußfolgerung gelangte, »daß die Sorglosigkeit, welche der Kriminelle im Hinblick auf die Bestrafung an den Tag legt, eine schwere und unmittelbare Krise heraufbeschworen hat«. Siehe Tom Wicker, »Crime and the Courts«, in: *The New York Times* vom 7. April 1970.

37 Am 28. April 1970.

38 Beispielsweise ist da der wohlbekannte und bis zum Überdruß erforschte Sachverhalt, daß Kinder in Slumschulen schlecht lernen. Zu den offenkundigen Ursachen dafür gehört die Tatsache, daß viele dieser Kinder ohne Frühstück zur Schule kommen und deshalb entsetzlich hungrig sind. Es gibt eine Reihe »tieferer« Ursachen für ihr Schulversagen, und ob ein regelmäßiges Frühstück etwas ändern würde, ist äußerst ungewiß. Überhaupt keinem Zweifel unterliegt hingegen, daß selbst eine Klasse von Wunderkindern nicht unterrichtet werden könnte, wenn diese hungrig wären.

39 Wie viele andere in seinem Berufsstand schreibt Justice Charles E. Whittaker »die Krise den Ideen des zivilen Ungehorsams zu«, siehe McWilliams, »Civil Disobedience and Contemporary Constitutionalism«, a.a.O. (Anm. 3), S. 211.

40 Siehe *To Establish Justice* ..., a.a.O. (Anm. 2), S. 109.

41 Vgl. *Law and Order Reconsidered*, a.a.O. [Anm. 34], S. 291.

42 Besonders empfohlen seien die vielen ausgezeichneten Kommentare der »Talk of the Town«-Kolumne des *New Yorker*, die sich mit der beinahe unverhohlenen Verachtung befassen, welche die Administration der Verfassungs- und Rechtsordnung dieses Landes entgegenbringt. – Zusatz d. Hrsg.: Seit Januar 1969 war Richard M. Nixon Präsident der Vereinigten Staaten, Vizepräsident war Spiro T. Agnew.

43 John C. Calhoun, *A Disquisition on Government* (1853), New York, 1947, S. 67.

44 Carl Cohen, a.a.O. (Anm. 6), S. 3.

45 John Locke, *The Second Treatise of Government*, No. 157.

46 Levi, »The Crisis in the Nature of Law«, a.a.O. (Anm. 3).

47 J. D. Hyman, »Segregation and the Fourteenth Amendment«, in: *Essays in Constitutional Law*, hrsg. von Robert G. McCloskey, New York 1957, S. 379.

48 Für die weitverbreitete Mißachtung des Verfassungszusatzes über die Prohibition besteht jedoch »kein rechtlicher Anspruch, sie als Ungehorsam zu bezeichnen«; denn sie vollzog sich nicht in der Öffentlichkeit. Siehe Puner, »Civil Disobedience«, a.a.O. (Anm. 4), S. 653.

49 Robert G. McCloskey, Introduction to Chapter XI (»The Constitution and Racial Equality«), in: ders. (Hrsg.), *Essays in Constitutional Law*, a.a.O. (Anm. 47), S. 348–357, 352.

50 Zu diesem wichtigen Punkt, der erklärt, warum die Sklavenbefreiung in den Vereinigten Staaten so katastrophale Folgen hatte, siehe die hervorragende Studie *Slavery* von Stanley M. Elkins, New York 1959.

51 Bay, Artikel »Civil Disobedienc«, a.a.O. (Anm. 24), S. 483.

52 Freeman, in: »Civil Disobedience and the Law«, a.a.O. (Anm. 6), S. 23.

53 Puner, »Civil Disobedience«, a.a.O. (Anm. 4), S. 694. Zur Bedeutung

der Garantie des Ersten Verfassungszusatzes siehe insbesondere Edward S. Corvin, *The Constitution and What It Means Today*, Princeton 1958. Zur Frage, inwieweit die Handlungsfreiheit vom Ersten Verfassungszusatz geschützt wird, führt Corvin aus: »Historisch betrachtet handelt es sich beim Petitionsrecht um ein Grundrecht, beim Recht auf friedliche Versammlung hingegen um ein untergeordnetes und abgeleitetes Recht ... Heute jedoch steht das Recht auf friedliche Versammlung ›... in ganz engem Verhältnis zum Recht auf Rede- und Pressefreiheit und ist von gleichermaßen grundsätzlicher Bedeutung ... Versammlungen für friedliche politische Aktionen können nicht untersagt werden. Diejenigen, die bei der Durchführung solcher Veranstaltungen mithelfen, können deswegen nicht als Kriminelle gebrandmarkt werden.‹« (S. 203 f.)

54 Auf einen anderen wunden Punkt hat Hegel hingewiesen: »Sein eigener Herr und Knecht zu sein, scheint zwar einen Vorzug vor dem Zustande zu haben, worin der Mensch der Knecht eines Fremden ist. Allein das Verhältnis der Freiheit und der Natur, wenn es ... eine *eigne* Unterdrückung der Natur werden soll, wird viel unnatürlicher als das Verhältnis im Naturrecht, in welchem das Gebietende und Machthabende als ein anderes, außer dem lebendigen Individuum Befindliches erscheint. Das Lebendige hat in diesem Verhältnisse immer noch eine in sich selbst geschlossene Selbständigkeit ... das Widerstreitende ist eine fremde Macht ... (Andernfalls) ist die innere Harmonie zerstört.« G. W. F. Hegel, *Differenz des Fichte'schen und Schelling'schen Systems der Philosophie* (1801), Hamburg: Meiner (Philosophische Bibliothek 62a), 1962, S. 70.

55 Bay, Artikel »Civil Disobedienc«, a. a. O. (Anm. 24), S. 483.

56 Locke, *The Second Treatise of Government*, No. 49.

57 Vgl. meine Auseinandersetzung mit dem Puritanismus und dessen Einfluß auf die Amerikanische Revolution in *On Revolution* (New York 1963), S, 171 ff. – Zusatz d. Hrsg.: Siehe H. A., *Über die Revolution*, a. a. O. S. 222 ff.

58 John Adams, *Novanglus*, in: ders., *Works*, Boston 1851, Bd. 4, S. 110.

59 Locke, *The Second Treatise of Government*, No. 220.

60 Locke, a. a. O., No. 243.

61 In Amerika besteht »die Republik ohne Kampf, ohne Gegnerschaft, dank einem schweigenden Übereinkommen, einer Art von consensus universalis«, Alexis de Tocqueville, *Über die Demokratie in Amerika*, aus dem Französischen von Hans Zbinden, München 1976, S. 462.

62 Zur Bedeutung dieser Unterscheidung siehe Hans Morgenthau, *Truth and Power*, New York etc. 1970, S. 19 ff., sowie *The New Republic* vom 22. Januar 1955, S. 16–18.

63 Tocqueville, *Über die Demokratie in Amerika*, a. a. O. (Anm. 61), S. 394.

64 Hofstadter, *The American Political Tradition*, a.a.O. (Anm. 19), S. 130.

65 Bei Elkins findet sich in Teil IV seines oben erwähnten Buches (siehe Anm. 50) eine ausgezeichnete Analyse der Fruchtlosigkeit des Abolitionismus. – Zusatz d. Hrsg.: Als »Abolitionismus« (von lateinisch »abolitio«, Vergehenmachen) werden politische Bestrebungen zur Abschaffung der Sklaverei bezeichnet, wie sie im 19. Jahrhundert in Großbritannien und den USA aufkamen.

66 George Bancroft, *The History of the United States*, von Russell B. Nye gekürzte Ausgabe, Chicago 1966, S. 44.

67 Der Fall Dred Scott vs. Sandford kam als Berufungsverfahren vor den Obersten Gerichtshof. Scott, ein Sklave aus Missouri, war von seinem Besitzer in den Bundesstaat Illinois und in ein anderes Staatsgebiet gebracht worden, wo Sklaverei verboten war. Nach Missouri zurückgekehrt, verklagte Scott seinen Besitzer »mit dem Argument, diese Reisen in freies Gebiet hätten ihn zum freien Mann gemacht«. Das Gericht entschied, daß Scott »vor Bundesgerichten nicht als Kläger auftreten könne ... da Neger keine Staatsbürger im Sinne der Bundesverfassung seien und sein könnten«. Vgl. Robert G. McCloskey, *The American Supreme Court*, Chicago 1966, S. 93–95.

68 Edward H. Levi, *Point of View: Talks on Education*, Chicago 1969, S. 139 und 170.

69 Die folgenden Zitate sind alle aus Tocqueville, *Über die Demokratie in Amerika* (a.a.O. [Anm. 61]), Bd. 1, Teil 2, Kap. 4, und Bd. 2, Teil 2, 5. und 7. Kapitel.

70 Vgl. Carl Joachim Friedrich, *Constitutional Government and Democracy*, Boston 1950, S. 464.

71 Corvin, *The Constitution and What It Means Today*, a.a.O. (Anm. 53).

72 Ich zweifle nicht daran, daß »ziviler Ungehorsam eine legitime Vorgehensweise ist, um ein Gesetz, das man für ungerecht oder für ungültig erachtet, vor Gericht oder vor die Schranken der Öffentlichkeit zu bringen«. Die Frage ist nur, »ob dieses Vorgehen tatsächlich zu den im Ersten Verfassungszusatz anerkannten Rechten gehört«, um es mit den Worten von Harrop A. Freeman (a.a.O. [Anm. 7], S. 25) zu sagen.

73 Puner, »Civil Disobedience«, a.a.O. (Anm. 4), S. 707.

74 Mills Besprechung ist wiederabgedruckt als Einleitung zur Schocken-Paperbackausgabe (1961) von Tocquevilles *Democracy in America.*

75 Carl Cohen, a.a.O. (Anm. 6), S. 7.

76 Hughes, »Civil Disobedience and the Political Question Doctrine«, a.a.O. (Anm. 1), S. 7.

77 Alexander M. Bickle, zitiert bei Hughes, a.a.O., S. 10.

78 Gerichtsentscheidung im Fall Baker vs. Carr, zitiert bei Hughes, a.a.O., S. 11.

79 Hierzu sei aus der Frühzeit der Vereinigten Staaten (1793) eine Bemerkung von Justice James Wilson zitiert: »Der Verfassung der Vereinigten Staaten ist der Begriff der Souveränität vollkommen fremd.«

80 McWilliams, »Civil Disobedience and Contemporary Constitutionalism«, a.a.O. (Anm. 3), S. 226.

(15) Die Lüge in der Politik

Nachdruck von »Die Lüge in der Politik: Überlegungen zu den Pentagon-Papieren«, in: H.A., *Wahrheit und Lüge in der Politik: Zwei Essays*, München-Zürich: Piper (Serie Piper 36), 2. Aufl., 1987, S. 7–43. Der Essay »Wahrheit und Politik« ist wiederabgedruckt in: *Zwischen Vergangenheit und Zukunft*, S. 327–370. – »Die Lüge in der Politik« ist die deutsche Übersetzung von »Lying in Politics: Reflections on the Pentagon Papers«, zuerst in: *The New York Review of Books*, 18. November 1971, S. 30–35. Die Übersetzung besorgte, wie aus einschlägigen Korrespondenzen ersichtlich, Helmut Lindemann im Auftrag von *Die neue Rundschau*. Sie wurde von Rudolf Hartung und H.A. überarbeitet und erschien erstmals im Heft 2/1972 der Zeitschrift.

H.A. schrieb ihre Abhandlung auf der Grundlage der ersten (bei Bantam Books) erschienenen Veröffentlichung der *Pentagon Papers* (siehe unten Anm. 5). Dort heißt es in der von Neil Sheehan unterzeichneten Einleitung zur Geschichte der Papiere (S. IXf.): »Mitte 1967 fällte Robert S. McNamara, seinerzeit Verteidigungsminister, eine Entscheidung, die sich als eine der wichtigsten in seinen sieben Pentagon-Jahren erweisen sollte. Er gab den Auftrag (auf höchster Geheimhaltungsstufe) zu dem, was nun als Pentagon-Papiere bekannt geworden ist: einer umfangreichen Geschichte der Rolle der Vereinigten Staaten in Indochina. Die Arbeit daran dauerte eineinhalb Jahre. Das Ergebnis waren annähernd 3000 Seiten erzählter Geschichte und mehr als 4000 Seiten angehängter Dokumente von insgesamt schätzungsweise 2,5 Millionen Wörtern. Die 47 Bände befassen sich mit dem amerikanischen Engagement in Indochina vom Zweiten Weltkrieg bis zum Mai 1968 – dem Monat, in dem die Friedensgespräche in Paris begannen ... Die *New York Times* erhielt den größten Teil der erzählten Geschichte und der Dokumente und begann am Sonntag, d. 13. Juni 1971, auf deren Grundlage eine Reihe von Artikeln zu veröffentlichen. Nachdem die drei ersten in täglicher Aufeinanderfolge erschienen waren, erlangte das Justizministerim eine einstweilige Verfügung ... Die Sache beschäftigte die Gerichte 15 Tage ... Am 30. Juni 1971 erlaubte der Oberste Gerichtshof der Vereinigten Staaten der Presse die weitere Veröffentlichung von Artikeln.

... Auch wenn die Pentagon-Papiere, trotz ihres Umfangs, weit davon entfernt sind, eine vollständige Geschichte zu bieten, stellen sie doch ein bedeutendes Archiv dar, um den regierungsamtlichen Entscheidungsprozeß zu Indochina während dreier Jahrzehnte zu studieren. Die Papiere berichten, welche Entscheidungen wie, wo und von wem getroffen wurden. Die Geschichte ergibt sich aus dem, was die Hauptakteure selbst schriftlich festgehalten haben – aus ihren Memoranden, ihren Telegrammen und ihren Befehlen – sowie den erzählend-analysierenden Begleittexten [›narrative analyses‹] zu diesen Dokumenten, die 36 Autoren verfaßten. Diese Autoren waren als anonyme Regierungshistoriker tätig.«

Das Arendts Essay als Motto vorangestellte Zitat von Robert S. McNamara (in den englischen wie der deutschen Veröffentlichungen ohne Quellenangabe) lautet im Original: »The picture of the world's greatest superpower killing or seriously injuring a thousand non-combattants a week, while trying to pound a tiny backward nation into submission on an issue whose merits are hotly disputed, is not a pretty one.« H.A. zitiert es auch in ihrer Rede »Zweihundert Jahre Amerikanische Revolution« (in dieser Ausgabe S. 359), wo sie Gedanken aus dem Essay »Die Lüge in der Politik« wiederaufnimmt.

1 Ralph Stavins, Richard J. Barnet und Marcus Raskin, *Washington Plans an Aggressive War*, New York: Random House, 1971, S. 185–187.
2 Daniel Ellsberg, »The Quagmire Myth and the Stalemate Machine«, in: *Public Policy*, Spring 1971, S. 262f.
3 Eine allgemeine Betrachtung über diese Fragen findet sich in meinem Aufsatz »Wahrheit und Politik«, in: *Philosophische Perspektiven*, Bd. 1, 1969. – Zusatz d. Hrsg.: Wiederabgedruckt in: H.A., *Zwischen Vergangenheit und Zukunft*, S. 327–370.
4 Stavins, Barnet, Raskin, *Washington Plans an Aggressive War*, a.a.O. [Anm. 1], S. 199.
5 Neil Sheehan in seiner »Introduction« zu *The Pentagon Papers*, hrsg. von *The New York Times*, Toronto etc.: Bantam, 1971, S. XIV. – Dieser Aufsatz wurde geschrieben, ehe die vom Government Printing Office und von Beacon Press veröffentlichten Ausgaben erschienen, und basiert daher nur auf der Bantam-Ausgabe. – Zusatz d. Hrsg.: Der genaue Titel der Publikation lautet: *The Pentagon Papers*, as published by *The New York Times*; based on investigative reporting by Neil Sheehan; written by Neil Sheehan, et. al.; articles and documents ed. by Gerald Gold, et al. Siehe auch oben den Vorspann zu diesem Essay und im Text den Abschnitt V, S. 351ff.
6 Sheehan, ebenda.
7 Ebenda.

8 G. W. F. Hegel, *Die Philosophie der Weltgeschichte, Zweiter Entwurf (1830): Die philosophische Weltgeschichte*, in: ders., *Studienausgabe in drei Bänden*, Frankfurt/M., Bd. 1 (Fischer Bücherei, 876), 1968, S. 288–307.
9 *The Pentagon Papers*, a. a. O. [Anm. 5], S. 190.
10 A. a. O., S. 312.
11 A. a. O., S. 292 f.
12 A. a. O., S. 240.
13 A. a. O., S. 437 (Hervorhebung von mir).
14 A. a. O., S. 434 und 436.
15 A. a. O., S. 368.
16 A. a. O., S. 255.
17 A. a. O., S. 278.
18 A. a. O., S. 600.
19 A. a. O., S. 256.
20 *The New Yorker*, 10. Juli 1971.
21 *The Pentagon Papers*, a. a. O. [Anm. 5], S. 436 und 438.
22 Stavins, Barnet, Raskin, *Washington Plans an Aggressive War*, a. a. O. [Anm. 1], S. 209.
23 *The Pentagon Papers*, a. a. O. [Anm. 5], S. 438.
24 Stavins, Barnet, Raskin, *Washington Plans an Aggressive War*, S. 24.
25 *The Pentagon Papers*, S. 5 und 11.
26 A. a. O., S. 268.
27 A. a. O., S. 334 f.
28 A. a. O., S. 15 ff.
29 A. a. O., S. 166.
30 A. a. O., S. 24.
31 Ellsberg, »The Quagmire Myth and the Stalemate Machine«, a. a. O. [Anm. 2], S. 263.
32 *The Pentagon Papers*, S. 313.
33 Maurice Laporte, *L'Histoire de l'Okhrana*, Paris 1935, S. 25.
34 *The Pentagon Papers*, S. 6.
35 A. a. O., S. 254.
36 Die *Sun-Times*, zitiert von der *New York Times*, 27. Juni 1971 (Beilage »The Week in Review«).
37 *The Pentagon Papers*, S. 254.
38 A. a. O., S. 98.
39 A. a. O., S. 242.
40 Ellsberg, »The Quagmire Myth and the Stalemate Machine«, a. a. O. (Anm. 2], S. 247.
41 *The Pentagon Papers*, S. 433.
42 A. a. O., S. 240 f.

43 A.a.O., S. 407.
44 A.a.O., S. 583.
45 A.a.O., S. 342.
46 A.a.O., S. 414.
47 A.a.O., S. 584.
48 A.a.O., S. 534.
49 A.a.O., S. 153.
50 A.a.O., S. 278.
51 A.a.O., S. 26.
52 *The New York Times*, 29. Juni 1971. Mr. Smith zitiert Prof. Whitings Aussage vor dem auswärtigen Ausschuß über das Dokument, das in *Foreign Relations of the United States: Diplomatic Papers 1945*, vol. VII: *The Far East. China* (Government Printing Office 1969), auf S. 209 abgedruckt ist.
53 *The New York Times*, 8. Juli 1971.
54 Stavins, Barnet, Raskin, *Washington Plans an Aggressive War*, a.a.O. [Anm. 1], S. 246.
55 *The Pentagon Papers*, S. 2.
56 Ellsberg, »The Quagmire Myth and the Stalemate Machine«, a.a.O. [Anm. 2], S. 219.
57 A.a.O., S. 235.
58 Stavins, Barnet, Raskin, *Washington Plans an Aggressive War*, S. 248.
59 Ellsberg, »The Quagmire Myth and the Stalemate Machine«, S. 263.
60 Stavins, Barnet, Raskin, *Washington Plans an Aggressive War*, S. 209.
61 *The Pentagon Papers*, S. 576.
62 A.a.O., S. 575.
63 A.a.O., S. 98.
64 Stavins, Barnet, Raskin, *Washington Plans an Aggressive War*, S. 209.
65 *The Pentagon Papers*, S. 5.
66 A.a.O., S. XX und XVIII.
67 Stavins, Barnet, Raskin, *Washington Plans an Aggressive War*, S. 212.
68 *The Pentagon Papers*, S. 241.
69 A.a.O., S. 469.
70 A.a.O., S. 312.
71 A.a.O., S. XVIII.
72 A.a.O., S. IX.
73 *Der Spiegel*, Nr. 35 / 1971.
74 Eugene Kinkead, »Reporter at Large«, in: *The New Yorker*, 26. Oktober 1957.
75 *The New Yorker*, 4. September 1971.

(16) Zweihundert Jahre Amerikanische Revolution

Nachdruck der Übersetzung (von Eike Geisel) aus: *Zur Zeit*, S. 161–178. Das englische Original ist unter dem Titel »Home to Roost« in *The New York Review of Books* vom 26. Juni 1975 erschienen. Der deutsche Titel »Zweihundert Jahre Amerikanische Revolution« stammt von Marie Luise Knott und wurde hier, wegen der Unübersetzbarkeit des englischen (siehe unten, Anm. 6) übernommen. Im übrigen ist Geisels Übersetzung, wie im Nachwort (S. 412) beschrieben, durchgesehen und von der Herausgeberin mit Anmerkungen versehen worden.

Der in *The New York Review of Books* erschienene Essay ist eine unerheblich gekürzte, von Mary McCarthy bearbeitete Fassung des Manuskriptes der Rede, die H.A. am 20. Mai 1975 im Rahmen der Veranstaltungsreihe »The Bicentennial Forums: Boston Examines the American Experiment« hielt. Zusammen mit den anderen Reden auf diesen Veranstaltungen wurde sie 1976 veröffentlicht in: *The American Experiment: Perspectives on 200 Years*, hrsg. von Sam Bass Warner, Jr. (Boston: Houghton Mifflin, dort S. 62–79). Wie der Herausgeber mitteilt, hat es insgesamt fünf solcher Foren gegeben, die jeweils aus mehreren Komponenten bestanden: der Rede eines angesehenen Gelehrten oder Politikers; einer sich daran anschließenden Fragestunde mit den Zuhörern und einer Diskussion mit eingeladenen Kritikern und Persönlichkeiten aus dem Erziehungswesen; der Verbreitung der Rede über das National Public Radio, an die sich eine Expertendiskussion mit landesweiter Hörerbeteiligung anschloß. Sam Warner faßt die Fragen und Diskussionsbeiträge zu Arendts Vortrag zusammen (S. 79–88) und teilt mit (S. 80), wer die jeweils geladenen Diskutanten waren. Zu ihnen gehörte auch Tom Wicker, Leitartikler der *New York Times*. Er veröffentlichte (in der Ausgabe vom Sonntag, d. 25. Mai [Seite E-15]) den Artikel »The Lie and the Image«, in dem er die Gedanken aus Arendts Rede zusammenfaßte und damit erst recht zu deren Verbreitung beitrug. Siehe hierzu auch oben S. 408f.; vgl. Young-Bruehl, *Hannah Arendt*, S. 630f.

H.A. selbst war eigentlich mit ihrer Rede nicht zufrieden. Sie habe »in großer Eile und unter starkem Druck« gearbeitet und wolle sie wohl nie veröffentlichen, so schreibt sie am 19. Mai 1975 an den Präsidenten der Boston University, als sie ihm das Redemanuskript schickt. Nun, es ist anders gekommen, und man darf wohl mit gutem Grund annehmen, daß ihr auch angesichts dieses Erfolgs, gerade bei diesem sehr amerikanischen Thema und Anlaß, die Metapher von der lächelnden Göttin Fortuna eingefallen ist – wie nur einen Monat zuvor, als sie für ihren Beitrag zur europäischen Kultur in Kopenhagen geehrt wurde.

1 Siehe in dieser Ausgabe den Essay »Gestern waren sie noch Kommunisten«, S. 228–237, und die Erläuterungen zum McCarthyismus, S. 458; ferner S. 252 ff.
2 Siehe Lewis Mumford, »Reflections: Prologue to Our Time«, in: *The New Yorker*, 10. März 1975, S. 42–63, S. 44.
3 Dieses Zitat von McNamara hatte H.A. als Motto für ihren Essay »Die Lüge in der Politik« gewählt, in dieser Ausgabe S. 322.
4 Siehe H.A., »Wahrheit und Politik«, in: *Zwischen Vergangenheit und Zukunft*, S. 327–370, S. 355.
5 Vgl. im Essay »Die Ungarische Revolution und der totalitäre Imperialismus«, in dieser Ausgabe S. 78 ff.
6 An dieser Stelle führt Hannah Arendt die eigentlich unübersetzbare englisch-amerikanische Redensart ein, der ihre Rede den Titel verdankt: »All the chickens had come home to roost«, was wörtlich in etwa heißt: »Die ganze Hühnerschar war in den Stall zurückgekehrt, um sich, auf der Stange hockend, auszuruhen.«
7 Deutsch: Die Vergangenheit ist niemals tot, sie ist noch nicht einmal vergangen. Siehe H.A. in ihrer Einleitung »Die Lücke zwischen Vergangenheit und Zukunft«, in: *Zwischen Vergangenheit und Zukunft*, S. 14, dort auch (S. 383 f.) der genaue Quellennachweis.
8 Gemeint ist Seymour Melman, *The Permanent War Economy: American Capitalism in Decline*, New York: Schuster & Simon, 1974.
9 Vg. Mary McCarthy, »Postscript to Nixon«, in: *The New York Review of Books*, 17. Oktober 1974, S. 10–13.
10 Eine zum englischsprachigen Zitatenschatz gehörende Zeile aus der Ballade »The Battle of Blenheim« des britischen Autors Robert Southey. In der Schlacht von Blenheim (= Blindheim, auch Hochstädt) errangen die Engländer und Niederländer im Spanischen Erbfolgekrieg am 13. August 1704 einen entscheidenden Sieg über die Franzosen und Bayern.

(17) Die Eroberung des Weltraums und die Statur des Menschen

Übersetzung (der Hrsg.) von »The Conquest of Space and the Stature of Man« (1968), in: H.A., *Between Past and Future: Eight Exercises in Political Thought*, enlarged edition, Harmondsworth: Penguin, 1977, S. 265–280. – Die Anmerkungen wurden aus dem Original übernommen, Zitate, wenn es sich um englische Übersetzungen deutscher Originalwerke handelte, umgestellt und entsprechend in den Anmerkungen belegt.

Der Essay geht zurück auf einen Vortrag, den H.A. 1962 auf einem von der Encyclopaedia Britannica veranstalteten »Symposium on Space: ›Has Man's Conquest of Space Increased or Diminished His Stature?‹« gehalten hat. Weitere Teilnehmer an dem Symposium waren Herbert J. Muller, Aldous Huxley, Paul Tillich, Harrison Brown. Arendts Vortrag wurde in *The American Scholar* (Heft 4/1962–63) sowie in dem von der Encyclopaedia Britannica herausgegebenen Band *The Great Ideas Today*: *1963* veröffentlicht. Für *Between Past and Future* hat H.A. den Text überarbeitet. Danach hat sie das Thema noch einmal behandelt, siehe den nächsten Text in dieser Ausgabe (S. 389–402).

1 Diese Frage wurde auf einem »Symposium on Space« von den Herausgebern von *The Great Ideas Today* gestellt. Im besonderen interessierte, wie sich »die Erforschung des Weltraums auf die Sicht des Menschen von sich selbst und die menschliche Bedingtheit auswirkt. Die Frage bezieht sich weder auf den Menschen als Wissenschaftler noch auf den Menschen als Produzenten oder Konsumenten, sondern vielmehr auf den Menschen als menschliches Wesen.«

2 Aristoteles, *Nikomachische Ethik*, 1141a20ff. (Buch 6, Kap. 7).

3 Max Planck, *Das Weltbild der neuen Physik*, Leipzig: Barth, 1929, S. 21.

4 Arthur S. Eddington, zitiert bei J[ohn] W. N. Sullivan, *Limitations of Science*, New York: New American Library (Mentor Book, 35), 1949, S. 141.

5 Niels Bohr, »Die Atome und die menschliche Erkenntnis« (1955), in: ders., *Atomphysik und menschliche Erkenntnis: Aufsätze und Vorträge aus den Jahren 1930 bis 1961*, mit einem Vorwort zur Neuausgabe von Karl von Meyenn, Braunschweig–Wiesbaden: Vieweg, 1985, S. 92–103, S. 97.

6 Niels Bohr, »Einheit des Wissens« (1935), in: ders., *Atomphysik und menschliche Erkenntnis*, a. a. O., S. 76–91, S. 85.

7 Planck, *Das Weltbild der neuen Physik*, a. a. O. (Anm. 3), S. 45. – Zusatz d. Übers./Hrsg.; vgl. auch H.A., »Der archimedische Punkt«, in dieser Ausgabe S. 394.

8 Erwin Schrödinger, *Science and Humanism: Physics in Our Time*, Cambridge, Engl.: University Press, 1951, S. 26. – Zusatz d. Übers./Hrsg.: deutsch: Erwin Schrödinger, *Naturwissenschaft und Humanismus (Die heutige Physik)*, Wien: Deuticke, 1951. In dieser von Schrödinger selbst vorgenommenen Übersetzung seines Buches findet sich der erste Teil des Zitats auf S. 36. Der zweite dort nicht enthaltene Teil ist hier in der Übersetzung von H. A. wiedergegeben, siehe *Vita activa*. S. 281. – Vgl. auch H. A., »Der archimedische Punkt«, in dieser Ausgabe S. 397.

9 Nach dem ersten Erscheinen dieses Artikels im Jahre 1963 hat John Gilmore diesen Sachverhalt in einem scharfen kritischen Brief sehr genau dargestellt: »In den letzten paar Jahren ist es uns tatsächlich gelungen,

Computerprogramme zu schreiben, die diese Maschinen befähigen, Verhalten an den Tag zu legen, das jeder, der über dessen Zustandekommen nichts weiß, ohne Zögern als intelligent, ja hochintelligent beschreiben würde. Alex Bernstein zum Beispiel hat ein Programm entworfen, das eine Maschine befähigt, bewundernswert gut Schach zu spielen. Vor allem kann sie besser Schach spielen als Bernstein. Dies ist eine eindrucksvolle Leistung; aber sie ist Bernsteins Leistung und nicht die der Maschine.« Durch eine Bemerkung von George Gamow (siehe Anm. 10) hatte ich mich fehlleiten lassen und habe nun den Text geändert. – Zusatz d. Hrsg.: Der Brief des Mathematikers, Computer-Fachmanns und Programmierers John Gilmore (vom 17. Oktober 1963) ist bei den »Hannah Arendt Papers« in der Library of Congress erhalten (dort Container 9, Folder »G miscellaneous«).

10 George Gamow, »Physical Sciences and Technology«, in: *The Great Ideas Today: 1962*, S. 207 (Hervorhebung H.A.).

11 Sergio de Benedetti, zitiert bei Walter Sullivan, »Physical Sciences and Technology«, in: *The Great Ideas Today: 1961*, S. 198.

12 Vgl. Bohr, »Einheit des Wissens«, a.a.O. (Anm. 6), S. 78, sowie Einstein, zitiert von Bohr, »Diskussion mit Einstein über erkenntnistheoretische Probleme in der Atomphysik« (1949), in: ders., *Atomphysik und menschliche Erkenntnis*, a.a.O. (Anm. 5), S. 31–66, S. 61.

13 Planck, *Das Weltbild der neuen Physik*, a.a.O. (Anm. 3), S. 20; ferner ders., *Physikalische Gesetzlichkeit im Lichte neuerer Forschung: Vortrag, gehalten am 14. Februar 1926 in den Akademischen Kursen von Düsseldorf*, Leipzig: Barth, 1926, S. 37 und S. 27.

14 Bohr, »Einheit des Wissens«, a.a.O. (Anm. 6), S. 80.

15 A.a.O., S. 91.

16 Planck, *Physikalische Gesetzlichkeit im Lichte neuerer Forschung*, a.a.O. (Anm. 13), S. 15; ders., *Das Weltbild der neuen Physik*, a.a.O. (Anm. 3), S. 51. – Zusatz d. Übers./Hrsg.: Vgl. auch H.A., »Der archimedische Punkt«, in dieser Ausgabe S. 395.

17 Siehe J. Bronowski, *Science and Human Values*, New York: J. Messner, 1956, S. 22.

18 Siehe Galilei, *The Starry Messenger*, Zitat aus *Discoveries and Opinions of Galileo*, Garden City, N. J.: Doubleday, 1957, S. 28. – Zusatz d. Übers./Hrsg.: Vgl. auch H.A., »Natur und Geschichte«, in: *Zwischen Vergangenheit und Zukunft*, S. 54–79, S. 64 f.

19 Albert Einstein, *Grundzüge der Relativitätstheorie*, 2. Aufl., zugleich 4., erw. Aufl. der »Vier Vorlesungen über Relativitätstheorie«, Braunschweig: Vieweg, 1960, S. 41.

20 Vgl. Sullivan, »Physical Sciences and Technology«, a.a.O. (Anm. 11), S. 189.

21 A. a. O., S. 202.

22 Ich zitierte aus Descartes' Dialog »La Recherche de la vérité par la lumière naturelle« [1701], wo der Kern seiner Auffassung vom Zweifel deutlicher sichtbar ist als in seinem Werk *Les Principes de la philosophie*. Zusatz d. Hrsg.: Vgl. hierzu H.A., *Vita activa*, S. 272 und S. 366 (Anm. 40).

23 Ich verdanke diese Definition dem oben in Anmerkung 9 erwähnten Brief von John Gilmore. Herr Gilmore allerdings glaubt nicht, daß dies dem Erkennen des praktizierenden Physikers Grenzen setzt. Ich denke, daß Heisenbergs eigene »populärwissenschaftlichen« Feststellungen mir in diesem Punkte zu Hilfe kommen. Doch damit ist diese Kontroverse keineswegs zu Ende. Herr Gilmore ebenso wie Herr Denver Lindley [das war der H.A.s Buch *Between Past and Future* betreuende Lektor im Verlag Viking, Übers./Hrsg.] glauben, daß die großen Physiker sehr wohl unrecht haben mögen, wenn man daran geht, ihre Arbeit philosophisch zu bewerten. Herr Gilmore und Herr Lindley werfen mir vor, die Feststellungen der Naturwissenschaftler unkritisch zu übernehmen, so als ob diese über die Implikationen ihrer Arbeit mit derselben Autorität sprechen könnten wie über ihre Themen im eigentlichen Sinne. (»Ihr Vertrauen in die großen Figuren der wissenschaftlichen Gemeinschaft hat etwas Rührendes«, sagt Herr Gilmore.) Dieses Argument, denke ich, ist stichhaltig; kein Wissenschaftler, wie herausragend auch immer er sein mag, kann für die »philosophischen Implikationen«, die er oder jemand anderes in seinem Werk oder in seinen Äußerungen über es entdeckt, jemals dieselbe Solidität in Anspruch nehmen wie für die Entdeckungen selbst. Philosophische Wahrheit, was immer sie sein mag, ist sicherlich nicht wissenschaftliche Wahrheit. Dennoch ist schwer zu glauben, daß Planck und Einstein, Niels Bohr, Schrödinger und Heisenberg, denen die Folgen und allgemeinen Implikationen, wie sie ihre Arbeit als praktizierende Physiker mit sich brachten, Verwirrung und große Sorge bereiteten – daß sie alle den Täuschungen eines Selbstmißverständnisses erlegen sein sollten.

24 Werner Heisenberg, *Wandlungen in den Grundlagen der Naturwissenschaft: Zehn Vorträge*, Stuttgart: Hirzel, 9., erw. Aufl. 1959. S. 102.

25 A. a. O., S. 59.

26 Werner Heisenberg, *Das Naturbild der heutigen Physik*, Hamburg: Rowohlt (rde, 8), 1960, S. 17 f.

27 A. a. O., S. 14, 15. – Zusatz d. Übers./Hrsg.: Vgl. auch H.A., »Der archimedische Punkt«, in dieser Ausgabe S. 396.

(18) Der archimedische Punkt

Übersetzung (der Hrsg.) von »The Archimedean Point«, in: *Ingenor* (University of Michigan, College of Engineering), Heft 6, 1969, S. 4–9, 24–26. Es handelt sich um die Druckfassung eines Vortrages, den H.A. am o.g. College am 14. November 1968 gehalten hat. In ihr wurde wahrscheinlich das schriftlich ausgearbeitete Manuskript um per Tonband mitgeschnittene Bemerkungen erweitert, letztere sind im englischen Original und hier in eckige Klammern gesetzt. – Die Anmerkungen stammen von der Übersetzerin / Herausgeberin.

Der Vortrag stützt sich auf den Essay »The Conquest of Space and the Stature of Man« aus dem Jahre 1968 (siehe in dieser Ausgabe S. 373–388). Einige Jahre zuvor und ausführlicher behandelte H.A. das Thema in ihrem Buch *Vita activa oder Vom tätigen Leben* (1960), siehe dort insbesondere die Paragraphen 36 und 40.

1 Davenport and Frankel, »The Applied Humanities«, nicht weiter gekennzeichnetes »recent paper«.

2 Das Zitat konnt nicht gefunden werden. Vgl. aber das offensichtlich von H. A. benutzte Werk des Autors *From the Closed World to the Infinite Universe*, Baltimore: Johns Hopkins, 1957.

3 Montesquieu, *Lettres persanes*, Lettre LIX; deutsch: »Wenn ich die Menschen sehe, die auf einem Atom, das heißt der Erde, herumkriechen, die nur einen Punkt im Weltall ausmacht, und sich für die Vollendung der Vorsehung halten, dann weiß ich nicht, wie ich soviel Überheblichkeit mit soviel Geringfügigkeit zusammenbringen soll.« Charles de Montesquieu, *Perserbriefe*, aus dem Französischen von Jürgen von Stackelberg, mit Anmerkungen zum Text und einem Nachwort, Frankfurt / M.: Insel, 1988, S. 107.

4 Friedrich Nietzsche, *Zur Genealogie der Moral*, III. Abhandlung, 25, in: ders., *Kritische Studienausgabe*, hrsg. von Giorgio Colli und Mazzino Montinari, 2., durchges. Aufl., München: dtv, 1988, Bd. 5, S. 404. Drei Punkte im Zitat sind keine Auslassungspunkte, sondern sie wurden aus dem Original übernommen.

5 Siehe Hannah Arendt, »Die Eroberung des Weltraums ...«, in dieser Ausgabe S. 376 und S. 477 (Anm. 7).

6 Siehe a. a. O., S. 380 und S. 477.

7 Siehe a. a. O., S. 388 und S. 479.

8 Siehe a. a. O., S. 377 und S. 477.

9 Siehe a. a. O., S. 382 f. und S. 478.

10 Siehe a. a. O., S. 385 und S. 479.

11 Montesquieu, *Lettres persanes*, Lettre LIX; deutsch: »Mir scheint ... wir urteilen über die Dinge immer nur mit einem unbewußten Rückbezug auf uns selbst. Es wundert mich nicht, daß die Neger sich den Teufel blendend weiß und ihre Götter pechschwarz vorstellen ... Man hat zu Recht gesagt, wenn die Triangel sich einen Gott gäben, müßte er dreieckig sein.« A.a.O. (Anm. 3), S. 106f.

(2) Quellennachweis

(1) Das »deutsche Problem« ist kein deutsches Problem (1945)
Siehe S. 9.

(2) Organisierte Schuld (1946)
Siehe S. 26.

(3) Die Nachwirkungen des Naziregimes: Bericht aus Deutschland (1950)
Siehe S. 38.

(4) »Wohin treibt die Bundesrepublik?« – Vorwort zu Karl Jaspers, *The Future of Germany* (1967)
Siehe S. 64.

(5) Die Ungarische Revolution und der totalitäre Imperialismus (1958)
Siehe S. 73.

(6) Der Kalte Krieg und der Westen (1962)
Siehe S. 127.

(7) Einführung zu J. Glenn Gray, *The Warriors – Reflections on Men in Battle* (1967)
Siehe S. 138.

(8) Macht und Gewalt (1970)
Siehe S. 145.

(9) Unsere fremdsprachlichen Volksgruppen (1944)
Siehe S. 211.

(10) Gestern waren sie noch Kommunisten (1953)
Siehe S. 228.

(11) Europa und Amerika (1964)
Siehe S. 238.

(12) Little Rock – »Ketzerische Ansichten über die Negerfrage und equality« (1959)
Siehe S. 258.

(13) Kennedy und danach (1963)
Siehe S. 280.

(14) Ziviler Ungehorsam (1970)
Siehe S. 283.

(15) Die Lüge in der Politik (1972)
Siehe S. 322.

(16) Zweihundert Jahre Amerikanische Revolution (1975)
Siehe S. 354.

(17) Die Eroberung des Weltraums und die Statur des Menschen (1968)
Siehe S. 373.

(18) Der archimedische Punkt(1969)
Siehe S. 389.

(3) Namenregister